international mission college

성경강해시리즈

출애굽기

Exodus

유동근

IMC

BIBLE EXPOSITION SERIES

STUDY ON

EXODUS

Yu Dong Keun (Th. M., D. D)

Korean Edition

151-808, Bongcheon 3 Dong 16-45, Seoul, Korea

출애굽기 강해

Exodus

차례 · contents

출애굽기

Exodus

서문

창세기는 '기원'이라는 뜻을 가진 제목의 책이고 출애굽기는 '떠남'이라는 제목을 가진 책이다. 그리스도인은 시작과 떠남이 있는 사람들이다. 시작은 하나님의 창조와 부르심이며 떠남은 세상으로 예표된 애굽으로부터의 탈출이며 그것이 곧 구속이다. 창세기는 하나님께서 창조된 족속 가운데 아브라함 한 가족을 부르시고 다루셔서 그분의 가족이 되게 하신 기록이라면 출애굽기는 이스라엘 한 나라를 조성하시고 그들에게 율법을 주시고 그분의 나라가 되게 하신 것에 대한 기록이다.

성경에는 하나님의 율법이 기록되어 있지만 은혜가 있다. 율법이 어떤 것인가를 알 때 은혜의 풍성함과 귀함을 더 알게 된다. "율법이 가입한 것은 범죄를 더하게 하려 함이라 그러나 죄가 더한 곳에 은혜가 더욱 넘쳤나니 이는 죄가 사망 안에서 왕 노릇 한 것같이 은혜도 또한 의로 말미암아 왕 노릇 하여 우리 주 예수 그리스도로 말미암아 영생에 이르게 하려 함이니라"(롬 5:20-21). 은혜와 율법에 대하여 분명하게 깨닫기 원한다면 신약에 있는 로마서와 갈라디아서를 읽어야 할 것이다. 그러나 그 모든 씨앗은 구약에 이미 들어있다. 그런 의미에서 창세기와 출애굽기의 중요성이 있다. 출애굽기를 읽고 그 내용에 있어서 좋은 이해가 있을 때 하나님의 은혜의 풍성함을 더욱 알 수 있다. 갈라디아서에 율법에 대하여 많은 말씀이 있지만 그 율법이 주어진 자세한 배경은 출애굽기에 있다. 그러니 출애굽기를 통하여 하나님의 마음을 더욱 많이 이해할 수 있다.

원래 하나님 마음속에는 사람에게 율법을 주시고자 하는 의도가 없으셨다. 그분은 영원 전부터 사람에게 은혜를 주시기 원하셨고 언제나 은혜로 대하시기 원하셨다. 그러나 은혜가 무엇인지를 모르고 자신이 무엇인지 모르는 인간의 무지의 상태가 율법을 불러들인 것이다. 타락한 사람인 우리에게는 율법을 통하여 하나님께로 나아가는 길이 필요하게 된 것이다. 그러므로 율법의 본질을 더욱 분명히 이해할수록 우리는 하나님께 더욱 가까이 나아갈 수 있게 되며 하나님이 우리에게 너무나 감사하고 귀한 분임을 더욱 알게 된다.

영국의 성경주석가 매튜 헨리(Mattew Henry)는 그의 출애굽기 서문에서 신약 성서와 구약 성서를 가장 잘 이해할 수 있는 책이 출애굽기라 하였다. 과연 본인도 출애굽기를 연구하면서 그의 말에 전적으로 동감을 표시하고 싶다. 신구약 20여 권을 강해하면서 이 책만큼 진리상 여러 방면에서 나에게 도움과 충족함을 준 책이 또 있을까 생각할 정도이다. 물론 귀하신 주님의 말씀 가운데 귀하지 않은 책이 없지만 말이다. 하여간 많은 도움과 양육을 받았고 은혜를 받았으니 주님께 감사치 아니할 수 없다.

언제나 같은 생각이지만 나에게 이렇게 성경을 가까이하고 연구하며 많은 성도들과 나눌 수 있는 기회와 시간을 주신 하나님께 감사한다. 이 강해서를 통해서 주 안의 많은 성도들과 이 귀한 말씀의 풍성을 함께 나누기를 사모할 뿐이다. 나는 사도 바울의 이 한 말씀을 기억한다. "그리스도의 말씀이 너희 속에 풍성히 거하여 모든 지혜로 피차 가르치며 권면하고"(골 3:16). 주님의 귀한 종들이 지금까지 하나님의 자녀들을 위하여 펼쳐낸 성령 안의 많은 교통(κοινωνία)들 가운데 이 작은 글도 함께 모아져 서로 권면하고 가르쳐서 성도들이 피차 온전케 되며 그리스도의 몸이 세워지는 데 조금이라도 도움이 되기를 바란다.

글을 쓰면서 하나님은 얼마나 깊고도 부요하신지, 사람은 얼마나 유한하고 부족한지를 새삼 느끼게 되었다. 필자의 분량의 한도 내에서 힘을 다했고 마음을 다했음을 간증할 수 있지만 아무쪼록 부족한 것에 대해서는 주님께 긍휼과 용서를, 독자들에게는 이해와 사랑을 구하는 바이다. 주께서 독자들을 축복하시기 바라며…

2004년 3월 6일
2007년 2월 25일

저자 유동근

출애굽기 1장

출애굽기의 원제는 '웨엘레 쉐모드' (ואלה שמות)로서 '그리고 이것이 그 이름들이라' 는 뜻인데, 이는 창세기의 원제 '베레쉬트' (태초에)가 1장 1절 첫 마디를 딴 것처럼 그 첫 구절을 따서 붙인 것이다.

이 책은 원래 창세기와 별도의 책이 아니라 한 권으로 되어 있었으며 창세기의 연속이었다. 히브리어 성경을 헬라어로 번역한 70인역(LXX)에서 그 제목을 엑소더스(Exodus)라고 붙였는데, 이후 라틴어 벌게이트(Vulgate) 성경과 구미 각국의 성경이 70인역을 따라서 '엑소더스' 라고 하게 되었다. '엑소더스' 는 '걸어나옴', '출발' 또는 '떠남' 을 뜻한다. 이 제목은 내용면으로는 출애굽기 전체를 대표한다고 말할 수 없는데, 이는 1장부터 18장까지는 그들이 애굽에서 탈출하는 과정과 광야 여정을 말하므로 제목과 부합되지만 그 이후의 내용은 주로 율법의 내용 및 성막 건축과 관련되기 때문이다.

구약 성서의 첫 부분인 모세 5경을 '토오라' (תּוֹרָה)라고 하는 것은 이 모세의 책 다섯 권이 율법과 관련되기 때문이다. 창세기는 율법을 받은 이스라엘 민족의 생성의 근원을 말하며, 출애굽기는 시내 산에서 받은 율법을 기록한 것이고 레위기는 회막에서 받은 율법을 기록한 것이며 민수기는 광야에서 받은 율법을, 신명기는 모압 평지에서 받은 율법을 기록한 것이다.

창세기는 하나님께서 영광스런 목적을 가지고 만유를 창조하셨지만 모든 것이 실패로 끝남을 보여준다. 마지막 야곱의 예언을 보라! 많은 자녀들이 마음껏 축복을 받지 못했고 그 상황이 암울하다. 타락의 영향은 곳곳에 퍼져 있다. 결국 창세기는 '요셉이 애굽에서 입관되었다'는 말로 끝난다. 창세기는 그 마지막이 죽음과 입관이다. 그러나 출애굽기는 하나님의 구원을 말하는 책이다. 구약의 책들 가운데 출애굽기는 하나님의 구속에 관하여 가장 구체적으로 설명하고 있다. 사람은 타락으로 말미암아 모든 면에서 실패하고 죄 중에 빠져 노예가 되었지만(출 1장) 하나님의 구속은 사람으로 하여금 이러한 타락의 결과와 죄의 노예 된 상태에서 벗어나 탈출하게 하는 능력임을 보여준다.

이 책이 망라하고 있는 시대는 주전 1706년부터 주전 1490년까지이다. 출애굽기에는 그리스도를 예표하는 것이 많다. 모세는 하나님의 사도이신 그리스도를, 아론은 대제사장이신 그리스도를, 유월절 어린 양은 속죄 제물 되신 그리스도를, 만나는 우리의 생명 양식 되신 그리스도를, 반석은 우리를 위해 갈라져 생수를 내신 그리스도를, 거룩한 기름과 관유는 성령을 예표한다.

1-7절, 야곱과 함께 각기 권속을 데리고 애굽에 이른 이스라엘 아들들의 이름은 이러하니…5 이미 애굽에 있는 요셉까지 야곱의 혈속이 모두 칠십 인이었더라 6 요셉과 그의 모든 형제와 그 시대 사람은 다 죽었고 7 이스라엘 자손은 생육이 중다하고 번식하고 창성하고 심히 강대하여 온 땅에 가득하게 되었더라

출애굽기의 시작은 야곱의 권속이 애굽에 이른 사건부터이다. 그들은 왜 애굽에 이르게 되었는가? 그 기원은 그들이 요셉을 할례받지 않은 사람들에게 판 것에 있다. 요셉은 하나님의 긍휼의 손길 아래서 애굽 총리의 자리에 앉게 되었고, 당시의 흉년은 가나안에 있던 야곱의 식구들을 애굽에 가지 않을 수 없게 하였다. 그들은 요셉을 시기하고 멸시하며 그의 꿈이 이루어지나 보자고 하면서 이방인의 손에 팔았지만, 결국 그들이 한 일은 요셉의 꿈을 성취시키는 것이 되고 말았다. 요셉이 형들의 손에 팔려 애굽에 오게 되고 여러 환경과 고난을 거쳐 애굽의 총리가 된 것이 야곱의 온 가족이 애굽에 와서 살게 된 연유가 되었다.

이것은 한 면으로 하나님의 뜻 아래서 된 일이기도 했다. 하나님께서 그분의 뜻을 이루시기 위해 어떤 것을 사용하실지 우리는 알 길이 없다. 하나님께서 아브라함에게 그의 친척과 본토와 아비집을 떠나라 하시고 그를 가나안으로 인도하여 가나안 땅을 기업으로 주실 때에는 그의 후손들이 절대로 그 땅에서 살아야 하며 그 약속의 땅을 떠나서는 안 될 것 같았는데, 하나님께서는 야곱에게 두려워하지 말고 애굽에 내려가라고 말씀하셨다. 그리고 그들을 애굽으로 인도하여 그곳에서 큰 민족을 이루겠다고 하시면서 하나님께서도 '너와 함께 애굽으로 내려가겠다' 고 약속하셨다(창 46:3-4). 하나님의 계획 가운데에는 그분의 자녀들로 애굽 땅에서 많은 번식을 이루게 하시려는 뜻이 있었다.

하나님께서 아브라함으로 큰 민족을 이루게 하겠다고 약속하셨지만, 야곱이 애굽으로 내려가기 전까지 약 200년 동안 그들의 인수는 겨우 70명이었다. 그러나 그들이 애굽으로 내려갔다가 다시 출애굽하여 광야로 나왔을 때, 약 400년 만에 그들의 인수는 장정만 60만이 넘었으며 전체적으로는 200만 명이 넘었다. 과연 그 누가 하나님께서 아브라함에게 주신 약속의 성취가 약속의 땅이 아닌 애굽에서 이루어질 것이라고 생각이나 했겠는가? 결국 요셉과 그 시대 사람들은 다 죽었고, 요셉이 죽은 후에 이스라엘 자손은 매우 번성하게 되었다. 7절에서 인상적인 것은 이스라엘 백성의 숫자가 많아진 것을 매우 강조하여 표현했다는 것이다. 그것은 요셉 당대의 사람들이 죽은 후에 자손들의 번식이 크게 있었음을 보여준다. 생육이 '중다하고' (multiplied), '번식하고'

(fruitful), '창성하고' (increased greatly) 등의 표현이 그것이다.

하나님은 아브라함, 이삭, 야곱을 이스라엘의 거룩한 떡덩이의 처음 익은 곡식 가루가 되게 하시고 거룩한 나무의 뿌리가 되게 하셨다(롬 11:16). 하나님은 처음 익은 곡식 가루가 어떠하면 나중에 얻어질 떡덩이 전체가 어떠할 것을 아셨다. 또 뿌리가 어떠하면 그 가지와 열매가 어떠할 것을 아셨다. 그러므로 하나님께서 아브라함과 이삭과 야곱 시대에는 인수 증가보다는 그들의 영성 훈련에 더 중점을 두셨다고 말할 수 있다. 하나님께서 이스라엘 백성 전체의 조상을 얻는 일에 있어서는 조금도 풀어놓지 않고 엄격히 다루셨다. 하나님은 그들 조상의 어떠함이 장래 이스라엘 백성 전체의 어떠함을 결정하는 요인임을 아셨다. 그러므로 긴 시간을 들여 그들을 연단하셔서 거룩한 나무의 뿌리가 되게 하신 것이다. 그러한 역사는 요셉 시대까지 계속되었으며, 요셉이 죽고 난 후에 인수 증가에 중점이 두어졌다. 애굽에서 이스라엘 백성의 주된 일은 그들의 수효가 많아진 것이다.

이스라엘 백성들이 애굽에서 그렇게 긴 세월을 보내게 된 이유는 무엇이었을까? 왜 하나님은 그들로 하여금 그렇게 잔인한 대우를 받게 하셨을까? 다만 인수가 많아지기 위함이었을까? 하나님의 목적은 그들로 열조에게 약속하신 가나안 땅을 기업으로 얻게 하는 것이었다. 그러나 그들은 400년이 넘는 긴 시간 동안 애굽에서 수많은 시련을 겪었다. 그것은 하나님의 택한 백성들로 하여금 젖과 꿀이 흐르는 약속의 땅을 향한 갈망을 강하게 갖도록 하기 위함이었다. 기묘하게도 정상적인 하나님의 백성들은 타락한 세상 가운데서 살면 살수록 하늘을 더 바라게 된다. 하나님이 그분의 자녀들에게서 육체를 완전히 제거하지 않은 것도 같은 원리이다. 사도 바울은 육체 안에서 짐 진 것같이 탄식하면서 하늘로부터 온 처소로 덧입기를 사모하였다(고후 5:3-4). 그러므로 이 긴 기간은 이스라엘에게 그들의 유업을 얻는 일에 합당한 자질과 갈망을 형성하는 시기였다.

8-10절, 요셉을 알지 못하는 새 왕이 일어나서 애굽을 다스리더니 9 그가 그 신민에게 이르되 이 백성 이스라엘 자손이 우리보다 많고 강하도다 10 자, 우리가 그들에게 대하여 지혜롭게 하자 두렵건대 그들이 더 많게 되면 전쟁이 일어날 때에 우리 대적과 합하여 우리와 싸우고 이 땅에서 갈까 하노라 하고

1. 여기의 새 왕에 대하여는 여러 가지 설이 있으나 건축하기를 좋아했던 람세스 2세라고 보는 것이 타당할 것이다(11절 참고). 그와 그의 딸(모세의 양모)의 미이라도 발굴된 바 있다. 처음에 이스라엘 자손의 수가 적을 때에는 별로 주의하지 않았지만 그들의 수가 점점 많아지고 강대해져가자 애굽 정권은 그들을 주목하게 되었고 심지어 위협적인 존재로 느끼게 되었다. 이스라엘 자손의 수가 애굽 사람들보다 많지는 않았겠지만 그들의 느낌에 자신들보다 많고 강하다고 여기게 된 것이다. 사람의 육체의 생각은 하나님과 원수가 된다(롬 8:7). 그들은 위협적인 존재가 되어버린 이스라엘에 대하여 사람의 지혜를 사용하여 압제하고 말살하려는 정책을 폈다(11-22절 참조). 바로는 한 면으로는 그들을 위험스럽게 보면서도 자국의 이익을 위하여 끝까지 붙잡아두려 하였다. 그러나 그들의 그러한 도모와 정책은 도리어 하나님의 위대한 역사를 이루는 동기가 되었다.

당시의 역사가 요세프스가 기록한 유대 고대사에 유대인들에 대한 기록이 있다. '애굽 사람들은 힘들여 일하기보다는 점점 게으르고 허약해졌고 환락에 탐닉했으며 특별히 돈을 사랑했다. 애굽인들은 히브리인들의 번창함을 보고 시기한 나머지 그들에 대하여 큰 반감을 갖기 시작했다. 애굽인들은 이스라엘인들이 번영할 뿐 아니라 재물이 많은 것을 보았다. 이스라엘 백성들은 열심히 일하여 부를 축적하였는데 이 때문에 애굽 사람들은 이스라엘에 대하여 시기가 생기고 그들의 번창이 장래 자신들에게 위험 요소로 작용할 것이라고 생각하였다. 따라서 그 애굽 사람들은 이스라엘을 학대하기 시작하였고 그 학대 정책으로 수로를 파고 성벽과 피라미드를 건설하게 하였다. 애굽인들은 이렇게 이스라엘인들을 지치게 만들었고 강제로 온갖 종류의 손으로 하는 일을 배우게 하고 중노동에 시달리게 하였다. 이스라엘인들은 400년 동안 이런 고통을 당했다. 그들은 자기들을 지배하려는 자들과 투쟁하며 살았다. 애굽인들은 강제 노동을 통해서 이스라엘을 말살하려고 하였고 이스라엘은 그러한 학대 속에서도 버티고 지탱하였다' (요세프스 제1권 9장 1항).

2. 애굽은 세상을 대표한다. 성경에는 세상을 대표하는 지명이 여러 개가 있다. 그 중 애굽은 세상의 부요와 쾌락을 상징하고 갈대아 우르는 세상의 우상과 종교를 상징하며 소돔은 세상의 죄악과 부정을 상징하며 바벨론은 세상의 종교적인 것들의 섞여 있음으로 말미암은 혼돈과 혼란과 분열상을 상징한다. 성경에서 세상에 있는 하나님의 자녀들에 대한 가르침은 '떠나라' 는 것이다. 그야말로 출(出) 애굽이 있어야 하며 출 갈대아 우르(아브라함)가 필요하며 출 소돔(롯)이 필요한 것이며 출 바벨론(에스라)이 있어야 한다. 어쨌든 그곳이 세상이다 싶으면 하나님의 자녀들은 떠날 준비를 해야 한다. 애굽에서 좋은 하나님의 자녀가 되는 것이 아니다. 소돔에서 좋은 그리스도인 가정을 이루어 사는 것이 아니다. 갈대아 우르에서 좋은 믿음을 훈련하는 것이 아니다. 바벨론에서 성경대로 좋은 성전을 건축하고 머무는 것이 아니다. 예루살렘으로 돌아와서 하나님의 전을 건축해야 한다(에스라 1장 참조). 성경에서 하나님은 일단 하나님의 구속을 받은 하나님의 자녀들이라면 떠나라고 하신다.

3. 여기서 우리는 세상과 믿는이들에 대한 구분을 분명히 보아야 한다. 먼저 세상이란 무엇인가? 우리가 세상을 떠난다 해서 속세를 떠나

산으로 들어가야 한다는 뜻이 아니다. 즉 물질적인 세상을 떠난다는 뜻이 아니고 도덕적이고 정신적이며 영적인 측면에서의 세상을 떠나야 한다는 말이다. 우리가 구속을 받았다면 응당 떠나야 옳다. 그러나 그리스도인이 세상을 떠나는 문제를 잘 해결하지 않으면 합당한 인간관계가 깨져버리거나 복음의 길이 막히니 조심해야 한다. 세상을 떠난다 해서 사귀던 사람들과 다투고, 유서나 사직서를 쓴 사람처럼 사람들과 생이별을 하며, 지금까지 지내왔던 우정과 화목을 깨버리라는 뜻이 아니다. 우리는 다만 구원받기 전 세상에 함께 있던 친구들이나 사람들과의 세상적인 오락과 죄에 속한 삶과 부정한 일에서 떠나야 한다는 것이다. 영적으로 깊이 있게 말한다면 주 예수님과 반대편에 서 있는 일들이나 사물이나 오락에서 떠나는 것이다. 그리고 최소한 세상 사람들의 눈에 그리스도인이 그런 일을 해서는 안 된다고 생각되는 일들에서 떠나는 것이다. 좀 더 깊이 세상을 처리하려면 주님과의 관계를 멀어지게 하는 것들이 무엇인지를 보아서 처리해야 한다.

그러므로 무엇이 세상인가를 보려면 그 일이나 사물이 주님과 어떤 관계를 갖고 있는가를 보면 알 수 있다. 세상은 우리의 구주이신 예수 그리스도를 버렸기 때문이다. 우리는 주님의 구속과 은혜를 받은 자로서 주님 편에 서 있는 것이 당연한 일이고 그 반대편, 즉 주님을 십자가에 못 박고 버려버린 세상 편에 서 있을 수 없다. 성경은 우리와 세상 사이에는 십자가가 있음을 분명하게 말해준다. 십자가가 나를 세상에 대하여 죽게 하였고 세상은 나에 대하여 못 박힌 것이다. 즉 내가 주 예수를 믿은 결과는 세상과 아무 관계가 없게 된 것이다. 그러니 세상을 떠날 수밖에 없는 것이다. 내가 한창 젊은 대학생 시절 주 예수를 믿고 세상을 정리하면서 즐겨 부른 찬송시 하나를 소개한다.

> 세상 복 없을 때 주 나의 것 세상 정 끊길 때에 주는 나의 것
> 이 흑암 광야에 안식할 데 없네 나 의지 할 이 오직 주는 나의 것

주 함께 있겠네 주 나의 것 주 함께 살기 원해 주는 나의 것
세상 오락은 일시적 속임수 내 맘에서 떠나라 주는 나의 것

가거라 세상 꿈 주 나의 것 나 지금 꿈을 깼네 주는 나의 것
내 이전 생각은 날 고통케했네 주님만 나의 만족 주는 나의 것

가거라 세상아 주 나의 것 오너라 새 세계야 주는 나의 것
사랑스런 축복 오너라 참 안식 은혜의 주 오소서 주는 나의 것

Jane C. Bonar

4. 애굽은 세상을 상징하는 반면 바로는 세상 임금으로 이름 지어진 사탄을 상징한다. 현재 어두움의 세상을 다스리며 세상의 죄와 쾌락을 이용하여 택한 백성을 유혹하며 끌어당기는 존재는 바로 사탄인 것이다. 그러므로 우리가 세상에 연루될 때 그 배후에 사탄이 있다는 것을 잊어서는 안 된다. 그러므로 이스라엘 백성은 하나님께 속하며 하나님을 경배하며 섬기기 위해 사탄의 다스림의 영역인 애굽을 떠나지 않으면 안 되었던 것이다. 그 안에서는 하나님을 섬길 수 없다. 반드시 분별이 필요한 것이다. 여기에 출애굽기의 근본적인 의미가 있다 하겠다.

11-14절, 감독들을 그들 위에 세우고 그들에게 무거운 짐을 지워 괴롭게 하여 그들로 바로를 위하여 국고성 비돔과 라암셋을 건축하게 하니라 12 그러나 학대를 받을수록 더욱 번식하고 창성하니 애굽 사람이 이스라엘 자손을 인하여 근심하여 13 이스라엘 자손의 역사를 엄하게 하여 14 고역으로 그들의 생활을 괴롭게 하니 곧 흙 이기기와 벽돌 굽기와 농사의 여러 가지 일이라 그 시키는 역사가 다 엄하였더라

바로의 압제와 학대 정책은 바로 국고성을 짓는 일이었다. 그들은 이

스라엘 사람들 위에 감독들을 세워 괴롭히고 엄하게 일을 시키면 그들의 인구가 줄어들 줄 알았지만 결과는 그 반대였다. 이스라엘은 학대를 받을수록 더 번식하고 창성하였다. 그러자 애굽 사람들은 근심하면서 더욱 어려운 일을 그들에게 부과했는데, 곧 흙 이기기와 벽돌 굽기였다.

15-22절, 애굽 왕이 히브리 산파 십브라라 하는 자와 부아라 하는 자에게 일러 16 가로되 너희는 히브리 여인을 위하여 조산할 때에 살펴서 남자여든 죽이고 여자여든 그는 살게 두라 17 그러나 산파들이 하나님을 두려워하여 애굽 왕의 명을 어기고 남자를 살린지라 18 애굽 왕이 산파를 불러서 그들에게 이르되 너희가 어찌 이같이 하여 남자를 살렸느냐 19 산파가 바로에게 대답하되 히브리 여인은 애굽 여인과 같지 아니하고 건장하여 산파가 그들에게 이르기 전에 해산하였더이다 하매 20 하나님이 그 산파들에게 은혜를 베푸시니라 백성은 생육이 번성하고 심히 강대하며 21 산파는 하나님을 경외하였으므로 하나님이 그들의 집을 왕성케 하신지라 22 그러므로 바로가 그 모든 신민에게 명하여 가로되 남자가 나거든 너희는 그를 하수에 던지고 여자여든 살리라 하였더라

1. 요세프스에 의하면 당시 미래사를 예언할 줄 아는 현명한 서기관이 바로에게 나아와 이스라엘에 장래 지도자가 하나 나올 것이고 그가 장성하면 애굽의 이스라엘에 대한 지배력을 약화시킬 것이라고 했다 한다. 그 말을 들은 왕은 너무 놀라 이 서기관의 의견에 따라 이스라엘이 낳은 모든 사내아이를 강에 던져 죽여버리라고 명령했다고 기록했다. 어쨌든 애굽 왕은 그의 인구말살정책이 통하지 않자 히브리 산파 십브라와 브아를 불러 남자 아이가 태어나면 직접 죽이라고 명했다(요세프스는 십브라와 브아가 애굽 사람들이라고 지적했다. 학자들 중에는 요세프스의 견해를 따라 그들이 애굽인이었을 가능성이 있다고 보

는 사람들이 있다. 이는 애굽 왕이 히브리 사람들을 시켜 어린 아이들을 죽이라고 했을 가능성이 없다고 보기 때문이며 그들이 왕에게 보고할 때 히브리 여인에 대하여 객관적인 입장에서 복명하는 것 같기 때문이다. 그러나 성경에는 이들이 분명히 히브리 산파라고 되어 있다. 그들이 하나님을 두려워했으므로 히브리인일 가능성이 더 크다. 모든 말씀을 성경대로 믿는 것이 안전하다). 그러나 히브리 산파들은 왕의 명을 어기고 남자 아이를 살렸다. 이는 그들이 하나님을 두려워했기 때문이었다. 그들은 왕이 어찌 남자 아이를 살렸느냐고 묻자 히브리 여인은 건장하여 산파가 이르기 전에 해산하므로 죽일 수 없었노라고 대답했다. 이 말은 어느 정도는 사실이고 어느 면에서는 사실이 아닐 것이다. '그렇다 하더라도 이를 명백한 거짓말로 볼 수 없는 것은 그들이 악인의 명령과 꾀를 좇지 않으려고 사실을 은폐한 것이기 때문이다' (박윤선).

처음에 히브리 산파들에게 낳자마자 죽이라고 한 것은 은밀한 것이었지만 나중에 남자아이는 하수에 던지라고 한 것은 공개적인 일이었다(22절). 즉 죄는 점점 더 강포해진다. 처음에는 산파에게 은밀하게 해산할 때 남자아이만 없애라고 했지만 나중에는 공개적으로 남자아이를 낳는 대로 하수에 던지라고 하였다. 애굽의 핍박과 말살정책은 첫째 고역으로 압제하는 것이고 다음은 남아를 죽이는 것이었다. 이러한 심한 핍박과 환난 가운데서 하나님의 백성들은 계속 번성하고 강대하여져 갔다. 사탄의 핍박과 반대가 있어도 하나님이 한 번 시작하시면 그분의 뜻을 아무도 꺾을 수 없다.

2. 산파들의 용감한 행위는 자신이 은혜를 받고 또한 히브리 백성을 번성케 하는 결과를 가져왔다. 신앙인의 용감한 행위들은 사회와 민족에도 큰 축복을 가져오는 것이다. 하나님은 산파들의 집을 왕성케 하였고 따라서 히브리 민족을 창성케 하는 결과를 가져왔다. 여기서 어떤

사람들은 산파들의 거짓말에 대하여 논란을 할 것이다. 그러나 이들의 거짓말은 사람을 살리려는 자비로운 마음에서 나온 것이다. 창조자 하나님은 사람의 생명을 사랑하시는 하나님이다. 그러므로 하나님은 사람의 생명을 구원하려고 그 아들을 보내신 것이다. 바리새인들은 주님께서 안식일에 한쪽 손 마른 사람을 고쳤다고 정죄하였다. 이는 그들에게 사람의 생명을 사랑하는 마음이 없는 것이 나타난 것이다. 이것이 완악한 인간의 마음이다. 하수(이오르)라는 히브리어는 하수라는 일반명사인 동시에 나일의 고유명사이기도 하다. 무죄한 영아를 대중적으로 물에 던져 죽이라는 명령은 잔인무도한 박해령이었다. 그러나 하나님은 바로의 박해령을 역이용하셔서 모세를 가난한 히브리 가정에서 애굽 궁중으로 옮기시어 애굽의 모든 학술을 다 배우게 하셨다. 하나님은 과연 모든 역사의 주인이시다. 누가 그분을 거스를 수 있으랴!

출애굽기 2장

1-4절, 레위 족속 중 한 사람이 가서 레위 여자에게 장가들었더니 2 그 여자가 잉태하여 아들을 낳아 그 준수함을 보고 그를 석 달을 숨겼더니 3 더 숨길 수 없이 되매 그를 위하여 갈 상자를 가져다가 역청과 나무 진을 칠하고 아이를 거기 담아 하숫가 갈대 사이에 두고 4 그 누이가 어떻게 되는 것을 알려고 멀리 섰더니

당시 이스라엘 중에 경건한 사람들은 비록 애굽에 있었을지라도 그들에 대한 하나님의 약속을 잊지 않고 있었다. 모세의 부모는 결혼하여 남자아이를 낳았는데, 남자아이는 무조건 하수에 버리라는 바로의 지시가 이행되는 때였지만 태어난 아이를 바라볼 때 그 아이가 범상치 않다는 것을 알고 석 달을 숨겨 길렀다(2절의 준수한(fair) 아이란 아름다운(beautiful) 아이이다, 행 7:20). 그때 그들은 분명 하나님의 언약을 기억하고 있었으며 그들을 애굽에서 인도하여 내실 것이라는 신앙을 갖고 있었다. 모세의 부모는 그들에게서 태어난 아이의 준수함을 보고 그러한 일을 위해 하나님께서 내신 아이일 것이라는 믿음이 있었을 것이다. 이에 대해 히브리서 기자는 이렇게 말한다. "믿음으로 모세가 났을 때에 그 부모가 아름다운 아이임을 보고 석 달 동안 숨겨 임금의 명령을 무서워 아니하였으며"(히 11:23).

모세의 아버지와 어머니는 믿음의 사람들이었다. 하나님께서는 언제나 이 땅에 하나님의 언약과 말씀에 대한 믿음을 가진 사람들이 존재할 때 그분의 원하시는 일을 하실 수 있다. 그들은 석 달 동안 사망의 공격과 위협에 직면해 있었다. 당시 남자아이가 태어났는데 그를 하수에 던지지 않으면 그 부모조차도 중형을 면할 수 없었을 것이다. 그러나 그들은 왕의 명령을 두려워하지 않았다. 그것은 그들이 죽음과 어떠한 형벌도 두려워하지 않았음을 증명한다. 발각되면 아이의 생명도 끝이고 아기를 살려둔 부모도 임금의 명을 거역한 죄로 죽음을 면치 못했을 것이다. 이와 같이 진정한 믿음은 죽음을 무릅쓰는 것이 있다. 이러한 믿음이야말로 하나님이 칭찬하시는 믿음이다. 주님을 위해 좋은 직장도, 미래도 내려놓는 사람들이 있고, 심지어 교회의 보장된 직분도 내려놓는 사람도 있다. 이런 사람들은 장래의 삶에 대한 두려움을 갖지 않는 자들이다. 적어도 주님을 따르려면 자신의 생계와 생명이 위협받는 지경이라 하더라도 순종할 수 있어야 한다.

당시 모세의 아버지와 어머니와 누이에게는 믿음이 있었다. 그들은 이 땅에 나라가 있고 권세가 있고 왕이 있지만 모든 권세와 나라와 영광이 하나님께 있음을 믿었다. 그렇기 때문에 그들은 엄청난 위험을 무릅쓰고 아이를 삼 개월 동안 숨긴 것이다. 하지만 삼 개월이 지나서 더 이상 숨길 수 없게 되자 부모는 다른 방도를 찾아야 했는데, 그때 생각해낸 것이 갈 상자였다. 부모는 갈 상자에 역청과 나무 진을 칠하여 안전하게 만들고 그 안에 아이를 넣어 하숫가 갈대 사이에 두었다.

사탄은 하나님의 역사를 미리 알고 방해하는 일을 하곤 한다. 그때는 바로 하나님의 백성들을 위한 구원자가 태어나야 하는 시기였다. 그러한 때에 사탄은 남자아이를 다 죽이려 한 것이다. 이것은 마태복음 2장에서 예수님이 애굽으로 도피하셔야 했던 상황과 흡사하다. 당시 헤롯왕이 예수를 죽이려고 두 살 아래의 사내아이를 다 죽이라고 명했기 때문이다. 그러나 하나님의 그릇으로 택정함을 입은 자들은 하나님께서 기묘한 방법으로 역사하여 보호하신다.

모세의 부모는 모세가 죽어서는 안 된다는 것을 알았다. 그래서 모세를 갈 상자에 넣어 하숫가 갈대 사이에 둔 것이다. 이 모든 것이 믿음의 행동이다. 출애굽기에서는 하숫가 갈대 사이에 두었다(put)고 했지만 사도행전 7장 21절에는 버려졌다(cast out)고 표현되어 있다. 어떤 사람은 이러한 행동을 놓고 혹 요행수를 바란 것이 아니냐, 그것이 무슨 믿음이냐 할지 모른다. 그러나 믿음의 행동에는 자신의 붙잡은 손에서 놓는 날이 있어야 하고 버리는 체험이 필요하다. 이를테면 건강에 대하여 문제가 있는 신자가 있다고 하자. 그는 한편으로는 자신의 약함이나 질병에 대하여 기도하며 하나님께 맡긴다고 하지만 여전히 자신이 붙잡고 있는 손을 놓지 못한다. 그러나 어느 날 하나님이 그의 붙잡은 손을 놓게 하신다. 그것은 그가 더 이상 자신이 아무것도 할 수 없음을 깨달은 날이기도 하고 하나님만이 모든 것을 하실 수 있다는 것을 안 날이다. 여기서 모세의 부모들이 더 이상 아이를 숨길 수 없게 되었던 것처럼 우리도 어느 날 우리의 건강이나 어려움들을 우리 손으로 더 이상 개선할 수도 해결할 수도 없다는 것을 알았을 때 믿음의 행동이 나오는 것이다.

또 한편으로 믿음의 행동에는 지혜와 자상한 동역이 요청된다. 모세의 부모는 아이를 갈 상자에 넣어 하수에 띄우는 일을 영감을 통해서 생각해 냈을 것이다. 그들은 아이를 담요에 싸서 산이나 들에 두지 않았다. 갈 상자 없이 물에 그냥 던져버리지도 않았다. 어떤 사람은 믿음이 있다 하여 자상함과 지혜조차 필요없다고 생각하고 함부로 행한다. 그러나 그 결과는 아무것도 얻지 못하고 믿음의 길에서 벗어나게 되는 것이다. 믿음의 길은 하나님의 뜻과 말씀에 순종하는 길이다. 석 달쯤 데리고 있었던 것도 믿음이고 더 이상은 데리고 있어서는 안 되고 이제 아이를 넣어 보관할 갈 상자를 만들어 하수에 띄우는 것도 믿음이다.

모세는 이렇게 물에서 건짐을 받았다. 자신이 건짐을 받았기에 다른 많은 사람들을 건져낼 수 있는 것이다. 이와 같이 모세는 태어날 때 이미 그가 무슨 일을 할 사람인지가 결정된 것이다. 사도 바울은 자신이 유대교의 어두움에서 구출되었으므로 당시 유대교의 흑암의 권세 아래 있는 많은 사람들을 도울 수 있었고 구출할 수 있었다. 다윗은 목동 시절에 이미 양떼를 공격하는 곰이나 사자를 돌로 쳐서 죽일 수 있었으므로 골리앗을 죽이고 이스라엘을 구원할 수 있었다. 우리가 어떠한 형편에서 은혜를 얻고 구원을 얻는 것은 결국 같은 형편에 처한 많은 사람들을 구원하기 위한 것이다. 모세는 자신이 먼저 물에서 건짐을 받았으며, 따라서 이스라엘 백성으로 홍해를 통과하여 나오게 하는 일을 한 것이다.

사실상 갈 상자에 넣어져 물 위에 띄워졌던 모세는 죽음을 통과해 나온 것이다. 그의 운명이 어떻게 될지 모르는 일촉즉발의 상황에 있었기 때문이다. 믿음이 있는 사람들은 누구든지 이러한 어려운 상황에 자신을 둘 수밖에 없는 때가 있다. 예로부터 주님과 진리 편에 서는 사람들은 그렇지 않은 사람들보다 훨씬 위험하고 힘든 상황에 처해 왔다. 그러나 그런 상황은 그로 하여금 먼저 하나님의 구원과 하나님의 도우심을 체험하게 함으로 그가 얻은 체험과 승리를 다른 하나님의 자녀들에게 공급하고 나눠줄 책임을 감당하게 되는 것이다.

5-10절, 바로의 딸이 목욕하러 하수로 내려오고 시녀들은 하숫가에 거
닐 때에 그가 갈대 사이의 상자를 보고 시녀를 보내어 가져다가 6 열고 그
아이를 보니 아이가 우는지라 그가 불쌍히 여겨 가로되 이는 히브리 사람
의 아이로다 7 그 누이가 바로의 딸에게 이르되 내가 가서 히브리 여인 중
에서 유모를 불러다가 당신을 위하여 이 아이를 젖 먹이게 하리이까 8 바
로의 딸이 그에게 이르되 가라 그 소녀가 가서 아이의 어미를 불러오니 9
바로의 딸이 그에게 이르되 이 아이를 데려다가 나를 위하여 젖을 먹이라
내가 그 삯을 주리라 여인이 아이를 데려다가 젖을 먹이더니 10 그 아이가

자라매 바로의 딸에게로 데려가니 그의 아들이 되니라 그가 그 이름을 모세라 하여 가로되 이는 내가 그를 물에서 건져내었음이라 하였더라

모세의 부모와 누이는 바로의 딸이 목욕하는 시간과 장소 등을 알아두었을 가능성이 있다. 그들은 그 시간에 맞추어 모세를 넣은 갈 상자를 하수에 띄웠을 것이다. 그들은 결코 어리석게 심야나 이른 새벽에 그런 일을 하지 않았을 것이다. 그들은 왕궁 사람들이 하숫가에 나오는 시간을 택하였을 것이다. 그러므로 믿음의 행위란 무모함이나 어리석음을 의미하지 않으며 이처럼 지혜와 섬세함을 요한다. 모세의 누이는 갈 상자를 하수에 띄우고 그것이 도대체 어떻게 될 것인지를 주시하면서 거기서 눈을 떼지 않았다. 이 누이는 모세의 친누이인 미리암일 것이다.

그녀는 바로의 딸이 상자를 취하자 얼른 그녀에게 달려가 히브리 여인 중에서 유모를 구할 것을 제시했고 바로의 딸은 그에 응했다. 그래서 모세는 살았을 뿐 아니라 바로의 공주의 아들이 되었고 그곳에서 애굽의 학술을 다 배울 수 있는 기회를 갖게 되었다. 이러한 그의 자격이 훗날 이스라엘 백성들을 40년 동안이나 광야에서 인도할 수 있도록 했고 모세 5경을 기록할 수 있는 소양을 갖추게 했다.

모세의 어머니

모세의 어머니의 이름은 요게벳(출 6:20)이다. 그녀의 이름은 성경에 모세처럼 유명하게 나오지 않는다. 감추어진 이름이지만 그녀가 없으면 모세가 있을 수 없다. 우리는 신앙의 굉장한 인물들 중에 역사적으로 알려지지 않은 인물들이 있다는 것을 알아야 한다. 꼭 알려진 자들만이 대단히 하나님께 쓰인 줄 알고 알려지기 위해 동분서주할 것이 없다. 알려지지 않은 자들 중에는 알려진 자들 이상으로 그리스도께 상을 받을 자들이 많을 것이다. 바울을 인도한 자는 아나니아요 바나바이다. 그들이 없다면 바울이 나올 수 없다. 베드로가 위대하다면 그를 주님께 인도한 안드레도 위대한 것이다. 중국의 훌륭한 영적 지도자 워치만 니도 영국 선교사 화수은 교사(Margaret E. Barber)가 없이는 나올 수 없었다. 스펄전 목사를 회개케 한 사람도 이름 모를 감리교 전도사였고 무디(Moody) 선생을 복음 전도자가 되도록 인도한 사람은 사람들이 별로 알지 못하는 킴벌(Kimball) 선생이라 한다.

첫째로 요게벳은 아름다운 것을 발견할 수 있는 눈을 가진 사람이다. 그러므로 그녀는 모세가 범상치 않은 인물이 될 것을 알았다. 이는 알아 볼 수 있는 통찰력이니 매우 중요한 것이다. 둘째는 환난 때 환난을 이길 길을 찾았다는 것이다. 그녀는 환난을 당할 때 심리가 동요되어 육에 속하여 혼란스러워하며 싸우고 떠들고 다니며 난리를 피우지 않고 고요히 하나님이 기뻐하시는 것이 무엇인지를 알고 그것을 생각해 내어 조용히 행동에 옮겼다. 그렇게 힘들고 요란한 때에 성도들은 고요히 하나님이 기뻐하시는 뜻을 분별하며 그것을 단단히 붙잡고 행하는 지혜와 슬기를 가져야 한다. 그녀는 어떤 것도 무서워하지 않고 하나님이 보시기에 아름다운 것을 살리려 목숨을 걸고 행하였다. 이는 말이 그렇지 그렇게 쉬운 것이 아니므로 성도들이 마땅히 본받아야 할 점이다. 사람들은 그녀가 자기의 아들이기 때문에 그렇게 애틋함을 가지고 한 것으로 오해할지 모르나 성경은 그렇게 말하지 않고 그 아이의 아름다움을 보고 그리했다고 하였다. 또 그녀는 결단성이 있는 여자였다. 신앙의 위인이 되려면 반드시 하나님을 위한 일에 결단성을 가져야 한다. 결단성이 없는 사람은 주님을 기쁘시게 하는 봉사를 할 수 없다. 성도들이여, 결단성을 가진 인물이 되어라! 다니엘이 그러했고 에스라가 그러했으며 느헤미야가 그러했다. 누구든지 하나님이 사용하시는 사람들은 결단의 용기가 있는 사람들이다.

나는 16여 년 전에 하나님의 부르심에 의해서 몽골에서부터 해외 사역을 시작하였다. 그때 그곳에 나타난 교회는 어리지만 매우 신선하고 아름다웠다. 그 아름다움을 보고 나는 이미 있던 오래된 교회와 함께할 수 없음을 알았다. 이는 나의 옛 교회의 상황이 그곳에 합쳐질 때 그곳의 깨끗함과 신선함에 오염과 부패를 가져다 줄 것을 염려하였기 때문이다. 사람들은 그때 나를 매우 오해하였는데 이는 내가 세운 교회를 스스로 지키려는 욕심으로 그리하였다고 하였다. 나는 그때 홀로 매우 어려운 시간을 가질 수밖에 없었다. 나는 그 어린 교회들을 위하여 25년의 봉사와 쌓아놓은 모든 업적과 친구와 가족들을 잃어버릴 수밖에 없었던 것이다. 그러므로 나는 매우 어려운 과정을 거치게 되었지만 그로 말미암아 많은 새로 태어난 교회들이 보존될 수 있었다. 이로 인하여 하나님께 감사와 찬양을 드린다.

11-12절, 모세가 장성한 후에 한번은 자기 형제들에게 나가서 그 고역함을 보더니 어떤 애굽 사람이 어떤 히브리 사람 곧 자기 형제를 치는 것을 본지라 12 좌우로 살펴 사람이 없음을 보고 그 애굽 사람을 쳐죽여 모래에 감추니라

모세는 어려서 히브리 어머니의 양육과 교육 아래서 자랐다. 그러므로 그의 사고 방식은 약속의 백성인 이스라엘의 그것이었다. 그러므로 유아 교육은 매우 중요하다. 유아 때 친어머니에게서 조상으로부터 내려오는 히브리 신앙을 배운 모세는 바로의 공주의 아들로서 누릴 수 있는 호의호식과 부요를 기꺼이 저버리고 그의 백성들과 함께 고난받는 비천한 길을 택하였다. 그는 많은 사람들처럼 그러한 생각만 가진 것이 아니라 실제로 그러한 길을 가고자 하였다. 이 구절에는 나타나 있지 않지만 모세는 이미 이때 하나님의 백성을 위하여 희생하기로 작정하고 왕궁을 아주 나온 것이다(행 7:25). 이것도 일종의 큰 결단이다. 왕궁을 버리고 나온 것이 어찌 작은 일이겠는가? 자기 백성과 함께 고난을 받고자 한 것이다. 그러던 어느 날 자신의 동족인 히브리 사람이 애굽 사람에게 폭행당하는 것을 보았다. 그때 모세는 그 상황을 지나칠 수 없었다.

그가 참으로 하나님과 그분의 백성을 위하여 좋은 마음을 갖고 있었을지라도 그의 사역에서 첫 번째 한 일은 살인이었다. 그는 한 애굽 사람을 쳐죽여 모래에 파묻었다. 모세의 사십대의 영성은 혈기와 할 수 있음으로 가득했던 것이다. 그는 그리스도와 그분의 백성과 함께 고난받기 위해 자신의 영화로운 지위와 장래를 초개같이 버릴 수 있었지만, 자신의 혈기와 할 수 있음은 처리할 수 없었다. 그러므로 그가 그의 백성을 돌아보기 위해 첫 번째로 나서서 한 일은 애굽 사람을 죽여서 모래에 감춘 것이었다.

13-15절, 이튿날 다시 나가니 두 히브리 사람이 서로 싸우는지라 그 그른 자에게 이르되 네가 어찌하여 동포를 치느냐 하매 14 그가 가로되 누가 너를 우리의 주재와 법관을 삼았느냐 네가 애굽 사람을 죽임같이 나도 죽이려느냐 모세가 두려워하여 가로되 일이 탄로되었도다 15 바로가 이 일을 듣고 모세를 죽이고자 하여 찾은지라 모세가 바로의 낯을 피하여 미디안 땅에 머물며 하루는 우물 곁에 앉았더라

모세는 이때 자기에게 맡겨진 한 가지 사역이 있다는 것을 느낀 것 같다. 그래서 그는 자기의 동족을 돌아보며 살아야겠다고 결심했을 것이다. 그래서 애굽의 보화보다 자신의 백성과 함께 고난받는 것을 더 귀히 여겼을 것이다. 그것은 그의 어머니의 좋은 유아 교육 덕택이라고 보여진다. 사람의 유아 시절의 교육은 그의 장래에 큰 영향을 미친다.

그는 전날 한 일이 자기 민족을 위하여 좋은 일을 한 것이라고 느꼈을 것이다. 마치 사울이 예수 믿는 자들을 핍박할 때 자신이 하고 있는 일이 무슨 일인지를 몰랐던 것과 같다. 그는 다음 날 다시 형제들이 있는 곳으로 나왔다. 이번에는 자기 민족끼리 싸우고 있었다. 모세는 그들을 중재하여 싸우지 않게 하려고 나섰다. '애굽 사람과 싸우는 것은 그렇다치고 왜 히브리인끼리 이방 땅에서 압제를 받고 살면서 서로 싸우는가? 서로 사랑하고 협력하여도 부족한 처지에…' 라고 생각하면서 모세는 이 일에 자신이 적절한 도움을 줄 수 있으리라고 생각했다. 그는 자신이 왕궁에 있으면서도 이처럼 자기 동족을 돌아본다면 그들이 잘 들어줄 것이라고 믿었다. 그러나 그들의 반응은 어떠했는가? 모세를 전혀 그들의 인도자 감으로 생각하지 않는 것이었다. 즉 '네가 바로의 궁에서 높은 신분에 있으면 있었지 누가 너를 우리 민족의 주재나 법관으로 세웠느냐?' 하면서 도리어 모세를 멸시했다. 그리고 그 히브리인은 '네가 애굽 사람을 죽임같이 나도 죽이려느냐?' 하면서 어제의 일을 들추어내었다.

그러지 않아도 모세는 어제의 살인 사건에 대해 미심쩍고 두려운 마음을 갖고 있었다. 이것은 그가 그 시체를 모래 속에 감춘 것에서 나타난다. 그는 그 시체를 모래 속에 감출 때 결코 마음이 편안하지 않았을 것이다. 심장이 두근두근했을 것이다. 그런데 자신의 동족 중 한 거친 사람의 입에서 모세의 죄과를 발설하는 것을 듣게 되었다. 모세는 일이 탄로난 것을 알았다. 그리고 두려워하면서 바로의 낯을 피하여 도망하게 되었다. 모세는 후에 매우 충성된 하나님의 종이 되었지만 그의 출발은 이렇게 살인과 도망으로 시작되었다. 이것은 하나님의 긍휼을 보여준다.

도망간 모세는 미디안 땅에 머물렀는데 하루는 우물 곁에 앉았다. 우물 곁에 앉은 모세는 마치 야곱이 루스 곧 벧엘에 이른 것과 같다. 하나님께서 쓰시는 사람들의 생애는 서로 비슷한 면이 많다. 하나님께서는 사람을 쓰시기 전에 먼저 그가 원래 갖고 있던 것들을 하나하나 제하는 역사를 하신다. 우물 곁에 앉은 모세는 이제 모든 것을 잃어버린 사람이 되었다. 즉 자기의 영화로운 지위와 명예와 부귀 등 모든 것을 잃어버린 것이다. 그는 원래 좋은 갈망을 갖고 그리스도와 자신의 동족을 위하고자 했는데 그 결과는 왕궁도 잃어버리고 자기의 동족도 잃어버리고 외로이 우물 곁에 앉아 있는 신세가 된 것이다.

히브리서 11장 24-26절은 "믿음으로 모세는 장성하여 바로의 공주의 아들이라 칭함을 거절하고 도리어 하나님의 백성과 함께 고난받기를 잠시 죄악의 낙을 누리는 것보다 더 좋아하고 그리스도를 위하여 받는 능욕을 애굽의 모든 보화보다 더 큰 재물로 여겼으니"라고 말한다. 그렇다면 모세가 언제 그런 마음을 가졌는가를 생각해 볼 필요가 있다. 언뜻 보기에 모세는 사람을 쳐 죽이고 도망하여 미디안으로 가서 어쩔 수 없이 양을 치다가 부르심을 받은 것 같다. 그러나 히브리서에서 성령은 모세의 내적인 의도를 그렇게 보지 않았다. 그는 바로의 공주의 아들이라 칭함을 거절했다고 말한다. 여기서 우리는 사람의 나타난 행동에 대해 해석하는 일이 간단하지 않음을 알 수 있다. 모세가 나와서 자기 동족을 돌아보려 하며 애굽인을 쳐 죽일 때 그의 마음은 이미 왕궁을 떠났다. 그가 만일 왕궁의 호화로움을 보화로 여겼다면 처신을 매우 조심하며 결코 그러한 행동을 하려 하지 않았을 것이다. 물론 당시 그의 행동은 거칠고 육체가 처리되지 않은 상태였지만 그의 마음은 이미 그리스도를 위하여 모든 좋은 것을 포기했던 것이다.

16-22절, 미디안 제사장에게 일곱 딸이 있더니 그들이 와서 물을 길어 구유에 채우고 그 아비의 양무리에게 먹이려 하는데 17 목자들이 와서 그들을 쫓는지라 모세가 일어나 그들을 도와 그 양무리에게 먹이니라…19 그들이 가로되 한 애굽 사람이 우리를 목자의 손에서 건져내고 우리를 위하여 물을 길어 양무리에게 먹였나이다…21 모세가 그와 동거하기를 기뻐하매 그가 그 딸 십보라를 모세에게 주었더니 22 그가 아들을 낳으매 모세가 그 이름을 게르솜이라 하여 가로되 내가 타국에서 객이 되었음이라 하였더라

모세의 인생은 하나님의 정하심에 따른 것이다. 그는 왕궁에서 호화로운 결혼을 할 수 있었던 인물이다. 그러나 하나님은 그분의 자녀의 결혼 문제에 있어서 주권적이시다. 그가 미디안에 와서 십보라를 만난 것은 하나님의 주권에 속한 일이었다. 그때만 해도 모세의 복장이나 모습은 애굽 사람의 것이었고 또 모세는 용감하고 약자를 돕는 성격을 갖고 있었다. 그러므로 모세는 이드로의 딸들을 못살게 구는 목자들의 손에서 건져주었고 그 딸들은 모세에게 매우 고마워하는 마음을 갖게 된 것이다. 그들은 모세를 아버지에게 소개했고 모세는 그들의 집에 초대되었다. 모세는 그들의 아비 르우엘과 함께 거하기를 기뻐했고 그는 자기 딸 십보라를 그에게 주어 그를 사위로 삼았다. 그리고 아들을 낳았는데 그 이름을 게르솜-타국에서 객이 됨-이라 하였다.

23-25절, 여러 해 후에 애굽 왕은 죽었고 이스라엘 자손은 고역으로 인하여 탄식하며 부르짖으니 그 고역으로 인하여 부르짖는 소리가 하나님께 상달한지라 24 하나님이 그 고통 소리를 들으시고 아브라함과 이삭과 야곱에게 세운 그 언약을 기억하사 25 이스라엘 자손을 권념하셨더라

1. 하나님께서는 그분의 백성들의 탄식과 부르짖음을 들으셨다. 그리고 그들을 권념하시고 구원의 역사를 시작하셨다. 우리는 여기서 하나님께서 그분의 역사를 행하실 때 그 백성들의 부르짖음과 기도에 근거하여 하심을 볼 수 있다. 하나님의 언약이 있고 하나님의 뜻이 있으며 부르짖는 기도가 있고 응답하심이 있다. 과연 우리는 어떻게 해야 하나님께 상달되는 기도를 드릴 수 있으며 그분으로 들으시게 할 수 있는가? 응답받는 기도의 비결은 무엇인가? 이들은 참된 그들의 상태를 그대로 고백하며 부르짖었다. 그들의 부르짖음은 어떤 교리나 지식이나 순간적인 감동에 의한 흥분에서 나온 것이 아니다. 가장 하나님의 들으심을 얻는 기도는 우리의 참된 상황을 정직하게 아뢰어 드리는 것

이다. 우리는 반드시 우리의 기도가 하나님의 존전에 울려 퍼지고 그분의 귀에 들으신 바 되게 해야 하며 그분으로 반드시 응답하시게 해야 한다. 당시 이스라엘 백성들은 하나님을 향하여 부르짖었고 하나님으로 하여금 들으시게 했다. 하나님은 그분의 자녀들의 깊은 탄식의 소리를 들으신다. 단순한 소리는 주의하지 않으시다가 그 외침이 너무나 애처롭고 간절하며 깊은 애통이 흘러나오는 것이라면 하나님은 '이것이 무슨 소리지?' 하시는 것 같다. '오, 이것은 고통을 당한 아무개의 소리로구나' 라고 하시며 들으신다는 말이다. 성경에는 '하나님이 그 고통 소리를 들으셨다' 고 한다. 그리고 하나님은 그분의 언약을 기억하셨다고 한다. 그러니 모든 것은 하나님이 하셔야 하는 것이다.

"하나님이 이스라엘 자손을 권념하셨더라". 비록 당시 그들이 애굽 옷을 걸치고 있겠지만 하나님은 '저들이 이스라엘 백성 중 하나로다' 라고 하신다. 그리고 하나님은 구원자로 모세를 보내신 것이다. 이는 신약에서 예수 그리스도를 보내신 하나님의 역사로 말할 수 있다. 다른 말로 말해보겠다. 이스라엘 백성들이 처음 고센 땅에 들어갔을 때는 매우 좋았다. 좋았을 때는 그렇게 부르짖지 않았을 것이다. 그러나 세월이 지났을 때 모든 상황이 바뀐 것이다. 그리고 이스라엘 백성들에게는 부르짖지 않고는 못 견딜 상황이 도래한 것이다. 이는 무엇을 말해주는가? 당신의 환경에 말할 수 없이 답답하고 부르짖지 않고는 못 견딜 상황이 왔다면 필경 이는 구원의 역사를 이루시려는 하나님의 개입하심이다. 우리는 수많은 때에 이러한 일들을 겪었다. 주님은 상황을 바꾸시고 부르짖게 하셨으며 우리를 다른 차원으로 이끄시며 인도하셨다. 하나님께 감사드린다.

2. 기도에 있어서 가장 중요한 것은 하나님의 뜻이다. 기도는 하나님의 뜻을 이루기 위한 것이어야 한다는 말이다. 당시 이스라엘 백성들의 부르짖음도 중요했지만 그들의 부르짖음이 하나님의 뜻에 일치되었다

는 것이다. 하나님은 이미 오래 전에 이스라엘 백성들을 애굽에서 구출해내기로 뜻을 세우셨다. 그리고 그분은 그것을 아브라함에게 언약하셨다(창 15:13-14).

조지 뮬러(George Muller, 1805-1898)는 기도에 있어서 매우 귀한 체험을 가진 영적인 인물이었다. 그는 사역에 임하기 전에 건강이 몹시 나빴다. 의사들의 진단에 따라 군복무에 부적격자라는 판정을 받았다. 자신의 판단으로도 건강이 회복될 수 없으리라고 생각했다. 그러던 어느 날 영혼 깊은 속에서 희망과 기쁨이 솟아났다. 하나님의 사역 가운데 임하는 은혜 때문이었다. 그는 죽음이 조금도 두렵지 않았고 속히 주님께 가고 싶은 심정이었다. 그때 그는 병상에서 의사가 준 약을 먹으면서 기도했다. '주님, 세상의 약은 단지 물과 같습니다. 저의 생명은 주님 손에 달려 있습니다. 저를 천국으로 데려가시든지 아니면 살려주시옵소서. 오직 주님 생각에 좋으신 대로 하여 주시옵소서.' 그 후 뮬러는 점점 몸이 회복되어 하나님의 사역을 훌륭하게 감당했고 그 약하던 사람이 90세가 넘게 살았다. 뮬러의 기도는 자신의 생각이 아닌 주님의 생각을 중심으로 한 기도였다. 그러므로 기도에서 가장 중요한 것은 하나님의 뜻을 구하는 것이다. 하나님의 뜻을 중심 삼아 기도할 때 하나님의 응답을 얻을 수 있다. 기도하는 사람은 마땅히 성경 말씀을 읽고 말씀에 따라서 기도하기를 배워야 하는데, 이 또한 하나님의 뜻을 주의하여 기도하기 위한 것이다.

두 번째로 응답받는 기도에서 중요한 것은 정직한 마음이다. 뮬러의 기도는 항상 정직한 마음에서 나왔다. 그러므로 그는 많은 기도의 응답을 받을 수 있었다. 나는 당시 이스라엘 백성들이 하나님께 부르짖을 때 가식적으로 소리를 지르며 기도했다고 믿지 않는다. 사람들의 부추김이나 선동 때문에 흥분하여 부르짖은 것도 아니다. 그들은 참으로 고통스러운 나머지 하나님께 부르짖은 것이다. 거짓된 감정과 그에 따른 기도는 응답받지 못하는 지름길이다. 어떤 사람들은 자신이 통곡하면서 크게 소리지르며 기도했는데도 왜 아무런 응답이 없는지 의아해 한다. 그러나 그는 자신의 통곡과 큰 부르짖음 속에 거짓된 감정의 요소가 섞여 있는지는 주의하지 않는다. 하나님은 거짓을 싫어하신다. 하나님은 어떤 사람에게도 만홀히 여김을 받지 않으신다(갈 6:7).

뮬러는 기도할 때 결코 가식이나 인위적인 방법을 동원하여 기도하지 않았고 다른 사람을 흉내내어 기도하지도 않았다. 그는 기도할 때 하나님 앞에서 매우 정직했다. 그는 없는 것을 있는 척하지도 않고 모르는 것을 아는 척하지도 않았으며 약하면서 강한 척하지도 않고 믿음이 없으면서 있는 척하지도 않았다. 즉 그의 삶과 존재가 하나님 앞에 정직했다는 것이다. 이것은 그가 전혀 약함이나 죄가 없었다는 것이 아니라 자신의 모습에 대하여 정직했다는 것이다. 비록 약함과 허물이 있어도 정직이라는 기초 위에 기도의 동기가 세워질 때 비로소 응답받는 기도를 드릴 수 있다.

기도에서 거짓된 것이 가장 하나님의 들으심을 방해한다는 것을 아는 것은 매우 중요하다. 하나님이 기뻐하시는 것은 사람의 솔직하고 정직한 영이다. 그러므로 다윗은 비록 형편없는 죄를 지었지만 자신의 죄를 가리지 않고 하나님 앞에 정직하게 죄과를 인정했다. 그는 "대저 나는 내 죄과를 아오니 내 죄가 항상 내 앞에 있나이다 내가 주께만 범죄하여 주의 목전에 악을 행하였사오니"(시 51:3-4)라고 자백했다. 이 자백은 당시 경건한 성도이자 왕이었던 사람의 정직한 고백이라고 말하지 않을 수 없다. 그러면서 다윗은 "하나님이여 내 속에 정한 마음을 창조하시고 내 안에 정직한 영을 새롭게 하소서"(10절)라고 하였다. 그는 비록 중한 죄를 지었지만 하나님께서 정직한 영으로 자백하는 회개를 들으실 것을 믿었다.

그러므로 기도는 지속적으로 하는 것도 중요하고 은밀히 드리는 것도 중요하며 그 외에도 많은 중요한 사항들이 있겠지만, 응답받는 기도를 드리는 데 있어서 무엇보다 중요한 것은 순수한 마음과 정직함이다.

하나님은 지난 날 아무리 범죄하고 실패했을지라도 정직한 마음으로 돌아올 때 기꺼이 영접해 주신다. 하나님은 성도의 거짓된 삶과 거짓된 기도의 음조를 기뻐하시지 않는다. 거짓은 사단의 속성이다(요 8:44). 하나님은 한 사람이라도 정직한 자의 기도를 듣기 원하신다. "정직한 자의 기도는 그가 기뻐하시느니라"(잠 15:8).

구약 시대에는 하나님이 그 백성을 위하시는 시대(God for us)였고, 성자의 시대는 하나님이 우리와 함께 하시는 시대(God with us)였으며 , 오순절 성령시대 이후는 하나님이 성도 안에 계시는 시대(God in us)이다(이상근).

출애굽기 3장

1절, 모세가 그 장인 미디안 제사장 이드로의 양무리를 치더니 그 무리를 광야 서편으로 인도하여 하나님의 산 호렙에 이르매

모세의 장인의 이름이 2장 18절에서는 르우엘이고 여기서는 이드로이다. 이름은 달라도 같은 사람이다. 호렙 산은 시내 산과 동일한 산일 것이다. 그 산에서 하나님이 모세에게 나타나시고 또 율법을 주셨으므로 그 산을 하나님의 산이라고 불렀다(Keil).

모세는 애굽을 떠나 완전히 다른 환경에 처하게 되었다. 그는 광야 서편으로 양 무리를 인도하여 가다가 하나님의 산에까지 이르게 되었다. 결국 그는 이스라엘 백성을 광야로 인도해야 할 임무를 맡게 될 것인데, 하나님께서는 그로 먼저 광야와 하나님의 산을 경험하게 하시고 양떼를 기르는 일을 하게 하셨다. 결국 그 양떼는 나중에 하나님의 백성으로 바뀐다. 모세에게 일어난 이 모든 일은 하나님의 주권 아래 있었다.

하나님께 크게 쓰임을 받은 사람들에게는 공통적인 면이 있는데, 그것은 먼저 기본적인 학문을 배우고 난 뒤 많은 시련과 공과를 거친 연후에 하나님을 섬기게 된다는 것이다. 모세와 바울이 그러했으며 루터나 다비도 마찬가지였다. 모세가 애굽에서 애굽 사람의 모든 학술을 다 배워 그 말과 행사가 능하게 된 것은(행 7:22) 후의 섬김을 위한 대비라고 말하지 않을 수 없다. 모세는 애굽에서 많은 지식을 습득한 후에 스스로 하나님을 섬길 자격을 갖추었다고 생각했다. 그래서 40세가 된 어느 날 자기 동족을 도울 마음을 갖게 된 것이다.

그러나 그가 애굽에서 그러한 기본적인 지식을 습득했다고 해서 하나님을 섬기기에 합당한 상태에 이른 것은 아니다. 그에게는 미디안의 또 다른 40년이 필요했다. 미디안의 40년은 모세를 완전히 바꾸어 놓았다. 그 오랜 세월은 할 수 있는 모세를 할 수 없는 모세로, 자신만만한 모세를 완전히 자신을 잃어버린 모세로 만들었다. 광야 서편의 모세는 얼마나 외롭고 고달팠겠는가? 오죽하면 그가 아들의 이름을 '이방에서 객이 되었다'는 뜻으로 '게르솜'이라 지었겠는가? 그는 애굽 왕궁의 생활을 그리스도를 위하여 버렸다. 히브리서 기자는 그에 대하여 이렇게 말한다. "믿음으로 모세는 장성하여 바로의 공주의 아들이라 칭함을 거절하고 도리어 하나님의 백성과 함께 고난받기를 잠시 죄악의 낙을 누리는 것보다 더 좋아하고 그리스도를 위하여 받는 능욕을 애굽의 모든 보화보다 더 큰 재물로 여겼으니 이는 상 주심을 바라봄이라"(히 11:24-26).

틀림없이 여기의 장성함은 80세를 가리키는 것이 아니라 40세를 가리키는 것이다. 즉 그는 40세 때 이미 헌신한 자로 보아야 한다. 오스틴 스팍스(T.A. Sparks)는 모세의 애굽생활 40년 동안 그의 마음이 하나님 앞에서 시험되어졌다고 말했다. 즉 그때 이미 그의 마음은 왕궁에서 떠난 것이다. 하나님은 모든 사람의 마음을 아신다. 하나님은 그때 그의 마음을 좋게 보신 것이다. 그러나 그는 그때 아직 준비되지 않았다. 특히 그는 자신을 할 수 있는 존재라고 믿었으니 철저히 자신을 모른 것이며 그는 믿음을 훈련할 또 다른 40년이 필요했던 것이다(T.A. 스팍스). 그러나 그는 당시 스스로를 매우 준비된 자라고 여기고 있었다. 그러므로 그는 동족을 돌아보려 하였고 처리되지 않은 기질과 혈기로 섬기기 시작한 것이다. 그러니 그의 마음은 선한 마음으로 시작하였지만 영적으로 합당하게 섬길 수 없었고 다만 자신의 기질과 혈기로 사람을 죽이고 사람들과 다투었으며 후회막급한 일들만 남기고 떠나게 된 것이다.

사울이 스스로 하나님을 최고로 잘 섬긴다고 믿고 있었을 때 그는 예수를 핍박하고 있었다. 그때 그의 봉사는 하나님 앞에서 전혀 계산되지 않는 것이었다. 그가 당시에 지식이 없었는가? 가말리엘 문하에서 당대 최고의 지식을 습득했었다. 그러면 그의 문제는 무엇이었는가? 주님을 실제로 만나지 못하고 자신의 혈기와 육체로 주님을 섬긴다고 한 것이다. 그는 자신이 어둠 속에 있다는 것을 꿈에도 몰랐다. 그는 바리새인(분리주의자)이었고 다른 사람을 멸시하며 자신의 영적 지식과 경건한 행동들을 스스로 자랑스러워하고 있었다. 그러나 하나님께서는 그분의 긍휼로 인해 그를 만나주셨고 그제서야 그는 자신이 지난날 어둠 속에 있었다는 것을 알았다. 지식과 교만으로 가득한 사람은 자신이 눈먼 것을 알지 못한다. 어느 날 한 번의 결정적이고 큰 타격과 거꾸러짐이 있을 때 비로소 자신에게 아무것도 없다는 것을 알게 된다. 이것이 긍휼이 아니겠는가?

모세도 원칙상 동일하다. 그는 지난날 모든 것이 좋았고 동족을 위하여 많은 일을 할 수 있는 위치에 있었다. 그러나 이제 그는 어디에 있는가? 과거의 화려한 지위와 명예, 따르는 사람들과 유창한 말, 그럴듯한 행동들이 다 어디로 갔는가? 모세는 지난날의 분주하고 의미있어 보이는 많은 일들로부터 멀리 떠나 있게 되었다. 광야 서편에는 인간들과 사건들, 인간적인 영향력들, 거짓된 지식의 전매, 공연한 겉치레가 없다(맥킨토시). 그곳에는 인간적인 조직에서 흘러나오는 영향력과 요란한 소리도 없고 금전과 야망과 세력과 지위의 균형과 우위를 점하기 위한 다툼과 갈등, 그것들을 얻기 위한 보이지 않는 노력과 분투하는 것도 없다.

그곳에서 모세는 자신의 천연적인 육체와 자아가 하나하나 처리되고 잘려나가는 것을 보며 오직 엄위하시고 존귀하신 하나님 한 분만이 높임을 받으시고 영광을 받으시는 것을 본다. 그곳에서만 하나님의 올바른 임재를 체험하며 자신이 과연 어떤 존재인지를 제대로 보기 시작한다. 참으로 의미 없어 보이고 무료하게 보이는 많은 터널을 통과하는 시간이 흘렀다. 그때 모세는 이렇게 독백하였으리라! '과연 나는 여기서 무엇을 하고 있단 말인가? 과연 내 인생은 이렇게 끝나는 것인가? 나는 겨우 이러한 것을 얻기 위해 과거의 화려한 경력과 지위를 버렸단 말인가?' 그러나 하나님께 감사드리는 것은 하나님께서는 결코 헛되이 모세를 그곳에 두시지 않았다는 것이다. 하나님께서 모세에게 하신 일은 원래의 모세라는 사람을 헐어내고 새롭게 그를 조성하시는 것이었다. 결과적으로 모세는 자신이 과연 어떤 사람인지를 조금씩 알아가게 되었다. 자신이 얼마나 무익하며 아무것도 아닌 존재인지! 모세가 광야 서편에서 비로소 인식하게 된 것은 뒤에 나오는 모세와 하나님과의 대화를 통해 알 수 있다. 그야말로 모세는 자신이 아무것도 아닌 '무' (zero)라는 것을 알았던 것이다.

아무도 없는 광야, 어떤 사람의 부축이나 공급이 없으며 할 일이라고는 없는―애굽에서 배운 모든 학술과 거기서 그가 발휘했던 놀라운 역량에 비할 때 장인의 양떼를 치는 것 정도는 아마도 노는 것과 같았을 것이다―그곳에서 그는 인생의 가장 어려운 시간을 보내고 있었다. 하나님을 섬기고자 하는 사람들은 모세와 같이 한동안 외계와 멀리 떠나서 마치 은퇴한 장소와 같은 곳에서 오래 머물면서 육체와 사람의 혈기에 속한 성분들을 제거할 필요가 있다. 바울이 아라비아에서 3년 있었던 것은 이러한 시간이 아니었을까?

우리는 결코 모세의 미디안 광야 40년을 간과할 수 없다. 사람이 자신의 역량에 비해 너무도 하찮은 일에 오랫동안 종사하는 것만큼 무료하고 외로우며 힘든 일도 없다. 그런데 놀랍게도 하나님은 그 기간 동안 감추인 방식으로 은밀하게 모세를 훈련하고 계셨던 것이다. 그럼에도 불구하고 정작 모세 자신은 그때 자기가 장래 하나님을 섬기기 위해 훈련받고 있다는 사실을 꿈에도 알지 못하고 있었던 것이다. 우리는 모세의 일생을 하나님이 이미 계획하시고 안배하셨다는 것을 알 수 있다. 하나님은 이스라엘 백성을 이끌어내어 40년 동안 훈련시키실 광야 훈련장에 모세를 먼저 불러다 놓으시고 그로 철저히 훈련받고 배우게 하셨다. 모세는 자신이 도망하여 우연히 광야로 와서 결혼도 하고 양떼를 치는 일을 하게 된 것이라고 느꼈겠지만 그의 모든 인생길은 하나님의 손에 있었던 것이다.

사역자의 중요성은 여기에 있다. 어떤 사람이 성경 지식을 좀 많이 안다고 하나님의 백성을 섬기는 종이 될 수 있다고 생각한다면 크게 오해하고 있는 것이다. 모세가 애굽의 모든 학술을 배우고 부모로부터 히브리 종교 교육을 철저히 받았겠지만 그것으로는 부족한 것이다. 그는 하나님이 그의 백성들을 인도하시려는 그 지점에 먼저 이르러야 했다. 그 고통을 먼저 체험해야 했다. 아무런 부축이 없는 외로운 상황에서 하나님 앞에서 바로 서는 믿음의 훈련을 해야 했다. 그럴 때 그는 다른 사람들을 그가 체험하고 이른 자리까지 이끌어 줄 수 있는 사역을 할 수 있었던 것이다. 그의 일생이 120년인데 40년은 그가 할 수 있는 기간이었고 이후 40년은 할 수 없는 기간이었으며 마지막 40년은 하나님만이 하신다는 것을 증거하는 기간이었다. 하나님 앞에서 그의 인생은 매우 계산된 기간이었다. 모든 사람을 뜻대로 사용하시는 하나님만이 이것을 아셨을 것이다. 우리의 모든 시대가 그분께 있다(내 시대가 주의 손에 있사오니, 시 31:15). 하나님은 사람을 사용하시는 데에 다 안배하신 때가 있으시다. 조급하거나 낙심할 필요가 없음은 모든 것이 하나님 손에 있기 때문이다. 이것은 우리의 하나님을 섬기는 일생에 있어서도 매우 참고가 되며 의미 깊은 것임을 알 수 있다.

2-5절, 여호와의 사자가 떨기나무 불꽃 가운데서 그에게 나타나시니라 그가 보니 떨기나무에 불이 붙었으나 사라지지 아니하는지라 3 이에 가로되 내가 돌이켜 가서 이 큰 광경을 보리라 떨기나무가 어찌하여 타지 아니하는고 하는 동시에 4 여호와께서 그가 보려고 돌이켜 오는 것을 보신지라 하나님이 떨기나무 가운데서 그를 불러 가라사대 모세야 모세야 하시매 그가 가로되 내가 여기 있나이다 5 하나님이 가라사대 이리로 가까이 하지 말라 너의 선 곳은 거룩한 땅이니 네 발에서 신을 벗으라

2절의 여호와의 사자는 히브리어로 '말라크 예호와' 로서 여호와로부터 보내심받은 자라는 뜻이다. 구약에서 종종 사용된 '말라크' 라는 말은 '천사' 혹은 '하나님의 일을 위하여 파송된 자' 에게 사용되었다(왕하 5:10, 시 148:2, 대하 36:15). 이는 신현현(Theophanic Angel)으로서 삼위일체의 제2위신 성육신하기 전의 그리스도를 가리킨다(Calvin). 여호와 하나님은 그분의 선택하신 백성을 구원하시려고 여호와의 사자로서 떨기나무 불꽃 가운데서 나타나셨다. 이는 마치 그리스도께서 바벨론에 포로 된 이스라엘 백성을 구출하시려고 화석류나무 사이에 홍마를 타고 나타나신 것과 비슷한 정황이라고 말할 수 있다(슥 1:8-10). 사실 여호와의 사자로서 이스라엘을 구원하시려고 나타나신 분은 영원한 하나님 자신이시다.

떨기나무에 불이 붙은 것은 하나의 이상(vision)으로서 떨기나무는 현재 낮고 불쌍한 처지에 있는 이스라엘을 나타내고 불은 하나님 자신을 나타낸다. 그리고 그 불꽃이 사라지지 않음은 비록 낮고 천한 가운데 처한 이스라엘이지만 불이신 하나님께서 그들을 떠나지 않으실 것임을 보이신 것이다. 이후 40년 동안 모세와 이스라엘을 인도하신 하나님은 불붙은 떨기나무의 이상과 같이 끝까지 그들을 떠나지 않고 보살피셨다.

이러한 기이한 광경이 모세의 관심을 끌었다. "불이 붙었으나 사라지지 아니하는지라…이 큰 광경을 보리라". 떨기나무는 매우 보잘것없고 불이 붙으면 쉽게 타버리고 없어지는데 그 불은 사라지지 않고 계속 그 나무와 함께 존재하고 있었다. 이것은 기묘한 하나님의 역사이다. 이스라엘은 가시떨기 나무처럼 매우 보잘것없고 저주 아래 있는 듯했지만, 불이 떨기나무를 태워 없애지 않고 끝까지 그 나무와 함께 존재한 것처럼 하나님께서는 끝까지 그들과 함께하셨다. 모세는 이것을 큰 광경이라고 말했다. 모세는 그의 중대한 사역을 시작하기 전에 여호와의 영광을 보아야만 했다. 하나님의 영광을 보지 않고는 합당하게 하나님을 섬길 수 없다. 모세만이 아니라 이사야나 에스겔이나 사도 바울이나 동일하게 하나님을 섬기기 전에 영광을 보았다(사 6장, 겔 1장, 행 9:3).

하나님께서는 이러한 떨기나무 가운데서 모세를 부르셨다. '모세야! 모세야!' 하나님은 모세의 이름을 아셨고 두 번이나 친밀하게 부르셨다. 모세는 즉시 대답했다. '내가 여기 있나이다.' 이것이 모세의 소명이다. 여기서 우리가 배워야 할 중요한 공과가 있다. 그것은 하나님이 사람을 부르셔서 인도하시고 은혜를 주시고자 할 때 그 부르심이 개인적이라는 것이다. 하나님께서 갈대아 우르에서 아브라함을 불러내실 때, 사무엘을 부르실 때, 또 사울을 부르실 때 다 개인적이었다. 이사야 40장 26절에서는 "주께서는 수효대로 만상을 이끌어 내시고 각각 그 이름을 부르시나니"라고 말한다.

믿음생활에서 어떤 사람이 항상 단체적인 움직임에만 자신을 맡기고 그 신앙이 하나님 앞에서 개인적이 되지 못하면 제대로 선 것이 아니다. 스스로는 서 있는 줄로 생각하지만 서 있지 못한 신앙을 가진 경우가 많다(고전 10:12). 이러한 사람은 실상은 서 있지 못하면서 다만 스스로 선 줄로 생각한다. 그들은 자신의 신앙을 하나님 앞에 스스로 가지지 못하고 단체나 다른 사람들에게 매달려 있기 때문에 서 있지 못하는 것이다.

하나님께서 아브라함을 부르신 것은 그 신앙이 하나님 앞에서 개인적인 것이 되게 하기 위함이었다. 박윤선 박사는 천국에서는 사람들의 신앙이 완전히 개인화되어 하나님께만 집중되어 있을 것이라고 하였다. 우리의 신앙이 하나님 앞에서 개인적인 것이 되고 독립되어 있으려면 많은 고난과 외로움의 길을 통과해야 한다. 매우 고통스럽고도 적막한 터널을 통과해야 한다. 쟌느 귀용의 전기를 읽으면 그는 매우 오랜 시간 이렇게 하나님께 버림을 받은 것과 같은 외롭고도 막막한 시간을 보낸 적이 있음을 볼 수 있다. 믿는이는 이처럼 온전히 개인적으로 하나님 앞에 홀로 서 있을 수 있어야 그 신앙이 견고하다. 그럴 때 비로소 다른 사람을 도울 수 있고 그들을 하나님께 인도할 수 있으며 그들을 어떻게 사랑하며 관계할 줄 알게 된다.

어떤 사람은 여기서 하나님께서 모세를 개인적으로 부르신 일을 놓고 자신에게도 언젠가 하나님께서 친밀하게 이름을 부르며 나타나시기를 기대할 것이다. 그러나 신약에서 하나님의 부르심은 일반적으로 복음의 말씀과 진리에 의한 것임을 기억해야 한다. 스펄전(C.H. Spurgeon)은 젊은 시절 죄악에 사로잡혀 살다가 어느 날 예배당에서 설교자가 전하는 이사야서 말씀을 들으면서 주님의 부르심을 체험했다. 그것은 "땅 끝의 모든 백성아 나를 앙망하라 그리하면 구원을 얻으리라 나는 하나님이라 다른 이가 없음이니라"(45:22)는 말씀이었다. 갈라디아서 1장 6절은 '그리스도의 은혜로 너희를 부르신 이를 속히 떠났다' 고 말하는데, 여기서 부르심받았다는 것은 갈라디아 성도들이 사도들이 전한 복음 진리를 듣고 깨달은 것을 가리킨다고 보아야 한다. 로마서 1장의 '하나님의 사랑하심을 입고 성도로 부르심을 입은 모든 자' 에서 말하는 부르심도 복음 진리를 믿고 받아들인 것이라고 할 수 있다.

즉 이 시대에 하나님께서 복음 전파를 통해 믿도록 도와주셨다면 하나님께서 모세를 부르셨듯이 그를 부르신 것으로 인정할 수 있다는 것이다. 물론 모세의 부르심에 특별한 사역과 위임의 성분이 없다는 말이 아니다. 그러나 신약의 성도로 부르심받은 일 또한 작은 일이 아님을 보는 것은 중요하다(히 3:1). 특히 신약의 성도들은 어떤 말씀이 특별히 크게 깨달아지고 그 말씀을 읽을 때에 그 말씀이 자신을 사로잡아 큰 은혜를 주신다면 그것이 곧 하나님의 큰 부르심과 같다는 사실을 이해해야 할 것이다.

만일 한 형제가 어느 날 말씀에서 하나님이 자신을 사랑하신다는 사실을 깨달았다면 하나님의 사랑이 그를 깊이 사로잡을 것이다. 그 이전에는 그 말씀을 몰랐다는 것이 아니라 그 날만큼은 매우 특별하게 그 말씀이 다가오고 새롭게 깨달아지며 마음속에 깊이 부딪혀 온 것이다. 이것이 무엇인가? 이것이 하나님의 사랑의 부르심이 아닌가?

그런데 우리가 한 가지 간과할 수 없는 것은 한 성도가 이러한 상태에 이르려면 모세의 광야 서편의 체험이 필요하다는 것이다. 그가 진정으로 하나님께만 집중하면서 외롭고 적막한 흑암의 터널을 통과하는 체험이 없이는 이런 개인적인 주님과의 관계가 성립되지 않는다는 것이다. 이런 연후에야 성도는 속임당하지 않고 세월을 낭비하지도 않으며 주님과 성도들을 섬길 수 있게 된다. 나는 이것이 모세의 부르심의 체험이라고 생각한다.

그가 40세였을 때에는 하나님의 소명에 의해서라기보다는 자신의 갈망과 원함에 따라 자기 동족을 섬기기 원했다. 그러나 80세가 되어 무력하게 되었을 때, 이번에는 하나님께서 그를 부르신 것이다. 나는 모세가 나이 80이 되었을 때 스스로의 생각 속에 '내 인생은 이렇게 끝나가는구나' 라고 생각했을 것이라고 믿는다. 왜냐하면 그가 쓴 시편 90편에 보면 그의 인생의 년수가 강건하더라도 80이라고 했기 때문이다. 그러므로 나는 그가 80부터 120살까지 살면서 그 40년간 하나님을 강건하게 섬긴 것은 하나님이 주신 건강으로 섬겼을 것이라고 확신한다. 그가 80이 되었을 때 인간적으로나 건강으로나 모든 것이 다 끝난 상태였는데 그때 하나님이 섬기라고 부르신 것이다. 늦었다 할 때가 이른 때이고 끝났다 할 때가 시작이라는 말은 이 일에서도 사실이다.

누구든지 하나님을 섬기는 사람은 스스로 달려나가 섬길 수 없고 반드시 모세와 같이 하나님의 부르심을 받아 섬겨야 한다. 여기서 우리는 하나님께서 어떤 일을 하시려면 반드시 그분과 함께할만한 그릇이 예비되어야 함을 볼 수 있다. 나는 하나님께서 하숫가의 갈 상자 이전 그가 태어났을 때부터 그를 주목하고 그릇으로 삼고자 하셨다고 말하겠다. 하나님께서는 당시 애굽에 있는 그분의 백성을 구원하실 필요가 있었고 그 일을 하시려면 반드시 하나의 그릇이 필요하다는 것을 알고 계셨다. 그리고 때가 되어 모세가 호렙 산에 이르렀을 때 하나님께서는 그에게 불붙는 떨기나무의 이상으로 나타나신 것이다.

"너의 선 곳은 거룩한 땅이니 네 발에서 신을 벗으라". 맨 먼저 하나님께서 모세에게 가르치신 것은 그분의 거룩하심이다. 사람이 아무리 하나님의 소명을 받고 섬긴다 해도 사람은 죄인에 불과하다. 하나님은 가까이 가지 못할 빛에 거하시며 아무도 볼 수 없는 분이시다(딤전 6:16). 하나님을 섬기도록 부르심받고 세움을 입은 사람이 맨 먼저 알아야 할 일은 하나님은 죄인에게서 떠나 계신 거룩하신 분이라는 사실이다. 그러므로 그 발에서 신을 벗어야 한다. 과거 우리가 부르심받기 전에 우리의 발은 우리가 가기 원하는 곳으로 갔다. 그러므로 우리의 신발은 속되고 먼지로 더럽혀져 있었다. 그러한 발로는 거룩하신 하나님 존전에 설 수 없다. 우리가 오늘 하나님의 교회를 위해 섬기도록 부르심을 받은 것도 원칙에 있어서는 동일하다. 교회는 하나님의 성전이요 하나님의 임재가 나타나는 곳이다. 그러한 곳에서 섬기는 자들이 첫번째로 알아야 할 일은 신을 벗는 것이다.

가령 회사에 다니는 한 형제가 집사가 되어 오늘부터 교회와 성도들을 섬긴다 하자. 그는 회사에서 일하는 방식으로 교회 안에서도 집사의 일을 하면 된다고 여기지 말아야 한다. 그가 회사에서 돈을 계산하는 방식으로 교회의 재정을 담당하고 회사에서 사람들을 상대하는 방식으로 교회 사람들을 대한다면, 그는 거룩한 땅에서 신발을 벗지 않은 사람이다. 그런 자세로 하나님을 섬기려 하는 사람들은 거룩한 성소에다 자신의 더러운 신발 자국을 내고 있는 것이다.

6-10절, 또 이르시되 나는 네 조상의 하나님이니 아브라함의 하나님, 이삭의 하나님, 야곱의 하나님이니라 모세가 하나님 뵈옵기를 두려워하여 얼굴을 가리우매 7 여호와께서 가라사대 내가 애굽에 있는 내 백성의 고통을 정녕히 보고 그들이 그 간역자로 인하여 부르짖음을 듣고 그 우고를 알고 8 내가 내려와서 그들을 애굽인의 손에서 건져내고 그들을 그 땅에서 인도하여…10 이제 내가 너를 바로에게 보내어 너로 내 백성 이스라엘 자손을 애굽에서 인도하여 내게 하리라

모세는 하나님의 현현(顯現)을 대했을 때 그분 뵈옵기를 두려워했다. 그는 두려워서 얼굴을 가렸다. 우리는 모세의 태도에서 몇 가지 배울 것이 있다. 그는 하나님께 속한 경이로운 이상을 대했을 때 그것을 일반적인 것이나 당연한 것으로 여기지 않고 더욱 탐구하기 위하여 앞으로 나아갔다. 하나님 앞에서 배우고 진보하는 사람은 이러한 진취적인 태도를 가진 사람이다. 무디의 말과 같이 하나님은 결코 게으른 사람을 사용하지 않으신다. 예를 들어, 어떤 사람이 말씀에서 어떤 빛을 보거나 환경 가운데서 어떤 계시의 말씀을 얻었을 때 그는 뭔가 보고 느낀 것으로 인해 감사하며 거기서 멈출 수 있는데, 이런 사람은 더욱 큰 계시를 얻을 수 없다. 반드시 다시금 하나님을 앙망하면서 그것이 무엇인지, 과연 그 안에 무슨 뜻이 더 들어있는지를 알기 위해 나아가야 한다. 혹은 성경 읽기나 성도들과의 교제나 기도를 통하여 그분의 말씀하심과 인도를 더욱더 찾아내고자 하는 태도를 가져야 한다.

또한 모세는 두려워했다. 한 앞서간 성도는 두려워함이 없이는 배움이 없다고 하였다(Mazzini). 주님이 새롭게 뭔가를 가르치고 위임을 주시려고 나타나실 때 우리는 두려운 마음을 금할 수 없다. 주님의 나타나심은 많은 경우 환경의 형태로 다가오기도 한다. 어떤 징계나 질병은 어쩌면 주님의 나타나심일 수 있다. 그러한 특수한 어려움과 고난의 과정이 없이는 우리가 하나님의 음성을 들을 수도 없고 그분의 위임에 순종할 수도 없기 때문이다. 예를 들어, 복음 전하는 문제를 생각해 보자. 많은 믿는이들이 복음 전하기를 원한다. 그렇지만 주님의 절박하고도 분명한 인도를 받지 못한다. 그런데 어느 날 주님이 심한 질병과 고통의 형태로 찾아오실 때 그는 결코 그것을 주님의 방문으로 여기지 못한다. 하지만 그것은 분명 주님의 찾아오심이다. 그때 그는 두려워한다. 무엇을 두려워하는가? 죽음을 두려워하며 결국 주님을 만나게 될 것을 두려워한다. 이것이 얼굴을 가리는 모세와 무엇이 다른가? 그러면 모세는 주님의 일에 관심이 없었는가? 있었다. 그러므로 한 면으로는 하나님 뵈옵기를 두려워했지만 또 한 면으로는 주님께 응답한 것이다. 하나님은 두려워 얼굴조차 들지 못하는 모세에게 그분의 백성을 건져내라는 엄중한 위임을 주고 계셨다.

복음 전하는 문제를 다시 보자. 그는 심한 질병과 고통 가운데서 주님을 만나 그분의 음성을 들은 뒤에 자연스럽게 자신이 복음을 전하도록 위임을 부여받았다는 것을 안다. 전에는 그토록 어렵게만 느껴졌던 복음 전파가 이제는 자연스럽게 자신에게서 수행되고 있음을 본다. 자연히 복음의 신발 또한 신겨진 것을 체험하게 될 것이다. 그것은 그가 두려움을 통하여 하나님 앞에서 무언가를 배웠다는 표시이다. 우리는 지금껏 가보지 않았거나 우리에게 익숙하지 않은 길을 가기 위해 두려우신 하나님의 방문이 필요한 경우가 종종 있다.

이러한 원칙 안에서 하나님은 모세에게 중대한 위임을 주셨다. 하나님께서 어떤 사람을 부르실 때에는 반드시 그에게 할 일을 주심을 알 수 있다. 모세의 일은 이스라엘 백성을 애굽의 바로의 손에서 인도해 내는 것으로부터 시작해서 광야 40년 동안 이스라엘을 인도하고, 율법을 수여하며, 성막을 세우며, 이스라엘을 가르치며, 모세 오경을 기록하는 등이었다. 하나님께서는 그분의 많은 중차대한 일들을 위하여 한 사람을 예비하여 알맞은 때에 부르신 것이다. 이 일들에 대한 하나님의 뜻은 모세 자신도 전혀 모르고 있었으며 오직 하나님의 계획 안에만 존재하였다. 하나님은 얼마나 깊으신 뜻을 가지고 사람을 인도하시는지! 하나님을 찬양하자! 애굽에 있는 자기 백성의 고통을 보고 부르짖음을 들으신 하나님께서는 모세더러 그들을 그 땅에서 이끌어내어서 가나안 땅으로 가라고 하셨다. "이제 내가 너를 바로에게 보내어 너로 내 백성 이스라엘 자손을 애굽에서 인도하여 내게 하리라"(10절).

11-12절, 모세가 하나님께 고하되 내가 누구관대 바로에게 가며 이스라엘 자손을 애굽에서 인도하여 내리이까 12 하나님이 가라사대 내가 정녕 너와 함께 있으리라 네가 백성을 애굽에서 인도하여 낸 후에 너희가 이 산에서 하나님을 섬기리니 이것이 내가 너를 보낸 증거니라

하나님의 위임을 받은 모세의 첫 번째 반응은 '내가 누구관대'였다. 그는 자신이 그러한 일을 할 수 있는 자라고 여기지 않았다. 누구든지 자신이 할 수 있다고 여긴다면 그는 하나님께서 세우신 자나 보내신 자가 아닐 것이다. 자신이 할 수 없다고 하는 것은 말에 있지 않다. 말로 하는 것은 거짓된 겸손으로도 할 수 있고 영적인 가장으로도 할 수 있다. 그러나 실제적으로 어떤 사람의 할 수 없음은 하나님의 성령의 역사가 있은 연후에 새롭게 조성된 존재 속에서만 발견할 수 있는 것이다. 하나님은 오직 이런 사람만을 사용하실 수 있고 이런 사람에게 '내가 정녕 너와 함께하리라'고 하신다. 또한 하나님은 그 일의 결과를 가지고 하나님께서 그를 불러 일을 하게 하셨다는 증거를 삼으신다. 언젠가 이스라엘 백성들은 그가 현재 있는 산 호렙에서 하나님을 섬기게 될 것이다. 그때 모세는 호렙 산(시내 산)에 이르러 이스라엘이 하나님을 섬기는 것을 보고 과연 하나님이 자신을 불러 이 위대한 일을 이루게 하신다는 증거를 갖고 기뻐할 것이다.

성령님께서 바울을 이방에 사도로 세워 보내신 것은 안디옥 교회에 선지자와 교사로 있을 때였다(행 13:1). 하나님은 바나바와 사울(바울)을 따로 세우라고 하시면서 '내가 불러 시키는 일'이 있다고 하셨다(2절). 사도 바울은 결국 이방 세계에 교회들이 일어나고 그들이 진정으로 하나님의 교회들로 세워져 가는 것을 보면서 하나님께서 자기를 보내셨다는 확신을 가졌을 것이다(고전 9:1-2).

지금은 모세 홀로 그 산에서 하나님을 뵙고 있지만 언젠가 이스라엘 백성 전체가 이곳에 이르러 하나님을 섬기게 될 것이다. 이것이 하나님이 모세를 부르셔서 일을 맡기셨다는 증거가 될 것이다. 하나님께 감사드리자! 하나님은 우리같이 약한 자들을 부르셔서 높은 위임을 주실 뿐 아니라 그분이 친히 그분의 일을 맡기셨으며 그 일을 이루도록 역사하시는 분이라는 것을 알게 하신다. 그것을 알 때 우리는 큰 위로와 힘을 얻으며 하나님께 대한 더 큰 신뢰를 갖게 된다. 그리고 과연 하나님께서 우리를 사용하시고 우리를 통하여 그분의 원하시는 일을 행하고 이루셨음을 인해 감사와 찬미를 드리게 된다.

13-14절, 모세가 하나님께 고하되 내가 이스라엘 자손에게 가서 이르기를 너희 조상의 하나님이 나를 너희에게 보내셨다 하면 그들이 내게 묻기를 그의 이름이 무엇이냐 하리니 내가 무엇이라고 그들에게 말하리이까 14 하나님이 모세에게 이르시되 나는 스스로 있는 자니라 또 이르시되 너는 이스라엘 자손에게 이같이 이르기를 스스로 있는 자가 나를 너희에게 보내셨다 하라

이 부분에서 모세는 하나님께 매우 인상적이고 중대한 질문을 한다. 그것은 하나님의 이름에 대한 것이다. 모세는 이스라엘 백성들에게 말할 때 하나님에 대하여 '너희 조상의 하나님'이라는 호칭만 가지고는 충분하지 않을 것이라고 생각했다. 그때 하나님은 이제까지 언급한 적이 없는 이름으로 그분의 존재를 드러내셨다. "나는 스스로 있는 자니라"(I AM THAT I AM). 여호와의 이름은 '나는…이다' 인데, 이는 존재한다(to be)는 뜻으로서 여호와는 존재 자체의 신이시라는 말이다. 따라서 이 호칭을 '스스로 있는 자'라고 번역한 것은 좋은 번역이라고 할 수 있다. 만사만물 가운데 오직 여호와만이 존재하는 분이시며 그 외의 다른 것은 존재한다고 볼 수 없다. 언젠가 땅도 하늘도 만물도 사람도 다 사라질 것이다. 오늘은 개와 고양이가 앞마당에서 뛰놀겠지만 몇 년, 혹은 십수 년 후에는 더 이상 존재하지 않을 것이다. 그러므로 그것들은 존재한다고(to be) 볼 수 없다. 아침에는 안개가 존재하지만 금방 사라지므로 그것에는 존재라는 이름조차 붙이기 어렵다. 이 우주 가운데에는 그 사물 자체를 '존재'라고 할 만한 것이 없다. 왜냐하면 오늘은 있지만 내일은 없기 때문이다.

조만간 존재하지 않게 될 것에 '존재'라는 이름을 붙이면 그것이 존재하지 않을 때 헛된 이름이 된다. 그러나 여호와는 '존재'라는 이름을 가질 수 있는 분이시다. 그분만이 영원하고 죽지 않으시며 변치 않고 썩지 않는 분이시기 때문이다(딤전 1:17, 6:16).

예수라는 이름은 '여호와 구원자'라는 뜻을 갖고 있다. 이는 히브리어 '여호수아'에 해당한다. 여호와는 스스로 계신 영원하신 분이라는 뜻이며, '예수'는 그 여호와께서 인간이 되시어 구원자로 오셨다는 뜻이다. 예수님은 요한복음 8장에서 유대인들에게 "만일 내가 그인줄 믿지 아니하면 너희 죄 가운데서 죽으리라"(24절)고 하셨다. 여기의 '그인줄'에서 '그'는 바로 스스로 계신 자를 의미하는 '나는…이다'를 가리킨다. 항상 계셔야 '나는…이다'라고 할 수 있다. 오늘 있다가 10년 후에 사라지면 '나는…이다'라고 할 수 없다. 그렇다면 결국 '나는 없다', 혹은 '나는…아니다'가 되어 버린다. 이것은 예수님 자신이 영원한 하나님이시요 죽지 않고 썩지 않고 쇠하지 않는 하나님이심을 선포하신 것이다. 이 말씀에서 예수님은 유대인들에게 자신이 여호와 구원자로서 죄인을 구하기 위해 이 땅에 오신 분임을 밝히 말씀하셨다. 이와 같이 우리 여호와 하나님은 어제도 계시고 지금도 계시며 장차 오실 영원한 하나님이심을 찬양하자!

또한 '나는…이다'(I AM THAT I AM)로 자신의 이름을 계시하신 하나님은 이로써 큰 어려움과 기나긴 고난의 노정을 앞에 두고 있는 이스라엘 백성들에게 위로와 힘과 믿음을 주고자 하신다. 당신이 믿고 있는 하나님의 이름이 무엇인지 아는가? 여호와이시다. '여호와'란 무슨 의미인가? '존재함'이다. 스스로 존재하시는 하나님은 '나는 …이다' 이시니 그 사이에 무엇이든지 넣으면 바로 그것이 되신다. 그분은 생명의 떡이요 생수이시며, 부활이요 생명이요 빛이시며, 알파요 오메가이시며, 인내요 사랑이시며, 모든 것의 모든 것 되신다. 그분만이 '나는 빛이요, 나는 생명이요, 나는 사랑이요, 거룩이요, 인내이며, 모든 선한 것들이다'라고 할 수 있는 분이시다. 간단히 말해서 그분은 존재 자체이시며 모든 것이 그분 안에서만 존재한다. 이러한 하나님이 이스라엘 백성을 구출하기 위해 모세를 보내신 것이다.

15절, 하나님이 또 모세에게 이르시되 너는 이스라엘 자손에게 이같이 이르기를 나를 너희에게 보내신 이는 너희 조상의 하나님 곧 아브라함의 하나님, 이삭의 하나님, 야곱의 하나님 여호와라 하라 이는 나의 영원한 이름이요 대대로 기억할 나의 표호니라

15절에는 계속해서 하나님의 이름에 대한 선포가 있다. 그분은 자신을 아브라함의 하나님, 이삭의 하나님, 야곱의 하나님 여호와라고 선포하신다. 그러면 하나님께서 선포하신 그분의 성호의 의미를 몇 가지 살펴보자.

첫째로, 하나님이 아브라함과 이삭과 야곱의 하나님이 되신다는 것은 그분이 언약의 하나님이심을 확인해주시는 것으로 볼 수 있다. 그분은 아브라함을 부르시어 그로 큰 민족을 이루게 하시겠다고 언약하셨다(창 12:2). 이 약속은 이삭과 야곱으로 이어졌다. 그러므로 하나님이 이스라엘에게 이 이름을 선포하신 것은 그분이 조상들에게 주신 언약을 기억하신다는 것이요 그들의 하나님 되심이 언약으로 말미암은 것임을 확인해주시는 것이며, 바로 그 언약을 이루기 위하여 그들을 애굽에서 이끌어내시겠다는 의지를 표명하시는 것이다. 오늘날의 교회도 하나님의 귀한 구원의 언약을 가지고 있는 무리임을 감사하고 찬양한다.

둘째로, 아브라함과 이삭과 야곱의 하나님 되심을 선포하심은 장래 얻으시고자 하는 나라인 이스라엘의 특징이 어떠한지를 말씀해주시는 것으로 보인다. 로마서 11장에 의하면 이스라엘에게 있어서 아브라함과 이삭과 야곱은 떡으로 말하자면 처음 익은 곡식 가루이다. 거기서 바울은 제사하는 처음 익은 곡식 가루가 거룩한즉 떡덩이도 거룩하다고 말했다. 또한 바울은 그 세 족장들이 이스라엘에게 있어서 나무의 뿌리와 같다고 했다. 뿌리가 거룩하면 가지도 그러하다는 것이다(16절). 하나님은 거룩한 한 민족을 얻으시기 위하여 이 세 사람에게 중점적으로 역사하신 것이다. 그리고 그 민족 전체가 이 세 사람이 가진 특성을 갖기 원하셨다. 그들이 어떻게 믿었으면 이스라엘 전체 또한 어떻게 믿어야 하고 그들이 어떻게 헌신했으면 이스라엘 전체 또한 어떻게 헌신해야 하는 것이다. 또 그들이 어떻게 거룩하면 이스라엘 또한 그들과 같이 거룩하고 그들이 이 땅에서 순례자와 나그네로 살았다면 이스라엘 또한 그러해야 했다. 이 때문에 하나님은 이스라엘 백성에게 그분의 이름을 '아브라함의 하나님, 이삭의 하나님, 야곱의 하나님 여호와' 라고 하시면서 이는 나의 영원한 이름이요 대대로 기억할 그분의 표호라고 하셨다. 교회는 이와 같이 거룩하며 나그네의 표현을 지녀야 한다.

셋째로, 사두개인들이 주님께 부활에 관해 질문했을 때 주님의 답변에서 이 이름의 의미를 볼 수 있다. 하나님께서 그분 자신을 '나는 아브라함의 하나님이요 이삭의 하나님이요 야곱의 하나님이라' 고 하신 것은 부활의 사상을 포함하는데, 이는 하나님이 죽은 자의 하나님이 아니요 산 자의 하나님이시기 때문이다(마 22:31-32). 만일 아브라함이나 이삭이나 야곱이 죽고 끝난다면 하나님은 죽은 자의 하나님이 되신다. 그러나 하나님께서 그분의 성호를 그렇게 선포하신 것은 아브라함과 이삭과 야곱이 틀림없이 부활할 것을 가리키시는 것이다. 이는 하나님이 죽은 자의 하나님이 되실 수 없기 때문이다. 하나님은 죽은 자를 살리시는 부활의 하나님이심으로 교회는 부활의 간증을 지녀야 한다.

하나님은 모세에게 그분의 이름을 반포하실 때 이와 같이 영원히 존재하시며 스스로 존재하시는 분으로〔야웨-홀로 존재하는 자(Rawlinson), 누구의 구속도 받지 않는 자(Keil), 그 존재를 그대로 지키는 자(Marti) 등으로 해석됨〕 선포하시고, 아브라함의 하나님, 이삭의 하나님, 야곱의 하나님 여호와로서 목적을 두고 이스라엘을 구원하실 부활의 하나님이심을 나타내셨다.

이스라엘 장로들

16절, 너는 가서 이스라엘 장로들을 모으고 그들에게 이르기를 여호와 너희 조상의 하나님 곧 아브라함과 이삭과 야곱의 하나님이 내게 나타나 이르시되 내가 실로 너희를 권고하여 너희가 애굽에서 당한 일을 보았노라

이스라엘 장로들이란 당시 애굽에 있는 이스라엘 백성 가운데서 연장하고 백성들을 대표할 만한 자들을 가리킨다. 그들은 당시 민의를 대표하고 나름대로 행정권을 갖고 있었다(4:29, 룻 4:2). 신약 교회의 장로 제도 또한 이러한 구약의 장로 제도에 근거를 두고 있을 것이다.

신약의 장로 직분에 대하여는 여러 구절에서 그 직분의 중요성과 그 자격이 엄격함을 말하고 있다(행 20:28-35, 딤전 3:1-7).

18절, 그들이 네 말을 들으리니 너는 그들의 장로들과 함께 애굽 왕에게 이르기를 히브리 사람의 하나님 여호와께서 우리에게 임하셨은즉 우리가 우리 하나님 여호와께 희생을 드리려 하오니 사흘 길쯤 광야로 가기를 허락하소서 하라

여기의 애굽 왕은 출애굽의 연대에 따라 추측이 분분하나 람세스 2세라는 설이 타당하다. 그 이유로는 그가 건축을 좋아하는 왕이었고 그와 그의 딸(모세의 양모)의 미이라가 발견된 것에 근거한다.

'히브리 사람의 하나님' 이라는 호칭은 애굽의 여러 잡신들과 구분되는 유일신이신 여호와 하나님을 강조하는 한편 하나님이 어떠한 사람들의 하나님이신가를 나타낸다. 히브리인이란 '강을 건넌 자' 라는 뜻으로서 아브라함에게 처음 사용된 말인데(창 14:13), 그것은 그가 갈대아 우르에서 유브라데 강을 건너 가나안 땅에 들어왔기 때문이다.

신약의 히브리서는 히브리인들에게 보낸 서신인데, 당시 많은 히브리 믿는이들이 구약의 유대교와 신약의 교회 중간에서 머뭇거리고 있었다. 당시 유대교에서 신약의 교회생활로 들어가려면 큰 대가를 치러야 했고, 그것은 그야말로 강을 건너는 것이었다. 영적인 의미에서 참 히브리인이란 종교와 형식과 율법의 강을 건너 실제이시고 은혜이신 그리스도께로 나아오는 것을 의미한다. 오늘날에도 우리 하나님은 히브리인의 하나님이시다. 당신은 한 번이라도 하나님을 순종하기 위해 강을 건넌 적이 있는가? 있다면 당신은 참 히브리인인 것이다. 어떤 사람은 종교의 강을 건넜으며 어떤 사람은 세상의 쾌락의 강을 건넜고 어떤 사람은 인정의 강을 건넜다. 그들이 이와 같이 강을 건넜을 때 그들은 히브리인이 된 것이다. 이들은 애굽을 떠나 가나안으로 가기 위해 홍해의 강을 건너려 하고 있다.

"사흘 길쯤 광야로 가기를 허락하소서". 사흘 길이란 이스라엘 사람들이 살고 있는 고센 지역으로부터 시내 산까지의 거리이다. 동시에 애굽의 속박에서 완전히 벗어날 수 있는 충분한 거리를 말한다. 모세는 바로에게 최종 목적지가 어디이며 하나님의 완전한 목표와 계획이 무엇인지에 대하여는 자세하게 말할 필요가 없었다. 대적에게 모든 것을 자세하게 말해주는 것은 하나님의 역사를 훼방할 빌미를 줄 뿐이다.

이스라엘을 향한 하나님의 계획(16-22절)

하나님은 이스라엘 백성들을 젖과 꿀이 흐르는 가나안 땅으로 인도하시려고 모세에게 그들을 애굽에서 이끌어내는 위임을 맡기셨다. 하나님은 이스라엘을 가나안으로 인도하시려는 계획을 오래 전부터 가지고 계셨으며 이미 아브라함과 이삭과 야곱에게 언약하신 바가 있다. 가나안 땅은 신약의 믿는이들이 약속을 기업으로 받아 최종적으로 이르게 될 하늘나라의 모형이었다(히 6:17, 11:13-16,39-40). 하나님께서 우리를 위하여 더 좋은 것을 예비하셨다고 말씀하셨으니 하나님이 예비하신 그것은 장차 우리 앞에 나타날 놀라운 나라임에 틀림없다.

여기서 또 우리에게 보여주는 것은 그 나라에 들어가기까지 많은 싸움이 있다는 것이다. 우리는 최종적으로 믿는이들이 이르게 될 영원한 나라에서 안식하며 하나님과 기쁨을 누릴 날을 사모하지만, 오늘 이 광야 같은 세상에 살면서 온갖 죄와 우상숭배 등 각종 사단적인 역사에 대항하면서 싸우며 나아가야 한다. 출애굽과 광야생활, 가나안 정복은 신약의 믿는이들인 우리가 승리를 향하여 나아가는 여정을 그린 그림이다. 우리 모두 하나님이 원하시는 최종 목적지까지 성공적으로 도달하기 위해 힘을 다하여 전진하기 바란다.

출애굽기 4장

1절, 모세가 대답하여 가로되 그러나 그들이 나를 믿지 아니하며 내 말을 듣지 아니하고 이르기를 여호와께서 네게 나타나지 아니하셨다 하리이다

3장에서 모세는 이스라엘 백성을 애굽 땅에서 인도해 내라는 하나님의 자세하고도 엄위한 위임을 받은 터였다. 그러나 여전히 모세는 그 일을 할 수 없다고 말했다. 과거의 쓰라린 실패의 경험이 되살아난 것이다. 예전에 이스라엘 백성들은 모세의 권위를 인정하지 않았고 오히려 대들었으며 그의 말을 존중하지 않았다. 그때 그가 뛰어난 지위와 위엄을 갖고 있었는데도 그들은 전혀 듣지 않았던 것이다. 그런데 지금 모세의 상황은 그때보다 훨씬 좋지 않다. 사람의 과거의 실패가 장래의 믿음을 방해하는 경우가 종종 있다. 모세는 하나님께서 함께하신다고 말씀하셨고 장래 일이 어떻게 될 것인지 말씀해주시는 것을 자세히 들었으므로 다만 믿으면 되었다. 그러나 사람의 불신은 뼈와 살 속에 깊이 배어 있다. 모세는 하나님께서 계속 함께하시겠다고 말씀하셔도 자신의 과거 실패의 체험을 떠올리며 자신은 할 수 없다고 고백한다. 그들이 자신의 말을 듣지 않을 거라는 말이다.

2-4절, 여호와께서 그에게 이르시되 네 손에 있는 것이 무엇이냐 그가 가로되 지팡이니이다 3 여호와께서 가라사대 그것을 땅에 던지라 곧 땅에 던지니 그것이 뱀이 된지라 모세가 뱀 앞에서 피하매 4 여호와께서 모세에게 이르시되 네 손을 내밀어 그 꼬리를 잡으라 그가 손을 내밀어 잡으니 그 손에서 지팡이가 된지라

모세는 나이가 이미 팔십이 되었다. 그것은 적은 나이가 아니다. 그는 인생의 나이가 강건하면 팔십이라고 노래하였으므로(시 90:10) 그의 나이 팔십은 인생 정년의 나이였다. 그 나이에 그는 장인의 양떼를 치고 있었고 그의 손에 있던 지팡이는 목자에게 필수적인 도구였다. 그것으로 그는 양떼를 치기도 하고 또 늙어 가는 육신을 의지하였을 것이다.

그런데 하나님은 모세에게 바로 그 지팡이를 땅에 던지라고 하셨다. 그때 그 지팡이가 변하여 뱀이 되었다. 모세가 하나님을 섬기는 종으로서 가져야 할 첫 번째 표적은 그의 일하는 방법과 수단에 관한 것이었다. 지팡이는 그가 목자로서의 직무를 수행하기 위한 필수품이었고 그것으로 양떼를 쳤다. 그런데 그것을 땅에 던지니 뱀이 된 것이다. 하나님을 섬기려는 사람들이 첫 번째 알아야 할 것은 자신이 지금까지 자신의 삶을 영위하고 처세하기 위해, 또 세상 직업에서 사용했던 방법이나 수단이 사탄적임을 보는 것이다. 그것은 하나님을 위한 일에서는 하나도 쓸 수 없는 것이다. 하나님은 모세에게 그 뱀의 꼬리를 잡으라고 명하셨다. 여전히 그 지팡이를 사용해야 하겠지만 머리를 잡고 사용하는 것이 아니라 꼬리를 잡고 사용하는 것이다.

참된 하나님의 종의 표시는 자신의 방법이나 수단을 꼬리로 잡아 사용하는 것이다. 그것의 머리를 잡아 사용하는 사람은 누구든지 그리스도의 종이 아니다. 그리스도의 종들은 자신이 세상과 사회에서 익힌 처세술과 일하는 방법이 다름 아닌 뱀이라는 것을 알아야 한다. 만일 어떤 하나님의 종이 자신이 세상에서 사용하던 처세술이나 사람을 다루는 방법, 일 처리하는 방법 등을 하나님의 사역이나 교회에 가져와서 그대로 사용한다면 바로 뱀의 독소를 사람들에게 주입하여 죽게 할 것이다. 나 자신도 대학생 때 큰 연합체의 회장을 해보았고 친구들은 모두 내가 정치계로 입문할 것이라고 믿었다. 현재 정치를 하고 있는 내 친구들은 아직도 그런 말들을 한다. 그들은 내가 대중 앞에서 하는 다른 일(아마도 정치를 의미할 것이다)을 했어도 잘 했을 것이라고 종종 말한다. 젊을 때 나는 그러한 자신감이 약간은 있었다. 그러나 나이가 들고 주님 안에 세월을 많이 보내면서 그 모든 특징들을 다 잃어버렸다. 지금의 나는 모든 일에 자신이 없는 것이 사실이다. 내가 지금 이런 저런 일을 하고 있지만 한 가지도 잘 할 수 있는 확신이 없다. 그러므로 나는 나의 방법과 일처리 방식을 의지하지 않는다. 무엇을 하든지 나는 살짝 뱀의 꼬리를 잡는 식으로 임한다. 나는 내 자신의 기질이나 장점들이 뱀의 속성을 갖고 있는 것임을 시인하지 않을 수 없다. 그것을 만일 그대로 사용한다면 많은 사람들이 상처를 입을 것이다.

그러나 어떤 주님의 종이 자신의 지팡이가 다름 아닌 뱀이라는 것을 알고 하나님의 명령에 따라서만 사용하되 꼬리를 잡아 사용한다면 안전하고 사람들에게 유익이 될 뿐 해가 되지 않을 것이다. 결국 이러한 표시가-사도 바울이 고린도 성도들에게 나아갈 때 약하며 두려워하며 떨었노라고 말했듯이-하나님이 그에게 나타난 표시이다(5절). 이러한 사람들은 하나님의 백성 가운데 출입할 때 심히 두려워하며 자신의 지팡이의 머리를 붙잡고 흔드는 것이 아니라 조심스럽게 꼬리를 잡는다. 그가 하나님의 명대로 사용할 때 그 지팡이는 결국 애굽 천하가 벌벌 떠는 능력의 지팡이가 되었다. 모세가 원래 가지고 있던 지팡이는 아무 능력이 없는 연약한 것이지만, 그 지팡이가 하나님의 손 안에서 그분의 말씀과 명령을 거쳐 사용될 때 그것은 능력과 권위의 지팡이가 되는 것이다. 모세의 약함과 할 수 없음이 하나님의 명령과 말씀에 대한 순종을 거쳐 강함이 되어 큰 능력을 발하게 되며, 이것이 있을 때 사람들은 그를 하나님의 종으로 인식하게 된다. 그러므로 사람의 약함과 무능력은 그 자체로 있을 때에는 한 마리의 뱀으로서 사람들을 넘어뜨리고 실족케 할 뿐이지만 그것이 하나님의 말씀과 십자가를 통과할 때 하나님의 역사에 방해가 되는 것이 아니라 바로 그것이 하나님이 그분의 뜻을 이루는 데에 강력하게 쓰시는 무기가 된다.

가령 어떤 형제가 매우 심약하고 겁이 많으며 어떤 일이든지 담대히 행할 수 없는 약점을 갖고 있다 하자. 그러므로 그는 어떤 일이든지 그렇게 심약하고 예민하며 소심한 방식으로 수행한다. 그것은 그의 특이한 지팡이의 성질이다. 어느 날 하나님은 그에게 그의 그러한 기질이 한 마리의 뱀이라는 것을 보여주실 것이다. 그 뱀은 자신을 넘어뜨리며 또 남을 넘어지게 한다. 그런데 그러한 형제가 많은 시간 하나님의 다루심을 받고 하나님의 손을 거친다면, 바로 그 심약하고 두려워하는 그의 성질이 하나님의 백성들 가운데 능력과 은혜로 작용하게 된다. 물론 그는 자신의 그러한 기질을 사용하되 머리를 잡고 사용하는 것이 아니라 꼬리를 잡고 사용할 것이다. 이것이 사역이 있는 사람들의 행하는 바이다.

6-7절, 여호와께서 또 가라사대 네 손을 품에 넣으라 하시매 손을 품에 넣었다가 내어보니 그 손에 문둥병이 발하여 눈같이 희지라 7 가라사대 네 손을 다시 품에 넣으라 하시매 그가 다시 손을 품에 넣었다가 내어보니 손이 여상하더라

지팡이보다 손은 더 주관적인 것이다. 사람의 행동 가운데 지팡이를 사용하는 것보다 손을 사용하는 것이 더 많다. 그러므로 손은 그 사람의 존재 자체라고 할 수 있다. 그 사람의 일은 거의 모두가 그의 손을 거쳐 나온다. 모세가 하나님의 일을 하기 위해서는 그의 지팡이가 처리

받아야 했고, 그 다음에는 그의 손이 처리받아야 했다. 하나님은 모세가 그분을 섬기기 전에 그의 존재 자체가 어떠한지를 알기 원하셨다. 그가 손을 품에 넣었을 때 그의 손에 문둥병이 발하였다. 그것은 그의 존재가 다름 아닌 문둥병자임을 알려 주신 것이다. 우리는 레위기에서 문둥병이 완전히 불결하고 부정한 질병임을 볼 수 있다. 그 병에 걸린 사람은 옷을 찢고 머리를 풀고 윗입술을 가리우고서 "부정하다! 부정하다!"고 외쳐야 했다(레 13:45). 이는 그 병이 그만큼 부정한 것임을 가리킨다.

모세는 하나님의 종의 표시를 지니기 위해 자신이 다름 아닌 문둥병 환자임을 알아야 했다. 그에게서 뭔가가 나온다면 그것은 바로 문둥병이다. 모든 것은 하나님으로부터 나와야지 모세로부터 나오면 안 된다. 모세의 품으로부터 나온 것은 다 부정하다. 이러한 인식만이 그를 하나님의 종으로 천거할 수 있다. 나는 신명기 9장의 모세의 기도가 모세 자신의 품에서 나온 기도가 아니라고 믿는다. "주 여호와여 주께서 큰 위엄으로 속하시고 강한 손으로 애굽에서 인도하여 내신 주의 백성 곧 주의 기업을 멸하지 마옵소서…주의 종 아브라함과 이삭과 야곱을 생각하사 이 백성의 악과 죄를 보지 마옵소서…그 땅 백성이 말하기를…광야에서 죽이려고 인도하여 내셨다 할까 두려워하나이다".

이러한 모세의 중재하는 기도는 모세의 품이 아닌 하나님의 품에서 배운 것이다. 누군가가 하나님이 보내셨다는 증거와 그를 통하여 하나님이 나타나시는 증거를 얻으려면 그의 원래의 품에 있는 것으로 섬기지 않고 하나님의 품에 있는 것으로 섬긴다는 확증을 보여줄 수 있어야 한다. 나는 과거에 해외의 교회들을 섬길 때 누군가 그 교회들을 무너뜨리고 공격하는 것을 대할 때 참을 수 없었고 그 분(忿)에 따라 뭔가를 했다. 그 결과는 매우 좋지 않았다. 이것이 무엇인가? 당시 내 가슴 속에 있었던 것은 문둥병에 속한 분노였다. 이런 분노를 삭이지 않고 그대로 내뿜으며 일한 결과는 참담한 것이었다. 하나님을 섬기는 사람이 첫째로 알아야 할 것은 의지하는 지팡이가 뱀이요, 가슴 속에 문둥병이 가득한 것이라는 사실이다.

나는 젊었을 때 하나님을 섬기는 어떤 종이 그의 손자를 끔찍이 사랑하는 것을 보았다. 나는 그분이 자신의 손자를 매우 사랑하는 것에 대해서 감히 정죄하지는 않았지만 그의 손자를 사랑하는 그 품으로 성도들을 사랑한다고 생각하니 서글퍼졌던 기억이 있다.

8절, 여호와께서 가라사대 그들이 너를 믿지 아니하며 그 처음 이적의 표징을 받지 아니하여도 둘째 이적의 표징은 믿으리라

하나님은 모세에게 그들이 처음 이적의 표징은 받지 않아도 두 번째 이적의 표징은 믿을 것이라고 하셨다.

9절, 그들이 이 두 이적을 믿지 아니하며 네 말을 듣지 아니하거든 너는 하수를 조금 취하여다가 육지에 부으라 네가 취한 하수가 육지에서 피가 되리라

이스라엘 백성이 모세를 하나님의 종으로 믿게 하는 마지막 시험은 하수를 피가 되게 하는 것이다. 우리가 다 공인하듯이 애굽은 세상의 풍요로움이 있는 땅이다. 애굽의 하수는 그 땅의 물질적인 부요를 대표한다. 하나님의 일을 하는 데에도 물질적인 요소가 필요치 않은 것이 아니다. 물질은 복음을 전하는 데에도 필요하고 가난한 성도들을 구제하는 데에도 필요하며 선교나 예배당 건립을 위해서도 필요하다. 그가 하나님의 종이라는 마지막 표시는 애굽의 하수를 피가 되게 하는 것이다. 즉 그에게 돈이나 세상 물질은 피와 같다는 것이다. 피만큼 귀하다는 뜻이 아니라 피같이 죽은 것이라는 뜻이다.

어떤 하나님의 종이 돈을 애굽의 하수로 알고 사용하고 만진다면 사람들은 그를 하나님의 보내신 사람으로 믿으려 하지 않을 것이다. 많은 애굽 사람들은 물질이나 돈을 애굽의 하수로 보겠지만 주님의 종들 앞에서 그것들은 죽은 피가 된다. 나는 젊었을 때 하나님께 귀히 쓰임받은 종이 돈을 많이 잃어버린 다음 그 일에 대하여 언급한 것을 듣고 매우 감동한 적이 있다. 그는 어떤 섬에 복음을 전하기 위하여 거액의 돈을 한 형제에게 위탁하여 땅을 사도록 보냈다. 그런데 오랜 시간이 지나도 그 형제에게서 아무런 소식이 오지 않아서 알아보니 그는 이미 돈을 가지고서 종적을 감춘 뒤였다. 얼마 후 그 하나님의 종이 그 섬을 방문하여 그 형제를 찾았으나 결국 형제도 찾지 못하고 돈도 찾지 못하고 본국으로 돌아가게 되었다. 나는 그분이 그 섬에 와 있는 동안 머물렀던 집의 주인인 한 장로님으로부터 이 간증을 듣게 되었는데, 장로님이 그에게 '이제 그 형제와 그 돈 문제를 어떻게 하시렵니까?' 하고 묻자 그는 이렇게 말했다고 한다. '그 돈은 그 친구가 갖게 둡시다. 돈이란 이 세상에서 가장 작은 것입니다. 그 형제가 돈을 원한다면 갖게 하면 됩니다.' 나는 그 주의 종이 애굽의 하수를 진정 피로 여겼다고 생각한다.

우리는 여기서 하나님의 종이 자신을 천거할 수 있는 세 가지 요건을 볼 수 있다. 그것은 첫째로 지팡이가 뱀으로 변하였다가 다시 꼬리를 잡을 때 지팡이가 되는 이적이요, 다음은 손을 품에 넣었다 내어보니 손에 문둥병이 발한 것이요 다시금 품에 넣었다가 내어보니 여상하게 된 이적이며, 마지막으로는 애굽의 하수가 피로 변하는 이적이다. 이 세 가지가 행해질 때 이스라엘 백성들은 과연 모세가 하나님의 보내신 자임을 인정할 수밖에 없는 것이다. 오늘날도 이 세 가지의 훈련을 거친 사람이 아니면 참된 하나님의 종은 아닌 것이다.

10-14절, 모세가 여호와께 고하되 주여 나는 본래 말에 능치 못한 자라 주께서 주의 종에게 명하신 후에도 그러하니 나는 입이 뻣뻣하고 혀가 둔

한 자니이다 11 여호와께서 그에게 이르시되 누가 사람의 입을 지었느뇨
누가 벙어리나 귀머거리나 눈 밝은 자나 소경이 되게 하였느뇨 나 여호와
가 아니뇨 12 이제 가라 내가 네 입과 함께 있어서 할 말을 가르치리라 13
모세가 가로되 주여 보낼 만한 자를 보내소서 14 여호와께서 모세를 향하
여 노를 발하시고 가라사대 레위 사람 네 형 아론이 있지 아니하뇨 그의
말 잘함을 내가 아노라 그가 너를 만나러 나오나니 그가 너를 볼 때에 마
음에 기뻐할 것이라

10절의 모세의 대답은 겸손의 미덕 같아 보이지만 실상은 일종의 자아에 대한 신뢰의 표현이다. 그것은 그 뒤의 하나님의 답변으로 증명된다. 모세가 말에 있어서 탁월하지 않은 것이 사실이라 하더라도 하나님은 말이 유창하지 않고 언변이 없는 사람을 통해서도 얼마든지 말씀하실 수 있는 분이시다. 그러나 모세는 하나님의 하실 수 있음보다 자신의 할 수 있음을 더 의뢰했다. 사람의 약함과 약점이 주님의 일을 방해하고 제한할 것 같지만 사실은 그 반대이다. 사람의 약함은 주님의 능력과 은혜를 가져오는 통로이다(고후 12장 참조). 그러므로 은혜 받은 사도 바울은 자신의 약함을 자랑했던 것이다.

하나님은 "나 여호와가 아니뇨 이제 가라 내가 네 입과 함께 있어서 할 말을 가르치리라"고 하셨지만 모세는 끝내 하나님을 노하시게 하였다. "주여, 보낼만한 자를 보내소서". 이는 이사야 선지자의 "주여, 나를 보내소서"라는 말과 너무나 대조적이다. 그렇지만 하나님은 모세의 약함을 보살펴주셨다. 비록 하나님은 노를 발하셨지만 그에게 동역자를 붙여주셨다. 모세는 하나님께서 아론을 붙여주시자 용기를 얻어 애굽으로 돌아갔다.

어떤 성경 해설자는 이 부분에서 모세를 향한 하나님의 노를 발하심이 뭔가 기쁨이 있는 노하심이라고 했지만 그것은 옳지 않은 말이라고 본다. 그러한 해석은 여기서 모세가 단독적으로 사역하려 하지 않고 함께할 동역자를 구한 것이기 때문에 옳다는 견해이다. 하나님은 모세 혼자 일하는 것을 좋게 보시지 않는다는 것이다. 그때 마침 모세가 그 필요를 하나님께 구했으므로 하나님이 한편으로는 기뻐하시면서 노를 발하신 것이라는 말이다. 그러나 나는 이러한 해석에 동의하지 않는다. 하나님은 복잡한 인간들처럼 이중적이지 않으시다. 하나님이 노를 발하셨다면 노하신 것이고 기뻐하셨다면 기뻐하신 것이다(고후 1:17-22 참조).

모세가 다른 사람과 동역하는 것이 좋지 않은 것은 아니다. 주님도 제자들을 보내실 때 둘씩 둘씩 보내셨다. 그러나 여기서 모세가 동역자를 요청한 것은 사람을 의지하는 성분이 있기 때문에 문제가 있는 것이다. 모세는 자신이 말에 능치 못하기 때문에 그 부분을 보완해줄 동역자가 필요하다고 생각했다. 하나님은 그분이 사람의 입을 지으시고 귀를 지으셨기 때문에 입이 둔한 사람이라도 그 누구보다 훌륭하게 사용하실 능력이 있으심에도 모세는 그러한 보이지 않으시는 능력의 하나님을 의뢰하기보다는 눈에 보이는 조력자(말을 잘하는)를 필요로 한 것이다. 즉 입을 지으신 하나님보다 말 잘하는 입을 신뢰한 것이다. 이것이 하나님을 노하시게 했다.

하나님은 모세와 같이 자신을 신뢰할 수 없는 상태에 이끄시는 것은 좋은 것으로 보신다. 또한 자신을 무익한 자로 여기는 것을 기뻐하신다. 그러나 하나님은 사람이 여기서 멈추는 것은 기뻐하시지 않는다. 우리는 겸손히 낮추는 것이 좋다고 해서 머뭇거리며 하나님을 믿지 못하는 상태까지 가서는 안 된다는 것을 알아야 한다. 하나님이 우리로 죽음을 통과케 하시는 것은 죽고 끝나게 하려는 것이 아니라 죽음을 통하여 부활케 하려 하심이다. 모세의 이 부분에서의 문제는 무엇인가? 그는 자신이 믿을만하지 못하다는 것을 알았지만 하나님은 다시 살리시는 능력이 있으시며 그분은 마른 막대기와 같은 사람이라도 사용하실 수 있는 능하신 분이라는 것을 잊었다. 그는 숨고자 했고 게을렀다.

그는 하나님이 자신을 보내지 않는 것이 좋다고 생각했다. 이는 모세가 지나친 것이다. 그가 할 수 있고 없고는 모세에게 달린 것이 아니라 하나님께 달렸으며 그의 할 수 있음을 측정할 수 있는 능력도 하나님께 있음을 알아야 했다. 자신이 약한 자라는 것을 아는 것은 매우 중요하지만 하나님이 자신을 강하게 하실 수 있는 분이라는 것을 믿지 않으면 안 된다. 이것은 모세의 스스로 생각해낸 위축과 후퇴이다. 이는 결코 영적인 겸손이 아니고 자신만을 돌아보고 하나님을 보지 않음으로 생기는 게으름이요 일종의 불순종이다. 따라서 하나님은 모세에게 노를 발하신 것이다.

그러면서도 하나님은 그의 조력자를 예비하셨다. 물론 하나님은 모세와 아론이 동역하여 섬기는 것을 기뻐하신다. 그렇지만 모세는 사람을 의지하는 방식으로 동역해서는 안 되었다. 믿음은 각자가 하나님 앞에서 가져야 하는 것이며, 견고한 믿음 안에서의 동역만이 하나님을 기쁘시게 한다. 아론은 모세보다 세 살 위이다. 즉 모세의 형인 것이다. 그는 결국 광야 40년 동안 하나님의 종 모세와 더불어 이스라엘 백성을 인도하는 인도자가 되었다. 그런데 이후 아론은 모세의 원함대로 말에 능치 못한 모세의 약점을 보완하는 이상적인 동역자가 되었는가? 우리는 성경에서 그러한 사실은 매우 작은 부분일 뿐 많이 찾기 어렵다는 것을 발견한다.

모세는 결국 많은 말을 자신의 입으로 했고, 아론은 금송아지를 만들기도 하고 이런저런 일에서 모세를 거스르기도 했다. 사람을 지나치게 의지하는 것은 결국 많은 실패를 거쳐서 모든 일에 하나님만을 신뢰하는 공과를 배우게 한다.

16절, 그가 너를 대신하여 백성에게 말할 것이니 그는 네 입을 대신할 것이요 너는 그에게 하나님같이 되리라

하나님은 모세에게 형 아론을 돕는 자로 주셨지만 그 위치와 역할을 분명히 하셨다. 하나님을 섬기는 사역에서 중요한 것은 먼저 자신의 직임과 위치에 대하여 분명히 아는 일이다. 나는 체험적으로 하나님의 일을 하는 사람들도 경우가 없는 경우를 많이 보았다. 보내심을 받은 사람이 나중에는 보낸 자보다 위에 서려는 것도 보았다. 집에 세를 얻어 오래 살다보니 집 주인이 되어 버린 것이다. 사역에서 아론이 할 말은 모세가 그 입에 주어야지 아론 임의로 무언가를 말해서는 안 되었다(15-16절). 하나님의 백성 가운데서는 두 사람이 동역해도 서로가 어떤 직임으로 섬겨야 하는지, 누가 말하고 누가 들어야 하는지, 말을 한다면 어떤 말을 해야 하는지를 알아야 한다. 신약에서도 디모데는 다른 가르침을 가르쳐서는 안 되고 바울에게서 들은바 바른 말씀을 본받아 지켜야 했다(딤후 1:13).

모세는 육신적으로는 아론의 동생이지만 하나님의 사역에서 그의 위치는 아론보다 승했다. 모세는 아론에게 있어서 하나님 같은 존재였다. 이는 모세가 하나님이라는 말은 아니지만 그는 하나님의 권위와 하나님의 나타나심과 하나님께 쓰임받는 데 있어서 그 누구보다 하나님을 대표하는 종이었다.

모세는 구약 시대의 대표적인 인물이다. 그는 구약의 계시에 있어서 초석이 된다. 사도행전 3장 22절에서 "모세가 말하되 주 하나님이 너희를 위하여 너희 형제 가운데서 나 같은 선지자 하나를 세울 것이니 너희가 무엇이든지 그 모든 말씀을 들을 것이라"(신 18:15 인용)고 한 선지자는 그리스도를 가리킨다. 이는 그리스도께서 신약 시대에 중보자와 선지자 되심이 모세가 구약 시대 전체에 걸쳐 하나님의 계시를 전달함에 있어서 대표자가 되었음과 같다는 것을 지적하는 말이다. 그러므로 구약 시대에는 많은 약속과 율법이 있을지라도 모세 한 사람으로 대표될 만하다. 구약 시대의 나머지 모든 선지자의 역사는 모세를 통해 수여된 율법과 지식을 옹호하고 파수해나가는 데 불과한 것이다. 이처럼 구약에서 모세의 위치는 너무나 중요한 것이다.

17-20절, 너는 이 지팡이를 손에 잡고…하나님의 지팡이를 손에 잡았더라

모세가 애굽으로 갈 때 가지고 간 것이라고는 오직 지팡이 하나뿐이었다. 이 지팡이는 양을 칠 때 사용하던 지팡이요 뱀으로 변했던 지팡이요 애굽에서 온갖 이적을 행할 때 사용하던 지팡이다. 20절에서는 이 지팡이를 하나님의 지팡이라고 했다. 이 지팡이는 후에 반석을 쳐서 물이 나게 한 지팡이로서 율법의 공의를 나타내는 지팡이가 되었다. 반석이신 우리 주님은 공의의 지팡이로 맞은바 되시고 우리를 살리기 위해 생수를 내셨다.

"이드로가 그에게 평안히 가라 하니라"(18절). 모세는 하나님의 명령에 순종하여 애굽으로 떠나기 위해 장인에게 가게 해달라고 요청했고 이드로는 평안히 가라고 말했다.

21절, 여호와께서 모세에게 이르시되 네가 애굽으로 돌아가거든 내가 네손에 준 이적을 바로 앞에서 다 행하라 그러나 내가 그의 마음을 강퍅케 한즉 그가 백성을 놓지 아니하리니

"내가 그의 마음을 강퍅케 한즉". 이 말씀을 보면 하나님께서 사람의 마음을 강퍅케 하시는 것 같지만 사실 하나님께서 직접 사람의 마음을 강퍅케 하시는 것이 아니라 사람이 하나님을 버림으로 마음이 강퍅케 되는 것이다. 사람이 마음에 하나님 두기를 싫어하므로 하나님께서도 저희를 상실한 마음대로 내버려두시는 것이다.

22절, 너는 바로에게 이르기를 여호와의 말씀에 이스라엘은 내 아들 내 장자라

"이스라엘은 내 아들 내 장자라". 이는 하나님이 이스라엘을 만국 중에서 선택하심으로 맺은 유일하고도 특별한 관계이다. 이는 분명 아브라함의 축복에 근거한다. 이스라엘은 하나님에게 장자와 같이 중요하며 사랑의 관계에 있다.

24-26절, 여호와께서 길의 숙소에서 모세를 만나사 그를 죽이려 하시는지라 25 십보라가 차돌을 취하여 그 아들의 양피를 베어 모세의 발 앞에 던지며 가로되 당신은 참으로 내게 피 남편이로다 하니 26 여호와께서 모세를 놓으시니라 그때에 십보라가 피 남편이라 함은 할례를 인함이었더라

이 말씀의 부분은 갑작스럽게 느껴지며 이해하기가 쉽지 않다. 그러나 잘 읽으면 영적인 교훈이 풍부하다. 길의 숙소에 있을 때 하나님께서 모세를 죽이려 하신 것은 아마도 심각한 급성병이었을 것이다. 그때 모세와 십보라는 이 문제를 놓고 기도하며 진지하게 교제했을 것이다. 하나님께서는 왜 이런 질병을 보내셨을까? 하나님은 모세를 귀한 그릇으로 택하여 이스라엘 백성을 애굽의 학정 아래서 구하도록 보내시면서 왜 또 죽이려 하시는가?

우리는 여기서 어떤 사람도 하나님의 거룩함과 의 앞에서 예외가 없으며 특히 하나님께 더욱 가까운 사람일수록 더욱 철저히 그의 죄악과 육체에 대하여 하나님께서는 다루신다는 것을 알아야 한다. 그때 모세와 십보라는 기도와 교제 속에서, 또는 하나님의 음성으로 그것이 아들의 할례 문제임을 알았다. 모세는 진작 아들에게 할례를 행하도록 십보라에게 명했을 것이다. 그러나 십보라는 아들에 대한 천연적인 애정으로 인해 모세의 말에 불순종하고 있었을 것이다. 그러다 여기서 십보라는 자기의 불순종이 남편의 목숨과 관계된다는 것을 알았고 모세의 급성병이 아들의 할례 문제 때문에 일어난 것을 알았다. 어쨌든 남편을 사랑하는 십보라는 그 자리에서 차돌을 취하여 아들의 양피를 베었으며, 하나님은 모세를 놓아주셨다. 이때 십보라는 모세에게 "당신은 참으로 내게 피 남편이로다"라고 했다. 십보라가 모세를 피 남편이라 함은 어린 아들의 양피를 베어 피를 흘린 다음에야 하나님의 사하심을 받고 다시 남편으로 생존하게 되었다는 뜻이다.

우리는 이 사건을 통해 몇 가지 교훈을 얻는다. 첫째는 매우 경건한 사람이라 하더라도 하나님 앞에서 그가 아직 보지 못한 심각한 문제가 있을 수 있다는 것이다. 이런 것은 어떤 심각한 질병이나 고난 가운데서 발견될 수 있다. 가령 어떤 형제가 자신의 아들이나 딸을 주님보다 더 사랑한다고 할 때 평상시에는 그것을 알지 못하나 큰 사고가 날 때 그것을 알게 된다. 과거에 주님을 매우 사랑하는 자매가 있었다. 나는 그녀의 남편이 주님을 믿지 않았기 때문에 그 자매가 그렇게 남편을 의지하고 사랑했다는 것을 알지 못했다. 어느 날 그녀의 남편이 갑작스럽게 세상을 떠났다. 나는 그녀가 그렇게 오랫동안 슬퍼하며 괴로워하는 것을 보고서야 그녀가 얼마나 남편을 의지하며 사랑했는가를 알게 되었다. 아마 그 자매 자신도 과거에는 그 사실을 잘 인식하지 못했을 것이다. 자식이든 남편이든 혹은 아내든 이 세상에 주님보다 더 사랑하는 것이 있다면 다 우상이다. 어떤 사람은 자신의 육신의 몸을 주님보다 더 위하고 사랑한다. 그런 것이 평상시에는 발견되지 않다가 어느 날 육신에 가공할 만한 타격이 가해지고 무서운 질병이 임하면 그때 자신이 얼마나 육신을 사랑하는지를 알게 된다. 그런 사람은 육신의 몸을 하나님보다 더 사랑하는 고로 육신에 시험이 닥칠 때 하나님을 원망하고 믿음을 잃게 된다. 그런 사람에게는 육신이 우상인 것이다.

둘째로, 당시 모세에게 있어서 중요한 것은 어떻게든 빨리 애굽에 가서 이스라엘을 구출해 내는 것이었다. 그러나 하나님 편에서는 보다 중요한 것이 모세의 성결이었다. 그리스도인에게 있어서 어떤 일보다 중요한 것이 그의 영적인 순결함이요 순복하는 영이다. 모세가 만일 아들의 할례 문제에 있어서 십보라의 말을 듣고 보류하거나 불순종하는 상황이었다면 그는 목숨을 부지할 수 없었을 것이다. 하나님은 모세에게 있어서 애굽에서 그의 백성을 건져내는 일보다도 하나님의 언약을 지키는 문제, 곧 그의 아들의 할례 문제가 더 엄중하다는 것을 알도록 징계하시고 교훈하셨다.

셋째로, 하나님의 계명의 섬세함이다. 어떤 사람은 사랑이 섬세한 것이라고 한다. 모세는 할례 문제를 사소한 것으로 여겨 그냥 지나치려 했던 것 같다. 그러나 진정으로 하나님을 사랑하는 사람이라면 하나님의 모든 명령과 말씀을 다 지켜야 할 말씀으로 여길 것이다. 모세는 지금 위대한 하나님의 위임을 받고 애굽으로 가는 길이다. 그러나 아무리 크고 위대한 일을 집행하는 모세라 하더라도 작은 문제처럼 보이는 아들의 할례 문제를 소홀히 해서는 안 되었다. 오늘날에도 많은 믿는이들이 성경에서 몇몇 중요해 보이는 진리를 지키고 행하기만 하면 사소한 것처럼 보이는 말씀들은 주의하지 않아도 된다는 관념을 갖고 있다. 그러나 이것은 결코 안 될 말이다. 진정으로 주님을 사랑하는 자들이라면 주님의 큰 명령뿐 아니라 작은 말씀 한 마디라도 소중히 여겨 지키려 할 것이다.

모세와 십보라

모세와 십보라는 이삭과 리브가와 마찬가지로 그리스도와 교회를 예표하는 또 하나의 좋은 예이다. 그리스도에게 교회는 모세가 광야에서 외로울 때 십보라를 만난 것같이 외로우신 주님의 배필이다.

그렇지만 교회는 십보라와 같이 자신의 천연적인 생명에 차돌을 대어야 한다. 그리고서 주님과 피 남편의 관계를 가져야 한다. 여기에 피가 있고 십자가도 있다. 그리스도와 교회는 그 사이에 피와 십자가를 두고 있다. 교회의 그리스도에 대한 정상적인 관계는 십자가로 자아와 육체를 죽음에 놓을 때에만 이루어진다. 피 없이, 십자가의 죽음이 없이는 교회는 주님 앞에 합당치 않다. 교회가 아무리 주님을 위해 큰일을 한다 하더라도 먼저 중요한 것은 십자가로 자신을 끝내는 일이다. 교회는 응당 주님께 고백해야 한다. '주님 우리에게는 당신의 십자가 외에는 결코 자랑할 것이 없습니다. 그 십자가가 우리의 모든 사람에게서 나온 것들을 끝내고 하나님의 거룩하심과 진리로 우리를 새롭게 변화시키고 계시며 하늘 백성으로 다시 만들고 계십니다. 우리와 주님 사이에는 십자가가 있습니다. 그것이 당신이 우리의 남편이요 머리 되시는 표입니다.'

27-31절, 여호와께서 아론에게 이르시되 광야에 가서 모세를 맞으라 하시매…28 모세가 여호와께서 자기에게 부탁하여 보내신 모든 말씀과 여호와께서 자기에게 명하신 모든 이적을 아론에게 고하니라…모든 장로를 모으고…31 백성이 믿으며…머리 숙여 경배하였더라

친구들이나 동역자를 반가이 만나는 일은 하나님께서 인도하시는 일이다. 특히 사역 안에서 좋은 동역자를 만나는 일은 더욱 그러하다. 하나님은 아론에게 광야에 가서 모세를 맞으라고 하셨다. 누가 누구에게 가야 하는가도 매우 중요하다. 또 어디서 만나는가도 중요하다. 여기서 모세가 아론에게 간 것이 아니라 하나님은 아론더러 모세에게 가서 맞으라고 하셨다. 그들은 아무 데서나 만난 것이 아니라 하나님의 산에서 만났다. 그들은 사사로운 관계로 만나는 것이 아니었기 때문에 그들의 만남은 모든 면에서 중요한 의미를 갖는다. 특히 모세는 아론에게 여호와께서 자기에게 부탁하신 모든 말씀을 자세하게 일러주었다. 이는 동역을 하는 자들에게 좋은 본보기가 된다. 먼저 하나님의 뜻을 안 사람은 다른 사람의 유익을 위해 알고 있는 바를 잘 말해주는 것이 필요하다. 듣는 사람 또한 합당한 자세로 들어서 유익을 얻어야 하며 하나님이 부탁하신 뜻 안에서 함께 동역할 수 있도록 해야 한다. 이스라엘 백성들은 모세가 행하는 이적을 보고 믿었으며 하나님께 머리 숙여 경배하였다.

출애굽기 5-6장

5장 1절, 그 후에 모세와 아론이 가서 바로에게 이르되 이스라엘 하나님 여호와의 말씀에 내 백성을 보내라 그들이 광야에서 내 앞에 절기를 지킬 것이니라 하셨나이다

출애굽기는 구속을 말하는 책이다. 구속사적인 관점에서 본다면 하나님께서 이스라엘 백성을 구출하시는 것은 죄와 사탄에게 종노릇 하는 데에서 그분의 택하신 백성을 해방하는 것이다. 물론 구약은 예표와 그림자이다. 이스라엘이 바로에게 종노릇 한 것을 신약에 적용한다면 예정하심을 입은 자들이 사탄에게 종노릇 하는 것이다.

과연 하나님은 어떻게 그분의 백성들을 죄에서 해방하시는가? 이에 대한 좋은 그림이 출애굽기에 묘사되어 있다. 여기서 우리는 하나님께서 이스라엘 백성들을 애굽에서 이끌어내시는 데에는 목적이 있음을 알 수 있다. 그 목적은 광야에서 절기를 지키게 하려는 것이다. 하나님은 이스라엘을 다만 종노릇 하는 데에서 벗어나게 하려는 것만이 아니라 그들로 하여금 절기를 지키게 하시려는 것이다. 절기란 문자 그대로 잔치(feast)를 누리는 것이다. 하나님은 그분의 백성들과 잔치를 누리기 원하신다. 우리는 1절의 "그들이 내 앞에서 절기를 지킬 것이니라"고 한 말을 기억해야 한다.

누가복음 15장에서 탕자는 아버지 집을 나가 허랑방탕하였고 많은 죄를 지었다. 그는 회개하고 아버지에게 돌아가려 할 때 그저 굶주림을 면하고 싶었다. 그래서 아버지를 뵈면 아버지 집의 품꾼의 하나로 써달라고 해야겠다고 마음먹었다. 그러나 아버지는 아들이 돌아오자 종들에게 제일 좋은 옷을 내어다가 입히고 살진 송아지를 잡아 잔치를 베풀라고 명했다. 주 예수님은 신약에서 죄인들과 세리들과 잔치를 즐기셨다. 이는 천국의 모형이다. 그분의 죄 용서는 그 자체에 목적이 있는 것이 아니라 천국의 누림에 있는 것이다. 이는 우리를 하나님의 창조의 원래의 목적으로 이끈다. 하나님은 사람을 창조하심에 있어서 그분의 풍성과 부요에 이르러 그 누림 안에 이끌고자 하셨던 것이다. 그러나 거기에 죄가 들어오고 그분의 창조의 목적은 방해를 받게 된 것이다.

하나님의 구속 사역을 볼 때 놀랍고 기묘한 것은 하나님께서는 죄인을 구원하실 때 단지 죄 사함만을 얻어 심판과 지옥의 영원한 형벌을 면하게 하시는 것이 아니라는 것이다. 하나님은 죄인들의 죄 문제를 해결해 주실 뿐 아니라 더욱더 하나님의 창조의 목적을 이루며 하나님 앞에서 죄인이 잔치를 누리고 하나님과 기뻐하게 하셨다.

탕자의 경우를 생각해 보라! 그는 아버지의 재산을 나눠 받아 가지고 나가서 다 써 버리고 죄만 짓고 돌아온 자신을 받아들여주는 것만으로도 황송하고 감사하게 여겼다. 그러나 아버지는 죄 많은 아들을 받아들일 뿐 아니라 그를 위해 잔치를 베풀고 함께 기뻐하기 원했다. 그러므로 우리는 로마서에 있는 바울의 말을 이해할 수 있다. "그러므로 우리가 믿음으로 의롭다 하심을 얻었은즉 우리 주 예수 그리스도로 말미암아 하나님으로 더불어 화평을 누리자 또한 그로 말미암아 우리가 믿음으로 서 있는 이 은혜에 들어감을 얻었으며 하나님의 영광을 바라고 즐거워하느니라"(롬 5:1-2). 여기에는 의롭다 함을 얻는 문제가 있고 하나님과 더불어 화평을 누리며 즐거워하는 문제가 있다.

또한 로마서 5장 10절에서는 "곧 우리가 원수 되었을 때에 그 아들의 죽으심으로 말미암아 하나님으로 더불어 화목되었은즉 화목된 자로서는 더욱 그의 살으심을 인하여 구원을 얻을 것이니라"고 하였다. 이 구절에도 하나님과 원수 되었던 죄인이 하나님과 화목되는 문제가 있을 뿐 아니라 더욱(much more) 그의 살으심(life, 생명)으로 인한 구원이 있다. 만일 오늘 어떤 그리스도인이 다만 피로 인한 구속과 하나님과 화목된 것만을 안다면 구속에 대한 인식에서 부족함이 있는 것이다. 그러므로 11절은 이어서 "이뿐 아니라 이제 우리로 화목을 얻게 하신 우리 주 예수 그리스도로 말미암아 하나님 안에서 또한 즐거워하느니라"고 말한다. 여기서 말하고 있는 '하나님 안에서 또한 즐거워하느니라'를 출애굽기 5장 1절의 절기(잔치)로 보면 된다. 우리는 출애굽기와 레위기의 많은 율법과 규례 가운데서 하나님의 여러 절기들을 보는데, 결국 그 모든 절기의 중심은 그리스도의 피로 구속함을 얻은 사람들이 하나님과 잔치하면서 즐거움과 누림을 갖는 데 있다.

복음은 그리스도의 죽음과 부활에 그 근거를 두고 있다. 그리스도의 죽음은 우리의 죄 문제를 해결하는 데 중점이 있고 부활은 우리에게 새 생명을 주어 살게 하는 데 중점이 있다. 로마서 6장 4절은 이것을 보여준다. "그러므로 우리가 그의 죽으심과 합하여 세례를 받음으로 그와 함께 장사되었나니 이는 아버지의 영광으로 말미암아 그리스도를 죽은 자 가운데서 살리심과 같이 우리로 또한 새 생명 가운데서 행하게 하려 함이니라". 이 구절에서 우리는 우리가 받은 새 생명이 분명 그리스도의 부활(그리스도를 죽은 자 가운데서 살리심, 우리로 새 생명 가운데서 행하게 하려 함)과 관계있는 것임을 알 수 있다.

그러므로 우리는 로마서 8장에 올 때 이 놀라운 생명의 문제를 대하게 된다. "이는 그리스도 예수 안에 있는 생명의 성령의 법이 죄와 사망의 법에서 너를 해방하였음이라"(2절). "아들이 있는 자에게는 생명이 있고 하나님의 아들이 없는 자에게는 생명이 없느니라"(요일 5:12). 앞으로 출애굽기 12장에서 보겠지만 구속에는 피로 인해 진노에서 벗어나는 것만 있는 것이 아니라 집 안에서 양고기를 먹는 것이 있다. 이것은 누가복음 15장에 있는 살진 송아지의 잔치와 같다. 그러므로 "그리고 살진 송아지를 끌어다가 잡으라 우리가 먹고 즐기자" 라고 한 것이다(눅 15:23). 이는 생명의 문제를 말하는 것이며 이처럼 완전한 즐거움과 누림에 이르지 못한 것은 완전한 구속의 목표와 표준에 이르지 못한 것이다.

우리가 5장 1절에서 하나님께서 자기 백성의 구속 문제(내 백성을 보내라)를 언급할 때 그리스도의 십자가의 역사와 부활을 좀 더 상세하게 보지 않을 수 없다. 하나님께서는 그리스도의 십자가에 죽으심과 부활을 통하여 이 큰일을 이루셨기 때문이다. 우선 우리는 그리스도의 피가 완전한 죄 사함과 의롭다 하심을 얻는 문제를 해결해 놓았음을 보아야 한다. 죄 사함을 받은 우리는 그리스도 안에서 완전하게 되었다. 하나님은 우리를 그리스도께 미치지 못하는 완전함을 가진 자로 보지 않으신다. 왜냐하면 그리스도가 곧 우리의 의가 되셨기 때문이다(갈 3:27, 롬 3:24). 하나님은 그리스도를 완전한 자로 보시는 것처럼 우리를 그렇게 보신다. "주의 어떠하심과 같이 우리도 세상에서 그러하니라"(요일 4:17b). 하나님은 구속받은 우리를 그리스도 안에 있는 자로 보시기 때문에 우리를 완전히 거룩하게 보시는 것이다(롬 12:1, 히 10:14).

또 한편으로 그리스도의 구속은 우리로 하나님의 생명을 얻어 하나님과 잔치를 누리게 한다. 이것은 그리스도의 부활로 말미암은 것이다. 이 생명은 그리스도 자신이며(골 3:4) 하나님 아들 안에 있는 것이다(요 1:4). 우리 구속된 자들은 이 하나님의 생명으로 하나님과 사귀면서 하나님으로 더불어 즐거움을 누릴 수 있는 것이다. 이렇게 비유해 보겠다. 사람은 왜 개, 고양이, 소, 말 등 짐승들과의 사귐을 통하여 충분한 즐거움을 갖지 못하는가? 그 이유는 간단하다. 짐승의 생명은 사람의 생명과 다르고 사람의 생명보다 열등하기 때문이다. 또한 사람이 홀로 무인도에 남았을 때 가장 문제가 되는 것이 무엇인지 아는가? 혹 먹을 것이 많다 하더라도 사람들과의 교제가 없다는 것이 문제이다. 고독이 가장 문제가 되는 것이다. 하나님은 사람을 지으실 때 "하나님이 가라사대 사람의 독처하는 것이 좋지 못하니 내가 그를 위하여 돕는 배필을 지으리라"고 하셨다(창 2:18). 하나님은 그리스도의 죽으심과 부활을 통하여 믿는 자들에게 그분의 생명을 주기로 하셨다(요 10:10). 하나님의 생명은 가장 높고 거룩하며 풍성하다. 하나님은 그분의 자녀들에게 이 썩지 않는 부활의 생명을 주셨다. 바울은 이 영원한 생명을 인하여 사도가 되었다고 말한다(딛 1:1-2).

이 생명은 다만 사람이 그 나라에서 영원토록 살기 위한 것만이 아니다. 하나님께서는 이 생명을 사람에게 주심으로 사람이 하나님과 사귀는 가운데 기쁨이 충만하게 되기를 원하셨다(요일 1장 참조). 사도 베드로 또한 "그리스도께서 한 번 죄를 위하여 죽으사 의인으로서 불의한 자를 대신하셨으니 이는 우리를 하나님 앞으로 인도하려 하심이라"(벧전 3:18)고 말한다. 불의한 자를 대신하여 죽으심이 한 방면이고 하나님 앞으로 인도되는 것이 또 한 방면이다. 하나님은 인격과 성품을 가진 분이시기 때문에 우리 또한 같은 생명과 성품을 갖지 않으면 그분 앞에 인도될지라도 그분과 아무런 교제도 할 수 없고 따라서 기쁨이나 누림을 가질 수 없다. 즉 애굽의 바로를 떠나기는 했는데 광야에서의 잔치가 없는 것이다. 이 땅에서도 당신이 어떤 높은 신분의 사람과 자리를 함께하는 영예를 차지했다 하더라도 그와 통할 수 있는 지식이나 관심사나 성품이 없다면 그 자리에 있는 것이 의미가 없고 답답하게 느껴질 뿐이다.

오늘 우리에게 하나님의 생명이 있어야 이 생명으로 하나님과 사귀고 성도들과 사귀면서 즐거움을 누리게 된다. 그러므로 그리스도의 구원은 피로 인한 구속과 생명으로 인한 누림을 포함해야 완전하다. 그리스도인들이 생명이 무엇인지를 잘 모른다면 절기를 지키는 것이 무엇인지를 잘 알 수 없다. 하나님이 우리를 구속하신 것은 우리 사람과의 잔치와 누림을 갖기 위함이시다. 이 잔치는 이 시대에만 국한된 것이 아니다. 장래 우리가 주님을 만날 때 주님은 그분의 구속된 백성들과 함께 말할 수 없는 즐거움을 누릴 것임에 틀림없다. 이 일에 대하여 신약 성경, 특히 복음서에서 반복적으로 기록되어 있다(마 25장 참조). 이는 그분이 죄인을 구원하시는 일을 말씀하실 때마다 잔치를 말씀하시는 것에서도 알 수 있다(눅 15장 참조). 이 혼인잔치의 즐거움을 무엇에 비하리요! 또한 그 잔치에 참여치 못하는 자들의 원통함은 어떠하리요! 참으로 이것은 심각한 일이다. 구속의 결과는 이 시대와 오는 시대 모두 구속받은 자들에게 잔치를 약속해 놓고 있다.

하나님의 종 모세에게 닥친 환경

모세가 하나님의 명령을 수행하기 위해 일을 시작했으나 닥치는 것은 양면의 어려움이다. 누구든지 하나님의 종으로서 일을 하려면 어려움을 회피하려 하는 성격을 가진 사람은 자격이 없는 사람이다. 먼저 모세는 이스라엘 백성들의 반대에 부딪혔다. 모세의 봉사는 오히려 백성들의 불신과 불만을 더욱 키우는 결과를 가져왔다. 그러면 그들은 할 수 없는가? 하나님이 하시면 할 수 있는 것이다. 모세는 그런 환경에서 하나님만을 의지해야 했다. 그런 어려운 상황이 발생했다 해도 좌절할 필요가 없었다. 하나님은 그분의 종들이 믿음과 오래참음과 환난을 통하여 왕국을 얻도록 많은 어려움을 허락하신다.

모세와 아론은 처음으로 바로를 상면하고서 여호와 하나님의 말씀으로 이스라엘 백성을 보낼 것을 요청한다. 먼저 그들은 바로에게 자신들이 그렇게 하지 않으면 하나님의 징벌(온역이나 칼)을 받을 것이라고 말한다(3절). 그리고 사흘 길쯤 광야로 떠나 거기서 여호와께 희생을 드리겠다고 했다. 이때 바로의 반응은 그들을 보내지 않겠다고 하면서 자기는 여호와를 알지 못한다고 말하는 것이었다. 여기서 우리는 주의 종들이 주의 일을 하려고 할 때 가장 문제가 되는 것과 어려움을 겪는 것이 사람들의 무지 때문이라는 것을 알 수 있다. 모세는 바로의 무지와 부딪히게 된다. 무지는 무지로 끝나는 것이 아니고 오해와 반대와 핍박을 가져온다. 무지에 이어 바로 오해가 오고 다음에는 핍박이 오는 것이다. 주의 일을 하다보면 또한 어려움은 가중되는 법이다.

바로는 모세와 아론의 말에 대해 그들이 시간이 많고 여유가 있으니 헛소리를 한다고 하면서 고역을 더 무겁게 함으로 수고롭게 하여 다른 생각을 하지 못하게 하겠다고 작정했다. 이스라엘 백성들이 하는 일은 주로 건축을 위한 벽돌을 만드는 것이었는데, 이전에는 짚을 주고서 만들라고 했지만 이제 짚을 주지 않고 스스로 구해다가 벽돌을 만들게 하였다. 그래서 이스라엘 백성들은 애굽 온 땅에 흩어져 곡초의 그루터기를 거두어다가 짚을 대신했다. 그러면서도 애굽 간역자들은 당일에 만들어야 할 벽돌의 수효를 줄이지 않았다. 그 수효를 채우지 못할 시에는 이스라엘 패장들을 매질했다. 바로는 그들이 하나님을 섬기겠다고 하는 말을 게으름에서 나온 핑계로 여겼으며 모세와 아론이 전한 여호와의 말씀을 거짓말(9절)이라고 생각했다. 이것은 하나님을 멸시하고 영적인 것을 모르는 사람들의 공통적인 반응이다.

결과적으로 이스라엘 백성의 인도자들은 바로에게 찾아가 하소연을 했고 그 일이 모세와 아론의 제안에서 비롯된 것임을 알고 백성들은 모세와 아론을 공박했다(21절). 모세는 여호와께 어찌 이 백성으로 학대를 당하게 하셨느냐고 부르짖으며 그들을 구원치 않으심을 호소하였다. 이는 하나님께서 그분의 일을 하도록 맡기셨을 때 용이하게 그 일을 성취하게 하지 않으시는 경우가 많다는 것을 말해주는 것이다. 사도행전의 사도 바울의 일들을 보더라도 그러하다. 하나님은 바울의 일행이 마케도냐로, 유럽 쪽으로 나아가기를 원하셨음을 볼 수 있다. 그러나 그 길은 그렇게 쉬운 길이 아니었다. 많은 난관이 놓여져 있었다. 그러한 난관을 통과하여 주님은 그 일을 성취하시기 원하셨다. 바울의 예루살렘행도 동일하다. 그는 동족에게 나아가기를 원했으나 결국은 가이사랴에 2년 이상 갇히고 로마 감옥에 갇혔으며 그의 뜻이 손쉽게 이루어지지 않는 듯 보인다.

하나님은 모세와 아론에게 다시 한 번 언약을 상기시키시면서 반드시 그들을 이끌어내실 것을 약속하신다. 그러나 이스라엘 백성은 여전히 모세의 말을 듣지 않았다. 주님은 모세에게 다시 바로에게 가서 이스라엘 자손을 보내라고 말하라고 하신다. 모세는 하나님께 이스라엘 자손도 듣지 않는데 바로가 어찌 듣겠느냐고 하면서 자신은 입이 둔한 자라고 한다. 다시금 자신의 할 수 없음을 고려하는 것이다. 그러나 6장 13절은 매우 특이하다. "여호와께서 모세와 아론에게 말씀하사 그들로 이스라엘 자손과 애굽 왕 바로에게 명을 전하고 이스라엘 자손을 애굽 땅에서 인도하여 내게 하시니라".

이는 이스라엘이 출애굽하는 일의 성공이 하나님께 달려 있음을 증명하는 구절이다. 이 일은 모세의 능력으로는 불가능했으며 모세의 의지와 마음도 부족했다. 그는 하나님의 명령을 받고 시행하는 즉시 어려움에 부딪혔고 좌절하고 또 좌절했다. "어찌하여 나를 보내셨나이까"(5:22), "바로가 어찌 들으리이까 나는 입이 둔한 자니이다"(6:12), "나는 입이 둔한 자이오니 바로가 어찌 나를 들으리이까"(6:30) 등은 그가 좌절을 겪고 있음을 나타내는 말이다. 그러나 실상 모세는 자신의 말을 신뢰할 필요가 없었다. 이는 능력이 그의 말이 아니라 하나님께 있기 때문이다. 우리는 복음을 전할 때 그저 하나님이 부탁하신 말씀을 전하면 되는 것이지 우리의 말의 어눌함이나 지식의 부족함을 핑계 삼아 물러서서는 안 된다.

결국 우리는 이스라엘 백성을 애굽에서 구출해내신 분은 오직 여호와 하나님이심을 인정하게 된다. 하나님은 확신을 갖고 말씀하신다. "내가 바로에게 하는 일을 네가 보리라"(6:1), "나는 여호와로라"

(6:2), "내가…땅을 주기로 언약하였더니"(6:3-4), "나는 여호와라 내가…구속하여…내 백성을 삼고…그 땅을 너희에게 주어 기업을 삼게 하리라 나는 여호와로라"(6:6-8).

이로써 우리는 이스라엘을 구속하신 분이 여호와이심을 알게 되고 모세가 그러한 인도자 된 것도 하나님으로 인한 것임을 알게 된다. "구원하심이 보좌에 앉으신 우리 하나님과 어린 양에게 있도다"(계 7:10). 모든 구원의 역사를 친히 이루신 하나님을 찬양할지라!

구속이라는 단어

6장 6절의 '구속'이라는 말은 히브리어로 가알(גאל)인데, '무르다', '복수하다'라는 뜻이다. 일단 잃어버렸거나 매각되었던 것을 다시 사들이는 것을 말한다. 이는 이스라엘 백성 가운데서 누가 살해당했을 때 가장 가까운 친척이 대신 복수하는 데에서 유래된 말이며, 또는 기업의 땅을 팔아버렸을 때 대신 물어주는(룻 3:13) 것에도 사용되었다. 그러므로 구속은 하나님께서 그분의 백성을 죄와 심판 가운데에서 구출하시는 것이며 원수는 사탄이고 가장 가까운 친척은 물론 그리스도이시다. 후반부에 나오지만 구속은 은으로 예표 되며 구속하려면 속전(ransom)이 필요하다. 속전, 즉 대가가 있어야 구속을 할 수 있다는 말이다. 주 예수 그리스도의 피가 사람을 죄에서 구속하는 대가인 것이다.

사람은 왜 구속이 필요하게 되었는가? 이는 사람이 죄에게 팔렸기 때문이다(롬 7:14). 로마서 7장에서는 죄가 의인화 되었다. 그러니까 죄가 사람이라는 존재를 산 주인이 되었다는 말이다. 그러나 실제적으로 죄를 통하여 사람을 주장하는 자는 사탄이니 사탄이 타락한 죄인인 인간의 주인이 된 것이다. 그러므로 사람은 죄에 속하여 공중의 권세 잡은 자인 사탄을 좇아 그가 명하는 대로 행하는 종이 되어버린 것이다. 그럼 도대체 누가 팔았단 말인가? 이는 사람 자신이 스스로를 헐값에 노예로 팔아 버렸다고 해야 할 것이다. 사탄에게 속아서 그렇게 된 것이다.

사탄은 거짓말로 사람을 속여서 하나님을 불신케 하고 하나님을 떠나게 하였다. 그리고 사탄과 하나 되게 된 것이다. 사탄의 말을 듣고 사탄의 본성인 죄를 주입받아 그의 조종 아래 들어가 일생토록 죄를 짓고 그 결과 하나님의 심판과 멸망의 자식이 되어버렸다. 타락한 인간은 하나님이 보시기에 너무나 불쌍한 존재가 된 것이다. 그러니 구속이란 한 면으로 원수에 대한 복수도 될 것이고 다시 대가를 지불하여 사오는 것도 될 것이다.

구속은 하나님이 사람을 사랑하셨기 때문에 시작되었다. 사람이 죄인이 되고 멸망할 운명에 처했지만 하나님이 사람을 관심하시지 않고 사랑하시지 않았다면 아무 문제가 될 것이 없다. 그러나 문제는 하나님이 멸망할 죄인을 불쌍히 여기시며 사랑하셨다는 데 있다. 그래서 구속이라는 것이 있게 된 것이다. 오늘도 어쩌면 교도소에는 내일 혹은 모레 사형을 기다리는 죄수들이 있을 것이다. 당신이 그와 아무 관계가 없고 사랑도 없는 관계라면 그것은 당신에게는 큰 문제가 아니며 아무 일도 발생하지 않을 것이다. 그러나 만일 당신이 그와 관계가 깊고 매우 사랑하는 관계이며 그가 죽는 것이 너무 억울하다고 느껴서(속아서 팔려가 종노릇하며 죄를 지은 것이기 때문이다) 어찌하든지 살려야 하겠다고 생각한다면 그때부터 문제가 생기는 것이다. 하나님의 구속은 이렇게 해서 일어난 일이다.

하나님이 세상을 이처럼 사랑하셨기에(요 3:16), 하나님이 죄인인 당신과 나를 너무나 사랑하셨기 때문에, 그분은 큰일을 하시지 않으면 안 되었던 것이다. 그것이 바로 구속의 일이다. 무슨 일을 하셔야 했는가? 그분의 하나밖에 없는 아들(독생자)을 이 땅에 보내셔서 십자가에서 피를 흘리고 죽으시게 하는 일을 계획하신 것이다. 이것이 없이는 죄인들에 대한 구속이 불가능하기 때문이다. 아! 이 어떠한 일인가! 이런 일이 어느 날 우리 하나님에게 생긴 것이다. 죄인들이여! 이 큰일을 행하시려고 계획하신 하나님을 안다면 어찌 눈물로 그분께 감사함을 표시하지 않을 수 있는가!

그리스도의 구속은 그분의 출생으로부터 시작하여 십자가의 죽으심과 부활, 승천, 성령 강림, 그리고 재림에 걸쳐 완성된다. 모든 절차가 간단하지 않고 어렵지만 그 중에도 그리스도의 십자가의 피 흘리심과 죽음은 그 절정이다. 그분의 보혈은 우리를 정죄와 심판에서 구속하며, 십자가는 우리를 죄의 세력에서 해방함으로 구속하며, 그분의 재림은 우리 몸을 구속하심으로 그 역사를 완성한다. 로마서에서는 죄에 대하여 두 가지 단어를 사용하는데, 첫째는 복수의 죄(sins)로서 '죄들'로 번역하는 것이 옳다. 이는 로마서 1장부터 3장까지에 나오는데, 사람이 행위로 범한 낱낱의 죄과들, 자범죄를 말한다. 5장에서 7장에 걸쳐 나오는 죄는 단수의 죄(sin)로서 우리 안에 내주하며 우리를 죄 아래로 사로잡아 감으로 심지어 선을 행하기 원해도 죄를 짓도록 끌어가는 능력이다. 죄들에 대한 하나님의 구속은 그리스도의 피로 말미암는다. 그러므로 죄들에 대하여는 '사함'이 필요하다(forgiveness of sins). 내주하는 죄의 권세에서는 '해방'되는 것이 필요한데(deliverance of sin), 이는 십자가로 말미암는다.

죄들을 사하기 위해서는 그리스도의 '대속의 죽음'(vicarious death)이 필요하고, 우리를 죄에서 해방하기 위해서는 '함께한 죽음'(co-death)이 필요하다. 그리스도는 우리의 죄들을 용서하시어 우리가 심판과 멸망을 면하도록 십자가에서 대신 돌아가셨고, 우리로 성화된 삶, 죄에서 벗어난 삶을 살게 하려고 우리와 연합하여 십자가에서 죽으셨다. 그리스도께서 죽으실 때 우리도 그분과 함께 죽었다는 것이 곧 연합한 죽음이다. 연합한 죽음에 대하여는 로마서 6장 전반부에 자세히 기록되어 있다. 구속은 우리를 죄의 권세에서 해방하는 것만을 목표로 하는 것이 아니라 하나님 앞으로 인도하여 그분의 성품과 본성에 참여하여 그분과의 교통과 누림을 회복하는 것까지를 포함한다. 그분의 부활과 승천은 우리에게 보혜사 성령을 주시어 우리로 하나님의 생명과 성품을 갖게 하며 그분과의 누림을 갖게 한다. 이것이 온전한 구속이며 로마서 8장에는 이러한 생명의 구원이 기록되어 있다. 이와 같이 우리의 칭의의 문제가 그리스도의 피로 해결되고 성화의 문제가 십자가와 부활로 해결된다 하더라도 여전히 우리의 썩어질 몸의 구속의 문제가 남아 있는데, 이것은 그리스도의 재림으로 해결된다(롬 8:23, 빌 3:20-21).

또한 성경에서 주 예수님은 이 땅에 오셔서 그분을 믿을 만한 증거를 주셨다. 이것 또한 큰일이다. 우리는 사탄에게 속아서 하나님을 불신하게 되었고 불신으로 말미암아 하나님을 잃어버렸다. 그러나 하나님이 주신 아들은 이 땅에서 죄인을 위하여 오셔서 인생 33년을 사시고 십자가에 죽으시고 사흘 만에 부활하사 우리에게 믿을 만한 증거를 주신 것이다. 주님이 우리로 그분을 믿을 수 있도록 도와주신 것 또한 구속의 한 방면이다. 사람은 불신으로 죄인이 되었고 믿음으로 의인이 된 것이다. 우리로 능히 믿을 수 있도록 이 땅에서 하나님을 나타내시고 많은 증거로 그분의 하나님 아들 되심을 나타내시며 하나님의 능력과 사랑을 나타내신 것이다. 그러므로 우리는 믿을 수 있게 되었고 하나님의 자녀로 거듭나게 된 것이다.

악화되어 버린 상황

6장 9절에서는 "모세가 이와 같이 이스라엘 자손에게 전하나 그들이 마음의 상함과…"라고 말한다. 여기서 마음으로 번역된 단어는 히브리어로 루아흐(רוּחַ)이며, 바람, 호흡을 의미한다. 성경 다른 곳에서는 '영'으로 번역되었다(왕상 22:21, 시 31:5). 그 대신에 네페쉬(נֶפֶשׁ)

란 단어는 '혼'으로 번역했고 레브(לב)는 '마음'으로 번역했다. 신약에는 영과 혼과 몸을 구분하는 방식으로 기록되어 있다(히 4:12, 살전 5:23, 고전 2:11). 이스라엘 자손들의 영이 상했다는 것은 그들의 인격의 중심인 영이 상했다는 의미로서 단순하게 마음이 상한 것보다 훨씬 느낌이 깊은 것이다. 섬기기 시작한 모세에게 닥친 환경은 이스라엘 백성들의 상태가 더욱 안 좋아져서 그의 말을 더욱 신뢰하지 않고 듣지 않게 된 것이며 바로는 더욱 그 백성들을 학대하게 된 것이다. 그렇지만 하나님은 반드시 이스라엘을 구해내신다고 확인하고 또 확인하신다. 여기서 우리는 하나님의 종들이 필수적으로 가져야 할 믿음과 인내를 볼 수 있다.

모세와 아론의 족보(6장 14-27절)

6장 13절과 28절은 14절부터 27절까지를 감싸고 있다. 12절까지의 말씀은 모세가 너무 어려워하며 할 수 없는 상황을 그리고 있으나(모세가 하나님의 위임을 수행하는 데 있어서 매우 두려워하며 주저하는 상황을 말한다), 13절부터는 그 상황과는 아무 관계없는 것처럼 모세가 해냈다고 단순하게 기록하고 있다. 그러나 그 일을 하나님이 하게 하셨다고 말한다. 하나님이 하시면 모든 것이 된다. 14절부터 27절까지는 모세와 아론의 족보를 기록하고 있는데, 이는 한 면으로 모세와 아론이 출애굽 역사를 훌륭하게 주도한 인물들로서 그들의 분명한 족보를 밝힐 필요가 있고, 또 한 면으로는 그들이 그렇게 훌륭하게 일하도록 인도하시고 사용하신 분이 결국 하나님 자신이심을 밝히시는 것이다. 박윤선 박사 말대로 신구약의 구원 역사는 하나님의 '단독 사역주의'이다.

모세는 주저하며 물러서려고 했지만 하나님은 그가 훌륭하게 직임을 수행하도록 도와주셨다. 이와 같이 사람이 하나님께 쓰임받는 문제는 하나님께 달려 있다. 그렇게 하나님께 귀히 쓰임받는 사람들의 영예는 실로 대단한 것이다. 하나님은 충성스럽게 직분을 다한 두 종의 일을 분명하게 기록해놓으셨다. "이스라엘 자손을 그 군대대로 애굽 땅에서 인도하라 하신 여호와의 명을 받은 자는 이 아론과 모세요 애굽 왕 바로에게 이스라엘 자손을 애굽에서 내어보내라 말한 자도 이 모세와 아론이었더라"(6:26-27). 하나님은 신약이든 구약이든 그분의 종들이 어떻게 그분의 위임을 성실하고 충성되게 수행했는가에 대하여 정확하게 기록해 놓으셨다. 이것은 오늘날에도 같은 원칙으로 적용될 것이다.

모세와 아론은 레위 자손으로서 여기서는 주로 그들의 족보를 밝히려 한 것인데 르우벤과 시므온의 족보를 선기(先紀)한 것이 특이하다. 이는 레위 지파가 열두 지파 가운데 하나이며 따로 독립되어 있지 않음을 나타내려 한 것이리라. 그 두 인도자가 아무리 크게 쓰임을 받았고 훌륭하다 해도 그들은 이스라엘 지파 속에 존재한다. 당신이 아무리 귀하게 쓰임받은 사역자라 하더라도 당신은 수많은 성도들 중 하나이다(엡 3:8). 누구든지 아무리 훌륭한 종이라 하더라도 하나님의 온 집에서 겸손하지 않을 수 없는 것이다.

출애굽기 7-11장

7장부터 11장까지는 모세와 아론이 바로 앞에서 행한 열 가지 이적(이적으로는 열 가지이고 재앙으로 치면 아홉 가지이다. 지팡이를 던진 것은 재앙이 아니고 이적일 뿐이다)을 기록하고 있다. 결국 바로는 열 가지 재앙이 다 지나간 후에야 이스라엘을 내보낸다. 실상 마지막 장자를 멸하는 재앙은 모든 재앙을 다 포함한 궁극적인 재앙이다.

7장 1절, 여호와께서 모세에게 이르시되 볼지어다 내가 너로 바로에게 신이 되게 하였은즉 네 형 아론은 네 대언자가 되리니

하나님께서는 그분의 백성을 이끌어내는 데에 모세를 사용하시기 위해서 그를 바로 앞에 하나님 같은 존재로 보여지게 하셨다. 하나님이 사람을 사용하시려면 그의 품격을 세워주셔야 한다. 바울은 디모데에게 연소함을 업신여김당하지 않아야 함을 강조했다(딤전 4:12). 사역자가 권위를 잃어버리면 그의 말에 아무런 효력이 없게 된다(딛 2:15). 사역자는 하나님의 말씀을 말해내는 자이므로 그의 권위를 스스로 말살하는 행위를 해서는 안 된다. 그러므로 사역자들은 말과 행실과 사랑과 믿음과 정절에 있어서 믿는이들에게 본이 되어야 한다.

7절, 그들이 바로에게 말할 때에 모세는 팔십 세이었고 아론은 팔십삼 세이었더라

모세는 바로의 궁중에서 40년, 미디안 광야에서 40년, 하나님을 섬기기 위해 이스라엘 백성들과 함께 광야에서 40년을 지냄으로 도합 120년을 살았다. 이것은 하나님께서 그의 일생을 그분의 계획과 섭리에 따라 구별하여 역사하셨음을 시사한다. 하나님께서는 종종 사람을 불러 사용하실 때 이와 같이 그의 일생을 때를 따라 정확히 구분하여 사용하시곤 한다. 이것은 하나님이 사람을 사용하심에 일종의 일정표가 있음을 암시하고 있다.

열 가지 재앙

1. 애굽 하수가 피가 됨
2. 개구리가 올라옴
3. 티끌이 이가 됨
4. 파리 떼
5. 악질
6. 독종
7. 우박
8. 메뚜기
9. 흑암
10. 처음 난 것, 장자를 침

모세와 아론이 바로에게 가서 맨 먼저 행한 이적은 아론의 지팡이를 그들 앞에 던져 뱀이 되게 한 것이다. 이 지팡이가 모세의 것인지 아론의 것인지는 확인할 수 없으나 성경에서는 아론의 지팡이라고 했다. 바로는 애굽의 술객들을 불렀고 그들도 술법을 써서 동일하게 그들 지팡이를 뱀이 되게 했으나 아론의 지팡이가 그들의 지팡이를 삼켜버렸다. 그러나 바로의 마음은 움직이지 않았다. 바로의 마음이 움직이지 않은 데에는 애굽 술객들의 술법이 일조한 것이다.

두 번째 이적은 하수의 물을 피로 만든 것이었다. 모세와 아론이 여호와의 명대로 하수를 치니 그 물이 다 피로 변했다. 따라서 하수의 고기가 다 죽고 그 물에서 악취가 나니 애굽 사람들이 하수 물을 마시지 못했다. 애굽의 술객들도 그들의 술법으로 동일한 일을 했다. 애굽 사람들은 애굽 하수를 의지했다. 그들은 하나님보다 애굽 하수를 더 중히 여기고 있었다. 하나님의 징계는 첫째로 그들이 가장 의지하는 것에 임했다. 예를 들어, 어떤 사람이 자신의 몸을 우상 삼아 주님보다 자신의 육신을 더 위한다면 하나님은 언젠가 그 몸을 징계하시어 몸에 대해 혐오감이 생길 정도가 되게 하실 것이다. 어쨌든 애굽의 술객들도 이러한 이적을 행할 수 있었고 바로는 마음이 강퍅하여 모세와 아론의 말을 듣지 않았다.

세 번째 이적은 애굽 전역에 개구리가 올라오게 하는 것이었다. 모세와 아론은 강들과 운하들과 못 위에 서서 개구리로 애굽 땅 전역에 올라오라고 명했다. 그런데 애굽 술객들도 이것을 흉내낼 수 있었다. 어쨌든 이때서야 바로는 약간의 변화를 보인다. "내가 이 백성을 보내리니 그들이 여호와께 희생을 드릴 것이니라"(8:8). 그러나 개구리가 많은 곳에서 죽어 악취가 나다가 모세의 간구로 숨통이 트일 때쯤 바로는 마음이 다시 강퍅해졌다.

우리는 여기서 이 세 가지 이적에 대하여 생각해볼 필요가 있다. 첫째는 지팡이가 뱀이 되는 것이고, 둘째는 애굽 하수가 피가 되는 것이며, 셋째는 개구리를 애굽 전역에 올라오게 하는 것이다. 모세가 이 세 이적을 행하니 애굽의 술객들도 이 세 이적만큼은 따라서 했다. 아마도 이들이 행한 것은 모세가 행한 것과 같지 않고 사실은 마술이나 거짓된 이적이었을 것이다. 어쨌든 이 세 가지 이적은 애굽의 술객들도 따라 행했는데, 바울은 디모데 후서 3장에서 그들의 이름을 언급했다. "얀네와 얌브레가 모세를 대적한 것같이 저희도 진리를 대적하니 이 사람들은 그 마음이 부패한 자요 믿음에 관하여는 버리운 자들이라 그러나 저희가 더 나가지 못할 것은 저 두 사람의 된 것과 같이 저희 어리석음이 드러날 것임이니라"(딤후 3:8-9). 버나드(Bernard) 박사는 이들에 대하여 요세프스에는 언급되어 있지 않으나 요나단의 탈굼(the Talgum of Jonathan)에는 모세의 유명한 두 대적자의 이름인 얀네(Jannes)와 얌브레(Jambres)가 제시되어 있다고 말한다. 이들 중 한 사람이 장래 이스라엘의 인도자가 나오면 이스라엘에게는 행복이, 애굽에게는 불행이 찾아올 것이라는 예언을 했으리라는 추측도 가능한 것이다(요세프스 1권 9장).

얀네와 얌브레는 애굽의 술객들이었지만 바울이 이를 디모데 후서에서 언급할 때에는 소위 신자들 가운데 있는 대적자들에게 적용하였다. 물론 그들은 마음이 부패한 자요 믿음에 관하여는 버리운 자였다. 이들은 스스로 그리스도인이라고 신앙을 고백하지만 실제로는 자기를 사랑하고 돈을 사랑하며 교만한 사람들이다. 그들은 배반하는 길을 가며 경건의 능력은 부인하고 경건의 모양만을 취한 자들이다. 결국 당시 바울의 대적자들은 이런 자들 가운데서 발견되었다. 그들이 어떻게 바울을 대적하였겠는가? 바울이 하는 일과 유사한 일을 하는 방식으로이다.

어쩌면 그들은 유대주의자들이었을 것이다. 바울의 대적자들은 사람들이 바울을 따라 신약의 길을 걷는 것을 싫어했다. 그들은 주로 할례와 율법을 지키는 유대교 조직 안에다 사람들을 붙들어두기를 원했다. 그러므로 그들은 바울이 행하는 일들을 할 수 있는 대로 모방했다. 바울은 참된 경건과 진리를 강조했는데, 바울의 대적자들도 진리를 가지고 나왔다. 또 바울은 경건한 삶을 살고자 했는데, 그들 또한 매우 경건해 보이는 삶을 사람들에게 나타내었다. 그런데 그 대적자들의 경건은 속에 능력은 없이 모양만 있는 것이었다.

여기서 얀네와 얌브레가 모세를 대적한 방식은 모세가 지팡이를 뱀이 되게 할 때 그를 따라서 같은 일을 한 것이다. 물론 거기에 차이는 있다. 왜냐하면 그들이 만들어낸 뱀을 모세가 만든 뱀이 삼켜버렸기 때문이다. 그럼에도 바로는 모세가 하는 것을 자신들의 술객들도 할 수 있다는 것을 알고 모세의 말을 쉽게 묵살해버렸다. 모세가 애굽의 하수를 피가 되게 했을 때에도 애굽 술객들이 동일한 일을 행하자 바로는 다시 한 번 마음이 강퍅해졌다. 모세가 애굽 전역에 개구리들이 올라오게 하자 얀네와 얌브레도 똑같은 일을 할 수 있다는 것을 바로에게 보여주었다. 이것이 그들이 모세를 대적한 방식이었다. 즉 그들은 바로가 모세의 말을 듣지 않도록, 모세의 하는 이적이 반드시 이스라엘 백성을 애굽에서 내어보내도록 보내심받았다고 주장하는 모세만이 할 수 있는 일들이 아니라는 것을 입증하기 위해 그러한 능력을 시험해 보인 것이다.

이 세 가지 이적의 공통적인 것은 없는 것을 있게 하는 능력이나 기적은 아니라는 것이다. 즉 무언가 있는 것을 변케 한 것이다. 그것은 없는 것을 있게 하는 창조의 능력은 아니다. 우리는 귀신을 쫓아내는 것을 개구리를 땅에 올라오게 하는 것에 비할 수 있다. 어떤 사람이 귀신을 쫓아낸다면 그것은 필히 성령의 능력에 의한 것이라고 주장하는 사람들이 있다. 그리고 그에 대한 근거 구절도 댈 수 있을 것이다. "사단이 만일 사단을 쫓아내면 스스로 분쟁하는 것이니 그리하고야 저의 나라가 어떻게 서겠느냐"(마 12:26). 이런 성경 구절은 성령의 능력이 아니고서는 귀신을 쫓아낼 수 없다고 단언하는 근거 구절이 될 수 있을 법하다. 그런데 마태복음 7장 21절부터 23절까지에서는 주님이 결코 알지 못한다고 하시는 자들 가운데 주의 이름으로 귀신을 쫓아낸 일이 있음을 말한다. 주님은 이들을 불법을 행한 자들이라고 말씀하셨다. 주님은 그들이 귀신을 쫓아낸 일 자체가 불법을 행한 것이라고 말씀하신 것이 아니다. 그들이 하나님의 말씀을 듣고 행하지 않은 것을 불법이라고 하신 것이다.

하나님의 뜻을 행하지 않는 자들이 귀신을 쫓아내는 일을 할 수 있다면 우리는 그것을 완전히 성령이 함께하시는 역사라고 단정하기 어렵다. 물론 참 사도들이 행하는 이적과 다르지만 사도행전 8장에서 시몬도 귀신을 쫓아내는 것과 같은 하나님의 종들이 행하는 어떤 일들을 행하였을 것이다. 그러므로 사마리아 사람들이 시몬에 대하여 '크다 일컫는 하나님의 능력이라' 고 말한 것이다. 그가 만일 귀신을 쫓아내는 것과 같은 능력 행하는 일을 한 가지도 행하지 않았다면 사람들이 그의 일을 큰 하나님의 능력으로 칭송하지 않았을 것이다. 사도행전 19장에 있는 유대인 마술사들과 스게와의 일곱 아들들도 마술로 그런 일을 행하기도 하였다. 그러나 그들은 악귀에게 상하여 벗은 몸으로 도망하였다(행 19:11-16).

나는 명백하게 이단적인 가르침을 가르치는 사람들이 귀신을 쫓아냈다는 이야기를 들었고 또 그 이단적인 사람들을 직접 만나보았다. 그들은 이단 중에서도 아주 사악한 이단이었다. 그들은 이미 예수 그리스도가 재림하여 어느 곳에 존재한다고 주장했다. 그런데 그들 인도자 몇 사람이 귀신을 쫓아냈다는 것이다. 이런 이적은 얀네와 얌브레의 이적처럼 사람들을 미혹하는 데 강력한 도구로 사용되고 있다. 이런 사실을 통해서 믿는이들은 어떤 초자연적인 이적이 행해진다 하여 무조건 그것을 하나님의 능력으로 추종하지 않기를 배워야 한다.

지팡이가 뱀이 되고 또 그 뱀을 잡으니 다시 지팡이가 된 이적은 사탄의 능력을 제어하는 능력을 가리킨다고 볼 수 있다. 그리고 애굽의 하수를 피가 되게 한 것은 사람들로 하여금 목마르고 갈급하게 하는 능력을 가리킨다고 볼 수 있다. 또한 개구리는 부정한 동물이므로 부정한 것들을 다루는 능력이라고 할 수 있다. 어떤 사람이 믿는이들을 하나님께 갈급한 영혼이 되도록 만든다 해서 반드시 하나님으로부터 보내심을 받은 종이라고 볼 수는 없다. 또 사단적인 존재를 잘 다룬다 해서 그가 반드시 하나님의 보내심받은 종이라고 볼 수도 없다. 귀신을 쫓아내고 많은 질병을 고치며 기적을 행한다 해서 그를 하나님의 택함받고 보내심받은 종으로 믿는다면 속임당하기 십상이다. 어떤 이단적인 단체의 사람들은 겉으로 보기에 얼마나 하나님을 사랑하고 갈급해하는지 모른다. 이 모든 일이 모세가 한 일이고 진정한 하나님의 종이 할 수 있는 일임에도 불구하고 얀네와 얌브레도 그런 일을 할 수 있었다. 즉 악한 자에게 사로잡혀 참 하나님의 종들을 대적하는 위치에 서 있는 사람들도 이런 일을 행하는 것이 가능했다는 것이다.

오! 그러나 티끌을 칠 때 그것들이 다 이가 되는 이 일은 술객들이 하지 못했다. 이는 없는 것을 있게 하시는 하나님의 생명 능력으로 말미암는다. 이런 생명의 산출은 하나님의 성령의 능력이 아니고는 할 수 없는 일이다. 즉 생명의 역사만큼은 참된 하나님의 종들 외에는 결코 행할 수 없는 이적이다. 이것이 이적 중의 이적이다. 이라는 것은 가장 작은 생명체이지만 대적자들은 이것을 만들어 내지 못했다. 그들이 병을 고치고 귀신을 쫓아내는 등 큰 능력을 행할지 모르지만 십자가의 죽음을 거친 생명은 참된 사도들을 통해서만 흘러나온다(고후 4:10-12). 티끌은 성경에서 무엇을 상징하는가? 피조물로서 가장 작은 단위를 말하는 것이다. 창세기 18장 27절은 "아브라함이 말씀하여 가로되 티끌과 같은 나라도 감히 주께 고하나이다"라고 말한다. 또한 많은 성경 구절에서 티끌이란 작고 무익하며 가장 나약한 인생을 말할 때 사용되었다.

그러므로 티끌을 이로 만들었다는 것은 영적으로 볼 때 매우 의미 있는 말이다. 이란 어떤 존재인가? 이는 생명체 중에서 가장 무익하게 보이는 생명체이다. 그렇지만 살아있는 생명체라는 것에는 분명하다. 우리는 그리스도인의 초기에 티끌이 변하여 이가 되는 많은 변화를 보이게 된다. 그 생명의 변화는 대단한 것이 아니고 영적으로 그렇게 가치 있는 기념거리가 아닐 수도 있다. 그저 아주 작은 변화라 그것이 우리의 그리스도인의 일생에 큰 도움을 주는 것이 아닐 수도 있다. 나는 초기에 구원을 받고 나서 몇몇 사람들을 어렵게 하는 매우 교만한 말을 하곤 했다. 지금 생각하면 매우 부끄럽지만, 그것이 생명을 얻었다는 큰 증거가 아닐 수 없다. 나는 오늘날 우리 가운데도 이렇게 생명의 역사가 일어나는 것을 본다. 사람들은 그것을 대수롭지 않게 보지만 이는 지팡이를 뱀으로 만드는 것보다, 하수를 피로 만드는 것보다, 개구리를 올라오게 하는 것보다, 큰 이적임에 분명한 것이다. 생명을 자라게 하고 변화를 가져오게 하는 사역은 참된 사역자들이 아니면 불가능한 것이다.

사탄적인 권세나, 질병이나 위험 등을 수반하는 사망 권세, 또 부정한 것들을 다루는 능력이 하나님의 종들에게서 강력하게 역사되는 것은 사실이다. 그러나 이런 역사를 반드시 하나님의 종의 표시라고 보기는 어렵다. 왜냐하면 얀네와 얌브레 같은 진리의 대적자들도 이런 일을 흉내냈기 때문이다.

그러나 한 가지 가장 분명한 하나님의 종의 표시는 죽음을 거쳐 성도들에게 생명을 나눠주며 사람의 영혼에 생명을 공급하여 살리는 사역, 곧 생명의 사역이다. 비록 굼실굼실 기어다니는 이가 되게 하는 것이 아주 작은 역사이고 대단해 보이지는 않을지라도 이것은 생명에 속한 사역이다. 이것이 바로 새 창조요 새 사람인 교회, 곧 새로운 피조물이 되게 하는 신약의 사역이다. 이 사역은 놀라운 것이요 천사도 마귀도 흉내낼 수 없는 영원하신 하나님의 생명의 사역이다.

더욱 간교해진 마지막 시대의 대적 행위

이전에 마귀는 모세를 죽이려고 함으로 대적했다(출 2:15). 그러나 그가 이제 하나님의 보내심을 받아 가장 엄중한 위임을 수행하려 할 때

마귀는 수법을 바꾸었다. 그것은 모세가 하는 일을 자기도 할 수 있다는 것을 보여줌으로써 사람들을 미혹하는 것이다. 이것이 곧 디모데 후서 3장의 경건의 모양은 있으나 그 능력은 부인하는 자들의 행위이다. 사탄은 왜 사람들로 하여금 경건의 모양만을 갖도록 유도하는가? 그것은 다름 아니라 사람들을 애굽에 붙잡아두어 참되게 주님의 길을 가지 못하도록 방해하기 위해서이다. 오늘날도 그러한 외식하는 자들은 외모를 주의하는 자들을 미혹하여 참 진리의 길을 가지 못하게 붙잡아 두는 것이다. 그 악한 종들은 결국 참된 이스라엘 백성들을 애굽에 붙잡아 두기 위해 자신들이 할 수 있는 기적적인 은사를 사용하는 것이다. 경건의 능력을 얻으려면 반드시 대가를 지불해야 하고 자아를 부인하면서 십자가의 길을 가야 한다. 즉 작은 말씀 한 마디를 순종하기 위해 자신의 일생의 목표를 포기해야 할 때도 있게 되는 것이다. 그러나 얀네와 얌브레 같은 이들은 이러한 길을 가는 자들이 아니고 그저 사람들을 미혹하는 일을 하는 것이다. 진정으로 순종하며 십자가의 길을 가는 자들이 아니면 사람들에게 생명을 주는 사역을 할 수 없다(고후 3-4장 참조). 주님의 인도를 순종하기 위해 길을 걸어가는 자들이 아니면 절대로 생명을 얻을 수 없다. 오늘날 기독교 안에 과연 얼마나 많은 이들이 생명을 얻기 위해 자신을 죽음에 넘기우는가! 죽음이 없이는 부활과 생명은 없는 것이다. 그리고 그런 길을 걸어가는 자들만이 다른 사람에게 생명을 주고 살리는 사역을 할 수 있다.

하나님은 이런 자들을 통하여 그분의 간증을 얻으시고 그분의 진리를 증거하기 원하신다. 이 마지막 시대에는(딤후 3:1) 특히 이런 대적들이 있을 것이라고 예고되어 있다. 그들은 경건한 성도들이 갖고 있는 지식과 외모를 갖고 있다. 그들의 말을 들으면 참되게 경건한 삶을 사는 자들과 조금도 다를 바가 없다. 오히려 그런 사람들이 진리에 순종하면서 한 걸음 한 걸음 십자가의 길을 가는 사람들보다 겉으로 볼 때에는 더 경건하고 좋아 보인다. 바울은 경건의 모양은 있으나 능력은 부인하는 자들이 있으니 그런 자들에게서 돌아서라고 말한다. 이 마지막 시대에 신자일지라도 돈을 사랑하고 편안함과 쾌락을 사랑하면 이러한 외면적인 영적 생활의 유혹에 쉽게 빠진다. 이러한 길은 이런저런 어려움을 겪지 않고 고난과 손실과 대가 지불 없이도 가장 영적이고 고상한 길을 갈 수 있는 최상의 방법으로 소개될 것이다. 사도는 마지막 시대에 이러한 일이 있을 것을 예언해주면서 '이 같은 자들에게서 네가 돌아서라' 고 가르친다. 오늘날 우리가 그리스도의 참된 증거를 짊어지려면 이러한 말세의 부패된 현상에서 분별되어야 한다.

다시 말하지만 오늘날 하나님의 참된 사역을 대적하는 것은 무지하게 함부로 진리를 대적하는 자들에 의해 일어나기보다는 오히려 지식적으로 진리를 잘 알며 그 진리들을 적용했을 때의 효과(생명과 진리에 관한 경건성) 또한 잘 아는 자들에 의해 일어난다. 그러한 자들은 영적인 삶을 매우 잘 모방하기 때문에 다른 사람들이나 스스로조차도 그 진리를 잘 따르는 것 같은 착각에 빠지게 된다. 이들은 외적으로 경건의 모양은 갖추고 있으나 그 능력은 전혀 없는 자들이다. 유감스럽게도 어떤 사람들은 바울과 같은 사망의 골짜기를 거치지 않고도 바울에게서 발했던 생명의 빛을 발하는 것 같다. 어떤 사람들은 바울이 간 십자가의 길을 거치지 않고도 바울처럼 깊은 십자가의 흔적을 갖고 있는 것 같다.

왜 사탄은 믿는이들 가운데서 이런 일을 획책하는가? 그것은 지금이 마지막 때이기 때문이다. 이제 진리를 정면으로 대항해서는 교회를 무너뜨릴 수 없다. 왜냐하면 이미 하나님의 견고한 터는 섰으며 진리의 기초가 놓여 있기 때문이다. 이제 마귀는 가장된 영성으로 참 진리를 대적한다. 진리에 비추어볼 때 전혀 틀림이 없어 보이는 것을 말하고 실행하는 방식이다. 사람들은 그 사람이 말하는 것이나 이 사람이 말하는 것이 동일하다고 말한다. 사실 한 사람은 길을 걸어가는 사람이고 한 사람은 모양만 내는 사람인데 사람들은 그것을 알지 못하고 비슷한 외면만을 보고 대충 판단하는 것이다. 그 결과 많은 사람들이 속게 된다. 이것이 말세의 현상이다. 우리는 오늘날 도처에서 이러한 상황을 광범위하게 보고 있다. 오늘날 얼마나 많은 곳에서 지옥가지 않고 천당만 가면 되는 것처럼 안일하게 그리스도인 생활을 하도록 하는 복음을 전하는가? 바울은 디모데에게 몇 번이나 고난을 받으라고 했다. 또 충성을 다하라고 부탁했다. 구원받아 천당에만 가면 된다면 왜 고난을 받을 필요가 있으며 죽도록 충성할 필요가 있는가?

그러나 바울은 얀네와 얌브레가 더 나아가지 못했다고 말한다. 그들은 세 가지 이적까지는 모세를 흉내내어 행했으나 생명의 문제에 부딪히자 거기서 끝났다. 어떤 사람들은 바울이 사역하는 방식을 보고 이렇게 말하는 것 같다. '바울이 하는 사역, 나도 할 수 있다. 오히려 나는 더 많은 사람을 얻고 더 많은 교회들을 세울 수 있으며 성도들이 더 잘 자라도록 사역할 수 있다.' 그리고 실제로 사람들을 모으기도 하고 교회들을 세우기도 한다. 그런데 거기에 과연 성도들의 생명의 변화와 성장이 있는가? 그리스도의 몸으로서 참된 지체들의 연결과 상합함이 있는가? 즉 생명의 역사가 있는가? 얀네와 얌브레는 결국 이를 만들어내는 이적에 이르러서는 "이는 하나님의 권능이니이다"(8:19) 하고 물러섰다. 그러므로 그들의 어리석음이 드러난 것이다. 현대의 대적들은 자신들이 이에 미치지 못하여 자신들의 어리석음이 드러난다 하더라도 결코 이렇게 말하지 않는 것 같다. 그저 믿는 자들을 끝까지 철저하게 속이려 할 것이다. 아마도 모조된 이라도 만들어내려고 애를 쓸 것이고 가짜 이라도 잡아다가 사람을 속이려 할 것이다.

결국 얀네와 얌브레의 노선을 걸어가는 사람들이 그렇게 하는 이유는 다만 지식적으로 그리스도인의 노정을 갈 수 있다는 가르침을 받아 그런 생활이 몸에 배었기 때문이다. 따라서 그들은 육신적으로 평안하게 안주함과 쾌락과 돈을 사랑함과 교만과 자기를 사랑함 등의 육신의 세계와 외롭게 십자가의 좁은 길을 가는 고상한 진리와 영성의 세계를 공유할 수 있는 것처럼 여긴다. 마지막 때 주님이 다시 오시기 전 이 땅에 나타나는바 참된 그리스도인을 대적하는 상황은 이렇게 경건의 모양은 가졌으나 능력이 없는 사람들, 즉 얀네와 얌브레같이 참된 주의 종들이 행하는 것을 대체적으로 유사하게 말하고 행하는 사람들 가운데 있다는 말이다. 이러므로 믿는이들은 두려움으로 깨어 경계해야 하지 않겠는가?

바울은 디모데에게 당시 그러한 대적자들이 있음을 지적해줌으로써 조심할 것을 말해주고 있다. 그때 디모데가 바울의 이러한 말을 잘 들어야 했다면 지금은 이런 경고의 말씀을 열 배나 더 주의해서 들어야 할 때이다. 그러나 중요한 것은 그러한 사람들의 결국은 어리석음으로 드러나게 된다는 것이다. 거짓된 사람들이 유사한 일을 행할 수 있을지라도 참된 생명의 역사는 일어나지 않는다. 그들은 애굽을 떠나지 않았고 떠날 마음도 없었으며 그저 사람들을 바로 아래 붙잡아두려고 했을 뿐이다. 애굽을 떠나지 않고 앉은 자리에서 그대로 안주하려는 채 많은 영적인 것을 추구하는 신앙은 마침내 진리에 이르지 못한다. 얀네 얌브레의 교훈은 무엇인가? 그들은 자신들이 할 수 있는 것을 통해 자신들의 편안한 생활을 유지하려는 의도 외에 아무것도 없었다. 대가를 지불하여 불확실한 미래를 향하여 떠나려 하는 마음은 조금도 없고 그저 자신들이 아는 지식과 할 수 있음으로 사람들을 자신에게 붙잡아 놓으려 하는 마음뿐이었다. 그러므로 그동안 배운 것들과 영적 지식을 사용하여 참 하나님의 사역자들의 역사와 유사한 역사를 사람들 앞에서 행해 보이지만 그들의 가르침을 배우고 또 배워도 결국 진리의 지식에 이를 수는 없다(딤후 3:7). 그들은 항상 배우지만 그들 가운데서는 참되게 세상을 벗어버린 사람도, 죄악을 벗어버린 사람도, 자아를 십자가에 못 박고 부활하신 그리스도의 생명을 살아내는 사람도 보지 못한다. 이들 가운데 일어나고 있는 일들은 음란(어리석은 여자들을 유인하는 일 등)과 벗어버리지 못한 중한 죄들과 여러 가지 욕심에 끌린 삶이다.

이러한 자들이 모세의 사역을 대적했고 참된 사역자인 바울의 사역을 대적하였다. 디모데 후서 3장의 나머지 부분에서 바울이 자신을 디모데에게 천거한 내용은 자신이 당한 여러 가지 고난과 핍박이었다. 참된 사역자들은 주와 진리를 위해 고난의 길을 가는 자들이지만 대적자들의 삶은 결국 자신들의 안주함과 육체의 쾌락을 위한 것이다. 바울은 디모데에게 자신이 당하는 고난을 천거하며 그러한 길을 가라고 권면했다. 그리고 하나님의 참된 말씀으로, 즉 성경 자체로 돌아가라고 하였다. 교회가 부패한 상황에서 참된 길을 찾으려 할 때 이 두 가지를 명심해야 한다. 고난과 순종의 길을 걷는 것과 성경으로 돌아가는 일이다. 그리고 한 가지 중요한 일을 더한다면 복음을 전하고 말씀을 전파하는 것이다(딤후 4:2).

나머지 재앙들

그 다음은 파리의 재앙이다. 파리가 애굽 온 땅에 가득하게 되자 바로는 모세와 흥정을 시작했다. 그것은 하나님께 희생 드리는 것은 허락할 것이니 애굽을 떠나지 말고 거기서 드리라는 것이었다(8:25). 그러나 모세와 아론은 분명했다. 사흘길쯤 광야로 가서 여호와께 희생을 드려야 한다는 것이었다.

이것은 하나님의 간증을 가지려면 분별되어야 함을 분명하게 시사한다. 애굽에서 하나님께 희생을 드리는 것으로는 결코 여호와의 백성의 간증을 가질 수 없었다. 사흘길이라 함은 주 예수님이 죽고 부활하시기까지의 기간으로서 옛 창조와 새 창조가 서로 합할 수 없듯이 완전히 단절되고 분별되어야 함을 나타내는 숫자이다. 즉 이스라엘 백성들이 하나님의 백성으로서 분명한 간증을 가지려면 애굽에서 확연히 분별되기 위해 사흘길쯤 광야로 들어가서 하나님을 섬겨야 한다는 것이다. 어린 그리스도인이라 하더라도 세상과의 분별이란 확실할수록 좋다. 어정쩡한 위치에 있으면 사탄과 세상은 다시 붙잡아 성도들을 묶어두려고 하는 것이다. 사흘이란 죽음과 부활의 기간이니 죽은 사람이 다시 살아올 수 없는 것처럼 돌아올 수 없는 간격이다.

모세와 아론이 단호하게 사흘길쯤 광야로 가서 희생을 드려야 한다고 하자 바로는 광야에 가서 드리기는 하되 너무 멀리는 가지 말라고 했다(28절). 하나님의 백성에 대한 사탄의 전략은 어찌하든지 세상에 가까이 붙잡아 놓으려는 것이다. 그것은 과연 바로가 그들에게 친밀한 애정을 가져서인가? 그들의 영혼을 사랑해서인가? 아니면 그들이 하나님을 섬기는 것을 돕기 위해서인가? 사람들은 이러할 때 바로 같은 사람들의 제안을 사랑으로 여긴다. 이것은 냉철하게 생각할 필요가 있는 문제이다. 그렇게 이스라엘이 머무를 때 누가 좋은 것인가? 바로와 그 왕국이다. 이스라엘 백성들이 아니다. 그러나 갖은 설득을 다하여 붙잡을 때 사람들은 그것을 차마 뿌리치지 못하는 것이다. 그리고 다시 마귀의 밥이 되는 것이다. 고양이가 쥐를 아무리 봐준다 해도 그것은 쥐를 위한 것이 아니고 고양이의 배를 위한 것인 것을 왜 모르는가? 지금 바로가 이스라엘을 붙잡는 것은 다름 아닌 애굽의 국익과 자신의 정권을 위한 것일 뿐 결코 이스라엘 백성에 대한 선처가 아닌 것을 알아야 한다. 아무튼 가까이 있어야 관리하기도 좋고 언제든지 다시 돌아서게 할 수도 있기 때문이다. 모세와 아론은 바로에게 여호와께 기도해서 파리를 떠나게 할 터이니 다시는 거짓을 행치 말라고 했다. 그러나 바로는 이때에도 다시 마음이 완강해졌다(32절).

파리 재앙 다음에는 생축에 내린 악질 재앙이 있다. 이 재앙으로 애굽의 생축이 다 죽었다. 그러나 이스라엘의 생축은 한 마리도 죽지 않았다. 악질 다음에는 독종이다. 독종의 재앙 때에는 술객들도 독종에 걸렸다. 그럼에도 바로는 여전히 마음이 강퍅해서 이스라엘을 보내려 하지 않았다. 바로가 이렇게 강퍅한 것은 여호와의 이름이 온 천하에 전파되게 하려 함이었다. "내가 너를 세움은 나의 능력을 네게 보이고 내 이름이 온 천하에 전파되게 하려 하였음이니라"(9:16, 롬 9:17). 로마서 9장에 의하면 하나님은 그분의 뜻에 따라 이렇게 강퍅한 그릇도 택하신다. 그것은 그를 통하여 하나님의 능력과 그분의 이름이 온 땅에 전파되게 하려 함이다. 또한 하나님은 영광을 얻기로 예비된 긍휼의 그릇들도 택하신다. 이들을 통해서 하나님은 그분의 영광의 부요함을 알게 하고자 하신다. 실상 오늘날 신약의 교회가 선택된 것은 하나님의 기업의 영광의 풍성이 무엇인지를 알게 하기 위함이요 하늘에서 정사와 권세들에게 하나님의 각종 지혜를 알게 하기 위함이다(엡 1:18, 3:10).

다음은 불 섞인 우박의 재앙인데, 이 재앙은 사람과 짐승뿐 아니라 채소와 모든 나무까지도 쳤다. 이때 비로소 바로는 회개를 한다. "이번은 내가 범죄하였노라 여호와는 의로우시고 나와 나의 백성은 악하도다"(9:27). 그렇다고 해서 바로가 진정한 회개의 열매를 맺었는가? 그렇지 않다. 그의 회개는 상황이 너무 급박하고 손실이 너무 크기 때문에 한 회개이지 자신이 정말 잘못되었고 범죄하였다는 것을 느껴서 한 회개가 아니었다. 여기서 바로는 다시금 모세에게 우박 재앙만 그치게 해주면 보내줄 것이라고 약속한다(28절). 그러나 아직 밀과 나맥이 자라는 시기가 아니고 죽게 되지는 않을 것이라는 확신이 생기자 다시 마음을 강퍅하게 해서 그들을 보내지 않았다. 우박의 재앙 후에 바로는 아이들과 여인들을 붙잡아 두고 남정들만 가라고 했다. 이는 부모들은 광야에 있고 아이들은 애굽에 남겨놓으라는 말이다. 이는 절반의 구원에 불과한 것이다. 따라서 이스라엘에게는 실질적인 효력이 없는 구원이 되는 셈이다. 이는 부분적으로 아직 몸을 바로에게 남겨두는 것이라고 볼 수 있다. 하나님이 하시는 일은 전체를 취하시든지 하나도 취하시지 않든지 하신다. 이때 바로는 여자와 어린 아이들은 남겨두고 남정들만 가서 섬기라고 말한다. 이것은 큰 유혹이 아닐 수 없었다. 어린 아이와 부녀자를 잡아두면 남정들의 마음은 쉽게 잡을 수 있다는 속셈으로 바로는 이런 제안을 한 것이었다. 사탄은 이와 같이 어린 아이와 아내를 볼모로 삼아 많은 하나님의 종들의 길을 바꾸려 하였다. 오늘날도 많은 사역자들이 자신의 자녀들 때문에, 아내 때문에 주님의 길을 절대적으로 순종하지 못한다.

그 다음은 메뚜기의 재앙이다. 메뚜기는 떼로 나타나서 아직 우박에 상하지 않고 남아 있던 모든 채소와 나무를 다 먹어버렸다. 이때 바로의 신하들은 바로에게 애굽 나라가 다 망하였다고 말하였다(10:7). 바로는 모세와 아론을 불러 누가 가겠느냐고 흥정을 했다. 모세는 남녀노소 우양이 다 가야 한다고 했을 때 바로는 화를 내며 "너희 경영이 악하니라 그는 불가하니 너희 남정만 가서 여호와를 섬기라"고 하였다. 그 말은 여인들과 아이들은 남겨두라고 한 것이다. 많은 그리스도인들도 육체 속에 바로가 있어서 온전한 헌신과 분별을 하지 못하게 한다. 다 드려도 자신의 아내와 자녀들을 드리지 못하는 수가 있다. 무디 시대에 크게 쓰임을 받았던 채프만이 그러한 사람이었다. 그가 자녀와 아내를 주님께 드린 후 주님은 그를 크게 사용하셨다. 그러므로 사람이 완전히 헌신하지 못하게 하는 것은 근본적으로 바로의 근성과 같은 것을 알 수 있다. 바로는 어디 있는가? 오늘날 당신과 우리의 육체 속에 존재한다고 알아야 한다. 막상 메뚜기가 날아서 온 땅의 우박에 상하지 않은 밭의 채소와 나무 열매를 다 먹어버리니 바로는 이때 제법 회개하는 듯했다(10:17). 그렇지만 그것도 잠시이고 다시 강퍅해졌다. 바로는 회개를 하였지만 아직 이스라엘을 보낼 마음은 없었던 것이다.

다음의 재앙은 흑암이다. 하나님의 재앙은 한 단계 한 단계 강화시키며 역사하신다. 우리는 흑암의 재앙이 물질적인 해나 몸에 끼치는 해보다도 더욱 심각한 것임을 알 필요가 있다. 많은 이들이 하나님의 은혜를 완전히 거두지 않은 것을 보고 안심하고 죄를 더욱 짓는데 이는 매우 위험한 처사이다. 정작 흑암이 오면 그것은 하나님이 가장 심각하게 보시는 상황이요 버림이 된 것이다. 이때 바로는 모세에게 양과 소는 두고 사람은 어린 아이라도 다 갈 수 있다고 말한다. 그러나 모세는 소와 양과 모든 생축을 다 가져가야 한다고 말했다. 사탄이 또 한 가지 아는 것은 그리스도인에게 있어서 재물과 소유를 남겨두면 그들의 마음을 사로잡을 수 있다는 것이다. 재물까지라도 온전히 드릴 수 있어야 완전히 주님께 돌아간 사람이다. 재물을 보류한 사람은 완전히 하나님께 돌아간 사람이 아니다. 바로는 완강한 인간의 육체의 표상이다. 이때 바로는 모세에게 강하게 화를 발하면서 떠나고 다시는 자기 얼굴을 보지 말라고 했다. 이제 거의 바로와 모세의 대함의 결말이 가까워오고 있다.

한 마리도 남길 수 없으니

출애굽기 10장 26절은 모세가 양과 소를 머물러 두라고 하는 바로에게 단호하게 "우리의 생축도 우리와 함께 가고 한 마리도 남길 수 없으니"라고 말한다. 하나님은 우리를 구속하실 때 우리의 전체를 얻기 원하신다. 이것이 한 마리도 남길 수 없다는 의미이다. 하나님은 당신의 영혼만이 아니라 당신 자신의 몸과 아내, 자녀, 부모, 친척, 친구, 소유, 재물, 모든 것을 얻기 원하신다. 당신 안에 있는 바로는 어떠한가? 한 가지만은 남기자고 흥정할 것이다. 하지만 그리스도는 그분의 자녀들의 모든 부분을 얻기 원하신다. 하나님은 당신의 일부분만 점령하시고 어떤 부분을 보류하는 것을 원하시지 않으신다. 그리스도는 당신을 온전히 소유하시든지 머리털 하나도 건드리지 않으시든지 둘 중의 하나이다. 그리스도의 구속은 당신의 전체를 얻고자 피를 흘리시며 구속한 것이지 한 부분만을 얻기 원하시어 구속한 것이 아니다. 그러므로 당신은 그분에게 당신의 영혼과 의도와 목적과 생각과 지혜와 능력과 재능과 재산까지 다 바쳐서 헌신하지 않으면 당신이 과연 그리스도의 구속을 받은 자라고 말할 수 있는지 반문해 보아야 한다. 내가 젊을 때에 즐겨 부른 헌신 찬송 하나를 소개한다.

주여 나의 일생이 헌신되게 하시고
매일 순간 순간을 쓰임 받게 하소서
나를 위해 가시관 쓰고 나를 위해 못 박히셨네
영원히 내 생명 주께 바쳐서 주를 사랑하겠네

나의 손발 얻으사 주 일하게 하시고
입과 혀를 얻으사 주를 전케 하소서
나의 재물까지도 보류 않게 하시고
나의 재능 얻으사 주 뜻대로 쓰소서

내 뜻 감정 얻으사 돌이키게 하시고
나의 사랑 얻으사 주만 보게 하소서

우리는 이 땅에서 한 가지 죄악이라도 남겨두고 누리려고 하지 말아야 한다. 우리가 완전하지는 못할지언정 우리의 계획과 목적은 완전한 것이어야 한다. 여러분 집에 열 명의 강도가 들어왔다면 착한 어떤 사람이 총으로 아홉 명을 쏴죽이고 한 명을 놔두어서 한 명으로 여러분의 집을 여전히 겨냥하고 강도에게 총을 맞아 죽도록 놔두는 일이 있어서야 되겠는가? 사슴 한 마리가 그물에 걸렸는데 세 발은 빠지고 한 발이 못 빠졌다 할 때 그것이 과연 완전히 빠져 나온 것인가? 우리는 우리의 모든 요소가 그리스도에게 굴복되어야 함을 잊지 말기 바란다. 여러분은 그리스도와 세상 물질을 겸하여 섬길 수 없다는 것을 알아야 한다.

최후까지 결단하는 것이 필요하다

그리스도인이 어떤 피치 못할 상대를 대할 때 끝까지 성실하게 대해야 하지만 그 끝이 이를 때 서로가 알 수 있다. 아홉 번째 재앙 후에 바로는 모세에게 다시는 자기 얼굴을 보지 말라고 했으며 보는 날에는 정녕 죽으리라고 하였다. 즉 바로는 모세에게 가장 큰 화를 내고 역정을 냈다. 그러나 모세는 이런 순간, 최후까지 조금도 물러서지 않았다. 원수의 가장 악한 말과 최후통첩성의 발언에 흔들리는 자는 전쟁에서 지는 자이다. 이때 오히려 모세는 바로에게 마지막 재앙에 관한 경고를 발했다. 그것은 애굽 땅에서 처음 난 것은 바로의 장자로부터 시작하여 여종의 장자, 심지어 생축의 처음 난 것까지도 다 죽게 된다는 것이다. 이때 애굽 전역에 큰 곡성이 있게 된다. 이처럼 하나님께서는 아무리 악한 자라 하더라도 작은 재앙부터 시작해서 조금씩 조금씩 회개할 기회를 주신다. 그러나 최종까지 회개하지 않을 때 가장 결정적인 타격으로 재앙을 내리시는 것을 볼 수 있다. "이로 말미암아 경건함과 두려움으로 하나님을 기쁘시게 섬길지니 우리 하나님은 소멸하는 불이심이니라"(히 12:28b-29).

출애굽기 12장

1-2절, 여호와께서 애굽 땅에서 모세와 아론에게 일러 가라사대 2 이 달로 너희에게 달의 시작 곧 해의 첫 달이 되게 하고

출애굽기 12장은 유월절〔히브리어로 pesach(페사하)이며, '뛰다', '넘어가다', '통과하다' 라는 뜻임. 영어로는 passover〕에 관한 내용으로서 애굽의 마지막 재앙, 장자를 멸하는 재앙에서 어떻게 이스라엘 백성이 그 무서운 재앙을 피할 수 있었는가를 말하는 장이며, 신약으로 말하면 믿는이들의 구속의 상황을 예표하고 있다. "이 달로 너희에게 달의 시작 곧 해의 첫달이 되게 하고"란 이스라엘이 애굽을 떠난 달을 이스라엘 월력의 첫달이 되게 하라는 명령이다. 이는 출애굽이라는 사건이 이스라엘 나라의 새로운 출발을 의미한다는 것을 가리킨다. 이때가 우리의 월력(태양력)으로는 3월 말이나 4월 초에 해당한다. 하나님은 이스라엘 백성들이 유월절을 체험하는 때, 즉 신약의 믿는이들로 말하면 죄 사함 받고 구원을 얻는 때가 그 인생의 실제적인 시작임을 말씀해주시는 것이다. 이 달의 옛 가나안 명은 아빕월로 불려졌으며(출 13:4, 23:15, 보리의 푸른 이삭을 뜻함), 바벨론 포로기 이후에는 바벨론 명을 따라 니산월이라고 불렀다(느 2:1, 에 3:7). 죄 사함을 받고 구원받은 성도들의 그 이전의 삶은 다 헛된 것이며 주님을 믿고 새로운 사람이 되었을 때부터 새롭게 인생이 시작된다는 의미이다.

3-4절, 너희는 이스라엘 회중에게 고하여 이르라 이 달 열흘에 너희 매인이 어린 양을 취할지니 각 가족대로 그 식구를 위하여 어린 양을 취하되 4 그 어린 양에 대하여 식구가 너무 적으면 그 집의 이웃과 함께 인수를 따라서 하나를 취하며 각 사람의 식량을 따라서 너희 어린 양을 계산할 것이며

창세기에서는 아브라함의 믿음의 문제가 두드러지게 부각되는가 하면 출애굽기에서는 이스라엘 백성의 출애굽 사건을 통한 구속의 문제가 강하게 제시되고 있다. 한 마디로 말해서 믿음의 문제를 심도 있게 연구하려면 창세기로 가야 하고 구속의 원리를 보려면 출애굽기로 가야 한다.

첫째로 여기서 우리가 알아야 할 것은 여기에 하나의 회중, 곧 이스라엘 회중이 있으며 하나의 어린 양, 곧 한 분의 구속자가 있다는 것이다. 신약 시대에 사는 우리가 합당하게 유월절 행사를 치르려면(물론 유월절은 신약에서 주의 만찬으로 대치되었다) 하나님의 교회가 하나임을 알아야 한다. 우리는 그리스도의 몸이 나누어지지 않았다는 것을 알아야 한다(고전 1:13, 10:16-17). 주님의 축복의 잔과 떡에 대하여 말하는 사도는 잔에 참여하는 것이 곧 그리스도의 피에 참여함이며 떡에 참여하는 것이 곧 그리스도의 몸에 참여하는 것이라고 말하면서 떡이 하나요 많은 우리가 한 몸이며 우리는 모두 한 몸에 참여했다고 말한다.

오늘날 우리는 많은 사람들로부터 교회의 분열이 당연한 듯 말하는 것을 듣고 있는데, 성경은 그렇지 않다. 하나님의 말씀은 한 번도 교회의 분열을 허락한 적이 없다. 사도는 그리스도가 어찌 나뉘었느냐고 했으며 우리가 오늘 떡을 떼는 것은 그리스도의 몸에 참여하는 것이며 이 떡은 오직 하나라고 했다. 떡이 하나라고 함은 그리스도의 몸인 교회가 하나라는 말이다. 지체는 많으나 몸은 하나이다(고전 12:20). 성경에는 오직 교회가 하나라는 말씀밖에 없다. 우리는 성경에서 필요와 상황에 따라서는 그리스도의 몸이 나뉠 수도 있다는 암시를 결코 발견할 수 없다. 사도는 교회 가운데 분쟁과 시기가 있을 때 그것을 정당화하지 않고 책망했다(고전 1장 참고). 그는 그리스도의 몸인 교회 가운데에는 결코 분열이 있어서는 안 된다고 단정하여 말했다(there might be no division in the body, 고전 12:25, Darby역).

에베소서 4장에서는 몸이 하나요 성령이 하나라고 했다. 주님도 한 분이요 하나님도 한 분이시다. 우리가 두 하나님을 인정할 수 없고 두 주님을 인정할 수 없듯이 두 몸을 인정할 수 없다. 오직 그리스도의 교회는 하나일 뿐이다. 하나님의 마음속에 사랑하시는 백성은 오직 하나의 이스라엘이요 그리스도의 사랑하는 배필인 교회도 유일하게 하나일 뿐이다. 한 머리에 한 몸이요 한 남편에 한 아내인 것이다(엡 5장 참조). 사도는 주님의 만찬을 가르치면서 "떡이 하나요 많은 우리가 한 몸이니 이는 우리가 다 한 떡에 참예함이라"고 하였다(고전 10:17). 그러므로 성만찬을 대하는 우리는 그리스도의 몸이 유일하다는 것을 인정해야 한다. 이것이 주의 만찬을 대하는 올바른 자세이다. 누구든지 주의 몸을 분변치 못하고 먹고 마시는 자는 자기의 죄를 먹고 마시는 것이라고 하였다.

우리 주 예수님은 십자가로 가시기 전에 이 하나의 문제를 놓고 심도 있게 기도하셨다. "거룩하신 아버지여…저희를 보전하사 우리와 같이 저희도 하나가 되게 하옵소서…아버지께서 내 안에, 내가 아버지 안에 있는 것같이 저희도 다 하나가 되어 우리 안에 있게 하사 세상으로 아버지께서 나를 보내신 것을 믿게 하옵소서"(요 17:11-21).

오늘날 이 단체 저 단체에서 나름대로 복음을 전하기 위해 열심이다. 그 열심은 매우 좋은 것이고 그리스도인이라면 복음을 전하지 않으면 안 된다. 그러나 성경이 우리에게 알려주는 한 가지 사실은 사람들이 그렇게 각각 복음을 열렬하게 전하지 않는다 하더라도(이것은 우리가 복음을 전하지 않아도 된다는 말이 아니다) 모든 하나님의 자녀들이 하나 되기만 한다면 세상이 주 예수님을 믿게 된다는 것이다. 20세기에 들어와서 기독교는 더욱 분열이 두드러지게 일어났다. 하나의 단체가 둘로 셋으로 나누어지는 일이 많이 발생하였다. 동시에 여러 단체와 교파들을 연합체로 통일시키고자 하는 움직임도 일어나고 있다. 그러나 이러한 연합 운동은 그다지 큰 효과를 거두고 있지 못하다. 하나님은 그분의 백성들이 최상이 아닌 상태에 있을 때에도 사용하시고 정상에 이르지 못했을 때에도 사용하시지만, 여전히 하나님은 그분의 교회가 어느 날 원만하고 장성한 수준에 도달하기를 원하신다. 상상해보라! 이 땅의 교회가 모두 하나 된다면 그 복음의 능력이 어떠하겠는가! 온 세상 사람들은 예수가 하나님의 아들이심을 두 말할 것 없이 시인할 것이다. 오늘날 교회가 수천 갈래로 나눠지고 찢어졌기 때문에 온전한 교회가 가질 수 있는 큰 능력을 상실한 것이다. 이것은 너무 안타까운 일이다.

이런 사상은 특히 에베소서에 있다. 에베소서 1장은 하나님이 교회에게 주신 큰 능력을 말하는데, 그 능력은 그리스도를 죽은 자 가운데서 일으키신 능력일 뿐 아니라 만물을 그 발아래 두시고 다스리고 정복하게 하는 능력이다. 이 큰 능력이 발휘되려면 교회는 사람의 몸이 하나이듯이 온전히 하나로 서 있어야 한다. 그러나 교회의 하나의 역사는 여러 단체를 하나의 거대한 연합체로 만드는 것과는 다르다. 모든 인간적인 역사는 영적인 일에서 가치가 없다. 진정한 교회의 하나는 오직 성령 안에서만 이루어진다. 각 사람이 머리이신 그리스도의 권위에 굴복하며 십자가로 죄와 육체를 심판하고 성령의 인도를 따를 때 하나님의 백성 가운데 참된 하나가 나올 수 있다. 우리가 모든 사람을 다 하나로 만들 수는 없을지라도 우리 자신이 성령께 굴복하며 머리이신 그리스도께 복종할 때 하나 안으로 이끌릴 수 있는 것이다.

에베소서 4장에서 사도는 사역자들의 일이 성도를 온전케 하여 봉사의 일을 하게 하는 것이며 그리스도의 몸을 세우는 것이라고 하였다. 그리고 계속해서 우리가 다 하나님의 아들을 믿는 것과 아는 일에 '하나가 되어' 온전한 사람을 이루어 그리스도의 장성한 분량이 충만한 데까지 이르러야 한다고 말한다(4:12-13). 우리는 하나님께서 원하시는 교회의 수준이 높다는 것을 알아야 한다. 다만 병 고치는 능력이 있고 믿음이 있고 지식이 있음을 자랑하면서 우리에게는 이러한 것들이 있으니 하나님의 교회로서 충분하다고 말해서는 안 된다. 사도는 교회가 그리스도의 장성한 분량이 충만한 데까지 이르러야 한다고 말한다. 나는 오늘 교회의 하나의 문제를 말하고자 하는데, 이는 하나님의 백성의 하나의 문제와 교회의 영적 성장의 문제가 결부되어 있기 때문이다. 하나님의 백성들이 수없이 분열되어 있다는 것 자체도 마음 아픈 일이지만 더욱 마음이 아픈 것은 그러한 분열이 하나님의 아들에 대한 믿음과 지식에서 아직도 부족하며 어린 아이 상태라는 것을 보여주기 때문이다.

이에 대하여 많은 말을 하게 되는 것은 유월절(신약에서의 주의 만찬)을 참되게 지키려면 몸의 하나의 문제가 해결되어야 하기 때문이다. 당시 이스라엘 회중은 애굽에 있었을지라도 하나의 회중이었지 각각 다른 회중으로 존재하지 않았다. 그들이 만일 당시에 각각 분열된 회중으로 존재했다면 유월절 행사를 치르기에 합당하지 않았을 것이다. 그리스도의 몸의 하나의 위치에 서서 주의 만찬을 대하는 것은 영적으로 매우 중요한 일이다. 우리는 열왕기하 23장에서 오직 요시야 왕 시대에 유월절을 지킨 것을 볼 수 있는데 이때 가장 그 나라의 상태가 좋았기 때문이다. 25절은 "요시야와 같이 마음을 다하며 성품을 다하며 힘을 다하여 여호와를 향하여 모세의 모든 율법을 온전히 준행한 임금은 요시야 전에도 없었고 후에도 그와 같은 자가 없었더라"고 한다. 이러한 왕이 나라를 다스려 나라가 하나 되고 평안하므로 유월절 행사가 가능했다. "사사가 이스라엘을 다스리던 시대부터 이스라엘 열왕의 시대에든지 유다 열왕의 시대에든지 이렇게 유월절을 지킨 일이 없었더니 요시야왕 십팔 년에 예루살렘에서 여호와 앞에 이 유월절을 지켰더라"(왕하 23:22-23). 우리는 일 년에 한 번씩 지키도록 되어 있는 유월절을 그 장구한 역사 속에 한 번도 지킬 수 없었다는 것에 놀라움을 금할 수 없다.

또 하나님께서는 어느 날 양을 잡을 것인지를 정해주셨으며(제 십 일에), 매인(每人)이 각 가족대로 그 식구를 위하여 어린 양을 취하라고 하셨다. 이것은 죄 사함과 구원의 역사는 먼저 개개인이어야 하며 그 다음은 가족 단위가 되어야 함을 암시하는 듯하다. "주 예수를 믿으라 그리하면 너와 네 집이 구원을 얻으리라"(행 16:31). 그리고 날짜를 지정함은 주님을 믿는 사람은 어느 날 어느 시에 구체적으로 예수님을 구주로 받아들여야 한다는 뜻으로 보여진다.

"그 어린 양에 대하여 식구가 너무 적으면 그 집의 이웃과 함께 인수를 따라서 하나를 취하며 각 사람의 식량을 따라서 너희 어린 양을 계산할 것이며"(4절). 이것은 유월절 행사를 지키는 데 있어서 그 어린 양의 고기를 충분히 다 맛있게 소화하여 먹을 수 있는 인수를 고려하는 것이다. 인수가 너무 적으면 고기가 남아서 상할 우려도 있고 또 귀하게 여겨지지 않을 수도 있기 때문이다. 우리는 이것을 복음을 전하는 데에 적용할 수 있다. 우리는 너무 귀한 분이신 그리스도를 전할 때 우리 가족만이 아니라 이웃까지 초청해서 다 듣게 해야 한다. 사도행전에서 고넬료는 이렇게 했다(행 10:24). 우리가 선교지에 가서 어느 가정에 복음을 전하러 갔는데 이웃을 다 불러 모아놓고 함께 주의 말씀을 듣고자 하면 우리 마음이 너무나 기쁘다. 이러한 것이 유월절을 합당하게 지키는 행동이다.

5절, 너희 어린 양은 흠 없고 일 년 된 수것으로 하되 양이나 염소 중에서 취하고

유월절은 이방인인 애굽 사람에게는 멸망의 날이었지만 이스라엘 사람들에게는 구원의 날이었다. 이스라엘 사람들은 이 구원의 날에 구원의 요인이 무엇인지를 알아야 했다. 그들은 아무것도 하지 않고 아무 일도 없이 구원받은 것이 아니다. 그들이 반드시 해야 할 것이 있었다. 그것은 첫째로 합당한 어린 양을 구하는 일이었다. 그들이 구원받기 위해 필요한 어린 양은 흠 없고 일 년 된 수컷이어야 하고 양이나 염소 중에서 취해야 했다. 인류를 구원하기에 자격 있는 분은 오직 예수 그리스도 한 분뿐이다. 우리가 구원받기 위해서는 우리의 구원이 되는 어린 양을 잘 만나야 한다. 당신이 만일 인류가 장래 멸망할 처지에 있다는 것을 알고 구원의 길을 찾으려면 합당한 구주를 찾아야 한다. 당신이 진정 참된 구주되신 분을 만난다면 장차 임하는 멸망으로부터 구원을 받게 된다.

여기서 흠이 없고 일 년 된 어린 양으로 하라고 했는데, 일 년이 된 양은 가장 활발한 청년기의 양이다. 그리고 아직은 사람들의 용도를 위해 사용된 적이 없음을 의미하기도 한다. 이것은 오직 주 예수님만이 인간 세상에서 사람들의 용도로 쓰임 받거나 사람들에게 사로잡힌 적이 없는 분임을 의미한다. "다른 이로서는 구원을 얻을 수 없나니 천하 인간에 구원을 얻을만한 다른 이름을 우리에게 주신 일이 없음이니라 하였더라"(행 4:12).

또한 어린 양은 흠이 없어야 하고 흠이 없다는 것은 아무런 죄가 없음을 뜻한다. 오직 주 예수님만이 이 땅에서 죄가 없으신 유일한 분이시다. 그분은 죄가 무엇인지 알지도 못하는 분이셨다. 양이나 염소 중에서 취하라는 말은 성경에서 양은 의인을 뜻하고 염소는 죄인을 뜻하는데(마 25:33) 주 예수님은 온전한 의인으로서 우리 인간의 죄를 짊어지심으로 죄가 되신 분이심을 시사한다(고후 5:21). 그러므로 그분은 양이시지만 십자가상에서는 염소와 같이 죄인의 위치에 서서 우리를 대신해 심판받으신 것이다. "하나님이 죄를 알지도 못하신 자로 우리를 대신하여 죄를 삼으신 것은 우리로 하여금 저의 안에서 하나님의 의가 되게 하려 하심이니라"(고후 5:21).

이렇게 온전히 흠이 없으신 구주께서는 우리가 찾을 것이 없이 그분 자신이 우리를 찾아 오셨다. 그분은 한 마리의 잃어버린 양을 찾으러 오신 것이다. 이것은 누가복음 15장에 기록이 되었다. 목자는 잃어버린 한 마리 양을 찾으러 산으로 들로 다니며 찾으신 것이다. 찾은 즉 어깨에 메고 벗과 이웃을 불러 모으고 잔치를 하자고 하시는 분이다. 이것이 복음이다. 복음은 우리가 구주를 찾으러 하늘로 가는 것도 아니고 먼 바다 건너 갈 것도 아니니다. 복음은 이 구원의 말씀이 우리 마음과 입에 가까이 온 것이다. 하나님은 우리더러 그렇게 흠이 없는 양을 찾으라고 하신 것이 아니라 그 흠 없는 양이 우리를 찾아오신 것이며 그분의 흠이 없으심을 만방에 증명하신 것이다. 이것이 주 예수의 성육신되어 오심이다.

복음 찬송 한 소절을 불러보자.
찬송가 182장(구주의 십자가 보혈로)의 곡에 맞추어

길 잃은 양 같은 사람아 구주가 찾으러 오셨다
백 마리 양 중에 잃은 널 찾고 계신다
찾고 계신다 찾고 계신다
백 마리 양 중에 잃은 널 찾고 계신다

주님의 보물인 사람아 성령이 지금 널 찾는다
열 드라크마 중 잃은 널 쓸며 찾는다

쓸며 찾는다 쓸며 찾는다
열 드라크마 중 잃은 널 쓸며 찾는다

네게는 안식이 있는가 돌아와 기쁨을 누리라
아버지가 기다린 아들 네가 아닌가
네가 아닌가 네가 아닌가
아버지가 기다린 아들 네가 아닌가

6절, 이 달 십사일까지 간직하였다가 해 질 때에 이스라엘 회중이 그 양을 잡고

십사 일까지 어린 양을 간직하라는 것은 그 어린 양이 제물로 적합한지를 점검해 보기 위해서이다. 그 양이 흠 없는 제물로 자격이 있는지를 보려면 최소한 사 일이 걸린다는 말이다. 우리 주님은 십자가에 달리시기 전, 정확하게 만 사 일 전에 예루살렘에 입성하셨다. 그리고 하나님의 참 어린 양이신 그리스도께서는 사 일 동안 이스라엘 회중 앞에서 점검을 당하셨다.

첫 번째 점검은 대제사장과 백성의 장로들에 의한 것이었는데, 그것은 그분의 근원에 대한 문제였다 "네가 무슨 권세로 이런 일을 하느뇨?"라고 묻는 그들에게 주님은 "요한의 세례가 하늘로서냐 사람에게로서냐?"라고 물으셨다. 이는 분명 그분의 근원을 확인해보는 시험이었다. 즉 그분의 권세의 근원을 묻는 것이다. 그들은 그것이 그분에 대한 참되고 흠 없는 어린 양 되심의 시험인 줄을 알지 못한 채 물었던 것이다. 그들은 되물으시는 지혜로우신 주님의 물음에 모른다고 거짓말을 했고, 그분은 이어서 두 비유를 통하여 그분이 바로 하나님께서 사랑하시어 이 땅에 보내신 아들임을 분명히 말씀하셨다. 그분은 포도원을 맡겼다가 실과를 받으려고 종들을 농부들에게 보낸 것으로 비유를 말씀하시면서 최종적으로 하나님이 자기 아들을 보내셨다고 말씀하셨다. "저희가 내 아들을 공경하리라" 기대하시면서... 그러나 저들은 그 아들을 보고 "이는 상속자니 죽이고 그의 유업을 차지하자" 하고 포도원밖에 내어쫓아 죽였다고 말씀하셨다. 이는 분명 그분에 대한 시험이었다.

두 번째 점검은 바리새인들과 헤롯 당원들에 의한 것이었다. 그들은 예수님을 올무에 걸리게 하려고 "가이사에게 세를 바치는 것이 가하니이까 불가하니이까?"라고 물었다. 이때 주님은 그들에게 "셋돈을 내게 보이라"고 하셨고 그들은 동전(데나리온)을 꺼내서 주님께 드렸다. 이 것은 그들에게 벌써 큰 패배를 의미한다. 그분은 "이 동전의 형상과 글이 누구의 것이냐"고 물으셨다. 그들은 한 발씩 주님께 패배를 당하고 있었다. 그때 주님은 아무도 꿈에도 생각지 못할 답을 하셨는데 그 말씀이 "가이사의 것은 가이사에게, 하나님의 것은 하나님에게 바치라는 것이다. 이 모든 지혜의 말씀은 그분이 하늘에서 오신 분임을 증명하고도 남는다. 이 대답은 간단해 보이지만 음미해 볼수록 그 상황에서 그 어떤 사람도 그렇게 명쾌하고 지혜롭게 답하기가 어렵다는 것을 알게 된다. 누군가의 말처럼 만일 어떤 사람이 그 상황에서 예수님처럼 그렇게 답하고 말할 수 있다면 그가 바로 하나님이시다. 그분의 지혜의 말씀들은 사람들로 어떤 죄의 단서를 붙잡지 못하게 하기에 충분한 말들일 뿐 아니라 그분이 보통 사람이 아니라 하늘에서 내려오신 분임을 증명하기에 충분한 말들이었다.

세 번째는 부활이 없다고 하는 사두개인들이 예수님을 시험하였다. 그분은 이에 대하여도 합당하게 답하심으로 그분의 흠 없으심을 확증하셨다. "너희가 성경도, 하나님의 능력도 알지 못하는 고로 오해하였도다 부활 때에는 장가도 아니 가고 시집도 아니 가고 하늘에 있는 천사들과 같으니라"(마 22:29-30).

마지막으로는 한 율법사가 예수님을 시험하여 율법 중에 어느 계명이 가장 크냐고 물었다. 주님은 한두 마디로 모든 구약의 율법을 망라하여 말씀하셨다. "예수께서 가라사대 네 마음을 다하고 목숨을 다하고 뜻을 다하여 주 너희 하나님을 사랑하라 하셨으니 이것이 크고 첫째 되는 계명이요 둘째는 그와 같으니 네 이웃을 네 몸과 같이 사랑하라 하셨으니 이 두 계명이 온 율법과 선지자들의 강령이니라"(마 22:37-40). 이는 그분이 흠이 없으시고 완전무결하신 분이심을 입증하였다. 그분은 당시의 종교에 대하여도, 정권에 대하여도, 율법에 대하여도 온전하신 분임이 입증되신 것이다.

이 모든 질문들은 하나님의 어린 양이신 그리스도께서 십자가에서 제물 되시기 전에 만 사 일 동안 예루살렘에서 회중들에게 시험당하고 점검되셨음을 보여준다. 따라서 예수 그리스도는 유월절 어린 양이시다(고전 5:7). 우리는 그리스도께서 우리를 위하여 이 땅에 오셔서 사 일간 예루살렘에서 사람들에게 점검받으셨다는 사실로 인하여 감복하지 않을 수 없다. 주 예수님은 구약 출애굽기에 이미 예정되어 있는 하나님의 어린 양이셨다. 그러므로 세례 요한은 이렇게 선포했다. "보라, 세상 죄를 지고 가는 하나님의 어린 양이로다"(요 1:29). 하나님의 마지막 진노의 재앙을 피하는 유일한 길은 유월절 어린 양을 취하여 그 피를 문 인방과 좌우 설주에 바르는 것이었다.

6절에서 또 한 마디 의미 깊은 말은 이스라엘 회중이 잡으라는 것이다 "해 질 때에 이스라엘 회중이 그 양을 잡고". 주 예수님은 온 이스라엘 회중 앞에서 잡히사 십자가에 못 박히셨다. "백성이 다 대답하여 가로되 그 피를 우리와 우리 자손에게 돌릴지어다 하거늘…예수는 채찍질하고 십자가에 못 박히게 넘겨주니라"(마 27:25-26). 유월절 어린 양을 생각할 때 우리는 감사 찬미 드리지 않을 수 없다. 예수 그리스도의 모든 것은 우리의 구속을 위한 것이기 때문이다. 어린 양을 잡아서 그 피와 고기를 다 우리를 위해 주시는 것이다. 그 피는 우리의 재앙(심판과 지옥)을 면하게 하신 것이고, 그 구운 고기는 우리의 양식을 위한 것이기 때문이다. 그분은 그분 전체를 우리를 위해 내어주시기 위해 오신 분이다.

7-13절, 그 피로 양을 먹을 집 문 좌우 설주와 인방에 바르고…내가 피를 볼 때에 너희를 넘어가리니…

구약에서 유월절 행사는 그리스도의 구속의 가장 선명한 그림이다. 애굽의 모든 장자들이 죽임을 당하는 날 이스라엘 백성이 구속받을 수 있는 유일한 길이 있으니 그것은 곧 흠 없는 어린 양을 취하여 이스라엘 회중 앞에서 잡고 그 피를 문 인방과 좌우 설주에 바르고 그 집안에서 그 고기를 구워 먹는 것이었다. 그러면 살육하는 천사가 모든 집을 멸할 때에 피를 바른 집은 넘어간다는 것이다. 그래서 유월절(passover, 넘어가다)이라 이름한 것이다.

이것은 모든 인류에게 적용되는바 죄인은 장차 임할 죽음의 심판과 지옥의 멸망을 피할 길이 없다. 그러나 그에게 어린 양의 피가 있다면 심판의 하나님께서는 그 피를 보시고 그를 지나가신다. 하나님은 그의 선행이나 의로운 행실을 보고 지나가시는 것이 아니라 그에게서 어린 양의 피를 볼 때에 지나가시겠다고 약속하신 것이다.

하나님은 모든 죄인에게 공의로운 심판을 집행하셔야 하지만 하나님의 크신 사랑과 자비로 죄인을 구원하기 위한 대책을 마련하셨다. 그것은 하나의 대속 제물(어린 양)을 예비하시어 그에게 모든 죄인의 죄에 대한 심판을 집행하신 것이다. 즉 우리의 죄에 대한 모든 공의의 요구가 어린 양의 피로 충족된 것이다. 죄인이 받아야 할 분노의 칼을 죄 없는 어린 양이 대신 받아 피를 흘렸기 때문이다. 그러므로 그날 밤 죽음의 칼을 가진 천사는 그 피가 문 좌우 설주와 인방에 발라져 있는 집을 보면 그냥 지나갔다. 물론 그 피가 발라져 있지 않은 집의 모든 장자들은 다 죽임을 당했다. 하나님은 독생자를 보내시어 그 고귀한 피를 흘리게 하시어 우리의 당할 진노와 형벌을 면하게 하신 것이니 어찌 이를 찬양하지 않을 수 있는가!

그날 밤 그 피가 발려져 있는 집 안에 있는 사람들은 평안함을 얻을 수 있었는데, 오늘날 우리가 죄 사함을 받고 평안함을 누리는 것 또한 하나님께서 우리의 행함이 아닌 그리스도의 피를 보시기 때문이다. 그러므로 피는 주로 우리가 보고 느끼기 위한 것이 아니라 하나님께서 보시기 위한 것이다. 그러므로 우리가 그리스도의 피의 가치를 깨달으려면 피에 대한 하나님의 평가를 받아들여야 한다. 하나님은 우리의 그리스도의 피에 대한 좋은 인식을 보시고 '내가 너를 넘어가리라' 고 하지 않으셨으며 또한 우리가 그 피의 가치를 인정할 때 '내가 너를 넘어가리라' 고 말씀하지도 않으셨다.

이스라엘 백성들은 집 안에서 그 피를 볼 수도 없었다. 다만 피가 발려진 그 집 안에서 고기를 먹으면서 평안을 누렸던 것이다. 주 예수님은 우리 죄인의 구원을 위해 피를 흘리셨으며 그 피를 가지고 하늘로 오르사 그곳에 뿌리셨다. 이것은 레위기 16장에서 속죄일에 대제사장이 속죄 희생의 피를 가지고 지성소에 들어가 하나님 앞에 일곱 번 뿌린 것에서 볼 수 있다(레 16:14, 히 9:23-25). 당신은 지금 양을 잡을 것도 없고 피를 구해 올 것도 없다. 그리스도께서 이미 당신의 죄를 위하여 피를 흘리셨으며, 그 피를 가지고 하늘에 오르사 하나님 앞에 뿌리셨으며, 하나님께서 그 피를 보시고 이미 만족하셨고 우리의 죄에 대한 대가가 완전하게 지불되었다고 선포하신 것을 믿으면 된다. 죄인인 우리에게 하나님께서 증거하시는 바는 주 예수께서 십자가상에서 이미 우리 죄인의 죄 문제를 자기 피로 다 해결해 주셨다는 것이다. 그런데 이 사실이 우리에게 실제가 되는 것은 죄인인 우리가 피에 대한 평가를 잘 내리는 것에 있지 않고 하나님의 그 피에 대한 평가에 근거한다.

우리가 구원받고 재앙을 면하는 것은 어린 양의 피가 우리 죄인을 위해 흘려진 것과 그 모든 위엄과 효능을 가지고 죄인들을 위해 하늘에서 하나님 앞에 뿌리고 증거하는 것에 근거한다. 오늘날 많은 성도들이 그리스도의 십자가의 피로 죄 사함 받았다는 확신을 갖지 못하고 괴로워하고 있다. 이것은 그들 스스로 이 피의 가치를 느껴보려고 하기 때문이다. 즉 주관적으로 이 피의 가치를 인식해보려 하고 죄 사함 받은 느낌을 감지해보려 하기 때문이다. 그러나 우리가 이 구절과 레위기 16장에서 발견하는 피에 대한 진리는 이 피가 하나님께 보여지기 위한 것이지 우리가 보고 느끼기 위한 것이 아니라는 것을 말해준다. 그러므로 우리는 다만 피에 대한 하나님의 평가를 받아들여야 한다. 그럴 때 비로소 피에 대한 우리의 평가가 나온다. 그러나 우리 스스로 피에 대한 평가와 느낌을 가져보려고 한다면 아무런 확신도 얻을 수 없다.

하나님께서 이미 그리스도의 피가 우리의 모든 죄를 씻었으며 그 피를 보시고 만족하셨다고 하셨으므로 우리는 이 사실로 인하여 평강과 확신을 갖는 것이다. 이것은 다만 하나님의 말씀을 믿는 믿음에 근거한다. 하나님이 그렇다고 하시니 우리도 그렇다고 말하는 것이다. 하나님이 그리스도를 우리 죄를 위한 화목 제물로 받으시고 만족하시니 우리는 그 사실을 믿고 감사드리는 것이다. 또 하나님께서 우리의 속죄를 위해 흘려진 그리스도의 피를 귀히 열납하시니 우리는 다만 그것을 믿으며, 그 피로 말미암아 우리의 죄를 다 용서하고도 남음이 있다고 선포하시니 그 말씀을 믿는 것이다. 그에 대한 증거는 바로 그리스도의 부활이다. 하나님께서는 그리스도의 속죄 제물 되심을 온전히 열납하신 증거로 그를 다시 살리신 것이다.

구원의 확신에 있어서 우리는 하나님께서 우리의 속죄를 위해 어린 양을 예비하시고 그로 우리의 죄를 대속하는 구속주가 되게 하신 것을 믿는 것이다. 하나님은 이미 우리의 죄 값을 그리스도에게서 받으셨다. 그리스도께서는 우리의 죄에 대한 대가를 치르기 위해 십자가에서 우리 대신 하나님의 공의의 형벌을 받으신 것이다. 그분이 십자가에서 피를 흘리신 것은 다름 아닌 우리의 죄 때문이다. 하나님은 이 일을 그리스도 안에서 완전하게 이루셨고, 우리의 죄 문제를 그리스도의 십자가를 통하여 해결하셨으며, 이루어진 이 사실을 복음으로 우리에게 말씀하신 것이다. 오늘 우리가 평안을 누리는 것은 우리의 행위나 노력으로 인해서가 아니요 더욱이 우리가 그분이 흘리신 피를 귀하게 여기기 때문도 아니다(물론 그 피는 우리에게 너무나 보배로운 것이다). 다만 하나님께서 우리 죄를 대신하여 흘리신 예수 그리스도의 피를 보시고 만족하셨기 때문이다. 하나님께서는 '피를 볼 때에 내가 너희를 넘어가겠다' 고 하셨다. 그러므로 어린 양의 피를 바르고 그 집 안에 있는 이스라엘 백성들은 평안을 누렸던 것이다.

애굽 사람들은 왜 죽임을 당했는가? 한 면에서 그들이나 이스라엘 사람들이나 동일하게 죄악된 사람들이었다. 이스라엘 사람들이나 애굽인들이나 그들 자신에게는 그 무서운 재앙을 피할 수 있는 조건이 전혀 없었다. 다만 한 가지 다른 것은 이스라엘에게는 하나님의 구원의 말씀이 있었고 애굽 사람들에게는 없었다는 것이다. 이스라엘 사람들은 하나님의 말씀을 믿고 집집마다 어린 양의 피를 발랐고 애굽 사람들은 그렇지 않았다. 여기서 이스라엘 사람들이 어린 양을 잡아 그 피를 문설주와 인방에 바른 것은 다름 아닌 하나님의 구원의 말씀을 듣고 순종한 결과이다. 그러므로 문제는 하나님의 복음의 말씀이 있느냐 없느냐이다. 그리스도께서 우리를 위한 속죄 제물로 하나님께 드려지기 위해 십자가에서 피 흘리고 죽으셨다는 사실과 하나님께서는 그 피를 보시고 믿는 우리를 넘어가신다는 사실을 아는 사람은 이스라엘 백성이 유월절 때 어린 양의 피를 문설주와 인방에 바르고 집 안에서 평강을 가졌던 것과 동일하게 평강을 누리고 멸망치 않게 된다. 그러나 그 사실을 모르고 자신의 죄를 위해 피 흘리신 구주를 믿지 않고 죽음의 밤을 맞이하는 자들에게는 재앙이 임하는 것이다.

우리와 하나님과의 화평은 그리스도로 말미암아 완전하게 이루어졌다 "그는 우리의 화평이신지라"(엡 2:14). 우리와 하나님과의 화평의 근거는 그리스도의 십자가에 있다. 어떤 사람들은 성령의 내적인 역사만을 평강의 근거로 삼는데, 그것은 크게 잘못된 것이다. 성령께서 우리를 가르치시고 그리스도를 체험하도록 도우시며 기쁨과 평강 가운데로 인도하시며 기름부음과 교통을 갖도록 인도하시는 것은 사실이지만 성령님이 평강의 기초인 것은 아니다. 평강의 기초는 어디까지나 그리스도와 그분이 이루신 역사이다. 성령님의 역사는 주님이 다시 오실 때까지 계속되어야 하므로 우리 안에서 여전히 진행되고 있으며 따라서 아직 온전하지 않은 부분이 남아 있지만(성령님의 역사는 우리가 그리스도의 형상을 온전히 본받을 때까지 우리 안에서 계속된다), 그리스도께서 이루신 하나님과 사람 사이의 평강과 화목은 어떤 부족함도 없이 완전한 것이다. 그러므로 성령님은 때로 우리 안에서 근심하기도 하시며(엡 4:30) 우리가 죄를 짓지 않았다 하더라도 변화되고 더욱 깊어지게 하기 위하여 깊은 탄식을 하시기도 한다(롬 8:26). 이 때문에 우리는 깊은 속에 계신 성령님의 생각을 다 알지 못하는 경우가 있는 것이다(롬 8:26-27).

많은 사람들이 성령님의 인도를 따라 행함에 있어서 평강을 근거 삼아 모든 일을 내적인 평강에 따라 행하는 것을 보곤 한다. 물론 이것은 좋은 것이며 우리가 하나님의 영을 좇아 행할 때 평강을 가질 수 있다. 또한 이것을 우리가 성령 안에서 행하는 것의 지표로 사용할 수 없는 것도 아니다. 육신을 좇는 자에게는 사망의 느낌이 있는 것도 사실이다. 그러나 여전히 우리가 알아야 할 진리는 성령님이 우리 믿음생활에서 평강의 기초는 아니라는 것이다. 만일 당신이 내주하는 성령을 따라 행하는 것만을 평강의 기초로 삼는다면, 당신이 설사 어떤 특별한 죄를 짓지 않고 육체를 따라 행하지 않는다 하더라도 당신의 내적인 평강은 항상 여일하지 않을 것이다. 또한 그리스도 안의 진리를 근거로 하지 않는 내적 평강은 안전하지 않으며 많은 때 사탄의 속임수에 빠질 수도 있다. 믿는이들이 그리스도께서 이루신 객관적인 진리를 믿음으로 취하지 않은 채 단지 내적인 평강만을 기준 삼는다면 사탄은 기회를 잡아 성도들을 거짓으로 속이며 깊은 수렁으로 이끌어갈 것이다.

그러나 그리스도께서 이루신 역사는 이미 완전하다. 그분이 우리를 위해 하늘 성소에 뿌리신 그분의 피는 우리를 위하여 증거하고 계시며(히 12:24), 그 피로 인해 우리는 의롭다 함을 받았으며(롬 5:9), 우리 믿는이들은 한 제물로 단번에 정결케 되어 다시는 죄를 깨닫는 일조차 없게 되었으며(히 10:2), 그분의 육체의 죽으심으로 하나님과의 화목이 이루어졌고(골 1:21-22) 그분은 한 제물로 거룩케 된 자들을 영원히 온전케 하셨다(히 10:14). 그러므로 그리스도께서 우리를 위해 이루신 역사에 근거한 평강은 조금도 요동하지 않는다(엡 2:14). 믿는이들이 이와 같이 그리스도 안에 있는 평강을 기초로 갖는 것은 너무도 중요하며, 그럴 때에만 변치 않고 요동치 않는 내적 평강을 가질 수 있다. 그러므로 사도는 성도들에게 믿음에 거하고 터 위에 굳게 서서 너희의 들은바 복음의 소망에서 흔들리지 말라고 부탁한 것이다.

그리스도께서 우리를 위해 이루신 일은 조금도 부족함이 없이 완전하다. "다 이루었다"(요 19:30), "아버지께서 내게 하라고 주신 일을 내가 이루어 아버지를 이 세상에서 영화롭게 하였사오니"(요 17:4). 우리는 그리스도께서 이 땅에서 우리 죄인을 구원하기 위해 하신 모든 일이 완전하고 조금도 부족함이 없음을 보아야 한다. 여기서 우리는 다비(J. N. Darby)가 말한 한 마디를 유의할 필요가 있다. '우리에게 평안이 오는 것은 우리 안에서 그리스도께서 역사하시기 때문이 아니요 우리를 위하여 그리스도께서 이루어 놓으신 역사 때문이다' (다비의 〈Operations of the Spirit, 성령의 역사〉에서).

우리의 평강과 확신은 우리의 느낌에서 오는 것이 아니라 그리스도의 보혈을 하나님께서 어떻게 보시는가에 달려 있다는 것을 알아야 한다. 성경 말씀은 그리스도의 피가 우리의 모든 죄를 깨끗케 하였다고 말하며(롬 3:23-24, 5:9, 엡 2:13-18, 골 1:20-22, 히 9:14, 10:19,

벧전 1:19, 2:24, 요일 1:7, 계 7:14-17), 그 피로 우리가 의롭다 함을 받았다고 선포한다. 우리가 의롭다 함을 받고 화평을 누리는 것은 이 신실한 말씀을 믿는 데에서 오는 것이다. 즉 모든 것이 다 이루어졌다고 선포하시는 하나님의 말씀을 믿는 것이 우리의 확신이요 평강인 것이다. 여기서 나는 사람이 말씀을 믿는 것의 중요성을 강조하고자 한다. 주 예수님은 그분이 이루신 모든 역사를 말씀 안에 넣어서 우리에게 전달하신다. 그러므로 우리가 하나님의 말씀을 영접하고 믿을 때 그분이 이루신 모든 역사를 얻게 된다. 당신이 어느 날 하나님의 말씀을 듣고 믿었다면 하나님은 그때 하나님이 그리스도 안에서 이루신 역사를 당신에게 이르게 하신다. 그러니 관건은 사람이 하나님의 말씀을 믿었는가에 달려있는 것이다. 당신이 과연 그분의 말씀을 믿었다면 그 모든 그리스도의 이루신 역사가 당신의 것이 되었음을 의심할 필요가 없다.

8-9절, 그 밤에 그 고기를 불에 구워 무교병과 쓴 나물과 아울러 먹되 9 날로나 물에 삶아서나 먹지 말고 그 머리와 정강이와 내장을 다 불에 구워 먹고

무엇보다도 먼저 이스라엘 백성들이 그 밤에 집 안에서 양고기를 먹을 수 있었던 것은 양의 피로 말미암은 것임을 알아야 한다. 그러므로 그 피는 먼저 우리를 하나님과 화목케 하였고 다음은 형제들과의 교제의 근거를 가져다주었다. 밖에 피를 바르지 않는다면 안에서 형제들과 사랑의 교제를 나눌 수 없다. 그러므로 주의 만찬에서 우리는 축복의 잔인 그리스도의 피에 참예하며 또한 한 떡이신 그리스도의 몸에 참예한다(고전 10:16).

집 안에서 이스라엘 백성들은 양의 고기를 먹어야 했는데, 여기서 잊지 말아야 할 것은 그 양의 고기는 바로 피 흘림으로 그들에게 안전과 평화를 확보해준 그 어린 양의 고기라는 것이다. 그리스도께서 십자가에서 흘리신 보혈은 하나님의 구원에서 법적인 문제를 해결해준다. 그러나 그분의 몸(고기로 예표된)은 생명의 문제를 해결해 준다. 죄는 우리 죄인의 하나님 앞에서의 객관적인 문제이지만, 고기를 먹는 것(생명)은 우리의 내적인 본질과 성품과 교통에 관련된 것이다. 요한복음 6장에서 주님은 '내 살은 참된 양식이요 내 피는 참된 음료' 라고 하시면서 그분의 살과 그분의 피를 먹고 마셔야 함을 말씀하셨다.

오늘날 많은 그리스도인들이 구원의 복음을 전할 때 십자가의 보혈을 말하지만 그 안에서 고기를 먹는 것, 즉 생명의 문제를 소홀히 하는 것을 본다. 우리가 구원을 받는 것은 비단 죄 사함을 받는 것만이 아니라 그리스도의 생명을 얻는 거듭남의 문제를 포함한다. 사람이 생명 문제를 소홀히 하면 그가 얻은 구원은 다만 법적일 뿐 생명력이 없으며 또한 주님을 인격으로 받아들인 표시를 보기가 어렵다. 구원을 얻었다는 것은 단지 죽을 죄인이 용서받은 것만을 의미하는 것이 아니라 마음속에 그리스도를 주인으로 모셔들였음을 의미한다. 그러므로 그러한 완전한 구원을 받은 사람들은 그리스도와의 인격적인 만남과 교제를 갖기 시작한다. 우리는 죄 사함을 받은 후 생명의 누림 안으로 들어왔다. 이것이 무교절을 지키는 의미이다. 우리는 이미 5장 1절에서도 이스라엘 백성이 구출된 후 광야에서 절기를 지킨다고 한 것을 기억해야 한다. 구원받기 전에 사람들은 죄의 즐거움을 누린다. 인생은 무언가를 누리지 않으면 만족이 없고 재미가 없어서 살 수가 없다. 죄 사함과 구원을 받은 후 성도들은 누룩이 없는 떡을 먹게 되어 있는데 이는 성도들의 죄 없는 삶을 의미한다. 생명의 누림을 의미한다. 생명을 알지 못한다면 진정한 절기의 의미를 알지 못하는 것이다.

"그 고기를 불에 구워". 고기가 불에 구워졌다는 것은 어린 양이신 그리스도께서 불에 구워지는 고난을 당하셨음을 의미한다. 우리가 영접해들인 그리스도는 우리를 위해 십자가의 고난을 당하신 그리스도이다. 9절 말씀에서는 고기를 날로나 물에 삶아서 먹지 말라고 했는데, 날로 먹는다는 것은 십자가가 없는 구원을 가리킨다. 우리 구주는 십자가에서 고난당하시고 죽으신 구주이다. 우리가 구원받기 위해 믿는 주님은 불에 구워지신 주님이시다.

어떤 사람들은 훌륭하고 죄 없는 인생을 사신 주님의 삶 자체를 본받음으로 구원받으려 하는 것 같다. 이것은 고기를 날로 먹는 것이다. 우리가 유월절을 지키기 위해 먹는 고기는 불에 구워진 고기이지 날고기가 아니다. 물론 우리 주님의 흠 없고 아름다우신 인생이 놀랍고 귀하지만 우리의 구원을 위한 역사를 이루신 곳은 어디까지나 십자가이다. 십자가 없이 다만 주님의 삶을 본받음으로 구원받을 수는 없다. 우리가 누리는 그리스도께서 십자가에 못 박히신 그리스도임을 아는 것이 매우 중요하다. 우리는 주님의 말씀의 모든 성분 속에 십자가에 못 박히신 그리스도께서 계심을 알 수 있어야 한다. 그분은 실상 태어나시면서 십자가에 죽으신 것이며, 그분의 일생이 십자가에 못 박힌 삶임을 아는 것이 필요하다. 당신은 어떤 말씀이 십자가가 없는 말씀인지 아는가? 당시 많은 거짓 교사들이 구워지지 않은 고기를 팔고 먹게 했다. 바울이 언제나 십자가에 못 박힌 그리스도를 전했다는 것을 아는 것은 매우 중요하다. "유대인은 표적을 구하고 헬라인은 지혜를 찾으나 우리는 십자가에 못 박힌 그리스도를 전하니"(고전 1:22-23). 그 말 속에 다만 지식이 있고 십자가가 없으며 그 말 속에 능력과 기사는 있지만 십자가가 없는 경우가 있다는 것이다. 이런 고기를 먹는 것은 하나님의 명하신 유월절이 아닌 것이다. 성도들이여! 여러분은 영원히 불에 구워지신 어린 양의 고기를 떠나지 말라!

물에 삶아 먹는 것은 무엇을 뜻하겠는가? 이것은 주님이 고난받으셨다는 것은 인정하지만 그분의 피를 필요로 하지 않는 경우를 말한다. 양고기를 구울 때에는 피와 살이 분리되지만 삶을 때에는 피와 살이 분리되는 것이 필요치 않다. 그냥 함께 삶아서 먹는 것이다. 유월절 행사에서 피는 분명 밖에 바르는 데 사용되었고 고기는 집 안에서 먹었다. 분명한 구분이 있다. 주님도 먼저 떡을 떼어 제자들에게 나눠주시면서 "이는 내 몸이니라" 하셨고, 그 다음에 잔을 주시며 "이는 죄 사함을 위하여 흘리는바 나의 피 곧 언약의 피니라"고 하셨다. 여기에 분명한 구분이 있는 것이다. 피는 재앙을 면하기 위해 인방과 좌우 설주에 바르기 위해 흘려진 것이고 생명은 하나님과의 교통과 누림, 영원한 천국의 삶과 거룩한 삶을 보장하기 위해 필요한 것임을 알 필요가 있는 것이다. 그러나 어떤 그리스도인들은 이렇게 피의 효능과 살의 공급이 무엇인지를 알지 못하는 채 다만 주 예수께서 십자가에서 고난을 당하신 자체만을 귀하게 여기고 구원을 받으려 하는 것이다.

나 자신도 과거 고등학교 때부터 교회를 다녔지만 주 예수님이 왜 십자가에서 피를 흘리셨으며 어떻게 부활하심으로 생명을 해방해 주셨는지를 몰랐다. 다만 십자가에 관한 찬송을 부르며 목사님이 십자가를 말하시면 다만 감동해서 눈물을 짓곤 했다. 나는 그것이 주님을 매우 사랑하는 것이며 구원을 받기 위해 그 정도의 믿음이면 충분할 것이라고 믿었다. 이는 그분의 고통만을 생각한 것이지 그 피의 효능이 무엇인지 전혀 몰랐던 것이다. 우리는 우리의 죄로 인하여 죽을 수밖에 없는 죄인이며 죄를 해결하기 위해서는 그리스도의 피의 속죄의 역사가 필요하다는 것을 알아야 한다. 다만 주님의 십자가의 고통을 귀히 여기며 감동받고 눈물 흘린다고 해서 구원받기에 충분하다고 생각한다면 당신은 양고기를 삶아서 먹는 것이며 이는 유월절 행사에서 금지된 것이다.

어떤 그리스도인들은 또한 소위 생명을 많이 말하지만 거기에 구속의 성분이 부족한 경우가 있다. 이 또한 물에 삶은 고기를 먹는 것이다. 주 예수의 생명을 많이 말하고 체험하다보면 거기에 피도 있고 죄 사함도 있다고 말하지 말라! 그렇게 하는 것이 구분이 없는 것이요 삶아서 먹는 것이다. 그들은 자신들이 어떠한 죄인이었으며 그리스도의 피가 어떻게 자신들의 죄를 씻었는가에 대한 느낌이 없다. 그들은 그저 '그리스도는 우리의 생명이시며 우리 안에 능력과 기쁨이 되신다' 라고 외친다. 이럴 때 그들은 다만 삶은 고기를 먹고 있는 것이다.

또한 양고기는 무교병과 쓴 나물과 아울러 먹어야 했다. 무교병은 누룩이 없는 떡으로서 죄 없는 상태를 가리킨다. 누룩은 죄를 의미하기 때문이다. 그러므로 우리가 유월절을 지킨다는 것은 죄를 버리는 것을 포함한다. 우리가 구원받는 날은 세상과 죄가 멀리 사라지는 날이다. 또한 쓴 나물은 괴로움을 뜻하는바 구원받는 심령은 회개하며 애통하는 상한 심령이어야 함을 뜻한다. 적어도 주님께 용서받고 은혜를 얻은 사람은 그 마음속에 주님을 향한 회개의 마음, 주님을 모르고 죄악 속에 살아온 과거에 대한 통한함과 애통함이 있게 된다는 말이다.

그 머리와 정강이와 내장을 다 불에 구워먹는다는 것은 그리스도께서 십자가에서 고난받으시고 죽으심이 우리의 모든 것 되시기 위함임을 의미한다. 이것은 유월절을 지킬 때, 즉 그리스도를 구주로 받아들일 때 그리스도를 전체로 받아들여야 함을 의미한다. 그리스도께서 십자가에서 죽으신 것은 다만 우리의 죄를 사하시기 위함만이 아니라 또한 그분 전체를 우리에게 주셔서 우리의 힘과 성품과 능력과 지혜와 인격과 모든 것이 되시기 위함이다. 오늘 부활의 주님은 우리 믿는이들 안에 들어오셔서 우리의 지혜(머리)가 되시고, 감정과 사랑 등 성품을 구성하는 속부분들(내장)이 되시며, 지탱하는 힘(정강이)이 되신다.

10-11절, 아침까지 남겨두지 말며 아침까지 남은 것은 곧 소화하라 11 너희는 그것을 이렇게 먹을지니 허리에 띠를 띠고 발에 신을 신고 손에 지팡이를 잡고 급히 먹으라 이것이 여호와의 유월절이니라

나는 이것이 주님을 믿고 영접하는 사람의 태도를 말해주는 것이라고 믿는다. 주님을 존중하고 사모하는 태도로 받아들여야 함을 말하는 것이다. 당신이 진정으로 주님의 은혜를 받은 자라면 어떻게 지체하며 머뭇거릴 수 있느냐는 것이다. "이제는 왜 주저하느뇨 일어나 주의 이름을 불러 세례를 받고 너의 죄를 씻으라 하더라"(행 22:16). 주님을 믿고 영접하는 일에는 주저함이나 보류함이 있어서는 안 된다. 내일 다시 햇빛을 볼 수 없을지 모른다. 주 예수를 믿고자 하는 자는 기회를 다음으로 미루지 말라. 오늘날 얼마나 많은 사람들이 소위 신앙생활을 그렇게 인간관계를 중시하여 하는지 모른다. 이는 유월절을 지키는 식의 신앙생활이 아니다. 유월절 절기를 지키는 방식은 그 어린 양이 죽임을 당하고 그 고기를 먹은 은혜가 너무 생생하여 감히 지체하거나 머뭇거릴 수 없는 것이다. 하나님을 위한 일일진대 언제나 과감한 용단을 내려야 하리라!

이것은 복음을 전하는 자도 유념해야 한다. 다음에 복음을 전하겠다고 미루면 다시는 그에게 전할 기회가 없게 될지도 모른다. 또한 주님을 믿는 자들은 허리에 띠를 띠고 발에 신을 신고 손에 지팡이를 잡고 급히 먹어야 한다. 주님을 믿는 자들은 이 세상에 미련을 두고 보류하는 자세로 믿을 수 없다. 이 세상과 죄악을 버리는 마음으로, 즉 애굽을 빨리 떠나려는 심정으로 주님을 믿어야 한다. 누구든지 주님을 믿는 사람들은 믿는 즉시 주님을 따라 십자가의 길을 가려는 마음으로 허리에 띠를 띠고 발에 신을 신고 급히 먹어야 한다. 이것이 유월절을 지키는 자들의 합당한 태도이듯이 오늘 주님을 믿는 우리도 동일해야 한다. 그 참혹하고 무서운 심판의 밤, 장자들이 살육당하는 것을 피하여 새로운 삶을 향해 떠나도록 구원을 베풀어주시는 하나님 앞에서 보류하고 미적미적하는 태도는 합당치 않다.

마땅히 앞에 예비된 하나님의 인도를 기쁜 마음으로 따르려는 태도를 가져야 한다. 과거의 고통을 생각해 보라! 그들은 바로의 학정 아래서 국고성을 건축하기 위해 갖은 고생을 하면서 신음하며 하나님께 부르짖고 있었다. 더욱이 하나님은 그들을 애굽으로부터 홍해를 건너 광야로 인도해내기 위해 그 밤에 애굽에 큰 심판을 내리셨다. 그것은 모든 장자를 멸하는 심판이었다. 이때 이스라엘은 어린 양으로 말미암아 구원을 받은 것이다. 이 유월절 예식에 참여하는 사람들은 그 자세가 존중함과 감사함으로 가득해야 하며, 이제 새로운 하나님의 인도하심을 따라 나설 준비가 되어 있어야 한다. 결코 여유를 부리거나 보류하는 일은 있을 수 없다.

지팡이는 길을 걷는 데 사용된다. 피로 구속받은 사람들은 반드시 지팡이를 집고 나서서 길을 가야 한다. 즉 구속의 첫 번째 결과는 분별되는 것이고 세상에서 나오는 것이다. 먹는 것도 급히 먹고 나오는 것도 속히 나와야 한다. 예수 믿는 것은 이와 같이 법도가 있는 것이다. 느슨하게 믿고 느슨하게 걸어 나오는 것은 예수 믿는 법도에 맞지 않는다. 또한 믿은 다음에는 손에 하나씩 있어야 하는 것이 있는데 그것이 바로 지팡이이다. 지팡이는 이 세상에서 나그네가 되었다는 뜻이다. 그리스도인이 제대로 예수를 믿었다면 그는 반드시 이 세상에서 나그네가 된다. 이는 예나 지금이나 동일한 한 가지 일이다. 당신이 만일 예수를 믿었는데 손에 지팡이가 없고 나그네 되는 것이 진정 무엇인지 모른다면 길을 잘못 가고 있는 것이다.

12절, 내가 그 밤에 애굽 땅에 두루 다니며 사람과 짐승을 무론하고 애굽 나라 가운데 처음 난 것을 다 치고 애굽의 모든 신에게 벌을 내리리라 나는 여호와로라

유월절은 신약에서 하나님의 어린 양의 십자가의 사건으로 성취되었다. 그리스도께서 십자가에 달리실 때, 그날은 한 면으로 하나님의 백성들이 구원받은 날이지만 멸망할 자들과 애굽의 신들은 심판을 받은 날이다. 당시 십자가에서 일어난 일은 간단하지 않다. 성경에서는 그날 거기서 멸망당할 자와 멸망에서 구원될 자가 구분되었다고 말한다. 또한 그날은 사탄이 심판을 받고 수치를 당한 날이다. 여기서 애굽의 모든 신에게 '벌을 내린다'는 말은 '심판을 집행한다'(I will execute judgment)는 뜻이다. 심판은 물론 벌을 포함하지만 벌만이 아니다. 성경에서 심판이란 벌보다 광범위한 의미를 가지고 있다. 바울 사도는 주님께서 십자가에서 정사와 권세를 벗어버려 밝히 드러내시고 승리하셨다고 말한다(골 2:14). 그리스도께서는 십자가에서 사탄을 심판하신 것이다. 사탄의 정체는 거기서 완전히 드러났다.

심판이란 무엇인가? 심판이란 죄와 불의가 드러나서 완전히 의와 구분되는 것이요 그것들을 제 위치에 두는 것이다. 좋은 재판에서는 누가 의롭고 누가 죄인인지가 분명히 드러난다. 그리스도의 십자가의 심판이 있기 전 사탄의 일은 사람들에게 매우 설득력이 있었다. 그는 육체 안에 있는 사람들을 부추겨 많은 거역적인 일들을 하게 했다. 사람들은 그것들이 그렇게 사악한 것이며 사탄의 짓인 줄을 잘 알지 못했다. 그러나 십자가에서 하나님의 아들은 순종의 죽음으로 사탄을 부끄럽게 했고, 그자는 거기서 온전히 드러나게 되었다. 그날 십자가에서는 사탄에 대항하여 큰 선포가 있었다. '사탄아 보아라. 여기에 죽기까지 순종하신 하나님의 아들이 계신다. 너는 자격이 없는 자가 하늘까지 높아지려 했고 불법적인 권세로 사람들을 탈취했지만 여기 하늘 보좌의 주인이시며 우주의 주인이시며 가장 높은 분이 가장 낮은 데까지 내려와서 네가 속여서 탈취하고 다스려온 죄인들의 죄를 담당하시고 그들을 구속하셨다. 이것이 옳은 것이고 이것이 의이다. 너는 거역적이고 거짓이었으며 교만이었다. 여기에 참 사랑이 있고 의가 있고 진리가 있다.' 그때 사탄은 온 우주에 드러났다. 그는 과연 거짓말하는 자요 탈취자요 불법자임이 드러난 것이다. 이것이 어린 양이 죽임을 당한 그 밤에 일어난 일이다. 그날 전까지 애굽 신들은 거짓으로 왕 노릇 하고 있었다. 그러나 하나님이 모든 애굽의 장자들을 치실 때 그 거짓 신들은 아무 일도 할 수 없었다. 그들을 멸망과 심판에서 구하는 데에는 아무런 도움이 되지 못한 것이다. 그제서야 사람들은 그분이 유일한 하나님 여호와이신 줄을 알게 되었다. "나는 여호와로라."

"예수께서 가라사대 내가 심판하러 이 세상에 왔으니 보지 못하는 자들은 보게 하고 보는 자들은 소경 되게 하려 함이라 하시니"(요 9:39). 당시 주님이 오시기 전에는 보는 자들이나 보지 못하는 자들이나 차이가 없었다. 그러나 빛이신 주님의 오심은 그 자체가 하나의 분별이고 심판이었다. 과연 누가 참되게 주님을 사랑하는 자이며 믿는 자인지가 그때 드러난 것이다. 진리가 오기 전에 세상은 어두움이었다. 그러나 진리이신 주님이 오심으로 어둠과 거짓은 드러나게 되었다. 어두움에 있는 자들은 그들이 어두움이므로 사탄에게 쉽게 속으며 무엇이 악이고 죄이며 무엇이 선이고 참인지를 잘 알지 못한다. 그러나 어느 날 참 빛이 비췰 때 어둠이 물러가고 죄는 죄로, 의는 의로, 불법은 불법으로 드러나게 된다. 이것이 바로 심판이다. 그날 십자가상에서 사탄은 다름 아닌 불법자임을 만천하에 드러낸 것이다. 참으로 주님은 십자가에서 많은 일을 행하셨다.

15-20절, 너희는 칠 일 동안 무교병을 먹을지니 그 첫날에 누룩을 너희 집에서 제하라…17 너희는 무교절을 지키라…20 너희는 아무 유교물이든지 먹지 말고 너희 모든 유하는 곳에서 무교병을 먹을지니라

이 부분의 말씀은 무교절을 지키는 말씀이다. 무교절은 정월 15일부터 21일까지이며 누룩 없는 떡을 먹어야 했다. 유월절과 무교절은 엄격하게 구분되는 절기이다. 즉 유월절은 정월 십사 일에 애굽에서 나온 것을 기념하는 절기이며, 무교절은 다음 날부터 칠 일간 지켰다. 그러나 두 절기는 함께 유월절로 취급되는 것이 관례가 되었다("유월절이라 하는 무교절이 가까우매", 눅 22:1).

무교절에서 중요한 것은 누룩을 제하는 것이며 유교병(누룩 있는 떡)을 먹는 자는 이스라엘에서 끊쳐진다고 했다. 누룩은 죄를 의미하고 7일의 '7' 이라는 수는 완전함을 나타내므로 이것은 구속함을 얻은 그리스도인의 온 일생에 죄가 없어야 함을 가리키는 것이라 할 수 있다(고전 5:7-8). 고린도 전서 5장 8절은 "우리가 명절을 지키되"라고 하며 "묵은 누룩도 말고 괴악하고 악독한 누룩도 말고 오직 순전함과 진실함의 누룩없는 떡으로 하자"라고 말한다. 우리의 그리스도인의 일생은 절기를 지키는 일생이다. 우리가 좀 전에 말했지만 사람은 만족과 누림이 없이는 살 수 없다. 그러므로 불신자들은 육신의 정욕과 쾌락에 탐닉하는 것이다.

우리는 무교절의 절기를 지킨다. 무교절은 죄 없는 생활만을 의미하는 것이 아니다. 우리는 죄를 범하지 말아야 하되 또한 그리스도를 생명으로 체험해야 한다. 여기서 누룩 없는 떡이란 생명이신 그리스도 자신이다. 그리스도를 생명으로 체험하는 생활이야 말로 풍성한 부활의 생명을 누리는 절기의 생활이다. 어떤 사람들은 주 예수를 믿은 후의 죄 없고 깨끗한 생활을 아무 맛이 없는 무미건조한 생활로 착각한다. 그러나 참되게 그리스도를 생명으로 취하여 사는 생활은 잔치로 충만한 생활인 것이다. 참 기쁨을 누리지 못하는 그리스도인들은 그야말로 참된 그리스도인의 생활이 무엇인지 모르는 사람들인 것이다. 그리스도는 우리의 생명이심을 감사한다(골 3:4). 바울은 이 그리스도를 생명으로 체험하였기에 항상 기쁨이 충만했다. 그는 그가 누리고 체험한 그리스도를 사람들에게 전달하였는데 그것이 바로 무교절을 체험하는 생활이다.

21-28절, 모세가 이스라엘 모든 장로를 불러서 그들에게 이르되 너희는 나가서 너희 가족대로 어린 양을 택하여 유월절 양으로 잡고…28 이스라엘 자손이 물러가서 그대로 행하되 여호와께서 모세와 아론에게 명하신 대로 행하니라

모세는 이것을 이스라엘 백성들이 대대로 예식을 삼아 지키도록 하였다. 또한 두고두고 자녀들에게 가르칠 것도 명했다.

29-36절, 밤중에 여호와께서 애굽 땅에서 모든 처음 난 것 곧 위에 앉은 바로의 장자로부터…생축의 처음 난 것을 다 치시매…그들이 애굽 사람의 물품을 취하였더라

애굽의 모든 장자와 생축의 초태생이 다 죽임을 당했으며 그 밤에 애굽 땅에 큰 호곡이 있었다. 드디어 바로는 모세와 아론을 불러서 떠나라고 명했다. 이스라엘 사람들은 자신들의 양과 소뿐 아니라 애굽 사람들의 은금 패물까지도 취하여 가지고 나왔다.

37-42절, 이스라엘 자손이 라암셋에서 발행하여 숙곳에 이르니 유아 외에 보행하는 장정이 육십만 가량이요…40 이스라엘 자손이 애굽에 거주한 지 사백 삼십 년이라…42 이 밤은 그들을 애굽 땅에서 인도하여 내심을 인하여 여호와 앞에 지킬 것이니 이는 여호와의 밤이라 이스라엘 자손이 다 대대로 지킬 것이니라

출애굽의 간략한 기록이다. 유아 외에 보행하는 장정이 육십 만이었다. 그리고 중다한 잡족이 따라 나왔다. 이 잡족들은 후에 이스라엘 백성들에게 어려움의 요인이 되었다(민 11:4, 섞여 사는 무리). 그들이 발행한 곳은 라암셋이요 처음 야영지는 숙곳이었다(37절). 그들의 첫 식사는 발교되지 못한 반죽으로 구운 무교병이었다. 애굽에서 먹을 것을 준비할 시간이 없었기 때문이다. 그러나 이것은 사실 하나님의 주권이었다. 이러한 음식은 애굽의 음식과는 판이하게 다른 간단한 것이었으나 신선했을 것이다. 즉 죄 없는 순수한 음식을 먹기 시작한 것이다.

여기 위대한 역사가 일어난 날이 기록되어 있다. 그들이 애굽에서 나온 것은 애굽에 거한 지 꼭 430년 만이었다(40절). 이는 하나님께서 아브라함에게 약속하신 후로(12:2) 430년이 지난 것이며 그분이 아브라함에게 예언으로 약속하신 연수를 지키신 것이다(창 15:13).

43-51절, 여호와께서 모세와 아론에게 이르시되 유월절 규례가 이러하니라…46 한 집에서 먹되 그 고기를 조금도 집 밖으로 내지 말고…47 이스라엘 회중이 다 이것을 지킬지니라…할례받지 못한 자는 먹지 못할 것이니라…온 이스라엘 자손이 이와 같이 행하되…51 그 같은 날에 여호와께서 이스라엘 자손을 그 군대대로 애굽 땅에서 인도하여 내셨더라

주님은 유월절에 대한 규례를 다시 한 번 말씀하시면서 이방인이나 거류인이나 품꾼은 양고기를 먹지 못한다고 하셨다. 그러나 이방인일지라도 돈으로 산 종의 경우는 할례를 받은 후에 먹을 수 있었다. 사실 하나님께서는 이때부터 이방인을 고려하셨다. 이방인은 절대로 이 축복된 절기를 누릴 수 없다고 하시지 않고 그들을 향해 문을 열어 놓으신 것이다. 그것은 할례를 통해서 가능했다.

또 양고기를 한 집에서 먹으라고 하셨는데, 이것은 다시 한 번 교회의 하나의 문제를 말씀하신 것이다. 성경에는 교회 가운데 분열이 없다. 네 교회, 내 교회가 없고 다만 모든 성도들의 교회가 있고 하나님의 교회가 있을 뿐이다. 분명 교회의 분열의 상태는 하나님의 기뻐하시는 바가 아니다. 성경적으로 교회의 정상적인 상태는 한 지역이나 도시에서 오직 주의 이름으로 모이는 것이 있을 뿐이다(행 8:1, 13:1, 고전 1:2). 다시 말해서 한 도시에는 주님을 믿고 오직 그 이름으로 모이는 무리가 있을 뿐이라는 것이다. 오늘날 그리스도인들이 다른 구심점들과 다른 이름들을 버리고 다만 구속받은 것에 근거하여 그들이 사는 도시에서 오직 우리의 구속주 되신 예수 그리스도의 이름만으로 모인다면 더 많은 그리스도인들과 하나의 교제 가운데 있게 될 것이다. 또 한 가지, 구약에서는 할례가 유월절 만찬에 참여할 수 있는 조건이었지만 신약에서는 주 예수님의 십자가로 구속받은 것이 주님의 만찬에 참여할 수 있는 근거이다. 그러므로 믿지 않은 자는 결코 만찬에 참여케 해서는 안 된다.

구속의 예표

출애굽기 전체가 구속의 책이라고 할 수 있다. 그 중에서도 12장은 유월절 사건을 통하여 구속에 대한 그림을 밝히 제시한다. 구속이란 히브리어로 '가알' (ga' al) 또는 '파다' (padah)로서 잃어버린 권리를 대가를 지불하여 되찾는 것을 말한다. '파다' 는 특히 대가로 희생 제물을 드림으로써 권리를 되찾아오는 것을 말한다. 구약의 유월절은 신약의 그리스도의 구속의 가장 큰 예표이다. 구속의 대가로 드려진 어린 양은 하나님의 어린 양으로서 세상 사람을 구원하기 위해 속죄 제물로 오신 그리스도를 예표하기 때문이다. 그리스도는 그분의 피의 값을 치러 죄와 사망 권세 아래 붙잡혀 있는 우리를 구속하셨다. 로마서 7장 14절에서는 우리가 죄 아래 팔렸다고 한다. 팔렸으므로 대가를 주고 되찾아야 하는 것이다. 그러면 누가 우리 인간을 죄에게 팔았는가? 불행하게도 인간이 스스로 자신을 팔아 넘겼다고 말해야 할 것이다. 사탄의 속임수에 빠져 죄와 사탄의 세력에 자신을 팔아버린 것이다. 따라서 사람은 죄를 짓게 되었고, 그 죄값을 치루지 않고는 되찾아올 수 없게 된 것이다. 이것이 곧 이스라엘이 애굽 왕 바로의 권세 아래 사로잡힌 것으로 예표되는 바이다.

여기에 구속의 필요성이 있다. 하나님은 그분 자신의 소유인 사람을 죄에게 팔린 데에서 죄의 대가를 지불하고 되찾아오지 않을 수 없게 되었는데, 이것은 인간이 스스로를 그렇게 만들어 버린 것이다. 그러므로 구속의 근원을 거슬러 올라가면 거기에 하나님의 큰 사랑이 있다. 하나님의 큰 사랑이 그분의 아들을 우리를 구속하기 위한 속죄 제물로 이 땅에 보내신 것이다. 그러므로 출애굽기 12장에는 하나님의 사랑이 감추어져 있다. 하나님께서는 그 밤에 이곳저곳에서 피 흘리며 죽임당한 양들 가운데서 그분의 아들의 죽음을 보셨다. 죄는 우리가 지었지만 하나님은 우리 무리의 죄악을 그분의 아들에게 담당시키려 하시는 것이다. 실상 그리스도의 구속의 역사는 여기에서 그치는 것이 아니다. 이것은 시작에 불과하다. 하나님의 완전한 구속은 그분의 성육신으로부터 시작하여 인생 33년간의 지상생활, 십자가에 죽으심, 부활, 승천, 영광을 얻으심, 성령을 보내심, 재림에 이르기까지 계속된다. 그리스도는 이러한 구속의 과정을 통하여 잃어버린바 된 사람을 그분의 원래의 뜻으로 회복시키신다.

출애굽기 12장에서 우리는 구속의 가장 핵심적인 부분인 죄 사함을 통한 심판과 멸망에서의 구출을 본다. 사람은 죄를 범하였으므로 하나님의 영광에 이르지 못하고 멸망하게 되었다. 그러므로 문제는 죄이다. 죄만 없앨 수 있다면 사람은 죄와 사망과 심판의 문제에서 벗어나게 된다. 하나님은 이 일을 그리스도를 통하여 이루신 것이다.

하나님은 우리 무리의 죄악을 그리스도께 담당시키셨다. 요한복음 1장 29절은 하나님의 어린 양이 세상 죄를 지고 가시려고 오셨다고 말한다. 히브리서 9장 26절은 그리스도께서 단번에 자기를 제물로 드려 죄를 없게 하시려고 세상 끝에 나타나셨다고 말한다. 예수 그리스도를 믿는 자들은 죄 사함과 죄 씻음과 죄 없이함을 받게 된다. 심판과 멸망은 죄로 인하여 오는 것이므로 죄 문제가 해결되어야 한다. 죄 문제는 예수 그리스도의 십자가로 해결되며 우리 편에서는 믿음으로 해결된다. 이 일은 십자가에서 영 단번에 이루어진 사실이다. 하나님이 이 일을 그분의 아들의 십자가를 통하여 완전히 이루셨다.

하나님이 우리를 그분의 심판과 진노에서 구하시는 길은 죄 사함과 죄를 없이함으로써이다. 죄가 없으니 심판과 형벌이 없는 것이다. 예수 믿는 것은 그분의 피로 우리 죄가 사함받는 것이며(forgiveness) 깨끗케 되는 것이며(purification) 제하여지는 것(put away)이다. 예수 믿는 사람들은 자기의 죄가 어떻게 되었는지 몰라서는 안 된다. 성경은 믿는 자가 의롭다 함을 얻었다고 분명히 말한다(롬 5:1). 의롭다 함을 얻었다는 것은 마치 죄를 한 번도 짓지 않은 것처럼 되었다는 뜻이다. 예수를 믿은 우리는 우리가 범한 낱낱의 죄들을 다 용서받았으며, 모든 죄들이 피로 깨끗이 씻어져 흰 눈 같고 양털같이 되었으며, 죄가 우리 몸에 하나도 남아 있지 않은 상태가 되었으며, 죄를 한 번도 지은 적이 없는 사람처럼 의롭게 된 것이다. 이것이 신실하신 하나님께서 그리스도를 통하여 십자가에서 이루신 일이다.

우리의 의롭게 됨은 하나님의 아들의 피로 말미암은 것이므로 정당한 대가가 지불된 것이다. 하나님은 우리를 불의한 방법으로 용서하신 것이 아니다. 그분은 우리가 지은 죄에 대하여 정당한 대가를 지불하고 우리를 구원하신 것이다. 죄는 원래 한 사람 아담으로 말미암아 인류 안에 들어왔다. 그러므로 하나님은 그분의 아들을 둘째 사람, 마지막 아담으로 이 땅에 보내시어 첫 사람 아담이 지은 죄를 대신하게 하셨다. 그러므로 많은 사람이 아담 한 사람으로 말미암아 죄인이 되었다면 그분보다 월등하신 그리스도 한 분의 순종하심으로 말미암아 많은 사람이 의에 이르는 것은 매우 가능한 일이다. 그러므로 우리가 아담 안에서 죄인이 된 것처럼 그리스도 안에서 의인이 되는 것이다. 아담으로 말미암아 우리가 철저하게 죄인이 되었다면 그리스도로 말미암아 우리는 철저하게 의인이 될 수 있다. 우리는 그리스도의 십자가의 공로로 우리의 죄가 눈과 같이 희어져 아무런 흠과 티가 없을 정도로 의롭게 된 것이다. 믿는 우리에게 그리스도는 우리의 의의 옷이 되셨다(갈 3:26-27).

우리는 그리스도를 옷 입고 하나님께 나아간다. 하나님은 우리를 보실 때 그리스도 안에서 보신다. 우리는 그리스도로 옷 입었으며 그리스도 예수 안에 있게 되었기 때문이다. 그러므로 그리스도 예수 안에 있는 자에게는 결코 정죄함이 없다(롬 8:1). 죄가 사라졌으니 어찌 정죄가 있으며 심판이 있겠는가? 그리스도 안에 있는 우리는 죄와 사망의 법에서도 완전히 해방되었다. 실상 사망도 죄로 말미암은 것이니(롬 5:12) 믿는 우리에게는 사망의 쏘는 것(sting, 침)도 없다. 그러므로 믿는이에게는 사망이 두려움이 되지 않는다. 죄가 없으면 사망이 우리를 쏠 수 없으며 이길 수 없다. 그러므로 바울 사도는 담대히 이렇게 말했다. "사망아 너의 이기는 것이 어디 있느냐 사망아 너의 쏘는 것이 어디 있느냐 사망의 쏘는 것은 죄요 죄의 권능은 율법이라"(고전 15:55-56). 믿는이에게는 영생과 부활뿐 사망이 없다. 믿는이에게는 죽음조차도 부활과 축복과 영생에 이르는 관문이다. 저주가 없고 멸망이 없다. 모든 것이 축복뿐이다. 그러나 죄가 남아 있는 자들에게는 사망이 저주와 멸망과 형벌이 된다. 그들에게는 사망이 죄의 삯으로 주어지기 때문이다. 그러나 그리스도의 구속을 받은 우리 믿는이들은 죄와 심판과 사망과 영원한 형벌에서 영원히 구원되었다. 죄는 영원히 없어졌고 사망과 심판과 형벌도 영원히 사라진 것이다. 이를 인하여 영원토록 하나님을 찬양할지라!

출애굽기 12장은 구속에 대한 좋은 그림을 보여준다. 하나님께서 이스라엘 백성들로 어린 양의 피를 문설주에 바름을 통하여 장자를 멸하는 무서운 재앙과 심판을 면하게 하시고 구속의 축복과 은총을 주신 것은 신약에서 믿는이들이 그리스도의 보혈로 말미암아 구속된 것을 보여주는 매우 아름답고 귀한 그림이다. 그러나 출애굽기에 나타난 구속은 여기서 그치지 않는다. 하나님은 사람을 창조하실 때부터 사람에 대하여 위대한 목적을 갖고 계셨다. 사람이 잃어버린바 되었을 때 하나님께서는 잠시나마 그분이 지으신 사람에 대한 그분의 목적을 접어두셨다. 그러므로 하나님께서는 사람이 일단 죄와 심판과 멸망에서 구속되었을 때 사람에 대하여 원하셨던바 그분의 영원하신 목적을 이루기까지 더욱 역사하실 필요가 있으셨다. 그날 밤 이스라엘 백성들은 어린 양의 피를 문 좌우 설주와 인방에 바르고 집 안에서 그 양의 고기를 불에 구워 먹어야 했다. 여기서 고기는 의심할 여지없이 그리스도의 살을 상징하며, 그 살은 우리에게 영생을 주시기 위한 것이다(요 6:51). 그들은 그 밤에 피를 바름으로 살육당하는 재앙에서는 구원받을 수 있었지만 그 다음날 아침 일찍 일어나 애굽을 떠날 힘을 얻기 위해서는 양의 고기를 먹어야 했다. 이것은 피의 구속 외에 생명의 문제를 보여준다.

누가복음에는 죄 사함의 복음이 강조되어 있다면 요한복음에는 생명의 복음이 강조되어 있다. 믿는 우리는 죄 사함을 받을 뿐 아니라 생명을 얻는다(요 10:10, 20:31). 누가복음 15장에서는 탕자가 돌아왔을 때 제일 좋은 옷을 입혀주고(피의 구속을 상징함) 또 살진 송아지를 잡는데, 이는 생명을 위한 것이다. 마치 유월절의 양고기와 같다. 사람이 생명을 얻는 것은 하나님의 영원한 목적과 관계있다. 죄 사함은 구속에서 중요한 과정이지만 하나님의 창조의 목적을 온전히 이루는 데까지 이르지는 못한다. 하나님은 영원 전부터 그분의 많은 아들들을 얻기 원하셨으며 이 뜻은 그분의 아들의 생명을 나눠주심으로 이루어진다. 이 생명은 영원한 하나님의 나라에서 영원히 살 수 있는 생명이다. 사람이 만일 이 영생을 갖지 않고 하나님 나라에 들어간다면 즉시 녹아버릴 것이다. 이는 마치 물고기의 생명으로는 육지에서 살 수 없는 것과 같다. 그 영원한 나라에서 살 수 있기 위해서는 그 나라에서 살 수 있는 생명을 가져야 한다. 이것이 바로 영원한 생명이요 우리가 주 예수를 믿을 때 얻은 생명이다. 하나님은 결국 이 생명을 통하여 사람을 변화시키고 자라게 하며 거룩케 하고 영화롭게 하여 하나님의 많은 자녀들이 되게 하시며 완전한 구속을 성취하신다.

이 생명의 문제는 매우 심각하고 엄중한 문제이므로 좀 더 자세히 볼 필요가 있다. 사람은 왜 이 생명을 얻는 데 실패하였는가? 구속이 완전히 성취되기 위해서는 사람의 타락을 더 깊이 연구해볼 필요가 있다. 사람은 왜 동산에서 타락하게 되었는가? 불신과 거역 때문이다. 동산에서 하와는 뱀의 말을 듣고 하나님에 대한 신뢰를 상실하게 되었고 그분의 사랑을 의심하게 되었다. 따라서 하나님의 말씀을 거역한 것이다. 그리고 대적자의 말을 듣고 먹지 말아야 할 과실을 먹게 되었다. 이것이 바로 불신과 거역이다. 그러므로 구속의 성취 또한 그 역으로 수행되어야 한다.

그들이 그 밤에 양을 잡아 문 좌우 설주에 바른 것은 믿음의 행위이다. 그들이 그 밤에 하나님이 하신 말씀을 믿었기에 그러한 행동을 한 것이며 그 믿음이 그들을 구원한 것이다. 믿음의 결국은 혼의 구원이다(벧전 1:9). 누가복음에서 우리는 믿는 자가 죄 사함을 얻는 것을 보지만 요한복음에서는 생명을 얻는 것을 본다(눅 24:47, 요 20:31). 이 생명은 우리로 아들의 형상을 이루기까지 자라게 한다. 이러한 생명 안에서의 변화와 성장은 다 믿음에 달린 것이다. 이 생명은 유월절 다음날 아침 일찍 애굽을 떠나기 위해 필요하지만 그 후의 생명의 물과 생명의 떡은 모두 그들이 처음에 얻은 생명과 관계있으며, 이는 그리스도인의 노정 시작부터 끝까지 잘 달리기 위하여 필요하다.

그러면 우리는 어떻게 해서 이 생명을 자라게 하며 이 생명 안에서 살 수 있는가? 모두가 믿음에 관련된다. 믿음은 사람이 스스로 아무것도 하지 않는 것이다. 이것이 곧 주 예수님께서 사신 일생이다. 주님의 일생은 우리에게 믿음이 무엇인지를 보여준다. 그분은 아무 것도 임의로 행하시지 않았다. 작은 일 큰 일에서 다 아버지의 뜻만을 순종하면서 사셨다. 그분은 아버지께서 일하시면 일하시고 잠잠하시면 잠잠하셨다. 모든 것을 다만 아버지께서 하시는 대로 따랐다. 이것이 바로 믿음이다. 그분은 이렇게 사심으로 그분을 통하여 하나님의 지혜, 능력, 성품을 나타내셨다. 그리고 참된 인생의 본을 보이셨다. 그분이 어린아이처럼 아버지께서 행하지 않으시는 것은 아무것도 행하지 않으심으로 하나님께서는 예수 그리스도를 통하여 자신의 생명을 완전히 나타내실 수 있었다.

아담은 불신으로 하나님의 생명을 잃어버렸고 오늘 우리는 믿음으로 하나님의 생명을 얻었다. 오늘 우리에게서 이 생명이 온전히 나타나고 자람으로 우리가 그 아들의 형상을 본받게 되려면 우리는 온전한 믿음으로 살아야 한다. 믿음은 우리의 모든 일과 행함에서 하나님만을 신뢰하는 것이다. 아무 일도 스스로 주인 되어 행하지 않는 것이다. 모든 일을 주님이 시작하시고 인도하시게 하는 것이다. 그분이 행하시는 것을 내가 행하고 그분이 하시지 않는 것을 나도 하지 않는다. 이것이 믿음생활이다. 아담은 동산에서 불신으로 하나님을 잃고 하나님을 물러가시게 하였지만 오늘 우리는 믿음으로 하나님을 찾아오고 하나님의 생명으로 우리를 통하여 나타나시게 한다.

하나님은 왜 이스라엘 백성들로 하여금 유월절을 체험하고 홍해를 건너며 광야의 길을 걷게 하셨는가? 그것은 그들이 믿음으로 구원을 얻게 하기 위함이었다. 그들은 믿지 않으면 죽을 수밖에 없었다. 그들을 광야로 이끌어내어 사십 년 동안 그 길을 걸어가게 하신 것도 결국은 이 믿음을 배우게 하려는 것이었다(신 8:2-4). 그들은 그 건조한 땅에서 하나님만을 신뢰하지 않으면 마실 것도 먹을 것도 구할 길이 없었다. 그들은 필요한 모든 것을 얻어 살아나가기 위해서는 하늘만을 바라보아야 했다. 광야는 이렇게 믿음 없이는 살 수 없도록 만들어진 도장이다. 이것이 믿음의 훈련이다. 오늘 믿는이들이 믿음으로 죄 사함받고 생명을 얻었지만 또한 하루하루를 믿음으로 하나님만을 의지하여 살 때 그분의 생명을 살아 나타낼 수 있다. 이러한 생활은 믿음의 결국인 우리의 혼의 구원에 이르게 할 것이며 우리 온 존재의 구속이 이루어지게 할 것이다.

그러므로 출애굽기의 전체적인 구속의 내용은 이렇게 유월절의 구속에서 시작하여 성막 건축에 이르러 완성된다. 성막에서 우리는 제사장의 의복과 각종 기구들을 통하여 그리스도의 형상이 많은 사람들의 인성 안에 짜여진 것을 상징적으로 보며 또 단체적인 사람이 그리스도를 나타내는 것을 본다. 이 모든 것들이 믿음으로 이루어짐을 아는 것은 매우 중요하다. 하나님의 영원한 경륜은 믿음으로 이루어진다(딤전 1:4, 갈 5:4-6).

이스라엘 백성은 20장에 가서 율법을 받게 되는데, 이 율법은 믿음의 법을 취소하는 것이 아니라 그들로 자신을 신뢰하는 데에서 믿음으로 돌아오도록 하기 위해 임시적으로 그들을 돕는 몽학선생으로 주어진 것이다. (그들은 율법을 통하여 자신의 무능함과 죄악 됨을 알아야 할 필요가 있었기 때문이다. 자신의 타락과 부패를 알 때 그들은 자신을 신뢰하지 않게 된다. 이러한 믿음만이 그들로 하여금 하나님의 생명 능력을 체험하게 하며 그 생명으로 사는 특권을 누리게 한다.)

출애굽기 13장

1-7절, 여호와께서 모세에게 일러 가라사대…초태생은 다 거룩히 구별하여 내게 돌리라 이는 내 것이니라…유교병을 먹지 말라 여호와께서 그 손의 권능으로 너희를 그곳에서 인도하여 내셨음이니라…7 칠 일 동안에는 무교병을 먹고 유교병을 너희 곳에 있게 하지 말며 네 지경 안에서 누룩을 네게 보이지도 말게 하며

초태생, 즉 처음 난 것을 하나님께 돌려야 함은 구속의 원칙에 근거한 것이다. 이는 그 밤에 애굽의 장자는 다 죽었으나 이스라엘 백성들의 장자는 하나님의 은혜로 다 살았으니 그들은 응당 하나님께 돌려져야 한다. 죽어 마땅한 죄인들이 하나님의 구속 역사를 통하여 살았으니 그들은 마땅히 하나님의 것으로 구별되어야 한다는 것이다.

이는 신약에서 구원받은 성도는 다 하나님의 것임을 암시한다. 고린도 전서 6장에서는 "너희 몸은 너희가 하나님께로부터 받은바 너희 가운데 계신 성령의 전인 줄을 알지 못하느냐 너희는 너희의 것이 아니라 값으로 산 것이 되었으니 그런즉 너희 몸으로 하나님께 영광을 돌리라"(19-20절)고 하였다. 우리 구속받은 자들은 죄로 죽을 수밖에 없는 자들이 살게 된 것이다. 따라서 우리는 구속자 되신 예수 그리스도께 속한 자들이 되었다.

또한 우리가 여기서 알 수 있는 것은 누구든지 거듭난 사람은 다 장자로 태어났다는 것이다. 왜냐하면 이스라엘에서 구속함을 받은 자들은 다 장자들이었기 때문이다. 장자들에게는 탁월한 능력과 뛰어난 위엄이 있으며(창 49:3), 또 그에게는 장자의 명분과 유업이 주어진다. 그러므로 하늘에 있는 교회는 장자들의 교회와 총회라고 불리운다(히 12:23). 르우벤은 음행으로, 에서는 장자의 명분을 경홀히 여김으로 이 귀한 장자권을 상실하였다.

하나님께서는 우리로 그분의 많은 피조물 중에 첫열매(the first fruits)가 되게 하시려고 진리의 말씀으로 우리를 낳으셨다(약 1:18). 거듭난 형제나 자매는 차자가 될 수 없음을 인하여 하나님께 감사드리자! 우리가 얻은 생명은 장자의 생명이다. 그러나 우리가 이 장자의 신분을 얼마나 귀히 여기고 있는지는 또 다른 일이다. 그날 밤 죽임을 당한 자들은 다 애굽의 장자들이었고 이스라엘에서 거룩히 구별하여 하나님께 돌려야 할 사람들 역시 이스라엘의 장자들이었다. 우리는 하나님께서 구속하신 자들이므로 우리 자신을 하나님께 드려야 한다. 우리의 손, 발, 눈, 귀, 온 몸과 마음이 다 하나님의 것이다 "값으로 산 것이 되었으니 그런즉 너희 몸으로 하나님께 영광을 돌리라". 차자나 서자로 태어난 것을 서러워하는 자가 있는가? 여러분의 거듭난 신분을 중요시하라! 여러분은 새로운 출생 안에서 장자이다. 이러한 인식을 갖는 것은 얼마나 중요한지!

전에 한 그리스도인이 기차 여행을 하는데, 한 무리의 사람들이 곁에서 화투놀이를 하면서 이 그리스도인 형제에게도 같이 하자고 제안했다. 그러자 그는 '저에게는 화투를 할 손이 없습니다' 라고 대답했다. 그러자 그들은 어리둥절해하면서 '두 손이 멀쩡한데 왜 손이 없다고 하십니까?' 라고 물었다. 그때 그 그리스도인은 정색을 하면서 '저의 이 두 손은 더 이상 저의 손이 아니고 주 예수님의 것입니다. 그분이 자기 피로 제 온 몸과 이 두 손까지도 다 사셨기 때문입니다' 라고 하였다. 참으로 귀한 간증이다. 오늘 우리는 구속받은 사람들이면서도 얼마나 우리 몸을 우리 자신의 것인 양 마음대로 사용하였는가? 회개할지로다! 우리가 장자의 명분을 중히 여긴다는 것은 바로 이 거듭나 새 사람이 된 신분을 귀히 여긴다는 뜻이다.

또한 우리가 여기서 알 수 있는 것은 분별되고 헌신되고 죄 없는 삶을 사는 근거가 구속에 있다는 것이다. 하나님이 말씀하신 바 "초태생은…구별하여 내게 돌리라 이는 내 것이니라"는 말씀은 분별과 헌신을 포함하는 말씀이다. 그리스도인의 이러한 분별과 헌신의 근거는 구속함을 받은 것에 있다. 이것은 우선 법적으로 합리적인 것이다. 하나님께서 응당 이것을 주장하실 수 있다는 말이다. 그분이 우리를 멸망 가운데서 구속해주신 분이므로 우리는 마땅히 자신을 하나님께 돌려드려야 한다.

또한 헌신된 자들의 삶은 거룩하고 죄 없는 삶이어야 한다. 그리스도의 구속은 우리로 심판을 면하게 할 뿐 아니라 죄악 된 삶에서 벗어나게 한다. 하나님께서 원하시는바 그분의 자녀들의 정상적인 삶은 죄악에서 떠난 삶이지 여전히 죄 가운데 머물러 있는 삶이 아니다. 칠 일 동안 무교병을 먹어야 한다는 것은 그리스도인의 온 일생이 죄 없는 일생이어야 함을 의미한다. 3절은 유교병을 먹어야 할 근거가 애굽에서 나온 그 날을 기념하는데 있다. 사도 바울은 고린도 전서 5장에서 묵은 누룩(죄악들)을 내어버려야 하는 이유를 '우리의 유월절 양 곧 그리스도께서 희생이 되셨다' 는 데서 찾았다. 그분은 우리의 죄를 위해 십자가에서 희생을 당하셨는데 어찌 우리가 더 그 죄악 속에 머물 수 있느냐는 말이다. 그분의 십자가의 사랑을 생각한다면 우리는 죄 속에 더 살 수 없는 것이다.

11-13절, 여호와께서 너와 네 조상에게 맹세하신 대로 너를 가나안 사람의 땅에 인도하시고 그 땅을 네게 주시거든 12 너는 무릇 초태생과 네게

있는 생축의 초태생을 다 구별하여 여호와께 돌리라 수컷은 여호와의 것이니라 13 나귀의 첫 새끼는 다 어린 양으로 대속할 것이요 그렇게 아니하려면 그 목을 꺾을 것이며 너의 아들 중 모든 장자 된 자는 다 대속할지니라

앞부분에서 초태생을 주님께 돌리는 문제를 말씀하셨지만 여기서 다시 한 번 이 문제를 자세하게 말씀하신다. 다시 말하거니와 이것은 애굽의 장자의 죽음과 관련된다. 우리가 구원받은 것은 마땅히 죽어야 할 우리 대신 하나님의 어린 양이 죽임을 당하셨기 때문이다. 그러므로 우리 자신을 하나님께 드리는 것은 마땅한 일이다. "수컷은 여호와의 것이니라". 이 말씀에 의하면 구원받은 자는 자매도 다 장자요 남자이다. 이는 아들의 생명을 얻었기 때문이다.

가축 중 나귀는 부정한 짐승을 대표하며(레 11:1-8) 이러한 부정한 짐승은 하나님께 돌리지 못하고 대신 어린 양을 드려야 했다. 이것은 신약의 대속의 사상을 두드러지게 대표하는 것이다. 우리는 모두 나귀와 같이 부정한 사람들이지만 어린 양으로 대속할 때 속량될 수 있다. 이것이 신약의 구원의 원리이다. 하나님께서는 이미 부정한 죄인을 위해 구원의 계획을 세워놓으셨다. "그렇게 아니하려면 그 목을 꺾을 것이며"라는 말씀은 어린 양으로 대속함을 받지 못한 영혼은 죽고 멸망할 것을 가리킨다. 자신의 죄를 자신이 감당해야 하는 것이다. 우리는 본질상 진노의 자녀요 나귀와 같이 목이 꺾여야 할 운명을 갖고 태어난 부정한 자들이지만 어린 양의 대속함으로 구원받을 수 있다. 이 어린 양은 흠 없고 죄 없으신 그리스도이시다. 예수 그리스도는 십자가 위에서 우리 죄를 대신 담당하시고 우리를 위하여 죄가 되셨으며 또 죄인으로 취급당하셨다. 나귀같이 부정한 사람이 정결한 사람으로 취급받을 수 있도록 정결하신 분인 하나님의 어린 양께서 십자가에서 부정한 우리를 대신하신 것이다. 하나님은 그분의 백성들이 혹시라도 이러한 대속으로 말미암은 구원을 잊을까 하여 말씀하시고 또 말씀하신다.

또 그들 중 아들들이 있으면 그 가운데 장자는 다 대속해야 했다. 초태생의 속죄 가격은 5세겔이다(민 18:16). 모든 장자는 다 대속해야 한다는 말씀은 모든 구원받은 영혼은 다 장자라는 말로 바꾸어 읽을 수도 있다.

17-19절, 바로가 백성을 보낸 후에 블레셋 사람의 땅의 길은 가까울지라도 하나님이 그들을 그 길로 인도하지 아니하셨으니 이는 하나님이 말씀하시기를 이 백성이 전쟁을 보면 뉘우쳐 애굽으로 돌아갈까 하셨음이라 18 그러므로 하나님이 홍해의 광야 길로 돌려 백성을 인도하시매 이스라엘 자손이 애굽 땅에서 항오를 지어 나올 때에 19 모세가 요셉의 해골을 취하였으니…

이스라엘 백성들을 광야로 인도해내신 것은 원래 하나님의 뜻이었다. 그들은 가나안에 들어가기 전에 광야에서 하나님께로부터 율법을 받고 그들의 육체가 어떠한지 드러날 필요가 있었다. 비록 광야를 통해서 가는 길이 오랜 시간(40년) 걸리고 시간과 힘을 낭비하는 것처럼 보일지라도 이것은 이스라엘에게 반드시 필요한 노정이었다. 우리는 민수기를 통해 이를 알 수 있다. 그들은 40년 동안 그 노정을 행하면서 그들이 오직 하나님만을 의지할 때 살 수 있다는 믿음의 공과를 배우게 되었다(신 8:2-3). 광야길 40년은 주로 그들의 육체가 완전히 드러나고 처리되기 위한 기간이었다고 할 수 있다. 홍해라는 말은 히브리 원어로는 '붉은 바다'가 아니라 '갈대 바다'이다. 이는 홍해 북쪽에 무성했던 갈대에 기인한 것으로 안다.

하나님은 이스라엘 백성들이 전쟁 준비가 안 된 것을 아시기 때문에 블레셋의 다섯 큰 도시(가사, 아스글론, 아스돗, 가드, 에그론)의 막강한 대군과 마주치면 쉽게 낙심하고 출애굽한 것을 후회하면서 돌아가고자 할 것을 염려하셨다. 따라서 하나님은 그 길보다 여섯 배나 먼 길을 택하여 인도하셨다. 이는 그들을 멀리 가게 하고 바다를 건너게 해서 아예 뒤로 돌아올 길을 차단하신 하나님의 대책인 것이다. 이것이 그리스도의 구속의 그림인 것이다. 하나님은 얼마나 철저하게 우리가 한 번 구속을 받은 뒤에 다시는 세상과 죄악으로 돌아가지 못하게 하셨는지! 따라서 이스라엘은 먼 길로 인도받아 수에즈 만 북단을 거쳐 술 광야 또는 바란 광야를 거쳐 가나안으로 나아간 것이다.

그들은 애굽에서 나올 때 항오를 지어 질서 있게 행했다. '항오를 지어' 란 히브리어로 '허리를 동여 질서있게' 란 말이다. 하나님의 백성은 언제 어디서나 무질서하게 행하지 않는다는 것을 기억할 필요가 있다. 무질서와 혼란은 다름 아닌 성령의 부재를 나타낸다. 또한 그들은 나올 때 요셉의 해골을 취하였는데, 이는 조상의 유언을 지키고 그들이 약속의 자손임을 나타내는 행동이다. 그들은 40년 광야 생활 내내 요셉의 관을 가지고 다녔다. 이러한 일은 그들이 애굽에서 나와 하나님이 약속하신 땅으로 전진하여 나가는 길에서 자신들이 분별된 선민이라는 의식을 한층 강화시켰을 것이다.

20-22절, 그들이 숙곳에서 발행하여 광야 끝 에담에 장막을 치니 21 여호와께서 그들 앞에 행하사 낮에는 구름기둥으로 그들의 길을 인도하시고 밤에는 불기둥으로 그들에게 비취사 주야로 진행하게 하시니…백성 앞에서 항상 떠나지 아니하니라

이스라엘 백성은 라암셋에서 숙곳으로 왔고(12:37), 다시 숙곳에서 에담에 왔으니 이곳은 두 번째의 유숙소가 된다. 에담 동편에는 유명한 술 광야가 있다. 하나님은 구속하신 그분의 백성을 애굽에서 나오게 하실 뿐 아니라 구름기둥과 불기둥으로 그들을 인도하셨다. 이것은 하나님께서 구속하신 성도들과 늘 함께하신다는 신약의 사상과 일치한다

(마 28:19-20). 어디를 가든지 무엇을 하든지 하나님은 늘 믿는이들과 함께 거하시며 그들을 인도하시고 가르치신다. 구름기둥과 불기둥은 하나님의 임재와 보호의 표시이다. 주님은 그분의 임재로 인도해주실 뿐 아니라 보호도 해주시는 것이다. 성경에서 구름은 하나님의 임재가 있을 때마나 기록되었다(출 40:35, 왕상 8:10). 구약 시대는 이처럼 보이는 것들로 주님이 인도하시나 신약은 보이지 않는 임재로 인도하심을 아는 것은 매우 중요하다. 신약 시대에 주님은 성도들의 마음속에 내주하셔서 내적으로 인도하심을 주신다. 구름기둥이든, 불기둥이든 이는 주님이 우리를 인도하시는 분명한 지침이 있는 것임을 말해준다. 만일 당신이 무슨 일을 해야 한다면 당신의 마음속에 주님의 구름이 떠올랐는지를 보아야 한다. 또한 구름과 불이신 주님은 우리의 갈 길을 늘 보호하신다.

13장의 요점은 구별(헌신)이며 다음은 무교병이다. 그리고 장자의 명분이며, 길을 선택하는 비결(전쟁을 피함)과 주님의 인도와 보호를 받아 여행함이다. 이 항목들은 모두 갓 구원받은 자들이 추구하며 배워야 할 공과들이다. 인도자들은 백성들을 인도할 때 그들이 시험을 받지 않도록 인도해야 함도 배워야 할 중요한 덕목이다. 아직 시기와 경쟁이 존재하는 이들에게 직분이나 지위 문제를 거론하는 것이 그런 한 예이다. 합당치 않은 때에 그런 일을 도모하는 인도자는 지혜가 없는 것이다.

출애굽 경로 및 가나안 여정

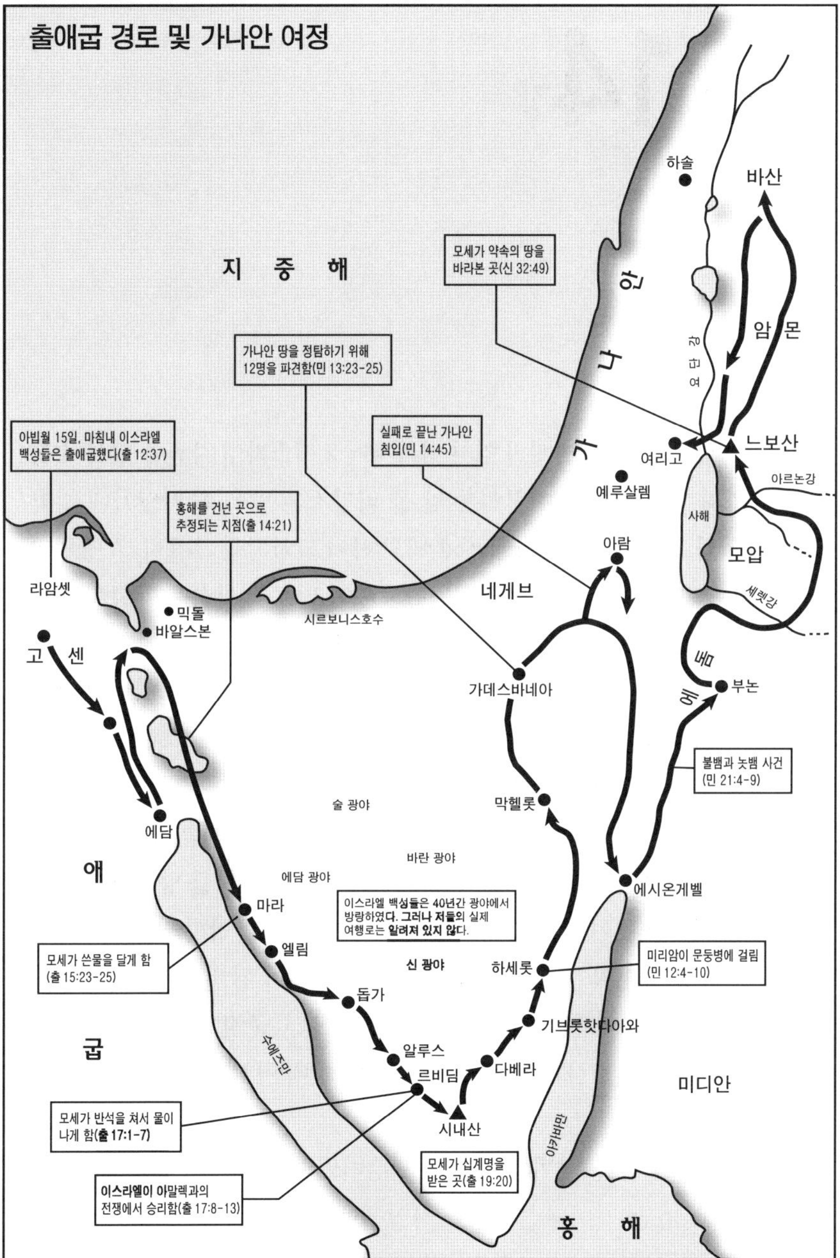

출애굽기 14장

1-9절, 여호와께서 모세에게 일러 가라사대 2 이스라엘 자손을 명하여 돌쳐서 바다와 믹돌 사이의 비하히롯 앞 곧 바알스본 맞은 편 바닷가에 장막을 치게 하라 3 바로가 이스라엘 자손에 대하여 말하기를 그들이 그 땅에서 아득하여 광야에 갇힌 바 되었다 할지라 4 내가 바로의 마음을 강퍅케 한즉 바로가 그들의 뒤를 따르리니 내가 그와 그 온 군대를 인하여 영광을 얻어 애굽 사람으로 나를 여호와인줄 알게 하리라 하시매 무리가 그대로 행하니라 5 혹이 백성의 도망한 것을 애굽 왕에게 고하매 바로와 그 신하들이 백성에 대하여 마음이 변하여 가로되 우리가 어찌 이같이 하여 이스라엘을 우리를 섬김에서 놓아 보내었는고 하고 6 바로가 곧 그 병거를 갖추고 그 백성을 데리고 갈새 7 특별 병거 육백승과 애굽의 모든 병거를 발하니 장관들이 다 거느렸더라 8 여호와께서 애굽 왕 바로의 마음을 강퍅케 하셨으므로 그가 이스라엘 자손의 뒤를 따르니 이스라엘 자손이 담대히 나갔음이라 9 애굽 사람들과 바로의 말들, 병거들과 그 마병과 그 군대가 그들의 뒤를 따라 바알스본 맞은편 비하히롯 곁 해변 그 장막 친데 미치니라

이스라엘 백성들은 아빕월 15일 고센 지역의 라암셋에 집결하여 가나안을 향해 떠난 것이다. 다음은 라암셋에서 남동쪽으로 50km 지점에 위치한 숙곳에 이르렀다(12:37). 그 다음 이스라엘 백성들은 광야

끝에 위치한 에담에 이르렀다(13:20). 이때 그들은 하나님으로부터 지중해 바다와 믹돌 사이의 비하히롯 앞 곧 바알스본 맞은 바닷가에 장막을 치라고 명하셨다. 하나님은 이스라엘 백성들이 블레셋 땅을 거쳐 가는 것을 원치 않으시고(13:17), 갑자기 가나안 오른편(동북쪽)으로 인도하신 것이다. 그들은 지금 광야 끝에 있고(13:20) 거기서 한두 구간만 더 가면 하나님께 예배할 수 있는 호렙 산에 이를 수 있었다.

그러나 하나님은 그분의 백성들을 곧장 목적지에 이르게 하지 않으셨을 뿐 아니라 애굽 사람들이 보기에나 이스라엘 사람들 스스로 생각하기에 훨씬 더 어려운 길, 즉 막다른 골목(뒤에서 애굽 군대가 쫓아오고 앞에는 홍해가 놓여있는)과 같아서 사로잡히게 될 것 같은 지형으로 인도하셨다. 그 비하히롯과 믹돌은 그리스도인 체험에서 막바지에 이른 것이라고 할 수 있다. 따라서 애굽 왕 바로는 이곳에 진을 친 이스라엘 백성을 보고 '광야에 갇힌 바 되었다' 고 말했다.

이렇게 이스라엘 백성을 막바지의 환경에 이르게 하신 분은 하나님이시다. 하나님께서 그렇게 하신 것은 그분이 영광을 받으시기 위함이다. 우리는 하나님께서 우리를 인도하신다는 것을 확신하면서 길을 가다가 때로는 비하히롯과 믹돌같이 막다른 골목에 이르게 된다. 그때 우리는 왜 하나님께서 우리에게 이런 일이 임하게 하셨는지를 알지 못하여 당황스러워한다. 그러나 우리가 한 가지 아는 것은 비하히롯과 믹돌 같은 상황을 마주하면서 체험하지 않으면 하나님의 역사와 손길을 배울 길이 없다는 것이다. 비하히롯과 믹돌 같은 상황에 우리를 처하게 하시는 것은 하나님께서 우리를 아시고 우리를 위하시기 때문이다. 우리는 그처럼 사방이 막힌 상황에 놓이지 않으면 결코 변화될 수 없으며 하나님의 함께하심과 능력과 지혜를 체험할 길이 없다.

10-12절, 바로가 가까워 올 때에 이스라엘 자손이 눈을 들어본즉 애굽 사람들이 자기 뒤에 미친지라 이스라엘 자손이 심히 두려워하여 여호와

께 부르짖고 11 그들이 또 모세에게 이르되 애굽에 매장지가 없으므로 당
신이 우리를 이끌어내어 이 광야에서 죽게 하느뇨 어찌하여 당신이 우리
를 애굽에서 이끌어내어 이같이 우리에게 하느뇨 12 우리가 애굽에서 당
신에게 고한 말이 이것이 아니뇨 이르기를 우리를 버려 두라 우리가 애굽
사람을 섬길 것이라 하지 아니하더뇨 애굽 사람을 섬기는 것이 광야에서
죽는 것보다 낫겠노라

하나님께서는 애굽 군대가 이스라엘을 쫓아올 것이고 결국 그 군대는 멸망하게 될 것을 아시면서 모든 것을 주관하고 계시지만, 이스라엘 백성들은 아직 이 모든 일이 하나님 손에 있음을 이해하지 못하고 있다. 이 위급한 순간에 이스라엘 백성에게 보이는 것은 다만 애굽 군대의 육중한 창검들이다. 그러므로 그들은 심히 두려워했다. 바로는 이스라엘 백성을 다시 사로잡으려고 특별 병거 육백 승과 애굽의 모든 병거를 동원하여 이스라엘을 좇았고, 이스라엘은 바싹 뒤쫓아오는 애굽 군대를 보고 심히 두려워하면서 모세에게 원망과 불신의 말을 쏟아내었다. 그들은 모세가 그들을 광야로 끌어낸 것이 광야에서 그들을 죽이려 한 것이라고 생각했다. 이럴 때 이스라엘 백성들의 육체는 최대한도로 드러났다. 그들 속에는 애굽에서부터 가지고 온 육체가 있었고 그 육체는 결국 불신과 뒤로 돌아가려는 회귀본성(이것도 거역의 일종임)인 것이다. 그들은 모세를 좇아 여기까지 왔지만 아직 그들의 뒷문은 완전히 닫히지 않았던 것이다. 진정으로 주님의 길을 가려면 뒷문이 완전히 없어야 한다.

그 비하히롯과 믹돌의 위기 일발의 상황에서 이스라엘 백성들은 자기들이 반드시 죽을 것이라고 생각했다. 그러나 하나님의 백성들이 알아야 할 것은 상황이 어렵고 답답할수록 하나님께서 크게 역사하실 일이 앞에 놓여 있다는 것이다. 시편 107편 23-24절은 "…큰 물에서 영업하는 자는 여호와의 행사와 그 기사를 바다에서 보나니"라고 말한

다. 이것은 역으로 얕은 물에서 영업하면 여호와의 행사와 기적을 보지 못한다는 말도 된다. 하나님께서 때로 우리를 깊은 물 가운데로 인도하시는 것은 그분의 크신 행사를 나타내고 기적을 보이시기 위함이다.

구약에서 하나님의 하시는 역사는 이같이 외적으로 큰 역사이지만 신약에서 그분의 중심적인 역사는 내적인 것이다. 하나님의 중심적인 역사는 그분의 택한 백성들로 하여금 그분의 아들의 형상을 본받게 하는 것이다. 이 역사는 하나님의 영원한 경륜과도 관계된다. 이를 위하여 하나님은 만유가 합력하여 선을 이루게 하신다(롬 8:28-29). 오늘 신약의 성도들로 이런저런 환경들을 당하게 하심은 다만 외적으로 하나님의 함께하심과 능력을 체험케 하시려는 것만이 아니라 그 환경을 통과하면서 그분의 아들의 형상을 본받게 하시려는 것이다. 하나님은 그분의 자녀들인 우리로 하여금 앞뒤가 막힌 비하히롯과 믹돌을 만나게 하사 그분의 구출하시는 능력을 체험케 하실 뿐 아니라 그 안에서 그분의 말씀을 순종케 하시고 그분의 성품을 본받아 행하게 하신다. 자신을 부인하고 십자가를 지며 그분을 따라 행하게 하신다. 그 결과 그분의 아들의 형상을 본받게 되는 것이다.

그러나 이런 비하히롯과 믹돌을 만날 때 많은 믿는이들의 공통된 반응은 불신과 원망과 두려움이다 "이스라엘 자손이 심히 두려워하여 여호와께 부르짖고". 다윗이나 엘리야처럼 경건하고 귀한 하나님의 종들도 다급한 시점에서 이러한 불신의 말을 한 적이 있다(삼상 27:1, 왕상 19:10). 이와 같이 믿는이들이 어떤 위중한 질병에 걸리거나 다급한 환경에 처할 때 대다수의 첫 번째 반응은 두려움으로 가득하여 여호와께 부르짖는 것이다. 누가복음 8장에서 예수님이 제자들과 거라사인의 땅으로 가기 위해 배를 타셨을 때 파도가 일고 물이 배에 차 오르자 그들은 주님께 부르짖었다. "주여, 주여, 우리가 죽겠나이다"(24절). 그들은 방금 전에 주님이 하신 말씀, "호수 저편으로 건너가자"(22절)를 잊은 것이다. 주님께서 목적지를 밝히신 이상 제자들은 그곳에 도달하는 것을 걱정할 필요가 없었다. 그러나 순간 제자들은 파도와 바람을 보고 배에 물이 차 오르는 것만을 본 것이다. 이때의 부르짖음은 좋은 것 같지만 사실은 불신의 부르짖음이다. 그러므로 주님은 바람과 파도를 잠잠케 하신 후에 제자들에게 "너희 믿음이 어디 있느냐"고 하셨다.

믿는이들의 질병에 대해 한 마디 하고자 한다. 하나님은 그분의 자녀들을 기르시는 아버지로서 모든 자녀에 대해 선한 뜻을 갖고 계시며 정하신 노정을 걷게 하신다(시 100:3,5, 행 20:24, 고전 9:24, 딤후 4:6-7). 그러므로 어떤 위급한 일이 닥치거나 중한 질병에 걸릴지라도 두려워하거나 염려해서는 안 된다. 하나님의 자녀들은 하나님께서 맡기신 일을 마치지 않은 채 중도에 죽을까봐 염려해서는 안 된다. 믿는이들이 사망에 이르는 죄를 범하지 않는 한(요일 5:16) 주님께서 건강을 지켜주시고 생명을 연장시켜주시어 맡기신 일을 다 마치게 하실 것을 믿자. 그러므로 믿는이들이 장수하기 원한다면 죄를 멀리하고 하나님의 말씀을 가까이하며 하나님께 순종하는 삶을 살아야 한다.

이스라엘 백성들은 이미 애굽에서부터 이러한 불신의 마음을 품고 있었다(12절). 그들은 애굽에서 이미 광야로 가면 어려움을 당하고 심지어 죽을 수도 있다고 생각했다. 이제 비하히롯에서 그런 생각이 현실이 되었고, 그러자 그들 안에 있던 불신이 드러난 것이다. 그러나 하나님께 감사드리는 것은 일단 하나님께서 역사하시면 심지어 그분의 사랑하는 자들 안에 불신이 있을지라도 그 가운데서 역사하신다는 것이다. 누가복음 1장에서도 사가랴의 불신 속에서 하나님은 엘리사벳으로 하여금 요한을 잉태하게 하셨다. 이스라엘 백성들은 불신으로 인하여 부르짖었지만 하나님께서는 여전히 역사하시어 그분 자신의 능력을 나타내셨다. 하나님은 이와 같이 아직 믿음을 배우지 못한 자녀들에게 믿음을 배울 수 있는 기회를 부여해 주신다. 그렇지만 성도들의 불신은 반드시 처리되어야 한다. 불신은 결국 성도들을 걸려 넘어지게 하기 때문이다.

13-14절, 모세가 백성에게 이르되 너희는 두려워 말고 가만히 서서 여호와께서 오늘날 너희를 위하여 행하시는 구원을 보라 너희가 오늘 본 애굽 사람을 또 다시는 영원히 보지 못하리라 14 여호와께서 너희를 위하여 싸우시리니 너희는 가만히 있을지니라

나는 이 부분에 대해 맥킨토시가 한 말에서 큰 도움을 받았다. 그것은 하나님은 우리와 우리의 죄 사이에 계실 뿐 아니라 우리와 우리의 환경 가운데에도 계신다는 것이다. 전자의 행위로 말미암아 양심에 평강을 얻고 후자의 행위로 말미암아 우리 마음에 평강을 얻는다고 했다. 그리스도는 그분의 피로 우리 양심의 정죄감을 제하여 우리로 평강을 얻게 하셨을 뿐 아니라 우리의 모든 환경 가운데 계셔서 지혜와 사랑과 능력이 되어 주신다. 이것은 우리에게 큰 믿음을 주는 말이다.

그리스도인에게 임하는 많은 환경 가운데서 성도들은 가만히 서 있기를 배워야 한다. 가만히 서 있는 것이 이기는 비결이요 지혜이다. 우리가 가만히 서 있을 수 있는 것은 첫째로 모든 환경이 하나님으로 말미암으며 그분이 모든 환경 가운데 계심을 믿기 때문이다. 참새 한 마리도 하나님의 허락이 없이는 땅에 떨어지지 않는다. 하나님께서는 심지어 믿는이들의 머리털까지도 하나하나 다 세고 계신다. 그만큼 하나님께서는 그분의 자녀들을 관심하시고 그들에게 일어나는 일을 하나하나 다 아시고 주의하신다. 그러므로 우리는 어떤 일이 일어나더라도 평안을 유지하고 가만히 서 있을 수 있다.

오늘 오후 한 자매가 나에게 와서 불가리아에서 온 자매 하나가 가래톳이 서서 병원에 가보아야 하니 빨리 진찰비용을 달라고 했다. 나는 말하는 자매에게 그리스도인이 그렇게 어디가 좀 아프다고 금방 병원에 가서 진찰하는 것이 합당하냐고 물었다. 그러자 불가리아 자매가 양쪽 가래톳 자리에 계란만큼 두 개가 부어오른 상황이라고 전해 들었다는 것이었다. 나는 그래도 조금 더 기다려 보고 상황을 살펴보라고 말했다. 잠시 후에 나에게 서두르며 돈을 달라던 자매가 그 상황을 보고 오더니 가래톳이 조금 아픈 것뿐이고 가라앉고 있다고 말했다. 나는 그녀에게 가랫톳이 조금 부은 것과 그곳이 계란만큼 부어올랐다고 하는 것은 큰 차이가 있는 말이라고 말해주었다. 이처럼 그리스도인이라도 이방인이나 별 다를 것이 없이 반응하는 수가 많다. 그리스도인은 어떤 일을 만나든지 당황해하거나 불안해해서는 안 된다. 구름과 불로 인도하시는 주님이 계시기 때문이다.

둘째로, 우리는 아무것도 할 수 없음을 알아야 한다. 우리는 머리털 하나도 희거나 검게 할 수 없다. 풀 한 포기도 자라게 할 수 없다. 그러므로 우리 자신이 뭔가를 해보려고 나서는 것은 어리석은 것이다. 십자가는 우리가 주님과 함께 죽은 곳이다. 우리가 무엇이든 할 수 있는 존재라면 하나님은 우리를 십자가에서 끝내지 않으셨을 것이다. 우리가 할 수 없는 존재이므로 십자가에서 끝내신 것이다. 십자가는 죄가 끝날 뿐 아니라 죄인이 끝난 곳이다. 우리 존재는 원래부터 무능했고 이제 그리스도와 함께 죽었으므로 더 이상 우리 자신이 살거나 행할 필요가 없다. 하나님께서는 십자가에서 우리를 그리스도와 함께 끝내시고 그리스도께서 우리 안에 사시게 하셨다(갈 2:20).

이미 죽은 사람은 무엇을 하려고 시도하지 않는다. 오늘날의 많은 문제는 우리가 그리스도의 죽음을 적용하여 살지 않는 데에 있다. 사탄이 하는 일은 소란을 일으켜 우리로 하여금 스스로 나서서 무언가를 하도록 유도하는 것이다. 우리 자신이 무언가를 하기 위해 일어서면 그것은 실패의 시작이다. 그때 그리스도의 사심을 방해하기 때문이다. 그러므로 범사에 우리는 가만히 서서 여호와의 구원하시는 역사를 보아야 한다. 사탄은 우리로 움직이게 하려고 먼저 우리를 두렵게 한다. 그러므로 주님은 먼저 우리에게 어떤 일이든 두려워하지 말라고 하신다. 모든 환경 안에 주님이 계시기 때문이다. 그리고 하나님께서는 우리에게 제발 나서지 말라고 하신다. 우리는 할 수 없는 자이며 또 이미 죽은 자이기 때문이다. 우리는 더 이상 우리가 살지 않고 우리 안에 그리스도께서 사심을 믿는다. 당신이 만일 아무것도 할 수 없는 것을 안다면 오히려 편안할 것이다. 자신의 무능함을 철저히 알수록 당신은 아무것도 하지 않으려 할 것이고 안식을 얻고 가만히 있을 수 있다.

셋째로, 우리가 가만히 서 있을 수 있는 것은 하나님이 하실 것을 믿기 때문이다. 여기서 하나님은 "여호와께서 너희를 위하여 싸우시리니"라고 하시면서 "너희는 가만히 있으라"고 하신다(14절). 여호와께서 싸우시고 승리하실 것임을 믿는 것도 우리가 가만히 서 있을 수 있는 요인이 된다. 이스라엘 백성과 같이 우리도 환경이 임할 때마다 믿음이 부족함을 느낀다. 우리의 믿음은 하나님께서 하실 수 있음을 믿는 것이다. 그러나 우리는 이 믿음을 갖지 못하여 두려워하기도 하고 염려하기도 한다. 그러나 하나님은 그렇게 믿음이 부족한 가운데서도 역사하시어 더욱 믿음을 갖도록 이끌어주신다. 박윤선 박사는 우리가 때로 믿음이 부족하지만 하나님께서 믿음을 주실 것을 믿는 것도 믿음이라고 하였다. 믿음은 단번에 완성되는 것이 아니라 많은 실패를 거쳐 배움으로써 마침내 완성되는 것이다. 어려운 환경들이 있지만 믿음이 있으면 모든 게 문제 되지 않는다. 하나님께서 놀랍게 역사하실 것을 믿기 때문이다.

우리 마음에 근심거리가 될 모든 일들과 우리 자신 사이에 예수님을 모심으로 말미암아 생긴 마음의 고요한 평강이야말로 예수의 이름을 영화롭게 한다(맥킨토시). 그러나 가만히 서서 보라는 이 말씀은 우리가 아무것도 하지 않아도 된다는 말이 아니다. 그것은 우리 자신이 두려움과 염려로 인해 나서서 무언가를 하려고 해서는 안 된다는 말이다. 그럴 때는 다만 가만히 서서 여호와의 구원하심을 보아야 한다. 그러면 주님은 평화롭고 기쁜 길을 열어주실 것이며, 그때 믿는이들은 하나님과 함께 한 걸음씩 나아가면 된다. 그리스도인은 조급함과 염려로 스스로 일하기를 두려워해야 한다. 오직 하나님께서 우리를 위하여 길을 열어 주실 때 그 길을 따라 가는 것뿐이다.

15-16절, 여호와께서 모세에게 이르시되 너는 어찌하여 내게 부르짖느냐 이스라엘 자손을 명하여 앞으로 나가게 하고 16 지팡이를 들고 손을 바다 위로 내밀어 그것으로 갈라지게 하라 이스라엘 자손이 바다 가운데 육지로 행하리라

여기서 또 한 가지 배울 것이 있다. 여호와께서 길을 여시어 역사가 시작되었다면 더 이상 부르짖고만 있어서는 안 된다는 것이다. 하나님의 종은 주의 성령이 역사를 시작하시고 말씀하셨다면 백성이 앞으로 나아가도록 손을 내밀어야 한다. 여기서 하나님은 모세에게 "어찌하여 내게 부르짖느냐"라고 하셨다. 다만 주의 종들은 사람들의 성화와 당황한 심정으로 무언가를 해서는 안 된다는 한 가지를 배우면 된다. 이때 모세는 더 이상 부르짖을 필요 없이 백성이 나아가도록 지팡이를 들고 손을 바다 위로 내밀어 바다가 갈라지게 해야 했다. 이것은 믿음으로 가만히 서 있는 사람에게 시작된 하나님의 구원의 역사이다.

확실히 이스라엘 백성보다 모세는 영성이 높았다. 백성들은 불신으로 두려워하며 부르짖었지만 모세는 믿음으로 여호와께 부르짖었다. 이런 데서 그는 이미 하나님 앞에서 배운 흔적을 볼 수 있는 것이다. 교리와 지식만으로는 인도자 노릇 하기가 불가능하다. 모세는 확실히 배운 것이 있는 사람이었다. 그러나 믿음으로 부르짖는 것도 일단 하나님이 역사하시면 그 부르짖음을 멈추고 하나님과 함께 전진하기 시작해야 한다. 많은 역사가 하나님이 시작하심과 동시에 이 땅에서 동역으로 역사하는 사람들의 순종에 의해 일어나는 법이다. 하나님은 믿음으로 가만히 서 있을 수 있는 사람들에게 언젠가 위대한 시작을 주신다. 이렇게 하나님이 시작하실 때 그 누구도 그것을 막을 수 없다. 이는 하나님이 하시는 일이기 때문이다. 당신이 믿고 가만히 서 있을 수 있다면 당신의 믿음은 하나님께 역사하실 수 있는 근거를 마련해드리는 것이다. 그러므로 믿음으로 가만히 서 있는 것은 하나님의 역사를 가져오기 위해 매우 중요한 전제조건이다.

믿음의 길은 무엇인가? 하나님의 말씀을 근거로 하는 것이다. 육체는 무엇인가? 하나님의 말씀이 없는데도 자신의 염려와 두려움으로 조급하여 가만히 있지 못하고 스스로 뭔가를 해결하기 위해 일어나는 것이다. 가만히 서서 여호와의 구원을 보는 사람은 얼마 지나지 않아 하나님의 말씀하심을 들으며 그 말씀에 순종함으로 전진하게 된다. 이때 그 순종의 사람들, 믿음의 사람들은 캄캄한 바다의 상황을 대하지만 하나님께서 열어 놓으신 길, 즉 바다 가운데 육로를 통과하는 기적을 체험하게 된다. 이스라엘 사람들은 하나님의 말씀에 따라 믿음으로 바다 가운데 열린 길을 통과했지만 애굽 사람들은 이것을 시험하다가 빠져 죽었다(히 11:29 참조). 오늘 많은 그리스도인들이 주님을 섬기기 위해 나올 때, 다만 믿음으로 헌신하여 나오는 것이 아니라 보장된 생활과 공급을 보고 나온다. 이것은 전적인 믿음이 아니다. 믿음이란 말씀에 근거하는 것이며 보이지 않는 것을 증거해 보이는 것이다(히 11:1).

나는 한 형제가 행하는 것을 보고 그것은 믿음이 아니라고 알려준 적이 있다. 그는 주님이 원하시는 길, 하나님의 기뻐하시는 뜻을 두고, 그 길이 너무 어렵다 싶어 주저하고 고민하고 있을 때 물질적인 공급과 편안하게 생활할 수 있는 길이 열리자 그것을 하나님의 인도로 삼고 나아갔다. 그러더니 4-5년간 그 영혼이 매우 파리하고 피폐해져가는 것을 보았다. 그는 그 길을 선택하여 간 후 그 물질을 공급하는 사람으로부터 말할 수 없는 시달림을 당하며 마치 야곱이 라반에게 고생하듯이 심한 종노릇을 하는 것을 보았다. 그러더니 수년 후 회개하며 그 길을 벗어나 주님의 길을 걷겠다고 하더니, 또 가는 길이 쉽지 않아 보이자 생활과 여건이 좋은 길이 어딘가를 바라며 길을 선택하는 것을 보았다.

그에게는 생활의 대책이 열리는 것이 주님이 인도하는 것이라고 여기는 습관이 생긴 것 같았다. 나는 그에게 말해주었다. "문제는 주님이 기뻐하시는 것이다. 주님의 기뻐하시는 뜻이라면 어떤 어려움이 있어도 그 길을 가라! 죽음의 길이라도 가라! 그러면 주님이 당신을 책임질 것이다. 당신이 편안하고 보장되어 있는 길을 선택한다면 당신은 임시적으로는 좋겠지만 당신의 영혼은 살지 못하고 파리해질 것이다." 우리가 말하는 믿음의 길이란 열려진 것을 보고 가는 것이 아니다. 주님이 과연 무엇을 기뻐하시는가를 보는 것이다. 오늘날 진정한 그리스도의 제자들은 이렇게 전적으로 하나님의 뜻을 순종하는 자들 가운데 있다.

18-20절, 내가 바로와 그 병거와 마병으로 인하여 영광을 얻을 때에야 애굽 사람들이 나를 여호와인 줄 알리라 하시더니 19 이스라엘 진 앞에 행하던 하나님의 사자가 옮겨 그 뒤로 행하매 구름기둥도 앞에서 그 뒤로 옮겨 20 애굽 진과 이스라엘 진 사이에 이르러 서니 저편은 구름과 흑암이 있고 이편은 밤이 광명하므로 밤새도록 저편이 이편에 가까이 못하였더라

여호와 하나님이 이스라엘 백성의 하나님이심을 인해 감사하고 찬미한다. 하나님은 하나님의 백성들을 괴롭히고 사로잡으려는 대적을 거꾸러뜨리시고 그들에게 그분이 하나님 되심을 나타내심으로 영광을 얻고자 하신다. 그리고 이스라엘 백성들이 전진할 때에는 앞서서 행로를 인도하시며, 그들에게 대적이 나타나면 진 앞에서 행하던 구름기둥이 백성 뒤로 옮겨 하나님의 백성과 대적 사이에 자리를 잡으시고 대적을 막아서신다. 대적 편에는 구름과 흑암이 있게 하시고 하나님의 백성 편에는 광명한 빛이 비취게 하셨다. 하나님은 얼마나 그분의 백성을 보호하시는지! 이 말씀에 의하면 하나님은 그분의 백성들이 어떤 어려움에 처하든지 그 어려움과 그분의 백성 사이에 존재하신다. 그분이 친히 그분의 백성을 보호하고 지키시기 위함이다. 우리는 이런 사실을 앎으로 마음에 평강을 갖고 안식을 누릴 수 있다. 여기서 기둥은 또한 십자가에 적용할 수 있다. 십자가는 믿는이들에게는 빛과 생명과 힘을 가져다주지만 대적에게는 정죄와 심판과 멸망과 두려움을 가져다준다. 성도들과 그들의 어려움 사이에 주님이 계심을 아는 것은 어떠한 안식인지!

여기서 우리는 애굽인들의 어두움과 강퍅함을 보게 되는데, 그들은 이스라엘 편에 있는 광명과 밝음은 하나님의 함께하심의 표시요 그들에게 있는 구름과 흑암은 하나님께서 함께하시지 않음의 표시임을 깨닫지 못하고 두려움이 없었던 것이다. 그들이 만일 이때 하나님이 이스라엘을 위하시고 그들을 좇는 애굽을 대적하신다는 것을 알았다면, 애굽 사람들은 거기서 돌아갔을 것이고 홍해에서 멸망하지 않아도 되었을 것이다. 오늘날에도 참된 그리스도인들을 반대하고 핍박하는 거짓 교사들이나 단체들이 있다. 그런 일은 사도 시대부터 있어 왔다. 그들과 참 그리스도인들 사이에는 분명 십자가가 있다(갈 6:12-15절 참조).

거짓된 교사들이나 거짓된 단체의 사람들에게 십자가는 분명 흑암과 구름으로 작용할 것이며 그들 속에는 하늘의 계시나 빛이 조금도 없을 것이다. 그러나 그들이 핍박하고 정죄하는 진실된 사람들에게는 그 십자가가 빛과 계시로 역사하여 거기에는 밤새도록 환한 광명이 있을 것이다. 그들이 그러한 광경을 보고도 애굽인들이 이스라엘을 추격하고 핍박하듯이 참된 그리스도인들을 핍박한다면 결국 홍해의 물이 그들을 멸망시키기 위해 기다리고 있을 뿐이다. 사도 바울은 당시 사도의 사역을 대적한 구리 장색 알렉산더에 대하여 '주께서 그 행한대로 갚으시리라' 고 말했다(딤후 4:14). 교회 역사에는 이러한 일이 많았다. 하나님의 빛은 십자가를 지고 이곳저곳으로 유리방황하며 그리스도의 능욕을 지고 영문 밖으로 나간 사람들에게 있었으며, 그들을 핍박하고 추격한 사람들은 결국 하나님의 엄위한 심판대 앞으로 나아가게 되었다.

21-31절, 모세가 바다 위로 손을 내어민대 여호와께서 큰 동풍으로 밤새도록 바닷물을 물러가게 하시니 물이 갈라져 바다가 마른 땅이 된지라 22 이스라엘 자손이 바다 가운데 육지로 행하고 물은 그들의 좌우에 벽이 되니…애굽 사람들이 가로되 이스라엘 앞에서 우리가 도망하자 여호와가 그들을 위하여 싸워 애굽 사람들을 치는도다…30 그날에 여호와께서 이같이 이스라엘을 애굽 사람의 손에서 구원하시매 이스라엘이 바닷가의 애굽 사람의 시체를 보았더라 31 이스라엘이 여호와께서 애굽 사람들에게 베푸신 큰일을 보았으므로 백성이 여호와를 경외하며 여호와와 그 종 모세를 믿었더라

이 부분은 이스라엘 백성들이 홍해를 건넌 기적의 역사이다. 그리고 이스라엘을 좇았던 애굽 군대의 멸망을 기술한다. 이 역사는 가나안 사람들에게는 큰 두려움이 되는 일이었고(수 9:10) 이스라엘에게는 큰 승리와 찬미가 되는 일이었다(시 136:13-14). 이 일은 또한 세례(침례)의 모형이 되었다(고전 10:1-2) (매튜 헨리).

여기서 우리가 배울 수 있는 것은 믿음이다. 뒤에서는 애굽 군대가 추격해오고 앞은 홍해가 가로막고 있는 상황은 이스라엘 백성들에게 있어서 꼭 죽을 수밖에 없는 상황이었다. 그러나 하나님께는 길이 있다. 모세가 한 일은 다만 하나님의 말씀을 따라 지팡이를 들고 손을 바다 위로 내민 것이다.

여기서 우리는 하나님께서 일하실 때 믿음이 있는 사람의 손과 함께 하신다는 사실에 인상을 받을 필요가 있다. 모세의 믿음으로 내민 손이 없었다면 홍해는 갈라질 수 없었다. 물론 하나님의 능력이 역사하지 않으면 그 일은 일어날 수 없다. 신약에서도 하나님은 베드로나 요한이나 바울과 같은 신실한 사도들이 있을 때 그들의 안수나 내미는 손에 의해 권능을 행하셨다(행 3:1-10, 19:11-12). 그러므로 이것은 하나님이 이 땅에서 그분이 사용하시는 그릇을 필요로 하심을 보여준다. 우리는 이렇게 하나님께 기도해야 한다. '하나님, 저를 당신의 그릇으로 사용하여 주소서!' 사도 야고보는 '의인의 간구는 역사하는 힘이 많으니라' 고 했다(약 5:16). 하나님께서 들으시는 기도를 올리려면 반드시 우리에게서 죄와 불의를 버려야 한다. 사도 요한은 "만일 우리 마음이 우리를 책망할 것이 없으면 하나님 앞에서 담대함을 얻고 무엇이든지 구하는 바를 그에게 받나니"(요일 3:21-22)라고 하였다. 그리고 계속해서 우리가 응답받는 기도를 드리는 자가 되려면 그분의 계명들을 지키고 그 앞에서 기뻐하시는 것을 행해야 한다고 말한다(22절).

전승에 의하면 얀네와 얌브레도 이때에 빠져 죽었다고 한다. 얀네와 얌브레는 모세와 진리의 대적이었다. 그들은 애굽에서 모세와 같이 영적인 일을 하는 자들로 알려졌지만 역시 모세와 이스라엘 자손을 추격하고 잡으려는 행렬 속에 들어 있었다. 그들은 모세가 행한 몇 가지 기적들을 그들도 행할 수 있었고 또 바로 앞에서 행하였다. 그리고 그 뒤로도 바로 곁에서 이스라엘을 핍박하는 일에 동조하고 있었을 것이다. 아마 바로가 이스라엘이 도망한 것을 들었을 때에도(5절) 반드시 그들을 다시 잡아와야 한다고 설득하는 일에 앞장섰을 것이다. 그들은 모세와 이스라엘 자손을 잡는 일에 몰두한 나머지 그들이 지금 건너려고 하는 홍해 바닥이 어떻게 해서 그리 된 것인지 생각해볼 겨를이 없었다.

오늘날 진리의 변절자들과 핍박자들이 참되게 진리의 길을 가는 그리스도인들을 핍박하면서 자신들이 사용하는 진리와 말씀들이 바로 그들이 핍박하고 있는 사람들의 믿음과 헌신과 십자가의 길을 통해서 얻어진 것임을 모르고 그 진리들을 사용해서 참된 신자들을 공격하고 핍박한다. 그러나 그 진리들은 생명을 바쳐 그것을 얻은 자들에게는 구원의 말씀이 되지만 다만 그들을 반대하기 위하여 사용하는 자들에게는 멸망의 빙거가 된다. 즉 그들이 참된 그리스도인들을 반대하기 위해 사용한 그 진리들은 그들의 구원이 되는 것이 아니라 자신들을 멸망으로 이끄는 도구가 되는 셈이다. 자신의 믿음과 체험을 거쳐 얻은 것이 아니라 사람의 머리에서 머리로 전수된 외적인 지식은 사람으로 교만하게 하며 결국 멸망하게 하는 것이다.

과거에 바로는 수많은 이스라엘 어린 아이들을 물에 던져 죽였다. 이제 하나님은 애굽 왕 바로로부터 시작해서 모든 병사들을 다 물 속에 장사지내셨다. 그리고 그분의 백성들은 구원하셨다. 이것은 신약에서 침례의 예표이다(고전 10:1-2). 그 홍해의 물은 이스라엘 백성들을 애굽에서 완전히 분별하고 구원하는 물이 되었다. 이와 같이 침례란 그리스도와 함께 죽고 함께 장사지낸바 됨으로써 세상과 죄에서 완전히 분별되는 것이다. 그리고 그때부터 신령한 음식과 신령한 음료를 마시기 시작하는 것이다. 그리스도인의 침례는 이스라엘 백성들이 애굽을 떠나 홍해를 건넌 것에 비유된다. 침례를 받지 않았을 때에는 세상과 죄의 세력이 좇아와 이스라엘 백성을 다시 애굽으로 사로잡아갈 가능성이 있지만 일단 침례를 받으면 애굽과 완전히 단절되고 분별된다. 그러므로 사도 바울은 이렇게 말한다. "죄에 대하여 죽은 우리가 어찌 그 가운데 더 살리요 무릇 그리스도 예수와 합하여 세례를 받은 우리는 그의 죽으심과 합하여 세례받은 줄을 알지 못하느뇨"(롬 6:2-3). 이스라엘이 홍해를 건넘으로 애굽에서 분별된 것은 신약에서 믿는이들이 그리스도와 함께 죽고 함께 무덤에 장사되어 다시는 죄에게 종 노릇 할 수 없고 죄 가운데 살 수도 없음을 뜻한다. 우리는 신약의 침례를 이렇게 알아야 한다.

"그런즉 누구든지 그리스도 안에 있으면 새로운 피조물이라 이전 것은 지나갔으니 보라 새것이 되었도다"(고후 5:17). 그리스도의 죽음과 부활에 연합하여 침례를 받음으로 그리스도 안에 들어온 사람들은 새 생명 가운데서 행하는 자들이 되었고 그리스도 안에서 새 피조물이 되었으므로 이제 이전 것은 다 지나갔다. “이스라엘이 여호와께서 애굽 사람들에게 베푸신 큰 일을 보았으므로 백성이 여호와를 경외하며 여호와와 그 종 모세를 믿었더라”. 이것이 이스라엘 백성들이 구원을 받은 결과이다. 이들은 비로소 여호와를 경외하고 여호와의 종 모세를 믿었다.

출애굽기 15장

1절, 이때에 모세와 이스라엘 자손이 이 노래로 여호와께 노래하니 일렀으되…

이 노래는 창세기 1장의 창조 후, 사람이 첫 번째로 지어 부른 찬송시이다. 하나님께서 영원 전부터 그리스도 안에서 우리를 선택하시고 예정하셔서 그분의 아들들이 되게 하신 것은 그분의 은혜의 영광을 찬미하게 하려 하심이다. 우리를 그리스도 안에서 그의 피로 말미암아 구속하신 것 역시 영광의 찬송이 되게 하려 하심이다(엡 1:6,12). 또한 그분이 흙으로 사람을 지으신 것도 찬송을 얻기 위하심이다. 구속의 목적도 동일하다. 천사들은 하나님의 전능하심을 알지만 그분의 사랑을 알지 못한다. 인간의 타락은 그분의 크신 사랑이 십자가에서 나타나게 만들었다. 찬송 받기에 합당하신 주님은 수천만의 천사들의 찬양만으로는 충분하지 않으시다. 반드시 구속받은 사람들이 일어나야 그분의 속성을 온전히 찬양할 수 있게 된다. 타락한 사람이 없었다면 그분의 큰 사랑이 어떻게 충만히 나타날 수 있었으리요! 정녕 구속받은 사람은 그분의 무한하신 긍휼과 사랑과 용서와 자비, 인내의 풍성하심에 대하여 찬양해야 할지라!

하나님이 사람에게 베푸신 많은 거룩한 역사들은 결국 하나님께 대한 찬송과 영광 돌림을 산출한다. 지금까지 이스라엘 백성들의 입술에는 찬송이 없었다. 그들은 애굽에 있을 때 탄식과 한숨이 있었고 부르짖음은 있었지만 찬송을 부를 겨를은 없었다. 그러나 하나님이 그들을 애굽의 바로의 손으로부터 건져내시고 그들을 추격하던 원수들을 홍해에 몰살시키신 것을 보았을 때 그들은 비로소 찬송하기 시작했다.

출애굽기에는 그 이후에도 찬송이 없다. 오직 홍해를 건넌 후에 큰 찬송 소리가 있을 뿐이다. 찬양은 사람이 가장 큰 은혜를 얻었을 때 그 입에서 나온다. 그날 하늘에서는 대환란 때 짐승의 우상과 그의 이름의 수를 이기고 벗어난 자들이 유리 바다에 서서 하나님의 거문고를 가지고 모세의 노래 어린 양의 노래를 부를 것이다(계 15:2-4). 그들의 찬양은 원칙상 홍해 바닷가에 둘러서서 부른 이스라엘의 찬양과 같으므로 모세의 노래, 어린 양의 노래라고 한 것이다. 그들의 구원은 자신들에게 있지 않고 전능하신 하나님께 있다. 즉 그 구원받은 이들의 인식은 그들의 구원이 전능하신 하나님의 하시는 일이라는 것이다. 그러므로 그들의 찬양 속에 "주 하나님 곧 전능하신 이시여 하시는 일이 크고 기이하도다"라고 한 것이다. 근본적으로 구원받은 사람들은 그 일을 하신 이가 하나님이시라는 것을 안다. 자신의 공로를 의지하여 구원받을 자는 아무도 없다는 말이다. 이스라엘을 인도하여 홍해를 건너 바로의 손에서 구출하신 것은 순전히 하나님이 하신 일이지 사람의 일이 아닌 것이다.

모든 것을 그분이 하셨고 그분이 하신 일이 기이하고 놀라운 것이므로 그 은혜를 얻은 자들이 찬양하는 것이다. 하나님은 그분의 백성들이 그분의 하신 일을 보고 찬양하기를 원하신다. 하나님이 우리에게 이 같이 큰 구원의 은혜를 주신 것은 결국 영광의 찬송이 되게 하려 하신 것이다(엡 1:14). 그러므로 사람은 구원에 관한 한 오직 전능하신 하나님만을 의뢰해야 하는 것이다. 이것이 모세의 노래의 본질이다.

찬송의 내용(1-21절)

1. 하나님을 중심 삼음

이스라엘 백성들은 이 찬송에서 오직 하나님 한 분만을 높이고 찬미했다. 이것은 이미 말한바와 같다. 하나님이 하신 위대한 일을 찬양하는 것이 모세의 찬양의 본질인 것이다. "내가 여호와를 찬송하리니 그는 높고 영화로우심이요…여호와는 나의 힘이요…여호와는 용사시니…"(1-3절). 가장 높고 합당한 경배와 찬양은 하나님 한 분만을 높이고 경배하는 찬양이다(계 4:8-11, 7:10-12). 하나님의 영광과 역사를 바라볼 때 그분을 찬양하지 않을 수 없는 것이다. 오늘 많은 찬양들이 하나님을 향하지 않고 자신의 누림과 자신이 얻은 은혜에 관한 것이 많다. 가장 높고 귀한 찬송은 자신을 향한 것이 아니라 하나님을 향한 것이다. 영원 안에 갔을 때 더 이상 자신을 위한 찬송이 없고 모든 찬양은 하나님과 어린 양에게 집중된다.

2. 주관적인 체험과 인식에서 나온 찬송

하나님께서 큰일을 행하셨지만 찬양에는 반드시 주관적인 체험이 있어야 한다. 하나님의 역사가 있을지라도 내게 주관적으로 체험된 것이 아니라면 찬양할 수 없다. "내가 여호와를 찬송하리니"(1절), "나의 힘이요 노래시며 구원이시로다 그는 나의 하나님이시니 내가 그를 찬송할 것이요…내가 그를 높이리로다"(2절). 여기서 사용한 인칭 대명사는 '나', 즉 개인이다. 이스라엘 백성 육십 만 이상이 찬양했을지라도 구속에 대한 그들의 체험은 개인적이고 개별적이었다.

3. 그분이 하신 역사를 찬송함

또한 찬송은 구체적으로 그분이 하신 일이 있어야 한다. 무엇을 행하셨는가? "그가 바로의 병거와 그 군대를 바다에 던지시니 그 택한 장관이 홍해에 잠겼고…주의 오른손이 원수를 부수시니이다…주의 콧김에 물이 쌓이되 파도가 언덕같이 일어서고 큰물이 바다 가운데 엉기니이다"(4-8절). 이것은 구속의 역사인 것이다. 우리가 영원히 찬양하고 또 찬양해야 할 한 가지는 그분이 우리를 구원하신 것이다. 그분은 우리를 위해 대사(大事)를 행하신 것이다. 그들은 추상적으로 찬송을 한 것이 아니라 하나님이 하신 역사를 구체적으로 한 가지 한 가지 경이와 두려움과 감사함으로 체험한 뒤에 그것을 노래한 것이다.

4. 감상적인 표현들

찬송에는 감상적인 표현들이 필요하다. "큰물이 그들을 덮으니 그들이 돌처럼 깊음에 내렸도다…주의 콧김에 물이 쌓이되 파도가 언덕같이 일어서고 큰물이 바다 가운데 엉기니이다"(5,8절), "바다가 그들을 덮으니 그들이 흉용한 물에 납같이 잠겼나이다"(10절). 찬양에는 이와 같이 그분의 기묘한 역사에 대한 시적 감상이 표현된다. 정황과 사실에 대한 묘사만으로는 찬송시가 될 수 없다. 거기에 영적인 감동과 시적인 감상이 들어있어야 한다. 이는 하나님이 하시는 일이 엄위하면서도 아름다우심을 의미한다.

5. 영감이 있음

"대적의 말이 내가 쫓아 미쳐 탈취물을 나누리라, 내가 그들로 인하여 내 마음을 채우리라, 내가 내 칼을 빼리니 내 손이 그들을 멸하리라 하였으나, 주께서 주의 바람을 일으키시매 바다가 그들을 덮으니"(9-10절).

"열방이 듣고 떨며 블레셋 거민이 두려움에 잡히며 에돔 방백이 놀라고 모압 영웅이 떨림에 잡히며 가나안 거민이 다 낙담하나이다"(14절).

"놀람과 두려움이 그들에게 미치매 주의 팔이 큼을 인하여 그들이 돌

같이 고요하였사오되 여호와여 주의 백성이 통과하기까지 곧 주의 사신 백성이 통과하기까지였나이다"(16절).

이 노래를 지은 모세는 영감으로 충만한 사람임을 알 수 있다. 모세는 애굽 사람들이 쫓아오면서 마음속으로 하는 말들을 어떻게 알았을까? 이것이 영감이다. 이러한 영감이 찬양을 이룬다. 모세는 열방 사람들이 떨며 두려워하는 것을 보았는가? 가나안 거민이 낙담하는 것을 보았는가? 이 모든 것이 다 영감이다. 모세는 이스라엘 백성이 홍해를 통과하고 있을 때 열방과 블레셋, 에돔, 모압, 특히 가나안 대적들이 놀라고 두려워했으며, 따라서 그들이 고요한 가운데 홍해를 건넜다고 노래한다.

6. 목적과 뜻이 있으신 하나님을 찬송함

"주께서 백성을 인도하사 그들을 주의 기업의 산에 심으시리이다 여호와여 이는 주의 처소를 삼으시려고 예비하신 것이라 주여 이것이 주의 손으로 세우신 성소로소이다"(17절).

이 찬양은 다만 하나님이 하신 일만을 노래하는 것이 아니라 하나님의 영원하신 목적과 뜻을 찬송한다. 하나님이 이스라엘을 애굽에서 인도하여내신 것은 그들을 주의 기업의 산에 심기 위한 것이며 주의 처소를 삼기 위한 것이라고 하였다.

7. 여호와의 다스림으로 마침

"여호와의 다스림이 영원무궁 하시도다"(18절). 결국 이 땅에 대한 하나님의 온전하신 뜻은 이 땅을 영원히 다스리시는 것이다. "나라와 권세와 영광이 아버지께 영원히 있사옵나이다"(마 6:13), "세상 나라가 우리 주와 그 그리스도의 나라가 되어 그가 세세토록 왕 노릇 하시리로다"(계 11:15).

이들은 이때 너무나 큰 기쁨으로 찬양했지만 3일도 채 안되어 원망을 했다. 그렇다고 해서 이 찬양의 내용이 잘못된 것이 아니다. 이때의 영이 옳은 것이며 높은 것이며 참된 것이다. 그러나 많은 믿는이들이 오늘도 그들처럼 지속적으로 높은 찬송의 영을 갖지 못한다. 이는 놀라운 모세의 노래이며 하나님이 기뻐받으신 찬양이다. 그들에게는 더욱 자라고 전진해야 할 노정이 놓여 있었다. 그들은 그 노정들을 통과하며 그들 자신이 영광의 찬양이 되기까지 자라고 변화되며 그리스도의 몸인 교회로 건축될 필요가 있다. 장래 교회는 하나님 앞에 그 자체로 영광의 찬양이 된다. 한 번 놀라운 일을 체험하고 찬양하고 어렵고 답답한 일을 만나면 원망과 거역으로 변하는 그런 것이 아니라 그들의 존재 자체가 찬양이 되는 것이다. 교회는 장차 하나님 앞에 이러한 정도까지 자라고 변할 것이다. 그리고 그들은 영원히 변함없이 영광의 찬송을 하는 사람들이 된다.

신약의 구속의 예표로서

하나님께서 이루신 그리스도 안의 구속 역사는 심히 기묘하여 찬송받으시기에 합당하다. 유월절이 그리스도의 구속의 예표이고 홍해를 건너는 역사 또한 그리스도의 십자가를 통한 구속의 예표이다. 구약의 예표에서 이스라엘 백성이 홍해에서 구속을 체험하고 놀라운 찬양을 발했다면, 신약의 성도들은 그리스도로 말미암은 실제의 구속을 더욱더 찬양하는 것이 마땅하다.

여기서 우리가 분명히 알아야 할 것은 홍해를 통한 구속 역사에서 이스라엘이 하나님만을 찬양했듯이 오늘 신약에서도 이 위대한 구속을 이루신 하나님만을 찬양해야 한다는 것이다. 왜냐하면 구속에 관한 한 그리스도께서 그분 홀로 모든 일을 완성하셨기 때문이다.

하나님의 아들 그리스도께서는 우리의 죄 짐을 짊어지고 구속을 성취하기 위하여 홀로 역사하시고 홀로 그 큰 싸움에 임하셨다. 그리고 그분은 죽음과 부활과 승천을 통하여 모든 구속의 역사를 승리로 이끄시고 하나님 보좌 우편에 앉으셨다. 우리는 이에 대해 더할 것도 없고 덜할 것도 없다. 오직 주님 홀로 이 위대한 구속의 역사를 이루신 것이다.

당시 이스라엘을 추격하던 바로가 대표하는바 사탄과 죄악의 세력은 십자가에서 그리스도와 일전을 벌였는데, 이것은 사탄에게 사로잡혀 있는 하나님의 백성을 하나님께 되돌리기 위한 대접전이었다. 당시 모세는 이백 만 정도 되는 이스라엘 백성을 구출하기 위해 싸움을 벌였지만, 그리스도께서는 십자가에서 셀 수 없는 천천만만의 성도들을 사탄의 손에서 구출하기 위해 싸움을 벌이셨다. 사탄은 죄와 사망의 권세로 수많은 하나님의 백성들을 사로잡고 있었다. 여기에 한 분 하나님의 아들로서 사람 되어 오신 임마누엘 예수가 계신다. 그는 참 구속의 전투를 벌이기 위해 십자가로 나아가신 것이다. 거기서 그리스도는 죽음으로 수많은 사람들을 죄와 사망과 사탄의 권세에서 해방하셨다. 오, 어떠한 승리인가! "정사와 권세를 벗어버려 밝히 드러내시고 십자가로 승리하셨느니라"(골 2:15).

우리는 홍해를 건너 구속된 이스라엘에게서 구속의 큰 그림을 본다. 그리스도는 우리를 해방하기 위한 구속의 큰 싸움에서 승리하셨다. 이제 사탄과 그 군대는 애굽의 전 병사와 같이 십자가에서 전멸했으며, 성도들은 애굽의 바로의 손에서 벗어난 이스라엘처럼 그리스도와 함께 죽고 부활함으로 완전하게 하늘로 구원되었다. 오늘날 신약의 교회는 구약의 이스라엘처럼 구속된 한 무리의 사람들이다. 그들은 그리스도와 함께 죽고 함께 일으키심을 받았으며 함께 하늘에 앉히신바 되었다.

우리의 모든 죄는 십자가에서 흘리신 그리스도의 피로 사함받았으며 우리 옛 사람은 그리스도와 함께 십자가에 못 박혔다. 또한 우리는 그리스도의 부활 안에서 그분과 함께 일으키심을 받았으며 함께 하늘에 앉히신바 되었다. 이것이 사실이다. 그리스도는 이 모든 역사를 성취하시고 지금 하나님 보좌 우편에 계시며 우리의 대제사장과 중보자가 되신다.

그러므로 구약의 성도들이 구속에 대한 찬양과 감사가 넘쳤듯이 오늘 신약의 성도들은 그리스도의 구속 역사에 대한 찬양과 감사가 넘쳐야 한다. 구약의 성도들이 오직 하나님만을 찬양한 것은 이 큰 구원의 역사가 오직 하나님 한 분께서 이루신 능력의 일이기 때문이다. 마찬가지로 오늘 우리 입의 찬양은 마땅히 하나님의 어린 양 그리스도께만 돌려져야 한다. 왜냐하면 그분 홀로 이 큰 싸움을 싸우셨고 이기셨기 때문이다.

그러면서도 이 찬양의 주체가 '나'가 되어야 함은 믿는이 한 사람 한 사람이 구속에 대해 분명한 확신을 가져야 하기 때문이다. 바로 '내'가 우리를 구속하신 그리스도에 대한 분명하고 확실한 계시를 갖고 있어야 하는 것이다. 그리스도의 피 흘리심이 내 죄들을 위한 것이며, 그분의 십자가에 못 박히심이 나의 옛 사람을 십자가에 못 박기 위한 것이며, 그분의 부활하심이 나를 새 생명 가운데서 생활하도록 이끌기 위한 것이요 그분과 함께 부활하여 부활 안에서 살게 하려는 것이다. 또 그분이 하늘로 승천하신 것도 나를 위함이니 곧 그분의 승천은 나를 하늘 보좌로 이끄시려는 것이다. 그러므로 '나'는 그리스도의 구속을 찬양하지 않을 수 없다.

또한 우리는 출애굽기의 그림에서 주님이 십자가로 가실 때 사탄의 정사와 권세들이 총 집결하여 하나님의 백성을 완전히 그들의 수하에 잡아놓기 위해 그분과 일대 접전을 벌였다는 것을 발견할 수 있다. 우리는 구약의 그림이 아니고서는 그리스도의 모든 역사를 상세하게 볼 수 없다. 여기서 우리는 당시 십자가상에서 무슨 일이 일어나고 있었는지에 관한 그림을 볼 수 있다. "내가 쫓아 미쳐 탈취물을 나누리라 내가 그들로 인하여 내 마음을 채우리라"(9절). 사탄과 그 사자들은 주 예수님이 십자가에 달리시는 순간 그분의 모든 소유를 완전히 자기 것으로 만들 수 있는 절호의 기회라 생각하고 십자가 주변에 모여들었다. '지금 십자가에서 내려오라 그러면 우리가 믿겠노라' 같은 말들은 당시 십자가 주위에서 사탄의 공격이 진행되고 있었다는 작은 표시에 불과하다. 그러나 바로와 같이 사탄은 어리석었다. 그는 주 예수님이 거기서 수많은 하나님의 자녀들과 함께 죽음으로 들어가고 삼 일 후에는 부활하게 될 것을 알지 못했다. 그는 그곳이 자기가 크게 패하고 영원히 멸망할 곳이라는 사실을 몰랐던 것이다. 그러므로 그는 예수 그리스도를 끝내버리려는 목적으로 그분을 십자가에 계속 밀어붙이고 있었다.

바로가 이스라엘 백성을 홍해에서 다시 사로잡기만 하면 영원히 그의 것으로 만들 수 있다고 확신하고 홍해 바닥까지 따라 들어간 것처럼 사탄은 그리스도의 십자가를 그가 최종 승리를 거둘 장소로 착각하고 거기까지 총 병력을 인솔하여 따라붙은 것이다. 그런데 바로 그곳에서 사탄은 완전히 패배를 당하고 그의 성도들은 그리스도와 함께 죽고 부활함으로써 사탄의 영역에서 완전하게 벗어난 것이다. "정사와 권세를 벗어버려 밝히 드러내시고 십자가로 승리하셨느니라"(골 2:15). 그는 그리스도의 발꿈치를 힘차게 물었지만 그리스도는 그의 머리를 박살내셨다. 홍해에서 바로와 그의 군대가 멸망한 것처럼 사탄과 세상과 죄의 세력은 십자가에서 완전히 끝나게 되었다. 사탄은 무덤까지만 따라올 수 있었을 뿐 부활의 영역까지는 따라올 수 없었다. 사탄과 그의 세력은 십자가에서 그리스도의 죽음과 함께 완전히 끝나버렸다(히 2:14). 하나님은 '너희가 오늘 본 애굽 사람들을 영원히 보지 못하리라' 고 하셨다. 우리는 이런 장면을 보지 못했지만 십자가에서 사탄과 그의 졸개들은 영원히 패배하고 실패한 것이다. 주님은 모든 대적을 십자가에까지 데리고 가셔서 한 번에 영원히 멸망시키신 것이다.

그리스도의 구속 역사를 통해 부활 안으로, 생명 안으로, 하나님 앞으로 이끌림 받은 우리는 기쁨으로 어린 양과 그분의 구원을 찬양하지 않을 수 없다. 죄와 사망과 음부와 사탄의 권세는 그리스도의 십자가로 이미 소멸되었고 이제 우리는 바다 저편, 부활 편에 서서 어린 양의 새 노래, 모세의 노래를 부른다(계 15:2-4).

어린 양의 선한 새 노래 영광의 주 영광의 주
이 복음은 무한한 기쁨 주 영광 높이세
보좌를 떠나 이 땅에 우리를 구속하셨네
이 은혜 세상엔 없어 모든 사람 놀라네
큰 소리로 불러 화답해 영광의 주 영광의 주
이런 찬미 다시 없도다 주 영광 높이세

찬미하세 심판 지났네 영광의 주 영광의 주
부활했네 주와 연합해 지극히 높은 주
우리는 무덤 저 편에 사망은 다시 못 오리
원수는 홍해에 묻고 의의 확신 주셨네
큰 소리로 불러 화답해 영광의 주 영광의 주
이런 찬미 다시 없도다 주 영광 높이세

이 모세의 노래에는 또한 구속의 목표가 들어 있다. 구속의 목표는 하나님의 백성들을 이끌어 그분의 처소가 되게 하는 것이다. '주의 처소', '주의 손으로 세우신 성소'는 모두 구속의 목표와 관계되는 표현이다. 흠정역 성경에는 2절이 "그분은 나의 하나님이시니 내가 그분을 위해 처소를 예비할 것이요"(he is my God, and I will prepare him an habitation)라고 되어 있다. 이것은 구속의 찬양의 시작부터 하나님의 거처에 관한 사상이 들어있음을 보여준다. 여기에 하나님이 그분의 백성을 구속하시는 뜻이 함축되어 있다. 그것은 곧 구속함을 받은 그들로 그분의 처소가 되게 하는 것이다. 하나님은 그분의 구속하신 백성을 그분의 거처로 삼기 원하신다. 이것이 성경 전체를 관통하는 사상이다. 오늘날 그분의 교회는 구속된 무리로서 그분의 성소요 또한 그분의 거처이다. 오늘날 주의 구속된 무리가 그분이 친히 임재하시고 거처하시는 처소가 되는 상태에 이르지 못한다면, 우리가 그분의 놀라운 구속을 얻었을지라도 그분의 구속의 목표에는 이르지 못한 것이다.

20-21절, 아론의 누이 선지자 미리암이 손에 소고를 잡으매 모든 여인도 그를 따라 나오며 소고를 잡고 춤추니 21 미리암이 그들에게 화답하여 가로되 너희는 여호와를 찬송하라 그는 높고 영화로우심이요 말과 그 탄 자를 바다에 던지셨음이로다 하였더라

찬양에는 이와 같이 화답이 있어야 좋다(엡 5:19). 또한 자매들의 화답은 짧을수록 아름답다.

22-26절, 모세가 홍해에서 이스라엘을 인도하매 그들이 나와서 수르 광야로 들어가서 거기서 사흘 길을 행하였으나 물을 얻지 못하고 23 마라에 이르렀더니 그곳 물이 써서 마시지 못하겠으므로 그 이름을 마라라 하였더라 24 백성이 모세를 대하여 원망하여 가로되 우리가 무엇을 마실까 하매 25 모세가 여호와께 부르짖었더니 여호와께서 그에게 한 나무를 지시하시니 그가 물에 던지매 물이 달아졌더라 거기서 여호와께서 그들을 위하여 법도와 율례를 정하시고 그들을 시험하실새 26 가라사대 너희가 너희 하나님 나 여호와의 말을 청종하고 나의 보기에 의를 행하며 내 계명에 귀를 기울이며 내 모든 규례를 지키면 내가 애굽 사람에게 내린 모든 질병의 하나도 너희에게 내리지 아니하리니 나는 너희를 치료하는 여호와임이니라

구속받은 이스라엘 백성들은 주님의 역사를 찬미하는 모세의 노래를 부르고 매우 좋았지만 거기에 머물 수 없었다. 그들은 여행을 시작하였는데 처음 만난 것이 목마름이었다. 그들은 삼 일간 물을 찾아 헤매었지만 물을 얻지 못했다. '마라' 라는 곳에 이르렀을 때 비로소 물을 찾았는데 그나마 쓴 물이었다. '마라' 라는 이름은 '그 물이 쓰다' 는 뜻이다. 이스라엘 백성들에게 구속의 기쁨과 찬양은 그리 오래가지 않았다. 그들은 광야의 노정을 시작하자마자 난관에 봉착했다. 물을 얻지 못하여 목이 말랐던 것이다. 그나마 며칠을 헤매어 찾은 물은 맛이 썼다. 그때 이스라엘의 반응은 어떠했는가? 얼마 전까지만 해도 찬양으로 가득하여 화답하던 입술이 이제는 원망의 입술이 되었다.

이스라엘 백성들은 구속받았다고 끝이 아니다. 광야길을 걸어가야 했다. 광야길을 통과하는 것이 필요한 이유는 그들이 시험되어야 하고 또 하나님에 대하여 더 많이 알아야 하기 때문이다. 구속의 기쁨이 채 가시기도 전에 그들에게 닥친 상황은 마실 물이 없는 것이었는데, 그때 그들 속에 있는 원망하는 육체가 표현되었다. 그들은 위치적으로는 하나님의 백성으로 완전히 분별되었지만 그들 속에는 아직 육체의 요소들이 그대로 남아 있었다. 그러므로 그들의 육체가 온전히 드러나고 시험되고 심판되기 위해서 광야 40년의 세월이 필요했던 것이다(저자의 〈민수기 강해〉 참고).

이때 하나님은 모세에게 한 나무를 지시하셨고, 모세가 그 나무를 물에 던졌을 때 그 쓴 물은 단 물로 변하게 되었다. 여기서 우리는 은은하게 제시되고 있는 그리스도의 십자가의 효능을 본다. 이스라엘 백성들은 쓴 물이 한 나무에 의해 단 물로 변한 것을 보고 그 나무에 대하여 깊은 인상을 받았을 것이다. 그 나무는 결국 그리스도께서 달려 돌아가신 십자가의 모형이다. 우리가 당하는 어렵고 복잡한 환경을 십자가 없이 우리 육체로만 대한다면 그 맛은 의심할 여지없이 쓴 것이다. 그 맛이 쓰다는 것은 그 환경의 문제가 아니라 구속받은 믿는이가 그 환경을 자신의 육체로 대했다는 것을 증명하는 것이다. 그러나 어느 날 그가 주님의 은혜를 얻어 그 쓰디쓴 환경에 십자가를 적용한다면 그 쓴 물이 단 물로 변하는 것을 체험할 것이다.

여기서 한 가지 우리가 기억할 것은 그리스도인들에게 충분한 물이 없다는 것은 생활 가운데 체험하는 십자가가 없음을 나타낸다는 것이다. 그리스도의 생명수는 십자가에서 열린 옆구리로부터 흘러나온다. 이스라엘 백성들이 구속받은 후에 가장 먼저 배워야 하는 공과가 바로 십자가의 체험이었다. 영적인 노정에서 가장 기본적인 것이 십자가요 영속적으로 체험해야 하는 것도 십자가이다. 십자가는 기묘하게도 모든 쓴 물을 단 물로 바꾸는 효능이 있음을 인하여 하나님께 감사하고 찬양하자! 거기서 하나님은 그들을 위하여 법도와 율례를 정하셨다. 즉 그리스도인들의 길을 가는 법도와 율례는 십자가를 적용하기 시작할 때 비로소 정해질 수 있는 것이다. 어떤 사람이 십자가를 적용하는 법을 모른다면 그의 그리스도인 노정의 모든 원칙과 법도는 공허하고 무익하다.

또한 하나님은 거기서 이스라엘 백성들을 시험하셨는데, 그것은 그들이 하나님의 말씀을 청종하고 의를 행하고 계명에 귀를 기울이며 모든 규례를 지키는가의 문제였다. 이것 또한 하나님께서 마라에서 하신 일이다. 다시 말해서 십자가를 적용하여 쓴 물을 단 물로 바꾸는 이 한 가지 일이 모든 그리스도인 행함의 기초가 된다는 것이다. 하나님께서는 이러한 상태에 이른 사람만을 시험할 가치가 있다고 보신다. 다시 말해서 십자가를 모르는 사람은 시험할 가치조차 없다는 것이다. 십자가를 받아들이고 적용하는 사람에게 하나님은 비로소 그분의 말씀을 청종하고 의를 행하며 규례를 지키는 문제에 관하여 말씀하신다. 그렇게 의를 행하고 모든 규례를 지키는 자에게는 하나님께서 애굽 사람에게 내린 질병의 하나도 내리지 않겠다고 하셨다.

"나는 너희를 치료하는 여호와임이니라"(26절). 우리 주님이 우리의 죄만 사하시는 분이 아니라 또한 병을 고치시는 분임을 아는 것은 매우 중요하다. 그리스도는 십자가에서 우리의 죄를 사하셨을 뿐 아니라 우리의 약함과 질병도 담당하셨다. 그러므로 그리스도의 구속과 십자가의 효능을 예시하는 부분에서 모든 질병을 치료하시는 하나님이 계시되는 것은 매우 자연스러운 일이라 하겠다. 이사야 53장 4절에서 "그는 실로 우리의 질고를 지고…"라고 했는데, 질고는 질병(sickness)이나 약함(infirmity)으로도 번역할 수 있다(다비역 각주 참조). 그리스도는 십자가에서 우리의 약함과 질병도 짊어지신 것이다(마 8:17).

27절, 그들이 엘림에 이르니 거기 물샘 열둘과 종려 칠십 주가 있는지라 거기서 그들이 그 물 곁에 장막을 치니라

광야에는 쓴 물(마라)이 있을 뿐 아니라 풍부한 물샘과 충분한 나무가 있는 엘림이 있다. 우리의 그리스도인 노정이 이러하다. 때로는 쓴 물을 맛보지만 곧 엘림에 이르게 된다. 이러한 체험으로 우리는 메마른 광야를 통과할 수 있는 힘을 얻는다. 주님은 때로 우리를 메마른 환경 안에서 그분의 십자가를 체험하도록 인도하시지만, 풍부한 샘물과 쉴 수 있는 충분한 그늘로 우리를 인도하신다. 이 양방면의 체험은 광야 길을 걸어가는 우리에게 필수적인 것들이다. 하나님은 우리에게 지속적으로 마라만을 체험하게 하지 않으시고 또 지속적으로 엘림에만 있게 하지도 않으신다. 이러한 것들은 우리가 길을 가면서 하나님을 체험하도록 주어지는 적절한 환경들이다.

열둘과 칠십은 사역의 숫자이다. 열두 제자가 그러하며 칠십 제자도 그러하다. 여기서 또한 우리는 십자가의 길을 따라 자아를 부인하는 길을 걸어가는 사람만이 사역을 위하여 일으켜질 수 있음을 본다. 그들은 풍성한 물을 사람들에게 공급해주는 사람들이며 사람들에게 그늘을 제공해줄 수 있는 사람들이다. 간단히 말해서 엘림은 하나님이 일으키신 다양한 사역을 통해(엡 4:10-13 참조) 이스라엘 백성들의 필요가 충족된 지점이다.

출애굽기 16장

1절, 이스라엘 자손의 온 회중이 엘림에서 떠나 엘림과 시내 산 사이 신 광야에 이르니 애굽에서 나온 후 제이월 십오일이라

신 광야는 엘림과 시내 산 사이에 위치해 있다. 엘림은 하나님의 은혜의 공급이 풍성한 지점인 반면 시내 산은 하나님의 백성들이 자발적으로 율법의 종 노릇 아래로 들어간 곳이라고 할 수 있다. 그러한 중간 지점에 있다는 것은 영적으로 매우 불안전한 상태에 있음을 나타낸다. 그러한 상태는 한 면으로는 풍성한 은혜의 공급을 받고 좋아하지만 아직 율법 아래로 들어가는 것의 위험성을 알지 못한다. 즉 자신의 육체의 무익함을 알지 못하는 것이다. 그러한 때에 사람들은 아주 위험한 상태에 떨어지게 된다. 우리는 이것을 신약에서는 갈라디아 성도들의 상태에 비할 수 있다. 그들이 바울에게서 은혜의 복음을 들었을 때 그들은 틀림없이 엘림에 있었다. 그러나 율법주의의 유대교의 영향 아래 있는 교사들이 율법과 하례를 강조하여 말할 때 그들은 이 구절과 마찬가지로 엘림과 시내 사이에 있었다고 말할 수 있다. 그들이 바울에게서 복음을 들었을 때 그들은 유월절과 홍해를 건넌 것이 분명하였다. 그리고 그들은 한동안 엘림에 있었다. 그러다 그들은 시내를 향하여 가고 있었다. 그 중간지대가 신 광야라고 할 수 있다. 그들은 그곳에서 갈라디아 교회들이 물고 먹으며 육체에 빠졌듯이 거역과 원망에 떨어졌던 것이다.

2-3절, 이스라엘 온 회중이 그 광야에서 모세와 아론을 원망하여 3 그들에게 이르되 우리가 애굽 땅에서 고기 가마 곁에 앉았던 때와 떡을 배불리 먹던 때에 여호와의 손에 죽었더면 좋았을 것을 너희가 이 광야로 우리를 인도하여 내어 이 온 회중으로 주려 죽게 하는도다

그들은 신 광야에 이르렀을 때 먹을 것이 없다는 것을 발견하였다. 그들은 하나님의 놀라운 역사와 기적으로 여기까지 왔다. 유월절과 홍해를 건너는 일에서 본 많은 기적들은 하나님이 그들을 사랑하시고 돌보시고 있다는 충분한 증거이다. 그러나 그들은 당장 눈앞에 먹을 것이 보이지 않고 배가 고프자 즉시 원망이 터져 나왔다. 모세와 아론을 원망한 것이다. 여기서 우리는 인도자가 되는 것의 어려움을 알아야 한다. 누구든지 사람들에게서 많은 말들을 듣고 싶지 않으면 인도자가 되지 말아야 한다. 인도자가 되면 첫째로 부딪히는 일이 사람들의 함부로 판단하는 말을 듣는 것이기 때문이다.

사도 바울이 자신의 사도 됨의 표를 말할 때 표적과 기사보다 먼저 '모든 참음' 을 언급한 것은 의미가 깊다(고후 12:12). 바울은 자신이 세운 교회로부터 많은 판단을 들은 적이 있다(고전 4:3-5). 대다수 믿는이들이 놀라운 하나님의 구속과 역사를 받아들이고 체험했으며 또 여태까지 많은 은혜를 받았지만 아주 작은 어려움만 닥쳐도 그 많은 은혜들을 한 순간에 잊어버리고 작은 어려움만 바라보면서 하나님과 하나님의 종을 원망하고 배반한다. 우리는 하나님의 큰 사랑으로 그분의 아들의 구속 안에서 죄 사함과 의롭다 하심을 얻고 하나님께 열납되었으며 하나님의 후사 곧 그리스도와 함께한 후사로서 장래의 영광을 바라보며 즐거워하게 되었다. 이 모든 것이 어떠한 은혜인가! 그뿐 아니라 하나님은 우리의 인생 가운데 크고 작은 일에서 셀 수 없는 은혜를 베풀어 오셨다. 한 가지 한 가지 생각해보면 은혜와 긍휼이 아닌 것이 없다.

주님을 믿은 후로 새로운 인생이 시작되면서 결혼 문제며, 직장 문제며, 세상의 모든 무익한 얽힘에서 벗어나게 하신 것이며, 사람들과의 무익한 관계를 정리해주신 것이며, 좋은 자녀를 주신 것이며, 영광의 하나님을 섬기게 하신 일이며, 성도들에게서 받은 사랑과 도움과 격려, 행복한 시간들, 크고 작은 일들에서 지금까지 지키시고 돌보신 것들은 아무리 세어도 끝이 없는 하나님의 은혜이다. 그러나 사람은 이러한 일생에 얻은 은혜를 한 순간에 잊어버리고 순간의 작은 괴로움으로 인해 하나님을 원망하며 불신한다. 이 어떠한 모순이요 변덕스러움이며 어리석음인가!

영적인 길에 있어서 가장 좋지 않은 것이 과거로의 회귀하는 생각이다. 과거를 생각하면서 현재를 불평하는 것, 이것은 매우 거역적인 생각이 아닐 수 없다. 그저 피동적으로 따르는 자들이 길을 가다가 어려우면 이런 데 빠진다. 모세 같은 인도자는 이런 생각을 하지 않는다. 그러므로 성도들은 무슨 일을 하든지 자신이 하나님의 인도를 받아 확신을 가지고 해야지 사람을 따라 움직이며 피동적으로 주님을 따라서는 안 된다.

4-10절, 때에 여호와께서 모세에게 이르시되 보라 내가 너희를 위하여 하늘에서 양식을 비같이 내리리니 백성이 나가서 일용할 것을 날마다 거둘 것이라 이같이 하여 그들이 나의 율법을 준행하나 아니하나 내가 시험하리라 5 제 육일에는 그들이 그 거둔 것을 예비할지니 날마다 거두던 것의 갑절이 되리라…7 아침에는 너희가 여호와의 영광을 보리니 이는 여호와께서 너희가 자기를 향하여 원망함을 들으셨음이라…너희의 원망함을 들으셨느니라 하라…그들이 광야를 바라보니 여호와의 영광이 구름 속에 나타나더라

하나님은 때로 사람들의 말이나 행동과는 무관하게 행하시는 것 같다. 이것은 하나님의 복음적인 행동이다. 그분은 죄가 더한 곳에 은혜가 넘치게 하시는 분이시다. 우리는 이미 구약에서도 하나님이 사람들을 은혜로 대하기를 기뻐하시는 분이라는 것을 대한다. (그러나 그들이 시내 산에서 자신들이 어떠한 상태인지 모르고 율법을 지키겠다고 했을 때 그분은 그들을 율법적인 언약을 근거로 대하셨던 것이다.)

이때 하나님은 율법을 선포하시기 전의 때이므로 그들을 은혜의 원칙으로 대하셨다. 그분은 이스라엘 백성의 원망을 들으셨지만(8,9,12절) 전혀 듣지 않으신 것처럼 행하신다. 모세는 그들의 원망의 말을 하나님께서 들으셨다고 거듭거듭 말했다. 그리고 원망의 말들을 들으셨기 때문에 그들에게 고기와 만나를 주실 것이라고 했다. 그러면서 그는 백성들이 그에게 원망한 것은 곧 하나님께 원망한 것이라고 했다. 그렇게 말했지만 거기에는 어떤 구체적인 책망이나 심판의 말이 없다. 하나님은 은혜의 하나님이시다. 하나님은 이스라엘 백성의 영적 상태와 그들의 형편을 아신다. 그 상황에서 그들이 할 수 있는 것은 그것이 전부였다. 그들은 아직 너무 어리고 유치했다. 그들에게서 더 이상의 좋은 어떤 것을 기대할 수 있는 상태가 못 되었다.

그들이 모세와 아론을 원망하면서 "우리를 인도하여 내어 이 온 회중으로 주려 죽게 하는도다"라고 한 것은 분명 민수기의 고라 당의 말처럼 거역이나 원망의 요소가 전혀 없다고 말할 수 없다. 그러나 하나님은 고라와 그 일당은 엄중하게 심판하셨지만 이때는 그들의 말에 대하여 어떤 대응을 하지 않으시고 다만 모세에게 "하늘에서 양식을 비같이 내리리라"고 하셨다. 어쩌면 하나님은 그들의 영적 상태가 어리다는 것을 참작하셨을 것이고 또 먹을 것이 없어서 배고파 불평하는 것에 대해서는 어린 아이들이 부모에게 하는 이유 있는 투정으로 넓게 받아들여 주셨던 것 같다. 그렇다고 해서 하나님께서 그들을 가르치지 않으시는 것이 아니다. 하나님은 그들의 원망에 대하여 영광으로 반응하셨다(7,10절). 이런 때에 나타난 하나님의 영광은 원망과 불신의 사람들 마음에 큰 타격을 주었을 것이다. 어떤 사람들에게는 하나님의 영광이 기쁨과 감사가 되지만 어떤 사람들에게는 하나님의 영광이 두려움과 심판으로 임한다. 하나님은 무지한 이스라엘 백성들을 그분의 영광으로 가르치셨다.

그럴지라도 하나님은 하늘에서 만나를 내려주시겠다고 하시면서 백성들이 일용할 것을 날마다 거두는 일에 있어서 하나님의 율법을 준행하는지 아니하는지를 시험하겠다고 하셨다. 하나님은 마치 이렇게 말씀하시는 것 같다. '너희들이 배고파서 불평하는 것에 대하여는 내가 용납할 수 있고 하늘에서 양식을 내려 그 문제를 해결해주겠다. 그러나 내가 주는 양식 곧 하늘에서 내리는 양식을 취하는 일에 있어서 나는 너희가 내 규례와 법도를 지켜 순종하는지를 시험해보겠다.' 그렇다면 무엇을 어떻게 시험하시겠다는 것인가? 하나님은 만나를 내리면서 그들을 훈련시키기 원하셨다는 점을 말씀하신 것이다. 즉 하나님은 이스라엘 백성들이 음식을 먹게 하시면서 가르침을 받기 원하셨다. '그분은 이스라엘을 이리저리로 이끄시어 가르치셨다(신 32:10). 신명기 8장 3절은 여호와께서 그들에게 만나를 먹이심은 "사람이 떡으로만 사는 것이 아니요 여호와의 입으로 나오는 모든 말씀으로 사는 줄을 너로 알게 하려 하심이니라"고 말한다. 이는 곧 하나님이 그들에게 만나를 내리심으로 뭔가 가르치시고자 하셨음을 알 수 있는 것이다.

하나님은 우선 그들에게 만나를 내리시어 하나님을 신뢰하는 법을 배우게 하셨다. 이것은 신앙에 있어서의 가장 기본적인 믿음의 법이다. 하루 양식으로 만족하며 다시 내일을 기다릴 수 있는지 하는 믿음 말이다. 그들은 하루의 양식을 먹고 나면 다 떨어지니까 비록 조금 불안하겠지만 하나님의 새로운 도움 주실 것을 기다려야 했다. 그렇게 해서 하나님은 이스라엘 백성들이 하나님이 자기의 종들을 돌보시며 모든 것을 구비해 주시는 신실한 분임을 알게 되기 원하셨다. 하나님은 그분 자신이 이스라엘을 인도해 내시고 또 시작한 일을 완성하시는 무한한 능력과 자비를 가지신 하나님이심을 입증하시고자 하신 것이며 그들이 그런 하나님에 대한 신뢰를 배우도록 하시고자 하셨다.

우리는 이를 16장 16절 이하부터 보아서 알 수 있다. 그들은 각 사람의 식량대로 거두어야 했고 인수마다 각각 한 오멜씩 취하여야 했다. 또한 아침까지 남겨두지 말아야 했다. 그렇다면 하나님은 이스라엘 백성들의 정량을 매일 아침 공급해주신 것이다. 그러므로 서로 부족하면 나누어 먹으면 된 것이다. 그러나 어떤 사람은 모세의 말을 청종치 않고 아침 지나도록 두었더니 벌레가 생기고 냄새가 났다. 모세는 그들을 책망했다. 안식일 전날에는 두 오멜씩 거두어서 안식일에는 나가지 않도록 되어 있었다. 그 날에 거둔 두 배의 식물은 냄새도 나지 않고 벌레도 생기지 않았다. 안식일에는 나가지 말라고 하셨는데도 이스라엘 백성들은 또 나갔다. 28절에는 하나님의 책망이 있다. "어느 때까지 너희가 내 계명과 내 율법을 지키지 아니하려느냐". 여기에 주님이 원하시는 율법의 정신이 들어있다. 하나님은 이스라엘 백성들이 이러한 것을 통해서 그분의 말씀을 믿고 순종하는 것을 배우도록 시험하신 것이다. 그들은 제 칠 일에는 하나님을 경배하며 안식해야 했다. 이렇게 그들은 한 발 한 발 하나님께 이끌리고 있었던 것이다.

여기서 우리는 또 다른 면에서 하나님의 목적과 뜻을 살펴보자. 하나님은 왜 이스라엘을 애굽에서 홍해를 건너 광야로 이끄셨는가? 다만 이스라엘 백성이 애굽에서 벽돌을 구우며 수고로이 바로의 종 노릇 하는 것이 불쌍해서인가? 다만 광야에 와서 하나님께 경배 드리게 하기 위해서인가? 여기서 우리는 하나님의 마음속의 비밀을 이해할 필요가 있다. 하나님은 이스라엘 백성이 그분의 사람들이 되기를 원하셨다. 그분과 동행하고 그분을 의지해 살며 그분의 신부와 몸과 거처가 되는, 즉 그분과 온전히 일치되고 연합한 존재가 되기를 원하신 것이다. 이스라엘은 하나님의 백성으로서 하나님이 없이는 살 수도, 존재할 수도, 먹을 수도, 입을 수도 없는 완전히 하나님과 하나 된 존재가 되어야 했다.

이것이 하나님이 이스라엘을 구속하신 목적이다. 그러기 위해서는 먼저 그들의 음식이 바뀌어야 했다. 과거 그들의 음식은 애굽의 것들로서 이 땅의 산물이었다. 그때 그들은 음식을 얻기 위하여 하나님을 바라보지 않아도 되었다. 그들은 애굽에서 노예 신세로서 열심히 일해서 다만 얼마씩이라도 받아야 빵도 먹고 고기도 먹을 수 있었다. 그런데 하나님은 이제 그들을 아무것도 없는 광야로 이끄신 것이다. 광야에는 모래와 돌과 약간의 풀 외에 아무것도 없었다. 하나님은 왜 그들을 그런 곳으로 이끄셨는가? 이는 그들이 이 땅에 생존하기 위해서 하늘을 바라보게 하려는 것이었다. 그들은 하나님의 백성으로서 하나님만이 홀로 만유의 주이심을 증명하는 방식으로 살아야 했으며 모든 공급과 힘이 하늘로부터 온다는 것을 믿는 방식으로 살아야 했다. 이방인들은 그들의 모든 공급과 누림이 스스로의 노력이나 행운에 의해 온다고 믿지만, 살아계신 하나님을 믿는 우리가 광야생활에서 첫째로 배워야 할 공과는 모든 공급이 하늘로부터 온다는 것이다.

그들은 그들의 생존을 위하여 날마다 하늘을 바라보아야 했고 안식일 전 날은 두 배의 양식을 거두어야 했다. 이 모든 일들은 그들이 하나님의 공급으로 산다는 중대한 교훈을 배우게 했다. 주 예수님은 광야에서 사십 일을 금식하신 후 시험하는 자에게 "사람이 떡으로만 살 것이 아니요 하나님의 입으로 나오는 모든 말씀으로 살 것이라"(마 4:4)고 하셨다. 우리의 본이신 주 예수님은 사십 일 동안 광야에서 굶주리시면서 매일매일 하나님의 말씀을 힘입어 사셨을 것이다. 그래서 주님은 마귀에게 그렇게 답하실 수 있었던 것이다.

12절, 내가 이스라엘 자손의 원망함을 들었노라 그들에게 고하여 이르기를 너희가 해 질 때에는 고기를 먹고 아침에는 떡으로 배부르리니 나는 여호와 너희의 하나님인 줄 알리라 하라 하시니라

그들의 원망하는 입술은 하나님에 대한 무지의 표현이다. 하나님께서 고기와 만나(하늘의 양식)를 주심은 그분이 하나님이심을 알게 하려는 것이다. 이스라엘은 아침저녁으로 양식을 먹으면서 자기들을 공급하시고 살게 하시는 분이 여호와 하나님이심을 알아야 했다.

만나에 대하여

1. 만나의 의미

히브리어로 만후(manhu)이며(31절) '이것이 무엇이냐'(what is it?)라는 뜻이다. 이는 대개의 경우 만나가 하늘의 양식 같지 않은 모양일 수 있음을 암시한다. 주님께로부터 오는 하늘의 양식은 때로 비밀스럽고 알 수 없는 방식과 형태로 온다. 우리는 말씀만이 아니라 많은 환경을 통해서도 양식을 먹을 수 있는데, 언제 어떤 모양으로 올지 모르는 것이 만나이므로 잘 살펴서 찾아 먹어야 한다. 여러 환경과 일들을 주의해서 보면 이곳저곳에 하나님이 주시는 기묘한 양식인 만나가 들어있다. 결국 만나는 그리스도를 상징하므로 어떤 상황을 만날 때 우리가 그리스도를 얻고 은혜와 진리를 얻는다면 그 환경이 곧 만나라는 것을 알 수 있다. 여호수아와 갈렙에게는 가나안 족속들이 만나로 보였다.

2. 만나의 모양

작고 둥글고 세미하며(14절), 깟씨와 같고 희고 진주와 같으며 그 맛은 꿀 섞은 과자와 같다(31절, 민 11:7-8). 주님의 매일의 공급은 결코 크게 보이는 것으로 임하지 않는다. 매일 우리가 말씀을 먹고 은혜를 얻을 때 그것은 항상 작은 것으로 임한다. 그러나 그 은혜는 결코 적은 것이 아니며 하루를 살 수 있는 힘을 얻기에 부족한 것이 아니다. 그리고 둥글기 때문에 먹는 데 부담이 없다. 먹을 때 부담스럽고 어려운 것은 필경 주님이 주시는 공급이 아니다. 또 세미하기 때문에 섬세하게 살피지 않으면 우리가 매일 읽는 말씀에서나 당하는 환경에서 하나님의 은혜를 우리의 공급과 힘으로 취할 수 없다. 희다는 것은 양식 자체가 순수함을 뜻한다. 우리가 매일 아침 먹는 만나는 순수한 하나님의 말씀이어야지 섞인 것이어서는 안 된다. 진주도 역시 맑고 영롱함을 뜻하며 이는 그분의 말씀이 시험을 거치고 죽음과 부활을 거쳐 우리의 양식이 되신 맑고 투명한 그리스도이심을 상징한다. 31절에서는 그 맛이 꿀 섞은 과자 같다고 하였는데, 이는 주님의 말씀을 많이 대하는 사람들의 공통적인 감상이다(시 119:103).

3. 해 뜨기 전에 거두어야 함

우리는 매일 아침 일어나 다른 것으로 우리 마음을 채우기 전에 반드시 하나님의 말씀과 기도로 우리의 양식이 되게 해야 한다. 다른 사물과 일들이 우리 마음을 채우기 전에 그리스도로 우리 마음을 채워야 한다. 하루를 그리스도로 살기 위해 아침에 만나를 거두는 것은 매우 중요하다. 그리스도 없이는 생명을 얻을 수 없고 그리스도 없이는 살 수도 없다. 매일매일 정상적인 그리스도인의 삶을 살기 위해서는 맨 먼저 그리스도를 우리의 공급과 힘과 지혜와 은혜로 취해야 한다. 해 뜨기 전이라 함은 문자 그대로 동녘에서 해가 밝아오기 전을 가리킬 수도 있겠지만, 더욱 중요한 것은 매일 하루를 시작할 때 무엇보다도 먼저 만나를 거두는 것이다. 이것이 이루어지지 않으면 그리스도인의 생명 성장은 기대할 수 없다. 그리스도로 거듭난 새 생명은 매일매일 하늘로부터 공급해주시는 만나가 아니면 살 수 없다. 주님은 "내가 아버지로 인하여 사는 것같이 나를 먹는 그 사람도 나로 인하여 살리라"(요 6:57)고 하셨다. 만나는 생명 공급과 양식 되신 그리스도를 예표한다. 그리스도는 우리의 주이실 뿐 아니라 우리의 양식이시다. 우리는 매일매일 말씀과 환경을 대하면서 그리스도를 양식으로 취하기를 배워야 한다. 그럴 때만이 광야 같은 세상에서 하늘에 속한 삶을 영위할 수 있다.

이를 위해 구체적으로 몇 마디를 해야 할 필요를 느낀다. 아침에 만나로 취하는 말씀은 그렇게 많은 구절이나 장(章)을 필요로 하지 않는다. 두세 구절이나 대여섯 구절로 족하다. 때로는 한 단락의 성경이 유익할 수도 있다. 에베소서, 골로새서, 빌립보서 등은 매일의 양식으로 섭취하기에 매우 유용하고 귀한 책이라고 간증할 수 있다. 아침에 일어나 주님께 기도하고 묵상하며 말씀을 펴서 잘 읽는다면 빛 비춤과 은혜와 공급을 얻을 수 있다. 그런 때는 특별한 주해서가 필요 없을 것이다. 다만 말씀 자체가 위안과 공급이 될 것이다. 읽으면서 기도할 수 있고 감사드릴 수 있다. 또한 간구하며 중보 기도할 수 있다.

4. 아침마다 식량대로 거둠(16,18,21절)

만나를 거두는 일에서 식량대로 거두는 것이 중요하다. 인수에 따라, 즉 그들의 필요에 따라 거두는 것이다. 욕심으로 필요 이상 거두어 아침까지 남겨 두었더니 벌레가 생기고 냄새가 나고 부패하였다. 우리는 어제의 체험과 양식으로 오늘의 환경과 일에 대처할 수 없다. 오늘의 양식으로 오늘 사는 것으로 족하다.

만나는 우리의 생명과 공급이 되기 위해 오신 그리스도를 예표하는데, 이러한 매일의 공급이신 그리스도를 욕심으로 거두어 저장해두려 하면 그것이 부패한다는 말이다. 만나는 우리의 일용할 양식을 위한 것이다. 우리가 만일 진리를 내일이나 내년이나 몇 년 후를 위해 머릿속에 지식적으로 쌓아두려 한다면 어떻게 되겠는가? 많은 때 사람들은 만나를 욕심으로 거두어 저장해두곤 한다. 그러한 행위는 대체적으로 지적인 욕구와 장래 다른 사람보다 탁월한 성경교사가 되고자 하는 욕심과 남을 잘 가르칠 수 있는 지식적인 사람이 되려는 욕심에서 비롯된다. 어떤 사람이 만일 현재의 필요보다 훨씬 많은 양식을 욕심으로 거두어 저장한다면 그 양식은 필경 부패할 것이다. 우리가 하나님의 진리를 배우고 연구하는 목적은 우리의 실제의 삶을 위한 것이며, 따라서 그것을 삶 가운데 옮기어 실제화하지 않으면 아무 소용이 없다. 이 문제는 오늘날 매우 심각한 상태에 떨어졌으므로 진지하게 검토해보지 않을 수 없다. 지식의 길은 빠르지만 실제로 영적인 길을 가는 것은 그렇게 빠르지 않다. 그렇기 때문에 많은 사람들이 지식의 길을 취하여 쉽게 영적인 사람이 되어보려고 하지만 결과는 무(無)이다.

많은 영적 지식을 저장해두고 또 입으로 영적인 말을 많이 하는 사람들이 일단 어떤 시련에 부딪히면 자신들이 알고 말하는 지식과는 전혀 무관하게 행동하며, 그런 시련을 극복할 수 있는 영적 능력이 자신에게 전혀 없는 것을 발견하고 스스로 놀란다. 아마 그것은 그가 욕심으로 지나치게 많은 만나를 거두어 저장한 결과일 것이다. 그 결과 벌레가 생기고 냄새가 나며 부패하게 된 것이다. 우리는 여기서 하나님의 법도(instruction, 혹은 law)의 엄중함을 새삼스럽게 깨닫는다(4절).

그리스도인이 얻은 진리와 말씀은 반드시 생활로 가져가서 체험이 되어야 한다. 만나는 반드시 그날 필요한 분량만을 거두어야지 조금이라도 남기어 저장하면 벌레가 생긴다. 즉 그리스도인의 길은 실천적이고 체험적이 되어야 한다는 뜻이다. 우리가 만일 어떤 진리를 배웠다면 그 진리는 누군가를 가르치는 데 사용하기 위한 것이 아니라 우리의 영적인 삶에 적용하기 위한 것이다. 남보다 머리가 좋고 열심이 있어서 진리에 대한 지식에서 앞서가는 사람이 될 수 있을지라도 그가 반드시 실제와 체험에서 앞서가는 사람인 것은 아니다. 오히려 결과는 그 반대이다. 즉 실제로는 아무것도 이루어진 것이 없는 공허한 사람이 되는 것이다. 어떤 성경교사는 말하기를 기독교는 체계적인 의견도 아니고 조직적인 교리도 아니며 다수의 견해도 아니라고 했다. 다만 살아 있고 실제적인 것이며 인격적이고 실천적인 것이라고 했다.

그러므로 우리 그리스도인들은 우리가 읽고 아는 진리를 그대로 살고 행하기 위해 있다는 것을 기억해야 한다. 우리의 일상생활에서 일어나는 일이나 환경과 무관하게 다만 머릿속에다 넣어두고 필요할 때 다른 사람을 가르치려고 저장해두는 진리는 얼마 안 가서 벌레가 생기고 냄새가 나는 것을 볼 것이다. 결론적으로 그리스도께서는 매일매일 그리스도만을 힘과 은혜와 생명으로 취하지 않고는 살 수 없는 사람들에게 귀한 양식이 되신다.

5. 많이 거둔 자도 남음이 없고 적게 거둔 자도 부족함이 없는 원칙(18절)

만나를 거두는 원칙은 다만 영적인 양식에 관계된 것만이 아니다. 하나님은 이스라엘 백성들에게 매일 아침 한 사람이 한 오멜씩 취하도록 거둘 분량을 정해주셨다. 그렇게 하는 가운데 어떤 사람은 많이 거두고 또 어떤 사람은 적게 거두었는데, 오멜로 되어볼 때 많이 거둔 자도 남음이 없고 적게 거둔 자도 부족함이 없이 각기 식량대로 거두게 되었다(18절). 사도 바울은 고린도 성도들에게 편지하면서 흉년으로 고생하는 유대에 있는 성도들을 위해 연보하는 일에 이 원칙을 적용하였다. 바울은 지금 그래도 고린도 성도들은 유여하고 유대의 성도들은 부족한 상태에 있으니 유여한 성도들이 부족한 성도들에게 물질을 보내는 것은 평균케 하는 것이라고 하였다(고후 8:14). 바울은 이 일을 말하면서 많이 거둔 자도 남지 않고 적게 거둔 자도 모자라지 않았다는 출애굽기의 만나를 거두는 원칙을 적용하였다.

고린도 성도들은 만나를 좀 더 많이 거둔 사람들이 되었고 유대의 성도들은 부족하게 거둔 사람들이 되었다. 이때 하나님은 유여하게 거둔 고린도 교회를 포함하여 이방 교회들의 심령을 감동시켜 부족하게 거둔 유대의 성도들을 공급하게 하셨다. 바울은 이 일을 하나님의 백성들의 만나를 거두는 일에서의 평균케 하시는 역사로 본 것이다. 여기에 하나님의 능력의 손길이 있다. 오늘날에도 하나님의 자녀들 사이에는 이러한 원칙이 역사하고 있다. 하나님은 때로 어떤 자녀는 만나를 많이 거두게 하시고 어떤 자녀는 적게 거두게 하신다. 그러나 결국에 가서는 같아지는 것이 하나님의 역사이다. 하나님은 그분의 성령의 역사로 많이 거둔 자들을 감동시키신다. 그리하여 그들로 적게 거둔 자들을 돌아보게 하신다. 이것이 정상적인 하나님의 자녀들 가운데서 일어나는 일이다. 오늘날 가난한 나라에는 굶주리고 있는 성도들이 많이 있다. 반면에 나라가 부요해서 물질의 풍족함을 만끽하는 그리스도인들이 있다. 정상적인 하나님의 자녀들의 상황이라면 평균케 하는 역사가 이루어져야 한다. 그렇지 않다면 필경 많이 거둔 쪽에서 성령의 역사와 동역하지 않기 때문이리라.

이 원칙은 영적인 면에도 적용할 수 없는 것이 아니다. 어떤 형제나 자매가 어느 날 평소보다 더욱 큰 은혜를 얻었고 또 다른 형제나 자매는 그날 얻은 은혜가 다른 때보다 조금 부족했다 하자. 나는 정상적인 그리스도인 집회야말로 이러한 만나를 거둠이 공평케 되는 기회가 아닌가 한다. 많이 얻은 형제나 자매는 집회에서 자신이 거둔 풍성한 것을 나누어야 한다. 그럴 때 부족하게 얻은 사람은 자신의 부족한 부분을 풍족한 지체에게서 얻어 채울 수 있다. 이런 일은 비단 집회에서만이 아니라 가정에서 남편과 아내 사이에서도 일어날 수 있다. 한 날 하나님은 아내인 자매에게 더 많은 은혜를 주셔서 형제인 남편과 교제케 함으로써 평균케 하는 역사를 하실 수 있다. 이것은 광야에서 그분의 자녀를 골고루 공급하시는 하나님의 은혜의 역사이다.

6. 안식일을 지킴(22-30절)

나는 하나님이 광야에서 만나를 내려 먹이신 것도 그분의 백성들을 위함이요 제 육 일에는 갑절을 거두어 굽고 삶고 해서 아침까지 간수하라고 하신 것 또한 그분의 백성들을 위하심이라고 믿는다. 다만 휴식하게 하려는 것이 아니라 그들로 하나님의 백성이 되게 하려는 것이다. 그들은 일주일에 적어도 하루는 하나님과 함께 휴식해야 했다. 하나님은 그분의 백성들이 안식일에 하나님과 함께 휴식하면서 하나님의 창조를 새롭게 기억하며 하나님의 하나님 되심을 인정하며 경배하는 날을 갖기 원하셨다. 만나를 거두는 일에서도 안식일을 지키는 문제에서도 약간의 규정과 법도를 두심은 그분을 더욱 기억하게 하시려는 것이었다. 이런 일들은 과연 하나님께서 그분의 백성들을 얼마나 섬세하게 돌보시는가를 상기시켜 주었다. 참으로 하나님은 그분의 백성들을 관심하신다. 그분의 마음속에는 그분의 백성들 외에는 없다.

안식일을 지키는 것의 진정한 의미는 신약 히브리서에 자세히 나와 있다. "이미 그의 안식에 들어간 자는 하나님이 자기 일을 쉬심과 같이 자기 일을 쉬느니라"(히 4:10). 진정으로 안식을 누리는 자들은 자기의 일을 그친 자들이다. 이것이 안식의 진정한 의미이다. 이것은 반드시 믿음으로 말미암는다(히 4:2-3). 하나님께서 모든 것을 하시므로 우리는 아무것도 할 필요가 없는 것이다. 하나님은 그분의 자녀들이 안식에 들어가기를 원하신다. 이는 그분의 백성들이 어떤 것도 스스로 하지 않고 다만 쉬기를 원하시는 것이다. 그리스도로 하여금 모든 일을 하시게 하는 자들에게는 진정한 안식이 있다! 하나님만이 모든 일을 행하시는 분임을 인하여 하나님을 찬양한다! 또 우리는 아무것도 할 수 없는 자들임을 인하여 주님께 감사하고 찬미한다! 따라서 안식일의 진정한 의미는 하나님이 그분의 백성들과 함께 달콤한 휴식을 누리기 원하신다는 것이다. 하나님은 그분의 백성들이 육 일간 만나를 구하기 위해 수고(수고랄 것도 없지만)하고 제 칠 일만은 하나님과 더불어 안식하기를 원하셨던 것이다. 그러나 그들은 애굽의 고기 가마를 그리워하긴 했지만 육 일간 만나를 공급하시며 보호해주신 하나님과 하루라도 거룩한 안식일의 휴식을 누리지 못했다.

그러므로 하나님은 안식일에는 만나를 내리지 않으셨다. 그것은 그분의 말씀대로였다. 그러나 몇 사람이 제 칠 일인 안식일에도 만나를 거두러 나갔다. 그때 여호와께서 책망하셨다 "어느 때까지 너희가 내 계명과 율법을 지키지 아니하려느냐"(28절). 하나님의 계명을 범하는 것은 적극적으로 마땅히 무언가를 행해야 할 상황에서 자신의 할 바를 하지 않는 것도 있지만 안식일 준수와 같이 아무것도 하지 말아야 할 상황에서 사람이 주제넘게 움직이는 경우도 있다. 오늘날에도 많은 성도들이 가만히 휴식해야 할 순간에 참된 안식을 지키지 못하고 스스로 나서서 무언가를 행함으로 안식을 범하는 경우가 얼마나 많은지! 그때마다 하나님은 이렇게 책망하여 말씀하신다 "어느 때까지 너희가 내 계명과 율례를 지키지 아니하려느냐".

7. 항아리에 간직해 둔 만나(31-36절)

하나님은 만나 한 오멜을 항아리에 담아 보관해 두라고 명하셨다. 이것은 첫째로 대대 후손을 위한 것이다. 즉 광야 40년 동안 하나님께서 하늘에서 만나를 내려 먹이심으로 조상들을 인도하셨다는 사실을 기억하게 하려는 것이다. 하나님은 하나님의 크신 은혜와 사랑을 사람들이 쉽게 잊어버린다는 것을 잘 아신다. 그러므로 기억하도록 도움을 주시는 것이다. 우리가 주의 만찬을 먹는 것도 주 예수님을 기념(remembrance, 기억)하기 위한 것이다. 주님은 주님의 십자가의 공로를 통해 은혜 받은 우리가 그분의 십자가의 사랑을 잊지 않기를 원하신다. 그분은 우리가 지난 날 그분의 은혜와 돌보심으로 살아온 일을 잊지 않기를 원하시며, 특히 그분이 우리를 위해 죽고 부활하신 사실을 잊지 않기를 원하신다.

8. 감추인 만나(계 2:17)

버가모 교회의 이기는 자들에게 약속하신 감추인 만나는 공개적인 만나와 대비된다. 버가모 교회는 당시 세상과 연합한 교회로서 심히 타락했었다. 그러나 그 가운데 이기는 자들은 장래 감추인 만나를 먹게 되는데, 감추인 만나는 특히 주님과의 은밀한 교제 안에서 얻어진다. 광야에서 이스라엘 백성들은 공개적인 만나를 먹었지만 마지막 때에 세상과 연합한 교회 안에서 신실한 믿는이들은 주님과의 내적이고 깊은 교제 가운데서 감추인 만나를 먹게 된다. 그러한 생활은 그들을 승리자로 만드는데, 그날 그들이 주님으로부터 얻는 보상인 감추인 만나는 이 땅에서의 그들의 삶과 연관이 있는 것이다.

9. 하늘로부터 내려오는 생명의 떡(요 6:33)

만나는 우리의 생명이 되기 위하여 육신을 입고 이 땅에 오신 예수 그리스도를 예표한다. "기록된바 하늘에서 저희에게 떡을 주어 먹게 하였다 함과 같이 우리 조상들은 광야에서 만나를 먹었나이다 예수께서 이르시되 내가 진실로 진실로 너희에게 이르노니 하늘에서 내린 떡은 모세가 준 것이 아니라 오직 내 아버지가 하늘에서 내린 참 떡을 너희에게 주시나니 하나님의 떡은 하늘에서 내려 세상에게 생명을 주는 것이니라"(요 6:31-33). 예수 그리스도는 하나님의 백성들에게 실제로 생명을 주시기 위해 오신 참 만나이다. 이스라엘 백성들은 광야에서 만나를 먹고도 죽었지만(그것은 예표이기 때문이다) 참 만나이신 예수 그리스도를 먹는 자들은 영원히 살 것이다(요 6:58). 우리는 예수 그리스도께서 이 땅에 오신 것이 죄인들의 죄를 사하기 위해서만이 아니라 생명을 주시기 위해서라는 것을 알아야 한다. "내가 온 것은 양으로 생명을 얻게 하고 더 풍성히 얻게 하려는 것이라"(요 10:10). 누구든지 그리스도를 믿고 구원을 받은 자는 이 생명을 얻은 것이다. 이 생명은 곧 그리스도 자신이다(골 3:4).

창세기 2장에는 사람이 창조된 직후 사람에게 필요한 것이 그리스도를 생명으로 취하는 것임이 암시되어 있다. 에덴동산 중앙에 있었던 생명나무는 사람이 그리스도를 생명으로 취해야 함을 나타낸다. 그러나 사람이 생명나무 대신 선악을 알게 하는 나무의 실과를 먹고 타락한 후, 사람은 에덴에서 쫓겨났고 화염검에 의하여 생명나무를 먹을 수 있는 길이 막히게 되었다. 그러나 그리스도께서 십자가에서 인간의 죄와 타락의 문제를 해결하신 후 생명나무에 이르는 길은 다시 열리게 되었다.

누가복음에는 사람이 믿을 때 죄 사함을 얻는 것이 강조되어 있지만, 요한복음에는 사람이 믿을 때 생명을 얻는다는 것이 강조되어 있다(요 3:16,36, 5:24, 6:33, 10:10, 20:31). 어린 아이는 부모에게서 생명을 얻은 후로 젖을 먹고 음식을 먹음으로 계속 자라게 된다. 그리스도인도 이와 똑같이 믿을 때 하나님의 생명을 얻어서 하나님의 자녀가 되고(요 1:12, 3:3,5) 그리스도를 생명으로 취하여 계속 살아나갈 수 있다. 그러므로 그리스도는 우리가 하나님의 자녀로 태어나도록 생명을 부여해 주는 분이실 뿐 아니라 계속 자랄 수 있도록 우리의 양식이 되기 위해 참 만나로 오신 분이다. "살아 계신 아버지께서 나를 보내시매 내가 아버지로 인하여 사는 것같이 나를 먹는 그 사람도 나로 인하여 살리라"(요 6:57).

이 말씀에 의하면 구약에 있는 만나는 하나의 예표이며, 오늘날 그리스도인들이 광야 같은 세상에서 살아나가기 위해 취해야 할 필수적인 양식은 그리스도 자신이시다. 우리가 매일 밥을 먹지 않으면 살 수 없는 것처럼 그리스도인은 영의 양식이신 그리스도를 먹지 않으면 살 수 없다. 그러므로 그리스도인에게 있어서 육신적으로만이 아니라 영적으로도 삶을 영위해 나갈 수 있기 위해서는 먹는 문제가 매우 중요하다는 것을 알아야 한다. 나는 진정으로 그리스도를 먹어야 산다는 것을 아는 사람들이 얼마나 될지 모르겠다. 또 먹는 것을 안다 하더라도 참되게 그분을 먹음으로 사는 사람들은 얼마나 될 것인가?

10. 육신적인 건강에도 좋았을 것임

15장 26절은 "너희가 너희 하나님 나 여호와의 말을 청종하고…계명에 귀를 귀울이며 내 모든 규례를 지키면 내가 애굽 사람에게 내린 모든 질병의 하나도 너희에게 내리지 아니하리니"라고 하셨는데 이는 그들이 먹는 음식과도 관계가 있었을 것이다. 애굽의 음식은 '고기 가마'로 대표될 정도로 뭔가 매우 기름진 것이라서 건강에 좋지 않은 것들도 많이 있었을 것이다. 그러나 만나와 메추라기 식사는 물론 건강에도 좋았을 것이고 소화도 잘 되었을 것이다. 어떤 학자에 의하면 광야의 식사는 애굽의 압박 받던 시대에 방종적인 식사가 전염시켰던 많은 질병들을 말끔히 씻어주는데도 유용했다고 보고 있다. 이 검소한 만나 식사에서 우리는 모두 절제에 대한 교훈을 배우고 온갖 진미를 탐내는 이전의 구습을 벗어버리는 것을 배우기 바란다. 나는 진정으로 절제를 배운 경건한 그리스도인이라면 식사에 있어서 매우 담백하고 검소하리라고 확신한다. 그보다 자신의 건강을 위해서 좋은 것은 없으리라!

덧붙이는 말씀

1. 생명에 대한 기본적인 이해

인간에게 있어서 생명이란 존재의 기본적인 요소이다. 즉 생명이 없으면 존재할 수 없다는 말이다. 성경에는 우리가 그리스도를 양식으로 먹어야 산다고 했으며(요 6장), 그리스도를 떠나서는 한 시도 살 수 없다고 했다. "나를 떠나서는 너희가 아무것도 할 수 없음이라"(요 15:5). 주님은 포도나무요 믿는이인 우리는 가지이다. 가지는 포도나무와 떨어져서는 한순간도 살 수 없고 존재할 수 없으며 말라버리고 만다. 그러므로 믿는이에게 그리스도는 매일 매순간 함께하지 않으면 살 수 없는 그러한 존재이시다. 그리스도는 우리에게 호흡과 같다. 한 시도 숨을 쉬지 않으면 살 수 없듯이 한 시도 그리스도를 호흡하지 않고는 살 수 없다. 또 그분은 우리에게 생명의 떡(참된 만나)이 되시므로 그분을 먹지 않고는 배고프고 힘이 없어서 살아나갈 수 없다. 또 그분은 우리에게 생명수가 되시므로 그분을 마시지 않고는 목말라서 살 수가 없다. 이와 같이 그리스도는 믿는 우리에게 필수불가결한 존재이시다. 이것이 그리스도가 우리의 생명이 되심에 대한 기본적인 이해이다.

2. 생명은 의존적임

아담이 동산에서 선악의 지식 나무를 취한 것은 하나님 없이 자기 스스로 선악을 분별할 수 있는 능력을 얻기 위한 것이었다. 이것은 물론 사탄의 사주에 의한 것이다. 사탄은 오늘날도 믿는이들을 하나님 없이도 살 수 있는 존재가 되도록 유혹하고 있다. 믿는이들이 그리스도를 생명으로 취하여 산다는 것은 생존뿐 아니라 모든 일에 있어서 그리스도를 의지한다는 말이다. 그리스도 없이는 지혜가 없고 그리스도 없이는 능력이 없으며 그리스도 없이는 어떤 것도 알 수 없다는 것이다. 그러므로 참된 그리스도인은 모든 일에 있어서 스스로 판단하거나 스스로의 힘으로 일하지 않고 그리스도만을 의지한다.

3. 매일 그리스도를 양식으로 취함

그러므로 그리스도인은 매일 매순간 살고 행하기 위해 그리스도를 양식으로 취하는 것을 배워야 한다. 이스라엘 백성들이 하루하루 하늘에서 내려오는 만나를 먹고 살았듯이 오늘 참 이스라엘인 그리스도인들은 매일매일 말씀이신 그리스도를 먹어야 한다. 적어도 성경 몇 구절이나 한 단락 정도를 기도하면서 잘 읽어야 한다. 이것은 하루를 그리스도로 살기 위한 것이지 어떤 지식을 머릿속에 축적하기 위한 것이 아니다. 아침 식사를 하고 일터로 나가는 사람들은 그 식사에서 하루 일할 에너지를 얻는다. 마찬가지로 우리가 매일 아침 주님의 말씀을 대하는 것은 주님 없이는 하루도 살 수 없기 때문이다. 그러므로 믿는이들은 매일 아침 경건의 시간을 갖는 것이다. 그 시간에 우리는 간절한 마음으로 주님 앞에 나아가 하루를 주 안에 생활하며 세속에 물들지 않고 하나님의 영광과 사랑과 빛을 나타내기 위해 말씀을 양식으로 취하는 것이다.

기도하면서 말씀을 양식으로 취하는 길에 관해서는 마담 귀용이나 조지 뮬러의 서적들에서 귀한 도움을 받을 수 있을 것이다. 귀용 여사는 〈예수 그리스도를 깊이 체험하기, Experiencing the depths of Jesus Christ〉에서 성경으로 기도하는 것에 대하여 매우 유용한 글을 남겼다(2,3장).

4. 생명에 대한 체험

물고기가 물에서 사는 것은 물고기 생명의 특성이다. 새가 공중에서 나는 것 또한 새의 생명의 특성이다. 양과 염소는 생김새가 비슷하지만 그 기질이나 성격이 매우 다르다. 그것은 양과 염소의 생명이 다르기 때문이다. 그리스도인이 예수님처럼 살 수 있는 것은 우리가 거듭날 때 얻은 새 생명으로 인한 것이다. 그러므로 그리스도인이 이 생명에 대하여 인식이 없다면 하나님의 자녀로서 거룩한 삶을 살아 나타낼 수 없다. 사과나무가 아직 어릴 때에는 그 나무에서 무엇이 열릴지 잘 알지 못한다. 그러나 그 나무가 자람에 따라 사과나무의 특성이 나타나며 결국은 탐스런 사과를 맺게 된다. 그럴 때 사람들은 그 나무를 보고 '아, 이 나무는 사과나무로구나!' 하게 된다.

그리스도인은 거듭날 때 이 생명을 얻었지만 어린 사과나무와 같이 아직 어릴 때에는 믿는이로서의 특성을 나타내지 못하는 경우가 허다하다. 그러므로 이 새롭게 얻은 하나님의 생명은 믿는이들 안에서 매일 매일 자라나야 한다. 믿는이의 영적 생명이 자라기 위해서는 내적으로 역사하는 생명에 대하여 좋은 인식을 갖는 것이 필요한데, 믿는이가 내적인 생명의 법에 따라 잘 생활한다면 분명히 평강과 안식을 갖게 된다(롬 8:6). 그러나 이 생명에서 떠날 때 즉시 사망과 공허함을 맛보게 된다(롬 8:6, 엡 4:18-19). 그리스도인이 어떤 일을 대할 때 속에서 불안함과 사망을 느낀다면 그것은 필경 생명이신 그리스도를 떠난 것임을 알아야 한다. 진정으로 그리스도인이 주 안에서 생명의 길을 가고자 한다면 속에서 느껴지는 조그마한 불안함도 소홀히 여겨서는 안 된다.

모든 생명은 느낌이 있다. 그러나 죽은 사람은 느낌이 없다. 살아 있는 사람에게 느낌이 있는 것처럼 정상적인 그리스도인에게는 내적으로 생명의 느낌이 존재한다. 이것이 곧 그리스도인에게만 존재하는 영적 느낌인데, 이것은 십자가의 역사를 체험하면 할수록 더 예민해지고 섬세해진다. 이 영적 생명의 느낌을 통해서 그리스도인들은 많은 일들과 사물들과 심지어 사람들과 또한 말씀까지도 이해하고 분별할 수 있는 역량을 소유하게 된다. 이에 대해서는 고린도 전서 2장 후반부에 잘 기록되어 있다(13-15절). 이러한 생명의 역사에 대하여 잘 알지 못하면 믿는이가 영적으로 성장할 수 없다.

5. 생명과 진리의 조화

믿는이 안에는 생명이 있고 밖에는 기록된 성경의 진리가 있다. 이는 마치 이스라엘 백성을 인도한 구름기둥과 불기둥과 같다. 이 두 가지는 반드시 조화를 이루어야 한다. 내적으로 어떤 영적 느낌이 있다 하더라도 그것은 반드시 밖에 있는 성경 진리로 점검되고 확증되어야 한다. 그래야 안전하다. 어떤 사람은 내적인 성령과 생명의 역사에 대하여는 알지 못하고 밖의 말씀만 따르려고 하는데, 그럴 때 그는 매우 메마른 그리스도인이 되고 율법과 규례에 묶인 사람이 된다. 그러나 다른 한 극단으로 내적인 생명의 느낌만을 주의하는 사람은 밖의 진리의 통제를 받지 않음으로 변화무쌍하고 종잡을 수 없으며 신뢰하기 어려운 사람이 되어버릴 수 있다. 이 두 가지는 영적 체험에서 매우 균형 잡혀야 한다.

6. 생명의 능력

이 생명은 그리스도이시고 그리스도는 우리의 능력이시다. 근본적으로 우리는 하나님의 말씀을 지킬 수 있는 능력이 없다. 그러나 하나님은 그분의 생명을 우리 안에 넣어주시어 이 생명으로 말미암아 그분의 말씀을 지킬 수 있게 해주신다. 우리는 결코 원수를 사랑할 수 없고 속옷을 달라고 하는 자에게 겉옷을 내어줄 수도 없다. 그러나 만일 우리가 이 하나님의 생명 능력을 체험한다면 놀랍게도 이러한 일을 할 수 있게 된다. 그때 우리는 이런 일을 하는 것이 내가 아니요 그리스도이심을 알 것이다(갈 2:20).

7. 생명의 변화

이 생명이 우리 안에서 자랄 때 우리는 변화를 체험하게 된다. 우리의 인격은 원래 우리가 육신의 부모에게서 얻은 생명에 근거한다. 그러나 이 생명이 우리 안에서 자랄 때 우리의 반응하는 방식이 달라진다. 이것이 곧 변화이다. 가령 어떤 사람이 속옷을 달라 할 때 우리 원래의 생명은 줄 수 없을 뿐 아니라 화를 낼 것이다. 그러나 그리스도의 생명이 우리 안에서 끊임없이 역사하고 자람으로 어느 날 우리는 속옷을 달라는 자에게 속옷만이 아니라 겉옷을 줄 수 있는 능력을 갖게 되며, 사람들은 그러한 우리의 반응을 보고 전과 달라진 것을 발견할 것이다. 이것이 곧 변화이다. 그리스도인에게 있어서 변화는 이와 같이 매우 실제적이고 체험적이어야 한다.

8. 생명의 법

새 언약은 옛 언약과 달리 돌비에 새겨진 것이 아니라 우리의 생각과 마음에 기록되었다(히 8:10). 그러므로 새 언약은 옛 언약보다 훨씬 나은 것이다. 가령 어떤 사람이 글씨를 잘 못 쓴다 하자. 그에게 명필가의 글씨를 제시하고 그대로 쓰게 연습시켜도 원래 글씨를 잘 쓰지 못하는 사람은 가장 훌륭한 명필가의 글씨 앞에서 자기의 형편없는 글씨 솜씨를 계속 연출하게 된다. 이것이 옛 언약을 범한 이스라엘 백성들의 상황이라고 할 수 있다. 그들은 거룩하고 신령한 옛 언약을 갖고 있었지만 그것을 지킬 수 있는 역량이 없었다. 그러나 새 언약은 그 명필가의 글씨를 다만 제시하는 것이 아니라 그 명필가 자신이 글씨를 잘 못 쓰는 사람 속에 들어와서 글씨를 잘 쓸 수 있는 역량이 되어주는 것이다. 즉 글씨를 못 쓰는 사람에게 밖에서 이렇게 써라, 저렇게 써라 하면서 가르침을 주는 것이 아니라 잘 쓰는 사람이 그 사람 속에 들어가서 글씨를 잘 쓰는 생명의 능력이 되어 근본적으로 그 사람이 잘 쓸 수 있게 해준다는 말이다.

이러한 생명이 오늘도 믿는이들 속에서 역사하고 있다. 이 생명은 우리 안에서 역사하여 우리로 하나님의 아들이 사신 것과 같은 온전히 거룩하고 겸손하고 온유하며 사랑과 자비가 풍성한 삶을 살 수 있게 한다. 이것이 그리스도가 오늘 우리의 생명이 되신 것에 대한 기본적인 이해이다. 그리스도가 오늘 이와 같이 우리의 생명이 되기 위하여 참 만나로서 이 땅에 육신을 입고 오신 분임을 아는 것은 매우 중요하다.

9. 생명의 성령

이 생명과 성령은 하나이다. 그러나 생명은 사망의 반대이다. 언제든지 우리가 사망을 받아들일 때 성령은 역사할 수 없다. 사탄의 역사는 우리로 사망을 받아들이게 한다. 결과적으로 성령은 우리 안에서 역사할 위치를 잃어버린다. 어떤 일이 일어났을 때 우리의 기질이나 원래의 자신의 성향에 따라 생각하고 궁리하며 행동한 결과는 사망이다. 육신의 생각에 머문 결과도 사망이다(롬 8:6). 자신이 하나님의 법을 즐거워하며 선한 생각으로 하나님의 법과 계명들을 지켜보려고 애쓴 결과도 사망이다(롬 7:10, 22-23). 우리는 갈라디아 교회들이 왜 사망의 환경으로 떨어지게 되었는가를 이해할 필요가 있다. 그들은 율법을 지키려 했다. 단순하게 말씀을 듣고 믿는 믿음의 노선에서 율법을 행하는 율법의 노선으로 돌이킨 것이다. 그 결과는 성령이 역사할 여지를 잃어버리고 악한 자가 역사할 기회를 준 것이다. 사탄이 우리를 속이고 우리로 무언가를 하게 하는 것이 사망을 받아들이게 하는 것이다. 사탄은 각종 환경을 일으켜 우리에게 사망을 받아들이게 한다. 만일 우리가 어떤 종류든지 사망을 받아들인다면 마귀가 역사할 기회를 주게 된다. 하나님은 그분의 자녀들인 우리가 어둡고 침울한 사망의 사람들이 되는 것을 원치 않으신다. 하나님이 사람에게 정하신 것은 생명이다. 그러므로 우리가 항상 생명을 유지하며 살면 하나님은 우리에게 성령의 역사를 주신다.

출애굽기 17장

1-4절, 이스라엘 자손의 온 회중이 여호와의 명령대로 신 광야에서 떠나 그 노정대로 행하여 르비딤에 장막을 쳤으나 백성이 마실 물이 없는지라 2 백성이 모세와 다투어 가로되 우리에게 물을 주어 마시게 하라 모세가 그들에게 이르되 너희가 어찌하여 나와 다투느냐 너희가 어찌하여 여호와를 시험하느냐 3 거기서 백성이 물에 갈하매 그들이 모세를 대하여 원망하여 가로되 당신이 어찌하여 우리를 애굽에서 인도하여 내어서 우리와 우리 자녀와 우리 생축으로 목말라 죽게 하느냐 4 모세가 여호와께 부르짖어 가로되 내가 이 백성에게 어떻게 하리이까 그들이 얼마 아니면 내게 돌질하겠나이다

사람의 기본적인 문제는 먹고 마시는 것이다. 16장에서 그들은 먹는 문제에 부딪혔고 17장에서는 마시는 문제에 부딪혔다. 신 광야에서 그들은 먹는 문제에 부딪혀 하나님을 원망했고 또 하나님의 영광을 보았다. 그리고 하나님은 그들의 필요를 채워주셨다. 그러나 얼마 안 가서 목이 마르자 그들은 다시 하나님을 시험했다. 이렇게 사람은 하나님의 은혜를 쉽게 잊어버린다.

그들의 문제점 중의 하나는 하나님을 신뢰하지 못하는 것이었다. 그들은 모세를 원망하였다. 사실 만나도 하나님이 주신 것이지 모세가 준 것이 아니었다(요 6:32). 그러나 이스라엘 백성들은 보이지 않는 근원이신 하나님보다 그분이 도구와 통로로 사용하시는 사람을 의지했다. 이스라엘 백성들은 그들을 애굽에서 인도해낸 것이 모세라고 말했다. 그러나 사실상 그들을 애굽에서 인도해낸 것은 하나님이지 모세가 아니었다. 그들은 마땅히 이것을 알아야 했고 또 그들이 전혀 모르는 바도 아니었을 것이다. 그러나 배역과 불신으로 가득한 사람들에게는 모든 것이 거꾸로 보이게 마련이다.

그들은 애굽에서 하나님을 따라 나왔지만 오다 보니 보이는 사람을 따르고 보이는 사람을 신뢰하게 된 것이다. 그리고 먹을 것과 마실 것이 없게 되자 보이는 사람을 원망하고 보이는 사람에게 불평하게 되었다. 그들은 결국 보이지 않는 하나님에 대한 신앙을 잃어버리고 보이는 하나님의 종 모세를 원망하고 모세에게 돌을 던질 만큼 적개심을 갖는 상황이 되어버렸다. 즉 그들은 자신들을 그곳에 끌어들여 고생시키는 것이 모세라고 여긴 것이다. 여기서 우리는 인간의 육체의 부패함과 불신과 거역의 정신을 볼 수 있다. 많은 사람들이 이것을 구약 이스라엘 백성들의 상황이라고 하지만, 이런 일은 오늘날 하나님의 교회 가운데서도 동일하게 일어날 수 있는 일임을 기억하자.

무엇 때문에 거역하고 원망했는가? 먹고 마시는 문제이다. 오늘날 용어로 말한다면 생계 문제인 것이다. 많은 사람들이 감동하여 하나님을 섬기고 따르기 위해 헌신하였지만, 시간이 지날 때 그들이 바라보는 것은 사람이지 하나님이 아니다. 그들은 인도자의 공급하는 손을 바라보고 교회의 공급을 바라본다. 이런 것이 합당하게 이루어지지 않고 최소한의 가족 생계 문제와 가족 부양을 위한 경제생활을 영위할 수 없게 되면 곧 사람을 원망하게 된다. 그들이 주의한 것은 자녀와 생축의 목마름이었다. 그들은 하나님보다 자녀와 생축을 더 주의했다. 그들은 애굽에서 나올 때 하나님이 애굽의 장자와 모든 생축의 초태생을 멸하신 것을 다 잊어버렸다. 그들은 자녀들이나 생축이나 다 하나님께서 주신 것임을 잊어버렸다. 그리고서 하나님보다 자녀들이나 생축을 더 귀히 여기게 된 것이다. 그들은 마음의 중심이 하나님께 있지 않고 자녀와 생축과 생계에 있었다. 그 결과 모세를 원망하고 돌로 치려는 정도까지 이르게 된 것이다.

그들의 이런 행동에 대해서 모세는 그것이 하나님을 시험한 것이라고 주(註)를 달았다. 즉 여호와 하나님께서 우리 중에 계신가 아니 계신가를 시험하였다는 것이다(7절). 즉 그들이 모세를 원망하고 모세에게 따진 것은 결국 하나님께 대한 신앙이 사라지거나 의심이 생겼기 때문이라는 것이다. 만일 그들이 사람을 신뢰하는 것이 아니라 하나님을 신뢰하는 길을 계속해서 걸어갔다면 물이 없는 것에 대하여 모세를 원망하는 일이 있었겠는가? 그들은 잠잠히 하나님께 기도하며 기다렸을 것이다. 그러나 그들은 그렇지 못했다. 그들의 눈에는 하나님은 보이지 않고 모세만 원망스럽게 보인 것이다. 이것이 어찌 과거 이스라엘 백성의 일만이겠는가?

"모세가 여호와께 부르짖어 가로되 내가 이 백성에게 어떻게 하리이까 그들이 얼마 아니면 내게 돌질하겠나이다". 하나님의 백성들이 은혜와 권능을 많이 체험하면 할수록 순종을 힘써야 한다. 만일 순종을 힘쓰지 않고 느슨하게 되면 받은 은혜와 기적이 심상하게 느껴지고 그 심령은 굳어진다. 따라서 더욱 강퍅해지는 것이다. 그들이 유월절의 기적과 은혜, 홍해를 건넘 등 많은 은혜를 체험하더니 순종치 않자 그들은 더욱 강퍅해져서 모세에게 돌을 던질 만큼 되었다. 이것은 많은 은혜를 얻는 교회에게 경고가 된다. 그들이 많이 귀한 진리의 말씀과 말씀의 능력을 체험한 후 순종치 않으면 매우 거역적이되고 강퍅한 상태에 떨어지게 된다.

5-7절, 여호와께서 모세에게 이르시되 백성 앞을 지나가서 이스라엘 장로들을 데리고 하수를 치던 네 지팡이를 손에 잡고 가라 6 내가 거기서 호

렙 산 반석 위에 너를 대하여 서리니 너는 반석을 치라 그것에서 물이 나리니 백성이 마시리라 모세가 이스라엘 장로들의 목전에서 그대로 행하니라 7 그가 그곳 이름을 맛사라 또는 므리바라 불렀으니 이는 이스라엘 자손이 다투었음이요 또는 그들이 여호와를 시험하여 이르기를 여호와께서 우리 중에 계신가 아닌가 하였음이더라

"우리에게 물을 주어 마시게 하라"(2절). 그들은 마치 모세에게 빚을 갚으라는 듯이 물을 달라고 도전했다. 모세는 온유한 심령으로 그들에게 "너희가 어찌하여 나와 다투느냐"고 하였다. 히브리어로 '맛사'란 '시험'이라는 뜻이고 '므리바'란 '다툼'을 의미한다. 이스라엘 백성들이 여호와를 시험하여 다툰 곳을 '맛사' 혹은 '므리바'라고 불렀다. 많은 경우 성도들이 하나님의 종들을 향하여 불만과 원망을 토로하는데 이는 주로 하나님에 대한 시험인 것이다. 그 시험의 중심은 무엇인가? '여호와께서 우리 중에 계신가 아닌가?' 하는 것이다. 많은 일을 교회 중에서 하나님이 하시는 것으로 안다면 자신이 뜻에 맞든 맞지 않든 주의 종을 원망하지 않을 것이다. 그러나 어떤 결정에 대하여 주님의 종을 원망한다면 많은 경우 하나님의 계심과 역사를 의심하는 처사이요 따라서 하나님을 시험하는 것이다.

16장에는 사람에게 생명을 주기 위해서 하늘로부터 내려오신 그리스도의 모형이 있으며 17장에는 그리스도의 완성하신 사역을 통해서 부어주신 성령의 모형이 있다(맥킨토시). 그리스도께서 이 땅에 사람이 되어 오신 것은 사람들에게 생명을 주시기 위함이었다(요 10:10). 그분은 사람들에게 생명을 주실 뿐 아니라 또 생수를 주는 분이시다(요 4장 참조). 여기에 귀한 하나의 그림이 있다. 이는 한 무리의 무지하고 원망하는 사람들이 있고 그와 관계없이 반석을 치는 모세의 지팡이가 있다. 이는 그리스도께서 죄 많은 사람들에게 그들의 상태가 좋지 않은데도 불구하고 공의의 지팡이에 맞으사 생수를 공급하신 것을 생각나게 한다.

주님이 사람들에게 생수를 주기 위해서는 먼저 거쳐야 할 과정이 필요했다. 즉 반석이신 주님이 깨지지 않고는 생수가 흘러나올 수 없었던 것이다. 모세가 이스라엘 목전에서 호렙 산 반석을 지팡이로 칠 때 그것은 무엇을 의미했는가? 모세의 지팡이는 여호와의 공의의 지팡이를 의미했다. 그리스도께서 십자가에서 죽으심은 사람의 범죄에 대한 하나님의 공의의 요구를 이루기 위한 것이었다. 즉 하나님의 공의의 요구가 그리스도를 십자가로 내몰았던 것이다. 하나님은 죄인을 사랑하시지만 또한 의로우신 분이므로 죄를 공의롭게 처리하지 않고는 용서하실 수가 없었다. 그러므로 사람의 죄를 용서하고 구원하시기 위해서는 먼저 사람의 죄 문제를 해결해야 했는데, 그것이 바로 그리스도의 십자가의 죽으심이 내포하는 바이다.

오늘 많은 사람들이 하나님의 구원을 단지 죄 사함 받는 문제로만 본다. 그러나 말씀에서 우리에게 보여주는 바는 죄 사함을 받는 것은 물론 중요하고 필요한 것이지만 그것이 목적은 아니라는 것이다. 여기서도 반석이신 주님이 깨지셔야 했지만 그 반석이 깨어진 것은 거기서 생수가 솟아나게 하려는 것이었다. 하나님은 우리에게 생수를 주시기 위하여 그분의 아들이 공의의 지팡이로 심판을 받게 하신 것이다. 이것이 바로 깨어진 반석에서 흘러나온 생수가 의미하는 바이다. 그리스도께서 십자가의 죽음을 통과하지 않고서는 우리에게 생수를 부어주실 길이 없었다. 그러므로 요한복음 7장 37-39절에서는 예수께서 아직 영광을 받지 못하셨으므로 성령이 아직 저희에게 계시지 않았다고 말한다. "명절 끝날 곧 큰 날에 예수께서 서서 외쳐 가라사대 누구든지 목마르거든 내게로 와서 마시라 나를 믿는 자는 성경에 이름과 같이 그 배에서 생수의 강이 흘러나리라 하시니 이는 그를 믿는 자의 받을 성령을 가리켜 말씀하신 것이라(예수께서 아직 영광을 받지 못하신 고로 성령이 아직 저희에게 계시지 아니하시더라)". 여기서는 분명 반석을 치라고 했다. 그러나 민수기 20장에서 모세가 반석을 두 번 친 것은 잘못된 것이다(11절). 이때는 이스라엘 백성들이 광야생활 거의 40년째였고 그들이 가데스바네아에 왔을 때이다. 그때 하나님은 물이 없다고 원망하는 이스라엘을 위하여 모세에게 다만 반석을 명하여 물이 나게 하라고 하셨다. 주님은 한 번 십자가에서 죽으심으로 반석이 한 번 깨어져 물이 난 것처럼 생수가 흐르게 된 것이다. 그러나 모세는 또 다시 반석을 쳤으니 안 될 말이다.

찬송시 하나를 적어본다.

이스라엘 백성 저 광야에서 고갈되었을 때
주님 명했네 생수 나게 반석 명하라
반석은 이미 갈라졌으니 또 다시 칠 필요없다네
생수 나게 반석 명하라 성령은 이미 주어졌으니
모든 풍성을 받아 들여라 순복만 하면 부요얻으리

만세반석 지금 열려져 있네 성령의 은사도 기다린다네
발버둥쳐 무얼 얻었나
다만 주님과 연합할 때에 요단 건너 성령 얻겠네
단순한 맘으로 믿기만 하라 평강의 맘으로 주만 구하라
주님 품에 안식하면서

A.B. Simpson

주님은 요한복음 7장에서 초막절 때 유대인들 앞에서 말씀하실 당시 그들에게 생수를 마시라고 말씀하셨지만, 아직 그때는 그들에게 성령이 계시지 않았다고 말한다. 왜냐하면 아직 예수께서 영광을 받지 않으셨기 때문이다. 예수께서 영광을 받으신다는 것은 그분이 십자가에 죽고 부활하시어 승천하신 상황을 가리키는 말이다(눅 24:26).

오순절에 성령님이 부어지실 때 그분은 영광 받으신 예수님의 영으로, 성육신되시고 십자가에 못 박히시고 높여지신 그리스도의 영으로 우리에게 오신 것이다(앤드류 머레이). 그분이 우리에게 이러한 영을 부어주시기 전에 그분은 죽으심으로 우리의 죄에 대한 저주를 대신 짊어지시고 대속의 역사를 이루심으로 우리가 결코 얻을 수 없었던 축복인 성령을 선물로 얻게 하셨다. 반석이신 주님은 이미 한 번 깨어졌기 때문에 다시 깨어지실 필요가 없다. 깨어진 반석에서 이미 생수가 넘쳐흐르기 때문이다. 여기서 우리가 반드시 알아야 할 것은 은혜의 성령이 우리에게 부어진 것은 반석이신 주님이 지팡이로 맞아 깨어지신 결과라는 것이다. 즉 성령의 은사가 우리에게 주어진 것은 그리스도께서 십자가에서 이루신 사역의 결과라는 말이다. 그리스도께서는 사람의 죄에 대한 하나님의 진노를 진정시키시고 죽음의 권세를 멸하시고 무덤에서 나와 승리하심으로 마침내 하늘의 위엄의 우편에 보좌를 좌정하시기 전에는 아버지의 약속인 성령을 선물로 주시는 역사를 이루실 수 없었다(맥킨토시).

이와 같이 구약에는 성령을 부어주시는 것에 대한 가장 좋은 그림이 있다. 우리가 오늘 하나님께 감사하고 찬양하는 것은 이 일이 그리스도 안에서 이미 성취되었다는 것이다. 우리가 만일 그리스도의 십자가 사건 이전에 존재했더라면 이러한 성령의 선물을 어떻게 해서도 얻을 수 없었을 것이다. 그러나 이제 반석이신 주님이 깨져서 생수가 넘쳐흐르게 되었다. 그분은 아버지의 약속하신 성령을 받아 우리에게 부어주시기 위해 십자가상에서 그분의 사역을 완성하신 것이다. 그분은 높여지시고 존귀케 되시고 영광을 얻으셨다. 그분이 이루신 이 모든 역사는 결국 우리에게 성령을 은사로 주시기 위함이다.

여기서 우리는 한 가지를 더 보겠다. 그것은 바로 그리스도의 몸인 교회의 문제인데, 결국 성령을 부어주심은 이 땅에 교회를 탄생시켰다. 오순절 날 성령이 강림하심으로 이 땅에 교회라는 실체가 나타나게 된 것은 너무나 큰 사건이다. 하나님의 영원하신 뜻은 교회에게 있으며, 하나님은 이 땅에 교회를 일으키기 위해 그리스도로 하여금 그 많은 역사를 이루게 하신 것이다. 에베소서 4장 7절부터 11절까지의 말씀에 의하면, 그리스도께서 위로 올라가실 때 사로잡힌 자를 사로잡고 사람들에게 은사를 주셨다고 했다. "그가 혹은 사도로, 혹은 선지자로, 혹은 복음 전하는 자로, 혹은 목사와 교사로 주셨으니 이는 성도를 온전케 하며 봉사의 일을 하게 하며 그리스도의 몸을 세우려 하심이라" (11-12절). 결국 그리스도께서 내려가셨다가 올라가신 것은 교회에게 은사들을 주시어 성도들을 온전케 하고 그리스도의 몸을 건축하게 하려는 것이다.

여기서 우리는 성령을 부어주시는 측면만 보아서는 안 되고 우리 편에서 성령을 받아들이는 면을 보아야 한다. 누구든지 예수 그리스도를 믿는 자는 이미 성령으로 난 자이며 성령의 인침을 받은 자이다. 그러나 그들은 여전히 성령으로 충만 될 필요가 있다. 요한복음 7장에서는 믿는 자들에게 성령이 있어야 할 뿐 아니라 그 배에서 생수의 강이 흘러나야 함을 말하고 있다. 이것은 에베소서에서도 동일하게 말하고 있다. 에베소서 1장에서 에베소 성도들은 이미 복음 진리의 말씀을 믿고 성령의 인치심을 받았지만(1:13) 여전히 성령으로 말미암아 속 사람이 능력으로 강건케 될 필요가 있었으며(3:16) 성령의 충만을 받으라는 명을 받았다(5:18).

오늘날 성령 충만을 받는 길에 대하여 너무나 많은 말들이 있다. 그러나 성경에서는 다만 성령으로 충만케 되라고 했다. 앤드류 머레이는 이에 대해 매우 균형 잡히고 합당한 길을 제시했다. 그는 예를 들어, 농장의 저수지에는 물을 저장해두는 방법이 두 가지라고 했다. 이 두 가지 방법은 저수지가 물을 받는 데에 있어서 상호보완적이라는 것이다. 큰 가뭄이 들 때에는 조금씩이라도 일정하게 소리 없이 물을 끌어들여 저수지를 채우고 비가 많이 올 때에는 많은 물을 받아들여 저장해 두는 것이다. 어떤 사람들은 성령을 매일매일 조용히 호흡으로 누리는 것만을 강조한다. 또 어떤 사람들은 일상생활에서 잠잠히 성령을 체험하고 성령의 교통 안에 머무는 것은 알지 못한 채 강하고 급한 바람 같고 범람하는 홍수 같은 성령의 부어지심을 체험하지 않으면 성령으로 충만케 된 것이 아니라고 생각한다. 그러나 앤드류 머레이는 이 문제에 대해 두 가지가 다 필요하며 상호보완적이라는 것을 보았다. 즉 믿는이는 매일매일 성령을 좇아 생활하고 성령의 교통을 중요시하면서 마치 호흡하듯이 성령을 체험하는 것이 필요하며, 또 때로는 강하고 급한 바람 같고 범람하는 홍수 같은 성령이 임할 때 충만히 저장해 두는 것 또한 필요하다는 말이다.

웨일즈 부흥의 주역이었던 펜 루이스 여사는 성령을 선물로 받는 문제에 관해 매우 중요한 관점들을 체험적으로 말했다. 그녀는 성령의 침례를 받기 위해서는 적어도 다섯 가지 조건들이 있다고 말했다.

1. 생활에서 알고 있는 모든 죄를 처리해야 한다.
2. 모든 불의에서 정결케 하는 그리스도의 보혈의 능력을 신뢰해야 한다.
3. 하나님의 말씀을 통하여 비춰는 예리한 빛에 즉시 복종해야 한다.
4. 하나님께 절대적으로 순복해야 한다.
5. 처음 구원받을 때처럼 성령을 선물로 받는 것에도 믿음의 행동을 취해야 한다.

그녀는 교회 부흥은 반드시 성령의 침례를 받은 사람들에 의해 일어난다고 보았다. 잠시 후에 말하겠지만 아말렉과의 전쟁은 성령으로 충만케 된 자들이 일어날 때 있는 상황이다.

성령의 부어지심을 얻기 위해서는 하나님의 영을 신뢰하는 가운데 하나님께 대한 믿음을 생생하게 유지해야 한다. 성령의 충만을 받는 초기 단계에서 사람은 반드시 하나님 앞에서 그 중심이 다루어져야 하는데, 이는 곧 그의 의지가 하나님께 순복하고 마음은 죄를 사랑하는 데에서 정결케 되는 것이다. 그러나 능력을 부어주실 때에는 하나님께서 더 넓은 범위를 다루신다. 하나님의 능력을 부여받기 위해서는 사람이 영과 혼의 뒤얽힘에서 분별되어야 하고 오로지 영에 의해서만 지배받는 영적인 사람이 될 수 있도록 천연적이거나 혼에 속한 불법적인 일들을 포기해야 한다. 또한 그의 영이 융통성 있게 성령과 동역할 수 있도록 완고한 영의 흔적을 모두 제거해야 한다. 우리 마음속에 혹 사람들을 용서하지 않는 영이 있다면 그러한 영을 제해야 하고, 하나님께서 성령의 움직이심을 위하여 우리 안에 있는 죄를 책망하라고 하시면 죄를 책망하고 심판해야 하며, 그리스도의 권익을 위하여 고통당하고 거절당하는 고난을 감수하기 원하신다면 그 모든 것 또한 감수해야 한다. 또 하나님께서 우리가 많은 사람들에게 생명의 영을 흘러 내보내기 위한 넓은 통로가 되기 원하신다면 반드시 편협한 영에서 벗어나야 한다.

더욱이 하나님의 성령의 능력을 얻기 원하는 사람은 하나님께서 철저하게 그의 생활 전반을 다루시기를 원해야 하며, 하나님의 모든 뜻을 성취하기 위해 준비되는 것을 방해하는 모든 장애물들을 그의 삶에서 제거해야 한다. 자신의 내적 동기가 점검되어야 하고 모든 일에서 의의 원칙을 배워야 한다. 이 모두가 하나님의 성령의 능력을 얻어 죄와 악한 권세들에 맞서 싸우기 위함이다. 성령의 능력을 부여받기 위해서는 믿는이들이 이미 받은 은혜의 충만한 분량에 따라 빛에 충실하면서 주님을 섬겨야 한다. 왜냐하면 신실하게 주님을 섬기는 노정 안에서만 성령의 능력을 부여받는다는 확신을 가질 수 있기 때문이다. 하나님의 자녀들이 하나님으로부터 무엇인가를 더 받기 전에 이미 주신 것들을 다 사용해야 한다는 것이 하나님의 법칙이다. 믿는이들은 하나님의 영의 조명하심에 따라 자신의 생각과 판단력을 사용하여 그의 영의 느낌을 주의하기를 배우면서 그가 현재 가지고 있는 최고도의 지식을 따라 하나님을 향한 순종을 나타내야 한다(펜 루이스의 〈영적 전쟁〉에서). 펜 루이스가 말하는 것은 근본적으로 앤드류 머레이가 말하는 것과 다르지 않다. 평소에 성령을 좇아 합당하게 생활할 때에만 충만한 능력의 영을 부여받을 수 있다는 말이다.

8절, 때에 아말렉이 이르러 이스라엘과 르비딤에서 싸우니라

성령의 은사는 믿는이를 영적 전쟁으로 내보낸다. 성령의 충만과 성령의 침례는 우리를 영적인 전쟁으로 내어보낸다는 말은 웨일즈 부흥의 주역들이었던 펜 루이스와 이반 로버츠의 명저인 〈영적 전쟁〉에서 강조된 요점이다(제12장 부흥의 여명과 성령 침례 참조). 주 예수님이 요단강에서 성령으로 충만케 되어 돌아오신 후, 사십 일 동안 마귀에게 시험을 당하셨다. 또한 우리는 사도행전에서 오순절 날 성령이 부어지신 후 하나님의 복음 전파와 말씀의 세력이 강화되었다는 것을 알지만, 다른 면에서 이러한 강한 성령의 역사가 사단의 반대와 저항을 가져왔다는 것은 쉽게 잊어버린다. 간단히 말해서 성령의 충만함을 받은 사람들은 조만간에 사단과의 일전을 치르게 된다는 것이다. 사단은 결코 성령의 역사가 없는 사람들에게는 싸움을 걸지 않는다. 사단의 저항이 강력하게 부딪혀 온다는 것은 그곳에 이미 성령의 역사가 있다는 표시이다. 그러므로 8절의 시작에 있는 '때에'(then)라는 단어는 매우 중요하다. 그때는 바로 이스라엘이 깨어진 반석으로부터 생수를 흡족하게 마신 후였다. 그들이 생수를 마시지 않았다면 아말렉은 그들에게 싸움을 걸지 않았을 것이다.

빛은 어두움을 대적하며 어두움과 싸우게 되어 있다. 빛과 어두움은 완전히 상반되는 세력이기 때문이다. 만일 당신 주위에 조금이라도 성령과 빛이 있다면 조만간에 작은 전투라도 벌어지게 된다. 왜냐하면 그 빛은 반드시 어두움과 대립되기 때문이다. 갈라디아서 5장에 있는 육체와 성령의 싸움은 믿는이 안에 내주하시는 성령으로 인한 것이다. 따라서 거듭나지 않은 사람 안에는 이러한 전투가 없다. 오직 믿는이에게만 이러한 성령과 육체의 싸움이 있다. "내가 이르노니 너희는 성령을 좇아 행하라 그리하면 육체의 욕심을 이루지 아니하리라 육체의 소욕은 성령을 거스리고 성령의 소욕은 육체를 거스리나니 이 둘이 서로 대적하여 너희의 원하는 것을 하지 못하게 하려 함이니라"(갈 5:16-17).

어떤 사람들은 믿는이들이 다같이 주님을 사랑하고 같은 목표를 가지며 같은 교회 안에서 몸과 마음을 바쳐 한 하나님을 섬기는데 왜 다툼이 일어나느냐고 물을 것이다. 그 대답은 매우 간단하다. 한 편은 성령의 소욕을 가지고 있고 다른 한 편은 육체의 소욕을 가지고 있기 때문이다. 아니면 두 편 다 육체의 소욕을 가지고 있을 수도 있다. 매우 분명한 한 가지 일은 성령의 소욕을 가진 자들 간에는 결코 다툼이 일어나지 않는다는 것이다.

9-11절, 모세가 여호수아에게 이르되 우리를 위하여 사람들을 택하여 나가서 아말렉과 싸우라 내일 내가 하나님의 지팡이를 손에 잡고 산꼭대기에 서리라 10 여호수아가 모세의 말대로 행하여 아말렉과 싸우고 모세와 아론과 훌은 산꼭대기에 올라가서 11 모세가 손을 들면 이스라엘이 이기고 손을 내리면 아말렉이 이기더니

이때의 이스라엘의 싸움은 이전의 싸움과 다른데, 이전에 이스라엘이 바로의 군대와 싸운 것은 순전히 하나님이 하신 것이다(14:13-14). 하지만 아말렉과의 싸움에서는 하나님께서 이스라엘 사람들에게 "우리를 위하여 사람들을 택하여 나가서 아말렉과 싸우라"고 하셨다. 이것은 이스라엘 사람들이 주관적으로 싸움에 나서야 함을 의미한다. 그리스도께서는 십자가에서 우리를 위해(for) 싸우셨고 지금은 성령으로 우리 안에 들어오셔서 우리 안에서(in) 싸우신다. 구속을 위한 싸움은 그리스도께서 홀로 우리를 대신하여 싸우시고 승리를 거두셨다. 그럼으로써 우리에게 평강과 안식을 가져다주신 것이다. 그러나 성령으로 우리 안에 들어오셔서 육체(아말렉으로 예표됨)와 싸우는 싸움은 우리와의 동역 안에서 이루어져야 하며 완전한 구속의 날까지 계속되어야 한다. 거듭나기 전에는 믿는이에게 이러한 싸움이 없었다. 그러나 이스라엘이 광야에 들어와서 생수를 마신 후에 곧이어 싸움이 있었던 것처럼 성령을 선물로 받은 믿는이들은 하나님의 자녀가 되고 나서 육체와의 전투를 시작하게 된다. 이러한 싸움은 하나님께서 이스라엘 안에서 또는 이스라엘에 의해서 싸우시는 싸움이다(맥킨토시). 그리스도는 십자가에서 우리를 위해 싸워 이기셨고, 부활 승천하여 성령으로 우리에게 오셔서 지금은 우리 안에서 육체를 전멸시키기 위해 싸우고 계신다.

이 싸움의 비결은 성령으로 하여금 역사하시게 하는 것이다. 그러면 항상 승리하게 되어 있다. 어두움의 세력은 빛을 이길 수 없기 때문이다(요 1:5, 원문 참조). 즉 빛이 비취게만 하면 어두움은 즉시 물러간다. 믿는이들이 알아야 할 것은 구원받은 성도라 할지라도 그의 육체 속에는 죄가 거하고 있다는 사실이다(롬 7:17). 하나님은 그분의 아들을 통해서 육신에 있는 죄를 심판하셨으므로 하나님 앞에서 육신의 죄는 끝난 것이다. 십자가는 사람의 육체를 끝냈으며 죄를 심판했다. 그러나 믿는이는 체험적으로 육신 안에 있을 수 있고 육신을 좇아 생활할 수도 있다(롬 8:3-5). 그러므로 바울은 우리가 육신에게 져서 육신대로 살 것이 아니라 영으로써 몸의 행실을 죽여야 한다고 말했다.

우리 안에서 일어나는 성령과 육체의 싸움에서 성령님으로 역사하시게 하여 항상 승리하려면 '나' 라는 존재가 십자가에 못 박혀야 한다. 즉 내 자신이 하나님의 계명을 준수하려 하거나 어두움의 세력에 맞서 싸우려고 일어선다면 백발백중 패배하게 된다는 말이다. 그러면 승리의 비결은 무엇인가? 그것은 첫째로 우리가 그리스도와 함께 죽었다는 사실을 알고(롬 6:6). 우리 자신을 죽은 자로 여기는 것이다(6:11). 둘째는 우리가 그리스도와 함께 죽은 것에 근거하여 우리 지체를 불의의 병기로 죄에게 내어줄 것이 아니라 의의 병기로 하나님께 드리는 것이다. 이 일에 있어서 우리 자신을 실제로 죽은 자로 여기기 위해서는 손을 놓기를 배워야 한다. 우리 자신이 죄를 이기려 하거나 하나님의 계명을 지켜보려 하거나 하나님을 위해서 좋은 뜻을 품고 선한 일을 해보려고 시도할 때, 우리 육체 안에 있는 죄는 우리를 사로잡아서 우리의 원하는 것을 하지 못하게 하고 죄의 법 아래로 우리를 사로잡아 가고 만다. 그러므로 우리가 좋은 뜻을 품었을지라도 결과는 처절한 실패인 것이다. 왜 이런 결과가 있는가? 그것은 하나님의 일을 하려고 우리 자신이 나섰기 때문이다. 성령님은 육체를 이기실 수 있지만 우리 자신은 육체를 이길 수 없다. 성령과 육체와 내가 있는데, 이 세 편 중에서 내가 비켜서면 성령이 육체를 이기시는 것에 대해서는 염려할 필요가 없다. 그러므로 지금까지 우리의 실패의 요인은 항상 나라는 존재가 개입되었기 때문임을 알아야 한다. 나의 노력과 시도와 열심이 끝날 때 성령께서는 우리 안에서 능력을 발휘하시며 범사에 이기게 하신다.

여기서 산꼭대기에 올라간 모세는 승천하여 하나님 우편에 앉으신 그리스도를 예표한다고 할 수 있다. 그리스도께서 승천하여 하나님 보좌 우편에 앉으신 것은 모세가 이스라엘 백성이 아말렉과의 전투에서 이기도록 중보기도를 한 것처럼 우리 믿는이들을 위해 중보기도를 하시기 위함이다. 우리가 오늘도 잊지 말아야 할 것은 우리가 사단의 시험과 육체의 정욕에 패배하지 않도록 승천하신 그리스도께서 우리를 위하여 끊임없이 간구하고 계신다는 사실이다. "의롭다 하신 이는 하나님이시니 누가 정죄하리요 죽으실 뿐 아니라 다시 살아나신 이는 그리스도 예수시니 그는 하나님 우편에 계신 자요 우리를 위하여 간구하시는 자시니라"(롬 8:33b-34). 우리가 육체와의 싸움에서 승리할 수 있는 것은 보좌 우편에서 우리를 위하여 간구하시는 주 예수님의 중보기도 덕분이다. 우리는 이것을 분명히 알아야 한다. 당시 모세는 피곤하여 지속적으로 손을 들고 있을 수 없었다. 그래서 잠시 손을 내리면 이스라엘이 패배하고 말았다. 그래서 아론과 훌이 양편에서 모세의 손을 붙들어 주었다. 오늘날 우리의 중보자이신 그리스도는 팔이 피곤치 아니하시다. 그분은 사람들의 부축이 필요 없이 지속적으로 우리를 위해 중보기도 하실 수 있다.

13절, 여호수아가 칼날로 아말렉과 그 백성을 쳐서 파하니라

산 위에는 기도하는 모세가 있고 아래에는 칼날로 아말렉을 도말하는 여호수아가 있다. 여호수아가 아말렉을 진멸할 수 있는 힘은 산 위에서 기도하고 있는 모세로 말미암은 것이다. 오늘 우리에게는 승천하여 보좌 우편에서 우리를 위하여 간구하시는 중보자 그리스도가 계시고 우리 안에서 내주하시면서 육체를 멸하시는 성령님이 계시다. 로마서 8장에서는 한 면으로 우리 안에 거하시는 영이 몸의 행실을 죽일 수 있다고 말하고 또 그리스도께서 우리 안에 계신다고 말하며(10절) 또 한 면에서는 그리스도께서 하나님 우편에 앉아 계신다고 말한다(34절). 결국 우리 안에 성령으로 거하시는 그리스도와 중보자로서 보좌에 계시는 그리스도는 한 분이시다. 우리는 성령께서 우리 안에서 지위를 얻으사 우리 온 존재를 다스리시도록 해야 한다.

14-16절, …내가 아말렉을 도말하여 천하에서 기억함이 없게 하리라 15 모세가 단을 쌓고 그 이름을 여호와 닛시라 하고 16 가로되 여호와께서 맹세하시기를 여호와가 아말렉으로 더불어 대대로 싸우리라 하셨다 하였더라

아말렉은 사람의 육체를 대표한다. 사도 바울은 육신의 생각은 하나님과 원수가 된다고 하였으며 육신에 있는 자들은 하나님을 기쁘시게 할 수 없다고 말했다(롬 8:7-8). 하나님은 육체를 철저히 끝내기를 원하신다. 오늘날 우리는 교회 안에서 한 점의 육체도 용납해서는 안 된다. 하나님이 육체를 어떻게 대하시면 우리도 그렇게 육체를 대해야 한다. 하나님은 아말렉을 도말하여 천하에서 기억함이 없게 하리라고 하셨고 또 아말렉으로 더불어 대대로 싸우리라고 하셨다. 즉 하나님은 결코 육체와의 관계를 개선하거나 타협하거나 그것을 용납하시려는 뜻이 없다는 말씀이다. 성령과 육체는 영원히 대적이요 원수 관계에 있다. "그리스도 예수의 사람들은 육체와 함께 그 정과 욕심을 십자가에 못 박았느니라"(갈 5:24).

육체란 히브리어로 'basar'이고 헬라어로는 'sarx'이다. 성경에서 육체란 말은 한 가지 용법으로만 쓰인 것은 아니다. 그 중 가장 중요한 용법은 구원받지 않은 사람들을 통칭한다. "육으로 난 것은 육이요"(요 3:6) "나는 육신에 속하여 죄 아래 팔렸도다"(롬 7:14) 등에서 사용되었다. 어떤 경우는 사람의 몸을 가리킨다. 또 어떤 경우는 세상 모든 사람을 가리킨다. 세상 모든 사람은 육체에 속해 있다. 그러나 우리가 여기서 말하는 육체는 인간의 부패한 타락으로 말미암아 정욕과 긴밀히 연결된 육을 가리켜 말한 것이다. 성경에서는 율법의 행위로는 의롭다 함을 받을 육체가 없다고 했다. 타락한 사람은 육체가 되었는데 이 육체 안에 있는 사람은 하나님의 율법을 지킬 수가 없으며 개선될 가능성이 없다. 하나님은 육체를 개선할 가능성이 없는 것을 아시는 고로 완전히 멸하고자 하신다.

당신이 만일 자기의 고집과 강퍅한 마음으로 사람들을 용서하지 않으며, 서로 혐의가 있는데도 원수 맺은 것을 화해하지 않는다면 이는 분명 육체 안에 행하는 것이다. 갈라디아서 5장 19절 이하의 말씀은 "육체의 일은 현저하니"라고 말한다. 음행과 더러운 호색을 일삼으면서 자신을 영적인 상태에 있다고 말할 수 없다는 말이다. 그리스도인들 가운데 분쟁을 일삼고 서로 시기와 쟁투 가운데 있으면서 자신들이 가장 주님을 잘 믿는 거라고 말하는 사람들이 많이 있다. 그러나 사도는 말한다. '이런 일은 육체의 일임이 현저한 것이다.' 특히 성경적인 한두 가지 실행을 다른 이들보다 옳게 한다고 해서 보편적인 그리스도인들로부터 차별을 두어 독립적인 무리를 형성하게 되면 오만하고 편협하게 되며 결국 시기적이고 분쟁적인 영성을 갖게 된다. 이것이 종교적인 육체이다.

이런 사람들은 예외없이 스스로를 다른 모든 그리스도인들보다 가장 영적인 사람들이라고 착각을 하게 된다. 이런 사람들은 단체적인 육체 가운데 있게 됨으로 자신들이 육체에 떨어졌다고 분별하기가 매우 어렵다. 당시 바리새인과 유대적인 그리스도인들이 그러했다. 그들은 다른 그리스도인들을 매우 멸시하면서도 자신들이 최고라고 생각한 것이다. 분내는 것, 당짓는 것, 분리하는 것, 분파적인 것, 투기하는 일, 술취함, 방탕함, 등 모두가 육체의 일들인 것이다. 소위 주님을 섬긴다고 하면서도 얼마든지 이런 상태에 떨어질 수 있음을 아는 것은 매우 중요하다. 사도의 경계는 무엇인가? "이런 일을 하는 자들은 하나님의 나라를 유업으로 받지 못할 것이요"이다(갈 5:21).

만일 어떤 사람이 육체가 무엇인지 모르고 십자가가 무엇인지 모른다면 그는 하나님을 섬길 수 없다. 육체의 생각은 하나님과 원수가 된다(롬 8:7). 만일 어떤 사람이 십자가로 자신의 육체를 못 박는 것을 모른다면 그는 부지불식간에 하나님과 원수 되는 상태에 놓이게 될 것이다. 육체의 운명은 십자가에 못 박히는 것이요 진멸당하는 것이다. "그리스도 예수의 사람들은 육체와 함께 그 정과 욕심을 십자가에 못 박았느니라"(갈 5:24). 당신이 조금도 하나님과 원수 될 생각이 없을지라도 다만 육체 가운데 머물고 있다면 자동적으로 하나님과 원수관계가 되어버리고 말며 진멸되어야 할 대상이 버린다. 얼마나 두려운 일인지! 그러므로 두려워 떨며 구원을 이루는 삶이 필요한 것이다(빌 2:12). 사도는 우리에게 하나님의 성령으로 봉사하며 육체를 신뢰하지 아니하는 우리가 곧 할례당이라고 한다(빌 3:3). 아말렉 사람은 에서의 자손이고(창 36:12) 이스라엘 대대로 내려오는 철천지원수로서 이와 같이 육체를 예표한다. 그러니 대적은 다른 곳에 있는 것이 아니라 우리 안에 있는 것이다. 우리 안에서 각양 문제를 일으키는 대적 육체는 보호 대상이 아니라 진멸 대상임을 잊어서는 안 된다.

당시 이스라엘 백성들의 육체가 드러나기 시작했다. 하나님은 그들에게서 육체를 보기 시작하신 것이다. 그러한 육체의 표현들은 무엇이었나? 첫째는 피동적인 육체이다. 이는 오늘날도 얼마든지 있을 수 있는 상태이다. 무엇이든지 자발적이고 자원함으로 또 적극적으로 나서서 해야 하는데 그저 마지못해 남이 하니 따라하는 것이다. 그렇게 피동적인 사람은 가다가 반드시 원망하고 불평하며 투덜대는 상태에 떨어지게 된다. 당신은 바울이라고 하는 사람에게서 조금이라도 피동성을 보는가? 그는 모든 일에 있어서 앞장서고 본이 되었다. 우리는 그러한 사람을 영적인 사람이라고 하고 그러한 사람을 본받아야 한다고 믿는다. 그런 사람은 일이 어렵게 되어도 남을 원망하거나 불평하지 않는다. 그러나 이스라엘 사람들은 어떠했는가? 툭하면 모세와 아론을 원망했다. '왜 우리를 이곳으로 데려와서 고생시키는 것이냐?' 이처럼 뒤로 물러서려 하며 인도자를 향하여 불평하고 원망하는 자세는 다 육체이다. 하나님은 이러한 이스라엘의 상태를 아말렉으로 규정하시고 그 육체는 대대로 하나님의 원수라고 선포하신 것이다. 나는 이렇게 16-17장에서 나타난 이스라엘의 육체가 19장과 20장에서 율법을 가져오는 전초전이라고 믿는다. 제어되지 않는 육체에게 필요한 것이 율법인 것이다. 바울이 말하기를 "알 것은 이것이니 (율)법은 옳은 사람을 위하여 세운 것이 아니요 오직 불법한 자와 복종치 아니하는 자며 경건치 아니하는 자와 죄인이며 거룩하지 아니한 자와 망령된 자며"(딤전 1:9)라고 하였다.

"모세가 단을 쌓고 그 이름을 여호와 닛시라 하고"(15절). '여호와 닛시' 란 '여호와는 나의 기(旗)' 라는 뜻이다. 모세는 아말렉과의 전투에서 승리한 것을 기념하기 위하여 단을 쌓아 후대의 기념물이 되게 하였다. 육체를 보류하고 성령으로 하여금 우리 안에서 역사하시지 못하게 하는 자들은 아무 기념할 일이 없고 찬미할 일도 없다. 오늘날에도 성도들이 기념해야 할 것은 자신이 무언가를 성취하고 잘 행한 것이 아니라 성령께서 행하신바 우리 안에서 육체를 멸하신 역사이다. 우리 안에서 꿈틀대며 성령의 역사를 대적하는 육체를 성령께서 검을 들어 하나하나 무참하게 도륙하실 때, 우리는 그것을 영원히 단을 쌓아 기념해야 할 것이다. 그때 우리는 육체가 패배한 것으로 인하여 기뻐할 것이며 참 승리의 깃발을 갖게 되고 우리 마음속에서부터 '여호와 닛시!' 라고 찬양을 드릴 수 있을 것이다. 나는 성도들 가운데 매일 여호와 닛시! 하고 찬양을 드릴 일이 있기를 원한다.

출애굽기 18장

1절, 모세의 장인 미디안 제사장 이드로가 하나님이 모세에게와 자기 백성 이스라엘에게 하신 일 곧 여호와께서 이스라엘을 애굽에서 인도하여 내신 모든 일을 들으니라

18장은 모세의 장인 이드로의 방문과 모세의 행정에 대하여 기록하고 있다. 모세의 장인 이드로가 이 장에서 길게 기록된 것은 그가 이방인으로서 이스라엘의 하나님 여호와께 돌아와 경배를 드렸기 때문이다. 그는 모세와 이스라엘 백성들이 애굽에서부터 홍해를 건너 광야에 이를 때까지의 모든 역사를 다 들었다. 믿음은 들음에서 난다. 이드로가 언제부터 하나님을 경배할 수 있었는지 모르지만 그는 여호와의 구원에 대하여 들었기 때문에 믿음을 갖고 경배할 수 있었던 것이다. 이 부분은 하나의 예표로서 이방인이 하나님께 돌아오는 일에 있어서 매우 깊은 의미를 지닌다.

2-4절, 모세의 장인 이드로가 모세가 돌려보내었던 그의 아내 십보라와
3 그 두 아들을 데렸으니 그 하나의 이름은 게르솜이라 이는 모세가 이르기를 내가 이방에서 객이 되었다 함이요 4 하나의 이름은 엘리에셀이라 이는 내 아버지의 하나님이 나를 도우사 바로의 칼에서 구원하셨다 함이더라

모세가 이스라엘을 구출하기 위해 애굽으로 돌아갈 때 아내와 자녀들을 데리고 간 것으로 아는데(4:20-26), 언제 그 가족이 미디안에 있는 장인의 집으로 돌아갔는지에 대해서는 분명히 알 길이 없다. 어쩌면 모세는 아들의 할례 사건 후에 이스라엘의 출애굽 사역에 전념하기 위해 가족들을 일찍 미디안의 장인에게 보내었을 수도 있다. 그러므로 지금 모세가 아내와 두 아들을 만난 것은 출애굽의 역사를 이룬 후의 일일 것이기 때문에 오랜만일 것이다. 이에 대하여 칼빈은 그 가족이 출애굽하여 신 광야에 이르는 도중에 이드로의 집으로 간 것으로 생각하지만, 1절부터 4절까지의 내용을 읽어볼 때 이드로는 출애굽의 모든 역사를 십보라와 모세의 두 아들에게서 들은 것 같지 않다. 특히 6절부터 8절까지에서 모세가 장인에게 인사하고 하나님께서 이스라엘을 위하여 애굽 사람에게 행하신 모든 일과 길에서 당한 모든 고난과 여호와의 구원하신 일을 다 고하였는데, 십보라와 두 아들이 그 일에 참여했던 것 같지는 않다. 가장 믿을만한 견해는 아내가 할례를 기피한 것 때문에 자신의 생명이 희생될 뻔 했던 곳(4:24-25)에서 그 아내와 자녀들을 장인에게 보냈다고 보는 것이다. 그는 아마도 그가 사역하는데 더 큰 장애가 될 것을 미리 예방하기 위하여 그렇게 했을 것이다. 그는 그리스도의 일을 위하여 처자를 버리고 부모를 떠나서 전적으로 하나님을 섬긴 본이 되었다.

이 일련의 일은 신약에서 교회에 관하여 매우 중요한 예표의 성질을 띠기 때문에 분명히 해 놓을 필요가 있다. 모세는 그리스도를 예표하며 그의 이방인 아내 십보라는 교회를 예표한다. 또한 게르솜(나그네)과 엘리에셀(하나님은 나의 도우심) 두 자녀도 교회를 예표한다. 교회는 한 면으로 그리스도의 신부이며 또 한 면으로는 하나님의 자녀이기 때문이다. 단체적으로는 그리스도의 배필이고 개별적으로는 하나님의 자녀들인 것이다. 십보라로 예표된 교회는 그녀가 이방인이라는 데 그 특징이 있고, 게르솜과 엘리에셀로 예표된 교회는 모세가 이스라엘에게 배척당했을 때 낳은 아들들이라는 데 그 특징이 있다. 즉 그리스도는 유대인들에게 배척당하신 후 이방인들에게로 가셨다. 이것은 그리스도의 지상 사역시에는 암시적이었고(마 8:1-17) 사도들의 복음 사역시에는 분명하게 표명되었다(행 13:45-48).

모세의 두 아들의 이름은 모세의 미디안 광야 40년의 생활을 단적으로 설명해준다. 그는 미디안에서 40년간 장인 이드로의 양떼를 치면서 자녀를 낳고 가정생활을 꾸려나갔지만 그의 마음은 온전히 하나님의 백성들과 함께 있었다. 그는 비록 동족들에게 배척당하고 바로를 피하여 도망친 신세였지만 그의 마음은 전일하게 애굽에 있는 이스라엘 백성에게 있었다. 게르솜이라는 이름을 통하여 우리는 그가 미디안 광야 생활 40년 동안 이방에서 나그네처럼 살았음을 알 수 있다. 또한 그는 비록 이방에 있었지만 항상 하나님께서 자기를 도우셔서 바로의 칼에서 구원해 주신 것에 감사드리고 있었다. 그는 미디안 광야에 40년간 지냈던 것이 하나님의 구원과 보호의 손길이었음을 항상 깨닫고 있었다. 두 자녀의 이름을 통해서 우리가 알 수 있는 것은 모세가 미디안에 있을 때 하나님 중심의 신앙을 굳게 갖고 있었다는 것이다. 다른 곳에서 언급한 바 있지만 모세가 쓴 시편 90편은 필경 미디안 40년의 곤고한 세월을 회상하며 지은 시일 것이다. 그는 그 시편에서 "여호와여 돌아오소서 언제까지니이까 주의 종들을 긍휼히 여기소서…우리를 곤고케 하신 날수대로와 우리의 화를 당한 년수대로 기쁘게 하소서"(13,15절). 이 시편이 미디안 광야 시절을 회상한 것이 분명하다면, 그는 그 세월이 신속하게 지나간 것을 노래했으며 주님이 언제 돌아오실 것인지를 기다리며 노래했다. 나는 이것이 모세가 나그네 세월 속에서 그의 곤고한 심정을 노래한 것이라고 믿는다.

출애굽기 17장에는 성령의 부어지심에 대한 예표가 있고, 18장에는 이방인들이 주님께 돌아와서 유대인들과 하나를 이루는 교회의 예표가 있다. 모세는 이스라엘 백성들이 애굽에서 탈출하여 홍해를 건너 광야에 도착하기까지 오직 이스라엘만을 위해 일했다. 이 모든 일이 완성되고 17장에서 반석이 갈라져 생수가 흘러나옴으로 그리스도께서 십자가에서 죽으심으로 성령이 부어지신 것을 예표하는 사건이 있은 후에 이방인인 아내와 장인이 돌아와서 함께 하나님을 경배하는 것이 18장의 내용이다(12절 참조). 그리스도는 이 땅에 오셨을 때 암시적으로 또는 예표적으로 이방인들을 구원하셨지만 여전히 그분은 이스라엘 집의 잃어버린 양들을 구원하러 보내심을 받았다고 말씀하셨다(마 15:24). 그러나 그분이 십자가에 죽으시고 부활하시고 승천하신 후 오순절날 성령이 부어졌을 때 이방인들은 당당하게 그리스도의 몸 안으로 들어오게 되었다(고전 12:13).

유대인과 이방인이 그리스도 안에서 한 몸이 되는 것이 교회에 관한 놀라운 계시이다. 이것은 다른 세대에서는 어떤 사람에게도 알려진 바 없으며 사도 시대에 오직 바울을 통해서 밝혀진 계시이다(엡 3:1-6). 즉 교회는 오순절 이전에 이 땅에 존재할 수 없었다. 교회는 그 오순절날 출생했으며 유대인과 이방인이 그리스도 안에서 한 몸이 되는 교회에 관한 놀라운 비밀이 실제화 된 것이다. 우리가 오늘 구약의 예표를 통해서 신약 교회의 비밀을 알 수 있는 것은 바울에 의해 교회에 대한 계시가 열렸기 때문에 가능한 것이다. 17장에 성령 충만의 예표가 있고 18장에 교회의 예표가 있다는 것은 매우 의미 깊다.

교회에 대하여

사도행전 7장 38절은 이스라엘 백성들이 광야에 있을 때를 가리켜 광야 교회라고 말한다. 우리는 구약의 이스라엘이 신약 교회의 예표임을 안다. 갈라디아서 6장 16절은 신약의 교회를 하나님의 이스라엘이라고 말한다. 오늘날 교회에 대한 계시는 보편적으로 하나님의 자녀들에게 알려졌다. 교회가 그리스도의 몸이요 하나님의 집이요 성령의 전이요 그리스도의 군대요 한 새 사람임을 안다. 그러나 우리는 여전히 구약의 하나님의 백성인 전체적인 이스라엘을 통하여 교회의 모습을 보아야 한다. 고린도 전서에서 바울 사도는 이스라엘 백성이 구름 아래 있고 바다 가운데로 지난 광경과 거기서 침례를 받고 신령한 식물을 먹고 신령한 음료를 마신 것을 그대로 신약의 교회에 적용하면서 그들의 행함을 거울삼도록 고린도 성도들을 권면하였다. 이것은 이스라엘이 교회의 예표가 될 수 있다는 충분한 근거가 된다.

오늘날 우리가 생각하는 교회와 성경에서 계시하고 있는 교회와 차이가 있지는 않은가? 하나님께서 이스라엘을 애굽에서 이끌어내신 것은 하나님만을 의지하고 그분에게서 모든 것을 공급받고 살며 그분의 인도를 따르는 한 무리를 얻으시기 위함이다. 오늘날 많은 사람들이 교회란 에클레시아(ekklesia)로서 부르심받아 나온 무리라는 것을 알지만 그들은 아직도 애굽으로 예표된 세상에서 구별되어 나오지 않았다. 그들은 애굽을 탈출하여 홍해를 건너 광야생활로 들어가지 않고 다만 애굽에서 벽돌을 굽다가 주일에 한 번씩 모여 예배하고 다시 돌아가서 바로의 국고성 공사에 동참하는 생활을 하는 것이다.

엄밀히 말해서 이것은 교회의 참 모습이라고 할 수 없다. 광야 교회는 모세의 인도를 따라 단체적으로 행동하고 움직였다. 그들의 삶은 애굽의 삶과 구별된 것이었다. 그들의 광야에서의 모든 활동은 하나님의 인도를 따라 움직이는 것이었지 자신의 세상적인 삶 가운데 안주하면서 그저 필요할 때 한 번씩 예배드리는 것이 아니었다. 하나님께서 그들을 건조한 광야로 인도하여 하늘에서 내리는 만나로 살게 하신 것은 그들로 오직 하나님에 의해서만 사는 것을 배우게 하시려는 것이었다. 또 그들은 구름기둥과 불기둥의 인도를 따랐다. 그들은 목적지를 향해 계속 전진해 나아가는 순례자들이었지 물이 많고 나무가 많은 엘림 같은 곳에 정착하여 살면서 한 번씩 모여 예배하고 기도하고 헤어지고 하는 삶을 산 것이 아니었다.

이 땅의 교회는 그리스도의 몸으로서, 새 사람으로서 행동이 있고 움직임이 있다. 주님은 교회와 함께 움직이고 행동하신다. 오늘 우리의 교회생활은 광야의 이스라엘 백성과 같이 약속의 땅을 목적지로 하여 계속 전진하고 나아가는 생활인가 아니면 정착하여 머물러 있는 생활인가? 과연 구름기둥과 불기둥의 인도를 받으며 계속 나아가고 있는가 아니면 아직도 애굽을 떠나지 못하고 있는 상태인가? 또는 광야의 한 지점에 진을 치고 정착해버린 상태인가? 우리는 반드시 이것을 점검해 보아야 한다. 성령의 인도를 따라서 계속 전진해 나아가는 상태가 아니라면 하나님이 원하시는 교회의 모습이라고 할 수 없다.

8-12절, 모세가 여호와께서 이스라엘을 위하여 바로와 애굽 사람에게 행하신 모든 일과 길에서 그들의 당한 모든 고난과 여호와께서 그들을 구원하신 일을 다 그 장인에게 고하매 9 이드로가 여호와께서 이스라엘에게 모든 은혜를 베푸사 애굽 사람의 손에서 구원하심을 기뻐하여 10 가로되 여호와를 찬송하리로다 너희를 애굽 사람의 손에서와 바로의 손에서 건져내시고 백성을 애굽 사람의 손 밑에서 건지셨도다 11 이제 내가 알았도다 여호와는 모든 신보다 크시므로 이스라엘에게 교만히 행하는 그들을 이기셨도다 하고 12 모세의 장인 이드로가 번제물과 희생을 하나님께 가져오매 아론과 이스라엘 모든 장로가 와서 모세의 장인과 함께 하나님 앞에서 떡을 먹으니라

이 부분의 말씀은 장래 있을 그리스도의 재림과 왕국에 대한 예표로 볼 수 있다. 여기서 모세는 장인에게 여호와께서 이스라엘에게 베푸신 은혜와 구원을 말했다. 이드로는 그 모든 사실을 듣고 여호와를 찬송했다. 그리고 모세와 아론과 이스라엘 모든 장로와 함께 번제를 드리고 음식을 먹었다. 여기에는 모세의 아내 십보라와 두 아들도 참여했을 것이다.

장차 주님이 다시 오실 때 그분의 왕국 안에는 그분의 신부인 교회가 있을 것이며 그분의 자녀들이 있을 것이며 그리스도의 몸에 참여한 유대인과 이방인이 함께 있을 것이다. 모세는 구원자인 그리스도를 예표하며 이스라엘 백성은 구출된 하나님의 백성을 예표하며 십보라는 이방에서 얻어진 신부를 예표하며 두 자녀는 하나님께서 모세에게 주신 자녀들로서 하나님이 그리스도에게 주신 자녀들을 예표한다. 그들은 다함께 승리를 거둔 자들로서 지금 승리의 기쁨을 나누기 위해 하나님께 제물을 드리며 함께 음식을 먹고 있는 것이다. 이것이 무엇인가? 장차 올 왕국을 묘사하는 간략한 그림이다.

왕국에 대하여

오늘날 교회는 하나님의 왕국(Kingdom of God)의 실제를 가져야 한다. 물론 그 왕국의 완전한 나타남은 그리스도의 재림으로 인해 있게 된다. 이 시점에서 나타난 왕국의 모형은 주님의 재림시에 실제로 펼쳐질 왕국을 보여준다. 여기서 교회와 왕국에 대하여 잠시 보겠다. 오늘날 왕국의 실제가 교회에 있어야 한다는 것은 무슨 뜻인가?

마태복음 16장 18절에서 주님은 "내가 이 반석 위에 내 '교회'를 세우리니 음부의 권세가 이기지 못하리라"고 하셨다. 그리고 이어서 주님은 "내가 천국(Kingdom of Heavens) 열쇠를 네게 주리니"라고 하셨다. 이것은 마치 교회와 왕국이 바꿔 쓸 수 있는 단어인 것처럼 말씀하신 것이다. 왕국의 특징은 어디에 있는가? 물론 왕국의 특징은 다스림에 있다. 그리스도의 다스림이 통행되는 범위가 왕국이다. 성경에서 왕국이라는 용어가 사용될 때 그것은 상대적으로 사탄과의 전쟁을 함축한다. 주님은 아직 사탄이 활동하는 범위에서는 그분의 왕국이 이루어졌다고 말씀하시지 않는다. 그러므로 누가복음 11장 20절에서 주님은 "그러나 내가 만일 하나님의 손을 힘입어 귀신을 쫓아내는 것이면 하나님의 나라가 이미 너희에게 임하였느니라"고 하셨다. 귀신과 악한 영의 활동이 제어된 곳에 하나님의 나라가 임하는 것이다. 그러므로 하나님의 나라(왕국)는 적극적으로는 하나님의 통치가 임하는 곳이요 소극적으로는 사탄의 활동이 제거된 영역이다. 계시록 12장의 "우리 하나님의…나라와 또 그의 그리스도의 권세가 이루었으니"(10절)라는 선포는 하늘에서 마귀라 하는 사탄이 내어쫓긴 후에 있었다.

오늘날 교회가 왕국의 실제를 가지려면 십자가가 성도들 안에 깊이 역사해야 한다. 십자가만이 사람 속에 있는 사탄의 입지를 파괴한다. 사람의 육체가 남아 있는 한, 사탄은 교회 중에서 역사할 발판을 얻는다. 만일 성도들이 충성스럽게 십자가의 역사를 받아들이고 순종하면서 육체를 처리해 나간다면 사탄은 교회 가운데서 역사할 길을 얻지 못할 것이다. 왕국인 교회는 오직 그리스도만이 계시는 범위이다. 주님은 바리새인들 앞에서 하나님의 나라는 볼 수 있게 임하는 것이 아니며 여기 있다 저기 있다 하여도 믿지 말라고 하시면서 하나님 나라는 '너희 안에' (in your midst) 있다고 하셨다. '너희 안에' 란 사람의 마음속을 의미하는 것이 아니다. 당시 왕국은 그리스도 한 분에게서만 존재했다. 즉 그분 자신이 왕국이라는 말이다. 그러므로 당시 하나님의 왕국은 그들 '가운데' (midst) 존재하셨던 것이다.

우리 가운데 왕국이 임하게 하려면 오직 그리스도만 우리 가운데 존재하시게 해야 한다. 우리 육체가 남아 있는 한, 우리 육체가 지위를 갖고 활동하는 한, 왕국의 실제와는 거리가 멀다. 다시 말하지만 왕국은 그리스도의 통치의 범위요 그리스도 자신이며, 오직 사탄의 역사가 멸절된 곳에서만 실제화 된다. 오늘날 교회는 이러한 왕국의 실제를 가져야 한다. 이렇게 사람의 육체가 제해지고 주님의 다스림이 온전히 실천되는 곳에서 왕국은 이루어져간다. 오늘날 사탄의 일을 전복시키며 그리스도의 승리를 지키는 범위는 오직 왕국의 실제를 갖고 있는 교회이다. 오늘 누가 그리스도의 왕국을 이 땅에 가져오기 위하여 기꺼이 십자가로 자신을 처리하며 절대적으로 하나님의 뜻에 자신을 굴복시킬 것인가? 17장에서 생수로 예표된 성령 충만은 하나님의 백성을 아말렉으로 예표된 육체와의 전쟁으로 이끌었고 이 승리는 결국 그들을 18장의 모세와 이방인 아내와 두 아들, 그리고 장인 이드로, 이스라엘 장로들로 예표된 왕국으로 이끌었다. 육체를 정복함이 없이는 그리스도의 왕국이 이루어질 수 없다. 오늘날 왕국의 실제가 있는 교회가 되려면 그 안에 십자가가 역사되어 모든 사람의 육체가 처리될 수 있어야 한다. 육체에 대한 철저한 진멸이 이루어진 곳에 왕국의 실제가 있다.

13-26절, 이튿날에 모세가 백성을 재판하느라고 앉았고 백성은 아침부터 저녁까지 모세의 곁에 섰는지라 14 모세의 장인이 모세가 백성에게 행하는 모든 일을 보고 가로되…어찌하여 그대는 홀로 앉았고…15 모세가 그 장인에게 대답하되 백성이 하나님께 물으려고 내게로 옴이라…이 일이 그대에게 너무 중함이라 그대가 혼자 할 수 없으리라 19 이제 내 말을 들으라 내가 그대에게 방침을 가르치리니 하나님이 그대와 함께 계실지로다…하나님께서도 그대에게 인가하시면 그대가 이 일을 감당하고…24 이에 모세가 자기 장인의 말을 듣고 그 모든 말대로 하여 25 이스라엘 무리 중에서 재덕이 겸전한 자를 빼서 그들로 백성의 두목 곧 천부장과 백부장과 오십부장과 십부장을 삼으매…

13절부터 26절까지는 모세의 장인 이드로가 백성을 재판하는 일에 관하여 모세에게 충고한 일을 기록하고 있다. 이것은 이드로가 모세에게 온 다음날 일어난 사건이다. 모세는 백성을 재판하느라고 아침부터 저녁까지 백성들과 함께 있었다. 13절은 백성들이 모세의 곁에 있었다고 말한다. 모세는 40세 때 백성들을 재판해보려고 했던 적이 있다. 그러나 그때는 아직 때가 아니었다. 나는 젊은 형제들이 어떤 갈망을 갖고 있을지라도 인내하며 기다리기를 권하겠다. 지금은 사람들이 당신을 떠나지만 언젠가 당신 곁에서 당신의 재판을 기꺼이 받기 위해 오는 날이 있다. 백성들이 모세의 곁에 있었다는 것이 바로 그 말이다. 그는 친밀하고 겸손하며 진실하고 신뢰성 있게 일을 한 것이다.

이드로는 모세가 혼자 아침부터 저녁까지 백성들의 재판 문제를 처리하는 것을 보고 "그대의 하는 일이 선하지 못하도다"라고 했다(17절). 이드로는 모세의 기력으로 그 일을 혼자 감당할 수 없다고 말하면서 온 백성 가운데 재덕이 겸전하고 하나님을 두려워하고 진실무망하고 불의한 일을 미워하는 자 중에서 천부장, 백부장, 오십부장, 십부장을 삼아 그들로 때를 따라 재판하게 하라고 하였다. 큰일이면 모세에게 가져오고 작은 일이면 그들 스스로 재판할 것이라고 하였다. 즉 새로 세워진 인도자들이 모세와 함께 재판함으로 모세의 직임이 가벼워질 것이라고 한 것이다. 그러면서 이드로는 이러한 방침을 모세에게 권할 뿐 아니라 그에 대해 하나님께 여쭈어서 인가하시면 그렇게 하라고 말한다.

이드로는 이방인이지만 최소한의 영적 원칙을 알고 있다는 것이 흥미롭다. 그는 "하나님께서도 그대에게 인가하시면 그대가 이 일을 감당하고"라는 표현을 썼다. 영적인 원칙이 없고 거친 사람은 자신이 본 것이 분명하고 올바른 것이라고 여기면 무조건 상대방에게 그렇게 하라고 강요한다. 그러나 여기서 이드로는 모세에게 하나님께로부터 인가를 받으라고 말했다. 모세는 장인의 말을 듣고 그 일에 대하여 그의 모든 말대로 행하였다(24-26절). 여기서 모세는 열려있는 사람임을 알 수 있다. 많은 사역자들은 항상 자기가 가르치니 다른 사람들보다 모든 면에 자기가 잘 안다는 생각을 가지기가 쉽다. 그러나 모세는 영적인 일과 종교적인 일에는 자신이 앞서지만 일을 처리하는 정치적인 일에서는 장인의 말을 들었던 것이다. 이는 오늘날 사역자들이 배워야 할 부분이다.

이 일에 대하여 성경 학자들 간에 주로 세 가지 관점이 있다. 하나는 적극적인 것이요 또 하나는 소극적인 것이다. 다른 하나는 출애굽기 18장은 소극적이요 민수기 11장을 적극적으로 보는 것이다. 첫 번째 관점은 이드로가 모세에게 한 충고에 따라 인도자들을 세운 것은 좋은 일이고 바람직하다는 견해이다. 두 번째는 민수기 11장에 있는 칠십 장로와 연관 지어서 소극적으로 보는 견해이다. 세 번째 관점은 이드로의 제안을 받은 그 자체가 인간의 천연적인 의견을 받아들인 것이므로 잘못되었다는 것이다. 그러나 민수기 11장은 사람의 견해에 따른 것이 아니라 하나님께서 성령을 통하여 70인을 세우셨다는 견해이다.

첫 번째의 적극적인 관점을 따른다면 18장의 내용이 왕국의 질서와 관계되는 것이므로 하나님의 나라의 통치에 해당된다. 우리는 바로 앞에서 왕국에 대하여 보았는데, 왕국은 다름 아닌 하나님이 통치하시는 영역이다. 출애굽기 18장 후반부의 내용은 보다 효과적이고 보편적인 통치를 위하여 천부장과 백부장과 오십부장과 십부장을 세운 것이다. 우리는 출애굽기에서 홍해를 건너는 것을 시작으로 하여 매일매일 그리스도를 생명으로 취하여 사는 것을 예표하는 만나를 먹음과, 성령 충만을 예표하는바 갈라진 반석에서 나온 생수를 마심과, 육체를 예표하는 아말렉과의 전쟁에서 승리하는 것을 본다. 이 승리 후에 우리는 이방인들이 유대인들과 합하여 함께 그리스도의 승리를 축하하며 제물을 드리는 왕국의 그림을 본다. 그런 뒤에 효율적인 통치를 위하여 많은 인도자들이 각기 분량에 따라 세워지는 것을 볼 수 있다.

그리스도의 몸 안에서 모든 성도들이 다 같은 분량을 가진 것이 아니다. 그러므로 그리스도의 몸의 각 지체들은 하나님이 각 사람에게 나눠주신 믿음의 분량대로 지혜롭게 생각해야 한다(롬 12:3). 그리스도께서 승천하신 후 그분의 교회에게 은사를 주실 때에도 각 사람의 은사의 분량대로 은혜를 주셨다(엡 4:7). 어떤 사람은 천 명을 다스릴 분량이 있고 어떤 사람은 백 명을 다스릴 분량이 있으며 어떤 사람은 오십 명을, 어떤 사람은 열 명 정도를 감당하는 것으로 족하다. 이것이 각 사람의 은사의 분량일 것이다. 하나님은 이러한 은사의 분량에 따라 은혜를 주셨다. 사도 바울과 같은 그릇은 하나님으로부터 받은 은사의 분량이 크며 따라서 받은 은혜도 컸다. 그러므로 그를 통하여 많은 사람이 온전케 됨을 입었다.

이것이 하나님의 왕국의 예표라는 것에 대하여 우리는 이의가 없다. 신약의 교회는 참된 의미에서 왕국의 실제를 갖는다. 그 안에 질서가 충만하다. 모든 지체가 다 같은 분량을 가진 것도 아니고 같은 직분을 가진 것도 아니다. 각 지체는 하나님이 주신 믿음의 분량대로 또 받은 은사대로 그리스도의 몸 안에서 주님을 섬겨야 한다. 가령 열 명을 감당하면 족한 형제가 천 명을 감당하겠다고 나선다면 그러한 교회는 필히 어려움을 당하게 될 것이다. 이와 반대로 천 명을 다스리며 돌볼 수 있는 형제가 열 명만 보살핀다면 그것 또한 커다란 손실이 될 것이다. (물론 모든 주권의 하나님은 각 지체가 받은 은사대로 섬길 수 있는 길을 여실 것이다.)

오늘날 왕국인 교회 안에는 이러한 질서가 있어야 아름답다. 각 지체가 하나님이 주신 위치와 분량에 맞게 섬기는 것을 하나님은 기뻐하신다. 무슨 일이든지 다 사역자들에게 묻고 도움을 청하거나 또는 한두 명의 장로에게만 도움을 청하게 되면 성도들이 많을 경우 감당할 수 없는 상황에 이르게 되며 따라서 교회의 상태는 어지럽게 된다. 작은 일은 작은 지체들이 지혜를 모아 처리하고 돌볼 수 있어야 하고 조금 큰 문제는 조금 큰 분량의 형제들이 기도하면서 처리할 수 있어야 한다. 더 크고 복잡하고 어려운 문제가 있을 때 사역하는 형제나 장로들에게 물을 수 있다. 이처럼 적절하고 분량에 맞는 봉사들이 세워질 때 교회는 그야말로 그리스도의 통치가 실행되는 왕국의 모습을 지닐 것이다.

이 구절에 대하여 두 번째인 소극적인 견해를 갖는 사람들이 있는데, 이들은 주로 형제회 교사들이다. 맥킨토시와 스코필드 박사는 18장을 민수기 11장과 연관 지어 생각했다. 그것은 출애굽기 18장과 민수기 1

장의 두령들을 세우는 일과 민수기 11장의 70장로를 세우는 일이 서로 다르다는 것이다. 즉 출애굽기 18장과 민수기 1장의 일은 적극적인 것이요 민수기 11장의 70장로를 세우는 일은 소극적인 일로 구별되어야 한다는 것이다. 그러나 우리가 생각하기에 백성의 두령들이 세워지는 것이나 장로들이 세워지는 것이나 당시 이스라엘에게는 필요한 일이었다. 출애굽기 18장에서 백성들 위에 두목들이 세워진 것은 이방인 이드로의 제안에 의한 것이었고, 민수기 1장에서 백성들의 두령들을 지파마다 세우는 것은 하나님의 직접적인 명령이었으며, 민수기 11장에서 70장로들이 세워진 것은 모세가 이스라엘 백성들의 원망과 부르짖음을 견딜 수 없어서 하나님께 더 이상 혼자 짐을 질 수 없다고 고했을 때 하나님께서 세우신 것이다. 각각 다른 형편에서 인도자들이 세워졌지만 이스라엘 백성들에게는 다 적극적으로 사용되었다.

형제회 교사들의 관점에 의하면 모세가 자신의 일을 혼자 감당치 못하여 70인에게 나누어 감당하게 한 것은 합당치 않은 것이다. 그들의 말에 의하면 그 짐을 짊어지는 주체가 모세가 아니라 하나님이시기 때문에 모세 자신이 무겁다고 불평하는 것은 합당치 않다는 것이다(민 11:14). 여기서 모세는 하나님께 거의 사표를 내는 지경에 이르렀다. "주께서 내게 이같이 행하실진대 구하옵나니 내게 은혜를 베푸사 즉시 나를 죽여 나로 나의 곤고함을 보지 않게 하옵소서"(15절). 그리고 그들은 이 민수기 11장과 출애굽기 18장을 연계시켰다. 같은 맥락에서 해석을 가한 것이다. 즉 하나님이 한 사람에게 맡겼다면 할 수 있는 힘을 주신다는 말이고 필요한 지혜도 주신다는 말이다.

민수기 11장에서 모세는 자신의 짐이 너무 무거워 더 이상 질 수 없다고 부르짖었다. 그때 하나님은 70명을 모아 회막에 서라고 하시며 그들에게 영이 임하게 하시고 예언하도록 은사를 주셨다. 그러나 그때 백성들의 원망과 불평을 잠재우고 해결한 것은 세워진 70명의 장로들이 아니라 하나님의 손이었다. 하나님은 모세에게 말씀하시기를 "여호와의 손이 짧아졌느냐 네가 이제 내 말이 네게 응하는 여부를 보리라" (23절)고 하셨다. 이로써 우리가 알 수 있는 것은 인도자가 많이 세워지든 적게 세워지든 사람들의 필요를 채우는 분은 오직 하나님이시라는 것이다. 따라서 우리는 이들의 견해 또한 영적인 것으로 취할 수 있다.

또 다른 세 번째의 견해는 출애굽기 18장은 인간의 육체의 도움과 방법을 대표하고, 민수기 11장은 하나님께서 성령으로 하신 일로 매우 대조적인 것이라는 견해가 있다. 이는 이드로의 제안 자체가 인간적인 생각에서 나온 조언이라는 것이고 모세는 그렇게 사람에게서 나온 제안을 함부로 받아들여 사역을 해서는 안 된다는 견해이다. 그러나 민수기 11장은 모세의 뜻을 받아들이신 하나님이 하신 신성한 방법이라는 것이다. 우리는 이런 여러 견해들로부터 적극적으로 취하고 배울 수 있는 점들이 다 있다고 생각한다.

출애굽기 18장에서 이드로가 모세에게 동역할 사람들을 세우라고 권한 것도 사실은 모세의 기력이 쇠할까봐 염려한 것이며 그의 책임이 너무 중하여 혼자 할 수 없다고 보았기 때문이다(18절). 그러므로 출애굽기 18장의 천부장, 백부장, 오십부장, 십부장을 세운 것이나 민수기 11장의 70장로가 세워진 것의 동기는 한 사람의 기력의 한계를 나타내는 것으로서 같은 맥락의 것이라고도 볼 수 있다. 형제회 교사들이 강조한 것은 모세 혼자서 하든 많은 인도자들과 함께 하든 결국 일을 해결하는 힘은 하나님께 있다는 것이다. 그들은 모세가 많은 사람들과 함께 동역하는 자체를 문제 삼은 것이 아니라 자신의 힘을 의지하여 일을 처리하다가 기력의 한계를 느꼈다는 데 있다고 했다. 그들에게서 배울 수 있는 것은 하나님이 우리에게 주신 위임을 수행할 때 자신의 힘을 사용하지 않아야 한다는 것이며, 하나님이 주신 위임과 그에 따른 영광을 쉽게 포기하려 들지 말아야 한다는 것이다.

또한 사역자들이 인간적인 방법이나 사람의 생각에서 나온 권면을 받아들여 일을 해서는 안 된다는 것도 반드시 배워야 할 중요한 공과라고 생각한다. 사역자가 연장자를 존중하는 것은 옳은 일이지만 인간적으로 연장자이며 친척이라 해서 그가 젊은 사역자의 일을 좌지우지할 수 있기까지 의견을 제출하여서는 안 된다. 사역자는 하나님에 대하여 경험이 없다 하더라도 무조건 연장자의 충고나 권면을 따를 수도 없다. 어디까지나 사역자들은 주님의 종이지 사람의 종이 되어서는 안 된다(갈 1:10).

이런 여러 가지 방면들에 모두 귀한 영적인 교훈이 있어 버릴 수 없는 점들이 있다. 이 상황을 왕국으로 보는 관점도 매우 인상적이고 귀한 것이다. 하나님께서 하실 수 있으니 사람에게 주신 위임을 소홀히 해서는 안 된다는 것도 중요한 배움이 되어야 한다. 인간적인 제안을 함부로 받아들여서는 안 된다는 면도 매우 중요한 방면이다. 그러므로 이 세 가지 견해 속에 각각 중요한 핵심들이 들어있는 것이다. 첫 번째 해석에서 왕국의 예표로 보는 것은 받을 수 있는 건전한 해석이며 나머지 둘도 영적인 교훈의 면에서 유익되게만 받으면 된다. 이 부분의 말씀의 해석에 관하여는 굳이 충돌되는 부분을 부각하여 연구하는 것은 필요하지 않을 것으로 사료된다.

좀 더 말한다면 나는 그리스도인이 사역에서나 교회 봉사에 있어서 어떤 일을 혼자하기 좋아하는 것을 결코 찬성하지 않는다. 그리스도의 몸은 많은 지체들로 이루어져 있어서 함께 동역하도록 되어 있다. 그러므로 한 사람이 할 수 있는 것을 두 사람이 하는 것이 좋으며 두 사람이 할 수 있는 것을 세 사람이나 네 사람이 함께 하는 것이 좋다. 그렇지만 어떤 때 하나님은 한 형제에게 함께할 수 있는 동역자를 주시지 않고 매우 무거운 짐을 지게 하신다. 그러나 실상 그 짐은 그에게 무거운 것이 아니다. 다만 무겁게 느껴질 따름이다. 주님 안에 있는 모든 일은 즐겁고 가볍다(마 11:30).

그러므로 어떤 형제가 자신이 지고 있는 짐이 아주 무겁게 느껴질 때 그 짐을 벗고 싶어하거나 다른 사람들과 나누어서 지고자 한다면 그것은 그리 좋은 게 아니라는 것이다. 그리스도 안에서의 동역은 이러한 동기로 시작되어서는 안 되며, 하나님께서 어떤 일을 혼자 감당하게 하시면 혼자 감당할 수 있어야 한다. 또는 동역하게 하시면 동역할 수 있어야 한다. 우리는 개인주의를 고집해서도 안 되고 단체주의에 떨어져서도 안 된다. 우리는 다만 하나님께 순종하고 하나님을 신뢰한다. 때로 하나님은 그분의 종을 혼자 두시고 그로 많은 짐을 홀로 지게 하실 것이다. 그리고 그의 곁에 함께 짐을 짊어질 어떤 동역자도 주시지 않을 것이다. 그것은 하나님께서 그로 하여금 그 짐을 홀로 지게 하신다는 것을 의미한다. 생애 말기에 바울이 그러했으며 열두 사도 가운데 최후까지 살아남았던 요한도 그러했다. 그들은 결코 어떤 일을 혼자 하고 싶어서 홀로 있게 된 것이 아니다. 그것은 하나님의 주권적인 일이었다. 그때 그들은 자신에게 맡겨진 위임을 혼자라도 충성스럽게 수행하지 않으면 안 되었다. 그들은 하나님께 '저는 혼자이기 때문에 아무 일도 할 수 없습니다' 라고 말하지 않았다. 혼자 하는 것도 여럿이 하는 것도 법이 될 수 없다. 하나님만이 법이시다. 그분이 허락하시고 인도하실 때 모든 것이 옳고 선한 것이다.

개인주의는 단체적인 몸에 상반되는 것으로서 철저히 십자가로 배격되어야 한다. 몸의 건축을 가장 해롭게 하는 것은 개인주의이다. 1800년대 이후 그리스도의 몸에 대한 계시가 열리게 되었고 많은 그리스도인들이 몸의 중요성과 개인주의의 폐해를 보게 되었다. 그리고 단체적인 동역 안에서 복음을 전하고 하나님의 사역의 일을 하기를 힘썼다. 그러나 몸의 단체성을 강조하다 보니 이제는 개인에게 주신 하나님의 귀한 위임을 소홀히 하는 경우도 생기게 되었다. 그러므로 우리는 깨어 주의해야 한다. 개인주의에 육체가 있을 수 있듯이 단체주의에도 육체가 있을 수 있다. 개인에게서 육체가 지위를 얻을 수 있듯이 단체 안에도 육체가 깃들 수 있다. 그리스도의 몸이 단체로 이루어진다는 것은 틀림없는 사실이지만 이 단체 역시 영적인 단체이지 육적인 단체가 될 수 없다. 육체 안에서 이루어지는 어떤 것도 하나님 앞에서는 가치가 없다. 혼자이지만 몸(단체)의 원리 안에서 사역할 수 있고 단체이지만 개인주의 원리나 혹 육체 안에서 사역할 가능성이 있는 것이다.

사도행전 8장의 빌립의 전도는 개인주의적인 일인가 단체적인 일인가? 겉으로 볼 때 그는 혼자였지만 여전히 그리스도의 몸의 단체적인 일로서 간주되었으며 베드로와 요한의 방문과 사역을 받아들였다. 20장에서 바울은 개인적인 결심에 따라 예루살렘에 올라갔는가? 개인의 느낌을 중요시한 나머지 몸의 원리를 위배한 것인가? 그는 분명 당시 곁에 있는 형제들의 만류와 선지자들이 성령으로 한 권면까지도 받아들이지 않고 올라갔다. 그것을 바울이 그때 개인주의를 실행한 것으로 간주할 수 있는가? 그 답은 하나님께서 각 사람을 어떻게 인도하시는가에 달려 있다고 말해야 할 것이다. 우리는 개인주의나 단체주의를 따르는 것이 아니라 오직 우리를 구속하신 어린 양을 따른다(계 14:4).

27절, 모세가 그 장인을 보내니 그가 자기 고향으로 돌아가니라

모세의 장인은 돌아가서 자기 고향 사람들에게 하나님을 전하였을 것이며, 후에 그는 겐 사람의 조상이 되었다. 사사기 1장에 의하면 모세의 장인이 겐 사람이라고 되어 있으며 그 자손이 유다 자손과 함께 종려나무 성읍에서 올라가서 아랏 남방의 유다 황무지에 이르러 그 백성 중에 거했다고 기록되어 있다(16절). 사울이 이스라엘 왕이 되어 아말렉을 도륙할 때 겐 사람을 그들 중에서 떠나게 하면서 지난 날 그들이 이스라엘과 맺었던 우의에 대하여 말한다(삼상 15:6). 겐 사람은 하나님의 백성과 좋은 관계를 가졌던 것으로 나타나 있다. 이것은 특히 모세의 장인 이드로 때문일 것이다.

출애굽기 19장

출애굽기는 크게 구분하여 1장부터 18장까지가 한 단락이고 19장부터는 새로운 단락이 시작된다고 볼 수 있다. 1장부터 18장까지는 주로 구속에 관한 것이다. 구속의 결과는 교회와 왕국을 이루는 것이며 그 내용은 18장에서 결론에 이른다. 19장에서부터는 하나님께서 그분의 백성들을 그분에게로 가까이 이끌어 말씀하시고 언약하시며 교제하시기 위해 성막을 건축하라고 명하심을 볼 수 있다. 하나님이 사람을 구속하신 것은 이와 같이 목적이 있는데, 곧 그분 자신에게로 이끄시려는 것이다.

1-2절, 이스라엘 자손이 애굽 땅에서 나올 때부터 제삼월 곧 그때에 그들이 시내 광야에 이르니라 2 그들이 르비딤을 떠나 시내 광야에 이르러 그 광야에 장막을 치되 산 앞에 장막을 치니라

이스라엘 자손이 시내 광야에 이른 것은 그들이 애굽을 떠난 지 약 두 달 만의 일이다. 애굽에서 그들이 도착해야 할 시내 산까지는 삼 일 길이었다. 그러나 50일 가까이 걸린 셈이다. 하나님은 그들을 시내 산으로 인도하여 그곳에서 말씀하시고 그들과 언약을 맺기를 원하셨다. 이스라엘 자손이 시내 광야에 이르렀을 때 하나님은 비로소 그분의 마음에 있는 바를 말씀하시기 시작했다.

3-6절, 모세가 하나님 앞에 올라가니 여호와께서 산에서 그를 불러 가라사대 너는 이같이 야곱 족속에게 이르고 이스라엘 자손에게 고하라 4 나의 애굽 사람에게 어떻게 행하였음과 내가 어떻게 독수리 날개로 너희를 업어 내게로 인도하였음을 너희가 보았느니라 5 세계가 다 내게 속하였나니 너희가 내 말을 잘 듣고 내 언약을 지키면 너희는 열국 중에서 내 소유가 되겠고 6 너희가 내게 대하여 제사장 나라가 되며 거룩한 백성이 되리라 너는 이 말을 이스라엘 자손에게 고할지니라

출애굽기 19장을 이해하는 것이 결코 쉽다고 생각해서는 안 된다. 우리는 이 부분에서 하나님의 말씀하신 뜻을 주의 깊게 연구하는 것이 필요하다. 하나님께서는 이스라엘이 그분의 말씀과 언약을 지키면 그분의 소유가 되겠고 제사장 나라가 되며 거룩한 백성이 되리라고 하셨다. 5절의 '내 말'과 '내 언약'은 분명 20장부터 기록된 율법과 계명의 말씀이 아닐 것이다. 하나님께서는 지금까지 이스라엘을 율법과 규례를 통해 인도하실 의사가 없으셨다. 아브라함을 불러내실 때부터 이삭, 야곱, 요셉, 그리고 애굽에 있는 이스라엘 백성을 유월절을 통해 홍해를 건너 광야로 이끌어내실 때까지 그들을 율법주의에 입각하여 대하시거나 인도하시지 않았다. 오직 은혜였다. 지금 하나님께서 모세더러 야곱 족속, 이스라엘 자손에게 이르라고 하신 말씀도 하나님이 이스라엘을 은혜로 인도하신 것에 대하여 말씀하시는 것이지 그들이 율법을 흠이 없이 지켰으므로 그들로 홍해를 건너게 했다거나 독수리 날개로 업어서 광야로 인도했다고 말씀하시는 것이 아니다.

하나님은 원래부터 사람에게 율법을 주시고자 하는 의도를 가지신 것이 아니다. 영원 전부터 하나님은 사람에게 은혜를 주시고 은혜로 대하기를 원하셨다. 디모데 후서 1장 9절 말씀은 "하나님이 우리를 구원하사 거룩하신 부르심으로 부르심은 우리의 행위대로 하심이 아니요 오직 자기 뜻과 영원한 때 전부터 그리스도 예수 안에서 우리에게 주신 은혜대로 하심이라"고 한다. 하나님은 영원한 때 전부터 우리에게 행위대로가 아니라 다만 은혜를 주시려 하시고 은혜로 대하실 것을 정하셨다. 하나님의 이러한 태도는 한 번도 변하신 적이 없다. 하나님께서 지금까지 이스라엘을 대하신 것도 다 은혜의 원칙에 입각한 것이었고 하나님은 이러한 태도를 한 번도 바꾸신 적이 없다. 그분은 알파와 오메가요 처음과 나중이신 분으로서 그분이 처음에 아브라함을 대하신 태도로 여전히 이스라엘을 대하고 계시는 것이다. 그러므로 하나님은 이스라엘이 그분의 은혜의 언약과 은혜의 말씀을 지키기 원하셨으며, 그에 따라 이스라엘은 열국 중에서 자신의 소유가 되겠고 제사장 나라와 거룩한 백성이 될 것이라고 말씀하신 것이다. 하나님께는 모든 나라, 모든 백성들이 그분의 것이지만 이스라엘만큼은 특별히 선택하여 그분의 보물이 되며 제사장 나라가 되게 하신 것이다. 여기서 우리는 하나님을 섬길 수 있는 것이 얼마나 큰 특권인지를 볼 필요가 있다. 사도 베드로는 신약의 믿는이인 우리가 택하신 족속이요 왕 같은 제사장들이요 거룩한 나라요 그분의 소유된 백성이라고 말한다.

그러나 우리가 하나님과 이러한 특별한 관계를 갖는 것은 반드시 그분의 말씀과의 관계성 속에서 이루어진다는 것을 보아야 한다. 어떻게 해서 죄인인 우리가 그분의 특별한 소유가 되며 특별한 백성이 되는가? 그것은 그분의 말씀과 언약을 지킴으로써이다. 그러므로 베드로전서에서도 베드로의 이 놀라운 선언에 앞서 1장과 2장에서 하나님의 순전하고 거룩한 말씀을 사모하고 받아들일 것을 말한 것이다. 또한 우리가 여기서 알아야 할 것은 하나님께서 우리로 그분의 소유가 되고 제사장 나라가 되리라고 하신 것은 은혜의 경륜으로 말미암은 것이지 율법의 경륜으로 말미암은 것이 아니라는 것이다. 이는 신약으로 말하면 복음으로 말미암는 것이다. 복음이 없이 어떻게 사람이 그분의 소유가 되고 제사장 나라가 되겠는가? 이는 분명히 베드로 전서 1장과 2장에 있는 내용이다. 1장 25절 말씀은 썩지 않을 씨로 말미암은 거듭남을 말하며 이는 "너희에게 전한 복음이 곧 이 말씀이니라"고 한다. 2장 9절은 동일하게 출애굽기의 이 구절이 인용하고 있다. "오직 너희는 택하신 족속이요 왕 같은 제사장들이요 거룩한 나라요 그의 소유된 백성이니"(고전 2:9).

오늘날 우리는 기억해야 한다. 우리가 왕 노릇하고 제사장으로 섬기는 것이 복음으로 말미암은 것이요 은혜로 거저 얻는 것임에도 불구하고 그것은 고난으로 말미암아 완성된다는 것이다. 오늘날 우리에게 오는 성숙을 위한 은혜는 고난의 형태로 온다. 사실은 편안과 안주보다 고난과 역경이 더욱 큰 은혜의 방문인 것이다. 사도 바울은 자신에게 가시가 있을 때 주님으로부터 '내 은혜가 네게 족하도다' 라는 말씀을 들었다. 바울은 디모데에게 참으면 왕 노릇 할 것이라고 했다. 이 시대에 주님을 위하여 부당한 고통과 불의와 억울한 일들을 당해도 저항하지 않고 겸손함과 온유함으로 어린 양을 따르는 것이 은혜 안에서 그분의 제사장 나라가 되는 비결이다.

여기서 우리는 19장 5절의 '내 말' 이 무엇이며 '내 언약' 이 무엇인지를 살펴보기로 하자. 창세기 12장에 하나님께서 아브라함에게 하신 말씀을 보면 거기에는 어떤 의무나 규정이 없고 다만 은혜뿐임을 알 수 있다. 아브라함과 이삭과 야곱은 다 완전하지 않은 사람들이었다. 그러나 하나님은 그들에게 나타나실 때마다 긍휼과 은혜로 대하셨지 율법의 원칙으로 대하지 않으셨다(창세기 12장, 18장, 28장 등 참조). 또한 하나님은 이스라엘 백성들에게도 그들을 바로의 학정에서 구출하실 것과 유월절을 지킬 것을 말씀하셨지만 그 모든 것이 은혜와 긍휼임을 알 수 있다. 또한 하나님께서 마라에서 쓴 물을 단물로 만드신 후 그들에게 법도와 율례를 베푸시고 그 말씀을 청종하고 의를 행하며 규례를 지키기를 명하셨지만, 그것은 어디까지나 풍성한 공급과 함께 주신 은혜의 말씀이었다(15:25-26). 그들은 당시 하나님의 공급하심으로 충족된 상태에서 그러한 하나님의 명령을 어려움 없이 지킬 수 있었다.

또 하나님께서는 그들에게 만나를 주시면서 아침에 거두는 법도와 안식일 전날에 거두는 법도를 주셨다. 그리고서 그것을 '내 계명과 내 율법'(16:28 참조)이라고 하셨다. 하나님께서는 출애굽기 20장의 십계명을 주시기 전에도 안식일을 포함하여 지켜야 할 여러 가지 법도와 계명을 주셨지만 그것을 은혜의 원칙 안에서 주셨다.

하나님께서는 아브라함 때부터 언약을 세우셨다. 그러나 그 언약은 20장의 율법 아래서 세워진 옛 언약과 다르다. 옛 언약은 중보의 손을 빌어 주신 것이요 쌍방의 합의하에 이루어진 것이지만 은혜의 언약은 완전히 하나님 한 분의 일방적인 것이다. 그러므로 하나님께서 아브라함(창 12:1-3로부터), 이삭, 야곱과 이스라엘 백성에게 많은 언약을 주셨지만(출 19:5까지 포함해서) 그 모든 언약은 일방적으로 하나님께서 '내가 너를 위해 …을 하겠다', '내가 …을 유업으로 주겠다', '내가 어떠어떠한 축복을 하겠다'고 하신 것이다. 거기에 약간의 조건들이 있을 때도 있지만 그것들은 하나님이 행하도록 도와주시고 할 수 있게 해주신다는 것을 전제한 가벼운 것들이었다. 즉 그때는 그 명령들을 지키고 행하는 책임을 하나님이 지셨고 또 그렇게 하나하나 감당해주셨다. 아브라함이 갈대아 우르를 떠나 하란으로, 하란에서 가나안으로 간 것과 가나안에서 겪은 많은 일들은 모두 그가 하나님을 의뢰함으로 도우심을 입어 통과한 것들이다. 야곱의 일생 또한 하나님의 은혜에 의탁된 일생이었다. 하나님은 그에게 축복의 언약을 주셨고 또한 그 언약을 이루시기 위해 그의 모든 인생 노정을 설계하시고 고비마다 도와주셨다. 그러므로 우리는 하나님께서 사람을 대하시는 은혜의 원칙은 한 번도 바뀐 적이 없고 아브라함 때부터 지금까지 여일하게 은혜로 대하신다는 것을 알 수 있다.

그러나 다른 한 면으로 이스라엘이 문제가 없는 상태라고 볼 수는 없었다. 이대로 계속 나아가는 것은 문제가 있는 것이다. 하나님은 이스라엘 자손들을 은혜로 대하시고 인도하시지만 그들은 은혜를 은혜로 알지 못하고 자신들이 어떤 상태에 있는지도 알지 못했다. 그들은 홍해의 놀라운 기적을 통해서 광야에 인도된 지 불과 삼 일만에 물이 없고 얻은 물이 쓰자 모세를 원망했다. 그리고 한두 달이 지나 신 광야에 왔을 때 배가 고프다하여 모세와 아론을 원망하였다. 그들은 원망할 뿐 아니라 애굽에 있을 때를 회상했다. 그러나 하나님은 마라에서나 신 광야에서 그들을 내내 은혜로 대하셨다. 이것은 아브라함과 이삭과 야곱에게 은혜로 대하신 것과 같다. 그들이 조금 잘못하더라도 그들의 잘못을 정죄하고 징계하는 대신 은혜가 넘치게 하여 그들의 필요를 채워주었다. 17장에서 르비딤에 이르렀을 때 그들은 물이 없자 모세와 아론에게 원망하는 정도가 아니라 다투었고 조금 더하면 돌팔매질을 할 지경에 이르렀다. 그러나 그때도 하나님은 그들을 다만 호렙 산 반석을 명하게 하여 물을 마시도록 하셨다. 그리고 그들은 시내 광야에 이른 것이다.

하나님은 19장에서 이스라엘에게 어떤 조건을 부과하고 계셨다. 하나님은 그들이 그 조건들을 지켜야 그들을 자신의 소유가 되게 하며 제사장 나라와 거룩한 백성이 되게 하리라고 하셨다. 하나님은 그들과 중대한 국면을 맞이하고 계신 것이다. 그들이 만일 거기서 이런 말씀을 듣고 '하나님 저희들은 당신의 언약과 말씀을 좋아하지만 지킬 수 있다고 믿지 않습니다. 저희들이 실패한 것이 벌써 몇 번째입니까? 저희들은 조금만 배고파도 못 참고 조금만 목말라도 참지 못하고 원망하고 다툽니다. 저희들은 이미 부패한 육체를 갖고 있어서 지킬 수 없습니다. 하나님, 저희에게는 하나님의 은혜가 필요합니다'라고 했더라면 하나님은 그들에게 율법을 주시고 그 아래 있도록 하시지 않으셨을 것이다. 그러나 그들은 자신을 몰랐다. 그들은 자신들이 그동안 저지른 잘못이 하나님께 어떤 의미를 갖는지, 즉 그것들이 얼마나 죄악되며 반역인지를 알지 못했다. 그것은 율법이 없으면 죄가 죄로 드러나지 않기 때문이다(롬 7:13). 바울은 율법이 있기 전에도 죄가 세상에 있었으나 율법이 없을 때에는 죄를 죄로 여기지 않는다고 하였다(롬 5:13). 하나님은 그런 상태로는 이스라엘이 하나님의 주시고자 하는 은혜를 얻을 수 없음을 아셨다. 그들은 자신의 상태를 철저히 몰랐을 뿐 아니라 자신들이 짓는 죄의 심각성도 알지 못하였다. 여기에 율법의 용도가 있는 것이다.

하나님은 이스라엘에게 율법을 주실 의도나 그들을 율법 아래 매이게 하실 의도가 없으시지만 율법을 통하지 않고는 그들이 자신들의 참 상태를 알지 못하고 죄를 짓고 거역하면서도 결국은 하나님이 아브라함을 통해 주시고자 하신 축복, 약속하신 자손 그리스도를 얻어 영생의 은혜를 얻는 것에 대하여 대망하지 않을 것을 아셨다. 여기서 우리는 19장의 하나님의 율법을 주셔야만 하는 것에 대한 이스라엘의 상태를 엿볼 수 있다. 하나님은 율법을 통해서 사람들을 구원하거나 의롭게 하시려는 뜻이 없으셨지만 그들의 무지한 상태로 인해 율법 학교에 입학을 하지 않으면 안 된다는 것을 아신 것이다. 우리는 이 부분에서 그들의 육체의 범죄와 자신을 모르는 무지의 상태가 율법을 가입케 했다는 것을 알 수 있어야 한다. 어쨌든 출애굽기 19장 초반부의 내용은 매우 은혜롭게 시작된다. 하나님은 모세를 통해 그분이 어떻게 이스라엘을 독수리 날개로 업어서 구원하셨는가를 말씀하시고 그들이 그분의 말씀과 언약을 지키면 열국 중에서 하나님의 소유가 되며 제사장 나라가 될 것이라고 말씀하셨다. 이때의 분위기는 매우 기쁘고 유쾌한 것이었다.

7-9절, 모세가 와서 백성의 장로들을 불러 여호와께서 자기에게 명하신 그 모든 말씀을 그 앞에 진술하니 8 백성이 일제히 응답하여 가로되 여호와의 명하신 대로 우리가 다 행하리이다 모세가 백성의 말로 여호와께 회보하매 9 여호와께서 모세에게 이르시되 내가 빽빽한 구름 가운데서 네게

임함은 내가 너와 말하는 것을 백성으로 듣게 하며 또한 너를 영영히 믿게 하려 함이니라 모세가 백성의 말로 여호와께 고하였으므로

모세가 하나님의 말씀을 백성의 장로들에게 진술하자 이스라엘 백성들은 일제히 응답하였다. "우리가 다 행하리이다". 이 말은 비록 짧지만 이로 인해 하나님께서는 그들을 율법으로 대하시게 되었다. 겉으로 보기에는 얼마나 선한 대답인가? 잘못된 것이 전혀 없는 것 같다. 그러나 이 한 마디야말로 이스라엘 백성들의 어두운 상태를 단적으로 드러내는 말이었다. 그들은 전부 한 목소리로 이렇게 대답하였는데, 이것은 자신들이 어떠한 사람인지를 알지 못하는 데에서 나온 말이다. 그들은 자신들이 가능성이 있으며 하나님의 말씀을 순종할 수 있는 역량이 있다고 여겼다. 그들은 마라에서, 신 광야에서, 맛사에서 계속 하나님을 시험하고 원망하던 터였다. 그러면서도 자신들이 얼마나 하나님께 순종할 수 없고 그분의 언약 안에 머물러 있을 수 없는 존재인가를 몰랐다. 그러므로 그들은 '우리가 다 명하신 것을 행하리이다' 라고 응답한 것이다.

우리는 여기서 사람이 율법 아래 떨어지는 것이 얼마나 심각한 문제인지를 깨달을 필요가 있다. 사도 바울은 이에 대하여 "…너희가 만일 할례를 받으면 그리스도께서 너희에게 아무 유익이 없으리라 내가 할례를 받는 각 사람에게 다시 증거하노니 그는 율법 전체를 행할 의무를 가진 자라 율법 안에서 의롭다 함을 얻으려 하는 너희는 그리스도에게서 끊어지고 은혜에서 떨어진 자로다"(갈 5:2-4)라고 말한다. 사람이 하나님의 명령을 지키겠다고 선언하는 이것이 도대체 무엇이 문제인가? 여기서 우리가 알 수 있는 것은 사람이 하나님의 계명을 지키겠다고 나서는 순간 사람은 하나님을 신뢰하지 않고서도 스스로 무언가를 잘 할 수 있다고 하는 것이 되므로 그리스도에게서 끊어지고 은혜에서 떨어진다는 것이다. 출애굽기 19장에 올 때 이스라엘은 자신들을 율법 아래 둔 것이다. 즉 그들은 이제부터 자신들이 하나님의 명령을 지켜보겠다고 나선 것이다. 만일 그때 이스라엘 백성들이 '하나님, 저희는 하나님의 말씀을 지키고 언약 안에 머물러 있기를 원하지만 보시다시피 저희는 계속 실패해왔고 앞으로도 실패할 것입니다. 저희에게는 하나님의 명령을 지킬 수 있는 역량이 없습니다. 마음은 원이로되 육신이 약하여 할 수 없는 존재입니다. 하나님, 당신은 저희의 할 수 없음을 아십니다. 그러나 저희는 할 수 없어도 하나님은 다 하실 수 있으니 저희가 할 수 있도록 하나님이 역사하셔야 합니다' 라고 했다면 하나님은 그들을 은혜로 대하시며 역사하셨을 것이다.

그러나 그들은 그렇게 대답하지 않았다. 그들은 일제히 "여호와의 명하신 대로 우리가 다 행하리이다"라고 했다. 그때 하나님은 빽빽한 구름 가운데서 임하여 모세에게 말씀하시면서 두려운 하나님으로 자신을 나타내셨다. 이제 전반부의 은혜롭고 즐거운 분위기는 무섭고 두려운 분위기로 바뀌었다. 이전에는 하나님께서 두렵고 무서운 방식으로 말씀하시지 않았다. 그러나 그들이 일제히 "여호와의 명하신 대로 우리가 다 행하리이다"라고 응답하자 하나님의 말씀하시는 분위기와 상태가 갑자기 변하고 말았다. 우리가 어떻게 하나님을 대하면 하나님도 우리를 어떻게 대하신다는 한 가지 중요한 사실을 명심하기 바란다.

우리는 이것을 우리의 사랑하는 자녀들의 일에 비할 수 있다. 어린 아이일 때 자녀들은 아버지의 말을 의심 없이 듣고 순종하며 사랑스럽게 자라난다. 그때는 비록 아버지가 많은 것들을 시키고 주의를 주며 명하지만 사실은 아버지의 책임 아래 있으므로 아버지가 할 수 있도록 하나하나 도와준다.

그런데 조금 자라서 사춘기가 되면 자녀는 부모에게 '이제는 저도 컸으니 제 일은 제가 알아서 하겠어요' 하고 독립을 선포한다. 이때 부모는 염려로 가득하지만 어쩔 도리가 없다. 그 자녀가 아직 많은 일들을 스스로 할 수 있는 상태가 아니라는 것을 부모는 누구보다도 잘 안다.

그러나 사춘기의 자녀는 그것을 알 리 만무하다. 그저 모든 것을 스스로 할 수 있다고 생각하며 스스로 하겠다는 의지로 가득하다. 자녀는 그때부터 스스로 뭔가 하기를 좋아하며 친구들을 만나 일을 저지르고 문제를 일으키게 된다. 그때 부모는 그를 예전의 사랑과 도움으로 대하는 데 한계를 느끼며 그를 다른 방식으로 교육하지 않으면 안 된다는 것을 알게 된다. 그리고서 '그래, 좋다. 이제 네가 한번 해보거라. 이것도 네가 하고 저것도 네가 해야 한다. 너 스스로 해보되 네가 이러저러한 일을 못하면 그 책임은 네가 져야 한다.' 이런 말을 할 때 부모는 예전과 다른 분위기로, 다른 어조로 자녀에게 말하게 된다. 엄하고 무서운 얼굴로 엄격한 규정을 주는 것이다. 이 비유가 19장을 이해하는 데 다소 도움을 줄 수 있을 것이다.

10-16절, 여호와께서 모세에게 이르시되 너는 백성에게로 가서 오늘과 내일 그들을 성결케 하며…나 여호와가 온 백성의 목전에 시내 산에 강림할 것임이니…산을 범하는 자는 정녕 죽임을 당할 것이라…나팔을 길게 불거든 산 앞에 이를 것이니라…16 제삼일 아침에 우뢰와 번개와 빽빽한 구름이 산 위에 있고 나팔 소리가 심히 크니 진중 모든 백성이 다 떨더라

이때 하나님은 자신을 신뢰하여 독립을 선언하는 이스라엘 자손들에게 빽빽한 구름 가운데서 말씀하시되 엄격한 어조로 "나 여호와가…강림할 것임이니…사면으로 지경을 정하고…삼가 산에 오르거나 그 지경을 범하지 말지니 산을 범하는 자는 정녕 죽임을 당할 것이라…돌에 맞아 죽임을 당하거나 살에 쐬어 죽임을 당하리니 짐승이나 사람을 무론하고 살지 못하리라…제 삼 일 아침에 우뢰와 번개와…나팔 소리가 심히 크니 진중 모든 백성이 다 떨더라"(11-12,16절)고 하셨다. 히브리서 기자는 이 광경에 대하여 "…그 소리를 듣는 자들은 더 말씀하지 아니하시기를 구하였으니 이는 짐승이라도 산에 이르거든 돌로 침을 당하리라 하신 명을 저희가 견디지 못함이라 그 보이는 바가 이렇듯이 무섭기로 모세도 이르되 내가 심히 두렵고 떨린다 하였으나"(히 12:19-21)라고 하였다. 율법은 이러한 광경 가운데서 주어졌다.

재삼재사 우리가 알아야 할 것은 이와 같이 율법은 하나님의 원래의 경륜 가운데 있는 것이 아니고 사람의 범법함과 무지함을 인하여 더해진 것이라는 사실이다(갈 3:19). 하나님은 원래 사람에게 은혜를 주시기로 하셨다. 하나님은 이미 영원한 때 전부터 우리에게 은혜를 주시기로 하신 것이다(딤후 1:9-10). 그러므로 하나님이 정하신 은혜의 언약은 율법으로 인하여 결코 폐하여질 수 없다. 율법이 주어졌다 하더라도 그것이 약속을 결코 헛되이 하거나 없이할 수는 없는 것이다. 율법은 필요에 따라서 더해진 것이지 하나님의 원래의 경륜이 아닌 것이다. 율법의 기능의 한계는 믿음이 올 때까지이다. 믿음이 온 후에는 율법이 그 기능을 다하고 끝나게 된다. 더해진 것과 대치해 버린 것과는 다르다. 하나님은 이스라엘에게 율법을 주시고 은혜를 폐해버린 것이 아니다. 바울은 갈라디아서 3장 17절에서 하나님의 미리 정하신 언약을 사백 삼십 년 후에 생긴 율법이 없이 하지 못하여 그 약속을 헛되게 하지 못한다고 하셨다. 율법은 더하여졌으므로 은혜의 언약은 유효한 것이다. 당시 어떤 사람이 자신의 무익함을 깨닫고 은혜로 대해 주시기 원하였다면, 하나님께서 은혜는 이미 취소되었으니 너는 율법의 원칙에서 나와 만나자고 하셨을까? 어떤 사람이 율법을 통해서 자신의 죄악을 깨닫고 하나님의 자비와 용서를 구했다면 그는 은혜의 원칙으로 긍휼과 은혜를 얻을 수 있었을 것이다. 다른 사람은 몰라도 다윗은 그런 사람이었다고 믿는다. 그는 어느 정도의 은혜를 체험하지 않았는가? 그는 자신의 죄를 얼마나 통회하였는가? 그는 율법을 통하여 하나님 앞에 악을 깨닫고 용서를 구하였고 하나님은 그를 분명 용서하셨다고 기록했다. 율법에는 죄에 대한 정죄와 심판이 있을 뿐 용서가 없다. 그러나 다윗은 이미 구약 시대에 용서를 체험하였다. 우리는 여기서 다시

한 번 율법이 범법함을 인하여 더해진 것(added)이라는 것을 보아야 한다. 그러나 어쨌든 이스라엘은 당시 하나님의 거룩을 모르고 자신들의 죄악됨을 모르며 자신들이 할 수 없음도 알지 못했다. 그들에게는 율법이 필요했던 것이다. 하나님이 그들에게 내 말을 지키겠느냐고 하자 그들은 일제히 다 지키겠다고 한 것이다. 그리고 하나님은 그들에게 율법을 주셨다. 그런데 이스라엘 백성은 율법을 받고서 그들이 말한 대로 율법을 다 지켰는가? 우리는 32장에서 모세가 율법의 돌판을 가지고 내려오기도 전에 그들이 금송아지를 숭배함으로 율법의 첫째와 둘째 계명을 깨뜨리는 것을 볼 수 있다. 그 후로도 이스라엘의 역사 전체를 통하여 그들은 이 계명들을 처음 항목부터 마지막 항목까지 송두리째 깨뜨려버렸다. 결국 율법은 그 원래의 목적과 기능대로 인간의 할 수 없음과 철저히 타락한 육체로 인해 구제불능의 존재임을 확실하게 드러내었다. 하나님께서는 이 율법을 통하여 인간은 타락하고 부패하여 결코 개선될 수 있는 존재가 아니며 하나님의 계명을 지킬 수 있는 존재가 아님을 알게 하셨고, 결국 그리스도의 십자가만이 타락하고 부패한 인간의 모든 문제를 해결할 수 있음을 알게 하고자 하셨다.

우리는 이 광경에 대하여 신명기에서 말한 구절들을 고찰해 보겠다. "...우리가 듣고 행하겠나이다 하였느니라 여호와께서 너희가 내게 말할 때에 너희의 말하는 소리를 들으신지라 여호와께서 내게 이르시되 이 백성이 네게 말하는 그 말소리를 내가 들은즉 그 말이 다 옳도다" (신 5:27-28). 여기서 하나님은 이스라엘 자손이 행하겠다고 한 그 말을 옳다고 하신다. 이것은 무엇을 의미하는가? 하나님이 율법주의를 옹호하시는 것인가? 그렇지 않다. 그것은 다만 그 상황에서 옳다고 하신 것으로 이해해야 한다. 지금 하나님께서는 이스라엘 백성을 율법을 통해 가르치시기로 작정하셨다. 하나님은 마치 필요에 따라 그들을 초등학교 1학년에 입학시키신 것 같다. 입학식날 그들은 힘차게 '교장 선생님'의 훈화에 '예'로 답했으며, 그렇게 답한 것에 대하여 교장 선생님은 '옳다' 고 하신 것이다. 스스로 할 수 있다는 자신감에 가득 찬 그들은 이제 그들의 육체의 본질이 과연 무엇이며 인간이 얼마나 깊이 타락했는지를 알기 위해 기나긴 실패의 노정을 통과해야만 했다. 구주이신 그리스도께서 오심으로 상급 학교에 입학할 때까지 그들은 이제 하나님이 주신 율법을 하나하나 지키고자 힘써야 한다. 힘써 율법을 지키려고 함으로써 그들이 배워야 할 것이 있다. 그것은 하나님은 지극히 거룩하시고 영적이시고 의로우시다는 것과 타락한 인생은 한없이 무능하다는 것이며, 타락한 인생에게는 그리스도와 그분의 십자가만이 유일하게 필요한 것이라는 사실이다.

"나팔을 길게 불거든 산 앞에 이를 것이니라"(13절). 하나님께서 이스라엘 백성을 애굽에서 이끌어내신 것은 그분께 가까이 이끌어 그분의 말씀을 듣고 순종하는 한 무리를 얻으시기 위함이다. 신약에서 그리스도께서 우리를 위해 죽으신 것은 우리를 하나님께로 인도하시기 위함이라고 했다. "그리스도께서도 한 번 죄를 위하여 죽으사 의인으로서 불의한 자를 대신하셨으니 이는 우리를 하나님 앞으로 인도하려 하심이라"(벧전 3:18). 죄인인 우리가 거룩하신 하나님 앞으로 인도되어 그분께로 나아갈 수 있음은 너무나 감사한 일이다. 시내 산은 하나님께서 말씀하시는 산이다. 이스라엘 자손이 시내 광야에 이르러 그 산 앞에 인도된 것은 오늘날로 말하면 성도들이 말씀을 들으러 나아오는 것이다.

"모세가 산에서 내려 백성에게 이르러 백성으로 성결케 하니 그들이 자기 옷을 빨더라 모세가 백성에게 이르되 예비하여 제 삼 일을 기다리고 여인을 가까이 말라 하니라"(14-15절). 하나님 앞에 나아갈 때 가장 문제가 되는 것은 백성들의 거룩함이다. 구약 시대에 하나님의 백성의 거룩함은 옷을 빨고 여인을 가까이하지 않는 등 외적인 것이었다. 이것도 이스라엘이 초등학교에서 배우는 것으로는 중요한 공부이다. 신약에서 하나님 앞에 나아가는 자들은 그리스도를 옷 입고 나아간다.

누가복음 15장의 탕자는 누더기 차림으로 집에 돌아갔지만 아버지 집에 도착하였을 때 아버지는 그에게 가장 좋은 옷을 내어다가 입혀주었다. 이것은 그리스도의 구속을 통하여 만들어진 보혈의 옷이다. 우리는 언제든지 그리스도의 피를 힘입어 담대히 하나님께 나아갈 수 있다(히 10:19). 우리의 거룩함은 그리스도의 피로 말미암은 것이어야 한다(히 10:10). 믿는이는 응당 모든 사람으로 더불어 화평함과 거룩함을 좇아야 하며 이것이 없이는 주님을 볼 수 없다(히 12:14).

여기서 삼 일을 기다려야 한다고 한 것은 그리스도께서 삼 일만에 부활하신 것을 생각나게 한다. 하나님을 만나기 위해서는 거룩함과 부활안에서 만나야 함을 암시하는 듯하다.

19절, 나팔 소리가 점점 커질 때에 모세가 말한즉 하나님이 음성으로 대답하시더라

이 나팔 소리는 천사가 부는 나팔 소리이다. 점점 커진다는 것은 하나님께서 모세에게 점점 가까이 오고 계심을 나타낼 것이다. 전능하신 창조주 하나님께서 작고 미약한 인간에게 가까이 오셔서 사람과 친히 대화하신다는 사실은 참으로 감동적이다. 하나님을 가까이하지 않는 자는 하나님을 섬길 수 없을 뿐더러 하나님의 종이라고 할 수도 없다.

20-21절, 여호와께서 시내 산 곧 그 산꼭대기에 강림하시고 그리로 모세를 부르시니 모세가 올라가매 21 여호와께서 모세에게 이르시되 내려가서 백성을 신칙하라 백성이 돌파하고 나 여호와께로 와서 보려고 하다가 많이 죽을까 하노라

하나님께서는 친히 사람을 부르시고 사람과 대화하기 원하신다. 이것이 이방 종교와 크게 다른 점이다. 이방 종교는 사람이 알 수 없는 신에게 나아가서 무언가를 말하고 바치고 하는 반면, 여호와 하나님께서는 친히 사람에게 오셔서 찾고 부르시고 말씀하신다. '신칙하다' 라는 말은 '반복하여 훈계하다', '단단히 일러서 경계하다', '다짐케 하다' 라는 뜻이다.

22절, 또 여호와께 가까이하는 제사장들로 그 몸을 성결히 하게 하라 나 여호와가 그들을 돌격할까 하노라

하나님을 가까이하는 데 있어서 성결의 중요성이 다시 한 번 강조된다.

23-24절, …산 사면에 지경을 세워 산을 거룩하게 하라 하셨사온즉…가라 너는 내려가서 아론과 함께 올라오고 제사장들과 백성에게는 돌파하고 나 여호와에게로 올라오지 못하게 하라 내가 그들을 돌격할까 하노라

하나님의 일에는 한계가 있음을 나타내는 말씀이다. 모든 사람이 같지 않고 각자의 위치가 있으니 그 범위를 지켜야 한다. 하나님께서는 모세더러 백성에게 내려가서 하나님의 엄중한 주의사항을 하달하라고 하셨고 또 아론과 함께 다시 올라오라고 하셨다. 진실한 하나님의 종은 하나님의 일에 있어서 다른 사람보다 하는 일이 많다. 하나님께 나아가는 일, 하나님을 대하는 일, 하나님의 말씀을 듣고 사람들에게 전달하는 일 등이 많다. 하나님은 원래 죄인이 가까이할 수 없는 거룩하고 존귀하신 분으로서 구약에서 율법을 베푸실 때 매우 엄격하게 사람을 대하셨다. 이러한 하나님이 지금 예수 그리스도의 십자가 공로로 인하여 두려움 없이 가까이 나아갈 수 있는 분이 되었다는 것은 참으로 기이한 일이 아닐 수 없다. 여기서 우리는 예수 그리스도께서 이루신 십자가의 구속 역사가 얼마나 큰 효력을 갖는지를 새삼스레 깨닫는다.

25절, 모세가 백성에게 내려가서 그들에게 고하니라

모세는 하나님께서 백성들에게 전하라고 하신 말씀을 다 전달했는데, 그 말씀은 주로 범위를 넘어서 여호와께 올라오지 말라는 것이었다. 그리고 모세는 다시 산으로 올라가서 20장부터 기록된 말씀을 들었을 것이다.

19장을 마치면서

하나님은 원래 사람에게 율법을 주실 의도가 없으셨다. 이것을 아는 것은 매우 중요하다. 하나님은 그분의 백성들을 은혜로 대하기 원하신다. 오늘날은 신약 시대요 은혜 시대이지만 갈라디아 성도들처럼 자신을 율법 아래 두는 일은 가능한 일이다. 그들은 원래 은혜 아래 있도록 은혜의 복음을 들었지만 거짓 교사들에게서 율법의 가르침을 듣게 되었다. 한 믿는이가 자신을 율법 아래 둘 수도 있고 은혜 아래 둘 수도 있다. 그것은 그가 하나님 앞에서 어떤 태도를 갖는가와 관계있다. 물론 거기에는 가르침의 문제도 있다. 어떤 가르침은 사람을 어떤 성향으로 이끌기 때문이다. 믿는이가 만일 자신을 율법 아래 둔다면 자신을 저주 아래 두게 된다(갈 3:9-10). 축복의 길은 믿음이다. 믿음의 길을 가는 자들은 아브라함과 같이 축복을 받게 되어 있다.

그러면 이스라엘은 왜 자신들을 율법 아래 두게 되었는가? 그것은 자신들을 몰랐기 때문이었다. 그들은 자신들이 하나님의 법을 지킬 수 있는 자들이라고 생각했다. 그들은 자신들이 아무것도 할 수 없는 자들이라는 것을 알지 못했다. 그러므로 그들에게는 율법이 필요하게 된 것이고 하나님께서는 그들에게 율법을 주시게 된 것이다. 오늘 우리는 이 문제를 가볍게 지나쳐서는 안 된다. 이것은 천지가 뒤바뀔 만큼 중대한 문제이다. 축복이 저주로 바뀌는 문제이다. 어떤 사람에게는 저주가 임하고 어떤 사람에게는 축복이 임한다. 이러한 축복과 저주의 문제는 자신이 원한다고 해서 얻을 수 있는 것이 아니라 하나님 앞에서 우리가 어떤 자세를 취하는 것과 관계있으므로 그 원리와 법도를 깨달아야 한다. 어떤 믿는이가 아무리 하나님의 축복을 원해도 자신을 율법 아래 놓는다면 저주 아래 있게 되는 것이다.

하나님의 축복을 얻으려면 아브라함과 같이 믿음의 길을 가야 한다. 믿음이란 자신을 신뢰하지 않는 자에게 주어진다. 자신의 무능력을 인정하지 않고 하나님 앞에서 할 수 있다고 여기는 사람들은 믿음으로 전진할 수 없다. 오늘날 그리스도인들에게 전파되는 말씀들 가운데 과연 얼마만큼이나 은혜와 믿음의 성분이 있는지 의심스럽다.

사도 바울이 전파한 말씀은 오직 그리스도의 십자가를 중심 삼은 믿음의 말씀이었다. 그는 타락한 사람에게 하나님을 위하여 좋은 일을 하고 율법을 지킬 수 있는 가능성을 부여하는 말씀을 전파하지 않았다. 그는 자신은 할 수 없는 자이며(롬 7장 참조) 그리스도와 함께 십자가에 못 박혀 죽었다고 말했다(갈 2:20). 즉 자신은 아무것도 할 수 없는 자이며 하나님만이 모든 것을 하실 수 있다는 것이다. 이것이 자신을 은혜 아래 두는 비결이다.

만일 사람이 자신을 율법이 아닌 은혜 아래 두기 원한다면 하나님 앞에서 자신의 육체에 대한 철저한 빛을 얻어야 할 것이다. 자신이 얼마나 부패하고 악하며 하나님의 법을 지킬 수 없는 자인지, 얼마나 가능성이 없는 문제 덩어리인지를 철저히 알아야 한다. 자신에게는 길이 없고 오직 하나님께서 역사하셔야만 길이 있음을 알아야 한다. 이러한 자만이 하나님의 은혜를 구할 수 있고 자신을 은혜 아래 둘 수 있다. 우리는 이렇게 기도하자. '하나님, 저에게는 아무런 방법이 없고 능력도 없으며 오늘도 모든 일을 하나님이 함께하시지 않으면 저로서는 할 수 있는 게 없고 실패뿐입니다. 주님의 은혜가 역사하여 저로 하여금 하나님의 기뻐하시는 뜻을 행할 수 있게 하여 주옵소서.' 이러한 자세와 기도만이 우리를 하나님의 은혜 아래 둘 수 있다. 하나님은 우리를 그분의 은혜로 대하기 원하신다. 은혜는 하나님이 우리를 대신하여 모든 것을 하시는 것이고 율법은 우리가 하나님을 위하여 무언가를 하는 것이다. 자신의 유용성과 가능성을 포기하지 않은 사람이 은혜의 길을 가기란 불가능하다.

우리는 이러한 간단한 설명을 통해서 이스라엘 백성들이 어떻게 자신들을 율법 아래 두게 되었는가를 보았다. 오늘 우리는 은혜 아래 있다. 그리스도는 우리에게 은혜로 오셨다. 그것은 곧 할 수 없는 인생인 우리를 대신하여 그분이 모든 것을 하시기 위해 오셨다는 것을 의미한다. 그럼에도 여전히 자신을 의지하고 자신이 할 수 있다고 하면서 자신의 방법과 기질대로 사는 사람은 그리스도를 밀쳐내는 사람이며, 따라서 자신을 율법 아래 두는 사람이다. 그러므로 오늘 은혜 시대에 사는 우리일지라도 갈라디아 성도들처럼 어리석고 부주의하면 또다시 율법에 사로잡히게 된다는 것을 알아야 한다. 우리는 끝까지 하나님 앞에서 긍휼을 구해야 한다. '하나님, 저희는 어리석은 자들이니 불쌍히 여기사 언제나 은혜와 축복 아래 있게 도와주소서.'

출애굽기 20장

이 장에 기록된 시내 산의 십계명의 선포는 구약에서 인간 역사의 결정적인 전환점을 마련한 가장 위대하고 가장 중요한 사건이었다(Kalisch).

이 장에 들어가기 전에 우리는 율법에 대하여 개략적으로 그 본질을 보기 원한다. '율법' 이라는 단어는 신약 갈라디아서와 로마서에 많이 나온다. 갈라디아서에는 32번, 로마서에는 72번 나온다. 그 단어는 정관사 the(ὁ, 헬)가 붙어 있는 경우가 11번이고, 없이 쓰이는 경우도 21번 있다. 라이트푸트는 모세의 율법을 가리킬 때에는 정관사를 사용하여 '그 율법' 이라고 했고 일반적으로 쓰일 때에는 그냥 '율법' (νομos , 헬)이라고 했다고 보았다. 바울은 '토오라'(תּוֹרָה)를 완전한 통일체로 간주했는데 그 이유는 νομos 를 항상 단수로 사용한 것에서 찾을 수 있으며 따라서 율법의 의식적인 측면과 윤리적인 측면을 구별하지 않았다고 볼 수 있다.

'그 율법' 은 성경에서 모세의 율법과 구약의 율법 전체를 가리키며, '율법' 이라는 단어 앞에 정관사가 없을 때에는 다만 사람에 대한 하나님의 요구를 가리키는 것이다. 그러므로 성경에서 율법이란 시내 산에서 주어진 모세의 율법만을 가리키는 것이 아니라 사람에게 무언가 요구하고 사람이 성취해야만 하는 요구와 조건을 가리키기도 한다.

그리스도인이 율법과 은혜에 대한 분명한 구분을 갖지 못하면 이 길을 잘 갈 수 없다. 수많은 그리스도인이 아직도 이 문제에 대하여 분명한 이해를 갖지 못하고 있다. 그러므로 하나님의 축복에서 멀리 떨어져 있는 것이다. 많은 사람들이 부지불식간에 자신을 율법 아래 두고 있다. 갈라디아서에 의하면 율법 행위에 속한 자는 저주 아래 있다(3:10). 갈라디아 성도들은 바울에게서 은혜의 복음을 듣고 믿음으로 시작하였지만 율법 교사들에 의해 미혹되어 축복과 상을 잃어버릴 위험에 처해 있었다. 자신을 율법 아래 둔다는 것은 매우 심각한 일이며 믿는이들은 이런 올무에 떨어지지 않도록 해야 한다. 이 문제에 있어서는 그 누구도 자만하지 말아야 하며 조심스럽게 점검하며 깨어 있어야 한다.

한 가지 기본적으로 알아야 할 것은 율법은 결코 사람을 구원하기 위해 주어진 것이 아니라는 것이다. 인류 역사상 한 사람도 율법을 통하여 구원받은 사람이 없다. 하나님은 이스라엘 백성에게 율법을 주실 때 그 누구도 그것을 지키지 못할 것을 아셨다. “율법의 행위로 의롭다 하심을 얻을 육체가 없나니 율법으로는 죄를 깨달음이니라”(롬 3:20). 그러면 하나님은 지키지도 못할 율법을 왜 주셨는가?

1. 율법의 시작

율법은 더해진 것이다. 하나님께서 원래 사람을 대하시는 원칙은 율법이 아니라 은혜였다. 율법은 은혜 위에 더해진 것이다(M.R. 디한). 디모데 후서 1장 9절과 10절은 “하나님이 우리를 구원하사 거룩하신 부르심으로 부르심은 우리의 행위대로 하심이 아니요 오직 자기 뜻과 영원한 때 전부터 그리스도 예수 안에서 우리에게 주신 은혜대로 하심이라”고 말한다. 영원한 때 전이란 사람이 창조되기 전이며 사람이 범죄하기 전이다. 하나님은 영원한 때 전에 이미 사람들을 은혜로 부르시고 구원하기로 하셨다.

성경은 아브라함이 율법 아래 있지 않고 은혜 아래 있었음을 말해준다. "내가 이것을 말하노니 하나님의 미리 정하신 언약을 사백 삼십 년 후에 생긴 율법이 없이 하지 못하여 그 약속을 헛되게 하지 못하리라 만일 그 유업이 율법에서 난 것이면 약속에서 난 것이 아니리라 그러나 하나님이 약속으로 말미암아 아브라함에게 은혜로 주신 것이라"(갈 3:17-18). 하나님은 아브라함과 은혜의 언약을 세우셨다. 그후로 430년 동안 율법은 존재하지 않았다. 그러니 아브라함은 전적으로 하나님의 은혜의 언약 아래서 생활했을 것이고 이삭과 야곱도 그러했을 것이다. 그리고 모세의 미디안 광야 시절까지, 더 나아가 이스라엘 백성이 홍해를 건너 시내 산에 이르기까지 지배적인 언약은 은혜의 언약이었다. 그런데 시내 산에 도착하여 하나님은 그들에게 율법을 주셨으며, 그 율법은 더해진 것이다. 하나님은 은혜를 폐하고 율법을 주신 것이 아니라 이미 있는 은혜 위에 율법을 더하여 주신 것이다. 율법이 주어짐으로 이스라엘은 저주 아래 있게 되었으나 하나님은 그 은혜를 아주 폐하신 것이 아니었다. 만일 율법을 주실 때 은혜를 완전히 폐하셨다면 십자가 이전의 구약의 성도들 중에서는-사무엘, 다윗, 다니엘 등-긍휼과 은혜를 얻는 사람이 하나도 없었을 것이다. 그리고 그 누가 그 율법을 온전히 지킴으로 하나님의 은혜를 가져올 수 있었겠는가?

더해졌다는 것은 이미 있는 것을 취소하는 것이 아니다. 예를 들어, 야채 샐러드를 만들 때 양배추와 샐러리에다 삶은 계란을 더한다면, 이것은 양배추와 샐러리를 제하는 것이 아니다. 삶은 계란은 필요에 의해 더해진 것이다. 원래 야채 샐러드를 위해서는 계란이 필요 없었다. 그러나 맛과 영양을 고려하여 삶은 계란을 추가하기로 한 것이다. 이와 같이 율법은 원래 하나님이 주시고자 했던 것이 아니라 사람의 죄가 범죄로 드러나도록 더하신 것이다. 성경에서 율법 있기 전에도 죄가 있었으나 율법이 없을 때에는 죄를 죄로 여기지 않았다고 말한다(롬

5:13). 그러나 율법이 왔을 때 죄를 짓는 것이 하나님께 반역이며 범법하는 것임이 드러나게 되는 것이다. 예를 들어, 깊은 밤에 많은 사람이 사는 아파트에서 고성방가를 하는 것은 죄가 아닌 게 아니다. 그러나 법으로 그런 행위를 범죄로 지정하지 않으면 그렇게 한 사람이 범죄자로 드러나지 않는다. 당시 이스라엘 백성들에게 율법이 주어진 것은 그들이 죄를 짓지 않는 상태에서 율법을 줌으로 죄가 나타나게 하려는 것이 아니다. 그들이 이미 죄를 범하고 있었지만 그것이 하나님 앞에서 어떠한 범법 행위인지를 모르기 때문에 나타내 보여주려는 것이다. 하나님은 그들에게 율법을 주시어 그들이 하나님 앞에서 어떠한 죄인인지를 분명하게 알게 하실 필요가 있었던 것이다.

2. 율법이 주어진 배경

율법이 주어진 배경은 출애굽기 19장에 있다. 그때는 이스라엘이 애굽을 벗어난 지 3개월이 되는 시점이었다. 그동안 이스라엘은 애굽에서 벗어나고 홍해를 건너면서 많은 일을 체험했다. 그런데 홍해를 건넌 지 사흘 만에 그들은 무엇을 마실까 하며 모세를 원망했다(출 15:24). 그때 주님은 별 말씀을 하지 않으시고 물을 주셨으며 물샘 열둘이 있는 엘림으로 그들을 인도하셨다. 즉 그들의 잘못에 대하여 일일이 지적하지 않으시고 다만 은혜로 대하신 것이다. 그로부터 약 2개월이 지난 후에 그들은 시내에 도착하여 모세와 아론을 원망하기 시작했다. 주로 먹을 것 때문이었다. "이스라엘 온 회중이 그 광야에서 모세와 아론을 원망하여 그들에게 이르되 우리가 애굽 땅에서 고기 가마 곁에 앉았던 때와 떡을 배불리 먹던 때에 여호와의 손에 죽었더면 좋았을 것을 너희가 이 광야로 우리를 인도하여 내어 이 온 회중으로 주려 죽게 하는도다"(출 16:2-3).

그들은 출애굽 2개월 만에 하나님이 그들을 애굽의 고통 가운데서 구출해내신 것은 다 잊어버리고 원망과 불평만 가득하여 모세와 아론을 공박했다. 그러나 하나님은 이미 아브라함과 은혜의 언약을 세우셨으므로 그들이 하나님께 도전하고 공박해도 여전히 은혜로 대하시며 양식을 내려 주셨다. 그들은 17장에 올 때 다시금 물이 갈한 것을 인해 원망했다. "거기서 백성이 물이 갈하매 그들이 모세를 대하여 원망하여 가로되 당신이 어찌하여…우리와 우리 자녀와 생축으로 목말라 죽게 하느냐(출 17:3). 이때도 하나님은 그들을 심판하지 않고 은혜로 대하시며 물을 주셨다. 당시 그들은 죄가 있었지만 범죄는 없는 상태였으므로(죄를 죄로 여기지 않는 상태, 롬 5:13) 그들은 자신들이 범한 죄가 얼마나 악한 것인지, 배반의 대가가 얼마나 무서운 것인지, 하나님은 죄를 얼마나 싫어하시는지를 알지 못했다. 반면 그들은 자신들이 하나님을 기쁘시게 할 수 있는 존재라고 스스로를 신뢰하고 있었다.

"모세가 하나님 앞에 올라가니 여호와께서 산에서 그를 불러 가라사대 너는 이같이 야곱 족속에게 이르고 이스라엘 자손에게 고하라 나의 애굽 사람에게 어떻게 행하였음과 내가 어떻게 독수리 날개로 너희를 업어 내게로 인도하였음을 너희가 보았느니라"(19:3-4). 이 말씀은 하나님께서 그동안 이스라엘을 은혜로 대하셨음을 일깨우는 말씀이다. 그러나 그 동안의 그들의 행위는 하나님께서 무언가 말씀하시지 않으면 안 될 상황을 만들었다. 지금까지는 무조건적인 은혜였지만 출애굽기 19장 5절에서는 조건을 부여하면서 하나님의 언약을 지키는 가운데 축복된 백성이 되리라고 하셨다. 그것은 그분의 언약을 지키라는 것인데 5절에서 말씀하시는 언약은 내내 은혜의 언약이지 율법이 아니었다. 5절의 '내 말과 내 언약'은 지금까지 그들에게 말씀해 오신 은혜의 언약들을 가리키는 것이다. 가령 15장의 마라에서 주신 율례와 법도는 율법의 원칙에서 주신 것들이 아니다. 16장의 만나를 거두는 원칙과 안식일 지키는 문제도 율법의 원칙에서 주신 것들이 아니다. 그러나 그들은 19장에서 시내 광야에 이르기까지 3개월 동안 아무것도 지키지 못하고 하나님께 형편없는 일만 저지른 형국이 되었다. 그때 하나님께서 조건을 제시하시며 '너희가 내 말을 지키고 내 언약 안에 머물면 내게 제사장 나라가 되고 소유 된 백성이 되리라' 고 하시자 그들은 일제히 여호와의 명하신 대로 다 행하겠노라고 응답했다.

사실 그들은 여기서 그렇게 대답해서는 안 되었다. 그들이 애굽에서 나온 후로 3개월이라는 기간은 그들이 하나님의 말씀을 하나라도 지킬 수 있는 존재가 아님을 증명하고도 남았다. 그러므로 그들은 하나님께서 조건부의 축복을 약속하실 때 다 이행하겠다고 할 것이 아니라 '하나님, 그렇지 않습니다. 저희들은 마음으로는 원이지만 육신이 약하여 지금까지 한 가지도 지킬 수 없었습니다. 그러므로 저희에게 무언가 지킬 것을 근거로 하여 축복을 주신다고 하면 저희는 결코 축복을 얻을 수 없습니다. 우리는 그저 지금과 같이 하나님의 은혜 아래서 긍휼을 얻고 싶습니다' 라고 말씀드려야 했다. 그들은 마땅히 '저희에게 필요한 것은 하나님의 은혜와 자비일 뿐, 저희는 하나님의 말씀을 순종하거나 지킬 수 있는 존재가 아닙니다. 그렇게 조건이 붙은 축복은 저희가 얻을 수 없는 것을 주시겠다고 말씀하시는 것과 같습니다. 계속 저희를 은혜로 대해 주셔야 합니다. 저희가 혹 실패하더라도 그것은 저희가 자신을 의지하여 한 것이니 하나님이 도와주시고 은혜주시면 할 수 있고 그렇지 않으면 아무것도 할 수 없습니다' 라고 대답했어야 옳다. 그러나 그들은 조건이 붙은 축복을 선택했고 기꺼이 율법 아래 있기로 했다. 즉 그들은 자신을 철저하게 몰랐기 때문에 하나님께 "여호와의 명하신 대로 우리가 다 행하리이다"라고 응답하고 말았던 것이다. 그때 하나님은 그들에 대한 그분의 태도를 바꾸셨다. 하나님은 빽빽한 구름으로 자신을 가리시고 그들을 매우 엄한 태도로 대하시게 되었다.

그 이전에는 하나님께서 이스라엘 백성들을 순전한 은혜와 자비로 대하셨으나 그들이 하나님의 선하신 뜻과 은혜에 감사할 줄 모르고 자신들의 능력과 행위로 모든 것을 할 수 있다는 태도를 견지하자 하나님께서는 그들에게 율법의 언약을 선포하셨고 그들은 자신만만한 태도로 하나님께 응답했다. 이것이 결정적으로 하나님께서 그들에게 율법을 주시고 그들에 대한 태도를 바꾸셨던 이유이다.

3. 율법의 기능

하나님께서는 사람에게 죄가 있는 것을 아셨지만 사람은 자신의 죄를 알지 못했다. 죄를 알지 못하면 죄에서 구출될 필요성을 모르고 죄의 흉악함과 죄의 대가를 생각지 못한다. 구약 시대를 간략하게 구분하면 무죄 시대가 있고 양심 시대가 있으며 율법 시대가 있다. 사람은 최소한 양심을 통해서 죄를 인지할 수 있어야 한다. 그러나 사람의 양심은 교육과 지성에 따라 그 느끼는 정도가 다르다. 그러므로 사람은 양심 안에서 죄를 충분히 죄로 감지하지 못하는 것이다. 예를 들어서 어떤 사람이 차를 몰다가 도로 교통법을 위반하고 그 차가 다니지 말아야 할 길(전용차선로나 갓길)을 한동안 달렸다. 그리고 시간을 매우 단축했다고 좋아했다. 그리고 한 달이 지났고 자신이 그 죄를 지은 사실을 까맣게 잊어버렸다. 그런데 어느 날 경찰서에서 스티커 한 장이 날아왔다. 벌금을 내지 않으면 차를 압수하겠다고 적혀 있었다. 그제서야 그는 자신이 행한 일이 법을 어긴 것임을 통절히 깨닫게 된 것이다. 또 한 번은 그가 주차하다가 옆에 있던 남의 차에 흠집을 내었다. 그런데 흠집이 심각하지 않았고 보는 사람도 없었으니 그냥 가버렸다. 그런데 어느 날 경찰서에서 연락이 온 것이다. 차 주인이 그의 차량을 조사하여 알아낸 후 경찰에 신고했던 것이다. 이때서야 그는 자신이 한 일이 잘못된 것이고 양심에 거리낌이 있는 것임을 절실히 느끼게 되었다.

사람이 죄를 지었고 하나님 앞에는 죄가 있게 된 것이지만 그 죄가 사람의 양심에 인지되려면 율법의 기능이 필요하다. 많은 경우 양심은 그렇게 효과적으로 충분히 작동하지 않는다. 경찰서의 출두 고지서와 함께 상대방의 무서운 반응이 있을 때에서야 양심이 비로소 작동하여 자신이 행한 것이 무엇을 의미하며 무슨 악인지를 알게 된다. 이것이 율법이 주어진 목적이며 율법의 기능이다. (성경적으로 이방인은 하나님께서 양심을 따라 심판하신다. 이에 대하여는 로마서 2장을 보면 알 수 있다. 우리는 이 말씀에 근거하여 율법은 이스라엘에게 주신 것이라고 말할 수 있다. 12절에서는 "무릇 율법 없이 범죄한 자는 또한 율법 없이 망하고 무릇 율법이 있고 범죄한 자는 율법으로 말미암아 심판을 받으리라"고 했으며, 따라서 율법이 주어지지 않은 자들이 있다는 것을 알 수 있다. 14-15절은 "율법 없는 이방인이 본성으로 율법의 일을 행할 때는 이 사람은 율법이 없어도 자기가 자기에게 율법이 되나니 이런 이들은 그 양심이 증거가 되어 그 생각들이 서로 혹은 송사하며 혹은 변명하여 그 마음에 새긴 율법의 행위를 나타내느니라"고 말한다. 이 구절에서는 분명하게 '율법 없는 이방인'이라고 말하며, 이들은 그 양심이 그 증거가 된다고 하였다.) 그렇다고 해서 이방인들이 이스라엘에게 주어진 율법에 의해 도움을 받지 않는 것이 아니다. 이스라엘은 하나님 앞에서 모든 민족의 대표로 율법을 받은 것으로 보아야 한다. 바울은 로마서에서 이방인들이 갖고 있는 양심과 유대인들이 갖고 있는 율법을 사용하여 그들의 죄 문제를 처리하려 한 것이다. 양심은 개개인에 따라 차이가 있다. 같은 일이라도 어떤 사람에게는 용인이 되고 양심에 가책이나 찔림이 없어도 어떤 사람은 예민하게 느낀다. 같은 사람이라도 때에 따라 양심의 기능이 무디어지기도 하고 약해지거나 불완전해지기도 한다. 그러므로 죄를 아는 것을 양심에만 의탁할 수 없는 실정이다.

그러므로 여기에 율법의 기능이 필요하다. 율법은 간단히 말해서 하나님이 사람에게 요구하시는 것으로서 하나님을 위해 무엇을 하도록 요구하는 것이다. 그리고 사람이 그 율법대로 행하지 못했을 때 그것이 하나님의 법을 어긴 것임을 분명히 알게 하려는 것이다. 사도 바울은 그의 서신에서 구원이 율법으로 말미암은 것이 아니라 은혜로 말미암은 것임을 보여준다. 사람이 구원받는 것은 사람이 하나님을 위하여 무엇을 했기 때문이 아니라 하나님께서 사람을 위해 무언가를 하셨기 때문이라는 것이다. 즉 사람이 하나님을 위해 어떤 사람이 되고 어떤 일을 해서 구원받는 것이 아니라 하나님께서 사람을 위해 어떤 분이 되시고 어떤 일을 하신 것에 달려 있는 것이다. 어쨌든 하나님이 율법을 주신 목적은 죄를 드러나게 하신 것이다.

더 했다는 것은 바꿨다는 것과 다른 것이다. 즉 하나님은 은혜의 약속과 원칙을 취소하시고 율법으로 대치하신 것이 아니라는 것을 알아야 한다. 그러므로 하나님께서 시내 산에서 율법을 주셨지만 40일간 산에 올라온 모세에게 하나님은 성막의 이상을 보여주시고 그것을 통해 죄인이 어떻게 하나님께 나아오며 그분을 접촉할 수 있는가의 길을 제시하신 것이다. 학자들은 모세가 받은 십계는 도덕적인 계명이고 성막을 포함한 절기 등의 말씀들은 의식적인 율법으로 생각하지만 그 성막의 식양을 연구하면 연구할수록 이는 은혜의 길을 제시하기 위한 것임을 깨닫는다. 이를 통해서도 우리는 하나님이 은혜를 취소하고 율법으로 대치한 것이 아니고 단지 사람들의 필요를 인하여 더한 것임을 알 수 있다. 그러면 그 필요는 무엇인가? 범법함을 인하여 더한 것이다. 그러면 왜 범법함을 인하여 더해졌는가? 이는 로마서 4장 15절 하반절에 그 답이 있다. "율법이 없는 곳에는 범함도 없느니라" 율법이 없을 때에도 죄를 짓는 일이 없었던 것은 아니다. 그러나 그것이 죄로 규정되지 않았기 때문에 범죄(transgression)가 없었던 것이다. 사람은 죄가 있지만 법이 오지 않으면 그것을 죄로 인정하지 않으려 한다.

우리는 부지불식간에 죄를 많이 지은 사람들이다. 그러면서도 우리는 우리가 그렇게 나쁜 사람이고 죄인이라는 것을 시인하지 않는다. 그러나 어느 날 율법이 올 때 우리는 할 말이 없게 된다. 로마서 3장 19절은 "우리가 알거니와 무릇 율법이 말하는 바는 율법 아래 있는 자들에게 말하는 것이니 이는 모든 입을 막고 온 세상으로 하나님의 심판 아래 있게 하려 함이니라"고 말한다. 그리고 20절 하반절은 "율법으로는 죄를 깨달음이니라"고 말한다. 사도 바울도 로마서 7장에서 간증하기를, 탐내지 말라는 계명이 있기 전에는 자신이 그렇게 악하고 소망 없는 사람이라고 생각지 않았다고 했다. 그러나 그 계명이 올 때 자신이 속수무책임을 안 것이다. 그러므로 바울은 "그런즉 우리가 무슨 말 하리요 율법이 죄냐 그럴 수 없느니라 율법으로 말미암지 않고는 내가 죄를 알지 못하였으니 곧 율법이 탐내지 말라 하지 아니하였더면 내가 탐심을 알지 못하였으리라 그러나 죄가 기회를 타서 계명으로 말미암아 내 속에서 각양 탐심을 이루었나니 이는 법이 없으면 죄가 죽은 것임이니라"(7-8절)고 한 것이다.

즉 하나님께서 사람에게 율법을 주신 목적은 사람이 죄인이며 죄로 충만하며 구제불능임을 보게 하시려는 것이다. 사람에게 죄가 있는데 그 죄가 범죄로 드러나게 하기 위하여 율법을 주신 것이다. 그래야만 사람들은 자신에게 죄가 있음을 시인하고 또한 자신에게 아무런 소망이 없으므로 약속하신 자손인 그리스도를 대망하게 되는 것이다. 율법과 은혜의 성질은 정면으로 상충되지만 하나님께서는 사람들에게 은혜를 주시기 위한 보조수단으로 율법을 주셨기 때문에 하나님 손에서 율법이 사용될 때에는 서로 상충되는 것이 아니라 은혜를 주시는 그분의 목적을 이루는 데에 첨가제로 사용되는 것이다. 이것이 율법이 더해졌다는 것의 의미요 율법의 원래 기능이다. 그러므로 하나님께서는 한 면으로 율법을 사용하여 사람을 정죄하고 저주 아래 있게 하시지만 그렇게 하시는 깊은 심중의 의도는 사람으로 죄를 깨닫고 자신을 알게 함으로 그리스도를 영접하여 구원을 얻게 하시려는 것이다. 이처럼 율법도 사람에게 은혜를 주시기 위해 하나님이 사용하시는 보조수단일진대 하나님께서 사람에 대하여 행하시는 모든 일이 사랑임을 알아야 하리라.

4. 율법으로는 사람이 구원받을 수 없다

갈라디아서 3장 21-22절은 "그러면 율법이 하나님의 약속들을 거스리느냐 결코 그럴 수 없느니라 만일 능히 살게 하는 율법을 주셨더면 의가 반드시 율법으로 말미암았으리라 그러나 성경이 모든 것을 죄 아래 가두었으니 이는 예수 그리스도를 믿음으로 말미암은 약속을 믿는 자들에게 주려 함이니라"고 한다. 율법은 사람을 살리기 위해 주어진 것이 아님이 분명하다. 사람이 율법을 지켜 의롭게 되는 것이 가능하다면 하나님은 그분의 아들을 세상에 보내시어 십자가에 달리게 하지 않으셨을 것이다. 그러므로 갈라디아서 2장 21절은 "만일 의롭게 되는 것이 율법으로 말미암으면 그리스도께서 헛되이 죽으셨느니라"고 하는 것이다.

율법은 악한 죄인을 정죄하고 죄의 근성을 드러내며 죄를 죄로 드러내기 위해서 주어진 것이지 결코 사람의 죄를 없애는 수단으로 주어진 것이 아니다(M.R. 디한). 무디는 하나님의 율법을 자신의 모습을 있는 그대로 들여다볼 수 있는 거울에 비교했다. 율법은 우리 얼굴에 묻어 있는 오물을 보게 하는 거울은 될지언정 그 오물을 씻어줄 수는 없는 것이다. 이 땅에 율법을 온전히 지킬 수 있는 사람은 하나도 없다. 갈라디아서 3장 10절은 "무릇 율법 행위에 속한 자들은 저주 아래 있나니 기록된바 누구든지 율법책에 기록된 대로 온갖 일을 항상 행하지 아니하는 자는 저주 아래 있는 자라 하였음이라"고 하였다. 어느 누가 율법책에 기록된 대로 온갖 일을 항상 행할 수 있겠는가? '온갖 일을', '항상' 이라는 말은 매우 무서운 말이다. 사도 야고보는 야고보서 2장 10절에서 "누구든지 온 율법을 지키다가 그 하나에 거치면 모두 범한 자가 되나니"라고 하였다. 이것은 어떤 사람이 율법을 통해서 의롭게 될 수 없음을 분명하게 깨닫게 해주는 말씀이다. 율법은 다만 사람으로 죄를 깨닫게 하며 죄를 드러나게 하는 용도로 주어진 것이지 그것을 지켜서 구원받으라는 용도로 주어진 것이 아니다.

하나님은 이스라엘에게 율법을 주시므로 온 세상의 입을 막으신 것이다. 그들이 율법을 지킬 수 있는 가장 좋은 위치에 있음에도 불구하고 못 지켰다면 온 세상 사람들은 아무도 지킬 수 없는 것이다. 가령 농사짓는 농부가 어떤 씨앗이나 묘목을 구하여 자신의 모든 경작지 중 가장 좋고 비옥한 땅에 심고 잘 가꾸어도 성장이나 결실이 없다면 다른 땅에 심어보는 것은 필요하지 않은 일이다. 하나님은 모세에게 율법을 주신 지 1500년 동안 이스라엘에게 샘플로 율법을 지키는 훈련을 하게 한 것이다. 시간도 충분했고 입지 조건도 가장 훌륭했다. 그러나 결과는 실패였다. 그러므로 하나님은 온 세상의 입을 막고 온 세상으로 하나님의 심판 아래 있다고 선포하신 것이다. 따라서 율법의 행위로는 그 앞에 의롭다 하심을 얻을 육체가 없다. 로마서 3장 19절에서 20절은 "우리가 알거니와 무릇 율법이 말하는 바는 율법 아래 있는 자들에게 말하는 것이니 이는 모든 입을 막고 온 세상으로 하나님의 심판 아래 있게 하려 함이니라 그러므로 율법의 행위로 그의 앞에 의롭다 하심을 얻을 육체가 없나니 율법으로는 죄를 깨달음이니라"고 한다. 분명해야 할 한 가지 사실은 이 땅에 율법을 지켜서 구원받을 수 있는 사람은 한 사람도 있을 수 없다는 것이다.

5. 약속하신 자손이 오시기까지

율법은 '더해진 것' 이므로 시작이 있는 것이며 '약속하신 자손이 오시기까지' 라고 했으므로 끝이 있다. 그 끝은 그 약속하신 자손, 예수 그리스도께서 오셨을 때까지이다. 예수 그리스도는 오셨고 율법의 역할은 끝이 났다. 아직도 율법 아래 있어야 한다고 하는 것은 그리스도께서 오신 것을 무효화하는 것이다. 우리는 더 이상 율법 아래 있을 필요나 의무가 없다. 그리스도께서 오셔서 율법의 문제를 완전히 해결하셨다. 우리를 율법의 종 노릇하는 데서 해방하신 것이다. 그리스도께서 죽으실 때 우리도 죽은 것이며 이는 남편 있는 여인이 살았을 때에는 남편의 법에 매인바 되나 죽으면 남편의 법에서 벗어난 것과 같이 우리가 그리스도의 몸으로 말미암아 율법에 대하여 죽임을 당했으므로 율법에서 벗어난 것이다(롬 7:1-6). 그러므로 율법은 우리에게서 끝이 난 것이다.

갈라디아서에서 우리는 율법은 그리스도께 인도하는 몽학선생이며 믿음이 오기까지만 존재한다는 것을 읽을 수 있다. 바울은 우리에게 "믿음이 온 후로는 우리가 몽학선생 아래 있지 아니하도다"(갈 3:25)라고 말한다. 갈라디아서 3장은 우리에게 율법이란 필요에 의해 더해진 것이며 중간에 들어왔다가 믿음이 왔을 때 그 기능과 효력이 끝나버린 것임을 계시한다. 다시 한 번 말하거니와 율법 아래 있는 자들은 저주 아래 있는 것이다. 그리스도께서 십자가에 달리신 것은 율법의 저주에서 우리를 속량하기 위한 것이다(갈 3:13). 그러므로 예수 그리스도를 믿는 우리는 더 이상 율법의 저주 아래 있을 필요가 없게 된 것이다. 약속하신 자손은 오셨고 그가 우리를 율법의 종 노릇 하는데서 해방하여 은혜와 축복 아래 있게 하셨다.

6. 율법에 대한 신약적 해석과 비유

1) 가리는 수건

"우리는 모세가 이스라엘 자손들로 장차 없어질 것의 결국을 주목치 못하게 하려고 수건을 그 얼굴에 쓴 것같이 아니하노라 그러나 저희 마음이 완고하여 오늘까지라도 구약을 읽을 때에 그 수건이 오히려 벗어지지 아니하고 있으니 그 수건은 그리스도 안에서 없어질 것이라" (고후 3:13-14). 사도 바울은 율법을 모세가 썼던 수건을 들어 복음을 가리는 수건에 비유했다. 사람들이 율법으로 그 얼굴을 가리울 수 있다는 것은 율법의 본래의 목적을 이해하지 못하는 데에서 오는 것이다. 만일 사람들이 율법을 자신의 노력으로 지켜서 하나님을 기쁘시게 하고 합당한 자가 되려 한다면, 그러한 관념을 가진 사람들은 절대로 거저 주시는 선물인 그리스도의 은혜를 받으려 하지 않을 것이고 자신의 능력을 의지하면서 율법은 지키기 위해 있는 것이라는 두꺼운 수건으로 자신을 가리고 있을 것이다. 그 수건이 벗어지지 않는 한 그리스도의 복음은 받아들일 수 없을 것이다. 그러한 사람들에게 율법은 죽음과 정죄를 가져다준다. 바울 사도는 그 수건이 그리스도 안에서 없어질 것이라고 말한다. 그들은 바울 사도의 이 말을 듣고 그 망하게 하는 수건을 벗어 던져야 한다.

2) 요구하는 남편으로서의 율법

"형제들아 내가 법 아는 자들에게 말하노니 너희는 율법이 사람의 살 동안만 그를 주관하는 줄 알지 못하느냐 남편 있는 여인이 그 남편 생전에는 법으로 그에게 매인바 되나 만일 그 남편이 죽으면 남편의 법에서 벗어났느니라 그러므로 만일 그 남편 생전에 다른 남자에게 가면 음부라 이르되 남편이 죽으면 그 법에서 자유케 되나니 다른 남자에게 갈지라도 음부가 되지 아니하느니라 그러므로 내 형제들아 너희도 그리스도의 몸으로 말미암아 율법에 대하여 죽임을 당하였으니 이는 다른 이 곧 죽은 자 가운데서 살아나신 이에게 가서 우리로 하나님을 위하여 열매를 맺히게 하려 함이니라"(롬 7:1-4).

로마서 7장에 의하면 율법은 요구만 하고 열매를 맺지 못하게 하는 첫 남편에 비유된다. 율법은 철저하고 엄격한 남편으로서 능력 없는 아내에게 끊임없이 요구한다. '하라', '하지 말라'는 율법의 주된 사상이다. 가령 어떤 엄격한 남편이 몸도 약하고 병든 아내에게 아침에는 반드시 6시에 일어나서 밥을 짓고 빨래하고 아이들 도시락을 싸는 등 집안일을 철저하게 할 것을 요구한다고 하자. 아내는 약해서 할 수 없지만 남편의 법에 묶여 고달픈 생활을 계속하는 것이다. 2절에서는 남편이 죽으면 그 법에서 벗어난다고 했지만 그 남편은 죽을 가능성이 없다. 천지는 없어져도 율법은 일점일획이라도 없어지지 않을 것이기 때문이다. 그런데 4절에 의하면 가련한 아내인 우리 사람이 그리스도의 몸으로 말미암아 죽임을 당했고 이제 다시 살아난 것이다. 우리는 이제 새 사람이 되었으므로 첫 남편과는 정식으로 이혼이 되었고 새 남편인 그리스도에게 가서 열매를 맺을 수 있게 되었다. 그리스도의 십자가가 근본적으로 우리를 율법에서 해방한 것이다.

3) 몽학 선생으로서의 율법

"이같이 율법이 우리를 그리스도에게로 인도하는 몽학선생이 되어 우리로 하여금 믿음으로 말미암아 의롭다 함을 얻게 하려 함이니라 믿음이 온 후로는 우리가 몽학선생 아래 있지 아니하도다"(갈 3:24-25). 몽학 선생의 헬라어 '파이다고고스'는 고대 로마 시대에 귀족의 자녀들을 성인이 되기까지 교육시키고 돌보는, 오늘날로 말하면 가정교사이다. 하나님은 이스라엘 백성이 자라나기까지 훈도 아래 두시어 그들이 후에 아버지의 훌륭한 자녀로서 유산을 물려받을 수 있는 후사가 되도록 하셨다. 몽학선생의 역할은 그리스도께서 오심으로 끝난다. 그리스도가 오셨기 때문에 율법은 더 이상 믿는이들에게 지배권을 행사할 수 없는 것이다. 은혜 시대의 그리스도인들은 더 이상 몽학선생의 통제 아래 있지 않고 하나님의 아들들로서 은혜 아래 있다.

4) 사형 집행자로서의 율법

"내가 율법으로 말미암아 율법을 향하여 죽었나니 이는 하나님을 향하여 살려 함이니라 내가 그리스도와 함께 십자가에 못 박혔나니 그런즉 이제는 내가 산 것이 아니요 오직 내 안에 그리스도께서 사신 것이라 이제 내가 육체 가운데 사는 것은 나를 사랑하사 나를 위하여 자기 몸을 버리신 하나님의 아들을 믿는 믿음 안에서 사는 것이라"(갈 2:19-20).

그리스도께서 우리를 구속하시는 역사 속에는 우리의 죄들을 씻는 보혈의 공로만 있는 것이 아니고 우리를 율법의 얽매임으로부터 해방하는 면이 있다. 어떻게 해방하시는가? 그것은 우리를 이끌어 죽임을 당하게 하시는 것이다. 그리스도께서 십자가에서 죽으신 것을 율법의 공의의 요구를 이루시기 위함이었다. 그러므로 우리는 하나님의 율법의 공의가 그리스도를 십자가에 오르시게 했다고도 말할 수 있다. 그러므로 바울은 '내가 율법으로 말미암아 죽었다'고 말할 수 있었다. 우리가 죽은 것은 첫째로 율법으로 말미암은 것이요 두 번째는 율법을 향한 것이다. 첫 남편인 율법은 결코 죽지 않고 여전히 살아 있어 '죄를 짓고 범죄한 죄인인 너는 죽어야 한다, 심판받고 저주받고 멸망당해야 마땅하다'고 선포하고 있다. 그 요구에 따라 그리스도는 십자가에서 우리를 대신하여 죽임을 당하신 것이다. 그러므로 우리는 율법의 요구를 죽음으로 이룬 것이다. 죄를 지은 죄인은 죄의 대가로 죽어야 한다. 이것이 율법이다. 율법이 이렇게 정죄하고 심판하지 않는다면 죽을 일이 없다. 그러나 공의의 율법은 끝까지 요구한다. 그러므로 그리스도의 십자가가 있는 것이고 거기서 그리스도와 함께 그분 안에 있는 모든 신자들은 죽임을 당한 것이다.

그뿐 아니라 우리는 율법을 향하여 죽었다. 율법이 요구하지만 율법의 심판과 징벌을 당할 상대가 죽은 것이다. 가령 어떤 사람이 자동차 사고를 내어 사람을 죽였는데 사고를 낸 그 사람 자신도 죽었다 하자. 그때 법은 운전을 잘못하여 사람을 죽인 운전자를 처벌하도록 되어 있으나 그 운전자가 죽었기에 그 법은 더 이상 그에게 효력이 없는 것이다. 그래서 우리는 이 두 가지에서 율법과 상관이 없게 되었다. 첫째는 율법이 범죄자에게 내린 사형선고에 대하여 우리가 그리스도 안에서 죽었으므로 율법은 더 이상 우리에게 요구할 것이 없게 된 것이며, 둘째는 실제로 그리스도와 함께 죽었으니 율법이 설령 요구한다 하더라도 그 요구에 응할 대상자가 없는 것이다. 이것이 율법으로 말미암아 율법을 향하여 죽었다는 말씀의 의미이다.

5) 하갈

"내게 말하라 율법 아래 있고자 하는 자들아 율법을 듣지 못하였느냐 기록된바 아브라함이 두 아들이 있으니 하나는 계집종에게서, 하나는 자유하는 여자에게서 났다 하였으나 계집종에게서는 육체를 따라 났고 자유하는 여자에게서는 약속으로 말미암았느니라 이것은 비유니 이 여자들은 두 언약이라 하나는 시내 산으로부터 종을 낳은 자니 곧 하가라 이 하가는 아라비아에 있는 시내 산으로 지금 있는 예루살렘과 같은 데니 저가 그 자녀들로 더불어 종 노릇 하고 오직 위에 있는 예루살렘은 자유자니 곧 우리 어머니라"(갈 4:21-26). 하나님이 주신 두 언약 가운데서 은혜는 아브라함의 정실 부인인 사라에 비유하였고 율법은 정실 부인의 위치가 아닌 첩의 위치에 비유하였다. 그리고 바울은 계집종이었던 첩 하갈이 그 아들 이스마엘과 더불어 유업을 얻지 못하는 상태에 있다는 것을 지적하였다. 성경에서 계집종과 그 아들은 쫓겨나야 한다. "그러나 성경이 무엇을 말하느뇨 계집종과 그 아들을 내어쫓으라 계집종의 아들이 자유하는 여자의 아들로 더불어 유업을 얻지 못하리라 하였느니라"(30절). 율법의 위치는 정식의 부인이 올 때 자리를 내어주고 쫓겨나는 첩에 비유되었다.

7. 율법의 적극적인 면

1) 율법은 어쨌든 사랑하는 자녀 이스라엘에 대한 하나님의 말씀이요 언약이다. 그러다 보니 그 율법 안에 하나님의 사랑의 내용이 녹아 있다. 특히 십계명의 첫째, 둘째 계명은 하나님이 그분의 아내가 되도

록 선택하신 이스라엘에게 구애하는 듯한 내용이 있다. 그것은 하나님이 그들에게 그분 자신 외에는 아무도 섬기거나 사랑해서는 안 된다고 말씀하시는 것이기 때문이다. 그리고 구약에는 실제로 이러한 율법을 주시는 장면을 약혼식으로 비유하여 말씀하신 구절들이 있다. "여호와께서 이같이 말씀하시기를 네 소년 때의 우의와 네 결혼 때의 사랑 곧 씨뿌리지 못하는 땅, 광야에서 어떻게 나를 좇았음을 내가 너를 위하여 기억하노라"(렘 2:2). 이 구절은 분명 광야에서의 이스라엘 백성들과의 있었던 일을 묘사한 것이다. 그때 하나님은 그들과 약혼(betrothal) 시절의 사랑으로 사랑하고 있었다고 술회하신다. 그러므로 하나님이 그들에게 율법을 주신 것이 한 면에서는 사랑의 표시인 약혼반지를 주시는 것 같은 것이라고도 말할 수 있다. 물론 배우자의 배신과 타락으로 말미암아 첫 번째 혼약은 깨져버렸지만 말이다. 광야에서 하나님은 이스라엘이 어리석고 거역적이며 형편이 없었지만 여전히 사랑하셨다. "내가 네 곁으로 지나며 보니 네 때가 사랑스러운 때라 내 옷으로 너를 덮어 벌거벗은 것을 가리우고 네게 맹세하고 언약하여 너로 내게 속하게 하였었느니라 나 주 여호와의 말이니라"(겔 16:8). 예레미야와 에스겔의 두 구절을 통해서 우리는 하나님께서 언약하시고 맹세하실 때 매우 엄격하게 대하셨을지라도 매우 사랑하고 계셨다는 것을 알 수 있다. 하나님은 그들을 하나의 과정에서 그렇게 다루셨을지라도 그분의 그들에 대한 애정을 끊지 않으셨다. 그러므로 우리는 율법을 다른 면에서 살필 때 하나님의 선민에 대한 애정이 뿌리깊이 들어 있음을 느끼지 않을 수 없다.

2) 다른 한 면에서 율법은 장차 오는 좋은 일의 그림자인 것이다. "율법은 장차 오는 좋은 일의 그림자요 참 형상이 아니므로"(히 10:1). 율법은 그것이 참 형상은 아닐지라도 무언가 더 좋은 것이 올 것이라는 기대를 주는 면이 있다. 완전하시고 흠이 없으신 하나님께서 흠이 있고

낡아지며 쇠하는 것을 주셨다면 분명히 흠이 없으며 더욱 아름답고 변치 않고 영원한 것을 주시리라는 기대를 갖게 하는 성분이 있다. 골로새서 2장 16-17절에 의하면 "그러므로 먹고 마시는 것과 절기나 월삭이나 안식일을 인하여 누구든지 너희를 폄론하지 못하게 하라 이것들은 장래 일의 그림자이나 몸은 그리스도의 것이니라"고 한다. 그림자가 있으면 실제가 있는 것이다. 하나님은 율법을 주실 때 그림자로 주심으로써 멀리 있는 실제의 것을 대망하게 하셨다.

8. 말씀인 율법

출애굽기 20장은 분명 십계명이라는 중대한 율법을 선포하는 역사적인 장이지만 이 역시 하나님의 말씀이라는 것을 계시한다. 이 구절에서 '이 모든 말씀'이란 이 율법의 계명들도 역시 하나님의 말씀이라는 뜻이다. 출애굽기 34장 28절과 신명기 4장 13절과 10장 4절은 십계명의 말씀을 십언(十言:Ten Words, Darby역 참조)이라고 한다. 이는 교부들 가운데 사용되었던 말로서 칠십 인역에서 십언(Decalogue)으로 번역했다.

우리는 율법을 말할 때 매우 조심해야 하며 균형 잡힌 이해를 갖지 않으면 성경 전체를 이해하는 데 어려움을 겪게 된다. 율법에는 이와 같이 은혜와 대조되는 율법적인 계율로서만이 아니라 하나님의 말씀으로 이해해야 할 부분이 있다. 모든 성경은 하나님의 감동(영감, 혹은 호흡)으로 된 것이다(딤후 3:16). 그러므로 이 율법의 부분도 분명 하나님의 영감이요 하나님께서 호흡해내신 것임에 틀림없다. 우리는 시편 기자들이 하나님의 율법을 사모했던 것을 이해할 수 있는데, 이는 그 율법의 말씀 속에 하나님의 숨결이 들어있기 때문이다. 율법의 말씀이 하나님의 속성을 온전히 대표하는 것은 아닐지라도 율법은 거룩하고 영적이며 의로우며 선한 것임에 틀림없다(롬 7:12).

9. 증거로서의 율법

출애굽기 34장 29절에 의하면 이 율법은 증거의 판들(two tablets of the Testimony)이라고 불리웠다. 이는 율법이 그리스도의 증거이기 때문이다. 히브리서 10장 1절에서는 율법을 장차 오는 좋은 일의 그림자라고 한다. 하나님은 이스라엘 자손에게 율법을 주실 때 그분 자신을 나타내지 않으실 수 없었다. 어떤 사람이 자녀가 잘못하여 한 시간 이상 그를 훈계하고 권면하고 가르치고 교정하는 말을 할 때, 그 아버지의 훈계의 말에서 아버지의 생각과 인품이 드러나게 된다. 물론 이때 그 아버지의 모든 것이 다 드러날 수는 없다. 아버지의 인품이 온전히 드러날 만한 기회는 아니기 때문이다. 그렇다 하더라도 그 훈계의 말들은 아버지가 어떤 사람이라는 것을 나타낸다는 점에서 귀하다. 이와 같이 율법에는 하나님이 얼마나 사람을 사랑하시며 그들의 사랑을 얻고자 하시는가가 나타나 있으며, 심지어 그를 위해 질투하시는 것도 볼 수 있다. 또한 율법을 통해 우리는 하나님이 거룩하시고 의로우시다는 것을 알 수 있으며 또한 순수하시고 정결하시다는 것을 알 수 있다. 이처럼 율법은 하나님의 표현이요 증거이다. 따라서 우리는 구약 성도들이 하나님의 말씀이요 호흡이요 증거인 율법을 귀히 여긴 것을 이해할 수 있다.

10. 초등학문으로서의 율법

갈라디아서 3장 24절은 율법이 몽학선생(tutor)으로서 우리를 그리스도께로 인도하는 기능이 있음을 말한다. 골로새서 2장 20절에서는 율법을 세상의 초등학문이라고 말한다. 우리는 율법이 우리의 죄를 드러내는 것 외에 많은 부수적인 역할과 기능과 의미를 지니고 있음을 간과해서는 안 된다. 다른 한편에서 율법은 어린 이스라엘 백성들을 교육시키려는 적극적인 목적이 있었음을 알 수 있다. 하나님께서는 이스라엘 백성을 훈련시키실 때 그들이 율법을 지키려 하다가 물론 실패하겠지만 그러한 과정에서 선악을 분별하는 인식과 하나님을 찾으려는 열망과 하나님을 선택하는 의지를 가질 수 있기를 바라신 것이다(앤드류 머레이). 즉 그리스도로 인한 믿음의 구원이 오기 전에 사람이 가진 그러한 능력과 역량들을 일깨우고 분발시켜야 했다.

그러므로 율법 아래서 율법에 나타난 어느 정도의 영광(고후 3:7-11 참조)을 인하여 하나님을 경외하고 하나님의 모든 명령에 따라 온전히 행하려고 하는 경건한 사람들을 산출할 수 있었던 것이다. 율법에는 영광이 전혀 없었다고 생각지 말라! 비록 사라지고 없어질 것이었지만 영광이 전혀 없었던 것이 아니다. 태양과 같이 밝게 비취는 복음의 빛에 비할 때 율법의 영광은 달빛과 같이 약했지만(그리스도는 하나님의 완전한 영광의 광채이심) 거기에도 뭔가 빛나는 영광이 있었다(계 12:1, 해를 입고 발아래에는 달이 있는 여인). 그렇기 때문에 사가랴와 엘리사벳, 시므온과 안나 같은 사람들은 율법 안에서 주님을 맞도록 준비되었고 주님을 기다렸으며, 따라서 그리스도께 매우 자연스럽게 연결되었던 것이다. 이것은 초등학교를 충실하게 다니고 선생님의 말씀을 잘 들은 학생들이 상급학교에 별 문제 없이 진학하는 것에 비할 수 있다.

11. 언약으로서의 율법

일반적으로 언약이란 약속한 행위를 이행함으로 서로간에 도움이나 유익을 줄 때 사용하는 행위이다. 즉 약속한 것을 확실하게 이행하겠다는 것을 보증인이나 보증물을 사용하여 상대방에게 혹은 서로간에 굳게 확신할 수 있도록 하는 행위를 가리킨다. 하나님께서 사람과 언약을 하셨다는 자체가 기이한 일이며 하나님이 얼마나 사람을 사랑하시고 관심하시며 높이 대우하시는가를 알 수 있다. 하나님이 자신을 낮추어 사람과 언약하시고 그 언약에 기꺼이 묶이셨다니! 언약이란 다만 말씀하신 것보다 더 큰 구속력을 갖는다. 일단 언약하셨다면 하나님은 반드시 그 언약을 지키셔야 한다. 하나님께서는 사람들이 하나님께서 하실 것을 믿고 감사드리도록 약속하실 뿐 아니라 보증으로 언약하셨다. 우리는 하나님께서 두 언약을 우리 앞에 두고 계심을 안다. 하나는 옛 언약인 율법이요 다른 하나는 새 언약이다.

그러기에 율법은 언약의 돌판(tablets of the covenant, 신 9:9,11,15)으로 불린 것이다. 첫 언약은 택하신 사람들에 대한 하나님의 중심적인 역사를 이루는 데 부족하고 흠이 있었지만 그럼에도 타락한 사람들에 대한 하나님의 최종적인 목적을 이루는 데 절대적으로 필요한 것임을 알아야 한다. 그로 인해 사람의 갈망을 일깨우고 노력을 불러일으키며 인간의 무력함을 깨닫게 하고 그리스도를 통한 구원이 필요함을 인식하도록 도와준다. 옛 언약은 후에 올 어떤 고귀한 것을 받을 수 있도록 준비시키는 귀한 방면을 포함하고 있으며, 따라서 일시적인 것이지만 하나님께서는 이 첫 언약도 이스라엘과 진지하게 세우신 것이다. 사람들이 이 율법으로 잘 교육되면 하나님께 대한 갈망을 갖고 자신들의 무능함을 깨달으며 그리스도의 필요성을 절감한다. 그런 후에 주님을 은혜로 만나면 첫 언약의 효과와 목적이 이루어지게 된다.

12. 양 우리로서의 율법

요한복음 10장에 의하면 율법은 하나의 우리(fold)이다. 목자는 자신이 직접 돌볼 수 없는 시간에 양들을 우리에 넣어둔다. 특히 목자가 오랜 시간 출타할 때에나 겨울철에는 양 우리의 필요성이 더욱 크다. 이스라엘 백성은 하나님의 양 무리로서 목자이신 그리스도가 오시기까지 우리 안에 보존되고 있었다. 요한복음 10장에서는 목자이신 예수 그리스도께서 오셔서 양의 이름을 하나하나 불러서 양 우리에서 이끌어내어 목자이신 그리스도를 따르게 한 것을 볼 수 있다. 교회는 목자이신 그리스도의 음성을 듣고 율법의 보호 장치인 양 우리를 떠나 그분으로부터 생명을 얻고(10절) 그분을 따르는 한 무리(유대인과 이방인이 그리스도 안에서 한 무리가 되었음)의 양떼이다.

13. 사람의 참된 상태를 드러내는 율법

율법 안에 그렇게 적극적인 면들이 있을지라도 어디까지나 옛 언약은 실패한 것으로 나타난다. 율법은 생명을 약속하지만 생명을 줄 수는 없다(신 4:1, 갈 3:21). 하나님은 율법을 죽게 하는 것으로 주셨고(고후 3:7) 죄를 깨닫고 모든 사람으로 하여금 하나님의 심판 아래 있음을 알게 하려고 주신 것이다(롬 3:19). 또한 율법은 죄가 죄로 드러나고 죄로 심히 죄 되게 하려고 주어진 것이며(롬 7:13), 심지어 율법이 가입한 것은 범죄를 더하게 하려는 것이라고 말한다(롬 5:20). 로마서 7장 7절은 "율법으로 말미암지 않고는 내가 죄를 알지 못하였으니"라고 한다. 율법은 이와 같이 우리의 죄악됨과 약함을 드러내기 위해 주어졌다. 즉 율법은 사람의 참된 상태를 드러내기 위해 주어진 것이다.

우리가 알아야 할 것은 근본적으로 율법 자체에는 문제가 없다는 것이다. 로마서 7장 말씀처럼 율법 자체는 문제가 없다. "율법도 거룩하며 계명도 거룩하며 의로우며 선하도다"(7:12). 율법의 요구 사항들은 모두가 틀린 것이 없다. 그것은 의로우시고 거룩하시며 사랑이신 하나님을 표명한다. 문제는 율법의 요구를 지키지 못하는 우리에게 있는 것이다. 그러면 왜 하나님께서는 사람이 지키지도 못할 율법을 주셨는가? 그것은 이미 말한 바와 같이 사람이 하나님의 계명을 지킬 수 없는 완전히 소망 없는 존재임을 보게 하려는 것이다. 걸을 때 똑바로 걷지 못하고 비뚤비뚤 걷는 사람이 있다 하자. 그는 자신이 똑바로 걷지 못하면서도 자신이 똑바로 걸을 수 있고 지금도 똑바로 걷고 있다고 생각한다. 그럴 때 그를 바로잡아주려면 먼저 그가 똑바로 걷지 못한다는 사실을 알려주어야 하는데, 그러기 위해서 똑바르게 선을 그어놓고 그 선을 따라 걸어볼 것을 요구하는 것이다. 그럴 때 그는 자신만만하게 그 선을 따라 걸어보지만 되지 않는다. 열 번, 백 번을 시도해보아도 그의 발걸음은 비뚤어져 있다. 그때서야 그는 자신의 발걸음에 문제가 있다는 것을 깨닫고 구원을 요청한다. 이것이 율법이 주어진 주된 목적이다.

하나님은 타락한 사람이 구제불능이며 하나님의 계명을 지킬 수 없다는 것을 아셨지만 사람은 그것을 알지 못했다. 그래서 율법을 주시어 지켜보라고 하신 것이다. 결과는 무엇인가? 사람의 죄를 드러내고 사람의 무능함을 드러내는 것이다. 하나님이 율법을 주심은 사람이 지킬 것을 기대해서가 아니다. 하나님은 율법을 주실 때 사람이 지킬 수 없음을 아셨다. 사람은 율법을 범할 때 비로소 자신이 약하여 하나님의 계명을 지킬 수 없는 존재임을 시인하게 된다. 이때 율법의 주어진 목적이 이루어지는 것이다. 이렇게 해서 율법은 우리를 그리스도께 인도하는 몽학 선생의 기능을 하는데, 그리스도야말로 우리로 하여금 은혜로 율법을 이루게 하신다.

그래서 우리는 하나님이 이스라엘에게 율법을 주신 것이 그분의 은혜를 폐한 것이 아니고 그 약속을 무효화시킨 것이 아니라는 것을 안다. 영원부터 영원까지 하나님은 사랑과 은혜의 하나님이시다. 율법은 다만 사람의 범법함을 인하여 필요에 따라 임시적으로 더해진 것임을 알아야 한다. 율법은 약속하신 자가 오실 때까지만 존재한다. 어떤 사람이든지 그리스도를 영접하고 그분을 믿을 때 율법은 그것의 용도와 목적을 끝마친다. 실상 율법 외에 나타난 하나님의 의(믿음의 의)는 율법에서도 증거를 받은 것이다(롬 3:21). 바울은 율법 외에 나타난 믿음의 의가 율법에 의해서도 증거를 받은 것이라고 했다. 그렇다면 결국 율법을 주신 주된 목적도 믿음에 의한 의를 얻도록 하기 위한 것이라는 뜻이다. 율법은 다른 것이 아니라 이것을 증거하기 위하여 주어진 것이라니 우리는 율법을 통하여서도 믿음의 도에 관하여 도움을 받을 수 있다는 말이다.

14. 율법에 대하여 갖기 쉬운 오해

율법은 십자가에서 끝난 것이니 더 이상 사람이 지킬 필요가 없다는 오해가 있을 수 있다. 그래서 도덕률 폐기론자가 생겨나는 것이다. 그러나 성경은 주님께서 오신 것은 율법을 폐하려 함이 아니요 완전케 하려 함이라고 말씀하셨다(마 5:17). 또 천지는 없어지겠으나 율법은 일점일획이라도 없어지지 아니하고 다 이루어진다고 하셨다. 사도 바울도 믿음을 강조하였지만 믿음이 율법을 폐하는 것이 아니라고 했다. "그런즉 우리가 믿음으로 말미암아 율법을 폐하느뇨 그럴 수 없느니라 도리어 율법을 굳게 세우느니라"(롬 3:31). 우리가 만일 율법을 지키지 않아도 되는 말씀으로 여긴다면 신명기라는 책이 필요치 않을 것이며 주 예수님의 더욱 섬세하고 높은 계명도 지키지 않아도 된다고 할 것이다. 빌라델비아 교회가 칭찬받은 것은 적은 능력을 가지고 주님의 말씀을 지켰기 때문이다(계 3:8). 주님은 산상수훈에서도 말씀을 지키는 문제를 강조하셨다. 주님은 "누구든지 이 계명 중에 지극히 작은 것 하나라도 버리고 또 그같이 사람을 가르치는 자는 천국에서 지극히 작다 일컬음을 받을 것이요 누구든지 이를 행하며 가르치는 자는 천국에서 크다 일컬음을 받으리라"(마 5:19)고 하셨다. 여기서 '이를 행하며' 라는 말씀은 지극히 작은 계명 하나라도 지키는 것을 말한다.

또한 주님은 '주여, 주여' 하면서 많은 일을 할지라도 그분의 말씀을 듣고 행하는 것이 아니라면 불법을 행하는 것이며 모래 위에 집을 지은 어리석은 사람같이 될 것이라고 하셨다(마 7:21-27). 요한복음 14장에서도 주님은 "사람이 나를 사랑하면 내 말을 지키리니"라고 하시면서 나를 사랑하지 아니하는 자는 내 말을 지키지 아니한다고 하셨다(23-24절). 15장 10절에서는 "내가 아버지의 계명을 지켜 그의 사랑 안에 거하는 것같이 너희도 내 계명을 지키면 내 사랑 안에 거하리라"고 하셨다. 이로 보건대 사람이 하나님의 말씀과 율법을 지키는 것이 필요치 않다는 것이 아니라 다만 율법을 통해서 사람은 먼저 자신이 하나님의 계명과 율법을 결코 지킬 수 없는 존재임을 알아야 한다는 것이다. 다시 한 번 말하지만 하나님의 율법 자체에는 문제가 없다. 다만 사람에게 그것을 지킬 수 있는 역량이 없다는 것이 문제이다. 그리스도께서 오신 것은 그 율법을 지킬 수 있는 생명 능력과 은혜를 우리에게 주시기 위함이다.

율법은 우리에게 요구할 뿐 지킬 수 있는 능력을 부여해주지 않는다. 그러나 그리스도께서는 우리에게 율법을 지킬 수 있는 생명과 능력을 부여해 주신다. 옛 언약이 흠이 있다는 것은 그 자체가 문제가 아니라 밖에 있는 법이 다만 우리에게 요구할 뿐 그 법을 지킬 수 있는 능력을 주지 못한다는 데 있다. 그러나 새 언약은 밖에서 요구하는-돌비에 새겨져서-법이 아니라 아예 그 법이 우리 안에서 생명의 법이 되어 지킬 수 있는 능력을 준다. 새 언약의 더 나은 점은 그 법을 주시고 요구하신 분이 우리 안에서 그 법을 지키는 분이 되어주셨다는 것이다. 당시 갈라디아 사람들의 문제는 율법을 자신들이 지켜보려고 시도한 것에 있다. 그들이 만일 자신들이 살지 않고 그리스도께서 그들 안에 사시도록 기회를 드렸다면 그리스도께서는 그들 안에서 율법의 요구를 이루는 분이 되셨을 것이다.

이제 본문으로 들어가서 말씀을 한 구절씩 살펴보도록 하자.

1-2절, 하나님이 이 모든 말씀으로 일러 가라사대 2 나는 너를 애굽 땅, 종 되었던 집에서 인도하여 낸 너의 하나님 여호와로라

이스라엘 백성이 시내 산에 이른 시점은 출애굽한 지 3개월쯤 되었을 때이다. 이때 그들은 비로소 하나님의 말씀을 받기 위해 준비되었다. 그들은 애굽에서 400년 이상 종 노릇 하다가 하나님이 세우신 종 모세의 인도 하에서 홍해를 건너 광야에 왔으며, 이제 하나님의 산인 시내 산에서 율법을 받을 수 있는 상태가 된 것이다. 우선 우리는 출애굽기 20장이 구약을 대표하는 매우 중요한 장이라는 것을 알아야 한다. 왜냐하면 하나님의 율법을 선포하고 있기 때문이다.

오늘 우리는 율법 시대에 살고 있지 않고 은혜 시대에 살고 있다. 우선 우리는 율법과 은혜가 결코 조화될 수 없는 것임을 알아야 한다. 그러나 하나님께서는 그분의 백성들을 인도하고 그들에게 역사하실 때 시대를 나눠서 어릴 때에는 어린 학생같이 인도하시고 자라서 성년이 되었을 때에는 또 그렇게 가르치고 인도하셨다. 나는 이 출애굽기 20장의 율법에 관한 부분을 설명할 때 우선 이 율법을 주시는 하나님의 마음이 어떠하셨는가를 알려 주고 싶다. 사실 하나님은 율법을 주실 때조차도 그분의 백성들을 사랑하고 계셨다. 하나님은 사랑이시다. 하나님께서는 그때의 필요에 따라 그들에게 율법을 주셨다. 그때는 하나님의 백성의 초등학교 시절이다. 초등학교 때에는 초등학문을 가르쳐야 한다. 그러나 하나님의 백성들은 영구히 초등학문 아래에 있어서는 안 된다. 초등학문을 가르치실 때 결코 그것이 하나님의 백성들에게 영구히 필요하고 또 그것을 통해서 하나님의 역사를 이룰 수 있기 때문이 아니다. 그럼에도 하나님께서는 그 율법을 주실 때조차도 그들을 매우 사랑하는 마음으로 그들에게 율법을 내리신 것이다.

앞에서도 잠시 언급했던 몇 구절을 보면서 율법을 주실 때의 하나님의 마음을 생각해보기로 하겠다.

에스겔 16장 8절, "내가 네 곁으로 지나며 보니 네 때가 사랑스러운 때라 내 옷으로 너를 덮어 벌거벗은 것을 가리우고 네게 맹세하고 언약하여 너로 내게 속하게 하였었느니라 나 주 여호와의 말이니라". 이 말씀을 보면 이때는 이스라엘 백성이 광야를 지날 때, 곧 그들이 아주 어릴 때이다. 그때에 하나님은 그들을 보면서 네 때가 사랑스러운 때라고 하셨다. 그리고 그때 하나님은 그분의 옷으로 그들의 벌거벗은 것을 가리우고 맹세하고 언약하여 그분에게 속하게 하셨다.

예레미야 2장 2절, "가서 예루살렘 거민의 귀에 외쳐 말할지니라 여호와께서 이같이 말씀하시기를 네 소년 때의 우의와 네 결혼 때의 사랑 곧 씨뿌리지 못하는 땅, 광야에서 어떻게 나를 좇았음을 내가 너를 위하여 기억하노라". 이 말씀을 보면 하나님은 그들의 소년 때의 우의와 결혼(혹은 약혼) 때의 사랑, 곧 씨 뿌리지 못하는 땅 광야에서 어떻게 그분을 좇았는지를 그들을 위하여 기억한다고 하셨다. 우리 하나님은 마치 이스라엘 백성과 연애하고 데이트하고 그러다 어느 날 약혼하신 것 같다. 그분은 그들의 약혼 때의 사랑을 기억한다고 하셨다. 그러면 하나님은 이스라엘 백성과 언제 약혼식을 했을까? 바로 하나님께서 그들에게 율법을 주실 때이다. 그 율법은 하나님께서 그들과 언약을 맺으신 것이었다. 오늘날로 말하면 멋있는 신랑이 사랑하는 신부에게 약혼반지를 주면서 '우리 장래 결혼하자' 하는 것이다. 그리고 결혼은 나중에 성년이 되었을 때, 좀 더 자라서 초등학문 곧 율법에서 벗어나서 그리스도를 만날 때 이루어지는 것이다. 그러나 이때도 하나님은 여전히 그들을 사랑하셨다.

마태복음 15장 7절부터 9절, "외식하는 자들아 이사야가 너희에게 대하여 잘 예언하였도다 일렀으되 이 백성이 입술로는 나를 존경하되 마음은 내게서 멀도다 사람의 계명으로 교훈을 삼아 가르치니 나를 헛되이 경배하는도다 하였느니라 하시고". 하나님의 백성들이 하나님의 계명을 지키고 하나님을 사랑하는 것은 그들의 마음으로 하는 것이지

입술로 하는 것이 아니다. 하나님께서는 그분 자신이 이스라엘 백성들을 사랑하시듯이 계명을 받은 이스라엘 백성 또한 마음으로 하나님을 사랑하기를 원하셨다. 물론 이스라엘 백성들은 그렇게 하지 못했다.

"나는 너를 애굽 땅, 종 되었던 집에서 인도하여 낸 너의 하나님 여호와로라"(2절)고 하시는데, 먼저 하나님은 자신이 누구인가를 그들에게 밝히 보여주신다. 그분은 자신이 이스라엘 백성을 애굽 땅 종 되었던 집에서 구출해내신 그들의 하나님 여호와라고 하신다. 그런 다음 열 가지 계명을 그들에게 주신다.

3절, 너는 나 외에는 다른 신들을 네게 있게 말지니라

첫째 계명은 "너는 나 외에는 다른 신들을 네게 있게 말지니라"이다. 이 계명을 자세히 살펴보면 하나님께서 말씀 곧 언약을 통해서 그분의 백성을 그분께로 인도하시려는 의도를 갖고 계심을 읽을 수가 있다. 이것은 마치 한 남자가 한 여자와 약혼하면서 이후로는 절대 다른 남자를 쳐다보면 안 된다고 말하는 것과 같다. 그래서 이것은 적극적인 의미에서 일종의 사랑의 계약이라고 할 수 있다. 하나님께서 이스라엘 백성들에게 '나 외에는 결코 다른 신을 네게 두어서는 안 된다'고 하시는 것이 첫 번째 계명이다. 말하자면 하나님께서는 이스라엘 백성들과 사랑의 관계를 맺으시며 그들의 사랑을 얻고 싶으신 것이다.

여기서 '나 외에는'이라는 말은 히브리어에서 '나와 대립하여'라는 뜻이다. 혹은 '나와 대등하게'라는 의미도 있다. 어떤 사물이나 존재를 네 앞에 신처럼 두지 말라는 것이다. 이렇게 해서 하나님은 이스라엘 백성에게 열 가지 계명을 주시는데, 그들이 과연 지켰는가? 다 어겼다. 결국 하나님께서 이 율법을 우리에게 주신 목적은 우리 자신으로서는 절대로 율법을 지킬 수 없다는 것, 우리 인간은 너무나 부패해서 이러한 율법을 절대로 지킬 수 없으며 저주받고 멸망할 수밖에 없는 죄인이라는 것을 알게 하시려는 것이다. 오늘날 믿는이들이 곧잘 하나님을 사랑한다고 말하는데, 진실인가? 하나님과 대립된 다른 어떤 것을 사랑하지는 않는가? 신약 복음서에서 주 예수님은 "너희가 하나님과 재물을 겸하여 섬기지 못하느니라"고 하셨다. 만일 어떤 사람이 돈을 사랑한다면 그는 하나님을 미워하는 사람이다. 돈도 사랑하고 동시에 하나님도 사랑할 수는 없는 일이다. 두 가지를 겸하여 사랑할 수 없기 때문이다. 하나를 중히 여기면 다른 하나는 경히 여기게 된다. 하나를 사랑하게 되면 하나를 미워하게 되어 있다. 하나님과 재물은 결코 한 쪽에 둘 수 없고 영원히 반대 세력으로 존재한다. 만일 우리가 하나님을 사랑한다면 우리는 재물을 미워할 것이다. 나는 오늘 과연 어떤 사람이 이 첫째 계명을 통과할 수 있는지 묻고 싶다.

오늘날 복음 전할 때 사람들에게 '당신은 죄인입니다'라고 하면, '내가 무슨 죄를 지었느냐? 나는 죄가 없다. 간음한 적도 없고 살인한 적도 없고 도둑질한 적도 없다. 나는 내가 열심히 돈 벌어서 내가 먹고 살았다'고 하면서 항변한다. 정말 죄가 없는가? 그렇다면 당신이 돈을 사랑하는 문제는 과연 어떠한가? 이것이 첫 번째 계명이다. 첫 번째도 통과하기가 어려운 것이다. 하나님의 율법의 잣대로 하나하나 점검해보자. "나 외에는 다른 신을 네게 두지 말라." 이 법을 당신이 통과할 수 있는가? 그렇지 못하다면 당신은 죄인이다. 첫째 계명부터 어긴 죄인이다. 하나님의 법은 당신을 죄인이라고 단죄한다. 계명은 이와 같이 첫 번째부터 우리 인간이 죄인임을 확신시켜준다. 인간은 확실히 하나님 앞에서 유죄(guilty)이다.

4-6절, 너를 위하여 새긴 우상을 만들지 말고 또 위로 하늘에 있는 것이나 아래로 땅에 있는 것이나 땅 아래 물 속에 있는 것의 아무 형상이든지 만들지 말며 5 그것들에게 절하지 말며 그것들을 섬기지 말라 나 여호와 너의 하나님은 질투하는 하나님인즉 나를 미워하는 자의 죄를 갚되 아비

로부터 아들에게로 삼사 대까지 이르게 하거니와 6 나를 사랑하고 내 계명을 지키는 자에게는 천 대까지 은혜를 베푸느니라

다음은 둘째 계명이다. "너를 위하여 새긴 우상을 만들지 말고…". 여기서 하나님은 자신을 질투하는 하나님이라고 하셨다. 앞에서 말했듯이 이스라엘 백성들에게 율법을 베푸시는 하나님의 마음은 사랑이다. 그 마음은 지금 이스라엘 백성과 약혼하고 계시며 사랑의 관계를 맺고 계신다. 그런데 '네가 만일 다른 것을 만들어서 거기에다 경배하고 그것을 섬긴다면 나는 질투하겠다'는 것이다. 사랑이 없으면 미움도 없고 사랑이 없으면 질투도 없다. 내가 사랑하지 않고 관심도 없는 어떤 여자가 다른 남자를 사랑한다고 할 때, 그것은 내게서 어떤 느낌도 불러일으킬 수 없다. 그러므로 이 율법 속에는 이스라엘 백성에 대한 하나님의 사랑이 녹아져 있다. 우리는 그것을 볼 수 있어야 한다.

"나 여호와 너의 하나님은 질투하는 하나님인즉 나를 미워하는 자의 죄를 갚되 아비로부터 아들에게로 삼사 대까지 이르게 하거니와 나를 사랑하고 내 계명을 지키는 자에게는 천 대까지 은혜를 베푸느니라". 하나님이 원하시는 바가 여기에 나타나 있다. 이스라엘 백성들이 그분을 사랑하기 원하는 것이다. 이것은 하나님께서는 이미 이스라엘 백성들을 깊이 사랑하신다는 것을 뜻한다. 그래서 하나님은 그들 또한 그분을 사랑하기 원하시는 것이다. 그래서 둘째 계명은 우상을 만들지 말라는 것이다.

하나님은 영이시다(요 4:24). 영이란 우리 육안으로 볼 수 없는 실체이다. 디모데 전서 6장에서도 하나님을 볼 수 없는 분이라고 했다. 아무도 그분을 본 사람이 없다는 것이다. 그리고 베드로 전서 1장에서도 "너희가 예수를 보지 못하였으나 사랑하는도다"라고 말한다. 오늘 우리는 조심해야 한다. 어떤 형상을 만들어놓고 그것이 하나님인 양 하지 말아야 한다. 나는 집에다 소위 예수님의 그림을 붙여 놓는 것을 좋아

하지 않는다. 혹자는 이렇게 말할 것이다. '이 그림은 제 신앙에 도움이 됩니다. 그것을 바라볼 때 예수님을 생각하게 됩니다.' 그러나 그렇지 않다. 예수님은 그것을 보시고 질투하신다. '얘야, 그것은 내가 아니다' 라고 하시면서 말이다.

"주는 영이시니 주의 영이 계신 곳에는 자유함이 있느니라"(고후 3:17). 주님은 영이시다. 그러므로 오늘날 예배하는 자들은 신령과 진정으로 예배해야 한다. 볼 수 없고 영이신 하나님을 우리 눈으로 볼 수 있는 존재로 바꾸어놓을 때 우상이 되는 것이다. 우리는 절대로 그런 일을 하지 말아야 한다. 하나님의 불 같은 질투를 불러일으키는 일들은 하지 말아야 한다. 하나님은 소멸하는 불이시다(히 12:29).

7절, 너는 너의 하나님 여호와의 이름을 망령되이 일컫지 말라 나 여호와는 나의 이름을 망령되이 일컫는 자를 죄 없다 하지 아니하리라

셋째 계명이다. "너의 하나님 여호와의 이름을 망령되이 일컫지 말라 나 여호와는 나의 이름을 망령되이 일컫는 자를 죄 없다 하지 아니하리라". 오늘날 많은 사람들이 '주여, 주여' 하고 부르며 또 기도도 많이 한다. 그런데 과연 하나님의 이름을 망령되이 일컫는다는 것은 무엇을 뜻하는가? 그것은 진정으로 하나님을 사랑하고 순종하려는 마음이 없이 입으로만, 겉으로만 그분의 이름을 부르는 것이다. 주님은 우리에게 하나님의 이름이 거룩히 여김을 받으시도록 기도하라고 가르치셨다. 그분의 이름은 거룩히 여겨져야 할 이름이다. 우리의 입술로 그분의 이름을 부르면 그 이름에 어울리는 행동을 해야만 그분의 이름에 합당한 존귀와 영광이 돌아가게 된다. 그러나 우리는 얼마나 많은 경우 주님의 이름을 부르면서 하나님의 이름을 욕되게 하는 삶을 살았는가? 당시 유대인들은 율법을 자랑하면서 율법을 범함으로 하나님께 욕되게 하였다(롬 2:23). 오늘 우리는 과연 하나님의 이름을 부르며 그분의 이름을 존귀하게 하고 영광되게 하는가? 이는 모든 방면에서 우리의 삶의 완전함을 요구하는 일이다. 과연 지금까지 그리스도 외에 누가 이런 삶을 살았단 말인가?

8절, 안식일을 기억하여 거룩히 지키라

다음 네 번째 계명은 안식일에 관한 것이다. 하나님께서는 엿새 동안 천지를 창조하시고 일곱째 날은 거룩히 구별하여 축복하시고 안식일로 정하셨다. 그날을 지키는 것은 하나님의 창조의 역사를 기억하고 경배하며 하나님께서 쉬신 것처럼 우리도 쉬는 것이다. 물론 구약에서 안식일을 지키는 것은 신약의 참된 안식의 그림자이며 주님은 안식일의 주인이시다. 신약 히브리서 4장에서는 하나님의 말씀에 믿음으로 화합한 자는 이미 그 안식에 들어갔다고 말한다. 여하튼 네 번째 계명인 안식일을 지키는 것은 창조주 하나님을 경외하는 것과 관계있다. 십계명은 이와 같이 하나님을 향한 네 가지 계명이 있고 사람을 향한 여섯 가지 계명이 있다.

9-11절, 엿새 동안은 힘써 네 모든 일을 행할 것이나 10 제 칠 일은 너의 하나님 여호와의 안식일인즉 너나 네 아들이나 네 딸이나 네 남종이나 네 여종이나 네 육축이나 네 문 안에 유하는 객이라도 아무 일도 하지 말라 11 이는 엿새 동안에 나 여호와가 하늘과 땅과 바다와 그 가운데 모든 것을 만들고 제 칠 일에 쉬었음이라 그러므로 나 여호와가 안식일을 복되게 하여 그날을 거룩하게 하였느니라

하나님께서는 그분의 백성들이 일곱째날에 안식할 때 엿새에 걸쳐 하나님께서 하늘과 땅과 만유를 창조하신 역사를 기억하면서 조물주 하나님을 경배하고 찬미할 수 있기를 기대하셨다.

12절, 네 부모를 공경하라 그리하면 너의 하나님 나 여호와가 네게 준 땅에서 네 생명이 길리라

이것이 다섯 번째 계명이다. 이 다섯 번째 계명은 앞의 네 계명과 연결되는데, 이는 부모란 우리 육신의 근본이기 때문이다. 우리가 부모로부터 계속 거슬러 올라가면 결국 하나님께 이르게 된다. 부모를 공경하는 문제는 하나님을 공경하는 것과 연결되어 있다.

율법은 네 마음을 다하고 뜻을 다하고 힘을 다하여 하나님을 사랑하라는 것과 네 이웃을 네 몸같이 사랑하라는 이 두 가지로 요약할 수 있다. 전반부 네 계명은 하나님을 사랑하라는 것이고 후반부 여섯 계명은 네 이웃을 네 몸같이 사랑하라는 것인데, 이 넷과 여섯 중간에 있는 다섯째 계명이 아주 기묘하다. 이것은 어떻게 말하면 앞의 네 계명과 관련된다. "네 부모를 공경하라 그리하면 너의 하나님 나 여호와가 네게 준 땅에서 네 생명이 길리라". 하나님께서는 사람이 그 근본 된 부모를 공경할 때 그를 기뻐하시고 축복하신다. 어떤 사람들은 이 십계명이 신약에 와서 다 폐해졌다고 말하는데, 성경은 그렇게 한 마디로 말하기가 어렵다. 왜냐하면 사도 바울은 에베소서 6장을 쓸 때 부모를 공경하는 문제에 대해 이 계명을 그대로 말했기 때문이다. "이것이 약속 있는 첫 계명이니 이는 네가 잘 되고 땅에서 장수하리라"(2-3절). 그러므로 도덕률 폐기론자는 일종의 이단이다. 사실 율법은 일점일획도 없어지지 않는다(마 5:17-18 참조). 믿는 우리에게는 예수 그리스도로 말미암아 이 율법이 이루어지는 것이지 결코 없어지는 것이 아니다.

13-17절, 살인하지 말지니라 14 간음하지 말지니라 15 도적질하지 말지니라 16 네 이웃에 대하여 거짓 증거하지 말지니라 17 네 이웃의 집을 탐내지 말지니라 네 이웃의 아내나 그의 남종이나 그의 여종이나 그의 소나 그의 나귀나 무릇 네 이웃의 소유를 탐내지 말지니라

여섯째 계명부터 열째 계명까지는 사람에 대한 것이다. 요한 일서 3장을 보면 '마음으로 형제를 미워해도 이미 살인한 것' 이라고 했다. 또 '여자를 보고 음욕을 품으면 이미 마음에 간음을 하였다' 고 했다. 누가 이 율법을 다 지켰다고 할 수 있겠는가? 아무도 없다. 거짓말하지 말라고 하셨는데, 거짓말을 하지 않은 사람이 없다. 오늘 여러분 가운데에도 거짓말한 사람이 있을지 모른다. 늦게 왔는데 사실은 집에서 꾸물꾸물하다 늦어놓고서 '차가 막혀서 좀 늦었습니다' 라고 하지는 않았는가? 거짓말하는 것이 너무 익숙하다 보니까 자기가 하고 있는 말이 거짓말인지도 모른다. 그래서 사람들이 흔히 밥 먹듯이 거짓말을 한다고 하는 것이다. 이런 것은 다 하나님이 보시기에 죄이다.

마지막 열째 계명은 탐내지 말라는 것이다. "네 이웃의 집을 탐내지 말지니라…". 탐내지 말라는 것이 마지막 계명이다. 바리새인 중의 바리새인이요 율법으로는 흠이 없다고 말한 사도 바울이 가장 통과하기 어려웠던 계명이 바로 이것이다. 신약 로마서 7장을 보면 그의 체험이 기록되어 있는데, 그는 이 계명-탐내지 말라-을 아무리 지켜보려고 해도 지킬 수가 없었노라고 고백한다. 이 계명을 지켜보려고 하면 할수록 도리어 탐심이 더 생기더라는 것이다. 그래서 바울도 결국 두 손을 들고 "오호라 나는 곤고한 자로다 누가 이 사망의 몸에서 나를 건져내랴" 고 탄식했다. 바울의 그 탄식은 이 탐내지 말라는 계명 때문에 나온 것이다.

이렇게 해서 열 가지 계명을 간략하게 살펴보았다. 앞에서 말했듯이 율법은 하나님의 백성이 어릴 때, 말하자면 초등학교 때 초등학문으로 주어진 것이다. 이것은 그들을 관리하기 위한 것으로서 믿음이 올 때까지, 그리스도가 오실 때까지 있을 것이다. 이는 마치 몽학선생처럼 하나님의 백성들을 그리스도께 인도하기 위한 것이다. 하나님께서는 이스라엘 백성들이 타락해서 육체가 되었기 때문에 하나님의 법을 지킬 수 없고 하나님을 기쁘시게 할 수 없다는 것을 잘 아신다. 그러나 이스라엘 백성들은 자신들이 얼마나 타락하고 부패했는지, 얼마나 악한 존재가 되었는지를 모른다. 즉 자신들 속에 무엇이 들어 있는지를 모르는 것이다. 예를 들어, 캄캄한 방에 먼지와 오물이 가득한데 어두운 상태에서는 그 속에 무엇이 있는지 알 수 없다. 그럴 때 전등불을 켜면 그 속에 있는 먼지와 오물이 다 드러난다. 마찬가지로 원래 인간 속에 죄가 없는 것이 아닌데 이 율법이 올 때 비로소 그 죄가 드러나게 되는 것이다. 율법은 이스라엘 백성들에게 그러한 용도가 있었다.

쉽게 말해서, 율법은 마치 거울과 같다. 사람의 얼굴에 더러운 것이 잔뜩 묻어 있는데, 거울이 없으면 자기 얼굴에 더러운 것이 있어도 그것을 알 수 없다. 그래서 하나님께서 어느 날 그들에게 그 더러워진 얼굴을 보고 깨달으라고 그 하늘의 거울을 비춰주신 것이다. 그럴 때 거울을 보고서 자신의 얼굴이 더럽다는 것을 알고 씻을 길을 찾는 것이다. 이스라엘 백성들은 이미 죄로 오염된 존재들이었는데 그들 자신은 그것을 알지 못했다. 그래서 하나님은 구원을 베풀고 은혜를 주시기 전에 먼저 그 필요성을 알게 하려고 율법을 주신 것이다. "율법이 가입한 것은 죄를 더하게 하려 함이라". 여기까지 말할 때 우리는 하나님께서 왜 율법을 주셨는가를 알 수 있다.

갈라디아서에서는 율법 아래 있는 자는 저주 아래 있는 자라고 했다. "무릇 율법 행위에 속한 자들은 저주 아래 있나니 기록된바 누구든지 율법책에 기록된 대로 온갖 일을 항상 행하지 아니하는 자는 저주 아래 있는 자라 하였음이니라"(3:10). 율법이 우리에게 할 수 있는 것은 우리의 죄를 지적하고 드러내고 정죄하고 저주하는 것이다. 이것 외에는 율법이 우리에게 할 수 있는 게 없다. 여기까지 말하면 여러분은 아마 '그래 율법은 아주 나쁜 거야' 라고 할 것이다. 그러나 하나님의 말씀에서는 율법이 하나님께 속한 것이고 영적인 것이고 거룩하고 선한 것이라고 하신다(롬 7장 참조). 그래서 하나님의 말씀을 이해하는 것은 결코 쉬운 것이 아니다. 다만 한 가지 분명한 것은 율법은 우리를 살릴 수 없다는 것이다. 율법을 다 지키면 생명을 얻는다고 기록되어 있지만 문제는 지킬 수 있는 사람이 하나도 없다는 것이다. 그래서 율법은 우리에게 생명을 가져다줄 수 없는 것이다. 히브리서에서는 첫 언약이 흠이 있다고 했고(8:7), 또 갈라디아서에서는 율법 아래 있는 자들은 저주 아래 있다고 했다(3:10).

그렇다면 구원받기 전에 율법 아래 있는 사람은 저주 아래 있는데, 그가 구원받은 후에는 율법 아래 있을 가능성이 없는가? 갈라디아 성도들은 구원을 받았지만 유대교 교사들이 성령으로 시작한 갈라디아의 거듭난 영혼들을 다시 초등학문 아래로, 율법 아래로 끌고 가려고 했다. 따라서 거듭난 사람도 다시 율법 아래로 끌려갈 수 있는 것이다. 바울 사도는 그들에게 이렇게 말한다. "그리스도께서 우리로 자유케 하려고 자유를 주셨으니 그러므로 굳세게 서서 다시는 종의 멍에를 메지 말라"(갈 5:1). 사단은 지금도 믿는이들을 율법의 종 노릇 아래로 끌어가려고 힘을 다하고 있다. 이것이 당시 사도들의 싸움이었다. 사단의 역군들인 유대교 교사들은 당시에 자유케 된 성도들의 자유를 엿보고 그들을 끌어다가 다시 율법의 속박 아래 두려고 했다. 그렇게 함으로써 그리스도인이 얻을 축복된 유업과 상급을 잃어버리게 만드는 것이다. 이것은 다름 아닌 마귀가 하는 짓이다.

오늘 우리가 알아야 할 것은 거듭나는 것도 은혜로 말미암은 것이고 자라는 것도 은혜로 말미암은 것이라는 사실이다. 우리는 율법의 행위로 구원받은 것이 아니라 오직 주 예수 그리스도를 믿음으로 구원을 받았다. 그리고 지금 은혜의 위치에 서 있다. 이것이 로마서 5장 1절에 있는 말씀이다. 로마서 6장 14절 말씀도 우리가 이제는 법 아래 있지 아니하고 은혜 아래 있기 때문에 죄가 우리를 주관치 못한다고 했다.

그리스도께서는 우리를 십자가에서 자유케 하셨다. 우리가 다 그리스도와 함께 십자가에 못 박혀 죽음으로써 자유케 된 것이다. 이것이 로마서 7장에 있는 말씀이다. 죽음이 바로 자유이다. 그래서 갈라디아서에서 바울은 "예수 그리스도께서 십자가에 못 박히신 것이 너희 눈 앞에 밝히 보이거늘 누가 너희를 꾀더냐"(3:1)라고 했으며, "내가 그리스도와 함께 십자가에 못 박혔나니 그런즉 이제는 내가 산 것이 아니요"(2:20)라고 했다. 남편 있는 여인이 생전에는 그 남편의 법에 매여 살다가 죽으면 남편의 법에서 벗어나게 된다. 죽은 사람은 그 법이 더 이상 주관할 수 없는 것이다.

가령 운전자가 운전을 하다가 사람을 치고 집도 들이받고 하여 사고를 크게 냈는데, 결국 운전자 자신도 죽었다 하자. 이런 경우 교통법은 운전자에 대해 효력을 발할 수 없다. 왜냐하면 법에 따라 형을 받아야 할 사람이 죽었기 때문이다. 법은 결코 폐하여지지 않는다. 천지는 없어져도 하나님의 율법은 일점일획도 없어지지 않고 존재한다. 이 율법은 앞에서 말한 남편의 법과 같다. 이 남편은 엄하고 정확하고 섬세한데 그 아내는 모든 면에서 느슨하고 흐릿하고 거칠다. 아무리 해도 남편의 법을 이룰 수 없다. 일을 하는 것도 거칠고 걷는 것도 뒤뚱거리고 손놀림도 둔하다. 뭐 하나 제대로 하는 게 없다. 이것이 타락한 우리 옛사람이다. 반면에 율법인 이 남편은 너무 엄격해서 아침에는 몇 시에 일어나고 몇 시에 밥하고 또 몇 시에 청소하고 빨래하고 다림질하는지를 하나하나 지시하고 점검한다. 여인은 쉴 시간도 없다. 그래서 죽을 지경이 되었는데 이 남편은 결코 죽지 않는다. 천지가 없어져도 이 남편은 죽지 않는 것이다. 그래서 도리 없이 이 여인이 죽어야만 그 남편의 법에서 벗어날 수 있다. 이 여인이 죽어버리면 그 남편은 아침부터 시계를 보면서 지시하려고 해도 더 이상 지시할 상대가 없는 것이다. 이와 같이 우리가 율법에서 자유케 되었다는 것은 바로 아내인 우리 옛사람이 예수 그리스도의 십자가로 말미암아 죽었다는 것이다. 그럼으로써 율법의 요구에서 벗어난 것이다.

그런데 유대교 교사들은 갈라디아 성도들에게 와서 다시 율법의 요구를 제시했다. '율법을 지켜야 해. 너희는 할례를 받지 않으면 안 돼.'

이에 대해 바울은 갈라디아 사람들에게 '어리석도다 갈라디아 사람들아, 십자가가 너희 눈앞에 밝히 보이거늘 누가 너희를 꾀더냐? 너희는 그 사람들의 말을 들어서는 안 된다. 할례받을 사람은 이미 죽었다. 율법이 요구하는 것을 지키지 못하여 정죄당한 사람은 이미 죽었다. 성경은 이미 너희는 죽었기 때문에 자유케 된 사람들이다' 라고 말해주었던 것이다. 그러므로 오늘날 믿는이들이 알아야 할 것이 한 가지 있다. 우리는 은혜로 구원을 받았을 뿐 아니라 은혜 위에 서 있다는 것이다. 자유케 된 것이다. 그러므로 아무것도 할 필요가 없다. 만일 어떤 사람이 피곤하고 지쳐서 교회라는 곳을 찾아갔는데 이것을 해야 하고 저것을 해서는 안 되고 하는 말을 계속 듣다 보니 더욱 지치고 피곤해졌다면 그곳은 필경 교회가 아니라 사람의 조직일 것이다. 이 세상에는 당신에게 반드시 뭔가를 해야 한다고 요구할 사람이 아무도 없다. 왜냐하면 우리는 그리스도 안에서 그리스도와 함께 죽었기 때문이다. 이제 우리 안에 사시며 우리를 인도하시는 분은 오직 성령님 한 분이시다. 그리스도께서는 십자가에서 하나님의 백성들을 다 자유케 하셨다.

그러므로 신자들은 어떤 일을 할 때 속에서 원하고 기뻐함으로 해야 한다. 사람들의 압력이나 눈치 때문에 할 수 없이 해서는 안 된다. 그렇게 할 때 다시 율법 아래 있게 된다. 내가 수년 전부터 성도들을 도와주고 싶었던 부분이 바로 이 자유를 얻는 것이다. 신약의 교회는 바로 자유케 된 사람들이다. 갈라디아서에서 사도 바울은 "할례나 무할례가 아무것도 아니로되 오직 새로 지으심을 받은 자뿐이니라"고 했다. 나도 자유롭게 주의 성령의 인도를 따르고 여러분도 자유롭게 주의 성령의 인도를 따르는 가운데서 우리는 한 성령 안에서 아버지께 나아간다. 그뿐이다. 이 땅에서 어떤 사람도, 어떤 규례도 우리를 묶을 수 있는 것이 없다. 만일 지금이라도 율법과 규례에 묶여 살고 있다면 벗어나라. 그리스도께서 이미 당신을 자유케 하셨으므로 당신은 결코 그 자유를 빼앗길 수 없다. 나는 과거에 어떤 사람들이 내가 원치 않는 어떤 일을 계속 하자고 할 때 따르지 않았다. 이런 것은 거역이나 불순종이 아니다. 나는 다만 주님께서 내게 원하시는 바로 그 일을 하고 싶었을 뿐이다. 주님은 나로 그분을 따르게 하신다. 그분이 원하시는 것을 나로 하여금 하게 하신다. 나는 오직 그분이 기뻐하시는 일을 위하여 자신을 드릴 뿐이다. 이것이 나의 자유이다.

여기서 주님이 우리를 자유케 하신 것에 대해 예화를 하나 들려주겠다.

아프리카 한 도시에서 어떤 소녀가 노예 시장에서 경매를 당하고 있었다. 그 노예를 사기 위해 사람들이 모여들어 조금씩 조금씩 액수를 높여 가고 있었다. 한 백인 신사가 지나가다 그 광경을 보았는데, 그 경매를 당하는 노예 소녀가 울고 있었다. 그 신사는 소녀가 불쌍해서 경매에 뛰어들어 가장 비싼 값을 불러 그 노예 소녀를 사서 자유케 해주었다. 그런데 이 소녀는 몇 걸음 걸어 가다가 뒤돌아서서 백인에게 뛰어갔다. 그리고 그에게 말했다. '나는 자유케 되었으나 자유치 않고 당신을 섬기겠습니다.' 그래서 소녀는 이 신사를 따라가게 되었다. 말하자면 이 백인의 노예가 되려 한 것이다. 그러나 이 백인 신사는 그 소녀를 노예 삼기 위해서 산 것이 아니라 너무 불쌍해서 자유케 해주려고 샀기 때문에 돌아서서 그 소녀에게 '가라, 이제 자유케 되거라. 너는 이후로 자유케 된 인생을 살거라' 고 말했다. 이 소녀는 이제 완전히 자유케 되었고 더 이상 노예가 아니었다. 너무나 감사한 일이었다. 이제 소녀는 그 누구의 속박 아래도 있지 않고 자기가 원하는 대로 자신의 삶을 살 수 있는 것이다. 뭔가를 배우고 싶으면 배우고 좋은 직장 가지고 돈 벌고 싶으면 돈 벌고 또 가정을 이루고 싶으면 가정을 이룰 수 있다. 이 소녀는 감사하다고 인사를 하고 다시 돌이켜 몇 발자국 걸어가다가 뒤돌아보았다. 그 신사의 인격이 너무 훌륭했던 것이다. 그래서 그 소녀는 '내 마음대로 사는 것보다 저분을 따라가서 섬기면서 사는 것이 더 옳다. 그래야 더 가치 있고 훌륭한 삶을 살 수 있을 거야' 라고 생각되어 그 백인 신사에게 '제가 자유롭게 살 수 있도록 호의를 베풀어 주셨지만 저는 기꺼이 당신의 종이 되고 싶습니다' 라고 간청했다.

이와 같이 오늘날 우리는 자유케 되었지만 여전히 우리 주 예수 그리스도의 종들이 된 것이다. 예수 그리스도께서는 십자가에서 우리를 어느 만큼 자유케 하셨는가? '어떤 것에도 구속되지 말고 네 원하는 대로 살라' 고 하셨다. 그러나 우리는 이 자유로 우리 육체의 기회로 삼지 않고 기꺼이 주님을 위해서 종 노릇 한다. 우리를 자유케 해주신 주님이 너무 귀하고 사랑스럽기 때문에 주님께 순종하면서 주님의 종이 된 것이다. 그래서 우리의 자유는 그리스도 안에 있는 자유이다. 그분께 순종하고 그분을 따르고 섬기는 가운데 자유를 누리는 것이다. 이것이 갈라디아서 5장에 있는 말씀이다. 우리가 진정으로 하나님의 축복 아래 있기 원한다면 자유케 되어야 한다. 하나님의 은혜 아래 있어야 한다. 율법 아래 있는 것은 저주 아래에다 자신을 갖다 놓는 일이다. 이것은 결코 작은 일이 아니다. 여러분을 율법의 속박에서 벗어나게 하여 주의 성령을 좇도록 하는 사역은 곧 여러분을 축복으로 이끄는 사역이다.

18-21절, 뭇 백성이 우뢰와 번개와 나팔 소리와 산의 연기를 본지라 그들이 볼 때에 떨며 멀리 서서 19 모세에게 이르되 당신이 우리에게 말씀하소서 우리가 들으리이다 하나님이 우리에게 말씀하시지 말게 하소서 우리가 죽을까 하나이다 20 모세가 백성에게 이르되 두려워 말라 하나님이 강림하심은 너희를 시험하고 너희로 경외하여 범죄치 않게 하려 하심이니라 21 백성은 멀리 섰고 모세는 하나님의 계신 암흑으로 가까이 가니라

이 구절들은 하나님께서 율법을 주실 때의 분위기를 설명하고 있다. 하나님은 율법을 주실 때 우뢰와 번개와 나팔소리와 연기 가운데서 주셨다. 그리고 하나님이 직접 주신 것이 아니라 중보의 손을 빌어 주셨다. 불꽃 가운데서 중보의 손을 빌어-천사들을 통해-주신 것이다. 그러나 은혜를 주실 때에는 하나님이 직접 주셨다. "율법은 모세로 말미암아 주신 것이요 은혜와 진리는 예수 그리스도로 말미암아 온 것이라" (요 1:17). 그러므로 율법과 은혜는 근본적으로 다르다. 율법은 분명한 목적을 갖고 있지만 율법 자체로는 하나님의 백성에게 그 어떤 것도 줄 수가 없다. 율법의 행위로는 의롭다 함을 얻을 육체가 없기 때문이다. 이 때문에 주 예수님이 우리에게 오셨다. 이것이 바로 은혜이다. 그분은 오셔서 의와 은혜의 선물을 넘치게 주셨다.

하나님께서는 율법을 주시면서 '너희는 이러이러한 것은 해야 하고 저런 것은 해서는 안 돼' 라고 하셨는데, 그리고서 오랜 시간이 흐른 후에 오셔서 '내가 말한 것들을 지킬 수 있더냐?' 하고 물으신 것이다. 그럴 때 사람은 손을 들고서 "도저히 지킬 수 없습니다" 라고 말할 수밖에 없다. 하나님께서는 바로 이러한 시점이 오기를 바라시는 것이다.

모세 때부터 우리 주 예수님이 오실 때까지 1500년간의 이스라엘 역사는 한 마디로 말해서 율법을 깨뜨리는 역사이다. 이를 통해 하나님께서 이스라엘 백성들로 하여금 알게 하신 것은 바로 '너희는 지킬 수 없다' 는 것이다. 그러나 모든 사람이 이 사실을 안 것은 아니고 다만 몇몇 사람만이 알았다. 그때 주 예수님이 오신 것이다. 주 예수님은 오셔서 '너희들 못 하지? 내가 해줄께' 하셨는데, 이것이 곧 은혜이다. '너희들이 지켜봐라' 고 하는 것은 율법이고 '내가 너희를 위해서 해주마' 하는 것은 은혜이다. 구원은 예수님이 우리를 위해서 다 이루어주신 것이다. 우리는 아무것도 한 것이 없다. 우리는 오갈 데 없는 죄인이고 심판받고 멸망하기에 마땅한 죄인일 뿐이다. 그런데 하나님께서 그분의 아들 예수 그리스도를 보내서 우리의 모든 문제를 해결해주시고 필요를 채우게 하셨다. 그 사실을 믿고 받아들일 때 우리는 구원을 받게 된다.

신약 히브리서 12장 19절부터 24절까지를 읽어보겠다. "…그 소리를 듣는 자들은 더 말씀하지 아니하시기를 구하였으니 이는 짐승이라도 산에 이르거든 돌로 침을 당하리라 하신 명을 저희가 견디지 못함이라 그 보이는 바가 이렇듯이 무섭기로 모세도 이르되 내가 심히 두렵고 떨린다 하였으나 그러나 너희가 이른 곳은 시온산과 살아 계신 하나님의 도성인 하늘의 예루살렘과 천만 천사와 하늘에 기록한 장자들의 총회와 교회와 만민의 심판자이신 하나님과 및 온전케 된 의인의 영들과 새 언약의 중보이신 예수와 및 아벨의 피보다 더 낫게 말하는 뿌린 피니라". 신약의 우리가 이른 영역은 아주 기쁘고 은혜로운 곳이다. 이러한 곳으로 인도하시는 것이 원래 하나님의 마음이다. 그러나 이스라엘 백성들의 죄를 드러내야 하기 때문에 하나님은 출애굽기 20장에서 우뢰와 번개와 나팔소리와 연기가 있는 두려운 분위기 속에서 계명을 주신 것이다. 그러나 우리 하나님은 원래 은혜의 하나님이시고 사랑의 하나님이시다. 우리는 그리스도를 볼 때 하나님을 알 수 있다. 그리스도의 인자하심, 자비로우심, 사랑스러우심, 그분의 이 모든 것이 하나님을 표현하는 것이다.

베드로 후서 3장 18절을 읽어보자. "오직 우리 주 곧 구주 예수 그리스도의 은혜와 저를 아는 지식에서 자라가라 영광이 이제와 영원한 날까지 저에게 있을지어다". 여기서 자라는 것, 곧 영적인 성장을 갖는 것도 은혜이다. 결코 행위가 아니다. 밖의 율법과 규정 때문에 묶여서 어쩔 수 없이 끌려가는 믿음생활은 여러분을 자라게 하지 못한다. 나는 과거 10여 년 동안 많은 갈등 속에 있었는데, 자유가 없는 사람들과 함께 있는 것이 가장 큰 어려움이었다. 아무리 진리를 가르쳐도 받지 않고 종 노릇 하는 것이 좋다고 말하는 듯했다. 자유케 되어서 함께 섬기자고 해도 싫다고 했다. 나는 모든 성도가 자유케 된 가운데 주의 성령을 따라서 하나 되는 것을 원하지 감옥에 갇혀서 꼼짝 못하는 가운데 하나 되는 것은 원치 않는다. 만일 여러분이 나와 함께한다면 사랑으로, 기뻐함으로 자원해서 함께하는 것이어야 한다. 하나가 되는 것도 그러한 가운데 이루어져야 한다. 권투장 링 같은 것을 하나 만들어 놓고 그 밖으로 나가면 정죄하는 식의 하나를 만들어서는 안 된다. 우리의 하나는 성령의 자유함 가운데 있는 하나이어야 하며 우리가 뭔가를 행하는 것도 성령의 인도함 가운데 기쁨으로 행하는 것이어야 한다. 성령은 한 성령이시기 때문에 나를 기쁘게 하면 당신도 기쁘게 하고 나를 소망으로 넘치게 하면 당신도 소망으로 넘치게 한다. 당신도 주님을 따르고 나도 주님을 따를 때 그 주님은 나와 당신을 하나로 만든다. 교회의 머리는 그리스도이시다. 주님의 다스리심이 있는 무리가 교회이다. 이러한 교회 안에서만 성도들의 영적 성장이 있게 된다.

22-23절, 여호와께서 모세에게 이르시되 너는 이스라엘 자손에게 이같이 이르라 내가 하늘에서부터 너희에게 말하는 것을 너희가 친히 보았으니 23 너희는 나를 비겨서 은으로 신상이나 금으로 신상을 너희를 위하여 만들지 말고

하나님께서 말씀을 주신 뒤에 이스라엘 백성들에 대해 우려하시는 것이 무엇이냐면 바로 우상을 만드는 것이다. 이들은 율법을 받으면서 엄위하신 하나님의 나타나심을 보았다. 그럴 때 그들은 자기들에게 나타나신 하나님을 무언가 보이는 것으로 만들어서 그 나타나셨던 하나님을 잊지 않고 계속 붙들어 보려는 어리석음에 빠질 수 있다. 하나님께서는 이것을 아시기 때문에 우상을 만들지 말라고 미리 경고하시는 것이다. 역사적으로 하나님께서 나타나 역사하실 때 부흥이 있고 축복이 있었다. 그러나 바로 그러한 때를 주의해야 한다. 그때 하나님께 크게 쓰임을 받았던 종들과 그들의 업적이 우상화되어 모르는 사이에 해로 작용한 경우는 얼마든지 있다.

출애굽기 20장에서 하나님은 위대한 역사를 하셨다. 당시 이스라엘 백성들에게 있어서 하나님께서 나타나 그들과 언약을 세우신 것은 처음 있는 일로서 위대한 사건이었다. 이 땅 어느 민족에게 하나님이 우뢰와 번개와 나팔 소리 등으로 직접 나타나 언약하셨는가? 오직 이스라엘 백성들만이 그러한 전능하시고 위대하신 하나님의 말씀을 직접 들었다. 그럴 때 그들은 자칫하면 그 보이지 않으시는 하나님을 금이나 은으로 형상을 만들어서 '이것이 바로 그 하나님이다'라고 우상화할 우려가 있었기 때문에 그렇게 하지 말라고 미리 말씀하신 것이다.

하나님은 영이시고 하나님께 예배하는 자들은 신령과 진정으로 예배해야 한다. 오늘날에도 많은 사람들이 하나님을 다른 어떤 것으로 대치하는 것을 보는데, 우리는 이것을 주의해야 한다. 과거에 위대한 하나님의 종들이 많았고, 또 하나님의 말씀을 놀랍게 펼쳐낸 교사들도 많았다. 그런 말씀들이 책으로 나와 있고 우리는 읽고서 참으로 도움을 받는다. 그렇지만 매우 조심해야 할 것은 그 많은 지식으로 하나님을 대치할 수 있다는 것이다. 하나님은 그러한 지식 안에 계시는 분이 아니다. 하나님은 영이시고 인격체이시다.

오늘날 어떤 그리스도인들이 말씀을 전하는 것을 보면 말은 맞고 심지어 성경적인데 주님을 인격적으로 만나게 해주지 못한다. 구원을 전할 때 말씀을 한 구절 한 구절 들이대면서 사람은 죄인이고 죄인은 심판받고 지옥에 간다고 말해준다. 그리고 어떻게 예수 그리스도께서 십자가에서 피를 흘려 죄인의 죄를 사해주셨는가를 아주 분명하게 말해준다. 아예 공식처럼 복음을 전한다. 그렇게 해서 깨달았으면 믿은 것이고 믿었으면 구원받은 것이라고 말해준다. 이렇게 소위 구원을 지식적으로 받은 사람은 주님과의 인격적인 만남을 갖지 못하는 위험성이 있다. 그래서 사도 시대에도 거짓 형제들이 많이 있었던 것이다. 물론 복음을 분명하게 전하는 것이 나쁘다는 것은 아니다.

그러나 내가 말하는 요점은 구원을 받는 것은 성령의 역사로 말미암아 주님을 인격적으로 만나는 것이라는 사실이다. 영이신 주님을 내가 만나는 것이다. 그럴 때 그러한 사람은 자기 죄가 사함받았다는 것을 안다. 아무리 성경 말씀을 펴가지고서 자기의 구원을 다짐하고 또 다짐하고 해도 확실하지 않고 여전히 의심이 있다면 그는 아직 주님을 인격적으로 만나지 않았을 가능성이 있는 것이다. 주님은 그런 공식 안에 계시지 않고 주님은 어떤 교리 안에 계시지 않고 주님은 어떤 지식 안에 계시지 않는다. 주님은 영이시고 인격이시다. 내가 살아 있어서 지금 여러분이 나를 대하듯이 우리 주님도 그렇게 살아계신 인격으로 대해야 한다. 그 귀하신 주님, 사랑스러우신 주님, 자비로우신 주님, 우리 대신 십자가에 못 박혀 죽으신 주님, 그분은 지금도 살아 계신 인격이시다.

여러분이 마음을 열고 '저는 주님을 원합니다. 주님을 만나고 싶습니다. 주님 나에게는 당신이 필요합니다' 하고 말씀드리면 주님이 찾아오신다. 주님이 가장 원하시는 것은 사람들이 그분을 만나는 것이다. 그래서 그분과 관계를 맺는 것이다. 그래야 모든 문제가 해결된다. 죄를 사하는 권세가 주님께 있다. "주 예수를 믿으라 그리하면 너와 네 집이 구원을 얻으리라". 주님을 만날 때 의심이 다 사라지고 모든 죄가 사해진 것을 알게 된다. 그리고 '아, 나는 구원받은 사람이구나!' 라고 말하게 된다.

24절, 내게 토단을 쌓고 그 위에 너의 양과 소로 너의 번제와 화목제를 드리라 내가 무릇 내 이름을 기념하게 하는 곳에서 네게 강림하여 복을 주리라

이 토단이란 흙으로 만든 제단이다. 이것은 만들기가 그리 어렵지 않다. 자연 그대로의 단이다. 이 부분에서 하나님께 예배드리는 문제가 나오는데, 하나님께 예배드리는 자는 자기 상태 그대로 나오면 된다는 것을 암시하는 듯하다. 인위적으로 제단을 꾸며서 하나님을 섬기는 게 아니라는 것이다. '너 있는 그대로 나오라' 는 찬송 가사가 있다. 여기 구약의 율법을 말씀하시는 출애굽기 20장에서 벌써 주님은 복음을 암시하고 계신다. 너무나 놀랍다. 하나님 앞에 나아오고자 하는 사람들은 누구나 있는 그대로 오면 된다. 신약에서 많은 병자들이 주 예수님 앞에 있는 그대로 나아와 치료받고 구원받았다. 병자들은 자기 병을 어느 정도 추스른 다음에 주님 앞에 나오지 않았다. 있는 그대로 예수님께 나아왔고 다 치료받았다.

여기서 하나님께 토단을 쌓고 너의 번제와 화목제를 드리라고 하시면서 "내가 무릇 내 이름을 기념하게 하는 곳에서 네게 강림하여 복을 주리라"고 하셨다. 주님이 원하시는 것은 '너희를 위하여 우상을 만드는 것' 이 아니라 '내 이름을 기념하기 위하여 모이는 것' 이다. 오늘날 많은 그리스도인들이 정말 주 예수의 이름을 기념하기 위하여 모이는가, 아니면 자신들을 위해서 모이는가? 자신들의 단체를 위하여 모이는가, 아니면 진정으로 그분의 이름을 위해서 모이는가? 마태복음 18장 20절에는 '두세 사람이 내 이름으로 모인 곳에는 나도 그들 중에 있겠다' 는 주님의 약속의 말씀이 있다. 오늘 우리가 주님께 합당한 무리가 되려면 오직 주의 이름으로 모여야 한다.

주의 이름으로 모인다는 것은 그 의미가 크다. 오늘 여러분이 사는 도시가 서울이라면 여기 서울에서 다만 주의 이름으로 모일 뿐 다른 이름을 가져서는 안 된다. 다른 이름으로 모여서도 안 된다. 주 예수의 이름으로 모인다는 것은 그 모임 가운데 주인이 예수님이고 그분의 권위만이 인정된다는 뜻이다. 그러한 무리 가운데서는 성령님만이 지위를 갖고 계시며 주님의 말씀만이 권위를 갖고 계신다. 만일 어떤 사람이 그 모임에서 권위를 갖는다면 실제적으로 그 사람의 이름으로 모이는 것이다. 이 땅에 예수 그리스도의 이름으로만 모이는 무리가 있다면 그것이 바로 교회이다. 우리는 이러한 주님의 말씀을 그대로 순종하기 원한다. 우리 사람의 생각을 집어넣지 말고 주님이 말씀하신 대로 해야 한다. 작은 한 마디 말씀도 주님의 말씀이라면 지켜야 한다. 우리 사람의 생각으로 말씀을 가감하지 말고 다만 주의 이름 하나로 모이자. 그럴 때 주님은 "내가 무릇 내 이름을 기념하게 하는 곳에서 네게 강림하여 복을 주리라"고 하신다.

25절, 네가 내게 돌로 단을 쌓거든 다듬은 돌로 쌓지 말라 네가 정으로 그것을 쪼면 부정하게 함이니라

제단을 만들 때 다듬은 돌로 쌓지 말라는 것이다. 오늘날 얼마나 많은 그리스도인들이 이왕이면 다듬은 아름다운 돌로 제단을 쌓고 예배를 드리려 하는가? 그래서 목소리도 이왕이면 거룩하게 다듬어서 예배를 드리려 하는 것이다. 그러나 주님은 그렇게 하지 말라고 하신다. 돌로 단을 쌓을 수는 있지만 원래 생긴 그대로 단을 쌓으라고 하신다. 자연스러운 목소리로 평상적인 옷을 입고 예배를 드리면 하나님께서 그 예배를 받지 않으시겠는가? 아니다. 예배는 영에 있고 실제에 있다. 그렇게 외적인 모양을 낸다고 되는 게 아니다. 무엇을 고치거나 다듬는 게 아니다. 더군다나 돌을 정으로 쪼아서는 안 되며, 그러면 오히려 부정하게 된다고 하셨다. 주님은 정직하고 참되며 있는 그대로를 나타내는 진실한 사람들, 겸손하고 통회하는 심령을 가진 사람들을 가까이하신다.

26절, 너는 층계로 내 단에 오르지 말라 네 하체가 그 위에서 드러날까 함이니라

층계로 단에 오르지 말라는 것은 단을 높여서 만들지 말라는 뜻이다. 주님께 예배드리는 자는 낮아야 한다는 것이다. 단을 높게 만들면 사람이 올라갈 때 하체를 보이게 된다. 원래 교회는 낮은 것이 그 특성이 되어야 한다. 1900년대에 영국 웨일즈에서 큰 부흥이 일어났을 때, 그 부흥의 인도자는 광부였던 이반 로버츠라는 젊은이였다. 당시 그들은 성령님의 역사를 따라 새벽에도 모이고 낮에도 모이고 밤에도 모였다. 한 번은 기자들이 그들을 취재하려고 갔는데, 그 인도자인 이반 로버츠를 만날 수가 없어서 소문을 듣고 한 예배당을 찾아갔다. 그때 이반 로버츠는 몇 줄 뒤에 앉아 있었다. 펜 루이스도 그들 중 어딘가에 앉아 있었다. 그들은 높은 자리에 앉아있지 않았다. 그 이반 로버츠가 팔구 년 동안 사라진 적이 있는데, 그 후에 사람들이 그에게 물었다. '그 동안 당신은 무엇을 했습니까?' 그러자 그는 하나님의 나라를 위해 기도했다고 하면서 '주님, 교회를 낮추어 주십시오. 교회가 낮아져야 세상이 구원을 받습니다' 라는 기도를 가장 많이 했다고 말했다.

오늘날 단이 너무 높다. 그래서 사람들이 구원을 받지 못한다. 우리는 이렇게 기도하자. '주여, 우리에게 혹시 층계가 있다면 이 층계를 없애주시고 우리를 낮추어 주십시오' 만일 우리 가운데 층계가 있어서 올라가는 것이 있다면 올라가는 사람마다 하체를 드러내게 된다. 어떤 그리스도인 단체에 군대처럼 이병, 일병, 상병, 병장으로, 또 소위, 중위, 대위, 소령, 장군으로 올라가는 것이 있고 회사처럼 과장, 부장으로 올라가는 것이 있다면 그곳에는 층계가 있는 것이다. 그러면 어린 신자들은 '나는 이제 이등병인데 언제 올라가나? 언제나 앉아서 밥을 받아먹을 수 있나? 언제나 누가 내 발을 씻어주나?' 하게 된다. 그러나 우리 주 예수님은 완전히 거꾸로 하셨다. 그분이 친히 제자들의 발을 씻어 주셨다. '너희는 사람들을 이렇게 섬겨야 한다' 고 본을 보이신 것이다. 또 주님은 죄인들의 친구가 되셨다. 죄인들의 수준까지 낮아지신 것이다.

성경을 읽다보면 우리 주 예수님이 가장 낮은 위치에 계신다. 주님은 이렇게 말씀하신다. "나는 마음이 온유하고 겸손하니 나의 멍에를 메고 내게 배우라." 제자들은 사람들이 어린 아이들을 주 예수님께 데리고 오자 꾸짖었지만 주 예수님은 어린 아이들이 그분께 오는 것을 용납하고 금하지 말라고 하셨다(마 19:13-14). 또 주 예수님 일행을 영접하지 않은 동네에 대해 제자들은 "불을 명하여 하늘로 좇아 내려 저희를 멸하라 하기를 원하시나이까?" 하고 물었다(눅 9:54). 그러나 우리 주 예수님은 그렇게 말하는 것을 꾸짖으시고 다만 다른 촌으로 가셨다. 주님이 가장 마음이 낮으신 것이다.

어쨌든 층계를 향하여 올라가는 발걸음은 아름다운 것이 아니다. 하체 곧 부정한 것이 드러나게 된다. 그러므로 "너는 층계로 내 단에 오르지 말라"고 하신 것이다.

출애굽기 21장

1절, 네가 백성 앞에 세울 율례는 이러하니라

20장은 계명을 말하고 21장은 율례 곧 세칙을 말한다. 물론 이에 대하여 우리는 단순히 당시의 히브리의 남자와 여자 노예에 대한 율법과 율례로서 지켜야 할 규범을 위한 것이라고 보지만 또한 이에는 예표적인 뜻이 있음을 부정할 수 없다. 만일 이 모든 이야기가 당시 히브리 사람들의 노예에 대한 법률에 대한 이야기라면 이해하기 어려운 면들이 많이 있다. 1절부터 3절까지는 이해할만하지만 4절부터 6절까지는 이해하기가 어렵다. 거기에는 무슨 깊은 뜻이 들어있음에 분명하다. 우리는 모든 성경이 그리스도를 말하는 것임을 믿는다. 그러므로 이 부분에서도 그리스도의 어떤 부분을 말하고자 하였음을 보려하는 것이다. 따라서 우리는 이것에 대한 예표적이고 그 성취적인 측면을 고찰하고자 한다.

히브리 남종에 관하여

2절, 네가 히브리 종을 사면 그가 육 년 동안 섬길 것이요 제 칠 년에는 값없이 나가 자유할 것이며

종의 제도에 있어서도 이방 나라들은 한 번 노비이면 영원히 노비를 삼는 것이지만 하나님의 나라는 이렇게 자비로운 면을 갖고 있다. 그러므로 종들은 해방될 희망을 가지고 일을 할 수 있는 것이며 그 은혜와 신분적인 자유를 주시는 하나님께 감사해야 할 것이다. 이 부분은 남종에 대한 이야기이다. 만일 히브리 남종을 사면 육 년 동안은 섬기게 할 수 있지만 계속 붙잡아 둘 수 없고 칠 년째에는 자유케 해주어야 한다. 나는 여기서 히브리 종을 주 예수님으로 적용하는데 무리가 없을 것으로 본다. 적어도 모세오경 주석으로 유명한 맥킨토시(C.H. Mackintosh)는 이를 이렇게 적용하여 해설했다. 종을 샀다는 것에서 이것을 우리 신약의 구원받은 하나님의 자녀들에게도 동일하게 적용할 수 있음을 본다.

3-4절, 그가 단신으로 왔으면 단신으로 나갈 것이요 장가 들었으면 그 아내도 그와 함께 나가려니와 4 상전이 그에게 아내를 줌으로 그 아내가 자녀간 낳았으면 그 아내와 그 자식들은 상전에게 속할 것이요 그는 단신으로 나갈 것이로되

상전이 그에게 아내를 주어서 그 아내가 자식을 낳았을 때에는 아내와 자식들은 남겨두고 단신으로 나가야 한다. 그 아내는 상전이 주었기 때문이며 또 자식들도 그로 인해 태어났기 때문이다. 그런데 우리 주 예수는 단신으로 오셨다가 단신으로 갈 수 없는 형편이 되신 것이다. 그분은 이 땅에 오셔서 그분의 제자들을, 아버지로 말미암은 자녀들을 얻게 되셨다. 여기서 "상전이 그에게 아내를 줌으로"는 그리스도를 믿은 사람들이 하나님의 자녀로 태어남에 있어서 하나님께서 아내를 주심같이 그분이 역사하신 근거로 우리가 거듭나는 것을 말한다(요 1:12-13). 우리가 깨닫건대 그리스도인들은 그리스도를 믿음으로 구원받지만 하나님 아버지께 속한 것이다. 그러면서도 그리스도께서 이 땅에 오셨기에 귀한 자녀들이 있게 된 것이다. 우리는 이런 말씀을 예사로 들어서는 안 되겠다. 만일 그분이 그냥 하늘로 돌아가신다면, 단신으로 돌아가시게 된다. 오! 주님은 단신(독생자)으로 오셨지만 오셔서 많은 자녀를 생산하게 되었다. 이 땅에 오셔서 예수를 믿고 영접한 자들은 하나님에게서 난 자들이 된다(요 1:12-13). 히브리서 2장 13절은 그 자녀들이 하나님께서 주신 자들이라고 말씀하신다. "볼지어다 나와 및 하나님께서 내게 주신 자녀라"고 하셨다. 그분의 자녀들은 이 땅에서 하나님이 주셔서 얻은 자녀들이라고 하신다. 그 말씀은 우리로 하여금 그분이 단신으로 오셔서 상전이 아내를 줌으로 자녀를 생산한 경우로 이해하게 한다. 그러므로 그분은 이 땅에 많은 자녀들을 둔 부모처럼 쉽게 돌아갈 수 없는 형편이 되신 것이다. 이것은 얼마나 귀한 사상인지! 우리는 성경을 알면 알수록 감동과 감격이 그치지 않는다.

5절, 종이 진정으로 말하기를 내가 상전과 내 처자를 사랑하니 나가서 자유하지 않겠노라 하면

여기 기묘한 말이 있다. 상전을 사랑한다는 것이다. 성경을 잘못 읽는 사람들은 종이 자기 처자를 사랑하다 보니까 할 수 없이 상전에게 '나 그냥 여기서 살겠소' 했다고 읽을 것이다. 그런데 이 말씀에서 아주 특이한 것은 이 종이 육 년 동안을 섬기다 보니까 상전을 사랑하게 되었다는 것이다. 사실 이것은 하나의 예표이다. 첫째로는 주 예수님의 예표인데, 육신을 입으신 주님의 상전은 하나님이시다. 주 예수님은 자유할 수 있는 분이시지만 하나님 아버지를 사랑하고 그분의 아내인 교회-하나님 아버지의 소유인-를 사랑하심으로 기꺼이 자유를 취하지 않으셨다. 이것은 어찌된 일인가? 비밀이다. 우리는 이를 알 수 없다. 그러나 그분은 33년 동안 주님을 섬기기 위해 이 땅에 오셔서 하나님을 섬긴 기간을 6년이라고 표현하신 것임에 분명하다.

그분은 이 땅에 오셔서 하나님을 주인으로 섬기신 종처럼 자신을 낮추어 섬기시면서, 또한 그분의 자녀들을 사랑하며 섬기시면서 더욱 사랑하는 마음이 든 것이다. 오! 이런 사상은 얼마나 깊은 것인지! 그분은 이 땅에 오셔서 십자가에 가시고 그런 죽음을 당하지 않을 수도 있었다. 그분은 자유로이 하늘로 돌아가실 수도 있었다. 그러나 그분은 6년을 섬긴 후 자유케 될 수 있으셨으나 계속 종이 되어 상전을 사랑하겠다고, 그 자녀들을 떠날 수 없다고 말씀하신 것이다. 우리는 그분의 이런 음성을 들을 수 없었지만 그분은 멸망할 우리를 두고 차마 그냥 하늘로 돌아가실 수 없으셨던 것이다.

오! 깊은 주 예수의 사랑이여! 그분의 사랑은 공허한 이론적인 사랑이 아니라 체험적인 사랑이다. 어떤 왕의 자손이 시골에 와서 살다보니 그 시골에 처자가 생기고 왕궁에 돌아갈 때가 되었는데도 돌아갈 마음이 없어지고 다시 그들을 위해 시골에서 살고자 하는 마음이 굳어진 것과 같다. 따라서 주 예수님은 6년이 지났음에도 불구하고 귀를 뚫고 헌신하셔서 재계약을 하신 것이다. 이번 계약으로 주 예수님은 하나님과 성도들을 영원히 섬길 수 있는 권리를 획득하신 것이고 아버지는 그것을 기꺼이 허락하신 것이다. 그러므로 그분은 하늘에서 대제사장이 되어 지금도 우리를 섬기시는 분이 되신 것이요 영원히 우리를 섬기시는 것이다. 아! 감사하신 주 예수여! 놀라우신 주님이여! 당신과 같은 분이 이 땅에 또 어디 있나이까!

6절, 상전이 그를 데리고 재판장에게로 갈 것이요 또 그를 문이나 문설주 앞으로 데리고 가서 그것에다가 송곳으로 그 귀를 뚫을 것이라 그가 영영히 그 상전을 섬기리라

우리 주 예수님이 바로 이런 분이시라는 것을 우리에게 알려주고 있는 것이다. 둘째로 이 예표는 주 예수 그리스도를 섬기는 우리에게 적용할 수 있다. 우리가 주 예수님을 섬기다 보니 그분을 사랑하게 되고 성도들 곧 교회를 사랑하게 된 것이다. 사실 우리는 구원받을 때 종이 됨과 동시에 자유케 된 사람들이다. 이는 이율배반적인 것 같지만 사실이다. 양면이 있는 것이다. 그런데 우리가 주님을 종으로서 섬기는 것은 상전이신 주님을 사랑하기 때문이고 교회인 성도들을 사랑하기 때문이다. 그래서 우리는 자유하지 않고 기꺼이 종이 되어 문에다 우리의 귀를 뚫는 것이다. 문에다 귀를 뚫는다는 것은 '이제부터 나는 문 안에 계시는 주인의 음성만을 듣고 섬기겠다' 는 뜻이다. 그러나 그것은 그렇게 쉽게 되지 않는다.

그것은 6일간의 노예의 섬기는 과정에서 일어나는 일이다. 그러면서 노예는 그 직분을 귀하게 여기며 섬기는 상전에 대하여 섬기는 자녀들에 대하여 귀한 감상을 갖고 결심을 하게 된다. 귀를 뚫는 것은 고대 근동의 관습으로서 이것은 완전한 예속과 순종을 나타내는 의식이었던 것 같다(Knobel). 귀를 뚫린다는 것은 완전히 자유를 상실하는 것이기 때문이다. 그런 의미에서 후에 카르타고인들은 종의 표시로 종들의 귀에 귀걸이를 매달았다고 한다(J.P. Lange). 한편 키케로(Cicero. B.C.106-43)는 그의 말을 잘 듣지 않는 리비아 노예에게 '네 귀를 충분히 뚫지 않았기 때문이다' 라고 말한 적이 있다고 한다. 그러므로 귀를 뚫는다는 것은 전적으로 말을 듣겠다는 표시임에 분명하다.

여기서 영영히 섬긴다는 것은 무엇인가? 그분은 이 땅에 오셔서 아버지를 사랑하는 일 외에도 생겨난 자녀들을 사랑하게 되었다(요 13:1). 그분은 베드로를 보시고 또 요한을 보시고 사랑스러운 마음을 금할 수 없으셨다. 또 마리아와 마르다와 나사로는 어떠했는가? 사랑스럽게 보셨다. 그분은 비록 좀 의심이 많은 제자지만 도마도 매우 사랑스러워 하셨다. 엠마오의 제자들이 비록 좀 늦게 깨달으며 감이 떨어지는 말들을 서로 주고받았지만 그들을 매우 사랑하셨다. 그분은 바울 또한 사랑하신 것이다. 주님은 베드로가 비록 연약하여 넘어졌지만 그를 극진히 사랑한 것을 볼 수 있다. 그분은 이 땅을 떠나시기 전 어디선가(나는 그곳이 겟세마네로부터 십자가를 통하여가 아닐까 싶다) 귀를 뚫는 일을 하셨다. 그분은 아버지와 자녀들을 영원토록 섬기기로 헌신하셨다. 그리고 그분은 십자가로 나아가신 것이다. "그리스도께서 교회를 사랑하시고 위하여 자신을 주심같이 하라"(엡 5:25). 그분은 마태복음 13장에서 자기의 소유를 다 팔아 보화가 감추인 밭을 산 사람이시다. 여기 6절은 상전이 그를 데리고 재판장에게로 가라고 했는데 여기서 재판장은 누구란 말인가? 상전은 아버지 하나님이시고 종이 아들이라면 재판장은 과연 누구인가? 나는 이 재판장이 하나님의 공의의 율법이라고 본다. 하나님 아버지는 이 공의의 율법 앞에 영원히 그 아들을 상전과 자녀들을 섬기는 종으로 세우셨다. 그러므로 신실하시고 의로우신 하나님은 이를 절대 변개할 수 없는 것이다. 이런 놀라운 사랑의 이야기가 성경에 있다.

주님은 요한복음 10장 17절에서 "아버지께서 나를 사랑하시는 것은 내가 다시 목숨을 얻기 위하여 목숨을 버림이라"고 하시며 18절은 "이를 내게서 빼앗는 자가 있는 것이 아니라 내가 스스로 버리노라 나는 버릴 권세도 있고 다시 얻을 권세도 있으니 이 계명은 내 아버지께서 받았노라"고 하셨다. 이로 보건대 주님이 십자가로 나아간 것에는 그분의 자원함이 들어있음을 알 수 있다. 그분은 십자가로 나아갈 권세도 있고 그냥 하늘로 돌아가실 권세도 갖고 계셨다. 그러나 내가 경건함으로 가정할진대 만일 그분이 그냥 하늘로 돌아가셨다면 그분은 영원히 그분의 자녀들을 섬길 가능성은 없었을 것이다.

그러나 하나님을 찬양할지니, 그분은 하늘로 돌아가시는 길을 택하시지 않고(노예직을 버리지 않으시고) 그분의 사랑하는 자들을 보시고 더욱 사랑이 불타서 그들을 섬기는 직분을 영원히 얻으시기 위해 십자가로 나아가신 것이다. 히브리서 2장 13절은 "볼지어다 나와 및 하나님께서 내게 주신 자녀라"고 하신 것에서 우리는 그분이 죽기를 무서워하므로 종노릇하는 아브라함의 자손을 붙들어 주려 하신다고 하셨다. 이는 온전히 이 부분의 구절들과 일치한다. 그분은 귀를 뚫고 영원히 그분의 자손을 섬기기 위해 십자가로 나아가신 것이요, 그곳에서 그분은 귀를 뚫으시고 영원히 하나님 아버지와 그의 자녀들을 섬기기로 하신 것이다.

하나님을 섬기는 일에 있어서의 자본은 어떻게 얻어지는가?

이 구절은 주 예수님께 적용되는 것이 일차적이지만 우리 또한 주님으로부터 배워서 섬기는 자들이 되어야 한다. 따라서 우리는 이렇게 주님이 가신 길을 우리의 길로 취하여 주 예수님과 성도들을 섬겨야 한다. 우리는 사실 주님으로부터 은혜를 얻어 구원을 받았으므로 그 은혜를 인하여 섬기지 않을 수 없다. 그러나 섬기면서 우리는 주 예수님이 더욱 사랑스럽고 성도들이 사랑스러워져서 더욱 헌신하게 됨이 사실이다. 우리는 그러므로 귀를 뚫게 되고 영원히 섬기기로 헌신하게 된다.

그러나 당신이 주님을 섬기고자 한다면 섬길 수 있는 자본이 필요하다. 자본이 없으면 섬기는 대상인 성도들을 어렵게 하고 열매도 좋지 않다. 먼저 당신이 주님을 섬기고 교회를 섬기려하면 자신을 온전히 헌신해야 한다. 종이라는 것은 헌신된 자가 아니면 될 수 없는 것이다. 물론 헌신되지 않았다고 해서 종이 아닌 것은 아니다. 법적으로 우리는 그분의 것이 되었으므로 그분의 종인 것이다. 우리가 법적으로 종인 것이 주님이 우리를 피로 사셨기 때문이다. 처음 우리가 구원받고 섬길 그때에는 그분의 보혈로 구속을 받은 것으로 말미암은 감사로 가득하여 섬기게 된다. 우리는 그분의 피 값으로 산 종이 되는 것이다.

그러면서 우리는 그분을 계속 섬기게 되는데 섬기면서 우리가 모시고 섬기는 주님과 섬기는 대상인 성도들에 대한 사랑이 더욱 생기는 것이다. 이 부분의 말씀을 생각해보면 주님을 더욱 경외하게 된다. 그분은 자신을 비어 종으로 오셔서 하나님을 순종하며 섬기셨다. 그러면서 그분은 이 땅에 오셔서 하나님을 섬기며 사람들을 섬기다보니 그들을 사랑하는 마음이 더 생겨나서 영원히 자유치 않고 섬기고자 하신 것이다. 그분이 이 땅에서 섬기는 길을 가신 것은 법적인 부분만이 아니라 섬기다보니 사랑스러운 부분이 많아져서 자신이 자유케 될 수 있음에도 불구하고 자유치 않고 귀를 뚫고 섬기기로 작정하신 것이다. 그분은 응당 종이 되셨지만 더욱 자원하여 종이 되신 것이다. 우리 또한 마찬가지이다. 우리는 근본적으로 그분의 종이지만 그분을 섬기면서, 성도들을 섬기면서 사랑하게 되다보니 더욱 자신을 드려서 섬기고자 하는 마음이 생긴 것이다. 그러므로 귀를 뚫고 주님의 음성을 들으며 자유치 않고 주님만을 섬기기로 하게 되는 것이다.

그러나 주님의 음성을 들으려면 강퍅하지 말고 모든 환경에서 그분의 말씀하시는 것을 들을 수 있도록 겸비해야 한다. 그럴 때 하나님은 한 사람을 온전케 하신 것이며 가르치셔서 그분의 도구가 되게 하실 수 있다. 우리가 그분을 섬기는데서 가장 중요한 것은 '듣는 것' 이다. '하는 것' 이 아니다. 많은 이들이 무언가 하려는 근육은 발달되어 있는 반면 들을 준비가 되어 있지 않다. 듣고 순종하지 않는다면 섬김이 없다. 이렇게 듣고 순종하게 되려면 십자가로 파쇄의 과정을 거쳐야 한다.

우리는 과거에 이렇게 말하는 것을 들었는데 섬기면서 참으로 그것이 사실임을 알게 되었다. 그것은 '우리가 남을 섬길 수 있는 자본은 십자가를 거친 총합' 이라는 것이다. 그러면 십자가란 무엇인가? 십자가는 제하는 것(마이너스)이다. 반면 성령은 플러스(+)라고 말할 수 있다. 십자가는 죽이는 것, 부인하는 것 등 없애는 것이라면 성령은 영접하는 것, 충만케 되는 것, 채우는 것 등으로 플러스임이 분명하다. 사람들은 주 예수를 십자가에 못 박으라고 하면서 "없이 하소서, 없이 하소서"라고 부르짖었다(요 19:15). 십자가의 역사는 우리의 원래의 사람을 제하고 하나님의 성분을 증가케 한다. 제해질수록 우리 속에 증가

하게 하는 것은 성령이시다. 이 역사가 증가될 때 우리는 변화하여 그리스도의 형상을 닮게 된다(롬 8:28-29). 로마서 8장 28절의 모든 것이 합력하여 선을 이루는 것은 결국 우리가 그 아들의 형상을 본받도록 만유가 협력한다는 뜻이다.

그러므로 우리는 고난이나 예기치 않은 환경이 임할 때 두려워하거나 놀라지 말고 잠잠히 하나님의 역사하심을 앙망해야 하며 기뻐해야 한다. 이는 우리에게 가져올 소망이 있기 때문이다. 많은 고난의 환경들은 우리의 있어서는 안 될 기질이나 습관과 성품을 제거하며 진리와 성령과 의로 지으심을 받은 새 사람을 옷 입게 하는 것이다. 십자가가 우리 안에 더 깊이 역사할수록 성령은 우리의 속에 더 깊이 채워지게 된다. 십자가를 거치면서 배우는 것이 많을수록 우리는 더 넓어지고 겸손해지며 남을 섬길 수 있는 역량이 커진다.

대부분 십자가의 역사는 고난의 형태거나 핍박, 또는 많은 상처받음의 형태로 온다. 그러니 자연히 힘들고 아프다. 때로는 불에 태워지듯이 오므로 성경에서는 이런 시험을 불시험(fiery odeal)이라고 하며 이런 시험이 올 때 이상한 일 당하는 것 같이 대하지 말라고 하였다(벧전 4:12). 우리는 때로 어리석음으로 어떤 일을 당하기도 하고 우연히 당하기도 하며, 억울하게 당하기도 하는 많은 환경들이 있다. 그럴 때 놀라고 두려워하며 불안해하는데 성경에서는 이상한 일 당하는 것처럼 하지 말라고 한다. 오히려 성경은 우리에게 그리스도의 고난에 참여하는 것으로 즐거워하라고 한다. 이런 환경을 거쳐서 변화한 당신은 그리스도의 영광을 나타내실 때 기뻐하고 즐거워하게 될 것이기 때문이다. 이런 많은 환경과 어려움을 통과하면서 배우는 공과는 얼마나 귀한지! 한 가지 명심할 것이 있다. 만일 당신이 자신을 기꺼이 드려 섬기는 종이 아니라면 주님은 이런 은혜를 주시지 않을 것이고 따라서 도저히 배울 길이 없다.

그러므로 나는 여러분에게 말해주겠는데 만일 여러분이 그분께 헌신된 종이 아니라면 아무런 길이 없다. 그러나 히브리 종이라면 당신에게는 배울 길이 열려있다. 6년을 섬겨보라! 그러면서 주님의 귀함을 더욱 알아 헌신이 깊어질 것이다. 그럴 때 자유케 되나 당신은 이제부터 자원함에 의해서 자신을 드리게 될 것이고 비로소 주님을 사랑함으로 기꺼이 헌신하며 그분을 순종하게 될 것이다. 주님의 음성을 더욱 듣고 많은 십자가의 처리를 받기 바란다. 주님은 그분 손에 드려진 떡이 아니면 떼어 여러 사람의 축복이 되게 하지 않으신다. 너무 강하지 말고 십자가의 처리를 받아 부드럽게 부서지기 바란다. 그러면 당신의 용도는 더욱 많아지리라! 그리고 주님은 당신을 통해 더 많은 역사를 이루실 것이다.

율법을 통해서 경배자를 얻음

요약하자면, 출애굽기 20장에는 율법이 있는데 이 율법은 하나님이 우리에게 그분의 사랑을 나타낸 것이다. 율법을 주실 때 하나님께서는 아주 엄위한 모습으로 나타나셨지만 그 율법의 내용을 잘 보면 우리를 사랑하시는 그 사랑이 곳곳에 배어 있다. 이러한 하나님의 사랑의 나타남을 본 사람들의 반응은 첫째로 예배하는 것이다. 위대한 하나님의 나타나심에 대한 반응은 예배이다. 진정한 예배는 주님과의 만남이다. "하나님은 영이시니 예배하는 자가 신령과 진정으로 예배할지니라" (요 4:24). 사마리아 여인은 그때 주 예수님을 만났고 모든 문제가 해결되었다. 이것이 진정한 예배이다. 주님을 만날 때 목마름이 사라지고 모든 죄가 사함받는다. 그러므로 이스라엘 백성들은 거룩하신 하나님의 말씀이 선포된 순간, 사랑의 하나님이 나타나신 순간-엄위하게 나타나셨을지라도-그 반응으로 하나님께 경배했다. 하나님께서는 그때 비로소 경배자를 얻으신 것이다.

20장은 그분의 표명이요, 그분의 표명은 결국 사랑이요 의이다. 온 율법의 완성이 사랑인 것이다. 그리고 21장에 와서는 섬기는 자를 얻으신다. 하나님의 나타나심은 이와 같이 경배자를 얻고 섬기는 자를 얻는다. 누구도 사랑스럽고 영광스러운 하나님을 뵙지 못하고서는 그분을 섬길 수 없다. 또한 사랑의 하나님, 영광의 하나님을 뵙고 그분을 섬기지 않을 사람이 없다. 엎드려서라도 섬기게 해달라고 간청하는 것이 그분의 영광을 본 사람들의 외침이다. '하나님, 저는 자격이 없지만 엎드려서라도 섬기고 싶습니다. 허락해 주십시오. 저를 물리치지 마시고 섬기게 해주십시오.'

법을 지키지 않고 섬기는 것은 불법이다

3절과 4절은 "그가 단신으로 왔으면 단신으로 나갈 것이요 장가들었으면 그 아내도 그와 함께 나가려니와 상전이 그에게 아내를 줌으로 그 아내가 자녀간 낳았으면 그 아내와 자식들은 상전에게 속할 것이요 그는 단신으로 나갈 것이로되"라고 말한다. 이런 말씀은 하나님으로부터 온 원리요 법칙이다. 나는 이런 말씀의 내면에 있는 깊은 원리를 많은 사람이 깨닫고 있지 못할 것이라는 생각이 있다. 우리는 이런 것을 교회와 사역의 현장에서도 많이 볼 수 있다. 나는 젊을 때 수많은 세월을 들여 사역한 교회를 떠나야 했을 때 모든 것을 놓고 떠나야 함을 알았다. 이는 내가 처음 그 교회를 다니기 시작할 때 그 교회를 내가 시작한 것이 아니고 이 말씀처럼 단신으로 왔기 때문이다. 그러나 많은 사람들은 어느 곳에서 자기가 시작하지도, 낳지도 않은 성도들을 한동안 섬기다가 떠날 때는 많은 사람들을 데리고 떠나거나 아예 그런 교회를 정당하지 않게 자신의 것으로 접수해 버리기도 한다. 그 이유는 성도들이 자기를 너무나 좋아하기 때문이라는 것이다. 그런 사람들은 이런 말씀을 통해서 하나님의 법도를 잘 읽어보아야 할 것이다. 그럴 때 큰 불법을 면하게 된다. 당신이 올 때 단신으로 왔으면 가고자 할 때도 단신으로 나가야 한다.

나는 오랜 동안 해외 선교를 해왔다. 많은 선교사들을 내가 보냈고, 또 내가 물질을 책임지고 공급하며 교회들을 세웠다. 시간이 흐르다보니 우리에 의해 보냄받은 그 선교사들은 현지의 교회들이 너무나 사랑스럽게 되자 그들을 오직 자신의 소유로 만드는 것을 보았다. 그 이유는 오래 선교를 하다 보니 그들이 너무나 사랑스럽게 되어 계속 그들을 섬기겠다는 것이다. 그러면서 그들은 자신들을 보내고 그동안 모든 물질을 서포트한 우리를 미련없이 저버렸다. 이것은 무엇인가? 이 구절들을 적용할 때 우리가 그들에게 아내를 줌으로 자녀간 나은 것에 비할 수 있다. 왜냐하면 그들이 처음 선교를 시작할 때 외국에 가서 자녀를 낳을만한 아무것도 없는 사람들이었기 때문이다. 그들이 나가서 자녀들을 낳은 것은 우리가 그들로 하여금 기회를 부여하고 물질을 부축하였기 때문이며 때때로 현지에 가서 영적인 공급을 주었기 때문이었던 것이다. 그러나 그들은 자신들이 그들을 우리보다 더욱 가까이 하며 그들을 낳았기 때문에, 또한 너무나 그들과 서로 깊은 애정으로 연결되었기 때문에 우리에게서 그들을 절단하여 자신들의 것으로 만들어 사역해도 문제가 없다고 판단하였다.

이런 법칙에 의거할 때 그들은 분명히 불법적인 일을 하고 있는 것이다. 마태복음 7장에는 그날 많은 사람들이 불법을 행하는 자들이라고 하는 엄위한 말씀을 들으며 주님으로부터 거절될 것임이 예언되어 있다. 또한 마태복음 13장 41절은 "인자가 그 천사들을 보내리니 저희가 그 나라에서 모든 넘어지게 하는 것과 또 불법을 행하는 자들을 거두어 내어 풀무불에 던져 넣으리니 거기서 울며 이를 갊이 있으리라"고 한다. 그러므로 하나님의 자녀들은 죄만 두려워할 것이 아니라 불법을 두려워해야 하는 것이다. 어떤 사람들은 자기가 사역해야 성도들이 유익을 얻을 것이라고 생각하여 그런 일을 하는 것을 정당화하려고 한다. 그러나 그들에게 소위 유익을 주려는 의도에서라든가, 사랑하는 관계를 중요하게 여기는 것보다 더욱 중요한 것은 법도를 지키는 것이다. 이 구절들에서 종이 나가려면 자기가 낳은 아이들과 얻은 아내를 놓고 나가야 한다는 것은 얼마나 이치에 맞지 않는 말 같은가? 사랑하는 아내와 낳은 자식들을 주인에게 놓고 나가야 한다니! 그런 사람들의 견해로는 이런 법칙은 전혀 맞지 않는다고 말할 것이다.

그러니 문을 열어놓은 것이다. 재판장에게 가서 귀를 뚫고 주인을 섬기겠다고 하는 것이다. 오늘날로 말하면 다시 재계약을 하는 것이다. 만일 그 종이 자기가 낳은 자녀들을 사랑한다면, 진정 아내를 사랑한다면, 계속 그들을 섬기려 한다면, 주인을 사랑하면서 계속 섬기겠다고 맹세를 하는 것이다. 그렇게 할 수 없다면 다 놔두고 홀로 떠나야 맞다.

히브리 여종에 관하여

7-11절, 사람이 그 딸을 여종으로 팔았으면 그는 남종같이 나오지 못할지며 8 만일 상전이 그를 기뻐 아니하여 상관치 아니하면 그를 속신케 할 것이나 그 여자를 속임이 되었으니 타국인에게 팔지 못할 것이요 9 만일 그를 자기 아들에게 주기로 하였으면 그를 딸같이 대접할 것이요 10 만일 상전이 달리 장가 들지라도 그의 의복과 음식과 동침하는 것은 끊지 못할 것이요 11 이 세 가지를 시행하지 아니하면 그는 속전을 내지 않고 거저 나가게 할 것이니라

여종으로 팔렸을 때 그 여자가 상전에게서 배척을 받는 경우를 말한다. 그때 여종은 상전의 첩이 될 수도 있었다. 그러나 그 일이 실행되지 않는 경우는 1) 외국인 외에 다른 사람에게 팔 수도 있었고 2) 자기 아들에게 줄 수도 있었고 3) 만일 그 아들이 그 여자를 취한 후에 또 달리 장가를 가면 그 여자의 생활을 보장하는 동시에 계속 돌보아야 했다. 10절의 "만일 상전이 달리 장가들지라도"란 원문에는 '상전'이라는 말이 없고 "그가 그를 위하여 다른 여자를 취하면"으로 해석해야 맞다. 4) 그 상전의 아들이 그 여자를 취하였다가 다른 여자에게 장가들고 의복과 음식과 동침을 시행하지 않으면 그 여자는 자유케 되어 그 집에서 나갈 수 있다는 것이 이 말씀의 문자적인 뜻이다.

1. 이 말씀은 히브리 여종에 관계된 것으로서 히브리인이 여종에 대하여 지켜야 할 규례이다. 여종이 첩이 된 경우는 6년이 지나도 남종같이 나오지 못하며 첩이 되지 않은 경우는 6년 후에 나갈 수 있다(신 15:17-18). 주인이 여종을 첩으로 사들였으나 어떤 이유로 그녀가 싫어졌을 때 다른 히브리인에게는 팔 수 있지만 타국인에게는 팔지 못한다. 그러나 그것은 그녀와 상관치 아니했을 경우이고 상관했다면 무상으로 석방해야 한다(11절). 그녀는 부채가 있으므로 근친이 그 빚을 갚아 주고 속신케 할 수 있다(이것도 상관하기 전에 싫어진 경우이다). 처음에 첩으로 샀는데 그렇게 취하지 않은 것이니 결국 속인 것이 되므로 히브리인에게는 팔 수 있지만 타국인에게는 팔지 못한다.

히브리 여종을 아들의 첩으로 산 경우에는 그녀를 자부로서 딸같이 대접해야 한다. 여종을 첩으로 취한 뒤에 또 다른 첩을 취할 경우, 앞서 첩을 삼은 여종을 여전히 첩으로 대우해야 하며 의복과 음식과 동침하는 것을 끊지 못한다. 만일 이 세 가지를 시행하지 않을 경우 팔려올 때의 속전을 내지 않고 그냥 나가게 해야 한다. 이것은 하나님께서 원래 노예나 첩의 제도를 인정하신 것으로 볼 수 없다. 마태복음 19장 8절 말씀에 따라 사람의 마음이 완악함을 인하여 하나님께서 그 상태를 허락하시고 그에 따른 조치를 지시하신 것일 뿐 원래 하나님의 뜻은 그렇지 않다고 보아야 한다. 성경은 절대로 일부일처제이고 일부다처제를 찬성하지 않는다. 성경에서 첩을 두는 것은 하나님의 법을 위반하는 것이다(창 2:24, 마 19:6, 말 2:15).

2. 이 구절들을 통해서 우리는 하나님께서 비록 비천한 신분의 여종일지라도 얼마나 자상하게 돌보시며 사람을 존귀히 여기시는가를 알 수 있다. 이 말씀 속에서 우리는 주인인 상전이 노예를 대하는 태도가 의롭고 자상해야 한다는 것을 볼 수 있다. 하나님은 어떠한 사람도 결코 소홀히 대하지 않으시며 그분의 백성들 또한 그러하기를 원하신다.

3. 21장 2절부터 6절까지는 히브리 남종에 관한 규례이고 7절부터 11절까지는 여종에 대한 규례인데, 남종보다는 여종이 자유가 없는 것처럼 보인다. 주인에게 더 구속되어 있다는 뜻이다. 이에 대하여 우리가 굳이 영적인 해석을 가해본다면, 히브리 남종은 남편이신 그리스도께 적용할 수 있고 여종은 아내인 교회에게 적용할 수 있다. 남종이신 그리스도는 자유가 있으시지만 우리는 실상 그렇게 자유할 수 있는 처지가 못 된다. 우리는 부모가 있는 여자처럼, 또 권위 아래서 더욱 자유가 없는 여자 노예처럼 팔리기도 하고 버림받기도 한다. 바울은 이런 사람이었다. 그는 언제나 다른 민족을 향하여 팔려갔고 사람들에게 버려졌다. 이와 같이 아내인 교회는 그리스도께 대하여 보다 구속력 있는 노예의 신분임을 암시한다고 말할 수 있다.

살인자에 대하여

12-14절, 사람을 쳐죽인 자는 반드시 죽일 것이나 13 만일 사람이 계획함이 아니라 나 하나님이 사람을 그 손에 붙임이면 내가 위하여 한 곳을 정하리니 그 사람이 그리로 도망할 것이며 14 사람이 그 이웃을 짐짓 모살하였으면 너는 그를 내 단에서라도 잡아내려 죽일지니라

1. 이 구절은 살인자에 대한 형법을 말한다. 살인자는 사형이 원칙이다. 다만 살인한 자가 계획함이 아니고 본의 아니게 사람을 죽인 경우에

는 도피 장소가 마련되어 있다(민 35:25,32). 14절의 짐짓 살인한 경우는 교활한 꾀를 써서 의도적으로 살인한 것을 말하는데, 그런 경우는 제단에서라도 잡아내려 죽여야 한다. 물론 이것은 개인적으로 살인자를 죽이라는 의미가 아니고 재판권을 가진 자가 그리 해야 한다는 것이다.

2. 계획이나 의도 없이 사람을 죽인 것에 대하여는 '나 하나님이 사람을 그 손에 붙인 것' 이라고 말씀한다. 이것은 어떤 사람이 의도하거나 계획하지 않았는데 누군가를 죽이게 되었을 때, 그것은 하나님의 주권에 의한 것임을 암시하고 있다. 이런 경우 하나님은 도피성을 마련해 놓고 그런 사람을 살릴 수 있게 하셨다. 이것은 그리스도의 복음에 대한 암시이다. 구약 성경에는 이곳저곳에 이러한 복음의 사상이 감추어져 있다. 의도하거나 계획하지 않았는데 사람을 죽인 것은 실수로 죄를 지은 것인데 이러한 죄인은 하나님께 용서받을 수 있다.

주님을 믿은 사람들은 누구나 할 것 없이 실수로 죄를 지은 사람들이다. 그러기에 그들의 죄는 용서함을 받는다. 그러나 끝까지 복음을 거절하고 믿지 않는 자들은 고의로 살인한 자와 같이 의도적으로 범죄한 자로 인정됨으로 심판을 받게 된다. 믿는 자들은 사탄에게 속았다가 그 속임수에서 풀려난 자들이다. 그러나 끝까지 복음을 믿지 않고 하나님께 돌아오지 않는 사람들은 고의적으로 죄를 짓게 한 사탄과의 관계를 끊어버리지 않기 때문에 그 죄악이 고의성이 되어 버리는 것이다. 사탄은 처음부터 살인자요 거짓말쟁이다. 당시 바리새인들은 사탄의 자녀들이었다. 그들이 만일 회개하지 않는다면 그들은 사탄의 일을 행한 것이 됨으로 의도적으로 살인하는 자가 되어버리는 것이다. 사도 바울은 그가 과거에 하나님의 교회를 훼방하고 핍박한 죄인이었지만 그때 한 일이 알지 못하고 행한 일이었다고 고백했다(딤전 1:13). 그러므로 이 구절들도 결국은 살인자에 대한 율례로서만이 아니라 신약의 복음을 암시하는 성분을 배제할 수 없다.

아비나 어미를 치는 자

15-17절, 자기 아비나 어미를 치는 자는 반드시 죽일지니라 16 사람을 후린 자가 그 사람을 팔았든지 자기 수하에 두었든지 그를 반드시 죽일지니라 17 그 아비나 어미를 저주하는 자는 반드시 죽일지니라

성경에서 부모에 대한 자녀의 태도에 관해서는 매우 엄격하게 다룬다. 그것은 하나님께서 자녀들이 부모를 공경하는 것과 부모에 대해 어떠한 태도를 갖는가를 매우 중요시하신다는 것을 보여준다. 이것은 오늘날의 타락한 말세의 세태와 같지 않다. 자녀가 자기 아비나 어미를 때린다면 성경은 반드시 그를 죽여야 한다고 말했다. 이것은 자연적으로 성립된 부모의 권위를 무시한 죄가 얼마나 큰지를 알려 준다. 이를 통해 우리는 또한 부모 중의 부모이신 하나님에 대하여 함부로 행하고 말하는 죄가 얼마나 큰 것인가를 알 수 있다. 이와 같이 하나님은 근본을 중요시하신다. 이것은 영적인 세계에도 적용될 수 있다. 영적으로 자기를 낳고 길러준 자는 영적인 아비나 어미와 같다(고전 4:14-15, 요일 2:1,12-13). 그러한 자들을 공격하고 치는 행위는 결단코 하나님 앞에서 정당화될 수 없고 가장 엄중한 심판으로 다스려질 것이다.

이 부분에는 또 한 가지, 사람을 후리는 것이 있는데, 이것은 오늘날로 말해서 유괴(kidnapping)이다. 이러한 유괴죄에 대해서 하나님은 그것을 가장 엄중한 형벌로 다스리도록 규정하셨다. 동서고금을 막론하고 유괴죄는 극형에 처하도록 되어 있다. 사람을 납치해다가 노예나 매춘부로 팔거나 외국인에게 파는 행위 등은 모두 사형에 해당하며 가장 준엄한 법으로 다스려진다. 영적인 세계에서도 사람을 후리는 것은 매우 극악한 죄이다. 사람이 사람을 사고파는 행위는 가장 악한 일이다. 후리는 일은 신약에서 거짓된 가르침으로 사람을 미혹하여 그의 노예로 삼는 경우를 포함할 것이다. 순수한 영혼들을 거짓된 가르침으로 현혹시켜 악한 단체에 팔아넘기는 것이 곧 사람을 후리는 일로서 사람의 영혼과 그 일생을 망하게 함으로 그러한 자는 극형에 처해 마땅하다. 사람은 주님의 긍휼과 은혜와 축복을 얻기에 합당한 존재이고 하나님의 사랑의 대상이며 그리스도의 십자가를 통하여 자유를 부여받았기 때문에 모든 사람이 자유함 가운데 스스로 진리의 길을 택하고 유익을 얻으며 축복된 길을 갈 수 있도록 도와주어야 한다.

17절은 아비나 어미를 저주하는 자는 반드시 죽여야 한다고 말한다. 여기서 저주한다는 것은 부모를 모욕하고 훼방하는 것을 가리킨다. 이와 같이 우리는 성경에서 거듭거듭 부모에 대한 자녀의 부당한 태도를 매우 엄중하게 다루고 있음을 알 수 있다.

18-21절, 사람이 서로 싸우다가 하나가 돌이나 주먹으로 그 적수를 쳤으나 그가 죽지 않고 자리에 누웠다가 19 지팡이를 짚고 기동하면 그를 친 자가 형벌은 면하되 기간 손해를 배상하고 그로 전치되게 할지니라 20 사람이 매로 그 남종이나 여종을 쳐서 당장에 죽으면 반드시 형벌을 받으려니와 21 그가 일 일이나 이 일을 연명하면 형벌을 면하리니 그는 상전의 금전임이니라

사람을 돌이나 주먹으로 때린 경우 그가 죽지 않고 누웠다가 지팡이를 짚고서라도 기동하면 친 자가 형벌은 면하되 손해를 배상하고 완전히 치료되도록 돌봐주어야 한다. 그리고 사람이 남종이나 여종을 때렸을 경우 종이 맞아서 당장에 죽으면 형벌을 받게 된다. 사마리아역과 랍비들의 해석에 따르면 죽임을 당하는 것으로 되어 있다. 이 말씀에서 '형벌을 받으려니와' 라는 말은 히브리어로 반드시 보복을 당해야 한다는 뜻이다. 상전이 종을 구타했으나 당장 죽지 않고 며칠을 연명한 경우 상전은 형벌을 면하게 된다. 그가 형벌을 면하는 이유는 종을 죽이려는 의도가 없었기 때문일 것이다. 하루나 이틀을 연명하다가 죽은 경우는 상전이 종을 잃는 것으로 충분히 고통을 당한 것이라고 가정되어 형벌을 면하게 되어 있다. 노예는 상전의 금전과 같으므로 상전의 입장에서 상당한 손실의 고통을 겪은 것으로 간주되는 것이다.

22-36절, 사람이 서로 싸우다가 아이 밴 여인을 다쳐 낙태케 하였으나
다른 해가 없으면 그 남편의 청구대로 반드시 벌금을 내되 재판장의 판결
을 좇아 낼 것이니라 23 그러나 다른 해가 있으면 갚되 생명은 생명으로,
24 눈은 눈으로, 이는 이로, 손은 손으로, 발은 발로, 25 데운 것은 데움
으로, 상하게 한 것은 상함으로, 때린 것은 때림으로 갚을지니라 26 사람
이 그 남종의 한 눈이나 여종의 한 눈을 쳐서 상하게 하면 그 눈 대신에
그를 놓을 것이며 27 그 남종의 한 이나 여종의 한 이를 쳐서 빠뜨리면 그
이 대신에 그를 놓을지니라 28소가 남자나 여자를 받아서 죽이면 그 소
는 반드시 돌에 맞아 죽을 것이요 그 고기는 먹지 말 것이며 임자는 형벌
을 면하려니와 29 소는 본래 받는 버릇이 있고 그 임자는 그로 인하여 경
고를 받았으되 단속하지 아니하므로 남녀간에 받아 죽이면 그 소는 돌로
쳐죽일 것이고 임자도 죽일 것이며 30 만일 그에게 속죄금을 명하면 무
릇 그 명한 것을 생명의 속으로 낼 것이요 31 아들을 받든지 딸을 받든지
이 율례대로 그 임자에게 행할 것이며 32 소가 만일 남종이나 여종을 받
으면 소 임자가 은 삼십 세겔을 그 상전에게 줄 것이요 소는 돌에 맞아 죽
을지니라 33 사람이 구덩이를 열어 두거나 구덩이를 파고 덮지 아니함으
로 소나 나귀가 거기 빠지면 34 그 구덩이 주인이 잘 조처하여 짐승의 임
자에게 돈을 줄 것이요 죽은 것은 그의 차지가 될지니라 35 이 사람의 소
가 저 사람의 소를 받아 죽이면 산 소를 팔아 그 값을 반분하고 죽은 것도
반분하려니와 36 그 소가 본래 받는 버릇이 있는 줄을 알고도 그 임자가
단속하지 아니하였으면 그는 소로 소를 갚을 것이요 죽은 것은 그의 차지
가 될지니라

이 부분은 사람을 상해하거나 재산상 손해를 끼친 것에 대하여 보상하고 보복하는 것에 대한 하나님의 규정들이다. 22절에는 “사람이 서로 싸우다가”, 26절에는 “사람이 그 남종의 한 눈이나 여종의 눈을 쳐서 상하게 하면”, 27절에는 “이를 쳐서 빠뜨리면” 등의 가정이 있다. 이는 타락한 사람들이 지을 수 있는 죄의 항목들이다. 하나님께서는 이스라엘 백성들이 다 언약을 준행하겠다고 말했지만 사람들이 이러한 죄들을 짓게 될 것을 아셨다. 그리고 한 가지 한 가지 보상하는 법도 규정해 두셨다. 아이 밴 여인을 쳐서 낙태케 하였다면 다른 해가 없을 때 남편의 청구대로 벌금을 내야 한다. 그러나 다른 해가 있다면 생명은 생명으로, 눈은 눈으로, 이는 이로, 손은 손으로, 발은 발로, 데운 것은 데움으로, 상하게 한 것은 상함으로, 때린 것은 때림으로 보복하라고 하셨다. 이것이 구약의 율법이다. 신약에 와서 우리는 은혜 시대에 살고 있다. 우리는 우리의 죄가 다 용서받은 것을 인해 하나님께 감사한다. 그래서 어떤 이들은 구약과 신약이 서로 다른 것을 말하고 있다고 생각한다. 구약에는 하나하나에 대한 보복과 보상이 있으며 신약에는 다만 용서가 있다고 생각한다. 그러나 실상은 같은 것이다.

구약대로 한다면, 어떤 사람이 아이 밴 여인을 낙태케 할 뿐 아니라 화상을 입게 했다면 그 사람을 데리고 가서 그만큼 화상을 입게 해야 한다. 어떤 사람이 그 사람의 눈을 다치게 했다면 그 사람을 데리고 가서 꼭 그만큼 눈을 다치게 해주어야 한다. 또 이를 쳐서 빠뜨렸다면 그 사람의 이를 쳐서 그만큼 빠뜨려야 한다. 오늘날 어떤 사람이 다른 사람에게나 혹은 자신의 아내에게 많은 잘못을 범하고 가슴 아프게 한 죄를 저질렀다면 그 사람은 그만한 상처를 되돌려받아야 마땅하다. 이것이 공의이다. 우리가 만일 구약의 법대로 보복을 받아야 한다면 지금까지 우리가 저지른 모든 죄에 대하여 그대로 보복을 당해야 한다. 이 일은 특히 하나님의 백보좌 심판대에서 일어날 것이다(계 20:12-15).

그러나 우리 믿는이들에게는 우리가 저지른 죄에 대하여 받아야 할 죄의 대가를 대신 담당한 분이 계신다. 하나님께서 우리를 용서하신 것은 우리의 잘못을 적당히 눈감아 주어서 된 것이 아니다. 하나님께서는 그분의 아들로 하여금 우리 모든 사람의 손과 발과 생각과 머리와 몸으로 지은 모든 죄에 대해 친히 공의의 심판을 받게 하심으로 우리의 죄와 허물을 대신 담당하게 하셨다. 그리스도께서 두 손과 두 발에 못이 박히고 머리에 가시 면류관을 쓰시고 십자가에 달려 그 수치와 모욕을 당하신 것은 우리가 마땅히 당해야 할 것들이었다. 하나님은 우리가 받아야 할 진노의 잔을 사랑하시는 그 아들에게 쏟아 부으신 것이다. 우리가 마땅히 받아야 할 형벌을 그분에게 돌리신 것이다(사 53:5-6). 그러므로 우리의 구원은 심판을 거쳐 공정하게 받은 것이지 우리의 죄들을 눈감아 줌으로 된 것이 아니다. 우리는 우리의 죄가 하나님의 아들 그리스도에게서 철저히 심판받았다는 것을 보아야 한다. 따라서 구약과 신약은 모순이 없고 일치된다.

22절부터 25절까지의 내용은 아이 밴 여인에 관한 것인데, 여기에는 하나님께서 새로운 생명의 출생을 매우 귀히 여기신다는 사상이 내포되어 있다. 즉 아이 밴 여인을 귀하게 보호하도록 주의시키는 말씀이다.

26절과 27절은 남종과 여종에 대하여 그의 눈이나 이를 쳐서 상하게 하거나 빠뜨리면 그 눈이나 이 대신에 그들을 놓으라고 하셨다. 그들이 비록 노예이지만 남종과 여종을 귀히 여기라는 말씀이다. 이와 같이 하나님은 인권을 매우 존중하신다.

28절부터 32절까지는 소가 사람을 받아 죽인 경우인데, 소가 사람을 죽이면 반드시 그 소를 돌로 쳐서 죽여야 한다. 그리고 그 고기는 먹지 말고 소 임자는 형벌을 면하게 해야 한다. 그러나 소가 원래 받는 버릇이 있고 임자도 그로 인하여 경고를 받았는데도 사고가 일어난 경우라면 그 소와 마찬가지로 임자도 죽여야 한다. 그러나 사정에 따라 그의 생명 대신 속죄금을 낼 수 있는데, 그것은 그의 살인이 어디까지나 소에 의한 것이고 사람이 소더러 받아 죽이라고 한 것이 아니므로 사람의 직접적인 살인과는 어느 정도 구별될 수 있기 때문이다. 그러나 이 경우 피해자 가족의 동의가 필요했을 것이다(이상근 주석).

31절은 피해자가 아들이나 딸일 경우이고 32절은 남종이나 여종일 경우인데, 아들이나 딸일 경우는 상기와 동일하게 적용하고 노예일 경우는 은 30세겔을 그 상전에게 주고 소는 돌에 맞아 죽어야 한다.

33절부터 36절까지는 재산상의 상해 배상법인데, 어떤 사람이 구덩이를 열어 두거나 파고 덮지 아니함으로 소나 나귀가 빠져 죽는 경우, 구덩이 주인이 짐승의 임자에게 돈을 주고 죽은 짐승은 자기가 가지면 된다.

35절과 36절은 한 사람의 소가 다른 사람의 소를 받아 죽였다면 산 소는 팔아서 그 값을 반으로 나누고 죽은 것도 반으로 나누어 공평하게 가지면 된다. 이것은 하나님의 공평의 원칙이다. 하나님은 매우 공의로우시고 공평하시다. 그분에게는 치우치게 일을 처리하거나 사람을 대하시는 일이 없다. 소가 만일 본래 받는 버릇이 있는데도 그 임자가 단속하지 않아서 다른 사람의 소를 받아 죽였다면 자기 소로 죽은 사람의 소를 갚을 것이고 죽은 소는 자기가 가지면 된다. 매우 공평한 판결이라는 것을 알 수 있다.

출애굽기 22장

1-4절, 사람이 소나 양을 도적질하여 잡거나 팔면 그는 소 하나에 소 다섯으로 갚고 양 하나에 양 넷으로 갚을지니라…4 도적질한 것이 살아 그 손에 있으면 소나 나귀나 양을 무론하고 갑절을 배상할지니라

1절은 도적질한 것을 배상하는 것에 관하여 말한다. 소를 도적질하여 잡거나 판 경우는 다섯 배로 보상을 해야 하고 양의 경우는 네 배를 보상해야 한다. 양보다 소를 더 많이 배상해야 하는 이유는 양을 키우는 것보다 소를 키우는 것이 더 사람의 손과 노력을 요하기 때문일 것이다. 레위기 6장에서는 어떤 빼앗은 물건이나 유실물을 얻었을 경우 그 물건을 반환할 때 물건의 오분의 일을 더하여 배상하라고 했다. 이것은 도둑이 다른 사람에게 발각되거나 조사당하기 전에 양심의 가책을 받아 자발적으로 반환하는 경우이기 때문일 것이다.

4절의 경우는 어떤 사람이 소나 양을 도적질했는데 아직 그 손에 살아 있을 때에는 배를 배상하면 된다고 하였다. 여기서 볼 때 도둑질한 물건에 대하여 배상하는 것은 상황에 따라 다르다. 이를 통해 우리는 잘못 행한 것을 처리할 때 처리만 한다고 되는 것이 아니라 거기에 섬세한 방법과 분량이 참고 되어야 함을 알 수 있다. 다섯 마리를 갚아야 할 경우에 두 마리만 갚아서는 안 되고 두 마리를 갚아야 할 경우에 오분의 일만 더하여 갚아서도 안 된다.

하나님이 도적질한 자에게 배상하라고 명령하신 데에는 율법을 주신 주요 목적 외에도 이런 것이 있을 것이다. 남의 소 한 마리를 훔쳐서 가지고 있다가 자기 소까지 합하여 두 마리를 돌려줄 때 탐욕으로 남의 소를 훔친 사람은 소 한 마리를 잃어버렸을 때의 아깝고 곤란한 심정을 느끼게 될 것이다. 그가 남의 소를 훔쳐왔을 때에는 잃어버린 사람의 아깝고 안타까운 심정을 결코 헤아리지 못했다. 다만 자기에게 소 한 마리가 증가된 것으로 인해 기뻐했다. 그러나 주님은 이러한 율례를 통해 그분의 백성들을 가르치고 계신다.

신약에서 우리는 삭개오가 회개한 후 자기의 재산을 팔아 가난한 자들에게 나누어주고 토색한 것을 사 배나 갚는 것을 볼 수 있는데 이는 복음의 능력으로만 할 수 있는 것이다(눅 19:1-10). 믿음이 오기 전 율법은 다만 우리의 할 수 없음을 보여주는 것이다. 소나 양을 도적질하고서 그 다섯 배를 갚을 수 있는 사람이 어디 있겠는가? 이는 사람의 할 수 없음을 보여주며 결국은 그리스도가 오셔서 사람의 안에서 성령의 능력이 역사할 때 가능한 일을 암시해주고 있는 것이다.

2-3절, 도적이 뚫고 들어옴을 보고 그를 쳐 죽이면 피 흘린 죄가 없으나 3 해 돋은 후이면 피 흘린 죄가 있으리라 도적은 반드시 배상할 것이나 배상할 것이 없으면 그 몸을 팔아 그 도적질한 것을 배상할 것이요

동서를 막론하고 가택 침입은 중죄로 다스린다. 어떤 사람이 야간에 집을 뚫고 들어오면 쳐 죽여도 죄가 없다고 하였으며, 해가 돋은 후면 피 흘린 죄가 있을 것이라고 했다. 그리고 도적질한 것은 반드시 배상하라고 하였다. 이것도 도적질하는 사람의 정황에 따라서 대응하는 것이 다름을 가리킨다. 도적이 밤을 틈타서 들어온다면 쳐 죽여도 피 흘린 죄가 없다. 그러나 낮에는 도적을 죽일 필요까지는 없다고 보는 것이다.

배상할 것이 없으면 몸을 팔아서라도 배상해야 한다. 이것은 하나님께서 어떤 사람에게 손실을 끼친 것에 대하여 매우 엄격하심을 가리키는 말이다. 그들은 배상할 재산이나 돈이나 짐승이 없다고 다른 말을 하지 말아야 한다. 배상할 것이 없으면 자신을 종으로 팔아서라도 도적질한 것을 배상해야 한다. 당신은 이렇게 할 수 있는가? 당신의 몸을 팔아서 배상할 것인가? 우리가 어렸을 때 어머니에게 돈을 달라고 하면 '나를 팔아서 가져가라' 고 하셨다. 그것은 할 수 없다는 말이다. 이런 율법의 계명들은 우리 자신의 타락하고 고칠 길이 없는 육체를 드러내는 말씀인 것이 분명하다.

5-6절, 사람이 밭에서나 포도원에서 먹이다가 그 짐승을 놓아서 남의 밭에서 먹게 하면 자기 밭의 제일 좋은 것과 자기 포도원의 제일 좋은 것으로 배상할지니라 6 불이 나서 가시나무에 미쳐 낟가리나 거두지 못한 곡식이나 전원을 태우면 불 놓은 자가 반드시 배상할지니라

이러한 율례도 사람의 이기심(利己心)을 드러내기 위한 것이다. 율법의 최고 강령은 "네 이웃 사랑하기를 네 몸같이 하라"이다. 이러한 최고 강령을 지키려면 자신의 육체를 알아야 한다. 이렇게 배상함으로써 사람은 자신의 심리를 통해 다른 사람의 심리를 알게 되며, 따라서 자신의 육체의 악함을 알게 된다. 그러면 무엇이 육체의 악함인가? 자기 짐승이 남의 밭에서 먹는 것을 보면 별로 마음이 아프지 않고 남의 손실감이 피부에 와 닿지도 않는다. 그러나 자기 밭의 제일 좋은 것으로 보상을 해보면 상실감이 어떤 것인지 체득하게 된다. 그때서야 인간의 타락이 얼마나 깊으며 사람이 얼마나 자신을 사랑하는 존재인지, 그래서 자신의 것은 아끼면서 남의 것은 함부로 취급해도 별 느낌이 없는 자기중심적인 존재인지를 알 수 있다. 이것이 바로 타락한 사람의 육체이다.

6절은 불을 놓아 남에게 손해를 끼쳤을 경우인데 아마도 이것은 원래 자기 밭에 있는 가라지나 불필요한 잡초들을 태우기 위한 방화였을 것이다. 그런데 이것이 다른 사람의 농작물, 즉 낟가리나 거두지 못한 곡식에 옮겨 붙은 것이다. 이것은 남에게 해를 끼치려는 의도가 없었다 하더라도 부주의에 해당되는 것이니만큼 방화로 인한 책임을 져야 한다. 사람은 악의에 의한 죄만이 아니라 부주의나 태만으로 남에게 해를 끼친 것도 배상해야 한다.

우리는 다른 사람에게 그렇게 해를 입힐 의도가 없었을지라도 남에게 큰 해를 끼칠 수도 있다는 것을 늘 유념해야 한다. 즉 우리 인간은 사소한 부주의로도 다른 사람에게 큰 해를 입힐 수 있는 존재라는 것을 알아야 한다. 그럴 때 보통 잘못을 범한 사람은 자신이 나쁜 의도로 행한 것이 아니었으며 그것이 그렇게 큰 사건으로 비화되거나 큰 손실을 입히게 될 줄은 몰랐기 때문에 자신에게는 책임이 없다고 주장하려 할 것이다. 그러나 하나님은 그러한 일에서 책임을 회피할 것이 아니라 반드시 배상하라고 하신다. 사실 자세히 검토해보면 그러한 부주의 속에 다른 사람의 재산이나 타인에 대한 애정이 결여되어 있고 자신의 것만 사랑하고 아끼는 육체가 숨어 있다는 것을 발견하게 된다.

7-15절, 사람이 돈이나 물품을 이웃에게 맡겨 지키게 하였다가 그 이웃의 집에서 봉적하였는데 그 도적이 잡히면 갑절을 배상할 것이요 8 도적이 잡히지 아니하면 그 집 주인이 재판장 앞에 가서 자기가 그 이웃의 물품에 손 댄 여부의 조사를 받을 것이며 9 어떠한 과실에든지 소에든지 나귀에든지 양에든지 의복에든지 또는 아무 잃은 물건에든지 그것에 대하여 혹이 이르기를 이것이 그것이라 하면 두 편이 재판장 앞에 나아갈 것이요 재판장이 죄 있다고 하는 자가 그 상대편에게 갑절을 배상할지니라 10 사람이 나귀나 소나 양이나 다른 짐승을 이웃에게 맡겨 지키게 하였다가

죽거나 상하거나 몰려가도 본 사람이 없으면 11 두 사람 사이에 맡은 자가 이웃의 것에 손을 대지 아니하였다고 여호와로 맹세할 것이요 그 임자는 그대로 믿을 것이며 그 사람은 배상하지 아니하려니와 12 만일 자기에게서 봉적하였으면 그 임자에게 배상할 것이며 13 만일 찢겼으면 그것을 가져다가 증거할 것이요 그 찢긴 것에 대하여 배상하지 않을지니라 14 만일 이웃에게 빌어온 것이 그 임자가 함께 있지 아니할 때에 상하거나 죽으면 반드시 배상하려니와 15 그 임자가 그것과 함께하였으면 배상하지 않을지며 세 낸 것도 세를 위하여 왔은즉 배상하지 않을지니라

7절부터 15절까지는 신용에 대한 규례이다. 어떤 사람이 돈이나 물품(그릇, 가구, 의류 등 재물이 될 만한 집안의 모든 가재 도구를 통칭함)을 남에게 맡겨 지키게 하였다가 그 집에서 도적을 맞거나 물품을 강탈당했을 때, 만일 그 도적이 잡히면 갑절을 배상시키면 되고 그 도적이 잡히지 않으면 그 물건을 맡았던 집 주인이 그 물건에 손댄 여부의 조사를 받아야 한다. 만일 잃은 물건에 대하여 어떤 사람이 이것이 그것이라 하면 두 편이 재판장 앞에 나아가 재판장이 판결하여 죄 있다고 말하는 쪽이 상대편에게 갑절을 배상해야 한다.

우리가 남의 물건을 위탁받는 일에 있어서 비록 그것이 남의 것일지라도 우리 자신의 것과 똑같이 아끼고 잘 보관하기를 배워야 한다. 자기 물건은 잘 보관하고 아껴 사용하지만 남의 것은 부주의하게 다루고 함부로 다루는 것이 사람의 육체이다. 이 또한 불의이며 반드시 갑절을 배상하도록 되어 있다. 여기서 배상하는 사람은 남의 것을 소홀히 다룸으로 자신의 것을 상실하게 될 때 다른 사람의 것을 귀히 여기는 것을 배울 수 있다. 또한 사람의 육체 속에는 다른 사람의 것은 소홀히 하고 자기 것만 사랑하는 성향이 있음을 알 수 있다. 우리는 이러한 규례를 통해서 하나님께서 사람의 속에 무엇이 들어 있는지를 알 수 있도록 율법을 주셨다는 것을 다시 한 번 상기할 필요가 있다.

10절은 물건이 아닌 소나 양 같은 짐승의 경우이다. 어떤 사람이 자기 짐승을 이웃에게 맡겨 지키게 하였다가 그것이 죽거나 상하거나 몰려갔다고 할 때, 본 사람이 없으면 두 사람 사이에 맡은 사람이 그 짐승에 손을 대지 않았다고 여호와로 맹세할 것이고 그 임자는 그대로 믿어야 하며 그 사람은 배상하지 않아도 된다. 그러나 만일 그 짐승이 자기에게 있을 때 도둑맞았으면(자기 집에서 도둑맞은 것이 확실하면) 관리를 소홀히 하여 잃어버린 것이므로 반드시 배상해야 하고 만일 찢겼으면(맹수에게 물려서 죽은 경우) 그 찢긴 것을 가져다가 증거할 것이고 그 찢긴 것에 대하여는 배상하지 않아도 된다.

이 일에 있어서 어떤 사람이 자기가 손을 대지 않았다고 여호와로 맹세하면 임자는 그대로 믿으라고 하였는데, 이것은 하나님께서 사람이 아무리 악하다 해도 거짓말에 대한 증인으로 하나님을 세울 만큼 양심이 타락되지는 않았을 것을 기대하신 것이라고 본다. 이렇게 하나님을 증인으로 하여 자신이 결코 그 짐승에 손을 대지 않았다고 하면 짐승의 임자는 다만 그 말을 믿어야 하는데, 거기서 더 나아가 의심하고 추궁하는 것은 하나님의 원하시는 바가 아니다. 그가 만일 여호와로 맹세했는데 그 일을 거짓으로 고한 것이라면 그 일은 하나님께서 처리하실 일이 되어버린다. 그러므로 우리는 그러한 사람들의 말을 그대로 믿어야 한다. 만일 의혹을 품고 수사관처럼 끝까지 그의 잘못을 캐내려 한다면 그것은 하나님의 일을 자신이 떠맡는 결과가 되는 것이다.

14절과 15절은 이웃에게 빌려온 소나 나귀나 다른 짐승에 관한 율례이다. 오늘날로 말하면 남의 승용차나 화물차를 빌려서 사용한 경우이다. 그럴 때 그 빌려온 짐승이 임자가 함께 있지 않을 때에 상하거나 죽으면 반드시 배상해야 하고 그 임자가 그 짐승과 함께 하였다면 배상하지 않아도 된다. 세를 낸 것도 세를 위하여 왔은즉 배상하지 않아도 된다. 즉 소유권자가 자신의 이익을 위하여 세를 받고 물건을 내주었을 때는 이미 그 속에 예상되는 손해까지도 포함하고 있다는 의미이다

(Wycliffe). 가령 어떤 사람이 승용차를 이웃 사람에게 빌려주었는데, 빌려준 자가 함께 있다가 차에 어떤 손실이 생겼다면 그 차 주인이 손실을 감당해야 한다. 그러나 만일 차 주인은 없고 빌려간 사람이 혼자 사용하다가 차를 못쓰게 만들었다면 빌려간 사람이 배상해야 한다. 세낸 차의 경우에는 세를 내고 빌렸기 때문에 배상하지 않아도 된다는 것이다.

이 구절에서 우리가 배워야 할 것은 다른 사람의 짐승이나 물건을 빌려 쓸 경우에 자신의 것처럼 조심스럽게 잘 관리해야 한다는 것이다. 세를 주고 빌린 것이라 하더라도 매우 조심하여 사용해야 한다.

16-24절, 사람이 정혼하지 아니한 처녀를 꾀어 동침하였으면 빙폐를 드려 아내로 삼을 것이요 17 만일 그 아비가 그로 그에게 주기를 거절하면 그는 처녀에게 빙폐하는 일례로 돈을 낼지니라 18 너는 무당을 살려 두지 말지니라 19 짐승과 행음하는 자는 반드시 죽일지니라 20 여호와 외에 다른 신에게 희생을 드리는 자는 멸할지니라 21 너는 이방 나그네를 압제하지 말며 그들을 학대하지 말라 너희도 애굽 땅에서 나그네이었었음이니라 22 너는 과부나 고아를 해롭게 하지 말라 23 네가 만일 그들을 해롭게 하므로 그들이 내게 부르짖으면 내가 반드시 그 부르짖음을 들을지라 24 나의 노가 맹렬하므로 내가 칼로 너희를 죽이리니 너희 아내는 과부가 되고 너희 자녀는 고아가 되리라

16절부터 24절까지는 행음에 관한 율례이다. 결혼하지 않은 여인을 유혹하여 동침한 자는 마땅히 그녀와 결혼해야 한다. 만일 그 아비가 딸을 그에게 주기를 거절한다면 그는 처녀에게 빙폐하는 일례로 돈을 주어야 한다. 여기서 빙폐란 그 여자와 결혼하지 않는 만큼의 손해배상금을 지불하는 것을 말한다. 이것은 남자의 육체 속에 있는 또 다른 악함을 드러낸다. 남자가 젊은 여자를 유혹하여 동침할 시에는 반드시 책임이 뒤따른다는 것을 알아야 한다. 또한 큰 상해와 치욕이 있게 된다. 이 일에 있어서 죄를 범한 사람은 반드시 보상해야 한다. 결혼으로 보상하든지 아니면 금전으로 보상해야 하는 것이다.

이 일을 통해 자녀들의 결혼 문제에 관해서는 부모의 동의가 필요함을 볼 수 있다. 부모의 동의 없이 결혼하는 것은 결코 성경적이 아니다. 주 안에서 부모의 동의가 없으면 결혼은 성립할 수 없다. 결국 다른 여인을 결혼할 의도 없이 범하는 것은 그 자체가 다른 사람에게 해와 손상을 주는 일로서 사랑이 없는 행위이다. 사랑이 있다면 그는 결코 이웃에게 악을 행치 않는다(롬 13:8-10). 결국 간음하지 말라, 살인하지 말라, 탐내지 말라는 등의 많은 계명이 있을지라도 네 이웃을 네 몸과 같이 사랑하라 하는 한 말씀 가운데 다 들어 있다. 이러한 간음과 악한 행실들은 모두가 이웃을 진정으로 사랑하지 않기 때문에 일어나는 일들이다.

18절에서는 무당을 살려 두지 말라 하시고, 19절에서는 짐승과 행음하는 자는 반드시 죽여야 한다고 하신다. 20절에서는 여호와 외에 다른 신에게 희생을 드리는 자들은 멸해야 한다고 하시며, 21절에서는 이방 나그네를 압제하지 말고 그들을 학대하지 말라고 하신다. 22절에서는 고아나 과부를 해롭게 하지 말라고 하시며 그들이 하나님께 부르짖으면 반드시 그 부르짖음을 들을 것이라고 하신다. 어떤 사람이 고아와 과부를 학대하면 하나님의 노가 맹렬하여 그의 아내는 과부가 되고 그의 자녀는 고아가 되게 하실 것이라고 하신다. 이것은 매우 두려운 일이다.

25-31절, 네가 만일 너와 함께한 나의 백성 중 가난한 자에게 돈을 꾸이거든 너는 그에게 채주같이 하지 말며 변리를 받지 말 것이며 26 네가 만일 이웃의 옷을 전당 잡거든 해가 지기 전에 그에게 돌려보내라 27 그 몸을 가릴 것이 이뿐이라 이는 그 살의 옷인즉 그가 무엇을 입고 자겠느냐

그가 내게 부르짖으면 내가 들으리니 나는 자비한 자임이니라 28 너는 재판장을 욕하지 말며 백성의 유사를 저주하지 말지니라 29 너는 너의 추수한 것과 너의 짜낸 즙을 드리기에 더디게 말지며 너의 처음 난 아들들을 내게 줄지며 30 너의 소와 양도 그 일례로 하되 칠 일 동안 어미와 함께 있게 하다가 팔 일만에 내게 줄지니라 31 너희는 내게 거룩한 사람이 될지니 들에서 짐승에게 찢긴 것의 고기를 먹지 말고 개에게 던질지니라

이 구절에서는 가난하여 돈을 꾸러 온 자에게 돈을 빌려주거든 그에게 채주같이 하지 말라고 하신다. 또한 그에게서 이자를 받지 말아야 한다. 여기서 채주같이 하지 말라는 말은 가난한 이웃, 돈을 빌려간 사람에게 자비를 베풀라는 뜻이다. 돈을 꾸어준 사람은 아무래도 돈을 빌려간 사람보다 부자인 셈이다. 돈이 있기 때문에 돈을 빌려준 것이다. 그런 사람은 반드시 이자를 받지 말고 꾸어주어야 하며 돈을 빌려간 가난한 사람에게 채주같이 하지 말고 자비를 베풀어야 한다.

어떤 사람이 이웃의 옷을 보증으로 전당잡았다면 해가 지기 전에 돌려보내야 한다. 왜냐하면 그가 야간에 덮고 잘 옷이 없기 때문이다. 그가 밤에 몸을 가릴 게 없어서 하나님께 그 아픔을 부르짖으면 하나님께서 그의 부르짖음을 들으신다. 그 전당잡은 자는 돈을 갚지 않은 가난한 자에게 긍휼을 베풀어야 한다. 하나님은 가난한 자의 편에 서 계시다는 것을 기억하기 바란다.

28절에는 재판장을 욕하지 말고 백성의 지도자들을 저주하지 말라는 율례가 있다. 이는 권세 잡은 자들을 멸시하지 말라는 말씀이다. 하나님은 권위를 거역하는 자들을 결코 기뻐하시지 않는다. 그리스도인들은 권위를 거스르는 자들이 아니요 존경하고 순종하는 자들이다(롬 13장 참조). 교회 안에서도 성도들은 잘 다스리는 자들과 가르치는 자들에 대하여 존경하는 마음을 가져야 한다. 결코 훼방하거나 멸시하거나 비방하는 말을 하지 말아야 한다. 그러한 행위는 하나님을 노엽게 한다. 교회의 하나 됨과 건축을 가장 방해하는 것이 인도자들을 훼방하는 것이다. 거역에 대하여는 하나님께서 철저히 심판하신다는 것을 기억하자. 우리는 이에 대하여 노아의 아들 함, 모세를 거스른 다단과 아비람과 고라 일당을 기억하고 경고로 삼아야 한다.

29절과 30절은 추수한 것과 짜낸 즙을 하나님께 드리는 문제를 말한다. 즉 첫 소산물을 하나님께 드리는 것에 관한 율례이다. 이 율례는 앞의 13장에서 말한 바 있지만 22장에서 다시 한 번 강조되어 있다. 하나님의 백성은 가장 먼저 하나님께 드리기를 배워야 한다. 그리스도인은 소출이 있을 때 가장 먼저 귀한 부분을 하나님께 구별하여 드려야 한다. 그것은 하나님이 그 모든 수확을 얻을 수 있도록 역사하신 분이기 때문이다. 하나님은 우리의 처음 난 것과 가장 좋은 것을 받으시기에 합당한 분이시다. 가축들의 첫 소산은 생후 칠 일이 될 때까지는 어미와 함께 있게 하다가 팔 일 만에 하나님께 드려야 한다. 팔(8)은 부활의 숫자이다. 하나님께 드리는 일은 부활 안에 있어야 한다. 부활은 죽음 후에 있는 것이다. 오늘날 많은 사람들이 하나님께 드리되 죽지 않고 부활하지 않은 것을 드린다. 그러므로 어떤 사람들은 하나님의 일을 위하여 물질을 드린 뒤에 그 물질에 대하여 육신적인 의견과 주장을 행사하려 한다. 이것은 죽음을 거쳐 부활 안에서 드린 것이 아니다. 가장 귀한 것을 드려야 하고 부활 안에서 드려야 한다.

31절은 이스라엘 백성들이 다른 민족들과 구별되어야 함을 말한다. "너희는 내게 거룩한 사람이 될지니". 이렇게 되기 위해서는 들에서 짐승에게 찢긴 것의 고기를 먹어서는 안 된다. 짐승에게 찢긴 것의 고기는 부정한 것이다. 이러한 부정한 고기는 개에게 던져야 한다. 다시 말해서, 이스라엘 백성들은 아무거나 먹어서는 안 된다. 그들은 정결한 것만 먹어야 한다(레 11장 참조). 여기서 고기가 하나님의 말씀을 가리키는 것으로 본다면 믿는이들은 아무 말이나 들어서는 안 된다는 뜻으로도 해석할 수 있다. 오직 거룩하고 정결하고 순수한 말씀으로 양육을 받아야 한다(벧전 2:2). 무엇을 먹는가가 그 사람의 성결도(聖潔度)를 가늠한다. 혼잡하고 부정한 것이 무엇인지 모르고 함부로 먹는다면 그는 거룩함이 무엇인지 모르는 사람이다. 들에서 짐승에게 찢긴 것의 고기는 신선하지 않은 것이고 이미 상한 것이다. 그런 것은 거룩한 백성이 먹을 것이 아니라 개에게 던져야 한다. 신약에서 개는 하나님의 성령의 일을 대적하는 유대주의자들을 의미하고(빌 3:2), 의의 진리를 좇다가 그 거룩한 명령을 저버리고 자기가 토하였던 것에 도로 돌아가는 자들을 의미한다(벧후 2:22).

출애굽기 23장

1-3절, 너는 허망한 풍설을 전파하지 말며 악인과 연합하여 무함하는 증인이 되지 말며 2 다수를 따라 악을 행하지 말며 송사에 다수를 따라 부정당한 증거를 하지 말며 3 가난한 자의 송사라고 편벽되이 두호하지 말지니라

'허망한 풍설'이란 히브리어로 '쉐마솨웨'(שמע שוא)로서 근거 없는 소문을 뜻한다. 하나님의 선택된 백성 가운데는 이렇게 근거 없는 소문이 돌아다녀서는 안 된다. 무함하는 증인이란 단순히 거짓으로 증언하는 정도를 넘어서 타인을 함정에 빠뜨리려는 목적을 지닌 증인을 가리킨다. 그리고 다수를 따라 악을 행치 말며 송사에 다수를 따라 부정당한 증거를 하지 말아야 한다. 이 말씀에서 다수란 '불의한 다수'(unjust majority, Moffatt)를 의미한다. 많은 경우 사람들은 올바른 사실을 왜곡하여 진실한 사람을 곤경에 빠뜨린다. 이 부분의 말씀을 통해 우리는 사람의 육체 안에는 힘있는 다수를 따라서 힘없는 약자를 모함하고 정죄하는 성향이 있음을 알 수 있다. 3절에서 가난하다는 말은 히브리어로 '달'(דל)인데 그 어원은 힘없는 자, 가난한 자를 뜻한다.

개인이 불의한 다수에 맞서서 진리 편에 선다는 것은 쉬운 일이 아니다. 다수의 사람 편에 설 때에 사람들로부터의 소외감이나 오해나 비방이나 해를 면할 수 있기 때문에 사람의 육체는 쉽게 다수 편에 속하여 의롭고 참된 길을 가고자 하는 사람들에 대한 근거 없는 소문을 퍼뜨리기도 하고 악한 사람들과 연합하여 무함하는 증언을 할 수 있으며 힘없는 자들에 대하여 정죄하는 말을 할 수 있다. 하나님의 백성들 가운데서는 진리가 왕 노릇 해야지 거짓된 풍문이 전체를 지배하게 해서는 안 된다. 사람은 쉽게 다수를 믿는 경향이 있다. 많은 사람이 같은 성향의 말을 하고 같은 종류의 풍설을 전파할 때 쉽게 그러한 말을 믿어버리고 자신도 그러한 말을 하기가 쉽다. 우리는 개인이 잘못될 수 있음을 인정할 뿐 아니라 다수도 잘못될 수 있음을 명심해야 한다.

어떤 개인이 참된 진리를 말하고 진실한 길을 가고자 할 때, 많은 사람들이 그를 오해하고 그에 대하여 근거 없는 말들을 지어내어 모함하는 경우가 종종 있다. 그것은 부정당한 단체의 다수 사람들에 의하여 행해지는 무함인데, 이는 그들의 단체와 조직을 유지하고 손상되지 않게 하려는 노력에서 나온 것이다. 그래서 많은 허망한 풍설이 전파되곤 한다. 사람의 육체는 근본적으로 간사하고 연약하며 신뢰할 수 없는 존재이다. 사람의 육체는 단체의 커다란 힘을 의존하여 힘없는 개인을 무시한다. 단체를 옹호하지 않고 참되지만 힘없는 개인과 함께하게 되면 단체로부터 소외되고 또 압력과 비방과 오해를 받아야 하기 때문에 근본적으로 그런 길을 회피하는 것이다.

어떤 사람이든 큰 단체와 조직에 있다가 진리를 위하여 개인으로 떨어져 버리면 즉시 힘이 없고 가난해진다. 히브리어로 '달' (דל)이 되어 버리는 것이다. 그럴 때 그런 사람은 많은 사람들의 근거 없는 풍설과 편벽된 진술과 무함하는 증거들을 만나게 된다. 이것은 그리스도의 초림시에 힘있는 유대 지도자들이 그분을 대적할 때 일어났던 일이며, 사도 바울의 사역시에도 동일하게 일어났던 일이다. 당시 예수 그리스도를 송사하는 말들은 다 사실이 아니었다. 유대 지도자들은 그분이 성전을 헐고 사흘 만에 다시 짓겠다, 가이사에게 세를 바치지 말라 했다면서 송사하였다. 바울 사도에 대해서는 모세의 율법을 어기어 하나님을 공경하라고 사람들을 권한다고 모함했다(행전 18:13). 이런 말들이 결국 허망한 풍설이며 악인과 연합하여 무함하는 증인이 된 것이며 다수를 따라 부정당한 증거를 하는 것이다.

또 한 면으로 가난한 자, 약한 자라고 해서 무조건 그 편을 들어 두둔해서도 안 된다. 오늘날 하나님의 백성들은 이러한 일에 철저하게 조심하지 않으면 안 된다. 어느 누구도 주의하지 않으면 부지불식간에 이러한 덫에 걸려든다. 믿는이는 언제든지 자신을 신뢰해서는 안 된다.

4-5절, 네가 만일 네 원수의 길 잃은 소나 나귀를 만나거든 반드시 그 사람에게로 돌릴지며 5 네가 만일 너를 미워하는 자의 나귀가 짐을 싣고 엎드러짐을 보거든 삼가 버려두지 말고 그를 도와 그 짐을 부리울지니라

이 부분은 원수에게도 친절을 베풀라는 말씀이다. 이 말씀도 역시 사람의 죄 있는 육체를 드러낸다. 원수의 소나 나귀가 길을 잃은 것을 볼 때 사람의 육체는 결코 그에 대해 선행을 베풀려는 마음이 없다. 원수의 재산이 손실을 입는 것을 보면 도와주려는 마음은 고사하고 속이 시원하다는 마음이 든다. 이것이 사람의 육체 속에 있는 죄악된 마음이다. 다시 말하지만 하나님의 율법은 사람의 죄를 드러내기 위해 주어진 것이다. 육체를 가진 사람이 이런 구절을 행해보려고 할 때 속에서 결코 할 수 없는 그 무언가가 느껴질 것이다. 그리고 하나님의 말씀과 정반대로 나타나는 자신의 반응을 보고 자신 속에 선함이 없고 악함만이 가득하다는 것을 알게 된다. 이것이 율법의 주요 기능이다.

이 말씀은 주 예수님이 산상수훈에서 주신 원수를 사랑하라는 말씀과 일치한다. 따라서 우리는 구약의 율법 속에 이미 신약의 사상이 들어 있음을 볼 수 있다. 한 분 하나님께서 주신 말씀이니 그 본질이 다를 리 없다. 다만 신약은 그리스도의 생명 주심으로 인하여 원수를 사랑할 수 있는 역량이 함께 주어진 것이고 구약은 밖에서 요구하고 명령할 따름이다.

우리를 미워하는 사람의 나귀가 짐을 싣고 엎드러진 것을 보면 버려두지 말고 그를 도와서 그 짐을 부리게 해주어야 한다. 이것은 원수에게 선행을 베풀라는 말씀이다. 원수가 자기 앞에서 곤경에 처했을 경우 자신이 도와주지 않으면 일어날 수 없는 상황에서 어떻게 할 것인지를 말씀하시는 것이다. 그때 하나님의 자녀들은 그 원수의 어려움을 돌아보고 합당한 도움을 줄 수 있어야 한다. 사람의 육체는 동서양을 막론하고 다 같은데, 원수가 자기 앞에서 곤경을 당하면 속으로 쾌재를 부르며 행복해 한다. 즉 자기를 미워하고 공격하는 자가 크게 망하거나 잘못되었을 때 그것을 안타까워하고 동정하는 게 없다는 말이다. 겉으로는 참 안됐다고 말할지라도 속에서는 그렇게 나쁘지 않다. 없는 일보다 낫다고 여겨진다. 이것이 인간의 육체이다. 우리는 반드시 이러한 거울 같은 하나님의 율법의 말씀을 통해서 인간의 육체가 이렇게 악하다는 것을 알아야 한다.

그러므로 율법은 한 면에서 하나님의 어떠하심을 나타내고(율법은 하나님의 증거이다), 다른 면에서 사람의 육체의 부패함을 드러낸다. 이러한 사람의 육체는 그리스도가 없이는 해결할 길이 없으며 이 문제를 근본적으로 해결해주는 것이 그리스도의 십자가이다. 사람은 할 수 없는 것을 하나님으로서는 다 하실 수 있다(눅 18:27, 롬 8:3-4).

6-9절, 너는 가난한 자의 송사라고 공평치 않게 하지 말며 7 거짓 일을 멀리하며 무죄한 자와 의로운 자를 죽이지 말라 나는 악인을 의롭다 하지 아니하겠노라 8 너는 뇌물을 받지 말라 뇌물은 밝은 자의 눈을 어둡게 하고 의로운 자의 말을 굽게 하느니라 9 너는 이방 나그네를 압제하지 말라 너희가 애굽 땅에서 나그네 되었었은즉 나그네의 정경을 아느니라

6절부터 9절까지의 말씀은 1절부터 3절까지와 같이 재판에 해당되는 교훈이다. 1절에서 3절까지는 일반 백성들 모두에 해당되며, 6절부터 9절까지는 재판관이나 지도자들에게 하는 말씀이다. 재판관들은 가난한 자의 송사에 대하여 배경이 없고 힘이 없는 사람이라 하여 억울하게 취급하지 말라는 말씀이다. 세상 사람들은 가난하고 돈이 없고 배경이 없는 사람을 함부로 대한다. 어제까지는 어떤 지위가 있어서 사람들의 존경을 받았는데 오늘 지위를 잃게 되면 그는 힘없는 사람으로 전락하고 만다. 그때 사람들은 일반적으로 그를 전과 다르게 대한다. 그러나 하나님의 말씀은 가난한 자든 부자든 재판을 할 때에는 공평하게 대해야 한다는 것이다. 재판관은 거짓 일을 멀리해야 하며 정의를 왜곡시키는 일을 하지 말아야 한다. 다수의 사람들이 거짓 일을 지지할지라도 재판관은 정의를 바로 세우는 입장에 서야 한다는 말이다. 이것이 거짓 일을 멀리 하는 것이다. 이스라엘 지도자들이 이렇게 하였다면 예수 그리스도를 죽이지 않았을 것이다. 사도들 또한 그 많은 핍박을 당하지 않았을 것이다.

또 7절 말씀은 무죄한 자와 의로운 자를 죽이지 말라고 하였다. 하나님은 악인을 의롭다 하지 아니하겠노라고 하셨다. 이 말씀은 사도행전에 있는 베드로의 말을 생각나게 한다. “너희가 거룩하고 의로운 자를 부인하고 살인한 사람을 놓아주기를 구하여 생명의 주를 죽였도다”(행 3:14-15). 사실 이와 같이 사랑과 공평이 실행되는 나라는 이 땅에는 존재하지 않는다. 그 나라는 오늘 교회 안에서 실현되어야 하고 장차 그리스도의 왕국에서 충만하게 실현될 것이라고 믿는다(히 1:8-9).

8절은 뇌물을 받지 말라고 하면서 뇌물은 밝은 자의 눈을 어둡게 하고 의로운 자의 말을 굽게 한다고 했다. 사람의 육체는 뇌물로 인해 굽어지기 쉬운 특성이 있음을 경고하는 말이다. 어떤 재판관이 양편을 놓고 재판할 때 한편으로부터 약간이라도 뇌물을 받게 되면 그 말이 굽을 수 있다는 것을 알아야 한다. 그럴 때 무죄하고 의로운 자를 죽이게 되는 결과를 가져올 수 있다. 이러한 재판관은 하나님의 판결과 반대되는 일을 하는 사람이다.

9절은 이방 나그네를 압제하지 말라고 하신다. 사람의 육체는 간사하여 어떤 사람이 아무 연고 없이 홀로 떠나와서 많은 기존 연고자들 가운데 외롭게 거할 때 멸시하고 압제하기 쉽다. 한두 명의 외국인이 우리나라에 들어와서 한 동네에 살거나 어떤 어려운 상황에 처한 것을 대할 때 본토 사람인 우리는 즉시 그들보다 우위에 있다는 느낌을 갖게 된다. 그래서 그들이 자국민으로부터 불이익이나 압제를 받는 것에 대하여 당연하다는 느낌을 갖는 것이다. 이것이 다 사람의 육체 속에 있는 죄의 성분이다. 이렇게 사람의 육체 속에는 하나님의 성품과는 전혀 다른 성품이 들어 있는 것이다.

10-18절, **너는 육 년 동안은 너의 땅에 파종하여 그 소산을 거두고 11 제
칠 년에는 갈지 말고 묵여 두어서 네 백성의 가난한 자로 먹게 하라 그 남
은 것은 들짐승이 먹으리라 너의 포도원과 감람원도 그리할지니라 12 너
는 육 일 동안에 네 일을 하고 제 칠 일에는 쉬라 네 소와 나귀가 쉴 것이
며 네 계집종의 자식과 나그네가 숨을 돌리리라 13 내가 네게 이른 모든
일을 삼가 지키고 다른 신들의 이름은 부르지도 말며 네 입에서 들리게도
말지니라 14 너는 매년 삼차 내게 절기를 지킬지니라 15 너는 무교병의 절
기를 지키라 내가 네게 명한 대로 아빕월의 정한 때에 칠 일 동안 무교병
을 먹을지니 이는 그달에 네가 애굽에서 나왔음이라 빈손으로 내게 보이
지 말지니라 16 맥추절을 지키라 이는 네가 수고하여 밭에 뿌린 것의 첫
열매를 거둠이니라 수장절을 지키라 이는 네가 수고하여 이룬 것을 연종
에 밭에서부터 거두어 저장함이니라 17 너의 모든 남자는 매년 세 번씩 주
여호와께 보일지니라 18 너는 내 희생의 피를 유교병과 함께 드리지 말며
내 절기 희생의 기름을 아침까지 남겨 두지 말지니라**

1. 이 구절들의 말씀은 이스라엘 백성들이 약속의 땅에 들어간 후에 지켜야 할 절기에 관한 규례들이다. 첫째는 안식년에 대한 것인데, 안식년은 매 칠 년째에는 토지를 휴경시키는 것이다. 그러므로 칠 년마다 한 해는 밭을 갈거나 파종해서는 안 된다. 그 해에는 어떠한 수확도 기대할 수 없다. 다만 그 땅에서 저절로 얻어진 것들을 이스라엘 백성 중에서 가난한 자들이 먹고 들짐승들이 먹게 되어 있었다. 포도원과 감람원도 동일하게 안식년을 지켜야 했다. 이 말씀은 하나님께서 이스라엘 백성들에게 약속하신 땅의 비옥함을 암시하며 또한 하나님의 약속의 말씀에 순종하는 것을 배우게 하려는 것이다. 그들은 육 년 동안의 수확이 이 년간의 생계를 지탱시켜 줄 정도로 풍부함을 믿을 수 있어야 했다. 또한 그들은 제7년에 쉬면서 그들에게 그 약속의 땅을 주시어 거기서 나는 산물로 공급하시는 하나님의 긍휼을 기억해야 했다.

또한 그들은 적어도 제6년과 제7년에는 하나님을 믿고 의지하는 훈련을 해야 했다. 만일 제7년 곧 안식년의 규례가 없다면 그들은 매년 자신들이 경작한 것을 먹음으로 자신들이 일해서 먹는 것을 의지할 뿐 공급하시는 하나님을 잊어버릴 것이다. 그러나 제7년에는 그들이 일하지 않고 그 땅의 수확이 없을지라도 하나님께서 한 해의 식량을 책임지신다는 것을 배우게 된다. 이러한 율례는 다름 아니라 이스라엘 백성들로 하여금 그들의 생계를 하늘의 아버지께서 책임지고 계시다는 것을 배우게 하려는 것이다. 이 율례에서 하나님 자신을 나타내는 항목 한 가지를 더 본다면 하나님께서는 항상 가난한 자를 관심하신다는 것이다. 심지어 들짐승까지도 배려하신다. 모든 생물은 하나님이 창조하셨기 때문이다. 우리는 이러한 구절을 통해서도 성경이 하나님의 말씀임을 알 수 있는데, 이 세상의 다른 어떤 경전도 들짐승의 먹을 것까지 세세하게 관심하지는 않기 때문이다.

2. 12절은 제4계명을 강조한 것처럼 보이는데 사실 그 강조점이 다

르다. 이 구절은 안식일을 지키는 목적이 소나 나귀를 쉬게 하고 계집종의 자식과 나그네로 숨을 돌릴 수 있게 하는 것이라는 데에 중점을 두고 있다. 이 구절에서 볼 때 하나님은 사람이 엿새 동안 열심히 일하고 제 칠 일에는 휴식하기를 원하신다. 특별히 주인이 사용하는 소나 나귀, 계집종과 그 자녀, 나그네 등은 주인이 욕심이 많으면 휴식이 없이 계속 고달픈 노동을 하게 됨으로 지쳐 쓰러질 것이다. 하나님은 그러한 고달픈 압제 하에 있는 종들과 심지어 가축까지도 돌보신다.

만일 어떤 사람이 자신의 소나 나귀를 쉬지 못하게 하고 계속 고된 일만 시킨다면, 소나 나귀는 말할 수 없겠지만 그 소나 나귀를 지으신 하나님께서 그 주인을 책망하실 것이다. 하나님은 사람에게 일하는 것만이 아니라 쉴 것도 명하셨다. 그리스도인은 일할 줄 알아야 할 뿐 아니라 쉴 줄도 알아야 한다. 만일 어떤 그리스도인이 하루도 쉬지 않고 일 년 내내 혹은 수년간 부지런히 일했다는 것을 자랑한다면, 그것은 사람 앞에서는 자랑이 될지 몰라도 하나님 앞에서는 자랑이 되지 못한다. 또한 상전 된 믿는이가 종 된 믿는이를 하루도 쉬지 않고 일하게 하면서 이익을 취하려 한다면 그것은 하나님의 계명을 위반하는 처사이다.

3. 13절은 안식년과 안식일에 대한 계명을 지킴에 있어서 궁극적인 목적을 살펴볼 수 있는 구절이다. 결국 이 계명들을 지키는 것은 오직 하나님만 섬기고 하나님에게서만 듣기 위해서이다. 이 구절을 통해서 우리는 제4계명과 제1계명, 제2계명이 모두 연결되어 있음을 볼 수 있다. 즉 앞의 네 계명은 모두 하나님 중심의 계명이다. 하나님 외에는 다른 신을 섬겨서도 안 되고 다른 신의 이름을 불러서도 안 되며 다른 신에 대한 말을 들어서도 안 된다.

4. 14절부터 19절까지는 히브리인들이 해마다 지키는 삼대 절기에 관한 율례이다. 이스라엘의 모든 남자들은 일 년에 삼차 예루살렘 성전

을 순례하게 되어 있었다. 첫 번째는 무교병의 절기이며 그것은 아빕월의 한 주간이었고 유월절과 연결되어 지켜졌다(이것은 그리스도께서 십자가에 못 박혀 죽으신 것으로 성취되었다). 그 다음은 맥추절이며 맥추절은 또한 칠칠절(오순절)이라고도 부른다. 이 이름은 유월절에 첫 이삭을 드리고(즉 초실절, 19절), 초실절 후 7주 만에 지키는 절기이기 때문에 붙여진 것이다. 이 절기는 추수한 것을 제물로 드리는 절기인데, 신약의 오순절 때 성령 충만의 사건으로 성취되었다. 오순절의 성령 충만에 관해서는 30장의 관유에서 상세히 볼 것이다. 그리고 오순절의 의미에 대하여는 레위기 강해서를 참고하기 바란다. 다만 오순절은 성령이 부어져서 유대인과 이방인을 그리스도 안에서 한 몸이 되게 하신 절기임을 잊어서는 안 된다.

수장절은 양력으로 시월쯤이며 가을 절기이다. 이때 그들은 들에 초막을 짓고 칠 일간 종려나무를 가지고 초막에 거했기 때문에 초막절이라고도 불렀다(레 23:34,42, 요 7:2). 이는 그들의 조상이 사십 년간 광야에서 초막생활을 한 것을 기념하는 절기이다. 초막절은 결국 그리스도의 재림과 그분의 왕국 때에 믿는이들이 광야 같은 인생길에서 체험했던 많은 승리의 체험들(종려나무 가지로 상징 됨)을 기념하는 것으로 성취될 것이다. 출애굽기에서 절기의 이름을 무교병의 절기와 맥추절과 수장절로 사용한 것은 그 강조점을 그 땅에서의 경작과 소출물과 수확에 두었기 때문이다. 즉 이스라엘 백성들은 그 땅에 들어가서 소산물을 얻을 때마다 절기를 지키어 하나님을 기억해야 했다.

5. 17절은 모든 남자는 일 년에 세 번씩 주 여호와께 보여야 한다고 말한다. 이것은 14절의 반복인데, 절기를 지키는 것은 결국 여호와께 보이기 위한 것이다. 그들이 이방 나라의 사람들과 구분되는 점은 매년 3차 땅의 소출이 있을 때마다 거두어 가지고 하나님께 감사드리기 위해 나아온다는 것이다. 즉 이방 사람들은 그들의 생활과 경작과 소출에

있어서 하나님을 기억함이 없지만 이스라엘은 기억하는 것이다. 그들은 하나님께 보이기 위해 예루살렘으로 올라갈 때 빈손으로 가지 말아야 했다. 이것은 오늘날 그리스도인들이 생활 가운데서 얻은 소득을 하나님께 드리는 것에도 적용할 수도 있고 영적으로 그리스도인 집회에도 적용할 수 있다. 그리스도인들이 집회에 나올 때에는 적어도 한 주간 체험한 그리스도의 어떠하심을 가지고 하나님께 나아와야 한다. 만일 모든 성도가 집회에 나올 때 한 주간 얻은 그리스도가 없이 빈손으로 나와서 공허하고 냉랭한 심령으로 앉아 있다면, 그 집회에서는 어떤 사람도 은혜와 공급을 얻지 못할 것이다. 반대로 모든 성도들이 적든 많든 체험하고 누린 그리스도를 가지고 나아온다면 모든 사람이 그 풍성을 서로 나누며 즐거워할 것이다. 좋은 집회를 갖기 위해서는 성도들이 매일매일의 생활 가운데서 체험하는 실제가 있어야 한다.

6. 18절은 유월절 제사에 대한 율례인데, 이때 희생의 피는 어린 양 예수 그리스도의 피를 예표한다. 그런데 유교병이란 성경에서 죄와 악을 상징하는바 유월절과 무교절의 행사에는 결코 누룩을 첨가할 수 없다는 내용이다. 또한 희생의 기름은 아침까지 남겨두지 못하게 하였다. 이것은 희생의 기름은 귀한 것이므로 경홀히 취급하지 못하게 하려는 것이다. 원래 희생의 기름은 온전히 하나님께 불살라 드리게 되어 있다(레 3:3-5).

19절, 너의 토지에서 처음 익은 열매의 첫 것을 가져다가 너의 하나님 여호와의 전에 드릴지니라 너는 염소새끼를 그 어미의 젖으로 삶지 말지니라

1. 19절은 처음 익은 열매의 첫 것을 하나님께 드리는 것에 관한 말씀이다. 이스라엘 백성들의 특징은 처음 난 것이나 가장 귀한 것을 하나님

께 드리는 것이다. 이 구절에서 우리가 배워야 할 것은 믿는이들이 하나님께 드리는 것은 가장 귀하고 좋은 것이어야 한다는 것이다. 예전에 어떤 그리스도인에게 세 아들이 있었는데, 가장 공부를 잘하는 아들은 법대에 보내어 판사가 되게 하고, 그 다음 잘하는 아들은 의대에 보내어 의사가 되게 하고, 셋째는, 공부도 못하고 그중 못났으니 신학교에 보내서 목사가 되게 하겠다는 말을 들은 적이 있다. 그리스도인이 이렇게 하나님을 향하여 꼴찌를 드리는 것은 합당치 않다. 마땅히 하나님의 백성은 가장 좋은 것과 귀한 것을 하나님께 드리기를 배워야 한다.

2. 이렇게 처음 익은 열매의 첫 것을 드리는 절기를 초실절이라고도 부르며, 이 절기는 유월절과 긴밀한 관계를 갖는다. 유월절과 관련하여 무교절, 초실절로 진행되는 것이다. 이들이 이 절기를 지키려면 그 땅에 들어가야만 했다. 이들은 그 땅에 들어가서 유월절 후 첫째 안식일 다음날 곡물의 첫 이삭 한 단을 여호와께 흔들어 드려야 했다(레 23:10-14). 안식일 다음날 아침 여호와의 전에 흔들어 드린 첫 열매의 단은 죽은 자 가운데서 살아나신 그리스도를 상징한다. 그분은 죽은 자 가운데 부활하시어 잠자는 자들의 첫 열매가 되셨다(고전 15:20). 신약의 계시에 의하면 한 알의 밀알이신 주님은 죽은 자 가운데서 부활하시어 많은 밀알을 맺으셨다(요 12:24). 그러므로 그리스도의 부활은 원래 독생자이셨던 그분에게 많은 형제들이 있게 된 역사적인 날이며, 그날 한 알의 밀알이 땅에 떨어져 죽음으로 수많은 밀알들을 산출하게 한 것이다.

그러므로 그리스도께서는 부활의 날 아침 마리아에게 "내 형제들에게 가서 내가 내 아버지 곧 너희 아버지, 내 하나님 곧 너희 하나님께로 올라간다 하라"(요 20:17)고 말씀하셨다. 이전에 주님은 제자들을 형제들이라고 부르신 적이 없다. 그러나 부활의 날 주님은 그분에게 새롭게 태어난 형제들이 있다고 선포하신다. 그리고 주님은 하나님이 이제 그분의 아버지이실 뿐 아니라 제자들의 아버지라고 하신다. 그러므로 그리스도의 부활의 날에 드려진 곡식 한 단은 그리스도 한 분만 하나님께 드려진 것이 아니라 그리스도 안의 모든 사람들이 다 하나님께 드려진 것을 예표한다. 에베소서에서는 우리가 하나님께 받아들여진 것에 대하여 '그의 사랑하시는 자 안에서 우리를 열납해 주신 은혜' (엡 1:6, 흠정역 참조)라고 말한다. 그리스도께서 그날 하늘의 환영을 받고 하나님께 열납되셨듯이 우리도 그리스도 안에서 이미 열납되었다. 하나님은 그리스도 안에서 우리를 보시기 때문이다.

3. 부활의 또 다른 의미는 그분 자신의 생명을 우리에게 나눠주신 것이다. 물론 이것은 우리가 그날 그분의 형제들이 된 것과 관련이 있다. 주님을 믿는 자들은 그리스도의 부활 안에서 새 생명을 얻게 된 것이다. 부활 이전에 제자들의 상태는 어떠했는가? 그들은 서로 누가 크냐고 다투면서 갈래갈래 나누어졌었다. 그들은 하나 될 수 없었다. 그러나 그리스도의 부활은 그들을 하나로 모았다. 무엇에 의해서인가? 그분의 부활로 해방하신 생명에 의해서이다. 오늘날 많은 그리스도인들이 분열과 혼란을 염려한다. 왜 그들은 그렇게 하나를 부르짖으며 하나 되기를 원하지만 계속해서 나누어지는가? 그것은 그들의 상황이 그리스도의 부활 전 제자들의 상황과 같기 때문이다. 그들은 십자가에서 주님과 함께 죽지 않았으며 그리스도와 함께 부활하여 새 생명 안에 살지 않고 있다. 그렇게 다투고 싸우는 자들에게는 아직 그리스도의 부활이 이론적일 뿐이고 실제적이지 않다. 즉 초실절의 실제가 없는 것이다. 그리스도의 몸인 교회의 하나와 그 실제는 이와 같이 그리스도의 부활을 체험하는 자들에 의하여 실제화 된다.

그리스도의 사역에서 다음의 항목은 이전의 것과 연결되어 있다. 그러기에 유월절과 초실절은 연계성이 있는 것이다. 즉 그리스도의 부활 생명은 반드시 그리스도의 십자가가 전제되어야 한다. 실제적으로 성도들이 부활 생명 안에서 하나를 체험하려면 십자가로 자신을 제하지 않으면 불가능하다. 믿는이인 우리 존재에서 육체와 자아를 제하고 남은 것이 하나님의 생명이기 때문이다. 십자가는 전적으로 우리에게서 그리스도 외의 것들을 제하는 역사를 한다. 믿는이는 부활 생명을 체험하여 그리스도의 몸의 실제를 얻을 수 있도록 십자가를 그 중심에 새겨야 한다.

4. "너는 염소 새끼를 그 어미의 젖으로 삶지 말지니라". 이 말씀은 다소 이해하기가 어렵다. 우리가 생각해볼 수 있는 것은 처음 것을 드릴 때 염소 새끼를 드리는 경우 어미의 젖으로 삶아서 드리지 말라는 것이다. 이 말씀은 신명기 14장 21절에도 있는데, 사실 새끼 염소를 어미의 젖으로 삶는 것은 어미가 새끼를 죽이는 것 같으므로 너무 잔인한 것이다. 하나님은 긍휼과 자비의 하나님이시므로 이런 잔인한 일들을 금하시는 것이다(레 22:28 참조). 이것은 또한 그리스도인이 하나님께 좋은 일을 한다는 명목으로 결코 잔인한 일을 해서는 안 된다고 해석할 수도 있다. 실제적으로 많은 방면에서 적용이 가능한 말씀이다.

20-33절, **내가 사자를 네 앞서 보내어 길에서 너를 보호하여 너로 내가**
예비한 곳에 이르게 하리니 21 너희는 삼가 그 목소리를 청종하고 그를 노
엽게 하지 말라 그가 너희 허물을 사하지 아니할 것은 내 이름이 그에게
있음이니라 22 네가 그 목소리를 잘 청종하고 나의 모든 말대로 행하면
내가 네 원수에게 원수가 되고 네 대적에게 대적이 될지라 23 나의 사자
가 네 앞서 가서 너를 아모리 사람과 헷 사람과 브리스 사람과 가나안 사
람과 히위 사람과 여부스 사람에게로 인도하고 나는 그들을 끊으리니 24
너는 그들의 신을 숭배하지 말며 섬기지 말며 그들의 소위를 본받지 말고
그것들을 다 훼파하며 그 주상을 타파하고 너의 하나님 여호와를 섬기라
그리하면 여호와가 너희의 양식과 물에 복을 내리고 너희 중에 병을 제하

리니 26 네 나라에 낙태하는 자가 없고 잉태치 못하는 자가 없을 것이라
내가 너의 날수를 채우리라 27 내가 내 위엄을 네 앞서 보내어 너의 이를
곳의 모든 백성을 파하고 너의 모든 원수로 너를 등지게 할 것이며 28 내
가 왕벌을 네 앞에 보내리니 그 벌이 히위 족속과 가나안 족속과 헷 족속
을 네 앞에서 쫓아내리라 29 그러나 그 땅이 황무하게 되어 들짐승이 번
성하여 너희를 해할까 하여 일 년 안에는 그들을 네 앞에서 쫓아내지 아니
하고 30 네가 번성하여 그 땅을 기업으로 얻을 때까지 내가 그들을 네 앞
에서 조금씩 쫓아내리라 31 내가 너의 지경을 홍해에서부터 블레셋 바다
까지, 광야에서부터 하수까지 정하고 그 땅의 거민을 네 손에 붙이리니
네가 그들을 네 앞에서 쫓아낼지라 32 너는 그들과 그들의 신과 언약하지
말라 33 그들이 네 땅에 머무르지 못할 것은 그들이 너로 내게 범죄케 할
까 두려움이라 네가 그 신을 섬기면 그것이 너의 올무가 되리라

이 부분은 출애굽기 20장 22절부터 23장 33절까지의 소위 '언약서'(the book of the covenant)라 불리우는데 결론의 말씀이다. 즉 모세는 시내 산에서 십계명과 기타 율례들을 이스라엘 백성들에게 주었는데, 그 말씀들을 잘 순종할 때 축복을 받으며 하나님께서 약속을 이행하시리라는 언약이다.

20절의 '사자'는 히브리어로 말레악(מלאך)인데, 여호와의 사자를 가리킨다. 그것은 21절에서 "내 이름이 그에게 있음이니라"고 하신 것으로 증명된다. 이 부분의 말씀은 신명기의 요약이라고 볼 수 있다. 신명기에서 가장 강조하는 바가 하나님의 말씀에 대한 순종이다. 이스라엘 백성이 여호와의 사자를 순종치 않을 경우에는 그들의 허물을 사하지 않으실 것이라고 하셨다. 그들이 여호와의 사자를 순종치 않는 것은 하나님의 구속의 큰 사랑을 배반하는 것과 같다(히 2:3 참조).

21절부터 27절까지의 내용은 읽으면 이해할 수 있을 것이다.

28절에서는 왕벌을 네 앞에 보내리라고 하셨는데, 여기의 왕벌은 가나안 전쟁에서 하나님이 초자연적인 일을 일으켜 이기게 하셨던 것들을 통칭하는 말이다. 즉 이스라엘 백성들이 자신들의 능력 외에 대적들을 이길 수 있도록 역사했던 많은 자연적이거나 초자연적인 도움들을 일컫는 말이다.

29절과 30절은 가나안 땅에서 이스라엘 백성들이 대적들을 쫓아내되 일 년 안에는 쫓아내지 아니하고 그들이 번성하여 그 기업을 얻을 때까지 조금씩 쫓아내리라고 하셨는데, 문자적으로 해석한다면 일거에 가나안 사람들을 다 쫓아내면 그 땅이 비어 있어 들짐승들이 번성하여 이스라엘의 사람과 가축들을 해할까봐 우려해서이다. 말하자면 이스라엘 백성들의 안전을 염려하신 것이다.

이것은 영적으로도 적용할 수 있다. 어떤 형제는 속히 영적인 성장에 이르기 위하여 많은 영적인 서적들을 탐독하고 또 어떤 형제는 많은 시간을 기도와 명상으로 보낸다. 그럴 때 빨리 성장할 것 같지만 그가 스스로 경작하고 개척한 많은 지식의 영역 속에는 영적인 실제가 별로 없고 오히려 많은 불필요한 거짓 영성들이 자리잡고 있다. 우리는 영적인 세계에 속임수가 많다는 것을 기억해야 한다. 많은 그리스도인들이 자신이 아는 영적인 지식이 곧 자신이 이른 영적인 경지라고 착각한다. 그러나 어느 날 심각한 환경이 임할 때 스스로 이룩했다고 생각한 영적인 건축물이 와르르 무너져 내리는 것을 체험할 것이다. 그때서야 자신에게는 아무것도 없고 다만 자신이 황량하고 가련한 상태에 있는 것을 알게 된다. 어떤 경우는 알고 있는 지식과 현실 생활이 너무 동떨어져 정신적으로 문제가 되기도 한다. 너무 욕심을 부려 얻으려 하는 것도 통하지 않고 너무 게으른 것도 통하지 않는다. 이 말씀에 의하면 그들의 인수가 번성하여 땅을 기업으로 얻을 능력이 있는 만큼 대적들을 쫓아내며 지경을 넓히는 것이 길이다. 간단하게 말하면 자신에게 알맞은 성장과 진보를 구해야 한다는 말이다.

출애굽기 24장

1-2절, 또 모세에게 이르시되 너는 아론과 나답과 아비후와 이스라엘 장로 칠십 인과 함께 여호와에게로 올라와 멀리서 경배하고 2 너 모세만 여호와에게 가까이 나아오고 그들은 가까이 나아오지 말며 백성은 너와 함께 올라오지 말지니라

24장은 출애굽기의 전반부와 후반부의 중간에 있는 장이다. 전반부는 구속의 역사와 율법을 다루고 후반부는 성막의 건축을 다룬다. 이때 하나님은 모세를 가까이 나아오게 하시고 모세를 제외한 지도자들은 산에 올라가 멀리서 경배하게 하셨으며 백성들은 산에 오르지도 못하고 남아서 다만 모세의 전달하는 말을 듣게 하셨다. 2절의 하나님이 모세만 올라오고 백성들은 나아오지 말라는 말씀, "그들은 가까이 나아오지 말며 백성은 너와 함께 올라오지 말지니라"의 말씀에서 우리는 구약의 시대에 아직 하나님께 나아가는 길이 보편적으로 열려있지 않음을 보게 된다. 가까이 나아오라는 어조는 복음인 반면, 멀리 떨어지라고 거절되는 것은 율법의 음조이다. 신약에서는 모든 믿는이가 하나님께 가까이 나아갈 수 있는데, 이것은 예수 그리스도께서 흘리신 보혈로 말미암는다(히 10:14). 이것이 신약의 믿는이들의 특권이다. 가까이 오라는 말은 예수의 십자가의 피의 공로와 부활, 승천의 역사 후에 하늘로부터 나오는 은혜로운 음성인 것이요 이것이 신약의 복음의 감미로운 음조인 것이다.

특히 구약과 신약을 비교하는 책인 히브리서 기자는 하나님의 은혜의 보좌 앞에 나아가라는 말을 계속적으로 선포하고 있다(히 10:19-22). 그럼에도 불구하고 신약에서도 그들의 거룩함의 정도는 하나님과의 관계에 영향을 미치지 않는 것이 아니다. 히브리서 기자는 거룩함이 없이는 누구든지 하나님을 뵐 수 없다고 하였고, 야고보는 의인의 간구는 역사하는 힘이 많다고 하였다. 어떤 사람의 기도는 하나님께서 들으시고 하늘이 움직이는 데 반하여 어떤 사람의 기도는 응답이 없다(히 12:14, 약 5:16). 이것은 하나님께서 사람을 차별대우하심이 아니고 그분의 불가항력적인 성결의 심판율로 된 일이다(박윤선).

3절, 모세가 와서 여호와의 모든 말씀과 그 모든 율례를 백성에게 고하매 그들이 한 소리로 응답하여 가로되 여호와의 명하신 모든 말씀을 우리가 준행하리이다

여기서 모세가 백성에게 지시한 여호와의 말씀과 율례는 20장 22절부터 23장 33절까지의 모든 말씀을 가리킨다. 이 언약서의 모든 내용을 모세가 공포했을 때 백성들은 한 소리로 "여호와의 명하신 모든 말씀을 우리가 준행하리이다"라고 응답했다. 이들은 아직도 자신들이 결코 하나님의 계명을 지킬 수 없는 자들이라는 것을 알지 못했다.

4-8절, 모세가 여호와의 모든 말씀을 기록하고 이른 아침에 일어나 산 아래 단을 쌓고 이스라엘 십이 지파대로 열두 기둥을 세우고 5 이스라엘 자손의 청년들을 보내어 번제와 소로 화목제를 여호와께 드리게 하고 6 모세가 피를 취하여 반은 여러 양푼에 담고 반은 단에 뿌리고 7 언약서를 가져 백성에게 낭독하여 들리매 그들이 가로되 여호와의 모든 말씀을 우

리가 준행하리이다 8 모세가 그 피를 취하여 백성에게 뿌려 가로되 이는 여호와께서 이 모든 말씀에 대하여 너희와 세우신 언약의 피니라

충성된 종 모세는 여호와께서 말씀하신 내용을 다 기록을 해두었다. 모세가 만일 20-23장까지 하나님께 들은대로 기록해두지 않았다면 그 말씀은 이스라엘 백성들에게 계속적으로 보존되지 못했을 것이다. 오늘 우리가 많은 우리의 사역의 말씀들을 책으로 보존하고자 함도 같은 원리라고 볼 수 있다. 모세는 언약서를 기록한 뒤 다음날 이른 아침에 일어나 산 아래 단을 쌓았다. 나는 그가 단을 쌓으려는 부담이 언약서를 기록하면서 생겼으리라고 믿는다. 누구든지 하나님의 말씀을 깊이 읽고 상고하다보면 기도의 제단, 헌신의 제단을 쌓을 마음이 생기는 것이다. 이 모든 일은 주의 종들이 어떻게 하나님을 섬겨야 하는지에 대한 좋은 본이다. 중요한 하나님의 말씀은 반드시 기록해야 하고, 제단을 쌓아야 하며, 중요한 주의 일을 해야 할 때에는 아침 일찍 일어나서 할 바를 해야 한다. 모세는 첫째로 단을 쌓고 다음에는 열두 기둥을 세웠다.

단을 쌓은 것은 제물을 드리기 위한 것이고 하나님의 임재와 영광을 위한 것이다. 단이 필요한 것은 타락한 인간이 하나님께 나아가기 위해서는 하나님과의 화목을 위한 대속 제물을 드려야 하기 때문이다. 하나님과 사람이 만나려면 그곳에는 반드시 단이 있어야 한다. 제단은 십자가를 예표하며 그곳에서 어린 양이신 그리스도께서 죄인을 위하여 피를 흘리셨다. 하나님은 그 피를 근거로 하여 죄인들과 교통하실 수 있다. 또 다른 면에서 그리스도의 제물 되심은 하나님의 영광을 위한 것이다. 이것은 번제로 예표된 것이다. 그리스도께서 십자가에서 자신을 제물로 드리신 것은 죄인의 죄를 속죄하기 위한 방면 이전에 하나님의 뜻을 이행함으로 하나님께 영광을 돌리기 위한 것이다. 그러므로 제단은 하나님을 위한 장소이다.

모세는 제단을 쌓고 열두 기둥을 세웠는데, 열두 기둥은 이스라엘 열두 지파를 나타낸다. 성경에서 기둥은 하나의 간증이다. 하나님은 이스라엘 백성을 그분 자신을 증거하는 간증으로 삼기를 원하셨다. 갈라디아서 2장 9절에 의하면, 당시 야고보와 베드로와 요한은 예루살렘에서 기둥같이 여겨졌다. 구약 성전에는 '보아스' 와 '야긴' 이라는 두 기둥이 세워졌는데(왕상 7:21) 보아스란 '그에게 능력이 있다' 는 뜻이고 야긴은 '저가 세우리라' 는 뜻이다. 즉 성전의 기둥이 되려면 성도들 가운데서 강건하고 능력이 있어서 하나님에 의해 그리스도의 간증으로 세움을 입어야 한다는 것이다. 우리가 성전을 볼 때 그 성전을 대표하는 것은 보아스와 야긴이라는 두 기둥이다. 성전을 다 보지 않아도 두 기둥을 볼 때 성전의 성질을 알 수 있는 것이다.

계시록 3장 12절에 의하면 빌라델비아 교회의 이기는 자는 성전의 기둥이 되는 상을 얻는다고 하였다. 여기서도 기둥이 된다는 것은 그 자체가 상이고 축복이다. 빌라델비아 교회의 기둥은 결코 다시 나가지 아니한다고 한 것으로 보아 그들은 하나님의 집 안에서 확실하고 안전한 위치를 갖고 있으며 견고하다. 그들은 하나님의 백성을 대표하는 자들이라고 할 수 있다. 이와 같이 열두 기둥은 이스라엘 자손을 증거하고 대표한다. 이로 보건대 하나님은 이스라엘 백성이 견고하여져서 하나님의 백성으로서 기둥처럼 세워진 나라가 되기를 원하셨음을 알 수 있다. 이스라엘은 제단이 있는 민족이어야 하고 기둥이 있는 민족이어야 한다. 이때는 아직 성막이 세워지지 않았으므로 모세는 나름대로의 단과 제물을 드려야 했고 하나님은 이를 받으셨다. 이로 보건대 하나님은 시대적으로 전진된 흐름 속에서 나아가심을 알 수 있다. 성막이 세워진 후로 이스라엘 백성들은 성막 안의 제단에서 제물을 잡고 드려야 했다. 하나님은 이스라엘과 이런 식으로 첫 언약을 세우셨다.

모세는 이스라엘 자손의 청년들을 보내어 번제와 소로 화목제를 여호와께 드리게 하고 피를 취하여 단에 뿌리고 언약서를 가져 백성에게 낭독하여 들려주었다. 그때 이스라엘 백성들은 다시 한 번 여호와의 모든 말씀을 준행하겠다고 응답했다. 모세는 그 피를 취하여 백성에게 뿌리면서 '이는 여호와께서 모든 말씀에 대하여 너희와 세우신 언약의 피' 라고 말했다. 이 말씀은 주 예수님이 잡히시기 전 날 밤 제자들에게 말씀하시는 장면을 연상시킨다. "이것은 죄 사함을 얻게 하려고 많은 사람을 위하여 흘리는바 나의 피 곧 언약의 피니라"(마 26:28). 하나는 옛 언약이요 다른 하나는 새로운 언약이다. 하나는 모형이요 다른 하나는 더 좋은 실제의 제물이다. 하나는 좋은 일의 그림자요 다른 하나는 참 형상이다.

또 하나의 차이는 옛 언약의 제정은 하나님의 언약의 낭독이 있고 피가 있으며 백성들의 응답이 있었지만, 새 언약은 거기에 열두 기둥이 예표하는바 열두 제자들이 있었을 뿐 "모든 말씀을 준행하리이다"라고 하는 맹세가 없다는 것이다. 새 언약에는 오직 주님의 언약과 시행하실 것에 대한 맹세가 있을 뿐이다. "내가…내 법을 저희 생각에 두고 저희 마음에 이것을 기록하리라…내가 저희 불의를 긍휼히 여기고 저희 죄를 다시 기억하지 아니하리라"(히 8:10-12). 옛 언약에는 양편이 있었고(네가 반드시 이렇게 저렇게 해야만 한다. 그렇게 하지 않으면 죄를 범하는 것이다) 중보가 있었으나, 새 언약은 하나님께서 친히 언약하신 것이다. 그러기에 그들은 모세가 산에서 내려오기 전에 벌써 언약을 깨뜨리는 죄를 범한 것이다. 법이 있기 전에는 죄를 죄로 여기지 않았으나 이제 법령이 선포되고 죄가 있게 되었다. 죄인은 하나님께 나올 수 없다. 그러나 하나님을 찬양하리니 여기에 신약이 있고 은혜가 있다. 이 신약에는 하나님 한편만 있고 새 언약에 관한 한 하나님께서 '내가 너로 하여금 다 하게 해주리라' 는 은혜의 음성이 있는 것이다. "중보는 한 편만 위한 자가 아니나 오직 하나님은 하나이시니라"(갈 3:20).

9-11절, 모세와 아론과 나답과 아비후와 이스라엘 장로 칠십 인이 올라가서 10 이스라엘 하나님을 보니 그 발아래에는 청옥을 편 듯하고 하늘같이 청명하더라 11 하나님이 이스라엘의 존귀한 자들에게 손을 대지 아니하셨고 그들은 하나님을 보고 먹고 마셨더라

이스라엘 백성들은 이 시점에서 하나님을 보았다. 모든 이스라엘 백성들이 아닌 이스라엘의 존귀한 자들, 모세와 아론과 나답과 아비후와 장로 칠십 인들이 본 것이다. 한편 성경은 하나님의 얼굴을 보고는 살 자가 없다고 했고 또 아무도 하나님을 본 자가 없다고 했다(출 33:20, 딤전 6:16). 여기서 그들이 하나님을 보았다는 것은 직접 하나님을 본 것이 아니라 그분의 발아래 청옥을 편 듯한 모습을 본 것이니 이는 주님의 보좌 아래의 모습을 올려다봄으로써 영광의 존재를 보았음을 가리키는 것이다. 그렇다 하더라도 하나님께서 보좌의 아래의 모습일지라도 그분의 어떠하심을 이스라엘에게 나타내신 것은 작은 일이 아니다. 이는 그분의 큰 긍휼이다. 누구든지 하나님의 얼굴을 보고는 살 자가 없다고 하셨으므로 11절에서 하나님이 이스라엘의 존귀한 자들에게 손을 대지 않으셨다고 말한 것이다. 거룩하시고 엄위하신 하나님 존전에 어떤 사람도 가까이 나아갈 수 없으나 이때 하나님은 사랑하는 이스라엘 백성들과 언약을 세우시면서 자신의 존재를 발아래나마 드러내신 것이다.

이것은 하나님께서 그분의 백성들과의 언약을 소중히 여기셨음을 나타내며 그분이 그 언약의 주체이심을 암시한다. 또한 그들은 하나님을 보면서 먹고 마셨다. 그들은 제물로 드린 것들을 함께 나누었을 것이다. 이것이 옛 언약의 제정 시의 광경이다. 예표라 하더라도 히브리서 9장 18-23절을 보면 거기에는 뭔가 정결케 하는 부분이 있었음을 알 수 있다. 예수 그리스도의 영원하고 효능 있는 피에 대하여 비교할 수 있는 것은 아닐지라도 말이다. 13절은 "염소와 황소의 피와 및 암송아지의 재로 부정한 자에게 뿌려 그 육체를 정결케 하여 거룩케 하거든" 이라고 하여 육체를 정결케 하는 어떤 기능이 있음을 말해준다. 그러나 이어서 14절은 "하물며 영원하신 성령으로 말미암아 흠없는 자기를 하나님께 드린 그리스도의 피가 어찌 너희 양심으로 죽은 행실에서 깨끗하게 하고 살아계신 하나님을 섬기게 못하겠느뇨"라고 한다.

여기에서 우리는 구약의 짐승의 피의 제사가 뭔가 제한적으로이지만 육신적인 정결함을 주는 것이 있음을 볼 수 있다. 우리는 그러한 예표적인 피라 하더라도 그들이 진정으로 그 언약 하에 머물렀을 때 그 하늘의 보좌 아래의 모습이 열려졌음을 알아야 한다. 그분의 보좌의 아래 모습이 그렇게 거룩하고 청옥을 편 듯 아름다울진대 그분 자신이야 얼마나 거룩하고 아름다울런지! 구약은 그분의 계시가 기껏해야 이렇게 넌지시 그분의 발밑의 광경이나 그분의 등 뒤를 살짝 볼 뿐이었다. 그러나 신약에서 하나님은 성육신되신 그리스도를 통하여 온전히 나타내셨다. 사도들은 그분에게서 영광을 보고 은혜와 진리가 충만함을 알았다. 그분은 당시 이것이 행위계약이며 이것은 어디까지나 예표라는 것을 나타내시고, 그 첫 것이 완전하지 않음을 아셨으므로 그 백성들과의 간격을 멀리하시며 중재자만을 올라오라고 하신 것이다. 그분은 그 행위계약의 결과가 실패로 끝날 것임을 알고 계셨던 것이다.

우리는 이것을 새 언약을 제정하신 주 예수 그리스도께서 제자들과 함께하시던 상황과 비교해 볼 필요가 있다. 구약의 때에는 사람들이 감히 하나님께 가까이 나아갈 수 없었지만 새 언약을 제정하시는 예수 그리스도 앞에는 어떤 죄인도 나아갈 수 있었다. 그들은 소나 양의 피가 아닌 하나님의 아들 예수 그리스도의 피를 가질 수 있었다. 그들 앞에 계신 예수는 성육신하신 하나님의 나타나심이었다. 제자들은 아무도 볼 수 없던 하나님을 예수 그리스도를 통해 볼 수 있었다. 그들은 사람으로 오신 하나님 앞에서 떡을 먹고 잔을 마실 수 있었다. 따라서 옛 언약 때의 상황은 장차 올 더 좋은 것을 위해서 예비하는 것이었음을 알 수 있다. 새 언약이 제정하던 때의 상황이나 언약의 내용에 있어서 훨씬 나은 것임을 인해 하나님께 감사하고 찬양한다.

이것은 또한 주님을 기념하는 집회에도 적용할 수 있다. 그리스도인 집회에는 하나님께 가까이 나아가는 광경이 있어야 하며 단을 쌓는 것과 말씀의 선포가 있어야 한다. 그리고 열두 기둥들이 대표하는 견고한 은사들이 있어야 하며 실제적인 봉사를 할 수 있는 청년들이 있어야 한다. 그들은 사람들이 번제와 화목제를 드리도록 협력한다. 거기에 피 뿌림이 있으며 피의 씻음이 있다. 청명한 하늘이 펼쳐지며 성도들은 하나님을 보고 그 앞에서 먹고 마신다. 이것이 가장 좋은 그리스도인 집회의 광경이다.

**12-18절, 여호와께서 모세에게 이르시되 너는 산에 올라 내게로 와서
거기 있으라 너로 그들을 가르치려고 내가 율법과 계명을 친히 기록한 돌
판을 네게 주리라 13 모세가 그 종자 여호수아와 함께 일어나 하나님의 산
으로 올라가며 14 장로들에게 이르되 너희는 여기서 우리가 너희에게로
돌아오기까지 기다리라 아론과 훌이 너희와 함께하리니 무릇 일이 있는
자는 그들에게로 나아갈지니라 하고 15 모세가 산에 오르매 구름이 산을
가리며 여호와의 영광이 시내 산 위에 머무르고 구름이 육 일 동안 산을
가리더니 제 칠 일에 여호와께서 구름 가운데서 모세를 부르시니라 17 산
위의 여호와의 영광이 이스라엘 자손의 눈에 맹렬한 불같이 보였고 18 모
세는 구름 속으로 들어가서 산 위에 올랐으며 사십 일 사십 야를 산에 있
으니라**

이 부분에서 하나님은 모세를 산에 올라오라고 부르시고 올라오면 율법과 계명을 친히 기록하신 돌판을 주겠다고 하셨다. 이때 모세는 여호수아를 데리고 산으로 올라갔고 장로들에게는 돌아올 때까지 기다리라고 했다. 또 장로들 가운데에도 인도자들을 세웠는데 곧 아론과 훌이

었다. 나중에 보겠지만 이때 모세는 산 위에서 사십 일을 머물렀으며 하나님은 모세에게 증거판 둘을 주셨다. 그 두 돌 판을 가지고 내려왔을 때(31:18), 그들은 산 아래에서 아론을 중심으로 하여 금송아지의 우상을 만들었던 것이다(32:4). 우리는 모세가 산에 올라가기 전 모세 앞에서 명하신 모든 말씀을 준행하겠다고 하던 이스라엘 백성들이 돌 판을 가지고 산에서 내려오기도 전에 하나님의 계명을 범한 것을 보게 된다.

이 구절들에서 모세는 "여기서 우리가 너희에게로 돌아오기까지 기다리라"고 하면서 "아론과 훌이 너희와 함께하리니 무릇 일이 있는 자는 그들에게 나아갈지니라"고 당부했다(24:14). 그러나 그들의 일은 결국 금송아지를 만드는 일이었다. 여기서 우리는 금송아지를 만드는 일에서 여호수아가 제외되어 있음을 볼 수 있다. 나는 이것이 하나님의 주권적인 긍휼이라고 믿는다. 장차 모세를 이어 이스라엘의 인도자가 될 사람을 하나님은 주권적으로 우상숭배의 죄악에서 보호하신 것이다. 물론 하나님은 여호수아가 모세를 따라 배우도록 그에게 하나님 가까이 나아올 수 있는 특권을 부여하셨다. 여호수아는 모세를 좇아 하나님의 산으로 갔지만 여호와의 영광이 산 위에 머무르며 구름이 산을 가리울 때 하나님은 구름 가운데서 모세만을 부르셨다.

이때 여호수아는 어디에 있었을까? 그는 어쩌면 육 일 동안 모세가 산 위에 머무를 때 함께 있었을 수도 있고 그 이전에 다른 장소에서 구별되었을 수도 있다. 어쨌든 모세는 산을 가리운 구름 속에서 육 일 동안 기다리고 있었다. 칠 일 만에 하나님은 구름 가운데서 모세를 부르셨다. 육 일 동안 하나님의 부르심을 기다리면서 구름 속에 머물러 있었던 모세는 무엇을 하고 있었을까? 무엇을 먹을 수 있었을까? 어떻게 수면을 취할 수 있었을까? 우리는 신약에서 모세를 충성된 종이라고 하는 것을 보는데, 다른 많은 일에서도 그가 충성되다는 것을 알 수 있지만 이 육 일이라는 기간은 그의 충성됨을 확인할 수 있는 가장 두드러진 부분이다. 마치 왕의 알현을 기다리기 위해 대기소에서 육 일 간 머무른 것과 같다. 칠 일째가 되자 구름 속에서 왕의 부르심이 들려온 것이다.

그때 이스라엘 자손들에게는 산 위의 여호와의 영광이 맹렬한 불같이 보였다. 충성된 종 모세는 이때 산에 올라가서 사십 주야를 거기 머물렀다. 이때 모세가 산에 올라간 것은 19장에서 율법의 말씀을 받기 위해 올라간 일이 있은 뒤로서 두 번째로 올라가는 것이라고 볼 수 있다. 이것은 율법의 말씀을 기록한 돌판을 받기 위해 갔다. 이때 하나님은 율법의 돌판을 주시는 문제는 간단하게 하시고 그 이전에 성막에 대한 식양을 자세히 보여주셨다.

모세와 여호수아

하나님의 침묵 속에 육 일 간 모세는 산에서 무엇을 하고 있었는가? 우리는 그가 하나님 앞에서 어둠 속에 그 깊고 높은 산 위에서 먹을 것도 없이 기다린 점을 생각해 보아야 한다. 신명기 말씀에 의하면 "그때에 내가 돌판들 곧 여호와께서 너희와 세우신 언약의 돌판들을 받으려고 산에 올라가서 사십 주야를 산에 거하며 떡도 먹지 아니하고 물도 마시지 아니하였더니"(신 9:9)라고 한 것으로 보아 그는 먹을 것을 준비하여 올라간 것이 아니다. 하나님은 올라오라고 하신 후 그가 올라간 직후에 오시지 않으셨다. 성질이 급한 사람 같으면 잘못 들었나 하고 내려 왔을 것이다. 그러나 하나님은 많은 날을 기다리셨다가 나타나셨다. 충성되지 않고 믿음으로 잘 기다리는 자가 아니면 하나님을 잘 섬길 수 없다.

또한 여호수아를 보자! 그래도 모세는 칠 일 만에 부르심을 받고 하나님의 존전 앞에 나아갔지만 여호수아는 무엇을 했는가? 그도 또한 산 아래로 내려왔다고 말하지 않는다. 오히려 그는 32장에 보면 모세와 함께 산에서 내려 왔다고 기록한다. 그는 일주일과 이후 40일 동안 산에서 무엇을 하였는가? 참으로 우리는 이 점을 기이하게 생각하는 바이다. 주님을 따르며 섬기는 우리는 이들에게서 많은 것을 배워야 한다.

출애굽기 25장

1-9절, 여호와께서 모세에게 일러 가라사대 2 이스라엘 자손에게 명하여 내게 예물을 가져오라 하고 무릇 즐거운 마음으로 내는 자에게서 내게 드리는 것을 너희는 받을지니라 3 너희가 그들에게서 받을 예물은 이러하니 금과 은과 놋과 4 청색 자색 홍색실과 가는 베실과 염소털과 5 붉은 물들인 수양의 가죽과 해달의 가죽과 조각목과 6 등유와 관유에 드는 향품과 분향할 향을 만들 향품과 7 호마노며 에봇과 흉패에 물릴 보석이니라 8 내가 그들 중에 거할 성소를 그들을 시켜 나를 위하여 짓되 9 무릇 내가 네게 보이는 대로 장막의 식양과 그 기구의 식양을 따라 지을지니라

하나님께서 이스라엘을 애굽에서 불러내신 목적은 그들을 가나안으로 인도하기 위한 것 외에 그들 가운데 거하시기 위함이다. 신약의 교회는 하나님께서 거하실 처소이다(엡 2:22). 하나님은 그분의 백성들과 영원히 함께하기를 원하신다(계 21:3). 그분의 거하시는 처소는 실상 물질적인 것이 아니고 영적인 것이다. 그러나 구약에서 하나님은 이스라엘 백성들을 통하여 그 예표를 보여주셨다.

성막을 건축하기 전에 하나님은 다만 산 위에서 모세를 만나시고 말씀하셨다. 그러나 성막이 지어진 후에는 하나님께서 그 회막(the tent of meeting)에서 모세를 부르시고 말씀하셨다(레 1:1). 하나님이 사람들과 함께 거하기 원하신다는 것은 어떠한 비밀인지! 하나님은 그들을 애굽에서 불러내시고 하늘의 만나와 반석의 생수, 마라의 기적, 아말렉과의 전투 등으로 많은 능력을 보이시고 율법을 주심으로 그들과 언약을 맺으신 후 모세를 산에 오르게 하시어 돌비만 주신 것이 아니라 성막의 식양 또한 보이셨다.

하나님은 율법의 돌판을 주시겠다고 모세를 부르셨는데(24:12), 정작 하나님은 올라가자마자 긴 시간을 사용하시어 성막에 대한 식양을 주시기 시작하신 것이다(25-31장까지). 그런 다음 돌판은 31장 마지막 절에 한 구절 말씀하시고 주셨다. 이는 그분의 마음이 이스라엘에 대하여 큰 사랑이 있으심을 다시 한 번 나타내는 부분이다. 그분은 율법을 주시며 그들을 엄하게 대하셨지만 그들이 율법을 통하여 죄인됨을 깨닫고 크게 낙심하여 뒤로 물러갈 것을 염려하신 것같이 행동하셨다. 그분은 그들이 율법을 통하여 죄인임을 깨닫고 하나님을 두려워한다면 두려워하고 물러갈 것이 아니라 다시 번제단을 통하여 그분께 나올 수 있다는 것을 그들로 알게 하고 그 길을 열어놓기 원하셨다. 성막의 식양과 제사장의 의복과 제사 예법을 다만 의식적인 율법을 주신 것으로 아는 것은 하나님의 마음을 너무 모르는 것이다.

하나님은 율법을 주시지만 은혜를 폐하신 것이 아니다. 하나님의 원래의 뜻과 마음은 사랑과 은혜로 가득차 있으시다. 그분이 아브라함에게 주신 은혜의 언약을 바꾸신 것이 아니라 그들의 필요를 인하여(범법함) 율법을 더하신 것이다. 즉 성막은 첫째로 하나님이 그분의 백성들과 함께 거하기 원하심을 나타내며, 둘째로는 그리스도를 알게 한다. 타락한 사람이 어떻게 하나님께 나아갈 수 있는가를 계시한 것이다. 율법을 주신 하나님은 곧이어 율법을 통해 자신이 타락하고 부패했다는 것을 아는 사람이 지성소에 계신 하나님께 나아올 수 있도록 길을 알려주신 것이다. 하나님은 율법을 통해 사람으로 자신의 죄인 됨과 부패함을 알게 하신 뒤에 길이 없게 두지 않으셨다. 여전히 하나님께 나아와 은혜를 얻을 수 있는 길을 알려 주신 것이다.

또한 하나님께서는 성막의 건축이 이스라엘 백성의 자발적인 헌신에서 비롯됨을 알려 주신다. 하나님께서는 그분께 헌신하는 사람들을 얻으실 때에 비로소 그분의 거처를 건축하는 일을 시행하실 수 있다. 지금까지 하나님께서 이스라엘을 인도하시고 역사하신 결과 그분은 그분께 자발적으로 헌신하는 한 무리를 얻으신 것이다. 그럴 때 하나님은 비로소 이 땅에 그분의 거처를 건축하는 역사를 시행하시게 된다. 그분의 집은 이렇게 자원하여 헌신하는 사람들이 없이는 건축될 수 없다. 신약 로마서 12장에서 그리스도의 몸(5절) 또한 자신을 하나님께 산 제사로 드리는 한 무리의 사람들이 있음으로 건축될 수 있음을 말해준다(1절). 하나님의 거처인 교회는 거룩한 것이며 모든 속된 것에서 분별되어야 한다. 거기에는 육체와 천연적인 생명을 위한 여지가 없다. 우리가 위치상으로나 신분상으로는 믿음으로 거룩하게 되지만(행 26:18, 히 10:10) 실제적으로나 실행적으로는 헌신을 통하여 거룩하게 된다(롬 6:16-22).

이스라엘 백성들이 시내 광야까지 이끌리는 동안에 하나님을 체험한 것은 그들로 하여금 그분의 거처를 위해 헌신하는 것을 가능케 했다. 이와 마찬가지로 로마서에서 그리스도의 몸인 교회를 위해 몸을 드리도록 격려하기까지는 1장에서부터 11장까지의 많은 역사가 필요했다. 구약의 이스라엘 백성들이 출애굽과 광야에서의 많은 과정을 거치는 것이 필요했듯이 신약의 믿는이들에게도 죄 사함과 칭의와 죄에서의 해방과 성화의 과정들이 필요했다. 그런 다음에야 거룩한 하나님의 자녀들은 그리스도의 몸을 건축하기 위해 헌신할 수 있는 위치에 이르게 된다. 갓 구원받고 하나님의 은혜를 깨달은 믿는이가 하나님의 거처를 건축하기 위한 이상(vision)으로 감동받기란 어려운 일이다. 그가 하나님의 거처를 위해 헌신하기까지는 좀 더 하나님을 체험할 필요가 있다.

8절의 "내가 그들 중에 거할 성소를…나를 위하여 짓되"라는 말씀은 분명 하나님을 위한 것이다. 이 구절에서 "나를 위하여 짓되"란 그분의 갈망과 소원을 말씀하시는 것이다. 지금까지 하나님은 이스라엘 백성을 위해 일하셨다. 그러나 성소를 건축할 때 그 일은 하나님의 의도와 목적과 갈망에 관련된다. 홍해를 건넘과 유월절은 분명 이스라엘을 위한 것이었고 하늘에서 내려온 만나와 반석에서 나온 생수도 이스라엘을 위한 것이었다. 그러나 25장에 올 때 성막의 건축은 하나님을 위하는 목적이 있다. 하나님은 갈망이 있고 뜻이 있으며 원함이 있으신 하나님이다. 도대체 그분의 갈망과 원하심은 무엇인가? 그것은 그분 자신이 그분의 택하시고 구속하신 백성들 가운데 거하시는 것이다. 하나님은 그분의 자녀들이 자라고 또 자라서 하나님의 갈망을 만족시켜 드리는 데까지 이르기를 원하신다.

하나님의 거처를 건축함에 있어서는 자원하는 헌신이 절대로 필요하다. 하나님의 거처(신약의 용어로는 그리스도의 몸이다)는 하나님의 갈망을 알고 그분의 기뻐하심을 이루어드리려는 한 무리의 사람들의 헌신으로 말미암아 건축된다(롬 12:1-2). 구속에 관한 일에 대하여 하나님은 사람들을 강권하신다(눅 14:23). 하나님은 이스라엘이 애굽에서 나올 때 자원하여 나오라고 말씀하시지 않으셨다. 그들이 이스라엘이라면 모든 사람이 다 유월절에 참여해야 했다. 그리고 그들이 이스라엘 자손일진대 모두가 홍해를 건너야 했다. 그러나 하나님의 거처를 건축하는 일에 관한한 하나님은 모두다 해야 한다고 강권하시는 것이 아니라 자원하는 이들을 부르신다. 주님은 먼저 우리 죄인들에게 은혜를 주시고 그분의 집을 건축하는 일에 관하여는 우리의 응답을 기다리신다. 이것은 모든 은혜받은 자들이 이 일에 동참하지 않아도 된다는 뜻이 아니다. 이에는 우리의 헌신이 필요하다는 뜻이다. 우리는 거듭날 때 하나 하나의 산돌들로 바뀌어졌는데 산돌들은 건축하기 위한 것이다. 그러나 건축하는 일에 있어서 하나님은 우리에게 자원하는 영을 가져야 한다고 말씀하시는 것이다.

나는 하나님이 강권하시는 말씀과 자원하기를 바라시는 말씀이 차이가 없다고 생각하고 있다. 오히려 죽을 죄인으로서, 하나님의 크신 은혜를 받은 우리는 그분의 필요를 위하여 강권하심이 아니라 자원을 요청하실 때 더욱 응답하고 더욱 반응해야 할 마음을 가지게 된다. 오늘날 하나님의 거처인 교회를 참되게 건축하는 일에서도 똑같은 원칙이 적용된다. 즉 그분의 거처를 건축하기 위하여 즐거이 자신을 드리는 자들이 필요한 것이다. 그분의 거처인 교회의 건축에 관한한 자원하는 영이 없이는 불가능한 것을 알아야 한다. 하나님이 주신 은혜에 만족하고 그저 일상생활을 하고자 하는 자들에 의해서는 주님의 전은 건축될 수 없다. 자원하여 드리는 드림이 있을 때만 하나님의 거처는 건축된다.

이스라엘 백성들이 드려야 할 예물은 먼저 금과 은과 놋이었고 다음으로는 청색, 자색, 홍색실과 가는 베실과 염소털과 다음은 붉은 물을 들인 수양의 가죽과 해달의 가죽과 조각목과 등유와 관유에 드는 향품과 분향할 향을 만들 향품과 호마노며 에봇과 흉패에 물릴 보석이었다. 이 예물들의 종류를 보면 하나님의 거처가 어떠한 요소들로 이루어져야 하는지를 가늠할 수 있다.

첫째로 금과 은과 놋에 대하여 보자. 금은 변치 않는 하나님의 본성을 의미하며 은은 그리스도의 구속을 상징한다. 그리고 놋은 심판을 의미한다. 즉 하나님의 거처인 교회는 그분의 구속된 사람들로 건축되는데, 그들의 죄악 된 육체나 천연적인 생명을 재료로 하지 않는다. 그들이 하나님의 집의 건축을 위하여 드려야 할 것은 그들이 얻은 하나님의 생명이며, 그 순수한 하나님의 생명은 구속과 심판을 통하여 얻어진다. 따라서 하나님의 집의 건축 재료들 가운데 은과 놋도 포함되는 것이다. 재료 가운데 사람의 인성이 포함되지만 그것은 구속과 심판을 거친 후의 것들이다. 하나님은 사람에게 은사를 주실 때 그 사람의 재능에 따라 주신다.

청색, 자색, 홍색실과 가는 베실은 성막의 앙장을 만들기 위한 것인데, 청색은 하나님의 거처가 하늘에 속한 것임을 의미하며 자색은 왕의 색깔로서 왕의 권위를 지니게 될 것임을 의미한다. 홍색은 구속을 의미하며, 하나님의 집은 구속의 성분으로 충만한 곳이다. 가는 베실은 계시록에서 어린 양의 아내가 입은 세마포를 짓는 실인데, 이는 성도들의 의로운 행실들이라고 했다. 염소털은 그리스도께서 우리를 위하여 죄가 되심을 의미하며, 붉은 물을 들인 수양의 가죽 역시 구속을 의미한다. 붉은 물을 들인 수양의 가죽과 해달의 가죽은 앙장의 윗덮개를 위한 것이다. 해달의 가죽은 히브리어로 타하쉬(תחש)인데, '바다소'로 보는 것이 보편적 견해이다. 해달의 가죽은 성소를 덮는 덮개 중 가장 바깥에 위치한 덮개로서 그 속에 있는 삼중의 덮개는 보이지 않고 해달의 가죽만 보게 된다.

첫째 앙장은 청색, 자색, 홍색실과 가는 베실로 만들어졌다. 이것은 그리스도의 신성과 인성이 아름답게 조화를 이룬 모습이다. 둘째 앙장은 첫 번째 앙장보다 조금 큰데 염소털로 만들어졌으며 이는 우리를 위해 죄가 되시고 희생당하신 그리스도를 상징한다. 셋째 앙장은 붉게 물들인 수양의 가죽으로서 죄인을 위해 피 흘려 죽으심으로 이루신 예수 그리스도의 구속을 상징한다. 마지막 넷째 앙장인 해달의 가죽은 색깔이 거무스름하고 매우 견고한 가죽이므로 외부의 환경과 고난에 흔들리지 않고 강인하게 인내하신 그리스도의 인성을 나타낸다.

조각목은 그리스도의 인성을 나타내며 향품은 성령을 나타낸다. 보석은 변화된 인성을 나타낸다. 이 모든 재료들을 통해서 우리는 성막이 한 면으로는 그리스도를 나타내며 다른 한 면으로는 하나님의 거처인 교회를 나타냄을 알 수 있다. 교회 또한 그리스도 자신이라고 할 수 있으므로 그리스도에게 있는 모든 요소들이 똑같이 그 안에도 들어 있어야 한다.

하나님은 모세에게 성막을 짓되 지시를 받은 대로 식양에 따라 지으라고 하셨다(9절). 오늘날 하나님의 교회도 나름대로 건축할 것이 아니라 성경에 계시된 대로 건축해야 한다. 그것은 장막이든 기구든 작은 것 하나라도 사람이 임의로 할 수 있는 것이 없다. 성막에 관한 한 그 모든 것을 하늘에서 보이신 식양대로 해야 한다(히 8:5). 당신은 기꺼이 자신을 드려서 그분의 소원이요 갈망인 그분의 몸인 교회를 건축하기 위하려는가? 이것은 당신의 일생에 가장 큰 도전이요 질문이 되어야 한다.

언약궤

10-22절, 그들은 조각목으로 궤를 짓되 장이 이 규빗 반, 광이 일 규빗
반, 고가 일 규빗 반이 되게 하고 11 너는 정금으로 그것을 싸되 그 안팎을
싸고 윗가로 돌아가며 금테를 두르고 12 금고리 넷을 부어 만들어 그 네
발에 달되 이편에 두 고리요 저편에 두 고리며 13 조각목으로 채를 만들고
금으로 싸고 14 그 채를 궤 양편 고리에 꿰어서 궤를 메게 하며 15 채를 궤
의 고리에 꿴 대로 두고 빼어내지 말지며 16 내가 네게 줄 증거판을 궤 속
에 둘지며 17 정금으로 속죄소를 만들되 장이 이 규빗 반, 광이 일 규빗 반
이 되게 하고 18 금으로 그룹 둘을 속죄소 두 끝에 쳐서 만들되 19 한 그룹
은 이 끝에, 한 그룹은 저 끝에 곧 속죄소 두 끝에 속죄소와 한 덩이로 연
하게 할지며 20 그룹들은 그 날개를 높이 펴서 그 날개로 속죄소를 덮으
며 그 얼굴을 서로 대하여 속죄소를 향하게 하고 21 속죄소를 궤 위에 얹
고 내가 네게 줄 증거판을 궤 속에 넣으라 22 거기서 내가 너와 만나고 속
죄소 위 곧 증거궤 위에 있는 두 그룹 사이에서 내가 이스라엘 자손을 위
하여 네게 명할 모든 일을 네게 이르리라

1. 25-30장까지 성막의 기구와 제사장 옷, 관유 등을 제시하고 있는데 이는 그 순서만으로도 매우 의미가 깊다. 25장부터 27장 19절까지는 언약궤에서부터 놋단과 놋단이 있는 뜰을 만들라고 한다. 그런 다음

언약궤에 앉아 계신 하나님 앞에 백성들이 하나님께 나아올 수 있는 길을 놋단의 속죄물을 통하여 열어주고 계시다. 이 어떠한 은혜로운 계시인가! 25장 22절은 말씀하신다. "거기서 내가 너와 만나고". 29장 43절은 또한 그분의 거룩하고 자비로운 의도를 보이시고 계시다. "내가 거기서 이스라엘 자손을 만나리니". 또한 45절도 동일한 그분의 갈망을 드러내신다. "내가 이스라엘 자손 중에 거하여 그들의 하나님이 되리니". 46절도 같은 말씀을 이어서 주시고 계시다. "그들은 내가 그들의 하나님 여호와로서 그들 중에 거하려고 그들을 애굽 땅에서 인도하여 낸 줄을 알리라".

이와 같이 성막의 건축에서 가장 먼저 만들라고 한 것은 그분이 그분의 백성들을 만나려고 의도하신 언약궤이다. 모세는 성막을 지을 때 모든 것을 하늘에서 본 식양대로 하였다. 하늘에는 분명 하나님의 성전이 있고 그 안에 언약궤가 있다(계 11:19). 언약궤는 법궤 또는 증거궤라고도 불렀는데, 이는 그 안에 그리스도를 나타내는 증거판(십계명의 두 돌판)이 있기 때문이다. 재료는 그리스도의 인성을 상징하는 조각목과 신성을 상징하는 순금으로 되어 있다. 언약궤는 하나님의 임재의 상징이다. 이로써 우리가 알 수 있는 것은 영광의 하나님께서 그의 택한 백성들과 함께하기 원하신다는 것이다. 하나님의 위엄으로는 '하늘들의 하늘이라도 용납지 못하는 분' 이시나 그분의 자비로는 자기들 가운데 계셔주시기를 사모하는 자들 가운데는 조각목 판자와 휘장 가운데라도 기꺼이 거하려 하신다.

25장 1절에서 시작하여 27장 19절에서 마치는 성막 건축의 시작은 언약궤이고 그 마침은 번제단이라는 것은 매우 의미 있다(27:1-8). 이것은 하늘 영광의 보좌에 계신 그리스도께서 번제단인 십자가로 오시기까지의 발걸음을 보여준다. 이에 대하여 맥킨토시의 귀한 해설을 감상해 보자.

'주님은 하늘의 영원한 하나님의 보좌에서 시발하여, 이 땅 갈보리 십자가의 깊은 곳까지 두루 다니셨다. 주님은 하늘 보좌의 모든 영광을 버리고 십자가의 모든 수치를 감당하셨다. 무슨 목적으로 그리하셨는가? 그것은 주께서 구속하시고 용서하시며 용납하신 백성들을 자기에게로 이끌어서 그들 때문에 주께서 떠나셨던 바로 그 보좌 앞에 그 백성들을 흠 없이 세우시기 위함이었다. 주 예수님은 그 자신의 인격과 사역 가운데서 하나님의 보좌와 사망의 무덤 사이의 모든 문제, 거꾸로 사망의 무덤에서 하나님의 보좌 사이의 모든 문제를 다 해결하셨다. 그리스도 안에서 하나님은 완전한 은혜로 죄인에게 오셨으며, 죄인은 또 그리스도 안에서 완전한 의로 하나님에게 나아가게 된다. 언약궤에서 번제단으로 가는 모든 길은 사랑의 발자취로 찍혀 있으며, 번제단에서 하나님의 언약궤로 가는 모든 길은 구속의 피로 뿌려져 있다. 속함을 받은 경배자가 그 놀라운 길을 따라 걷노라면, 그는 자기 시선이 접하는 곳 어디나 예수의 이름이 아로새겨 있는 것을 보게 된다(맥킨토시의 모세오경 강해서에서).'

언제나 하나님은 먼저 사람들을 찾아 나서셨다. 인간 스스로는 하나님께 나아갈 수 있는 방법이 없다. 감히 어떤 사람도 언약궤 앞에 나아가지 못한다. 그것은 구약의 시대에 지성소에 들어가는 길이 아직 나타나지 아니하였기 때문이다(히 9:8). 그러므로 하나님은 언약궤로 먼저 사람 가운데 나오셔서 사람들이 그분께 나아올 길을 강구해주셔야 했다. 사실상 이일은 인류의 조상 때부터이다. 아담이 타락한 후 하나님은 동산 나무 사이에 숨어 있는 아담을 부르시며 나타나셨다(창 3:9). 가인이 자신의 제물이 열납되지 않아 안색이 변하며 분을 내고 있을 때 하나님이 그에게 나타나 말씀하셨다. 하나님은 갈대아 우르에서 아브라함에게 나타나시고 호렙 산 가시덤불에서 모세에게 나타나셨다. 하나님은 이스라엘을 애굽으로부터 구출하신 뒤에 자신을 낮에는 구름기둥으로, 밤에는 불기둥으로 나타내셨다(출 13:21-22). 모세가 하나님이 지시하신대로 정확하게 성막을 완성했을 때 그분은 영광의 구름으로 그 위에 임하셨다. 역대 하 7장에서 하나님은 솔로몬이 성전을 완공했을 때 자신을 나타내셨다. 이와 같이 하나님은 언제나 사람들에게 자신을 나타내기 원하신다. 사람들이 하나님을 찾는 것이 아니라("여호와께서 하늘에서 인생을 굽어 살피사 지각이 있어 하나님을 찾는 자가 있는가 보려 하신즉 다 치우쳤으며…하나도 없도다", 시편 14:2-3) 하나님이 먼저 사람을 찾아 오셨다.

신약에서 주 예수님은 사람 가운데 오신 하나님이시다. 그래서 그분의 이름이 임마누엘인 것이다(마 1:23). 그분은 잃어버린 양을 찾으러 오신 목자로, 잃어버린 드라크마를 찾는 여인으로 자신을 비유하셨다. 여기 출애굽기에서도 하나님은 분명 이스라엘 백성들이 자신을 알지 못하여 율법이 필요한 상태에 놓여 있지만 그분은 그들을 포기하지 않으시고 그들 가운데 그분이 거하실 거처를 마련하도록 지시하시며 먼저 그분을 대표하는 언약궤부터 만들라고 하신다. 그분은 죄인들이 그분에게 나아오는 방법부터 알려주시는 것이 아니라 먼저 자신이 죄인들에게 어떻게 나아가실 것인지를 고려하신 것이다. 이는 실로 감동이 되는 장면이다. 그분은 그들이 율법을 지키지 못할 것을 아시고 철저히 위반하며 그분을 계속적으로 거역할 것을 아셨지만 그들의 어떠함을 주의하지 않으시고 그들 가운데 거하실 것만 생각하신 것 같다. 하나님은 참으로 사람들 가운데 거하기를 원하신다!

2. 궤(ark)는 노아의 방주 시대부터 같은 단어(방주, ark)로 사용되었다. 이는 모세가 구출받았던 갈대 상자에도 동일하게 사용된 단어이다. 이는 그 궤라는 말 자체가 그 중요성을 가지고 있음을 말해준다. 즉 노아 시대에 멸망할 인류 가운데 구출하는 것이 된 것이 방주였듯이, 어린 아이들이 다 죽는 시험 가운데 갈 상자로 구출이 되었듯이, 이 궤는 범죄하는 백성들이 멸망치 않고 구출을 받을 수 있는 유일한 길임을 암시하고 있다고 보아야 한다. 이는 멸망하는 인류에 대하여 뭔가 구원

하시고 보호하시려는 하나님의 대책이 있을 때마다 나타난 것이다.

3. 궤의 단어만이 아니라 그 치수도 매우 의미 있다. 장과 광과 고가 각각 이 규빗 반, 일 규빗 반, 일 규빗 반이다. 모두가 5와 3과 3의 절반 수이다. 5와 3은 노아의 방주에서 많이 사용된 숫자이며, 따라서 하나님이 구원의 건축물에서 많이 사용하신 숫자이다. 3은 성삼위 하나님의 숫자이며, 5는 피조물의 수인 4와 하나님의 수인 1을 더한 것이고 또한 책임의 수이기도 하다. 그러므로 하나님의 건축은 하나님과 사람의 연합으로 된 것이다.

나는 여기서 사용된 절반의 수가 다른 하나의 언약궤를 생각하게 하는 것이라고 해석하고 싶다. 계시록 11장 19절에 의하면 하늘 하나님의 성전에 언약궤가 있다. 이는 하늘에 있는 것이다. 나는 이것을 굳이 두 개라고 말하지는 않겠지만, 이 땅에서 보는 언약궤는 하늘에 있는 것을 생각나게 한다. 언약궤로 예표되신 주 예수님은 이 땅에 계시지만 동시에 하늘에도 계신 분이었다(요 3:13, 흠정역 참조). 그분의 인격과 역사가 모두 그러하다. 주님은 뜻이 하늘에서 이루어진 것같이 땅에서도 이루어지기를 기도하라고 하셨다. 이 땅에서의 하나님의 모든 역사는 하늘에서 이루어진 것에 근거한다. 이 땅에 세워진 성막의 모형은 하늘에 있는 것에 근거한 것이다(히 8:5).

4. 정금으로 조각목을 싼 것은 그리스도의 인성과 신성의 연합되심을 의미한다. 인성을 통해 나타난 그리스도의 신성이 교회의 실제이다(딤전 3:15-16). 그리스도는 인성 안에서 하나님의 신성을 표현하신 분이다(골 2:9).

5. 윗가를 금테로 두르라고 하신 이것은 그리스도가 가지신 하나님의 영광을 나타낸다. 금테는 흠정역(KJV)에는 금관(crown of gold)으

로 번역되어 있다. 언약궤는 그리스도를 나타내며, 그리스도는 하나님의 영광을 나타내시는 분이요("우리가 그 영광을 보니", 요 1:14) 하나님의 영광의 광채이시다(히 1:3).

6. 금고리 넷을 부어 만들라고 했을 때 고리는 원이므로 영원한 것을 상징하며 또한 성령을 상징한다. 언약궤는 이 땅에서의 움직임을 위한 것인데, 이는 반드시 부어진 성령이 있어야 함을 의미한다. 교회는 성령의 움직임이 없이는 움직여서는 안 된다. 넷은 땅의 네 모퉁이 또는 땅의 사방을(계 7:1) 의미하며 그리스도의 증거가 반드시 온 땅에 이르러야 함을 나타낸다(행 1:8).

7. 이편에 두 고리요 저편에 두 고리라 함은 간증을 짊어지는 최소한의 수가 둘임을 의미한다. 성경에서는 무엇이든 한 사람의 증거로는 부족하다고 말한다. 주님도 제자들을 보내실 때 둘씩 둘씩 보내셨다. 계시록에도 두 증인이 있다(11장). 주님은 이 땅에서 최소한 두 사람 이상이 그분의 증거를 짊어지고 전진하기를 원하신다.

8. 궤는 두 채로 메어야 했다. 그리고 그 채는 고리에 꿴 대로 두고 빼내지 말아야 했다. 이는 언약궤가 항상 움직이는 것임을 의미한다. 언약궤는 교회 시대에 그리스도의 간증을 표징한다. 언약궤는 실로의 장막을 떠난 뒤(삼상 4:3) 왕국을 상징하는 솔로몬의 성전 건축 때까지 다시는 실로의 장막으로 돌아가지 않았다. 이스라엘 백성들은 가나안을 정복한 후 실로에 장막을 세우고 언약궤를 거기에 두었다. 실로의 장막은 정형화된 교회를 가리킨다. 초대 교회는 타락하여 결국 카톨릭으로 변질되고 말았다. 이때부터 이 땅의 교회는 정형화된 상태로 존재하는 것이 아니라 언약궤처럼 순수하게 주님을 좇는 무리들 가운데서 발견되었다. 2000년 교회 역사는 이것을 증명한다. 하나님은 어느 시

대에나 충성되고 진실한 무리를 찾으시면 그들과 함께 움직이셨다. 그때마다 부흥이 있었는데, 일단 부흥이 사라져도 사람들은 그 부흥을 유지하고 보존하기 위하여 그때 가르쳐진 말씀과 계시들을 붙잡곤 했다. 그러나 주님은 그렇게 지나간 부흥을 유지하고 보존하려는 자들과 함께하지 않으시고 부흥이 지나간 곳에서 혹은 새로운 땅에서 두세 사람을 불러내시어 새로운 부흥의 역사를 시작하셨다. 그러므로 이 땅의 교회들은 이곳저곳에서 마치 순례자들처럼 계속 그분의 간증을 짊어지고 전진하고 있다. 오늘도 이러한 순례하는 교회들은 어딘가 감추인 곳에서, 또는 이곳저곳에서 언약궤의 간증을 짊어지고 주님과 함께 계속 전진하고 있을 것이다.

9. 속죄소는 히브리어로 카포레트(כפרת)이며, 덮는다는 뜻의 카파르(כפר)에서 왔다. '카파르' 는 제거하다는 뜻도 있어 사람의 죄를 덮어 보이지 않도록 제거한다는 뜻으로도 사용된다. 70인역(LXX)에서는 히브리어 '카포레트' 를 '힐라스테리온' 으로 번역하여 사람의 요구를 만족시켜서 서로를 진정시키고 화해하는 의미로 해석했다. 대부분의 영어 성경은 이 단어를 '긍휼의 자리' (a mercy seat)로 번역하여 그곳에서 사람이 하나님과 화해를 얻고 긍휼을 얻음을 나타냈다. 정금으로 된 속죄소는 죄 많은 인간들 가운데 베푸신 하나님의 보좌를 가리킨다. 언약궤의 맨 위에 있는 속죄소는 하나님께서 그분의 높으신 표준을 드러내시며 그 율법을 덮으시고 은혜와 긍휼을 베푸시려 한다는 것을 나타내고 있다.

하나님은 죄를 범한 인간의 죄를 덮고 가리시므로 인간에게 여전히 긍휼을 베푸실 길을 갖고 계심을 나타내신 것이다. 그분은 그분의 표준을 낮추거나 소홀히 하신 것이 아니라(그분의 의와 공의를 손상시키지 않는 방식을 강구하셨다) 속죄소의 피 뿌림을 통하여 사람에게 긍휼을 베푸시는 것이다. 그곳은 의와 공의와 은혜와 진리가 만나는 곳이다.

의와 공의는 죄인이 하나님 앞에 나아오는 것을 금하고 있지만 은혜와 진리는 하나님을 우리에게 나오시게 한다. 물론 이 속죄소 덮개는 그리스도를 의미하며, 그곳에서 하나님과 사람이 만나며 하나님께서 사람에게 말씀하신다. 우리는 그리스도 안에서 하나님을 만날 수 있으며 하나님은 그분의 아들 그리스도를 통하여 말씀하신다. 더 정확하게 말하자면 그리스도는 하나님의 말씀이시다.

이 지점만이 은혜와 의(義)가 만나는 곳이다. 하나님은 완전한 의에 근거해서만 사람을 만날 수 있으시기 때문에 그리스도의 보혈이 뿌려짐으로 하나님의 의가 만족되는 완전한 의의 지점, 그러면서도 완전한 그리스도의 은혜가 있는 곳인 속죄소에서 사람을 만나시는 것이다. 이곳이 시편 85편 10절에서 말하는바 "긍휼과 진리가 같이 만나고 의와 화평이 서로 입맞추는" 곳이다. 이렇게 은혜와 의가 완전히 만나는 곳이 어디인가? 바로 그리스도의 십자가이다. 그러므로 죄인은 그곳에서 평강을 갖고 하나님을 만날 수 있다. 십자가가 공의의 요구를 모두 만족케 하였기 때문에 은혜가 넘쳐흐를 수 있게 된 것이다. "은혜도 또한 의로 말미암아 왕 노릇 하여 우리 주 예수 그리스도로 말미암아 영생에 이르게 하려 함이라"(롬 5:21).

십자가의 의미를 잘 깨달으려면 이와 같이 구약의 예표들을 살펴보아야 한다. 레위기 16장에 의하면 속죄일에 대제사장은 수송아지의 피를 취하여 속죄소 앞과 속죄소 위에 뿌리게 되어 있었다. 속죄소는 율법을 덮고 있으며 속죄소 위에는 피가 뿌려져 있다. 그리고 그 위에 있는 영광의 그룹은 속죄소 위에 뿌려진 피를 바라보게 되어 있다. 이것은 과연 무엇을 의미하는가? 분명 그날 십자가에서 무슨 일이 일어났는가를 말해주고 있다. 만일 우리에게 속죄소 덮개(긍휼의 자리)가 없다면 하나님은 어디서 우리 같은 죄인을 만나실 것인가? 하나님은 덮개의 피를 보시고 우리와 말씀하시며 그 속에 있는 율법을 보시지 않는다. 하나님은 영광으로 우리에게 임하실 때 우리가 의의 율법의 요구를 이루었는가 이루지 않았는가에 따라서 만나시지 않고 그 위에 흘려진 피에 근거하여 만나시고 말씀하시는 것이다.

에덴동산에서는 직접적으로 하나님과 교제가 있었으나 인간의 죄가 그 관계를 파괴했고 그분은 인간을 에덴에서 쫓아내셨다. 구약 시대에 하나님은 주로 성막에서 특별히 시은좌 위 그룹들 사이에서 말씀하셨다. 법궤 안에 있는 율법은 하나님의 의로우심을 나타내고 그것을 범하는 자를 정죄한다. 그러나 십자가에서 그리스도의 피가 그 위에 뿌려져 하나님과 사람이 교제할 수 있는 터전이 마련되었다. 속죄소가 법궤 속에 있는 율법을 덮음같이 그리스도는 우리를 위해 율법을 덮으셨다. 또한 그 위에 피를 뿌리셨다. 그 위에 뿌려진 피는 우리가 지은 죄에 대한 그리스도의 벌과금이며 하나님은 그 피를 근거로 하여 우리와 교통하시며 말씀하실 길을 얻으셨다. 하나님이 어떻게 사람과 교제하시는가의 예는 민수기 7장 89절에 여호와께서 증거궤 위 속죄소 위의 두 그룹 사이에서 말씀하시는 것을 들었다고 기록된 것을 통해 볼 수 있다.

10. 그룹들에 대한 것은 히브리서 기자가 자세히 말하지 않았다. 다만 속죄소를 덮는 영광의 그룹이라고 했다(히 9:5). 그러므로 그룹은 영광과 관련된다. 하나님의 영광이 덮개를 바라보고 있다. 하나님은 믿는이를 만나실 때 그의 죄를 보시는 것이 아니라 그 위의 덮개와 피를 보신다. 두 그룹이 속죄소와 한 덩이로 연하여 있으며 쳐서 만들어졌다는 것은 그 하나님의 영광이 고난당하신 그리스도와 나누어지지 않았다는 것을 가리킨다. 하나님과 아들 그리스도는 분리되신 두 분이 아니므로 이것이 가능한 것이다. 이에 근거하여 우리는 사람에게 율법과 공의를 요구하시는 분이 그 요구를 만족시키신 분이라는 것과, 따라서 그 피를 보시고 만족하시며 이를 근거로 하여 말씀하시고 은혜 주시는 분이라는 것을 알 수 있다.

11. 언약궤는 왕국 이전까지의 교회를 예표한다. 사무엘은 그 궤에 대하여 그룹들 사이에 좌정하신 만군의 여호와의 이름으로 이름하는 것이라고 했다(삼하 6:2). 그 덮개에는 십자가의 공로인 피가 있으며 그 위에는 영광의 그룹이 있다. 교회가 이 땅에 있는 이유는 그리스도께서 십자가에서 이루신 공로와 영광을 지키기 위함이다. 언약궤가 블레셋과 싸우기 위해 실로에서 나온 뒤 왕국을 예표하는 다윗 성에 들어가기까지 오벳에돔의 집에 있었다. 우리는 오늘 오벳에돔에 있는 것과 같은 그리스도의 간증을 힘을 다해 지키는 것이 필요하다. 그것은 곧 그리스도의 십자가와 하나님의 영광이다. 그러나 이는 우리의 천연적인 능력이 아닌 성령의 능력으로 지켜야 한다. 우리는 웃사가 언약궤를 자신의 손으로 붙듦으로 죽임을 당한 후 다윗이 '베레스 웃사' 라고 반응한 것을 경계로 삼아야 한다(삼하 6:6-8).

진설병 상

23-30절, **너는 조각목으로 상을 만들되 장이 이 규빗, 광이 일 규빗, 고가 일 규빗 반이 되게 하고 24 정금으로 싸고 주위에 금테를 두르고 25 그 사면에 손바닥 넓이만한 턱을 만들고 그 턱 주위에 금으로 테를 만들고 26 그것을 위하여 금고리 넷을 만들어 그 네 발 위 네 모퉁이에 달되 27 턱 곁에 달라 이는 상 멜 채를 꿸 곳이며 28 또 조각목으로 그 채를 만들고 금으로 싸라 상을 이것으로 멜 것이니라 29 너는 대접과 숟가락과 병과 붓는 잔을 만들되 정금으로 만들지며 30 상 위에 진설병을 두어 항상 내 앞에 있게 할지니라**

1. 언약궤는 하나님의 임재하심을 상징하며 그 임재로 인한 간증과 관계된다. 이제 언약궤 다음은 상(床)이다. 이 상은 진설병(陳設餠)을 놓는 상을 말한다. 그 상에는 진설병을 두 줄로 하여 각 줄에 여섯 개씩

도합 열두 개를 놓게 되어 있었다. 언약궤는 증거를 위한 것이고 상은 우리의 충족한 누림을 위한 것이다. 하나님은 그분 자신의 임재로 우리를 축복하기 원하시며, 그런 다음 기력 없는 우리에게 그분 자신을 자양분으로 공급하기 원하신다. 그분은 우리에게 영생을 주기 위하여 하늘로부터 내려오신 생명의 떡이시다. 그러나 이 떡은 만나와 구별되는데, 만나는 성도의 매일의 삶을 위해 주어지는 공급인 반면 이 상 위에서 주어지는 떡은 매주 한 번 먹는 것으로서 제사장들만 거룩한 곳에서 먹게 되어 있다. 곧 하나님을 섬기는 자들의 영적인 역량을 위해 주시는 것이다(레 24:5-9).

레위기 24장 8절에 의하면, 이 떡은 매안식일에 여호와 앞에 진설하도록 되어 있었으며 이는 이스라엘 자손을 위한 것이라고 했다. 양식은 아론의 자손 제사장들을 위한 것이지만 그 효과는 온 이스라엘을 위한 것이라는 말이다. 이것이 진설병의 수가 열두 지파를 상징하는 열둘임이 의미하는 바일 것이다. 결국 이스라엘 제사장들이 매주 거룩한 떡을 먹는 것은 자신들을 위함이 아니라 온 이스라엘 열두 지파를 섬기기 위한 것이었다. 그 열두 덩이의 떡이 우리의 양식이신 그리스도를 예표할 뿐 아니라 고운 가루이신 예수 그리스도의 인성을 예표한다. 레위기 24장 7-8절은 "너는 또 정결한 유향을 그 매줄 위에 두어 기념물로 여호와께 화제를 삼을 것이며 항상 매 안식일에 이 떡을 여호와 앞에 진설하라"고 한다. 여기에 유향이 필요함을 본다. 고운 가루와 유향은 그 뜻이 깊다. 유향은 그분의 인성을 하나님께 전적으로 헌신하심을 예표하는 것이다. 즉 우리의 양식 되신 그리스도는 어떠한 분인가? 우리가 그리스도를 양식으로 취한 결과는 어떻게 되는가? 그리스도의 고운 인성을 본받게 될 것이며 완전한 헌신에 이르게 된다.

2. 상의 치수에 대하여는 장이 이 규빗, 광이 일 규빗, 고가 일 규빗 반이어서 일 규빗 정사각형 둘로 구분될 수 있다. 이는 하나님을 섬기

는 자들이 진리의 말씀을 공급받고 먹을 때 한 면에서는 정사각형으로 완전하고 빈틈없어야 하는 동시에 정사각형 두 개를 합한 직사각형이 의미하듯이 반드시 짝이 있고 균형이 있어야 함을 암시할 것이다. 어떤 그리스도인이 내주하시는 그리스도를 많이 말하고 그 누림을 강조한다 하자. 그것에 대한 깊은 체험은 일반적으로 일 규빗의 정사각형처럼 온전하게 들릴 것이다. 그러나 내주하시는 성령에 대한 체험은 반드시 밖에 기록된 진리의 말씀으로 균형이 잡혀야 한다. 그럴 때 상에 대한 그의 누림은 온전한 것이 된다. 또한 어떤 그리스도인 무리가 그리스도의 속죄하는 피에 대하여 많은 인식과 누림을 갖고 있다 하자. 그들은 사람들을 만날 때마다 보혈의 가치를 강조한다. 그것은 매우 완전하여 일 규빗의 정사각형이다. 그러나 나머지 한 면이 더 필요하다는 것을 알아야 하는데, 그것은 곧 생명의 떡에 대한 부분이다. 주님은 "내 살을 먹고 내 피를 마시는 자는 영생을 가졌고 마지막 날에 내가 그를 다시 살리리라"고 하셨다(요 6:54).

다른 한 면에서 일 규빗과 이 규빗은 완전하다. 거기에 부족함이 없다. 이것은 주님이 하늘로부터 내려오심은 세상에 생명을 주시기 위함이라는 것을 의미한다. 주님은 사람에게 생명을 주시러 이 땅에 오셨다. 그분의 생명 주시는 역사는 이 땅에서 인생들의 필요이다. 또한 일 규빗 반의 고(高)는 간증궤의 고와 일치한다. 이는 그리스도를 공급받음이 간증궤의 수준과 일치함을 의미한다. 간증은 다만 복음 전파를 의미하는 것만이 아니다. 간증은 주님 자신이다. 하나님은 시대마다 그분의 언약궤를 짊어지고 그분 자신을 간증하는 무리를 원하셨다. 그분의 거룩한 떡을 먹는 사람들은 그 목적이 그분의 간증을 위한 것이어야 한다.

십자가를 지는 자들이 아니면 결코 주의 간증이 될 수 없다. 법궤에 감추인 만나를 먹는 내적인 생명의 사람들, 거룩한 곳에서 거룩한 떡을 먹는 사람들만이 주의 간증이 될 수 있다. 그 떡을 먹음은 주님의 간증의 수준에 이르기 위한 것이다. 그분의 간증은 그분을 대표할 수 있어야 한다. 주님이 '이들은 바로 나의 영광이요, 자랑이요, 이 땅에서 나의 생명, 나의 성품, 나의 고난, 나의 부활, 나의 인내, 나의 겸손, 나의 사랑, 나의 긍휼, 나의 온유, 나의 모든 능력과 속성을 나타낸다' 라고 하실 수 없다면, 그러한 자들은 그리스도의 간증이 아니다.

3. 상을 조각목으로 만들고 금으로 싼다는 것은 다시 한 번 우리의 공급을 위하여 오신 주님이 신성과 인성이 연합되신 분임을 말해준다. 권위역 성경에서는 주위를 금테로 두르는 것(25절)을 역시 '금관' 으로 번역했다. 이 또한 하나님의 영광을 의미한다. 금테에 관한 것은 언약궤와 진설병 상이 동일하다. 이는 그리스도를 먹고 얻음이 그리스도를 간증함과 연결되어 있음을 가리킨다. 여기에는 모두 영광이 존재한다. 다시 한 번 말하지만 진설병 상은 만나와는 달리 하나님을 섬기는 제사장들의 음식이다. 따라서 그 음식은 또한 섬김 안에 존재한다(요 4:32-34).

4. "그 사면에 손바닥만한 턱을 만들고". '턱' 이라는 말은 영어 성경에서 '경계' (border)로도 번역하고 '틀' (frame)로도 번역했다. 이는 히브리어에서 가둔다는 뜻을 지니고 있다. 그러므로 이 턱은 떡이 지면으로 떨어지지 않도록 방지하는 동시에 상의 다리를 에워싸 튼튼하게 연결한다. 이는 주님이 우리에게 주시는 공급이 틀림없도록 보장되어 있음을 나타낸다. 그러므로 우리는 때를 따라 예비된 은혜의 공급을 얻을 수 있는 것이다. 그분의 진설병 상에 있는 떡은 결코 상에서 떨어지거나 상이 약해 지탱되지 못함으로 섬기는 자들에게 공급되지 못하는 일이 없다.

하나님은 진설병을 놓을 상에 턱을 만들라 하시고 또 네 금고리를 만들어 그 네 발 위 네 모퉁이에 달라고 하셨다. 그러므로 이 턱은 또한 네 발과 관계있음을 알 수 있다. 이는 주님의 진설병을 공급하시는 상이 견고하여 언제나 받을 수 있음을 가리킨다. 우리가 주님의 만찬을 기념하면서 그분을 먹고 마실 때 언제나 그분의 공급하심이 견고한 데에서 온다는 것을 체험할 수 있다.

5. 진설병 상에도 금고리 넷이 있고 턱 곁에 달아야 하며 채로 꿰도록 되어 있다. 이는 언약궤와 마찬가지로 운반하기 위한 것이다. 간증의 움직임과 진설병상의 공급은 언제나 함께한다는 것을 알 수 있다. 대접과 숟가락과 병과 붓는 잔은 다 정금으로 만들어야 한다. 이는 제사장들이 먹는 기구들이 다 거룩해야 함을 의미한다. 하나님을 섬기는 사람들은 먹는 음식이 거룩한가를 주의할 뿐 아니라 먹는 방식이나 분위기도 주의해야 한다.

6. "상 위에 진설병을 두어 항상 내 앞에 있게 하라"(30절). 진설병은 히브리어로 '레헴 파님'(לחם פנים)으로서 직역하면 '얼굴의 떡'(face-bread), 즉 면전에 놓인 떡이다. 하나님은 그분을 섬기는 자들이 그분의 면전에서 먹기를 원하신다. 그분의 면전에서 섬기는 자들만이 그분을 섬길 수 있는 힘과 은혜를 얻는다. 만나에 관해서는 반드시 그분의 면전에서 먹어야 한다고 말씀하지 않으셨다. 그러나 제사장들이 먹는 진설병은 반드시 그분의 면전에서 먹어야 한다. 특별히 우리가 기념하는 주님의 만찬에서 그분의 살과 피를 먹는 것은 반드시 그분의 면전에서 실행해야 한다. 레위기 24장에 의하면 진설병은 매안식일에 진설해야 하며 일주에 한 번은 먹어야 한다.

또한 24장 9절은 그것을 거룩한 곳(holy place)에서 먹으라고 했는데, 거룩한 곳은 성소를 일컫는다. 오늘날 거룩한 곳은 교회이다. 우리는 아무 곳에서나 진설병을 먹을 수 없고 오직 거룩한 성도들이 모이는 교회 안에서만 먹을 수 있다는 것을 보아야 한다. 특히 이 진설병은 건축된 성소 안에서 먹어야 하는데, 오늘날 참되게 진설병을 누리는 것은 성도들이 그리스도의 몸으로 연결되고 상합된 실제가 있는 곳에서 오직 섬기는 자들만이 얻을 수 있는 것임을 보아야 한다.

7. 레위기 24장 7절에서는 두 줄의 진설병 위에 정결한 유향을 두어 기념물로 화제를 삼으라고 하였는데, 이 진설병이 유향 위에 있음은 하나님께 대한 전적인 헌신을 상징한다. 진설병은 고운 가루로 만들어졌고(레 24:5) 그 위에 유향이 놓여진 것을 볼 때, 이는 먼저 진설병이 고운 소제이신 그리스도를 상징하며 그분이 하나님께 고운 음식과 향기로 드려진 제물이심을 알 수 있다. 또한 이 진설병은 그분을 섬기는 우리의 음식이기도 하다. 주님은 하나님께 곱고 향기로운 제물이심과 동시에 섬기는 우리의 음식이시기도 한 것이다. 우리 또한 섬기는 자로서 하나님께 이러한 제물을 드려야 한다. 조지 뮬러는 봉사의 비결에 대하여 이렇게 말했다. '나는 죽음을 당하였다. 나는 어느 날 나 조지 뮬러에 대하여 죽었고 나의 의견에 대하여 죽었으며 나의 선택에 대하여 죽었고 나의 좋아하는 것과 나의 의지에 대하여 죽었으며 세상과 세상의 칭찬과 책망에 대하여 죽었으며 심지어 친구나 형제들의 칭찬이나 책망에 대하여도 죽었다.'

8. 진설병 열두 개는 이스라엘 열두 지파를 상징하기도 한다. 그들은 하나님 앞에 드려지는 떡이요 제물이다. 그들은 이와 같이 하나님 앞에서는 한 번도 나뉘어지지 않았다. 이스라엘이 광야에서 서로 다투고 마음이 맞지 않는 상태에 있었을지라도 진설병 상 위에는 오직 열두 개의 떡이 가지런히 놓여 있었다. 그들이 가나안에 들어가서 북 이스라엘과 남 유다로 분열되어 있을지라도 진설병은 그대로 열두 개가 상 위에 놓여져 있다. 이는 하나님 앞에 그분의 백성들은 언제나 하나로 존재함을 의미한다. 우리가 떼는 만찬의 떡은 한 떡이다. 사도는 "떡이 하나요

많은 우리가 한 몸이니 이는 우리가 다 한 떡에 참예함이라"(고전 10:17)고 말한다. 하늘에 있는 하나님의 백성, 하나님의 교회는 언제나 하나이다. 분열은 육체의 산물이요 사람에 속한 것이다(고전 3:4). 교회가 장성할 때 그리스도를 믿는 것에서나 아는 데서 하나가 이루어진다(엡 4:13). 교회가 나누어진다는 것은 그 자체가 어리다는 것을 나타낸다. 어리다는 것은 믿는이가 육체의 지배를 많이 받고 성령의 인도와 진리에 순종하지 못하는 상태이다. 이 땅에 교회가 하나 되려면 믿는이의 육체가 심판되어져야 한다. 육체가 심판되어지는 정도가 그리스도의 몸이 하나로 건축되는 정도이다. 십자가로 모든 육체가 심판될 때 이 땅에 있는 교회는 하늘에 있는 모습과 일치된 형상을 나타낼 것이다. 우리는 그 상 위에 열두 진설병을 보고 하나님 앞에 이스라엘의 상태를 보아야 하며 오늘 우리가 떼는 떡을 보며 그리스도의 몸의 하나를 보아야 한다.

등대

31-40절, 너는 정금으로 등대를 쳐서 만들되 그 밑판과 줄기와 잔과 꽃받침과 꽃을 한 덩이로 연하게 하고 32 가지 여섯을 등대 곁에서 나오게 하되 그 세 가지는 이편으로 나오고 그 세 가지는 저편으로 나오게 하며 33 이편 가지에 살구꽃 형상의 잔 셋과 꽃받침과 꽃이 있게 하고 저편 가지에도 살구꽃 형상의 잔 셋과 꽃받침과 꽃이 있게 하여 등대에서 나온 여섯 가지를 같게 할지며 34 등대 줄기에는 살구꽃 형상의 잔 넷과 꽃받침과 꽃이 있게 하고 35 등대에서 나온 여섯 가지를 위하여 꽃받침이 있게 하되 두 가지 아래 한 꽃받침이 있어 줄기와 연하게 하며 또 두 가지 아래 한 꽃받침이 있어 줄기와 연하게 하며 또 두 가지 아래 한 꽃받침이 있어 줄기와 연하게 하고 36 그 꽃받침과 가지를 줄기와 연하게 하여 전부를 정금으로 쳐 만들고 37 등잔 일곱을 만들어 그 위에

두어 앞을 비추게 하며 38 그 불집게와 불똥 그릇도 정금으로 만들지니 39 등대와 이 모든 기구를 정금 한 달란트로 만들되 40 너는 삼가 이 산에서 네게 보인 식양대로 할지니라

1. "너는 정금으로 등대를 쳐서 만들되"(31절). 등대는 성소에 있고 진설병 상 맞은편에 있으며 지성소의 휘장에 가까이 있다. 등대는 그리스도를 예표하는 동시에 신약의 교회를 예표한다. "일곱 등대는 일곱 교회니라"(계 1:20). 등대를 쳐서 만들라는 것은 고난받으신 그리스도를 상징한다. 교회는 그리스도의 고난을 통하여 생겨난 존재이다. 고난(치는 것)이 없다면 세상에 빛을 내는 등대인 교회는 생겨날 수 없었다. 다른 한 면에서 고난은 빛을 가져온다. 교회나 믿는이 개개인이나 고난을 통하여 더욱 빛나게 된다.

2. 등대를 만들 때 오직 정금으로만 쳐서 만들라는 것은 의미가 있다. 그 재료가 정금인 것은 교회가 순수한 하나님의 성분만으로 건축되어야 함을 의미한다. 그리스도 외의 것은 교회의 성분이 될 수 없다. 사람의 육체와 의견과 재능과 심지어 천연적인 미덕조차도 그것이 하나님의 성분으로 변화된 것이 아니라면 교회의 내용이 될 수 없다.

3. 등대에는 밑판과 줄기가 있다. '밑판'(base)으로 번역된 단어는 창세기 24장 2절에서 환도뼈로, 창세기 46장 26절에서 몸(야곱의 '몸'에서 나온 자며)으로 번역된 단어와 동일하다. 등대의 가지들은 이 밑판으로부터 생겨난 것이다. 밑판은 신약의 용어로 하면 '기초'이다. 교회의 기초는 그리스도이시다. 밑판이 그리스도이므로 교회는 그리스도로부터 나왔으며 교회의 존재 전체가 그리스도이다. 밑판, 줄기, 꽃 모두가 정금인 것이다.

신약의 교회 설립 원칙은 한 교회가 하나의 밑받침을 갖고 있는 것이다. 당시 요한이 밧모 섬에서 일곱 교회에게 편지를 쓸 때 그는 이상 가운데서 일곱 금촛대를 보았다(계 1장). 그것들은 밑판이 각각 분리된 일곱 촛대이지 일곱 개가 모두 연결된 것이 아니었다. 오늘날 카톨릭 교회의 경우는 촛대의 밑판이 모두 연결되어 붙어 있는 상태이다. 그러나 계시록 1장에서 일곱 금촛대는 밑편이 각각 분리되어 있었다. 행정과 조직에서 각 교회는 독립적인 존재인 것이다.

각 교회는 하나님 앞에서 빛을 발하는 등대로서 각각 간증을 지니고 서 있다. 1800년대 영국의 '형제회' (Brethren)는 교회란 각각 하나님 앞에 서서 직접 책임을 지는 존재임을 많이 강조했다. 성령의 인도에 있어서 각 교회는 하나님 앞에 서서 직접 책임을 진다.

또한 모든 줄기의 성분과 밑판의 성분이 하나이듯이 모든 성도들이 가지고 있는 생명은 그리스도께서 가지신 하나님의 생명과 동일한 생명이다. 아무리 작고 연약한 지체라 하더라도 몸의 지체라면 머리가 가지고 있는 생명을 동일하게 가지고 있다. 등대가 나무의 형상을 하고 있으므로 그 모든 줄기는 뿌리인 밑판으로부터 자라 나온 것으로서 동일한 생명과 성분으로 이루어져 있다고 할 수 있다. 이것은 요한복음 15장의 포도나무와 같이 교회의 완전한 상징이다.

4. 잔과 꽃받침과 꽃이 있음은 이 등대가 식물과 같이 자라서 꽃이 핀 것과 같은 형상을 지녔다는 것을 암시한다. 교회는 자라서 꽃이 핀 나무와 같다. 금으로 된 나무이다. 그러므로 교회는 성장하는 나무와 같은 존재인 것이다. 그 꽃은 살구꽃 형상인데, 살구꽃은 특히 그리스도의 부활을 상징한다. 히브리어에서 살구꽃은 잠에서 깨어난다는 뜻을 갖고 있다(이상근 주석에서). 교회가 자라려면 죽음과 부활을 체험해야 한다. 교회가 자라지 않으면 합당하게 빛을 비출 수 없다. 교회는 고난과 여러 환경과 사망을 통과하여 자라게 되며, 결과적으로 부활의 성숙한 모습으로 꽃처럼 보여지게 된다. 그러나 그 자람과 꽃핌은 잔

(cup) 셋이 있은 후에 있게 된다. 그 잔은 마치 한 번 한 번의 십자가의 체험을 통하여 생긴 마디와 같고 생명수가 고인 샘과 같다. 이 잔이 살구꽃 형상을 가진 것이라면 그 고난은 부활과 함께 있다는 것이다. 우리는 부활과 함께 고난을 체험한다. 그리스도의 부활의 능력과 생명은 우리로 능히 모든 고난에서 이기게 하고 결과적으로 자라도록 도와준다. 이러한 체험과 성장들이 합하여 등대의 꽃을 피우고 빛을 내게 하는 것이다. 결국 이 등대는 활짝 피어난 꽃과 같은 등대이다.

5. 등대는 성소에서 불을 밝혀 비추는 목적을 갖고 있다. 제사장들은 진설병 상에서 하나님의 임재의 떡을 먹고 등대가 빛을 비추도록 등대를 손질하기도 하고 기름도 채워야 한다. 교회는 특히 어두운 세상을 향해 빛을 발하는 기능을 갖고 있다. 제사장들은 진설병 상을 음식으로 먹을 필요가 있고 빛을 낼 필요도 있다. 제사장들의 단체인 교회(벧전 2:9)가 만일 어두워가는 세상을 향해 빛을 발하지 못한다면 그 존재의 의미를 잃어버리게 된다. 또한 등대가 빛을 비추기 위해서는 기름이 있어야 한다. 스가랴 4장에서는 그 금등대에 기름을 흐르게 하는 두 금관이 있음을 지적했다(12절). 교회가 어두운 세상에 빛을 내는 등대가 되려면 성령으로 충만되어야 한다.

6. 결국 등잔은 일곱 개가 되었다(37절). 등대의 일곱 등잔은 하나님의 일곱 영을 가리킨다(계 4:5). 일곱 등잔은 그리스도의 완성하신 사역이 교회 안에서 성령께서 역사하시는 유일한 근거임을 알려 준다(맥킨토시). 오순절에 부어지신 성령은 사실상 구약에서 말하는 하나님의 영과는 차이가 있다. 이에 대하여는 앤드류 머레이의 저서 〈그리스도의 영〉(일명 '성령')에서 자세히 말해주고 있는데, 이것을 이해하는데 매우 도움이 된다. '오순절에 부어지신 하나님의 영은 사실 새로운 존재이셨다…구약 시대에 성령은 하나님의 영 또는 여호와의 영으로 불

리우셨는데…사실 성령이라는 칭호가 당시에는 그분에 대한 적합한 칭호가 아니었다…오순절에 성령이 부어지실 때 그분은 영광받으신 예수의 영으로, 성육신 되신 영으로, 십자가에 못 박히시고 높여지신 그리스도의 영으로, 사자와 전달자로 오셨다.' (제5장 '영광받으신 예수님의 영' 에서)

요한복음 7장 37-39절에서 예수님은 "누구든지 목마르거든 내게로 와서 마시라"고 하시는데, 곧이어 "예수께서 아직 영광을 받지 못하신 고로 성령이 아직 저희에게 계시지 아니하시더라"고 기록되어 있다. 이는 예수께서 십자가의 고난을 통한 구속 사역과 부활 승천으로 모든 것을 다 성취하시기까지는 아직 그 성령이 주어지지 않으셨다는 뜻이다. 오순절에 성령이 임하신 것은 결국 교회를 위한 것이다. 등대가 일곱 등잔으로서 환하게 빛을 비출 수 있게 되려면 일곱 영이 있어야 한다. 주님이 십자가의 죽으심과 고난, 부활과 승천을 통하여 영광을 얻으시고 성령을 부어주신 것은 교회를 위한 것이다. 오늘날 교회가 빛을 발하지 못하는 것은 이 성령이 결여되었기 때문이다. 성령은 교회의 내용이시다(엡 4:4-12, 고전 12장 참조). 결국 그리스도께서 성육신과 인생을 거치시고 죽음과 부활과 승천을 통하여 얻으신 모든 것이 포함된 성령을 부으신 것은 교회를 그리스도로 충만케 하시고 부요케 하시기 위함이다. 우리는 이 예표적인 말씀에서 성령이 교회를 위한 것임을 알 수 있다.

7. 꽃받침과 가지와 줄기가 연하게 하여 전부를 정금으로 쳐서 만들라는 것(36절)은 등대가 성삼위 하나님과 관련된 것임을 암시한다. 정금은 하나님의 본성과 관계되고, 그 가지와 줄기와 꽃 등의 나무 형상은 그리스도와 관련되며, 일곱 등잔은 성령과 관련된다. 따라서 그리스도의 모든 역사는 성령의 역사와 분리할 수 없다. 정금으로 쳐서 만들어야 함이라든지 밑판과 관련된 것은 그리스도의 완성된 사역과 관계

가 있다. 그 정금 등대에서 나오는 일곱 영의 역사는 바로 그렇게 사람이 되셔서 고난의 인생과 십자가와 부활과 승천을 통해 완성하신 그리스도의 사역과 관계되는 것이다. 그러므로 우리는 요한복음 7장 39절의 부가된 말씀을 이해할 수 있다. "예수께서 아직 영광을 받지 못하신 고로 성령이 아직 저희에게 계시지 아니하시더라". 그러므로 등대인 교회는 하나님 아버지와 주 예수 그리스도와 성령 하나님 모두에 관련되며 그 표현이 된다. 이는 요한복음 17장의 주님의 기도에서도 확인할 수 있다. 여기서 꽃받침은 영어로 '마디' (knop) 혹은 공 같은 모양의 '꽃받침' (bulb)으로 번역되어 있다. 등대에 불이 켜지려면 잔(cup)이 있어야 하고 꽃받침이 있어야 한다. 이와 같이 그리스도의 몸이 건축되려면 연결하는 힘줄이 있어야 하고 공급하는 마디가 필요하다.

8. 이스라엘의 성막에서 등대는 하나이다. 그러나 교회 시대에 등대는 각 교회별로 하나씩이다. 최종적인 믿는이들의 거처인 새 예루살렘은 또 하나의 큰 등대라고 볼 수 있는데, 이는 등대 역사의 최종 종착지이다.

9. 하나님은 등대와 더불어 불집게와 불똥 그릇도 정금으로 만들라고 하셨다(38절). 이는 제사장들이 성소에서 등대를 관리해야 함을 의미한다. 오늘날 교회를 섬기는 자들도 동일하게 교회가 등대로서 빛을 잘 발할 수 있도록 심지를 잘라서 그을음을 제하고 기름을 더 채워 넣는 일을 해야 한다. 특별히 하나님은 이 시대에도 하나님의 종들이 일어나 그분의 교회에 기름을 채워 넣어 등대의 등불이 더 밝아지고 그을음이나 불똥이 없는 신선한 빛 비춤을 발하도록 섬기는 자들이 많아지기를 원하신다. 이 모든 등대를 관리하는 도구들이 정금이어야 함은 교회를 간증이 되도록 섬기는 자들이 하나님의 본성인 금으로 섬겨야 함을 가리킨다.

10. 계시록 1장 20절 말씀은 "일곱 촛대는 일곱 교회니라"고 한다. 이것은 "일곱 교회는 일곱 촛대니라"로 바꿔 읽을 수 없다. 만일 교회가 촛대라고 한다면 교회라는 이름만 가지면 무조건 촛대가 되어 버린다. 그러나 계시록 2장 5절에 의하면, 처음 사랑을 잃어버린 에베소 교회가 만일 회개하지 않는다면 촛대를 그 자리에서 옮기겠다고 하셨다. 이것은 에베소 교회 사람들이 다 없어진다거나 그들이 모이는 건물이 없어진다는 의미가 아니다. 이는 그들이 가지고 있던 교회로서의 간증, 그리스도를 빛으로 비추는 기능을 더 이상 허락지 않으시겠다는 뜻이다.

교회가 금촛대의 기능을 상실한다면 그 교회는 이 땅에 존재하나마나이다. 그들이 첫사랑을 잃어버린 것을 회개하지 않고 아무 일 없는 것처럼 모일 수도 있고 찬양할 수도 있고 기도할 수도 있고 헌신하고 봉사할 수도 있다. 그러나 여전히 많은 활동이 있다 하더라도 거기에는 촛대가 없는 것이다. 그러므로 일곱 교회가 곧 일곱 등대라고 할 수 없고 일곱 등대가 일곱 교회라고 하는 것이 옳다. 당시 요한이 이상 가운데서 볼 때 하늘에는 일곱 금촛대가 있었다. 이는 아시아의 일곱 교회가 하나님 앞에서 등대로 서 있다는 뜻이다. 그러나 유감스럽게도 에베소 교회는 그 간증을 잃어버릴 위험에 처해 있었던 것이다.

어떤 학자들은 금등대가 인성을 상징하는 나무가 없이 금으로만 만들어져 있으니 오직 그리스도의 신성만을 나타내는 것이라고 해석했다. 그리고 이것을 교회를 예표하는 것으로 해석하기를 어려워했다. 그러나 등대가 막바로 교회를 예표하는 것이 아니라 그 교회가 성령으로 충만되어 온전히 그리스도를 빛으로 나타낼 때만이 금촛대의 역할을 하는 것이다. 하나님은 이 땅의 교회들이 이러한 등대로서 어두운 세상에 빛이 되기를 원하신다.

출애굽기 26장

1-6절, 너는 성막을 만들되 앙장 열 폭을 가늘게 꼰 베실과 청색 자색 홍색실로 그룹을 공교히 수놓아 만들지니 2 매폭의 장은 이십팔 규빗, 광은 사 규빗으로 각 폭의 장단을 같게 하고 3 그 앙장 다섯 폭을 서로 연하며 다른 다섯 폭도 서로 연하고 4 그 앙장의 연락할 말폭 가에 청색 고를 만들며 다른 연락할 말폭 가에도 그와 같이 하고 5 앙장 말폭 가에 고 오십을 달며 다른 앙장 말폭 가에도 고 오십을 달고 그 고들을 서로 대하게 하고 6 금 갈고리 오십을 만들고 그 갈고리로 앙장을 연합하여 한 성막을 이룰지며

출애굽기에서 하나님이 이스라엘을 애굽에서 구출해 내신 것은 그들을 다만 바로의 속박으로부터 해방시키기 위한 것만이 아니라 그 택하시고 구속하신 백성들 가운데서 그분의 거처를 소유하시기 위함이었다. 이것은 신약의 교회에도 같은 원칙이 적용된다. 우리가 그리스도의 보혈로 구속된 것은 그분의 거처인 교회를 이루기 위함이다.

성막(tabernacle)은 하나님께서 이 땅에 거하셨던 최초의 거처였으며 신약의 교회에 대한 가장 포괄적이고도 온전한 모형이라고 볼 수 있다. 오늘도 교회의 중요성은 하나님의 거하심에 있다. 에베소서 2장 22절에서 바울은 "너희도 성령 안에서 하나님의 거하실 처소가 되기 위하여 예수 안에서 함께 지어져 가느니라"고 하였다. 또한 고린도 전서 3장 16절에서는 "너희가 하나님의 성전인 것과 하나님의 성령이 너희 안에 거하시는 것을 알지 못하느뇨"라고 말한다. 하나님께서는 많은 다른 모양의 장막들 가운데 거하시는 것이 아니다. 그분의 처소에 관하여는 한 가지 한 가지 그분의 뜻에 따라 짓게 하시고 그 안에 거하신다.

오늘날 우리는 하나님이 진정으로 원하시는 교회를 건축하고 그분을 우리 중에 모시고자 하는 큰 뜻을 품고 있다. 그렇다면 우리가 신약의 교회를 건축하기 위해서는 반드시 구약의 성막의 식양을 통해서 그 원칙을 보아야 한다. 우리는 오늘날 교회를 위해서 성막에 있는 한 가지 항목이라도 빠뜨리지 않고 소유할 수 있기를 원해야 한다. 하나님은 성막 건축에 있어서 계속 이렇게 말씀하신다. "너는 삼가 이 산에서 네게 보인 식양대로 할지니라"(출 25:9,40, 26:30, 27:8). "…모세가 필한 모든 것을 본즉 여호와께서 명하신 대로 되었으므로"(출 39:43, 40:16), "가라사대 삼가 모든 것을 산에서 네게 보이던 본을 좇아 지으라 하셨느니라"(히 8:5b). 하나님께서는 모세의 역사가 보이신 그대로 되었으므로 그 안에 거처를 두신 것이다. "모세가 이와 같이 역사를 필하였더라 그 후에 구름이 회막에 덮이고 여호와의 영광이 성막에 충만하매"(40:33b-34).

그러므로 오늘날도 신약의 교회가 하나님의 거처로서 그분의 충만한 임재를 모시려면 모든 것이 그분의 말씀하신 대로 되어야 한다. 사람의 생각이나 의견이 들어와서는 안 된다. 하나님의 거처인 교회가 세워지는 일에 있어서 사람의 건설적인 의견들이 관철되는 것을 두려워하기 바란다. 그것은 교회를 무너뜨리고 더럽히는 일이다. 만일 그때 띠나 말뚝이나 꽃받침이나 잔이나 널판이나 촉이나 고리 부분 등을 중요성이 덜하다고 생각되어 생략하거나, 사람의 편리대로 놋으로 하라는 것을 쇠로 하고 금으로 하라는 것을 놋으로 만들어 갈아 끼우거나 붙였다면, 하나님께서는 그러한 불순종하는 사람들이 임의로 만든 성막에 거하려 내려오지 않으셨을 것이다.

여기서 우리는 신약의 교회를 건축하려는 우리가 배워야 할 점이 있다고 본다. 교회 곧 하나님의 집만큼은 사람의 재량이나 편의에 따라 임의로 건축할 수 있는 것이 아니다. 그 모든 것이 하나님의 말씀에 따라 지어지고 만들어져야 한다. 교회의 봉사와 행정, 교제와 인도, 그 성질과 나타남 모두가 하늘의 식양에 맞아야 한다. 사역은 어떻게 하는 것인가? 나는 오늘날의 사역과 교회의 현실은 성경에서 보여준 것과 너무 다르다고 생각한다. 물론 이러한 분열 속에서도 하나님은 그분의 복음을 전하시고 계시며 그분의 목적을 향하여 나아가고 계시다. 그러나 분명 성경의 사역은 그렇게 이루어지지 않았다. 사도행전 1장부터 12장까지는 예루살렘을 중심으로 한 베드로의 일행의 사역이고 13장부터 28장은 안디옥을 시작으로 한 바울의 일행의 사역이다. 우리는 성경에서 사역자들이 각개전투 하듯이 사역하는 것을 보지 못했다. 바울은 디모데, 디도, 실라 등과 함께 나아갔다. 그들은 언제나 한 무리의 사역자들로서 서로 존중하며 따르며 사역하는 본을 보여주었다. 그들 중에는 바울처럼 주 건축자(master builder, 고전 3:10)가 있었고, 다른 이들은 그가 세운 건축의 터 위에 조심스럽게 건축해야 했던 것이다. 이는 성경의 본이다. 우리가 이렇게 사역하지 않는다면 성경의 식양을 따르지 않는 것이 아닌가?

그러면 교회에 관하여는 어떠한가? 과연 교회의 터는 무엇인가? 교회의 머리는 누구인가? 교회의 하나의 문제는 어떠한가? 교회에 가르쳐지는 가르침은 어떠한가? 교회는 과연 전통을 따라야 하는가? 어떤 것 하나도 임의로 할 수 없는 것이 교회이다. 어떤 사역자나 장로가 '나는 교회를 이렇게 저렇게 하고 싶다. 이렇게 저렇게 해야 한다고 생각한다' 라고 말한다 하자. 겉으로 들을 때에는 큰 문제가 없는 것 같고 매우 건설적으로 들리기까지 한다. 그러나 우리가 반드시 기억해야 할 것은 교회가 참되게 하나님의 거하시는 거처가 되기 위해서는 사람이 생각하고 추측하는 것 이상으로 작은 실, 말뚝 하나에 이르기까지 사람의 견해에 맡겨지지 않고 하나님의 말씀에 통제받아야 한다는 점이다. 매우 작은 것 하나라도 하나님의 교회에 관련된 것인 한 성경의 말씀과 본에 따라야 한다.

교회와 사역의 관계는 어떠한가? 집사와 장로의 문제는 어떠한가? 각종 은사의 발휘는 어떠한가? 집회의 방식은 어떠한가? 성도들에 대한 사랑과 돌봄은 어떠한가? 모든 것이 주님의 말씀을 따르는가, 아니면 전통이나 사람의 견해를 섞어서 행하는가? 우리가 26장을 볼 때 성막의 모든 기구의 재료든 크기든 한 가지도 사람의 임의에 맡겨진 것이 없고 세세하게 지시되어 있다. 이것은 오늘날 교회에도 적용되어야 한다. 구약보다 섬세하고 정확하고 실제적인 것이 신약의 것들일진대 더욱더 그러해야 한다.

이 때문에 오늘날 우리는 교회의 길에 대하여 두려워하고 조심하는 것이다. 조심하지 않으면 교회는 하나님의 임재를 잃고 간증을 상실한다(히 3:6, 계 2:5). 교회는 진리의 기둥과 터이다(딤전 3:15). 교회가 진리를 따르지 않고 함부로 행한다면 하나님의 집으로서의 터와 기둥을 잃어버리게 된다. 계시록 2장과 3장에 나온 일곱 교회의 경우, 교회가 조심하지 않고 타락해갈 때 하나님의 거처로서의 특권을 상실하는 것을 보게 된다. 우리는 거듭난 사람들이 함께 모여서 예배하고 찬양하며 기도하면 교회라고 생각하겠지만, 성경에 따르면 그것만으로는 부족하다. 교회가 하나님을 모시는 교회가 되려면 교회의 한 가지 한 가지를 작은 것이라도 성경 말씀에 따라 순종하면서 실행해야 할 것이다.

성막 덮개의 첫 번째 층-앙장 열 폭

성막에서 언약궤와 진설병 상과 금등대를 만든 뒤 성막 덮개로 나아간다. 성막의 덮개는 네 겹으로 되어 있으며 첫 번째 층은 가장 안쪽을 덮는 것으로서 가늘게 꼰 베실과 청색 자색 홍색실로 그룹을 수놓아 만들어야 했다. 그 위를 덮는 것은 염소 앙장이고 세 번째로 덮는 것은 수양 가죽 덮개이며 마지막으로는 해달의 가죽이다.

그런데 여기서 특이한 점은 성경에서 가장 안쪽에 위치한 가늘게 꼰 베실로 만든 첫 번째 앙장을 성막(tabernacle)이라고 했다는 것이다. 이 하나님의 거처 전체를 성막이라고 표현하는 동시에 이 첫 번째 덮개를 성막이라고 부르는 점이 의미 깊다. 우리가 생각건대 성막의 기구를 통틀어서 이 부분을 만들기가 가장 힘들고 공이 들어가기 때문이라고 여겨진다. 또한 성막을 덮는 네 개의 층 가운데 첫 번째 것이 가장 중요한 것이고 나머지는 그 첫째를 덮은 것이라고 볼 수 있다. 또한 그 만드는 재료도 가장 다양하고 섬세함이 요구된다. 즉 성막 전체가 이 첫 번째 덮개로 대표된다. 나머지 세 개의 덮는 것은 다만 덮개로 표현하고 있다.

그러면 이 첫 번째 덮개(성막)의 재료를 보자. 먼저 가늘게 꼰 베실이 있는데, 이는 그리스도의 섬세한 인성을 가리킨다. 영적인 사람치고 섬세하지 않은 사람이 없다. 거친 것은 육의 특징이다. 대충하고 거칠게 행동하는 사람은 육체로 행하는 자이다. 사울이 그렇게 거칠었다. 그는 사려깊고 섬세한 사람이 아니다. 그러나 다윗은 달랐다. 그는 모든 일에서 섬세한 사람으로 행동하며 주님을 기쁘시게 했다. 우리 주님은 어떠하신가? 그분은 한 가지 한 가지의 행동과 일에서 섬세하고 의로운 분이시다. 그분은 한 가지도 대충 행하고 실수로 행하여 후회하는 일을 하지 않으셨다. 그분이 하신 일은 다 깊이 있고 섬세하며 의로우셨다. 베실은 의로운 행실들을 가리킨다(계 19:8). 거기에다 실을 꼬았다는 것은 그분의 행동이 섬세하면서도 느슨하지 않으심을 나타낸다. 실이 꼬여지지 않았다는 것은 풀어져 있는 것인데 꼬여진 것은 다듬어지고 매듭이 분명한 것이다. 그분이 이 땅에서 사람들을 대하시거나 어떤 일을 하실 때 그분은 한 번도 해야 할 일을 느슨한 상태로 두신 적이 없다. 그분은 확실히 가늘게 꼬인 베실의 특성을 지니셨다.

또 청색실이 있다. 청색은 하늘의 색깔이다. 그분은 이 땅에 사람의 모양으로 오셨지만 하늘의 특성을 지니셨다. 자색실은 왕권을 상징하며 주님은 확실히 왕이셨다. 그분은 분명 '유대인의 왕으로 나신 이'셨다. 홍색실은 그분의 구속을 위한 피 흘리심을 상징한다. 홍색이 없다면 성막은 가장 중요한 모습 하나가 결여된다(맥킨토시). 그분은 구속주이시다. 그룹을 수놓아 만들라고 한 것은 그룹이 하나님의 영광을 나타내기 때문이다. "우리가 그 영광을 보니 아버지의 독생자의 영광이요 은혜와 진리가 충만하더라"(요 1:14). 이러한 첫 번째 덮개 하나만도 그리스도의 어떠하심을 나타내기에 충분하다. 이는 교회도 동일해야 한다. 교회는 주님을 닮아 하늘의 색깔을 지녀야 하고 생명 안에서 죄악과 사망과 사탄을 다스리는 왕의 표현이 있어야 하며 구속의 표현이 있어야 한다. 성도들은 멸시와 천대를 받고 고난을 받겠지만 그 속에 왕의 본능이 없는 것이 아니다. 그들은 죄와 세상을 이기고 생명 안에서 왕 노릇하는 왕들이다.

그 치수는 매폭의 장이 이십팔 규빗이고 광은 사 규빗이며 앙장 다섯 폭을 서로 연하고 다른 다섯 폭도 연하게 되어 있다. 양편에 다섯 폭씩의 두 개의 장에 청색 고가 오십 개씩 달려 있고 그것을 금 갈고리 오십 개로 연결하게 되어 있다. 결국 두 폭을 다 펴면 그 장이 이십팔 규빗이고 광은 열 폭이니 사십 규빗이 될 것이다. 이것은 첫째로 그분이 인성을 갖고 오셨으면서도 신성과의 완전한 연합 안에서 조금도 불일치나 혼돈이 없이 존재하시는 분임을 나타내며, 그분이 하늘에 속하고(청색고) 하나님의 신성한 능력 안에서(금갈고리) 완전한 균형과 조화와 연합을 이루고 계심을 나타내며, 그것을 근거로 하여 인간의 모든 양립된 문제나 분열적인 문제를 하나로 연결하고 통합할 수 있는 능력이 충만하심을 나타낸다.

7-14절, 그 성막을 덮는 막 곧 앙장을 염소털로 만들되 열한 폭을 만들지며 8 각 폭의 장은 삼십 규빗, 광은 사 규빗으로 열한 폭의 장단을 같게 하고 9 그 앙장 다섯 폭을 서로 연하며 또 여섯 폭을 서로 연하고 그 여섯째 폭 절반은 성막 전면에 접어 드리우고 10 앙장을 연락할 말폭 가에 고 오십을 달며 다른 연락할 말폭 가에도 고 오십을 달고 11 놋 갈고리 오십을 만들고 그 갈고리로 그 고를 꿰어 연합하여 한 막이 되게 하고 12 그 막 곧 앙장의 나머지 그 반 폭은 성막 뒤에 드리우고 13 막 곧 앙장의 길이의 남은 것은 이편에 한 규빗, 저편에 한 규빗씩 성막 좌우 양편에 덮어 드리우고 14 붉은 물 들인 수양의 가죽으로 막의 덮개를 만들고 해달의 가죽으로 그 웃덮개를 만들지니라

7절에서 두 번째 덮개는 성막을 덮는 막이라고 표현한다. 둘째 층 덮개와 셋째, 넷째 층의 덮개는 다만 덮개라고 표현했다. 둘째 층의 덮개는 염소털로 만들어졌다. 염소는 성경에서 죄 있는 사람을 상징한다. 신약 마태복음 25장에서도 양과 염소를 분류하면서 왼쪽의 염소는 악인들로서 영벌에 처해질 자들을 의미했다. 둘째 층 덮개가 염소털로 되어 있다는 것은 주님이 우리 죄인을 위해 죄가 되셨다는 것을 상징한다. 그분은 죄를 알지도 못하신 분으로서 우리를 위해 죄가 되셨다(고후 5:21).

이 염소털로 만들어진 장의 치수는 장이 삼십 규빗으로서 성막의 이십팔 규빗보다 이 규빗이 넓고 광은 사 규빗의 열한 폭이니 역시 사 규빗의 열 폭인 성막의 장보다 양쪽이 이 규빗씩 넓다. 그것은 염소털의 장이 성막의 앙장을 충분히 덮을 수 있어야 하기 때문이다. 그분이 우리의 죄를 짊어지심은 우리 인간의 모든 죄를 덮고도 남는다. 이것은 로마서 5장에서 아담의 범죄에 대하여 그리스도의 은혜로 말미암은 의의 선물이 더욱(much more) 넘쳤다고 말한 것을 생각나게 한다. 염소털 덮개의 광이 열한 폭인 것은 11이라는 숫자가 나타내듯이 완전하지 않음을 상징한다. 성경상의 숫자에서 12는 영원 안에서 완전한 수이지만 11은 12에서 하나가 부족한 것이다. 주님의 열두 제자 중 하나가 배신하고 죽은 뒤에 그 숫자는 완전하지 않았다. 그래서 그들은 그 수를 보충해야 했다(행 1장). 염소털이 의미하는 바는 우리의 죄가 셀 수 없이 많다는 것이며(생각해보라! 그 장을 만들기 위해 얼마나 많은 염소털이 필요했겠는가!) 장이 11폭이라는 것은 우리의 죄가 우리의 부족함과 결핍, 약함에서 온 것이라는 것이다. 염소털로 된 덮개를 볼 때 우리는 한 면에서 우리의 죄를 보고 또 우리의 결점을 본다.

성막과 염소털로 된 덮개를 볼 때 거기에는 각각의 장에 고리가 50개씩 고리가 있고 또 양편 장을 잇는 갈고리가 50개씩 있다. 다만 성막의 연결 갈고리는 금이고 염소털의 연결 갈고리는 놋이다. 금은 그리스도의 신성을 의미하며 놋은 심판을 의미한다. 여기서 한 가지 지적하고 싶은 것은, 50개의 갈고리를 볼 때 그리스도의 양편을 연결하고 통합해주는 능력은 강한 동시에 다양한 속성을 가지고 있다는 것이다. 실상 교회는 유대인과 이방인이 하나로 연결되고 연합된 실체이다. 그들을 하나로 연합되게 하는 진리는 간단한 것이 아니다.

어떤 그리스도인 무리를 볼 때 그들이 가지고 있는 진리는 오직 복음뿐인 것 같다. 그 외의 것들은 중요시하지 않고 알려고도 하지 않는다. 이런 그리스도인들은 다른 그리스도인들과 연합하기가 어렵다. 이들은 마치 금갈고리나 놋갈고리 중 하나만 있는 것 같다. 또 어떤 그리스도인 무리는 물 침례의 중요성을 강조한다. 그들에게는 성경에서 중요한 진리가 물 침례만 있는 것 같다. 또 어떤 이들은 성령 침례와 방언하는 것을 굳게 붙잡는다. 그들은 성령 침례를 받은 증거가 방언이라고 하는데, 이들은 이런 체험이 없는 사람들과는 연결되기 어렵다. 어떤 이들은 여자들이 머리에 너울을 쓰는 것을 중시한다. 이런 사람들도 여자들이 머리에 너울을 쓰지 않는 무리를 받기 어려워한다. 어떤 이들은 주님의 재림을 많이 강조한다. 이런 식으로 어느 한두 가지만 강조하며 자신들과 맞지 않는 그리스도인들을 배척하는 사람들이 적지 않다. 그러나 성경에는 우리가 순종해야 할 진리가 수천수백 가지가 있다. 우리가 이 모든 진리를 다 지키고 귀하게 여기는 입장에 설 때만이 이 땅의 다른 모든 그리스도인들과 함께할 수 있다. 그리스도는 바로 이러한 분이시다.

다음은 붉은 물 들인 수양의 가죽인데 이는 우리의 죄를 대속하기 위해 피 흘리신 주님을 상징한다. 주님은 우리를 위해 죄가 되셨을 뿐 아니라 죽임을 당하시고 피를 흘리셨다. 주님은 십자가에 죽으시기까지 충성하시고 헌신하셨다. 우리가 붉게 물들인 수양의 가죽을 본다면 죽임당하신 그리스도께서 죄인을 위해 피를 흘리셨다는 것과 가죽이 벗겨지기까지 충성하시고 헌신하신 분을 생각하게 될 것이다.

해달의 가죽은 덮개의 맨 위층이다. 그러므로 사람들이 성막을 바라본다면 거무스름하고 아름답지 않은 해달의 가죽만을 보게 된다. 이는 그리스도의 외모를 나타낸다. 그분이 이 땅에 계셨을 때 사람들 눈에 그분은 고운 모양도 없고 풍채도 없었으며 흠모할 만한 아름다운 모습이 없었다. 사람들은 그분을 목수의 아들이 아니냐고 물었다. 오늘 나사렛 사람 예수를 따르는 우리(교회)도 원칙상 동일해야 한다. 오늘 주님을 따르는 우리가 세상에서 영광과 존귀를 추구한다면 길을 잘못 가는 것이다. 주님은 무리가 높이고자 할 때 그들을 떠나셨다. 우리도 이 세상에서 잃는 자가 되고 없는 자가 되며 나사렛 예수께서 걸어가신 길을 따라가기 원한다. 오늘날 교회가 귀족화되고 부자가 되는 것은 성막으로 보여준 주님의 모습과 다른 것이다. 이것은 인수가 많아지지 말라는 말이 아니다. 당시 예루살렘은 인수가 많았다. 수만 명이 되었던 것이다. 그러나 그 예루살렘의 교회는 가난해서 이방의 교회들이 헌금을 거두어 주었던 것이다. 고린도 전서 1장에 의하면 당시의 초대교회는 문벌 좋은 자나 있는 자가 많지 않았다. 이런 모습이 교회의 원래의 모습이다. 더러 고관대작이 있겠지만 전체적인 교회의 모습이 대표하는 것은 어디까지나 해달의 가죽이다. 이 덮개들은 주로 교회의 성질과 모양을 말하고 있다.

15-25절, **너는 조각목으로 성막을 위하여 널판을 만들어 세우되 16 각 판의 장은 십 규빗, 광은 일 규빗 반으로 하고 17 각 판에 두 촉씩 내어 서로 연하게 하되 너는 성막 널판을 다 그와 같이 하라 18 너는 성막을 위하여 널판을 만들되 남편을 위하여 널판 스물을 만들고 19 스무 널판 아래 은받침 마흔을 만들지니 이 널판 아래에도 그 두 촉을 위하여 두 받침을 만들고 저 널판 아래에도 그 두 촉을 위하여 두 받침을 만들지며 20 성막 다른 편 곧 그 북편을 위하여도 널판 스물로 하고 21 은받침 마흔을 이 널판 아래에도 두 받침, 저 널판 아래에도 두 받침으로 하며 22 성막 뒤 곧 그 서편을 위하여는 널판 여섯을 만들고 23 성막 뒤 두 모퉁이 편을 위하여는 널판 둘을 만들되 24 아래에서부터 위까지 각기 두겹 두께로 하여 윗고리에 이르게 하고 두 모퉁이 편을 다 그리하며 25 그 여덟 널판에는 은받침이 열 여섯이니 이 판 아래에도 두 받침이요 저 판 아래에도 두 받침이니라**

반면에 널판은 교회의 연합의 모습을 보여주고 있다. 즉 널판이 보여주고 있는 것은 진실로 오늘날 그리스도인들의 연합체인 교회를 말한다. 널판은 조각목(아카시아)으로 되어 있으며 북편에 20개, 남편에 20개, 서편에 6개이며, 성막 뒤 모퉁이 편을 위하여는 널판 둘을 만들라고 하였다. 널판이 조각목에 금을 입혀 만들어진 것은 지성소에 있는 언약궤와 같다. 그러므로 교회는 그리스도의 연장이요 증가이며 확장이다. 몸은 하나지만 많은 지체가 있는 것처럼 널판은 많은 조각이 연결되어 하나를 이룬다. 이 널판들은 견고하게 세워지도록 널판 하나에 은받침이 둘씩 있어야 했다. 이 은받침은 널판을 고정시키는 주춧돌 역할을 하는 것이다. 널판은 각 판에 두 개씩 촉을 내어 널판과 널판을 연결시켰다. 촉은 한쪽 끝을 다른 쪽 구멍에 맞추기 위하여 가늘게 만든 장부(tenon)로서 은받침과 함께 요철(凹凸)을 이루어 널판을 견고케 하는 일을 한다(호크마 주석). 이로 보아 교회의 모든 지체들은 하나하나의 널판으로서 서로 촉이 있어서 연결되어야 하고(17절) 은받침이 있어서 그 위에 견고하게 세워져야 한다(19절). 나는 여기서 17절의 촉은 널판들이 연결되기 위한 것이고 19절의 촉은 은 받침 위에 서기 위한 것이라고 생각한다.

신자가 만일 옆에 있는 신자들과 서로 연결되고 연합되는 것만 알고 스스로 믿음을 가지고 진리 위에 서 있지 않다면 그것은 온전하지 않다. 그것은 뿌리 없는 신앙이라고 할 수 있다. 각 사람은 자신이 하나님과 진리 앞에 바로 서 있어야 하고 확증이 있어야 한다. 그러면서도 옆에 있는 신자들과 함께해야 하는 것이다. 여기의 촉은 밖에서는 보이지 않았을 것이다. 이와 같이 믿는 이들이 은받침(그리스도의 구속의 신앙) 위에 서 있는 것도 보이지 않지만 견고하며 성도들과의 생명과 사랑의 연결 또한 밖에서는 보이지 않지만 강하고 견고하다. 성도들은 이렇게 보이지 않는 가운데 주님과 성도들과의 연결을 갖고 있어야 한다. 이러한 연결의 총체가 교회이다.

한 널판의 너비는 일 규빗 반으로 되어 있으며, 이로써 우리는 그리스도의 몸 안에서 한 지체로서는 온전하지 않고 반드시 다른 지체와 함께할 때 온전하게 됨을 알 수 있다. 예루살렘에서 열두 제자들도 복음을 위하여 나아갈 때 '베드로와 요한' 등과 같이 함께 동역하여 나아갔다. 안디옥에서 바울과 바나바도 함께 이방 세계로 나아갔다. 그리스도의 몸인 교회 안에서 홀로 온전할 수 있는 지체는 하나도 없다. 그러면서도 널판은 은받침 위에 견고하게 세워져 있어야 한다. 한 면으로는 믿는이가 스스로 하나님 앞에서 견고하게 설 줄 알아야 하며, 다른 면에서는 다른 지체와 함께하는 것을 배워야 한다. 이 두 가지가 균형 잡히지 않을 때 문제가 생긴다.

23절과 24절에서 "성막 뒤 모퉁이 편을 위하여 널판 둘을 세우고 아래서 위까지 각기 두 겹 두께로 하여 윗고리에 이르게 하라"고 하였는데, 이는 분명 모퉁이를 강화하기 위한 것이리라. 즉 모퉁이는 돌아가는 지점이므로 보강이 필요했던 것이다. 교회는 전진하기 위해 때로 모퉁이를 체험할 때가 있다. 이때 성도들은 새로운 국면을 체험하게 된다. 하나님께서는 그분의 자녀들로 하여금 그분의 뜻을 이루게 하시며 새로운 역사를 진척시키기 위하여 때로 모퉁이를 돌아가게 하신다. 그때 그 모퉁이 점을 통과하는 자들은 평소의 교회생활이나 봉사에서보다 두 배로 강화되어야 한다. 아래에서 위에까지 두 배로 강화시켜야 한다는 것은 영적으로 분량이 있는 성장한 사람으로부터 어린 성도에 이르기까지 다 그렇게 되어야 한다는 뜻이리라. 그래야 이전의 역사가 보존되고 새로운 역사가 힘차게 나아갈 수 있다.

25절의 은받침 열여섯 개는 서편 널판 여섯 개와 모퉁이 두 개의 널판을 위한 것이라고 본다. 사실 23-25절의 부분은 이해하기가 쉽지 않다. 성막의 널판 치수 계산에 있어서(모퉁이의 널판 둘과 그 측면 널판의 두께를 고려할 때 그 간격 등을 생각하면) 그 숫자를 맞추어 사방을 정확하게 계산해 본 사람들은 그것을 이해하기가 쉽지 않다고 말한다. 나는 개인적으로 이것이 교회 건축에 있어서 우리의 계산법으로는 계산하기 어려우면서도 잘 맞아 돌아가는 비밀스런 부분일 것이라고 믿고 싶다. 이것은 교회 안에서 성도들을 기계적으로 또는 일률적으로 교정하고 맞추고 건축하려고 애쓰는 사람들에게 교훈이 될 수 있다.

26-30절, 너는 조각목으로 띠를 만들지니 성막 이편 널판을 위하여 다섯이요 27 성막 저편 널판을 위하여 다섯이요 성막 뒤 곧 서편 널판을 위하여 다섯이며 28 널판 가운데 있는 중간 띠는 이 끝에서 저 끝에 미치게 하고 29 그 널판들을 금으로 싸고 그 널판들의 띠를 꿸 금고리를 만들고 그 띠를 금으로 싸라 30 너는 산에서 보인 식양대로 성막을 세울지니라

성막 널판들은 보이지 않는 촉으로 연결되어 있지만 띠(bar)를 만들어 금고리에 꿰어 연결시켜야 했다. 이 또한 조각목으로 되어 있고 금으로 싸여진다. 여기서 띠는 성도들의 보이는 연합이다. 성도들이 연합하여 한 몸을 이루기 위해서는 이 두 가지가 다 필요하다고 본다. 첫째는 보이지 않는 그리스도의 생명이다. 이 생명과 성령은 보이지 않지만 속에서 깊은 연결을 지어준다. 성도들은 이 성령과 생명의 연결을 끊을 수 없다(고전 12:26-27, 엡 4:4). 그러나 성도들의 연결은 보이는 면도 있다. 그것은 성령 안에 있는 사랑과 겸손이요 온유함과 오래 참음이다. 또한 평강의 매는 줄이요 나보다 남을 낫게 여김이며 용납함과 용서이다. 또 거기에 더하여 사랑이 온전하게 매는 띠이다(골 3:13-14). 우리는 이러한 미덕들을 통해서 성도들과의 하나를 지킬 수 있다.

어떤 요구나 밖의 규정으로 그리스도 안의 많은 성도들과 하나 될 수 있는 것이 아니다. 하나에 대한 교리나 교회에 관한 성경적인 원리를 주장하여 하나 되는 것도 아니다. 인간의 천연적인 생명 안에 있는 인정이나 의리나 신의나 도리로 하나 될 수 있는 것도 아니다. 하나 됨은 변화된 인성(조각목)과 거기에 더해진 거룩한 생명(금)으로 인한 것이어야 한다. 성령과 거룩한 생명을 살아 나타내는 인성 안에서 미덕이 표현되는 가운데 지켜지는 하나, 이러한 하나만이 진정한 몸의 하나를 가져온다(엡 4:1-3).

31-37절, 너는 청색 자색 홍색실과 가늘게 꼰 베실로 짜서 장을 만들고 그 위에 그룹들을 공교히 수놓아서 32 금 갈고리로 네 기둥 위에 드리우되 그 네 기둥을 조각목으로 만들고 금으로 싸서 네 은받침 위에 둘지며 33 그 장을 갈고리 아래 드리운 후에 증거궤를 그 장 안에 들여놓으라 그 장이 너희를 위하여 성소와 지성소를 구별하리라 34 너는 지성소에 있는 증거궤 위에 속죄소를 두고 35 그 장 바깥 북편에 상을 놓고 남편에 등대를 놓아 상과 대하게 할지며 36 청색 자색 홍색실과 가늘게 꼰 베실로 수

놓아 짜서 성막문을 위하여 장을 만들고 37 그 문장을 위하여 기둥 다섯을 조각목으로 만들어 금으로 싸고 그 갈고리도 금으로 만들지며 또 그 기둥을 위하여 받침 다섯을 놋으로 부어 만들지니라

1. 이 부분은 성막의 문장에 관한 말씀인데, 먼저 알아야 할 것은 31절의 장(veil, 휘장)과 36절의 장(screen, entrance, 입구)은 다르다는 것이다. 31절의 휘장은 성소와 지성소를 구분하는 장이며, 36절의 장은 성소의 입구의 장이다. 그런데 한 가지 동일한 것은 그 문장을 만드는 재료가 같다는 것이다. 다만 31절의 휘장을 만드는 일에는 그룹을 공교히 수놓아 만들라는 표현이 들어 있어 더욱 주의가 요해졌다는 차이가 있다. 성소의 입구는 그룹이 수 놓아져 있지 않다. 그리고 매달아 놓는 기둥의 받침이 다르다. 휘장은 은 받침의 네 개의 기둥이요, 입구의 장은 놋 받침의 다섯 개의 기둥이었다. 그리스도께서 십자가상에서 그의 구속 사역을 마치셨을 때 휘장이 찢어졌다.

"이에 성소 휘장이 위로부터 아래까지 찢어져 둘이 되고"(마 27:51) 이것은 사람이 한 일이 아니라 하나님이 하신 일이다. 사람이 한다면 아래서부터 위로 찢을 수 있겠지만 하나님은 위로부터 아래로 찢으신 것이다. 이렇게 함으로 하나님은 사람과의 화해의 일을 완성하시는데 자신이 모든 것을 다 하신 것을 표명하셨다. 이로써 하나님과 사람 사이의 화해의 역사는 완성되었다. 과거에는 이 문이 장벽이요 막힘이었으나 이제는 누구든지 하나님께 나아갈 수 있는 출입문이 된 것이다. 이와 같이 예수 그리스도는 십자가상에서 자신의 몸을 내어주심으로 모든 사람으로 하나님의 존전에 나아갈 수 있게 길을 여셨다. "그러므로 형제들아 우리가 예수의 피를 힘입어 성소에 들어갈 담력을 얻었나니 그 길은 우리를 위하여 휘장 가운데로 열어놓으신 새롭고 산길이요 휘장은 곧 저의 육체니라"(히 10:19-20)

성막은 실제적으로 세 개의 출입문이 있는 셈이다. 하나는 뜰을 두르고 있는 세마포 장에 있었던 첫 번째 출입구이다(27:16). 이 문을 뜰 문(the gate of the court)이라고 하며 사람들이 이 문을 통하여 성막의 뜰로 들어갔다. 두 번째 출입구는 성소에 달린 휘장으로 제사장들만이 봉사를 위해 이 문(screen)을 통하여 들어갔다(26:36). 세 번째 입구는 지성소와 성소를 나누는 휘장(veil)이다(26:31). 거기에는 제사장들도 들어 갈 수 없고 대제사장만이 일 년에 한 번씩 속죄일에 들어갈 수 있었다. 이 세 출입구는 모두 다 같은 네 가지의 색깔의 실로 짜여지고 수놓아져 있었다. 흰색, 자색, 홍색, 청색실이다. 오직 세 번째 출입구인 지성소의 휘장에만 그룹이 수놓아져 있었다.

첫째 문은 하나님께서 모든 죄인들을 들어오라고 요청하시고 부르시는 문이다. 그들은 그곳에 들어가자마자 번제단이 예표하는 그리스도의 십자가에 나아가 죄 사함과 구속을 받아들인다. 또한 물두멍에서 중생의 씻음을 받는다. 이것이 거듭남에 대한 예표이다. 그러나 하나님은 죄인이 거듭남에서 머물기를 원치 않으시고 더욱 전진하여 그리스도를 체험하기 원하신다. 그러나 오늘날 얼마나 많은 사람들이 성소 안으로 들어가려 하지 않고 번제단 주위만을 맴도는지 모른다. 물론 그리스도의 십자가의 보혈과 구속의 귀함은 영원토록 남아있어야 하며 그 가치가 조금도 감소되어서는 안 된다.

그러나 단지 거기에 머무는 것은 그리스도의 도의 있어서 초보에 머무는 것이다. 얼마나 많은 그리스도인들이 다만 번제단 주위에서 머물며 성소 안에 있는 진설병 상과 촛대와 분향단의 더 깊은 체험 안으로 들어가지 않고 있는가! 그저 죄를 짓고 다시 회개하고 또 죄를 짓고 회개하는 생활만을 반복하는 것은 번제단 주위에서 떠나지 못하는 신자인 것이다. 하나님은 사람이 번제단과 물두멍을 통하여 구원을 얻었다면 성소에 들어와 하나님의 얼굴 앞에서 말씀의 떡을 먹으며 기름이 충만한 등대로서 빛을 발하는 삶을 살며 분향단으로 예표된 기도의 향을 올리는 기도의 사람이 되기를 원하신다.

그러나 하나님의 원하심은 여기에 머무는 것이 아니다. 하나님은 성도들이 더욱 깊이 그분 안으로 들어가기 원하신다. 그리스도께서 십자가에 돌아가실 때 지성소를 가리는 휘장이 위로부터 아래로 찢어졌다. 그 휘장이 찢어질 때 물론 거기에 수놓아진 그룹 또한 찢어진 것이다. 여기에 있는 그룹은 그리스도를 상징할 뿐 아니라 피조물을 상징한다. 그것은 그분이 십자가에 죽으실 때 모든 피조물이 그분 안에서 죽었음을 의미한다. 지성소 안에는 하나님의 영광과 임재가 있다. 그 안에 있는 빛은 하나님 자신의 빛이다. 성도들이 더 깊이 그리스도를 체험하기 위해서는 우리의 육체와 자아를 온전히 십자가에 못 박아야 한다.

그리스도는 믿는이들이 지성소의 가장 깊은 곳까지 전진하여 하나님을 체험할 수 있도록 모든 길을 여셨다. 당시에는 대제사장만이 들어갈 수 있는 특권을 갖고 있었던 하나님의 존전 앞에 모든 성도들이 그리스도의 피를 힘입어 나아갈 수 있게 되었다. 하나님은 부르고 계신다. 맨 먼저는 죄인들에게 번제단으로 와서 죄 사함 얻고 구원받으라고 부르시며, 구원받은 성도들에게는 더욱 성소 안으로 들어와서 그분의 양식과 공급을 풍성하게 누리라고 부르신다. 그분은 더욱더 그분의 자녀들을 전진하게 하셔서 그분 자신의 영광과 임재를 누리도록 지성소 안으로 들어오라고 하신다. 그곳은 오직 주님과 그분의 백성들과의 만남과 교통이 있는 곳이다. 그곳에서 하나님은 그분의 백성들에게 그분 자신을 계시하시고 그분의 뜻을 더욱 깊은 방식으로 나타내시기를 기뻐하신다. 어떤 영적 단계든지 인도하시는 분은 그리스도라는 의미에서 세 부분의 입구의 재료가 청색 자색 홍색과 바르게 꼰 베실 등 같다. 이는 매우 의미가 깊은 것이다.

2. 이 휘장은 지성소와 성소를 나누는 장인데, 이미 지적한 바와 같이 문장이나 휘장이나 성막 첫째 층 덮개에 다 같은 재료가 사용되었다. 이는 맥킨토시가 지적한 대로 모든 문이 성육신하여 오신 그리스도

라는 것이다(요 10:1-2). 뜰의 입구인 문이나 성소의 입구의 문장이나 지성소에 들어가는 휘장이나 위로 올라가는 천장이나 모두 다 같은 재료(네 가지 색실)가 사용되었으며 그 네 가지 색이 상징하는 바는 바로 그리스도이다. 그리스도를 통하지 않고는 앞으로 전진하여 그리스도를 체험하기 위해 나아갈 수 없으며 위로 하나님께 나아갈 수 없다(요 14:6).

3. 널판들은 덮개로 가려져 있지만 여기의 기둥들에는 그 장이 갈고리로 드리워져 있다. 널판이나 기둥이나 다 조각목으로 되어 있다. 원래의 조각목(아카시아)은 땅에서 습기를 받아 자라는 일반적인 나무였다. 그런데 어느 날 도끼가 아카시아 나무의 밑둥을 잘랐을 때, 이제 이 나무는 하나님의 거처를 위한 용도를 갖게 되었다. 언젠가 사람은 하나님의 집의 건축 재료가 되기 위해 잘려질 필요가 있다. 나는 이 부분에서 존 리치(John Rich)의 말을 인용하겠다. '당신은 언젠가 하나님 앞에서 낮아져 본 적이 있는가? 언젠가 허리를 굽혀 자신이 잃어버린바 된 죄인이며 오직 불사름을 당하기에 합당한 사람이라는 것을 고백해 본 적이 있는가? 당신의 교만과 영광이 땅의 티끌처럼 된 적이 있는가…만일 당신이 당신 자신의 위엄에서 내려오지 않았다면…당신은 저 깊고 깊은 영원한 흑암 속에서 당신의 동료가 될 귀신들, 이 땅의 악한 자들과 쓰레기 같은 인간들과 함께 거기에 떨어져 있는 것을 보게 될 것이다.'

우리가 원래의 아카시아 나무에서 널판이 되는 일은 보다 쉬울 것이다. 다만 잘려져서 약간의 손질만 하면 된다. 그러나 기둥이 되기 위해서는 더 많은 손질이 필요하다. 하나님의 거처에는 널판만 필요한 것이 아니라 기둥들 또한 필요하다. 당시 예루살렘 교회에는 베드로, 요한, 야고보 등의 기둥 같은 존재들이 있었다. 그들은 단지 널판보다는 더욱 하나님에게서 손질과 처리를 받은 사람들이다. 그러하기에 기둥이 될 수 있었다. 오늘날도 하나님의 거처인 교회 안에는 많은 널판들이 필요한 동시에 기둥들이 필요하다. 기둥들은 그리스도의 간증을 짊어지는 자들이다. 어떤 자들이 그리스도의 간증을 짊어지는 자들인가? 자신의 육체를 십자가에 못 박을 수 있는 자들이다. 자아와 육체를 보류하는 한 결코 시대의 간증은 될 수 없다. 믿는이가 하나님의 집의 기둥이 되기 위해서는 더욱 깊은 십자가의 처리가 필요하다. 하나님의 집의 건축을 사모하는 자들은 마땅히 자신이 기둥과 같이 견고한 지체가 되기를 사모해야 한다. 그럴 때 많은 지체들이 그와 같이 견고한 지체를 통해 세움을 입을 수 있다.

4. 나의 개인적인 소견으로는 휘장의 그룹이 더욱 섬세하다. 그리고 휘장을 짊어지는 기둥은 넷으로서 문장을 짊어지는 다섯보다 하나가 적다. 그러므로 그들의 하나님 앞에서의 용도가 더욱 중한 것이다. 더욱 섬세하고 무거운 짐을 감당해야 한다. 나는 성소의 문장을 구원받고 주님의 은혜와 공급 안에 들어오는 문에 비한다면 지성소의 휘장은 십자가를 통해 자아를 못 박고 더 깊은 영적인 영역 안에 들어가는 문에 비하고 싶다. 그러므로 첫 번째의 기둥들은 구속과 생명을 위한 기둥들이고 다음의 기둥들은 그리스도의 몸의 건축을 위한 더 깊은 십자가와 성령의 역사가 있는 기둥들이라고 할 수 있다. 성소 입구의 문장은 놋받침이 다섯으로서 심판을 거쳐 들어가는 것이며, 다음 지성소 휘장은 은받침 넷으로서 구속을 거쳐 들어가는 것이다.

5. 십자가에는 두 방면이 있다. 로마서 3장부터 5장 11절까지의 부분에는 주로 그리스도의 대속의 죽음(vicarious death)이 계시되어 있고, 5장 12절부터 6장까지에는 우리가 그리스도와 연합하여 죽은 연합의 죽음(co-death)이 계시되어 있다. 주님은 십자가에서 우리를 위해 대신 죽으사 우리의 칭의(稱義)의 문제를 해결해 주셨고 우리 옛 사

람을 십자가에 함께 못 박으사 성화의 문제, 곧 죄와 율법에서 벗어나는 문제를 해결하셨다. 그러므로 그리스도께서는 십자가에서 사람의 이중적인 죄의 문제를 해결하셨다고 말할 수 있다. 우리의 자범죄(sins, 복수의 '죄들'로 표현됨-로마서 3장부터 5장까지에서 언급됨)는 그분의 십자가의 피로 해결하시고 우리의 원죄(sin, 단수의 죄로 표시됨-로마서 5장12절부터 7장까지 나옴)는 그분의 십자가의 못박히심으로 해결하셨다. 그리스도는 우리의 구속주이실 뿐 아니라 우리를 죄의 권세에서 해방하는 분이시다.

출애굽기 27장

1-8절, 너는 조각목으로 장이 오 규빗, 광이 오 규빗의 단을 만들되 네 모 반듯하게 하며 고는 삼 규빗으로 하고 2 그 네 모퉁이 위에 뿔을 만들되 그 뿔이 그것에 연하게 하고 그 단을 놋으로 쌀지며 3 재를 담는 통과 부삽과 대야와 고기 갈고리와 불 옮기는 그릇을 만들되 단의 그릇을 다 놋으로 만들지며 4 단을 위하여 놋으로 그물을 만들고 그 위 네 모퉁이에 놋 고리 넷을 만들고 5 그물은 단 사면 가장자리 아래 곧 단 절반에 오르게 할지며 6 또 그 단을 위하여 채를 만들되 조각목으로 만들고 놋으로 쌀지며 7 단 양편 고리에 그 채를 꿰어 단을 메게 할지며 8 단은 널판으로 비게 만들되 산에서 네게 보인 대로 그들이 만들지니라

1. 먼저 성막에는 단(altar)이 두 개가 있는데 하나는 번제단이고 다른 하나는 금향단이다. 번제단은 놋으로 되어 있고 금향단은 금으로 되어 있다. 놋제단은 사람의 죄가 처리되는 십자가를 상징하고 금향단은 성도들의 기도와 헌신의 향기가 보좌에 올라감을 상징한다.

기묘한 것은 성막의 식양을 말하고 있는 25장부터 27장까지에서 번제단을 만드는 것은 말하지만 금향단을 만드는 것은 기록하지 않았다는 것이다. 금향단 만큼은 제사장 직분과 헌신이 세워진 후 30장에 가서야 만들라고 기록하고 있다. 이는 하나님께서 성막을 건축하라고 식양을 보이실 때 먼저 고려하신 것은 그분이 죄인인 우리에게 나아오시는 발걸음이고 그 다음이 죄인인 우리가 그분께 나아갈 길이라는 것이다. 그러므로 먼저 그분이 보좌를 떠나 세상에 오셔서 십자가로 나아가신 것을 상징하는 번제단이 나오고, 십자가의 공로를 의지하여 나아갈 길을 만드신 후에 향단을 말씀하신 것이다. 번제단이 없이는 하나님의 보좌 앞에 나아갈 길도 없고 그분을 섬길 길도 없다.

2. 번제단의 재료가 조각목인 것은 그분의 인성을 의미하며 광과 장의 치수가 각각 5규빗으로 네모반듯한 것은 십자가를 상징하는 번제단의 역사가 완전하게 책임을 진다는 것을 의미한다. 십자가에서 주 예수님은 우리의 죄 사함의 역사를 온전하고 완전하게 이루셨다.

놋단의 위치는 성막에서 가장 입구 가까이에 위치해 있다. 그것이 바로 회막문 앞 번제단이다(레 4:7). 누구든지 성막에 들어가면 첫 번째로 마주 대하게 되는 것이 놋단이다. 그것은 그리스도와 그분의 교회 안으로 들어가기 위해 가장 먼저 체험해야 할 것이 무엇인지를 나타내고 있다. 그것은 곧 우리의 죄 사함과 관련된다. 죄인들은 먼저 놋단에 와서 그들의 모든 죄의 문제를 깨끗이 처리해야 한다. 번제단을 통과하지 않고는 하나님께 나아갈 길이 없다. 바깥뜰에는 죄인들이 서 있으며 서쪽 끝에는 이스라엘의 여호와께서 보좌 위에 앉아 계신다. 번제단의 피와 물두멍의 물은 그 사이에 있으며 죄인들이 하나님의 임재 앞에 나아가려면 반드시 번제단과 물을 통과해야 한다.

우리는 하나님께서 번제단인 십자가에서 그분의 아들을 제물로 삼으심으로 영 단번에 죄 사하는 역사를 완성하셨다는 것을 알아야 한다. 그리고 이것이 성막에 들어가 하나님을 누리는 데에 첫 번째 관문이라는 것을 알아야 한다. 우리가 하나님 안에서 평강과 확신과 안식을 갖는 것은 번제단에서 피 흘리신 어린 양 예수의 제물 되심에 의한 것이지 다른 어떤 것도 아니다. 어떤 사람은 자신이 하나님 앞에서 평강을 갖는 근거를 그들의 감정의 느낌이나 영적인 체험이나 심지어 그들에게 있는 성령의 역사에서 찾으려 하지만 얻지 못한다. 그런 것들은 불안한 양심에 평강을 가져다주지 못한다. 진정으로 불안한 양심에 평강을 주는 것은 우리 안에서의 성령의 역사가 아니라 이미 번제단에서 이루어진 구속의 역사이다. 완전한 평강은 번제단에서 이루신 하나님의 역사를 아는 데에서 온다. 믿는이들의 죄는 십자가에서 영 단번에 완전히 해결되었다.

"이는 하나님의 영광의 광채시요 그 본체의 형상이시라…죄를 정결케 하는 일을 하시고 높은 곳에 계신 위엄의 우편에 앉으셨느니라"(히 1:3). 그리스도는 죄를 정결케 하는 일을 이미 완전하게 성취하시고 위엄의 우편에 앉으셨다. 우리는 일을 마치고 앉아 계신 주님 안에서 평강을 갖는다. "하나님이 죄를 알지도 못하신 자로 우리를 대신하여 죄를 삼으신 것은 우리로 하여금 저의 안에서 하나님의 의가 되게 하려 하심이니라"(고후 5:21). 하나님은 죄를 알지도 못하신 그리스도를 우리를 대신하여 죄를 삼으신 것이다. 사람의 모든 죄는 심판을 받아야 하고 십자가에서 그리스도는 우리 인류의 죄를 모두 짊어지고 심판을 받으셨다. 우리의 구원은 심판을 거친 구원이지 적당히 눈감아준 구원이 아니다.

학교에서 한 학생이 퇴학당할 만한 죄를 지었다면 그 죄는 반드시 심판된 후에라야 용서가 된다. 그렇지 않고 적당히 용서될 수는 없다. 적당히 용서받은 구원이라면 하나님의 구원에는 공의가 없게 된다. 그러나 하나님께 감사한 것은 우리가 얻은 구원이 우리 죄가 심판을 받은 후에 얻어진 구원이라는 것이다. 그러므로 복음에는 하나님의 의가 나타난다(롬 3:21). 번제단이 놋으로 되어 있다는 것은 놋이 심판을 상징하듯이 우리의 죄가 심판되었음을 말해준다. 우리 믿는이들의 죄는 번제단에서 다 심판되고 제하여졌다. 그 죄들은 하나님의 어린 양께서 그분의 생명을 버리실 때 다 제해진 것이다.

3. 성막의 평면도를 보면 또 한 가지 기묘한 사실이 있다. 성막은 전체적으로 장이 백 규빗, 광이 오십 규빗의 직사각형이므로 오십 규빗씩의 두 개의 정사각형으로 되어 있다고 할 수 있다. 그런데 그 모든 기구를 설치한 후 살펴보면 성소를 중심으로 한 정사각형에는 언약궤가 그 중심에 있고, 마당을 중심으로 한 정사각형에는 제단이 그 중심에 있음을 알 수 있다. 그러므로 우리는 하나님의 역사에 있어서는 십자가가 그 중심이 되고, 하나님에 대한 체험과 누림에 있어서는 그리스도가 그 중심이심을 알 수 있다. 그러므로 1800년대부터 많은 영적인 사람들이 그리스도의 십자가의 중심성(centrality of the cross of Christ)을 말하고 또 그리스도의 중심성(centrality of Christ)을 말했다.

그리스도인들이 아무리 진보해도 그리스도의 십자가를 소홀히 하거나 중심 삼지 않는 것은 올바른 신앙이 아니다. 사도 바울은 "내가 너희 중에서 예수 그리스도와 그의 십자가에 못 박히신 것 외에는 아무 것도 알지 아니하기로 작정하였음이라"(고전 2:2)고 하였다. 그리스도와 십자가를 중심 삼지 않는 것은 올바른 신앙이 아니다. 많은 사람이 탁월하고 깊은 성경 지식에 매료되고 거기에 빠지지만 만일 그리스도와 그분의 십자가에 못 박히신 것이 그 중심이 아니라면 그것은 사람들을 잘못된 신앙으로 이끌게 된다. 오늘날 많은 그리스도의 일꾼들이 하나님을 위해 사역하고자 힘쓴다. 우리는 그들의 사역의 중심이 무엇인지 묻고 싶다. 어떤 그리스도인들은 기도를 많이 한다. 그들이 간절히 기도하는 것은 좋지만 무엇을 위해 기도하는가? 거기에 그리스도가 중심이 되어 있는가? 그리스도가 만유의 중심이 되시지 않는다면 우리의 모든 일과 봉사, 사역, 기도가 다 공허한 것이다.

우리는 기도가 응답받는 것을 중시한다. 그러나 응답받는 기도 자체가 목적이 되어서는 안 된다. 그 기도가 대체 무엇을 중심 삼는 것인가가 중요하다. 그리스도와 십자가로 중심이 잡히지 않은 기도와 영적 체험은 그것이 제아무리 신비스럽다 하더라도 공허한 것이다. 우리의 중심에는 그리스도 한 분과 그분의 십자가가 깊이 새겨져 있어야 한다.

4. 언약궤는 하나님의 간증을 상징하며 번제단은 십자가를 상징한다. 언약궤는 간증궤라고도 불리웠다. 하나님의 간증과 십자가는 상호 배우 긴밀한 관계가 있다. 십자가가 깊이 역사하지 않으면 주님의 간증이 될 수 없다. 한 쪽에는 십자가가 중심이요 다른 한 쪽에는 언약궤가 중심이다. 십자가로 하여금 자신의 육체와 자아를 철저히 심판하도록 하는 자들에게 하나님의 간증이 있게 된다.

5. 성막의 모든 기구 가운데서 제단이 가장 넓다. 장과 광이 각각 5규빗씩이다. 이는 번제단의 넓이가 다른 모든 기구들을 포함할 수 있음을 의미한다. 진설병 상의 체험이든 분향단의 체험이든 등대의 체험이든 모든 성막의 체험은 십자가를 예표하는 번제단을 기초로 해야 한다. 십자가를 기초로 하지 않고 체험할 수 있는 영적 체험은 한 가지도 없다. 바꾸어 말하면 십자가는 우리로 하나님의 모든 것을 체험하도록 보장해준다. 제단 높이가 3규빗이라는 것은 십자가의 구속 역사에 성삼위 하나님이 모두 관련되심을 말해준다. 아버지 하나님과 아들 하나님과 성령 하나님은 우리가 하나님께 사함받고 열납받는 일에 다 함께 일하셨다. 아버지는 아들을 내어주셨고(요 3:16) 아들은 자신을 주사 십자가에 달리셨으며(갈 2:20) 영원하신 성령으로 말미암아 자신을 하나님께 드리셨다. 장과 광이 같아서 네모반듯하다는 것은 구속의 역사를 이루신 분인 그리스도의 온전한 인격을 말해준다. 또한 4라는 수는 그리스도의 구속 역사가 천지사방으로 퍼져야 할 복음의 말씀임을 암시한다. 또한 천하 사방 사람이 차별이 없이 다 그 구속의 역사에 참여할 수 있음을 의미하기도 한다.

6. "네 모퉁이 위에 뿔을 만들되 그 뿔이 그것에 연하게 하고"(2절).

제단의 네 모퉁이에는 뿔이 달려 있다. 성경에서 뿔은 능력으로서 이 제단에 달려 있는 뿔들은 십자가의 능력을 상징한다. 속죄의 피가 거기에 뿌려졌다(출 29:12). 죄인은 이 뿔을 붙잡음으로 피난처로 삼기도 했다(왕상 1:50, 2:28). 즉 죄인이 이 뿔을 붙잡으면 살 수 있는 능력을 얻게 된다는 것이다. 그리스도는 죄를 사하는 권세를 가지신 분이다(마 9:6). 어떤 이들은 말씀을 공식처럼 이해하고 깨달으면 죄 사함을 얻은 것처럼 말하나 도리어 사함의 축복을 누리지 못하는 경우가 있다. 죄 사함의 권세는 그리스도에게 있지 어떤 공식이나 방법에 있지 않다. 어떤 죄인이든지 참되게 그리스도를 만나면 그분에게서 죄 사함을 받음은 물론 죄 사하는 능력도 체험할 수 있다. 이 뿔이 또한 제단과 연하여 있다는 것은 그리스도의 죄 사하시는 구속의 능력이 십자가에 못 박히신 그리스도와 나누어지지 않았음을 말해준다. 누구든지 그리스도를 만날 때 죄 사함의 능력을 맛보게 된다. 그리스도의 보혈은 어떤 죄인의 죄도 사하는 능력이 있다. 또한 뿔이 사방을 향한 것은 복음이 모든 사람을 향하고 있음을 가리킨다. 결코 복음은 한정된 지역에 제한시켜서는 안 된다. 번제단과 복음은 이와 같이 연결되어 있다.

7. "단을 위하여 놋으로 그물을 만들고 그 위 네 모퉁이에 놋고리 넷을 만들고 그물은 단 사면 가장자리 아래 곧 절반에 오르게 할지며"(4-5절). 번제단은 5규빗 정사각형으로 된 3규빗 높이의 비어 있는 통이었다. 다만 중간에 놋그물이 쳐져 있었다. 그 놋그물에서 나무와 함께 제물이 태워지고 그물 아래로 재가 떨어졌을 것이다. 재가 떨어지면 재를 담는 부삽과 통으로 재를 퍼서 진 밖 정결한 곳에 소중히 보관했다. 이렇게 제물은 제단 속 그물 위에서 태워진 것이다. 이는 주님이 십자가에서 태워지는 고통을 당하신 것을 예표한다. 그물 위에서 태워지신 주님! 그분은 그물 위에 놓여지시기 전에 이미 몸이 갈라지셨다. 그러므로 그물 위에서 태워지심은 그분의 내적인 마음의 고통을 상징하는

것이리라.

사람들은 주님의 십자가의 고난에 관하여 육신의 고통만을 생각한다. 그분의 매 맞으심과 못 박히심과 피 흘리심 등이다. 물론 이것은 엄청난 고통이었다. 그러나 그분의 고통은 육신적인 것에만 국한되지 않는다. 그분이 십자기에 달리실 때의 혼의 고통은 태워지는 것으로 묘사되었다. "내 마음은 촛밀 같아서 내 속에서 녹았으며". 이 말씀은 그분의 내면적인 고통을 나타낸다. 그분의 마음은 그 속에서 촛밀같이 녹아내리고 있었다. 그 누가 그분의 아픈 마음을 알 수 있었을까? 그분은 멸망하는 죄인들을 향하여, 무지하여 심판과 지옥으로 달려가는 죄인들을 향하여 말할 수 없는 아픔을 느끼셨다.

그분의 영은 어떠했는가? 그분은 '엘리 엘리 라마사박다니' 라고 부르짖으셨다. 그분은 33년 동안 인생을 사시면서 한 번도 아버지를 떠나신 적이 없었다. 그분은 언제나 아버지와 하나이셨다. 그러나 그분이 우리 죄인의 죄를 담당하고 있으셨던 그 순간 하나님은 그분의 사랑하는 아들이실지라도 얼굴을 돌리셨다. 아무리 사랑하는 아들이시라도 그때는 우리를 위해 죄가 되셔야 했기 때문이다(고후 5:21). 그때 그분의 영의 고통은 너무나 컸다. 오늘 우리도 잠시 주님의 임재를 잃어버릴 때 공허함과 불안함과 사망의 느낌으로 견딜 수 없다. 그러니 우리와는 비교도 할 수 없는 친밀함 가운데 살며 누리신 아버지의 함께하심을 잃는다고 할 때 그 고통과 슬픔은 사람의 말로 형언할 수 없을 것이다. 이 귀하신 아들은 우리 같은 무가치하고 부정한 죄인을 구하시기 위해 그렇게 아버지로부터 버림받는 슬픔과 고난을 당하셨다. 그러니 이 큰 사랑을 거절한 영혼이 어찌 살 수 있기를 바라리요!

놋그물의 위치가 제단 높이인 3규빗의 절반이니 일 규빗 반으로서 결국은 언약궤의 높이와 동일하다. 이것은 우리가 언약궤의 주님의 임재를 얻기 위해서는 반드시 놋그물 위에 놓여진 제물을 체험하는 것이 필요하다는 것을 의미한다. 놋그물은 제물이 태워지는 곳이고 놋그물 양편에 달려 있는 놋고리는 번제단을 운반하는 채를 꿰기 위한 것이다. 십자가의 역사는 반드시 놋고리로 상징된 성령의 역사를 통하여 운반되어야 한다.

8. 번제단의 불은 항상 끄지 말 것을 지시하셨고(레 6:12-13) 이 제단의 불은 하늘로부터 내려와서 제물을 불살랐다(레 9:24). 이와 같이 불은 하나님의 불이고 사람과 관계가 없었다. 오직 하나님만이 제물을 불태우신다는 것은 인간의 죄의 문제에 대하여 모든 심판을 하나님이 행하심을 의미한다. 이와 같이 구원은 여호와께로서 말미암는다(욘 2:9). 사람은 어떻게 하든지 죄에 대하여 길이 없으며 스스로를 처벌할 수도 없다. 이와 같이 죄에 대한 심판과 처벌은 하나님이 하신다. 모든 구원의 역사를 그분 자신이 행하신 것을 믿을 때 구원이 이루어진다.

9-19절, **너는 성막의 뜰을 만들지니 남을 향하여 뜰 남편에 광이 백 규빗의 세마포장을 쳐서 그 한편을 당하게 할지니 10 그 기둥이 스물이며 그**
받침 스물은 놋으로 하고 그 기둥의 갈고리와 가름대는 은으로 할지며 11
그 북편에도 광이 백 규빗의 포장을 치되 그 기둥이 스물이며 그 기둥의 받침 스물은 놋으로 하고 그 기둥의 갈고리와 가름대는 은으로 할지며 12
뜰의 옆 곧 서편에 광 오십 규빗의 포장을 치되 그 기둥이 열이요 받침이 열이며 13 동을 향하여 뜰 동편의 광도 오십 규빗이 될지며 14 문 이편을
위하여 포장이 십오 규빗이며 그 기둥이 셋이요 받침이 셋이요 15 문 저편
을 위하여도 포장이 십오 규빗이며 그 기둥이 셋이요 받침이 셋이며 16 뜰
문을 위하여는 청색, 자색, 홍색실과 가늘게 꼰 베실로 수 놓아 짠 이십 규빗의 장이 있게 할지니 그 기둥이 넷이요 받침이 넷이며 17 뜰 사면 모든
기둥의 가름대와 갈고리는 은이요 그 받침은 놋이며 18 뜰의 장은 백 규
빗이요 광은 오십 규빗이요 세마포장의 고는 오 규빗이요 그 받침은 놋이

며 19 성막에서 쓰는 모든 기구와 그 말뚝과 뜰의 포장 말뚝을 다 놋으로 할지니라

1. 성막의 뜰은 열린 공간으로서 길이가 100규빗, 너비가 50규빗이며 문의 기둥까지 도합 60개의 기둥이 서 있었다. 각각의 기둥은 놋받침 위에 세워졌고 기둥의 맨 윗부분은 은으로 입혀져 있었으며 은으로 된 갈고리는 포장을 지지해 주고 은 가름대는 기둥 사이를 연결하고 있었다. 뜰의 울타리 막은 전체적으로 세마포 장으로 되어 있는데, 이는 의(義)를 상징한다. 밖에서 볼 때 성막은 깨끗하고 흰 색으로서 밖의 세상과 분별되어 있었다. 오늘날의 교회는 이와 같이 세상에서 분별된 간증을 갖는 것이 필요하다. 사람들이 교회를 바라볼 때 거기에는 세마포 장이 있어야 한다. 세상과 어떤 경계도 없고 구분도 없는 단체라면 그것은 필경 교회가 아니다.

2. 이 성막의 전체 크기는 남과 북으로 각각 100규빗씩이고 동과 서로는 각각 50규빗씩인 직사각형이다. 이는 새 예루살렘과 다른데, 새 예루살렘은 장과 광과 고가 동일한 정육면체로서 일만이천 스타디온씩이었다. 이로 보아 성막의 규모는 뭔가 완전한 것이 아님을 알 수 있다. 이것은 장차 올 좋은 일의 그림자이다. 이것은 절반의 크기로서 아직 이르지 않은 절반을 기대하는 것을 암시한다.

3. 세상과 분별을 갖는 세마포 장의 재료들은 의를 상징하는 세마포와 구속을 상징하는 은으로 된 갈고리와 가름대가 있으며 기둥받침과 말뚝의 놋이 있다. 교회가 세상과 분별되는 요소는 심판을 통한 구속이며, 그에 따라서 산출된 의(義)이다. 심판과 구속을 통하지 않고는 의가 나올 수 없다. 하나님은 때때로 우리를 환경을 통해 심판하신다. 심판은 결국 우리의 육체를 제하고 그리스도로 대치한다. 이것이 구속이

다. 이 심판을 통해 대치되신 그리스도가 의를 이룬다. 예를 들어, 어떤 형제가 다른 사람의 돈이나 물건을 합당치 않게 받아 사용했다 하자. 이런저런 이유를 대면 그 일이 그렇게 나쁜 것이 아니다. 그럴 만한 이유도 있고 타당성도 있다. 그러나 하나님의 눈으로 볼 때에는 결코 깨끗하다고 할 수 없는 부분이 있다. 어느 날 하나님은 환경을 통해 그를 심판하신다. 그러한 심판은 하나님의 집에 있는 심판이다(벧전 4:17). 그때 그는 그 환경을 통해 불의를 처리하고 의를 얻게 된다. 여기서 그분의 심판의 역사는 놋이며 회개와 배상은 은이며 따라서 산출된 의는 세마포이다. 교회에는 이러한 의와 심판과 구속의 표시가 있어서 세상과 엄연하게 구분되어야 한다.

4. 동편에는 바깥 사람들이 뜰 안으로 드나들 수 있는 문이 있다. 이 문은 기둥이 넷이고 20규빗이며 청색 자색 홍색실과 가는 베실로 짠 장을 만들라고 하였다. 20규빗은 약 9m정도 되니 넓은 편이다. 이 장과 첫 번째 덮개인 성막 앙장과 성소의 휘장은 동일한 재료로 되어 있다. 이는 오직 그리스도를 통하여만 하나님께 나아갈 수 있다는 뜻이다. 그리스도는 우리의 문인 동시에 우리의 표현이며 보호이시다. 출입문은 낮지만(높이 5규빗) 넓다. 대신에 성소의 문은 높이와 너비가 각각 10규빗이어서 높이는 배로 높고 너비는 절반으로 좁다.

이는 주님의 은혜로 구원을 얻어 하나님 나라에 들어오는 문은 넓은데 비해 섬기는 자들이 섬기기 위해 들어가는 문은 출입구에 비해 높고도 좁음을 나타낸다. 이는 섬기는 자들의 헌신의 필요성을 말해주는 것이리라. 하나님을 섬기기 위해서는 온전한 헌신이 필요하다. 성막 문은 제사장들만이 들어갈 수 있다. 그러나 복음의 문은 넓게 열려 있다. 술주정뱅이도, 노름꾼도, 강도도 믿기만 하면 당장 들어갈 수 있도록 넓게 열려 있는 것이 이 회막문이다.

5. 세마포 장의 총 길이는 280규빗(남과 북이 200규빗, 서가 50규빗, 동이 양 편으로 15규빗씩 하여 30규빗)이다. 이 길이는 성막의 열 폭의 길이와 똑같다(28규빗×10폭). 이는 교회의 표현이 의인데, 이 의는 또한 교회의 경계가 되어야 하기 때문이다. 또한 이 의는 그리스도 자신임을 암시하고 있다. 세마포 장의 높이는 5규빗인데, 이는 책임수이다. 믿는이들이 갖는 의는 책임을 감당하는 가운데 이루어진다. 각 사람은 각 사람의 신분에 따라 책임을 져야 할 부분이 있다. 그 책임을 합당하게 감당하지 않는다면 의가 없게 된다. 믿는이는 하나님 앞에서나 사람 앞에서 마땅히 져야 할 책임을 감당하는 가운데 의를 가져야 한다. 이는 하나님의 교회에 의의 경계선을 이룬다.

세마포 장에서 볼 수 있는 것은 의요 성소 안에서 볼 수 있는 것은 거룩이다. 의와 거룩이 하나님의 집의 중요한 두 가지 요소이다. 세마포 장의 한 칸의 넓이는 5규빗 5규빗일 것이다. 이는 번제단의 넓이와 같다. 이는 그 세마포 장의 의가 그리스도의 십자가의 구속(번제단)과 관련이 있음을 암시한다. 이는 교회가 번제단이 상징하는바 그리스도의 십자가를 그 밖의 모습과 특징으로 가지고 있어야 하며 그리스도의 죽으심을 온 땅에 전파해야 함을 의미하는 것이리라.

6. 다른 한 편으로 고찰한다면 고운 세마포는 그 뜰이 하나님이 요구하시는 의로 둘러 쳐져 있음을 의미한다. 그 세마포장은 기둥에 걸려 있었고 사람은 너무 높아서 기어올라 들어갈 수 없었다. 이는 그 누구도 자신의 힘으로 의의 벽을 기어오를 수 없음을 의미한다. 죄인은 오직 하나님이 지시하신 출입문만을 통해서 성소 안으로 들어갈 수 있다. 의의 세마포장은 어떤 죄인이든 차별이 없이 그들을 성소밖에 가두는 일을 한다(롬 3:19, 갈 3:22).

휘장은 기둥에 고정되어 있었는데 그 기둥들은 놋 받침 위에 세워졌다. 놋은 심판을 상징하는데 그 누구라도 휘장을 넘어 들어가려 한다면 그 놋이 그를 심판할 것이다. 즉 그 누구도 동편에 있는 출입문을 통과하지 않고 세마포장을 기어올라 안에 들어오려고 한다면 심판과 죽음을 면치 못한다. 이것이 곧 야고보가 말한 "누구든지 온 율법을 지키다가 하나에 거치면 모두 범한 자가 되느니라(약 2:10)"이다. 율법은 십계명만 있는 것이 아니라 구약의 모든 규례와 율례를 포함하면 대략 600여 개가 된다. 누구든지 그 하나라도 범하면 모든 것을 다 범한 것이 된다.

이와 같이 성막을 두른 세마포장은 율법을 나타낸다. 그 누구도 율법을 통하여서는 하나님의 거처인 성막 안으로 들어올 수 없다. 오직 죄인은 예수 그리스도라는 한 분의 인격체를 통하여 하나님께 나올 수 있는 길을 만드셨다. 이 그림은 우리로 요한복음 10장을 생각하게 하는데 주님은 "양의 우리의 문으로 들어가지 아니하고 다른 데로 넘어가는 자는 절도며 강도요 문으로 들어가는 이가 양의 목자라(요 10:1-2)"고 하셨으며 그분은 나보다 먼저 온 자는 다 절도요 강도니 양들이 듣지 아니하였다고 하시며 내가 문이니 나로 말미암아 들어가면 구원을 얻고 또는 들어가며 나오며 꼴을 얻는다고 하셨다. 주님은 계속해서 도적이 오는 것은 도적질하고 죽이고 멸망시키려는 것뿐이요 내가 온 것은 양으로 생명을 얻게 하고 더 풍성히 얻게 하려는 것이라고 하셨다(요 10:8-10).

비록 의의 휘장이 사람을 하나님과 격리시켜 놓았지만 그리스도를 상징하는 출입문을 통해서는 누구든지 원하는 자마다 하나님께 나아갈 수 있는 길을 예비해 놓으신 것이다. 그러니 성막의 출입문은 구원의 유일한 길이신 주 예수 그리스도를 상징한다. 주 예수 그리스도의 의를 의미하는 세마포 울타리는 한 가지 색깔로 되어 있으며 이러한 그리스도 자신의 의는 우리를 구원하지 못한다. 율법 외에 나타난 하나님의 의가 우리를 구원하는 것이다(롬 3:21). 그리스도의 의와 하나님의 의는 차이가 있는 것이다. 신약에서 한 번도 그리스도의 의가 우리를 구원한다고 말하지 않는다. 그리스도 자신이 우리의 의이며 그분이 십자가에서 죽고 피 흘리셔서 우리를 의롭다하신 것은 율법 외에 나타난 하나님의 의이다.

세마포장은 이와 같이 한 가지 색깔로 그리스도의 의를 나타내지만 동편에 있는 출입문은 청색, 자색, 홍색, 백색의 네 가지 색깔로 되어 있으며 이는 우리의 구속을 위해 성육신 되신 예수 그리스도를 가리킨다. 그러므로 우리는 오직 그리스도를 통하여만 그 안에 들어갈 수 있다. 이 네 가지 색깔 안에는 구속을 상징하는 피의 색깔이 있다. 또한 출입문은 30피트 정도의 넓이이기 때문에 원하는 자는 누구든지 들어갈 수 있도록 되어 있었다. 주님은 "아버지께서 내게 주시는 자는 다 내게로 올 것이요 내게 오는 자는 내가 결코 내어 쫓지 아니하리라(요 6:37)"고 하셨다. 출입문은 어떤 죄인이든지 들어오고자 할 때 결단코 내어 쫓김을 당하지 않고 다 들어올 수가 있다. 흰 세마포장은 율법의 완전한 의로서 죄인들에게 '물러서라'고 하며 네 색깔로 된 출입문은 그리스도 예수 안에 있는 은혜를 말하기를 '들어오라'고 한다(T.F. Epp). 어떤 사람이든지 이 문을 통과하지 않고는 하나님 아버지께 올 자가 없다.

**20-21절, 너는 또 이스라엘 자손에게 명하여 감람으로 찧어낸 순결한
기름을 등불을 위하여 네게로 가져오게 하고 끊이지 말고 등불을 켜되 21
아론과 그 아들들로 회막 안 증거궤 앞 휘장 밖에서 저녁부터 아침까지 항상 여호와 앞에 그 등불을 간검하게 하라 이는 이스라엘 자손의 대대로 영원한 규례니라**

등불을 위한 기름

어떤 앞서간 성도는 감람기름에 대한 찬송시를 썼다. 감람이 찧어지

지 않고는 기름을 내지 못한다는 내용이다. 물론 감람기름은 성령을 상징한다. 금등대인 교회에는 감람기름이 필요하다. 하나님은 감람기름을 모세나 아론이나 제사장들에게 가져오라고 하신 것이 아니라 이스라엘 자손에게 가져오라고 하셨다. 그렇다. 교회는 인도자들에게만 성령이 필요한 것이 아니다. 오히려 인도자들은 모든 성도들이 성령을 가져오도록 도와야 한다. 등대가 빛을 발하지 못하면 등대로서의 가치가 없는 것처럼 교회가 이 땅에서 빛이 되지 못한다면 교회로서의 기능이 없다.

교회가 빛을 발하려면 모든 성도들이 감람기름을 준비해야 한다. 그러기 위해서는 매일의 생활 가운데서 감람기름을 내야 한다. 눌러 짜짐이 필요한 것이다. 그리스도인들에게 생활의 어려움과 압력이 왜 닥치는가? 감람기름을 내기 위한 것이다. 손실당하는 일들과 아픔은 왜 있는가? 이 모든 일을 인하여 감사드릴지어다. 감람기름을 내기 위한 것이다. 감람은 눌러 짜지지 않고서는 그 기름을 낼 수 없고 포도 또한 눌러 짜지지 않고서는 술이 될 수 없다. 이는 모두가 사람들에게 공급과 빛을 주기 위한 것이요 하나님의 원하시는 바이다.

특히 아론의 아들들인 제사장들, 오늘날로 말하면 교회를 섬기는 자들은 그 등불이 꺼지지 않도록 저녁부터 아침까지 등불을 간검(看檢)해야 한다. 교회가 빛을 내지 못하는 상태에 처한 것을 보고도 아무 느낌이 없는 인도자들은 이미 그 제사장의 기능을 상실한 사람들이다. 하나님은 믿는이 개개인이 하나님 앞에서 세상의 빛이 되기를 원하실 뿐 아니라 교회가 전체적으로 빛이 되기를 원하신다.

저녁에 간검하는 일은 밤새 등불이 켜져 있을 수 있는지를 주의하면서 충분한 기름을 채워두는 일이고 아침에 간검하는 일을 등대를 청소하고 새 기름을 넣어두는 것이다. 이러한 일은 개인이나 교회가 성령으로 충만된 삶을 살 수 있기 위해 매일매일 해야 할 일이다. 세상 사람들이나 많은 성도들의 유익을 위해 빛을 내는 삶을 살기 위해서는 기름이 필요하며, 그 기름은 감람이 눌려 짜지듯이 생활 가운데 많은 압력을 통과하면서 얻어질 수 있음을 기억해야 한다. 사람들에게 빛을 비추는 삶을 살 때 하나님은 기뻐하신다. 어려움이 있을 때 하나님께 그 어려움과 압력들을 해결해달라고 기도하는 것만으로는 뭔가 부족하다. 그 환경 안에서 하나님의 뜻을 이뤄달라고 기도하고 충분한 기름을 얻기를 간구하는 기도가 필요하다.

25장부터 27장까지를 정리하면서

구약의 성막은 신약의 교회를 상징한다. 성막을 보면서 신약의 교회가 어떠해야 함을 이해하는 것은 매우 중요한 일이다. 성막에는 많은 항목의 기구들과 장들이 각각 서로 연결되고 결합되고 정해진 위치에 놓여 있다. 개별적으로 사용되거나 어지러운 것이 하나도 없다. 서로서로가 영향을 주고 도움이 되는 방식으로 존재한다. 신약의 신자들이 반드시 깨달아야 할 것이 있다. 그것은 아무리 귀한 영적인 체험이라도 그것이 교회의 일부가 되고 전체를 위한 것이 되어야 유용하다는 것이다. 가령 어떤 사람이 언약궤의 하나님의 임재를 깊이 체험했다 하자. 또 그는 기도에서도 매우 체험이 있는 성도이다. 그러나 그의 체험이 많은 성도들과 함께하는 교회의 일부로서 교회 전체와 조화를 이루는 것으로 존재하는가, 아니면 개인적으로 누리고 스스로 만족해할 뿐인가?

어떤 성도는 기름을 많이 예비하여 그의 영에는 기름이 가득하다 하자. 그러나 그는 개인적으로 좋을 뿐이다. 그러한 상태는 구약의 그림과 대조할 때 부족함이 있다. 그것은 교회의 등대를 위해 가져와야 한다. 함께 기름을 모아 전체 교회의 등대가 빛을 내도록 해야 유용하다. 그렇다고 해서 개인적으로는 기름이 필요 없다는 것이 아니다. 다만 교회를 위한 기름이 되어야 한다는 뜻이다. 번제단의 체험도 그러하고 떡상도 그러하며 심판이나 구속의 체험들 또한 그러하다. 모든 영적인 체험들은 한 성막 안에서 조화롭게 연결되어 건축을 이루어야 한다. 하나님은 건축된 교회를 원하시며 건축된 교회 안에 거하신다(출 40:33-35).

개개인의 지체들도 마찬가지이다. 모든 성도들이 하나하나의 기구나 널판이라 하자. 다 자신의 위치가 있으며 다른 기구와의 연결과 조화가 있어야 한다. 모든 지체가 개별적으로 자기 마음대로 서 있지 않다. 다 연결되어 하나의 건축을 이루고 있다. 이것은 우리가 주님을 믿고 거듭났을 때 하나님의 거하시는 거처가 되기 위해 하나의 건축 재료가 되었음을 말해주는 중요한 지침이다. 우리는 성도들과 연결되어 하나의 성소를 건축한다(엡 2:21-22, 4:16 참조). 이러한 교회의 건축은 육신적인 활동 안에서 이루어지는 것이 아니라 모두가 성령 안에서 이루어져야 가치가 있는 것이다.

또한 성도들은 성막의 각 항목을 보는 지혜가 있어야 한다. 적어도 신약 교회의 건축을 사모하는 이들에게는 이것이 필요하다. 우리의 교회 안에는 언약궤가 있는가? 혹 이가봇의 상황이 되지는 않았는가?(삼상 4:21-22, 하나님의 영광이 이스라엘에서 떠난 상태-편자 주) 혹 금등대의 위치를 잃지는 않았는가?(계 2:5) 소위 어떤 교회라고 하는 곳에는 번제단이 없고 세마포 장이 없다면 사실 그러한 교회는 교회라고 할 수 없다. 번제단이 없다는 말은 십자가의 구속의 절차가 없이도 그 교회의 구성원이 될 수 있다는 말이다. 세마포 장이 없다는 말은 교회와 세상의 구분이 없고 분별이 없다는 말이다. 그러한 교회는 거듭나지 않은 성도가 들어갈 수 있을 뿐 아니라 뱀도 들어가고 쥐도 들어가고 곤충도 들어갈 수 있다. 이것도 실제로는 교회가 아니다. 명목상의 교회일 뿐이다. 어떤 교회는 분향단이 없다(출 30:1-6). 그러한 교회는 하늘을 향하여 올라가는 기도의 향연이 없는 교회이다. 이 모든 성막의 항목들을 오늘 우리의 교회생활에 하나하나 대조해 보아야 한다. 하나님께서 이 시대의 교회들을 축복해 주시기 바란다.

출애굽기 28장

1-3절, 너는 이스라엘 자손 중 네 형 아론과 그 아들들 곧 나답과 아비후와 엘르아살과 이다말을 그와 함께 네게로 나아오게 하여 나를 섬기는 제사장 직분을 행하게 하되 2 네 형 아론을 위하여 거룩한 옷을 지어서 영화롭고 아름답게 할지니 3 너는 무릇 마음에 지혜 있는 자 곧 내가 지혜로운 영으로 채운 자들에게 말하여 아론의 옷을 지어 그를 거룩하게 하여 내게 제사장 직분을 행하게 하라

1. 28장과 29장은 제사장의 옷과 그 섬김을 위한 위임식 제사를 말하고 있다. 먼저 우리는 성막을 통하여 영광의 그룹 사이에 계시던 하나님(언약궤로 예표됨)이 인성을 가지고 이 땅에 오셨고 죄인의 죄를 속량하기 위해 번제단이 예표하는바 십자가로 나아가셔서 죽임을 당하신 것을 보았다. 이제 28장에서는 주님이 대제사장으로서 우리를 위해 섬기고 계시는 분임을 볼 수 있다. 성막에서 하나님은 죄인이 하나님께 나아갈 수 있는 길을 보여주시고, 제사장의 의복과 위임식을 통해 우리의 그리스도께서 우리를 위해 죽고 부활하시고 승천하사 대제사장이 되시어 우리를 위해 섬기고 계신다는 것을 보여주신다.

또한 제사장 직분은 우리를 위한 것인데, 하나님은 이스라엘이 제사장 나라가 되기를 원하셨고 또 신약의 믿는이들은 모두가 왕 같은 제사장들이기 때문에 하나님을 섬기는 것이 마땅하다. 당시에는 아론의 가문에 속하지 않으면 제사장이 될 수 있는 특권에서 제외되었으나 지금은 믿는이라면 모두 하나님을 섬길 수 있는 길이 열려 있다. 따라서 우리 편에서 본다면 성막의 계시는 우리로 하여금 하나님의 존전에 나아갈 수 있는 길을 열어주시는 것이며, 하나님은 그분의 축복을 거기서 멈추지 않으시고 그분을 섬길 수 있는 길을 열어주신다. 첫째는 그 섬기는 자의 높고 거룩한 지위와 아름다움, 그 특권을 알려주시며, 그 섬기는 자들이 그 하나님의 면전에 그분의 임재를 누리며 계속 머물 수 있는 길도 열어주신다. 얼마나 큰 은혜인지!

우선 출애굽기 후반부의 순서를 보자. 하나님은 이스라엘에게 율법을 주셨는데, 그 목적은 무엇인가? 이는 그들로 하여금 진실로 자신들이 무익하고 죄악으로 부패된 자들임을 알게 하려는 것이다. 그들은 율법을 지킬 수 없다. 그들은 율법을 지킬 수 없을 뿐 아니라 무능하고 부패하여 멸망당하기에만 합당한 죄인들이다. 그러므로 하나님은 그들에게 율법을 주시어 그들 자신의 처지를 알게 하셨다. 그런 다음 하나님은 그들에게 성막의 이상을 주셨다. 성막에서 그들은 무엇을 볼 수 있었는가? 하나님께서는 이스라엘이 스스로 할 수 없는 죄인임을 알고 낙심하여 좌절할 것을 염려하셨다. 그래서 그들을 위해 영광의 하나님이 육신을 입고 오셔서 모든 죄의 문제를 해결해주실 것을 보여주셨으며 그 아들의 십자가를 통해 하나님께 나아올 수 있는 길을 성막을 통하여 보여주셨다. 그러한 구속의 역사를 통하여 그분은 자기를 위한 백성들을 얻으시고 그들 가운데 거하기를 원하셨다. 이것이 성막을 통해 보여주시는 바이다. 그런 다음 하나님은 이스라엘에게 그분을 섬길 수 있는 길을 열어놓으시고 그 길을 보여주셨다.

제사장이 되기 위해 가장 선행되는 문제는 부르시는 것이고('네게로 나아오게 하여') 다음은 옷을 입는 것('거룩한 옷을 지어서 영화롭고 아름답게 할지니')이다. 하나님을 섬기는 자들에게는 반드시 이 두 가지가 선행되어야 한다. 오늘날 하나님을 섬기고자 하는 자들이 주의해야 할 것이 이것이다. 반드시 분명한 부르심이 있어야 한다. 우리가 구원받을 때 구원받은 것이 무엇인지 아는 것처럼 부르심을 받을 때에도 부르심을 받은 것이 무엇인지를 알게 된다. 모세가 사역자 된 것이 그러하고 열두 사도들이 그러하며 바울도 그러하다. 그들이 섬기는 자들이 된 것은 주님의 부르심에서 시작되었다. 바울처럼 전적으로 섬기기를 원하는 자들은 바울이 부르심 받고 섬긴 것에서 좋은 본을 배울 수 있다. 그는 다메섹 도상에서 주님을 만날 때 이미 섬기는 사역자가 될 것을 알았다. 주님은 그를 그분의 증인과 사역자로 삼으실 것을 말씀하셨다(행 26:16). 그럴 뿐 아니라 바울은 안디옥에서 사도로 부르심을 받았다. 하나님은 이와 같이 그분의 성막의 봉사를 위하여 스스로 달려나가 섬기는 자원병을 사용하시는 것이 아니라 그분이 부르신 사람을 사용하신다.

하나님은 그분이 부르신 자들이 섬기려 할 때 가장 먼저 그들을 거룩한 옷으로 입혀주신다. 그 옷은 가장 큰 특징이 거룩하다는 것이다. 우리가 이 땅의 직장에서도 일을 하려면 그 직장이 요구하는 옷을 입어야 한다. 군인은 군인의 옷이 있고 법관은 법관의 옷이 있으며 경찰관은 경찰관의 옷이 있다. 의사는 의사의 가운이 있고 왕족들이나 귀족들에게는 그들의 신분을 나타내는 특징적인 옷이 있다. 하나님은 그분을 섬기러 나온 제사장들에게 특정한 옷을 입히겠다고 하신다. 그 옷을 입음은 그들의 마음과 태도를 이전과 완전히 다르게 만든다. 제사장의 옷의 특징은 무엇인가? 거룩한 것이다. 우리가 제사장으로서 그분만을 섬기도록 부르심을 받았다면 그것은 영광스러운 일이다. 그리고 그 거룩한 옷을 입었을 때의 느낌은 그의 할 일은 오직 하나님을 섬기는 일이라는 것이다. 하나님은 그 거룩한 옷을 그분을 섬기라고 입혀주셨다.

그 옷은 아름다운 옷이고 영화롭게 보인다. 이 세상에서 어떤 옷이 가장 아름다운 옷인가? 나는 전에 친구가 고시를 합격하고 사법 연수원을 졸업한 뒤 법복을 받아 집에 보관하고서 흐뭇해하는 것을 보았다. 육군, 해군, 공군의 장성 옷도 매우 멋지다. 형제들이여! 어떤 옷이 과연 가장 영광스러운 옷인가? 이 세상에서는 가난하고 외로우며 고난의 길을 갈지라도 영광의 하나님을 섬기기 위하여 제사장의 옷을 입었다면, 그 아름다운 옷을 그 어떤 옷에 비하겠는가? 우리가 섬기는 분은 영광의 하나님이시다. 천지의 주재이시다. 그분과 비교할만한 분이 어디 있는가? 그 크신 하나님을 섬기는 것이 어찌 작은 일이겠는가? 당신은 이 일에서 마땅히 조심하고 두려워하며 옷깃을 여미어야 한다. 당신은 이 거룩한 옷을 입고자 하는가? 그렇다면 일생을 하나님께 헌신해야 한다. 온전히 자신을 하나님께 드리고 하나님만을 섬기기 원해야 한다.

우리가 만일 그 옷을 입었다면 마음대로 행동할 수 없다. 하나님의 제사장의 옷을 입었기 때문이다. 제사장은 그 옷을 벗는 날이 죽는 날이다(민 20:26). 옷을 입음은 그의 신분을 나타낸다. 어떤 사람이 그 영광스럽고 아름답고 거룩한 옷을 입었는가의 여부는 그의 행동을 보아서도 알 수 있다. 귀한 신분의 옷을 입고 말이나 행동을 함부로 할 수 있겠는가? 그럴 수 없다. 많은 사람들이 할 수 있는 일도 그는 할 수 없는 것이 있다. 그가 하나님의 제사장의 옷을 입고 있기 때문이다. 다시 말하지만 제사장은 그 옷을 벗는 날이 죽는 날이다(민 20:26).

2. 제사장 직분과 성막의 관계를 살펴보자. 성막과 제사장은 서로 연결되어 있다. 첫째로 성막이 있는데 제사장이 없으면 그 안에서 섬길 사람들이 없다. 그러므로 하나님은 성막 건축의 식양을 말씀하신 뒤에 그 안에서 섬길 제사장들에 관하여 말씀하신 것이다. 제사장의 옷과 성막의 재료가 같은 것은 제사장들과 성막이 결국 하나임을 암시한다. 성

막에 어울리지 않은 사람은 제사장이 될 수 없다. 그들의 모든 것이 성막과 하나인 사람들이 성막을 섬길 수 있다. 베드로 전서 2장 5절은 이 두 가지를 하나로 묶어 놓고 있다. "너희도 산돌같이 신령한 집으로 세워지고 예수 그리스도로 말미암아 하나님이 기쁘게 받으실 신령한 제사를 드릴 거룩한 제사장이 될지니라". 이 말씀에서 신령한 집(a spiritual house)과 제사장 체계(priesthood, 다비역)가 연결되어 있다. 즉 믿는이들은 한 면으로 신령한 집으로 세워지고 또 한 면으로는 제사장 체계가 되는 것이다. 여기에서 제사장(priesthood)은 개인적인 제사장이 아니라 집합적이고 단체적인 제사장 체계를 말하는 것이다. 우리가 민수기에서 보는 바와 같이 레위 제사장들은 모든 성소의 일들을 맡은 바대로 동역하여 수행했다. 고핫 자손, 게르손 자손, 므라리 자손은 각각 그들의 맡은바 임무들이 달랐다. 그러나 그들은 또한 서로 동역하지 않으면 안 되었다.

이스라엘은 하나님의 제사장 나라로 선택되었다(출 19:5). 그들은 한 면으로 하나님을 모시는 거처로서 성막을 건축해야 했고 또 한 면으로는 그분을 섬기도록 제사장 체계가 되어야 했다. 하나는 하나님의 거처가 되어드리는 일이고 또 하나는 그분을 섬기는 자들이 되어야 한다. 신약에서는 이 모든 것이 교회를 통하여 실제로 이루어진다. 교회는 한 면으로는 하나님의 거처인 성막이요 다른 한 면으로는 섬기는 제사장 체계이다. 교회는 한 면으로 하나님으로 거하시게 해야 하고 다른 한 면으로는 그분을 섬겨야 한다. 섬기되 개개인들이 자유롭게 임의로 섬기는 것이 아니라 체계 있게 동역하여 섬기는 것이다. 오늘날 성도들은 교회가 이렇게 체계가 있고 여러 지체들이 아무런 혼란이 없이, 임의로 하는 것이나 개인주의가 없이 질서와 조화 가운데서 동역하여 하나님을 섬기는 기관이라는 것을 반드시 보아야 한다. 교회가 이런 상태에 이르지 못하면 하나님은 결코 만족하시지 않는다.

4-14절, 그들의 지을 옷은 이러하니 곧 흉패와 에봇과 겉옷과 반포 속
옷과 관과 띠라 그들이 네 형 아론과 그 아들들을 위하여 거룩한 옷을 지
어 아론으로 내게 제사장 직분을 행하게 할지며 5 그들의 쓸 것은 금실과
청색 자색 홍색실과 가늘게 꼰 베실이니라 6 그들이 금실과 청색 자색 홍
색실과 가늘게 꼰 베실로 공교히 짜서 에봇을 짓되 7 그것에 견대 둘을 달
아 그 두 끝을 연하게 하고 8 에봇 위에 매는 띠는 에봇 짜는 법으로 금실
과 청색 자색 홍색실과 가늘게 꼰 베실로 에봇에 공교히 붙여 짤지며 9 호
마노 두 개를 취하여 그 위에 이스라엘 아들들의 이름을 새기되 10 그들의
연치대로 여섯 이름을 한 보석에, 나머지 여섯 이름은 다른 보석에 11보석
을 새기는 자가 인에 새김같이 너는 이스라엘 아들들의 이름을 그 두 보석
에 새겨 금테에 물리고 12 그 두 보석을 에봇 두 견대에 붙여 이스라엘 아
들들의 기념 보석을 삼되 아론이 여호와 앞에서 그들의 이름을 그 두 어깨
에 메어서 기념이 되게 할지며 13 너는 금으로 테를 만들고 14 정금으로
노끈처럼 두 사슬을 땋고 그 땋은 사슬을 그 테에 달지니라

제사장의 의복은 흉패와 에봇과 겉옷과 속옷과 관과 띠이다. 그 중에서 가장 먼저 보아야 할 것이 에봇이다. 에봇은 속옷 위에 겉옷을 입고 그 겉옷 위에 긴 조끼처럼 입는 옷이다. 하나님은 제사장들이 이렇게 특별한 옷을 입어야 한다고 하셨다. '에봇' 의 사전적인 뜻은 '붙잡다', '매다', '조이다' 이다. 이 에봇은 성막을 지을 때와 똑같이 청색 자색 홍색실과 가늘게 꼰 베실이 들어가며 거기에 금실 한 가지가 더 추가된 것이다. 이는 그리스도께서 하늘에 속한 분으로서(청색) 왕권을 가지신 분이며(자색) 죄인의 죄를 위해 피를 흘리신(홍색) 구속주이심을 말해준다. 또 가늘게 꼰 베실은 그분의 섬세하시고 의로우신 인성을 상징하며 거기에 더해진 금실은 그분의 신성의 영광을 말해준다. 그리스도는 이렇게 하늘에 속한 요소들이 인성 안으로 짜여지신 분이다. 우리가 성막을 만드는 재료(출 26:1)와 제사장 옷의 재료가 같은 것(출

28:5)은 새겨볼 의미가 있다. 이는 주님의 거하시는 처소를 건축하는 재료나 그분을 섬기는 자들이 되는 재료가 같은 것을 의미하며 거기에 금실 하나가 더 추가된다. 우리가 그분의 거처가 되어드리는 일보다 그분을 섬기기 위해서는 더욱 신성으로 충만되어야 한다. 그분은 우리의 조금 못한 육신의 상태에서도 우리들 안에 거하시지만 그분을 섬기는 자들의 신성의 성분은 더욱 더 요구된다.

이 에봇에는 두 견대가 있고 그 견대 위에 호마노 두 개를 금테에 물려 붙여야 한다. 이 호마노에는 각각 여섯 지파씩 이스라엘 열두 지파의 이름들을 새겨야 한다. 연치대로 새기라 함은 나이의 순서를 따라 한쪽씩 새기라는 것이며 연장자 지파 6명의 이름을 한 보석에, 연소자 6지파를 다른 보석에 새겼고 전자(연장자)는 오른 편 어깨에, 후자는 왼편 어깨에 붙였다 한다(Josephus). 에봇 두 견대에 금테에 물려 붙여야 했다. 이는 그리스도께서 육신을 입고 오신 것은 그분의 택한 백성을 붙들어주기 위한 것임을 암시한다. 그분은 거룩한 신성을 가지신 분이지만 죄인을 위해 피를 흘리시려고 십자가로 가셨다. 그리고 거기서 죽으셨다. 그분이 이렇게 하신 것이 다 에봇으로 상징되었다. 거기 견대에 있는 호마노 두 개는 그분의 구속된 자들이다. 대제사장이신 그리스도는 그분이 선택하신 우리를 견고하게 붙들고 계신다. 그분은 그 이름들을 연치대로 기록할 뿐 아니라 인을 새김같이 기록하라고 하셨다. 이는 주님이 대제사장으로서 우리를 붙들고 계실 뿐 아니라 결코 지워질 수 없도록 도장을 새김같이(히브리어로 '호탐'(인장반지), 창 41:42) 새기라고 말씀하셨다.

금테에 물려 견대에 부착시킨 것은 호마노를 고정시키기 위한 것이다. 이는 그리스도께서 우리를 고정시켜 붙잡고 계심을 의미한다. 그분이 우리를 붙잡고 있으니 우리는 안전하다. 우리는 때로 하나님이 우리를 놓으실까봐 염려한다. 그러나 염려할 필요가 없다. 대제사장이신 주님은 우리의 이름들을 호마노에 새기시고 지켜주신다. 호마노는 보석이니 우리가 하나님께 귀한 존재들이라는 것이고 그분의 신성의 능력으로 우리를 붙들고 계신다는 것이다. 금테에 부착시켰다는 것은 우리를 붙잡는 그분의 힘이 신성에 있다는 것을 의미한다. "저희를 주신 내 아버지는 만유보다 크시매 아무도 아버지 손에서 빼앗을 수 없느니라"(요 10:29). 우리는 그분이 우리를 꽉 붙잡고 계시다는 것을 믿을 수 있으며 그분의 보석으로서 그분의 어깨 위에 우리의 이름이 새겨져 있다는 것을 믿을 수 있다.

이는 또한 제사장으로서 섬기는 자들인 우리에게 적용해야 하는데, 우리 또한 우리의 사랑하는 자들을 마음에 품고 섬겨야 한다("너희가 내 마음에 있음이며", 빌 1:7). 그들의 귀한 이름들이 우리 마음에 새겨져 있지 않다면 우리는 진정으로 그들을 섬길 수 없다. 우리는 성도들을 어깨에 메고 마음에 새기고 섬긴다. 그러나 이렇게 짊어짐은 우리의 미덕이 아니요 우리 안에 여러 종류의 실로 짜여진 그리스도의 요소들로 말미암은 것이다. 이것이 에봇이 의미하는 바이다.

15-30절, **너는 판결 흉패를 에봇 짜는 법으로 금실과 청색 자색 홍색실**
과 가늘게 꼰 베실로 공교히 짜서 만들되 16 장광이 한 뼘씩 두 겹으로 네
모 반듯하게 하고 17 그것에 네 줄로 보석을 물리되 첫 줄은 홍보석 황옥
녹주옥이요 18 둘째 줄은 석류석 남보석 홍마노요 19 세째 줄은 호박 백
마노 자수정이요 20 네째 줄은 녹보석 호마노 벽옥으로 다 금테에 물릴
지니 21 이 보석들은 이스라엘 아들들의 이름대로 열둘이라 매보석에 열
두 지파의 한 이름씩 인을 새기는 법으로 새기고 22 정금으로 노끈처럼
땋은 사슬을 흉패 위에 붙이고 23 또 금고리 둘을 만들어 흉패 위 곧 흉패
두 끝에 그 두 고리를 달고 24 땋은 두 금사슬로 흉패 두 끝 두 고리에 꿰
어 매고 25 두 땋은 사슬의 다른 두 끝을 에봇 앞 두 견대의 금테에 매고
26 또 금고리 둘을 만들어 흉패 아래 양편 가 안쪽 곧 에봇에 닿은 곳에
달고 27 또 금고리 둘을 만들어 에봇 앞 두 견대 아래 매는 자리 가까운

편 곧 공교히 짠 띠 윗편에 달고 28 청색 끈으로 흉패 고리와 에봇 고리에 꿰어 흉패로 공교히 짠 에봇 띠 위에 붙여 떠나지 않게 하라 29 아론이 성소에 들어갈 때에는 이스라엘 아들들의 이름을 기록한 이 판결 흉패를 가슴에 붙여 여호와 앞에 영원한 기념을 삼을 것이니라 30 너는 우림과 둠밈을 판결 흉패 안에 넣어 아론으로 여호와 앞에 들어 갈 때에 그 가슴 위에 있게 하라 아론이 여호와 앞에서 이스라엘 자손의 판결을 항상 그 가슴 위에 둘지니라

1. 대제사장의 의복 중에서 가장 중요한 부분이 판결 흉패이다. 흉패가 제사장의 의복 중에서 가장 먼저 언급되었다. 다음으로 언급된 것이 에봇이다. 이 흉패는 에봇 위에 차는 것인데, 크기는 장광이 한 뼘씩이고 두 겹으로 네모반듯하다. 여기에는 이스라엘 열두 지파의 이름대로 열두 보석을 물리게 되어 있다. 이 이름들 역시 인을 새기듯 새겼다. 열두 보석을 박은 테를 흉패에 묶기 위해 정금 노끈을 땋은 사슬 모양으로 만들고(22절) 금고리 두 개를 만들어 흉패 위 좌우에 달았다. 그리고 땋은 금 사슬로 흉패 두 끝 두 고리에 꿰어 메고 다른 두 끝은 에봇 앞 두 견대의 금테에 매었다(23-25절). 금고리 둘을 더 만들어 흉패 아래 양편 가 안쪽 곧 에봇에 닿은 곳에 달았고(26절) 또 금고리 둘을 더 만들어 에봇 앞 두 견대 아래 매는 자리 가까운 편 곧 공교히 짠 띠 윗편에 달아야 했다(27절). 청색 끈으로 흉패 고리와 에봇 고리에 꿰어 흉패로 공교히 짠 에봇 띠 위에 붙여 떠나지 않게 하라고 했다(28절). 아론이 성소에 들어갈 때에는 이스라엘 아들들의 이름을 기록한 이 판결 흉패를 가슴에 붙여 영원한 기념을 삼아야 했다(29절). 그 흉패 안에는 우림과 둠밈을 넣어서 아론이 여호와 앞에서 이스라엘 자손의 판결을 가슴에 두어야 했다(30절).

2. 판결 흉패와 에봇은 짜는 방법이나 재료가 같다. 이미 말한 바와

같이 에봇은 우리를 붙잡고 계신 그리스도를 상징하고 흉패는 교회인 우리를 상징한다. 그것은 흉패에 달린 열두 보석이 이스라엘 열두 지파를 상징하는 것으로 알 수 있다. 이는 교회가 그리스도의 연장임을 확인할 수 있는 구절이다. 신약 성경은 교회가 그리스도의 몸임을 계시한다. 그리스도는 몸인 교회의 머리시다. 몸과 머리는 하나이다. 사람들은 많은 경우 교회를 말할 때 그리스도의 생명과 성품이 아닌 것을 가리켜 교회라 말하지만, 성경은 교회가 그리스도의 몸으로서 그리스도 자신임을 계시한다(고전 12:12). 그러므로 그리스도가 아닌 것은 교회라 말할 수 없다. 사람에게서 나온 의견과 주장이 교회를 좌우할 수는 없는 일이다. 인간의 변화되지 않은 기질이 교회의 일부로 작용해서도 안 될 일이다. 그러기에 교회 건축을 위해서는 십자가의 역사가 필요하다. 교회는 순전하게 그리스도와 같은 재료로 짜여져야 하기 때문이다. 재료는 금실과 청색 자색 홍색실과 가늘게 꼰 베실이다. 이는 성막을 짜는 것과 동일한 재료이다. 모든 실이 그리스도의 신성과 인성을 나타낸다. 타락한 사람의 육체나 자아는 하나도 포함되지 않았다.

3. 우리가 견대의 호마노 보석에서도 보았지만 흉패에 달린 열두 보석은 이스라엘을 대표하며 오늘날의 교회이다. 교회는 하나님의 눈에 귀한 존재이다. 각종 귀한 보석들과 같다. 우리가 하나님 앞에 보석과 같이 귀한 존재라는 것을 아는 것은 매우 중요하다. 교회는 하나님의 보물이요 그분의 소유 된 백성(God' s own possession)이다. 교회를 상징하는 열두 보석들은 세 개씩 네 줄로 달려 있었다. 각기 다른 색깔과 다른 모양이지만 질서 있게 차례차례 배열되어 있었다. 이것은 오늘날 교회의 모습이 어떠해야 하는지를 계시한다. 하나님은 결코 어지러운 분이 아니시다. 첫 번째 줄에 있어야 할 것이 두 번째 줄에 있거나 두 번째 줄에 있어야 할 것이 네 번째 줄에 배열되어서는 안 된다.

우리는 이것을 견대의 호마노에 새겨진 열두 이름에서도 볼 수 있는데, 이것은 연치대로(according to their birth) 새겨야 했다. 하나님은 교회 구성원들의 영적 성장 정도를 무시하시는 분이 아니다. 거기에 뭔가 권위와 질서가 있는 법이다. 나는 여기 흉패의 배열이 색깔과 조화의 배열이었을 거라고 생각한다. 열두 보석은 서로 색깔과 특성이 달랐을 것이고 어떤 보석이 어떤 보석 옆에 있어야 잘 어울리는가도 고려되었을 것이다. 우리는 이것을 민수기의 열두 지파의 군대 편성에서도 연구한 적이 있다. 어쨌든 하나님의 교회는 조화와 질서, 건축의 아름다움이 존재하는 곳임을 명심해야 한다. 어지러움은 교회의 특징이 될 수 없다. 혼란과 무질서는 사탄적인 역사이다. 우리는 모든 성도들이 성령과 사랑 안에서 건축되고 조화된 교회를 보기 원한다(고전 12-14장 참조).

4. 우리는 창세기에서 아브라함이 하나님과 교제하며 하나님의 뜻을 알고 순종하는 삶을 산 것을 보았다. 그래서 그는 하나님의 친구라고 하는 영예를 얻었다. 하나님은 소돔에 대한 그분의 뜻을 알려주시고 그의 후손이 어떻게 될 것인가도 알려주셨다. 이와 같이 하나님은 그분의 사람들을 대하시는 원칙에 있어서 그가 아직 개인적으로 하나님을 섬기고 주위에 아무도 없다면 그에게 직접 말씀하시고 그분의 뜻을 계시하신다. 그러나 이스라엘이 나라가 되고 큰 단체가 되었을 때 하나님은 그분의 뜻을 모든 하나님의 백성들에게 알리시는 방식으로 바꾸셨다. 이것이 판결 흉패의 중요한 의미이다.

판결 흉패는 대제사장이 하나님을 만나러 들어갈 때 가슴에 부착하는 것이었다. 대제사장은 하나님 앞에 나아갈 때 단독적으로 나아가는 것이 아니라 이스라엘 열두 지파를 가슴에 품고 나아가는 것이다. 여기서 대제사장이 흉패를 착용하고 하나님께 나아가는 것은 주 예수님이 모든 그분의 성도들을 가슴에 품고 아버지 앞에 나아가시는 것을 예표한다. 그러므로 오늘 우리가 한 가지 기억해야 할 것은 우리는 그리스도와 더불어 하나님 존전에 나아가는 존재라는 것이다. 어쩌면 당신은 한 번도 그러한 체험이 없었다고 말할 것이다. 그러나 당신이 그분의 자녀인 한, 기억하라! 당신은 그분의 가슴에 달려 있는 보석 중 하나이고 그분이 아버지 앞에 대제사장으로서 나아가실 때 그분과 함께 나아가는 것이다. 따라서 그분의 품에 있는 교회는 그분과 함께 아버지 앞에 있으므로 교회에 대한 아버지의 뜻을 아들과 함께 알 수 있다. 판결 흉패 안에는 우림과 둠밈이 있는데, '우림'(Urim)은 빛을 뜻하고 '둠밈'(Thummim)은 완전함을 뜻한다. 교회가 하나님 앞에서 빛을 구하고 그분의 뜻을 구할 때 하나님은 그분의 완전하신 뜻을 판결 흉패의 원칙으로 교회에게 계시하신다. 우리가 어떻게 하나님의 뜻을 알 수 있는가? 대제사장으로서 하나님의 백성들의 사정을 하나님께 가지고 나아갈 때에 그분은 빛으로 그분의 뜻을 알리신다. 빛이 있어 우리가 그분의 뜻을 이해할 수 있지만 그분의 뜻으로 확정하려면 그것이 완전해야 한다. 하나님을 섬기는 자들이 아직 분명하지 않고 완전하게 나타나지 않은 것은 그분의 뜻으로 간주하지 말아야 함을 가리킨다.

5. 구약에서 엘르아살은 아론 다음의 제사장으로서 우림의 판결로 여호와 앞에서 물어야 했다(민 27:16,18-21). 다윗도 시글락에서 아말렉의 습격으로 부녀와 대소 여인들이 다 사로잡혔을 때 에봇을 사용하여 하나님의 뜻을 물었다(삼상 30:1-8,18-19). 이때 하나님은 "쫓아가라 네가 반드시 미치고 정녕 도로 찾으리라"고 하셨다. 이것이 다윗이 당시에 판결 흉패를 사용하여 하나님의 뜻을 알아낸 사례이다.

신약의 사도 바울을 보자. 그는 고린도 교회에게 두 번 편지를 쓰고 에베소, 빌립보, 골로새 등의 교회에게 편지들을 썼다. 그의 편지는 어디서 나왔는가? 오늘날 어떤 사람들은 사역자가 지식만 있으면 사역을 할 수 있다고 여긴다. 그것은 틀린 생각이다. 이 시대에도 판결 흉패를 가진 사역자들이 필요하다. 판결 흉패를 가진 장로들이 필요하다. 바울은 당시 고린도 교회의 상황을 가지고 하나님께 나아갔다. 그가 쓴 고린도 전 · 후서의 한 줄 한 줄은 바울이 그들을 가슴에 품고 오랜 시간 하나님의 뜻을 물은 결과이다. 그래서 바울은 하나님 앞에서 고린도 성도들의 진정한 필요를 알게 되었고 그에 따라 합당한 판결의 편지를 쓰게 된 것이다. 그러므로 그 편지를 읽은 고린도 성도들은 바울의 글이 하나님의 영으로 가득한 글이며 하나님으로부터 나온 것임을 알 수 있었다(고전 7:40).

오늘 어떤 소위 사역자들은 판결 흉패를 착용하지 않은 제사장 같다. 그들은 한 성도도 어깨에 짊어지거나 가슴에 품지 않는다. 그들은 다만 자신들이 아는 성경 지식과 영적 체험으로 많은 사람들의 필요를 채울 수 있고 그들을 영적으로 자라게 할 수 있다고 믿는다. 그것은 그릇된 생각이다. 바울은 당시 교회 상황에 대하여 깊은 관심을 갖고 있었다. 그는 그러한 상황과는 동떨어진 자신의 놀라운 지식만 주면 모든 필요가 해결되리라고 여기지 않았다. 그는 확실히 판결 흉패를 사용한 제사장이었다. 그의 모든 서신서들을 통해 볼 수 있는 것은 그가 성도들의 필요와 상태를 가지고 하나님 앞에 나아간 사람이라는 것이다. 교회의 현재 상태와 사역자들의 판결 흉패는 결코 뗄 수 없는 관계에 있다. 각지 교회 장로들의 경우도 마찬가지이다. 교회의 나아갈 길과 교회의 많은 문제들에 관해 어떻게 알 수 있는가? 판결 흉패를 통해서이다. 장로들은 교회 문제를 가지고 하나님께 나아가야 한다. 많은 성도들의 문제를 가지고 하나님께 나아가야 한다. 그럴 때 하나님께서는 그들에게 그분의 뜻을 알리실 것이고 교회는 갈 길이 있게 될 것이다. 그러므로 교회의 인도자들은 영적이어야 한다. 십자가의 깊은 처리가 있어야 한다. 더 깊은 처리가 있을수록 하나님의 뜻을 아는 것에 더 예민해질 수 있다.

6. 22절의 금사슬은 노끈처럼 땋아서 보석들을 붙잡아 매도록 흉패 위에 붙였다. 또한 에봇과 흉패를 연결시켰다. 이것은 성도들이 그리스도께 붙잡혀 있는 상황을 묘사하고 있다. 금사슬이 땋아진 것은 고난받으신 그리스도를 상징한다. 우리를 붙들고 있는 그리스도의 힘은 물론 신성(금사슬)이지만 땋아진 것(고난받으신 인생)에 의한 것이다. 우리는 우리를 위해 고난받으신 그리스도의 사랑으로 인하여 그분께 견고하게 붙여져 있다("누가 우리를 그리스도의 사랑에서 끊으리요", 롬 8:35). 주의 만찬을 기념하라고 하시면서 '나를 기념하라'고 하신 것은 그분이 자신의 고난받으심에 앞서서 하신 말씀이다. 우리는 자신을 다 주시면서 우리를 사랑한 그분의 고난을 잊어서는 안 된다.

에봇과 연결하기 위하여 사용된 금고리가 있는데, 금고리는 주로 연결을 위한 것이다. 금사슬은 주로 굳게 붙잡기 위한 것이고 금고리는 연결하기 위한 것이다. 교회가 주님과 연결을 가지며 성도들과 합당한 조화와 하나와 건축을 갖기 위해서는 성령이 필요하다. 금고리는 성령을 예표한다. 이렇게 성령으로 건축되고 연결된 흉패를 가질 때 그 우림과 둠밈은 하나님의 완전한 뜻을 빛으로 나타낸다.

28절에는 흉패 고리와 에봇 고리를 꿰어 흉패를 에봇 띠 위에 견고히 붙여야 하는 청색 끈이 있다. 청색 끈이 흉패와 에봇을 연결하고 있다는 것은 그리스도의 교회가 하늘에 속한 요소를 가지고 주님께 붙어 있어야 함을 의미한다. 교회는 이 땅에 있지만 전체적으로 하늘에 속한 존재이다. 교회가 하늘에 속한 성분을 잃어버리면 더 이상 하나님의 뜻을 구할 길이 없게 된다. 또한 청색 끈은 하늘에 속한 진리의 끈이다. 교회는 진리의 기둥과 터이며 진리가 없이는 지탱될 수 없다(딤전 3:15).

금사슬은 고난받으신 그리스도의 사랑, 그리고 죽음을 거쳐 우리에게 주신 부활 생명을 나타낸다. 금 고리는 부활 승천하여 부어주신 성령이다. 청색 끈은 하늘의 속성을 지닌 진리이다. 우리는 과연 오늘날 교회를 붙잡아주는 것이 무엇인가를 생각해볼 필요가 있다. 무엇이 성도들을 붙잡아주고 있는가? 과연 고난받으신 그리스도의 사랑인가? 부활하신 생명인가? 성령과 진리인가? 이런 것이 교회와 성도들을 붙들어주고 연결하고 있다면 좋은 것이다. 그러나 우리가 보는바 오늘날 많은 성도들은 조직에, 율법에, 전통에 매여 있다. 더러는 생계에 매여 있기도 하다. 주님은 십자가에서 율법을 끝내시고 모든 옛 것을 끝내셨다. 그리고 부활 생명을 해방하셨다. 그리스도의 부활 생명과 성령의 능력이 마치 많은 사람들이 성도들을 묶어 놓기 위해 사용하는 율법적인 교리나 소위 자신들만 옳다 하는 교리보다 붙잡는 힘이 작은 것 같다.

오늘 성도들을 교회로 붙잡고 있는 요소는 무엇인가? 혹 예배당 건물이 사람을 붙잡고 있는 요소는 아닌가? 초대 교회는 이 가정 저 가정에서 모임을 가졌다. 그들을 붙잡아주는 것은 그리스도의 사랑이고 성령이었지 예배당 건물이나 소위 정통성이나 자신들만 옳다 하는 율법적인 교리가 아니었다. 그들이 진정 교회라면 부활 승천하여 우리에게 주신 생명의 성령에 의하여 붙잡히고 연결되어야 한다. 오늘도 많은 사랑스런 성도들이 율법적인 교리에 붙잡혀 서로 나누어지고 반목하며 하나를 이루지 못하고 있다. 그들이 참으로 부활하신 그리스도의 생명에 의해, 진리와 사랑에 의해 붙잡혀 있다면 나누어질 필요가 없다. 그리스도께서는 믿는이들이 그리스도의 몸인 교회로 이루어지고 서로 하나로 묶일 수 있도록 성령을 부어주셨다(엡 4:4, 고전 12:13). 주님의 부활 생명 능력이 이 세상의 조직이나 교리나 율법보다 더욱 능력 있음을 인해 하나님께 감사하고 찬양한다. 이것만이 교회를 연결하고 결합하여 하나 되게 하고 그리스도께 견고히 붙어 있게 하는 능력이다.

31-35절, 너는 에봇 받침 겉옷을 전부 청색으로 하되 32 두 어깨 사이에

머리 들어갈 구멍을 내고 그 주위에 갑옷 깃같이 깃을 짜서 찢어지지 않게 하고 33 그 옷 가장자리로 돌아가며 청색 자색 홍색실로 석류를 수놓고 금방울을 간격하여 달되 34 그 옷 가장자리로 돌아가며 한 금방울, 한 석류, 한 금방울, 한 석류가 있게 하라 35 아론이 입고 여호와를 섬기러 성소에 들어갈 때와 성소에서 나갈 때에 그 소리가 들릴 것이라 그리하면 그가 죽지 아니하리라

이 겉옷은 대제사장이 입는 것이다. 겉옷은 언제나 직분과 권위를 표시한다. 우리는 엘리야가 엘리사에게 준 겉옷을 생각해 볼 수 있다. "엘리야가 겉옷을 취하여 말아 물을 치매 물이 이리 저리 갈라지고 두 사람이 육지 위로 건너더라" 엘리야의 겉옷은 능력의 겉옷이다(왕상 19:19, 왕하 2:8-13). 우리도 주님을 섬기려면 이 겉옷을 입어야 하는 것이요 이는 그분의 성령의 능력의 면을 상징한다. 우리는 믿음과 기도를 통하여 이 겉옷을 입을 필요가 있다. 이 에봇 받침 겉옷은 그 특징이 청색이라는 데 있고 머리 들어가는 구멍을 꼭 갑옷같이 깃을 짜서 튼튼하게 한다는 데 있다. 그리고 옷 가장자리에는 청색 자색 홍색 실로 석류를 수놓고 금방울을 간격하여 다는 것이다. 아론이 그 옷을 입고 성소에 들어갈 때에 금방울 소리가 들리게 되어 있었다.

이 겉옷의 색깔은 청색이다. 대제사장은 이 겉옷을 속옷 위에 에봇 속에 입어야 했다. 여기서 청색은 그리스도의 하늘의 속성, 곧 신성을 의미한다. 그분의 권위는 여기에 있다. 즉 언제나 하늘에 속한 말과 행동을 가지신 것이다. 또한 그분이 입으신 겉옷의 머리 들어가는 구멍이 갑옷 같다는 것은 그분의 사역이 또 한 면에서 전투였음을 가리킨다. 우리 또한 이 땅에서 주님을 섬기는 일들이 또한 사탄을 대항하는 전투인 것이다. 사람들은 그분이 이 땅에서 사역하실 때 그분의 신성에 흠집을 내려고, 즉 겉옷을 찢어버리려고 애썼다. 그러나 그분이 입으신 겉옷의 구멍은 깃을 단단하게 짜서 아무도 찢을 수 없었다. 예를 들어, 사람들은 그분을 일반적인 인간 이상도 이하도 아닌 존재로 만들려고 애썼다. "네가 만일 하나님의 아들이거든 뛰어내리라"(마 4:6), "이는 그 목수의 아들이 아니냐"(마 13:55), "네가 유대인의 왕이어든 네가 너를 구원하라"(눅 23:37) 등등의 마귀적인 말들은 그분의 청색 겉옷을 찢어버리려는 시도였다. 그러나 그분의 겉옷의 머리 들어가는 부분은 갑옷 깃같이 단단하게 짠 것이어서 결코 찢을 수 없었다. 사역자들에게도 사탄이 늘 하는 일은 그 직분을 아무것도 아닌 것으로 만드는 것이다. 그러므로 사도 바울은 디모데에게 "네 연소함을 업신여기지 못하게 하라"고 권면했던 것이다. 악한 사람들은 주의 종들에게서 그 겉옷을 찢어버리려는 시도를 한다. 그러므로 주님을 섬기는 자들은 그 고귀한 직분의 격(格)을 빼앗기지 않도록 조심해야 한다. 사역자인 당신은 돈이 없고 먹을 것이 없어도 비굴하지 말아야 한다. 사람들이 돈으로 유혹해도 당신이 주를 좇는 자의 격을 낮추어서는 안 된다. 아무리 돈이 없고 아쉬워도 그렇게 하지 말아야 한다.

또한 그분의 겉옷 가장자리에 있는 석류와 금방울은 그분의 봉사가 인성(석류)과 신성(금방울)으로 충만한 것임을 알려주며 그분의 제사장 사역의 성공과 효과를 말해준다. 이것이 바로 복음이다. 그분이 이 땅에서 사역하실 때 우리는 그분의 생명의 풍성함에서 나오는 봉사를 본다. 이것이 바로 청색 자색 홍색실로 짠 석류이다. 그분의 일생의 사역은 청색(하늘에 속한 본성)과 자색(왕권을 상징함)과 홍색(죄를 사하시는 구속의 주님을 상징함)을 가지신 사역이셨다. 금방울은 하나님의 신성한 능력에 의한 그분의 사역의 성공을 상징한다. 그분은 죽은 자 가운데서 부활하셨다. 그분의 부활하심은 그분의 택한 백성을 위한 죄 사하는 사역이 성공적임을 가리킨다. 즉 그분의 속죄 사역이 하나님께 합당하지 않았다면 그분은 부활하실 수 없었을 것이다. 우리는 그분의 부활 안에서 금방울 소리를 듣는다. 그분의 겉옷 가장자리에 매달려 있어서 울리는 방울 소리는 우리를 위한 그분의 속죄 사역이 성공적이며(뭔가 잘못되었다면 죽임을 당하게 되어 있음, 35절) 완전하다는 것을 알려준다. 이러한 겉옷에 관한 항목들은 오늘날 하나님을 섬기는 사역자들에게 절실하게 필요한 것들이다. 그들이 진정으로 하나님의 부르심을 받아 섬기는 자들이라면 그들은 분명 겉옷을 입은 자들이다. 그것은 분명 청색이리라. 그리고 그 머리 구멍은 갑옷같이 단단하게 짜여져 찢어지지 않을 것이다. 누구든지 그 옷을 잡아당길 때 쉽게 찢어진다면 그는 결코 하나님의 제사장으로서 합당하지 않다. 또한 그들의 사역은 그리스도의 인성으로 충만한 생명의 풍성함에서 나와야 하며 그들의 신성(금방울)은 사람들에게 일깨움을 줄 수 있는 종소리가 되어야 한다. 믿는이의 신성한 삶과 행함은 사람들의 귀에 경고와 일깨움을 주는 종소리가 되기도 한다.

36-38절, **너는 또 정금으로 패를 만들어 인을 새기는 법으로 그 위에 새기되 [여호와께 성결]이라 하고 37 그 패를 청색 끈으로 관 위에 매되 곧 관 전면에 있게 하라 38 이 패가 아론의 이마에 있어서 그로 이스라엘 자손의 거룩하게 드리는 성물의 죄건을 담당하게 하라 그 패가 아론의 이마에 늘 있으므로 그 성물을 여호와께서 받으시게 되리라**

다음은 대제사장들이 쓰는 관에 부착하는 패에 관한 것이다. 이 패는 정금으로 된 것이며 청색 끈으로 관 위에 매되 관 전면에 부착해야 했다. 그리고 그 패에는 인을 새기는 법으로 '여호와께 성결' 이라고 새겨야 했다.

대제사장의 의복

그러므로 대제사장은 전면 이마에 관을 썼고 그 관에는 패가 붙어 있는데, 그 위에 '여호와께 성결'이라고 새겨져 있었다. 이는 그리스도의 제사장 되심과 그분의 죄건을 담당하심과 하나님의 열납하심이 그분의 거룩하심으로 말미암았음을 알 수 있다.

39-43절, 너는 가는 베실로 반포 속옷을 짜고 가는 베실로 관을 만들고 띠를 수놓아 만들지니라 40 너는 아론의 아들들을 위하여 속옷을 만들며 그들을 위하여 띠를 만들며 그들을 위하여 관을 만들어서 영화롭고 아름답게 하되 41 너는 그것들로 네 형 아론과 그와 함께한 그 아들들에게 입

히고 그들에게 기름을 부어 위임하고 거룩하게 하여 그들로 제사장 직분을 내게 행하게 할지며 42 또 그들을 위하여 베로 고의를 만들어 허리에서부터 넓적다리까지 이르게 하여 하체를 가리게 하라 43 아론과 그 아들들이 회막에 들어갈 때에나 제단에 가까이 하여 거룩한 곳에서 섬길 때에 그것들을 입어야 죄를 지어서 죽지 아니하리니 그와 그의 후손의 영원히 지킬 규례니라

1. 대제사장은 속옷, 겉옷, 에봇, 견대, 흉패, 금패 달린 관을 모두 착용하였지만 기타 제사장들은 속옷과 모자, 띠, 고의만을 착용하였다. 속옷과 띠는 가는 베실로 만든 것이다. 39절의 '반포 속옷을 짜고' 라는 말은 속옷을 수놓아 짜라는 뜻이다(weave the tunic of checkered work of fine linen). 즉 반포 속옷이란 '세마포로 짠 무늬 속옷' 을 의미한다. 다비 역에서는 아마도 바둑판 무늬의 수(chekered work)일 것이라고 각주를 달았다. 이 속옷은 대제사장이나 제사장들이 다 입어야 했다. 이 속옷의 직물 구조는 매우 정교하고 섬세하게 수를 놓아 짠 것임을 알 수 있다. 왜냐하면 여기서 '수놓다' 의 히브리어 어근(damask)이 무늬를 나타내는 방식의 수를 의미하기 때문이다. 여기서 우리는 우리 주 예수님의 인성이 신성과 매우 조화롭고 아름다운 방식으로 수놓아진 듯 짜여지셨다는 것을 알 수 있고, 하나님을 섬기는 우리 또한 그렇게 섬세하고 아름답게 짜여져가고 있음을 알 수 있다. 이러한 짜여짐은 밖에서 갖다 붙이는 외적인 작업이 아니고 직물 속으로 무엇인가를 정교하게 짜 넣는 내적인 작업임을 가리킨다.

오늘날 우리에게 일어나는 여러 환경은 결국 무엇을 위한 것인가? 그것은 다름 아닌 우리를 그분을 섬기는 자로 만들어가는 과정이다. 그러면 어떻게 해야 그분을 섬기기에 합당하게 되는가? 그것은 고운 베실로 우리의 인성 안에 섬세하게 무늬를 새기는 것에 의해서이다. 나는 어떤 사람이 아직 거친 성품 그대로이며 너무 싱거워서 아무 무늬도 없는 사람이라면 하나님의 제사장으로서 합당치 않다고 여긴다. 어제 나는 한 사역자 형제와 대화를 나누었는데 형도 매우 귀한 일을 하는 사람이었고 그 동생도 어느 곳에서 조수로 주님의 일을 하고 있는데 매우 단순하고 착했다. 결과로 어떤 강한 사람에게 매여 있는데 거기서 빠져나올 수 없이 꼭 붙잡혀 있었다. 그는 그저 착하기만 하였고 그 환경이 순종으로 연단받는 것이라고만 믿고 있었다. 그 사람의 가족들은 그로 말미암아 고생이 말이 아니었다. 내가 보기에 그는 맑고 순수하기는 한데 그 옷에 섬세하게 새겨진 무늬가 없었다. 형은 동생이 나와 대화하는 것을 듣다가 동생이 이해하지 못하는 것을 보고 '너는 머리가 나보다 조금 좋지 않은 것 같아' 라고 하였다. 동생은 그 말을 듣고도 빙그레 웃었다. 너무 착한 동생이었다. 나는 그에게 착한 사람이 영적으로 반드시 주님 앞에 전진하는데 좋은 것이 아니라고 말하며 야곱에 대하여 들려주었다. 그것은 머리의 좋고 나쁨의 문제가 아니라 제사장으로서 정교하게 바둑판 무늬로 짜여진 무늬 속옷이 없음을 증명하는 것이다. 무늬 수의 옷은 원래의 바탕에 누군가가 공들여 수를 놓은 것을 의미한다. 결국 여기의 가는 베실은 그리스도의 흠 없으신 순결과 완전한 의를 상징하리라. 하나님은 오늘도 섬기는 우리가 이렇게 고운 베실로 수놓아지도록 역사하고 계신다.

2. 띠는 섬김을 의미한다. 제사장은 모두 띠를 띠게 되어 있다. 이 띠 역시 그냥 아무것이나 차는 것이 아니라 고귀한 색실로 수놓은 정교한 띠였다. 일반 제사장들은 예복으로 속옷과 띠와 관에 대하여만 말한다. 이 세 가지는 대제사장의 것과 같은 것으로 추측한다(Keil). 우리 주님은 띠를 띠고 계신 주님이시다(계 1:13). 당신은 주님께 기도드릴 일이 있고 부탁드릴 일이 있다 할 때 그분이 한가하게 아무 일도 하지 않으시는 분일까봐 염려하지 말아야 한다. 그분은 아직도 가슴에 금띠를 띠고 계신다. 또한 주님을 섬기는 우리는 언제나 하나님을 섬기며 그분

의 백성들을 섬기는 띠를 풀어놓지 말아야 한다.

3. 고의란 제사장의 아래 속옷(잠방이 혹은 팬티)을 가리킨다. 우리는 하나님의 교회가 성막에서 보듯이 아무것도 사람의 임의로 할 수 없고 모두가 하나님의 지시하심 따라 지어야 했듯이 섬기는 제사장들의 옷도 팬티에 이르기까지 하나님의 정하신 것을 입어야 한다는 것을 유의해야 할 것이다. 다른 옷은 다 기름부음을 받아야 하는데 이 옷만큼은 기름부음받지 않은 평범한 옷이다. 평범하지만 여전히 그 옷감은 베이다. 그러므로 순결하고 거룩한 것이다. 제사장도 일반적인 가정생활과 식생활 등 다른 사람이 하는 평범한 일을 다 하지만 여전히 순결하고 거룩하다. 이러한 고의를 입음은 하체를 드러내지 않기 위한 것이므로 제사장들은 평범한 일상생활에서도 범사에 주의하여 수치를 드러내는 일이 없어야 한다.

우리는 하나님을 섬기는 사람들의 겉옷이 중요할 뿐 아니라 속옷 또한 중요함을 알아야 한다. 어떤 사람들은 대중 앞에서 성령의 능력을 행하며 크게 역사하는 일을 하는데 막상 집에 와서 일상생활 가운데서는 너무 형편없이 행한다. 이는 속옷을 아무것이나 입는 경우이다. 하나님을 섬기는 자들은 겉옷 뿐 아니라 속옷도 합당하게 입어야 한다. 속옷 중에서도 일반 속옷이 있고 아래 속옷이 있으며 제사장의 띠와 관은 속옷과 관련되어 있음을 아는 것은 중요하다(38-43절). 그들의 진정한 섬김의 기초(띠)는 일상생활에서부터 나온다는 것이며 그들의 진정한 성결(관)도 일상생활로부터 나온다는 것이다.

4. 제사장들은 회막에 들어갈 때마다 이 옷을 입어야 죽음을 면할 수 있다. 특히 하체를 가리라는 말은 주님을 섬기는 자들이 부끄러운 일을 당하지 말아야 한다는 뜻이다. 바울은 디모데에게 "부끄러울 것이 없는 일꾼으로 인정된 자로 자신을 하나님께 드리기를 힘쓰라"고 한다

(딤후 2:15). 이들은 제단에 가까이 할 때나 거룩한 곳에서 섬길 때에 그것들을 잘 입어야 죄를 지어서 죽지 않게 된다. 오늘날도 주님을 섬기는 사역자들이나 주의 종들은 이렇게 겉옷만이 아니라 속옷까지도 제대로 챙겨 입어야 영적인 죽음이나 육적인 죽음까지도 면할 수 있다. 제사장들은 섬기기 위해 이러한 옷을 입어야 할 뿐 아니라 기름부음을 받아야 하는데 이는 거룩한 생활에다가 성령의 충만까지 받아야 함을 의미한다. 이 모든 것은 하나님을 섬기는 자들에게 필수적이다.

출애굽기 29장

제사장 위임식

**1-28절, 너는 그들에게 나를 섬길 제사장 직분을 위임하여 그들로 거룩
하게 할 일이 이러하니 곧 젊은 수소 하나와 흠 없는 수양 둘을 취하고 2
무교병과 기름 섞인 무교 과자와 기름 바른 무교 전병을 모두 고운 밀가루
로 만들고 3 그것들을 한 광주리에 담고 그것을 광주리에 담은 채 그 송아
지와 두 양과 함께 가져 오고 4 너는 아론과 그 아들들을 회막문으로 데려
다가 물로 씻기고 5 의복을 가져다가 아론에게 속옷과 에봇 받침 겉옷과
에봇을 입히고 흉패를 달고 에봇에 공교히 짠 띠를 띠우고 6 그 머리에 관
을 씌우고 그 위에 성패를 더하고 7 관유를 가져다가 그 머리에 부어 바르
고 8 그 아들들을 데려다가 그들에게 속옷을 입히고 9 아론과 그 아들들
에게 띠를 띠우며 관을 씌워서 제사장의 직분을 그들에게 맡겨 영원한 규
례가 되게 하라 너는 이같이 아론과 그 아들들에게 위임하여 거룩하게 할
지니라**

28장에서 우리는 제사장의 의복을 보았다. 이제 아론과 그 아들들은 제사장들로서 하나님을 섬기기 위해 제사장 직분을 위임받아야 했다. 누구든지 하나님을 섬기기 위해서는 전제되어야 할 조건들이 있다. 어

떤 수속과 조건들을 만족시키지 않는다면 하나님을 섬길 수 없다.

1. 첫째는 헌신이다. 헌신이란 하나님 아닌 것들과 하나님을 섬기는 데 방해되는 것들로부터 자기를 분별하는 것이고 전적으로 자신을 하나님께 드리는 것을 말한다. 그러므로 먼저 헌신(위임)이라는 단어가 나오는 것이다. 흠정역이나 미국 표준역이나 다비역에서는 '거룩케 하여' (hallow)라는 단어를 사용했다. 제사장 직분을 수행하기 위해 헌신과 분별은 절대적으로 필요한 것이다.

2. 9절의 '위임' (consecrate)이라는 단어에 대해 다비역과 콘코던스에는 '그들의 손을 가득 채우다' (fill their hand)라는 각주가 들어 있다. 이것은 본래 비어 있던 손이 하나님을 섬기기 위해서는 채워져야 함을 의미한다. 즉 제사장들은 원래 손이 비어 있거나 다른 것으로 채워져 있었는데 이제는 주님으로 채워져야 한다는 것이다. 그러므로 제사장들이란 간단히 말해서 하나님만을 위해 전적으로 그의 일생을 분별하여 드림으로 그분의 일로만 손이 채워진 자들을 의미한다. 하나님을 위한 헌신과 분별이 곧 제사장 직분의 위임이다. 당신의 손은 그리스도로 채워져 있는가? 그리스도를 섬기기 위한 일로 온전히 채워져 있는가?

3. 헌신과 분별로 말미암은 위임이 있은 뒤에는 씻음이 필요하다(4절). 하나님을 섬기는 자는 가장 먼저 깨끗케 되어야 한다. 여기의 깨끗케 됨은 물로 씻는 것인데, 이 물은 말씀의 물이다(엡 5:26). 우리가 하나님을 섬기려 할 때 가장 먼저 느끼는 것은 우리의 영과 혼이 혼탁하여 투명하지 않으므로 섬길 자격이 없다는 것이다. 그러나 어느 날 살아계신 하나님의 말씀이 올 때 우리는 깨끗케 된다. 하나님의 말씀이 오는 것은 성경의 해설이나 설교 말씀을 들음으로써만 오는 것은 아니

다. 우리를 씻기 위해 오는 하나님의 말씀은 때때로 환경의 다루심을 통해서 온다. 어쩌면 그 이전에도 주님은 내적인 세미한 음성으로 몇 번이고 말씀하셨을 것이다. 그러나 감각이 무디고 자아의 선호가 강하여 그 음성을 지나쳐 버린 것이다. 몇 번이고 지나친 후에 하나님은 결국 어떤 환경을 주시어 그때 작은 음성으로 말씀하신 것을 분명한 말씀으로 확인시켜 주신다. 그때 닥친 어려움과 환경은 우리에게 그분의 뜻과 말씀을 매우 생생하게 해주며 순종할 능력까지 부여해 주시는데(말씀 안에는 생명이 있고 그 생명은 능력이 있으므로), 그 말씀은 우리를 매우 신선하게 씻어주며 이는 일차적으로 우리가 그분을 섬길 수 있도록 자격을 부여해준다.

4. 다음에는 제사장의 의복을 입는 것이다. 여기서 우리는 아론은 대제사장의 의복을 입고 아들들은 일반적인 제사장들의 옷을 입는 것을 볼 수 있다. 아론은 속죄제를 드리기 전, 피를 바르기 전에 이미 기름부음을 받게 되어 있다(7절). 7절의 관유를 그 머리에 붓는 것은 아론에게만 해당된다. 그 아들 제사장들의 옷에다가 관유를 붓는 것은 21절에 가서이다. 그러므로 아론의 대제사장 됨은 그리스도를 예표한다. 그리스도란 기름부음 받은 자라는 뜻이며, 그분은 속죄제와 희생의 피가 없이도 기름부음을 받으신 분이다. 아론은 죄가 없이 이 땅에 오신 대제사장 예수의 예표가 되기 때문이다. 그러나 아론의 아들들은 피를 바른 이후에 기름부음을 받을 수 있었다.

하나님께서는 그분을 섬기기 위해 헌신한 자들에게 거룩한 옷을 입혀주신다. 그 옷은 섬기는 자를 아름답고 영화롭게 해주는데, 하나님이 우리같이 비천한 자를 섬기도록 부르시어 이러한 옷을 입혀 주시는 것은 참으로 우리를 우대하신 것이 아닐 수 없다. 우리가 하나님을 섬기기 위하여 헌신하는 것은 결코 큰 대가를 지불하여 우리를 희생하는 것이거나 우리를 드림으로 그분을 우대해드리는 것이 아니다.

나는 대학생 때 장래와 친구와 세상의 모든 것을 뒤로하고 하나님께 자신을 드리기로 헌신한 후 오랫동안 눈물을 흘린 적이 있다. 참으로 많은 눈물이 있었다. 그것은 세상에서 성공하기를 기대하는 집안 식구들의 기대를 저버리는 것에 대한 아픔 때문이었고 그렇게도 사랑하는 세상의 많은 친구들과 장래를 포기하는 것에 대한 아쉬움 때문이었을 것이다. 나는 유난히 친구들이 많았고 또 친구를 좋아하던 사람이었다. 그러나 지금 생각하면 그때 나는 하나님이 어떤 분이신지를 제대로 알지 못했던 것이다. 그때 하나님은 나를 최고도로 우대하고 계셨는데 아직 어리고 믿음이 적었던 나는 어리석은 눈물을 많이 흘렸다. 그후 하나님께서는 그분을 전적으로 섬기도록 나를 부르셨고 그때 나의 느낌은 영광스러움 그 자체였다. 세상에 그렇게 복되고 영광스러운 일은 없다고 느껴졌다. 하나님이 나같이 쓸모없는 자를 그분을 섬기라고 부르시다니…그때 나는 하나님이 나에게 아름답고 영화로운 옷을 입혀주시는 것을 느꼈다. 그리고 다시 감사의 눈물을 흘리게 되었다. 하나님이 긍휼을 베푸시어 섬기도록 입혀주신 옷은 벗을 수도 없고 결코 벗어서도 안 된다.

10-18절, 너는 수송아지를 회막 앞으로 끌어 오고 아론과 그 아들들은 그 송아지 머리에 안수할지며 11 너는 회막문 여호와 앞에서 그 송아지를 잡고 12 그 피를 네 손가락으로 단 뿔들에 바르고 그 피 전부를 단 밑에 쏟을지며 13 내장에 덮인 모든 기름과 간 위에 있는 꺼풀과 두 콩팥과 그 위의 기름을 취하여 단 위에 불사르고 14 그 수소의 고기와 가죽과 똥은 진 밖에서 불사르라 이는 속죄제니라 15 너는 또 수양 하나를 취하고 아론과 그 아들들은 그 수양의 머리 위에 안수할지며 16 너는 그 수양을 잡고 그 피를 취하여 단 위의 주위에 뿌리고 17 그 수양의 각을 뜨고 그 장부와 다리는 씻어 각 뜬 고기와 그 머리와 함께 두고 18 그 수양의 전부를 단 위에 불사르라 이는 여호와께 드리는 번제요 이는 향기로운 냄새니 여호와께 드리는 화제니라

옷을 입은 후에는 제물을 드려야 한다. 제물에는 먼저 수송아지 하나로 드리는 속죄제가 있고 또 수양 둘을 드리게 되어 있는데, 수양 하나는 번제를 위한 것이고 나머지 하나는 광주리 안에 있는 무교병과 무교과자와 무교 전병과 함께 위임식 제사를 위한 것이다.

먼저 하나님을 섬기는 사람들은 큰 수송아지의 속죄제를 드려야 한다. 레위기 4장에서 기름부음을 받은 제사장이 범죄하면 수송아지로 속죄제를 드리게 되어 있고(4절) 평민이 죄를 지으면 암염소나 어린 양을 잡아 드리면 되었다(28, 32절). 전적으로 하나님을 섬기는 제사장이라면 그들의 회심이 분명하고 자신의 부패와 죄에 대한 인식이 커야 한다. 사도 바울은 자신이 죄인 중의 괴수라고 했다. 큰 죄인이니 큰 제물로 제사를 드리는 것이 마땅하다. 자신의 죄에 대하여 비춤과 인식이 깊어서 많이 탕감받은 죄인처럼(눅 7:36-47) 하나님의 은혜를 크게 아는 사람만이 그분을 잘 섬길 수 있다고 믿는다. 여하튼 제사장은 큰 수송아지를 속죄제로 드려야 한다.

둘째는 수양 하나로 드리는 번제인데, 번제는 완전히 불살라 드리는 제사이다. 제사장은 번제의 고기를 조금이라도 남기거나 먹을 수 없고 다 불살라야 한다. 속죄제는 우리의 죄들이 사함받는 데 중점이 있으며 누구든지 그들의 죄를 사함받은 적이 없는 자는 하나님을 섬길 수 없다. 하나님께서 그리스도의 피로 우리를 죄에서 해방하신 것은 우리로 그분 앞에서 제사장이 되게 하시려는 것이다(계 1:5-6). 그리고 번제는 우리로 하나님 앞에서 열납되게 하는 데 중점이 있다. 속죄제는 우리의 죄 사함을 위한 것이고 번제는 온전히 태워 향기를 드림으로 하나님의 기뻐하심과 영광을 위한 것이다. 우리는 그리스도께서 십자가에서 제물 되심을 통하여 속죄제를 드림이 되었고 따라서 우리의 죄는 사함받았으며, 또한 그분의 번제 되심을 인하여 우리가 하나님께 드려져 온전히 열납되었음을 믿어야 한다. 섬기는 자들은 속죄제가 있는 자들이며 번제를 드려 자신을 온전히 드린 자들인 것이다. 이것이 제사장으로 섬기기 위한 조건들이다.

19-28절, 너는 다른 수양을 취하고 아론과 그 아들들은 그 수양의 머리 위에 안수할지며 20 너는 그 수양을 잡고 그 피를 취하여 아론의 오른 귓부리와 그 아들들의 오른 귓부리에 바르고 그 오른손 엄지와 오른발 엄지에 바르고 그 피를 단 주위에 뿌리고 21 단 위의 피와 관유를 취하여 아론과 그 옷과 그 아들들과 그 아들들의 옷에 뿌리라 그와 그 옷과 그 아들들과 그 아들들의 옷이 거룩하리라 22 또 너는 그 수양의 기름과 기름진 꼬리와 그 내장에 덮인 기름과 간 위의 꺼풀과 두 콩팥과 그것들 위의 기름과 우편 넓적다리를 취하라 이는 위임식의 수양이며 23 또 여호와 앞에 있는 무교병 광주리에서 떡 한 덩이와 기름 바른 과자 하나와 전병 하나를 취하고 24 그 전부를 아론의 손과 그 아들들의 손에 주고 그것을 흔들어 여호와 앞에 요제를 삼을지며 25 너는 그것을 그들의 손에서 취하여 단 위에서 번제물을 더하여 불사르라 이는 여호와 앞에 향기로운 냄새니 곧 여호와께 드리는 화제니라 26 너는 위임식 수양의 가슴을 취하여 여호와 앞에 흔들어 요제를 삼으라 이는 너의 분깃이니라 27 너는 그 흔든 요제물 곧 아론과 그 아들들의 위임식 수양의 가슴과 넓적다리를 거룩하게 하라 28 이는 이스라엘 자손이 아론과 그 자손에게 돌릴 영원한 분깃이요 거제물이니 곧 이스라엘 자손이 화목제의 희생 중에서 취한 거제물로서 여호와께 드리는 거제물이니라

위임식 수양을 드림에 관하여는 좀 더 자세히 볼 필요가 있다. 첫 번째 수양은 번제로 드리고 두 번째 수양은 위임식 제사를 위하여 잡아서 그 피를 취하여 아론과 그 아들들의 오른 귓부리와 오른 손 엄지가락과 오른발 엄지가락에 발라야 했다. 이것은 무슨 뜻인가? 하나님의 크신 구속의 은혜를 받고 하나님께 드려진 사람은 이제부터 그의 귀와 손과 발이 분별되었음을 나타내는 것이다. 즉 나의 귀와 손과 발은 하나님께서 피 값을 주고 사신 것이 되었으니 이제는 분별되어 그분의 것이 되었음을 나타내는 것이다. 그러므로 이제부터 나의 귀는 내 것이 아니고 하나님의 것이니 아무것이나 듣는 데에 귀를 사용할 수 없고 오직 주인의 음성을 듣는 데에만 사용해야 하며, 나의 손도 이제 나의 손이 아니요 그분의 것이니 이 손으로 그분을 섬기는 데에만 사용해야 한다. 또 나의 발도 더 이상 나의 발이 아니요 그분이 피로 사신 발이니 이제부터 내가 가고 싶은 곳에 내 마음대로 갈 수 없고 그분이 가라시는 곳에만 가야 한다. 21절에서는 피와 관유를 그들의 옷에 뿌리라고 했다. 그들의 옷이 거룩해야 하기 때문이다. 피가 먼저이고 다음이 관유이다. 이는 죄 사함과 씻어짐이 있어야 성령 충만이 있다는 말이다.

이제 가장 중요한 방면에 왔다. 그러면 무엇이 위임이며 헌신인가? 귀와 손과 발에 피를 바른 것은 준비이지 헌신의 내용이 아니다. 헌신의 내용은 이전에 말한 대로 손에 채우는 것이다. 손에 무엇을 채우는가? 그것은 두 번째 수양을 잡아 양의 우편 넓적다리(우편 어깨-흔정역, 다비역)와 기름은 한 쪽에 두고 따로 광주리 속에 있는 무교병과 기름 섞인 과자 하나와 전병 하나를 취해서 그들의 손에 주어 요제로 삼아야 한다. 이는 결국 제사장들의 손을 수양의 기름과 전병으로 채워서 요제를 삼아 하나님께 화제로 태워드리기 위함이다. 여기서 양의 넓적다리(어깨)와 기름은 하나님의 능력과 영광 곧 신성을 나타내며, 무교병과 과자 등은 그분의 섬세한 인성을 나타낸다.

결국 위임식에서 그들이 제사장직을 위임받는 것은 그들의 손을 제물로 채워 하나님께 드리는 것이다. 그 제물은 그리스도의 거룩하시고 영광스러우며 능력이 많으신 신성, 성령으로 충만하시고 섬세하시며 고우신 인성을 나타내며, 결국 제사장들은 원래 비어 있던 그들의 손을 이러한 그리스도로 가득 채워 하나님께 제물로 드리는 일을 하는 것이다. 이것이 바로 헌신이 의미하는 바이다. 그러므로 제사장들은 자신의 손을 그리스도로 채워야 한다. 사람들은 그들에게서 그 손에 가득 채워진 그리스도를 볼 수 있어야 한다. 그 손이 하나님의 능력과 영광으로 충만하시며 가장 고우신 인성을 가지신 그리스도로 채워지지 않는다면, 거기에는 제사장 직분도, 헌신도, 위임도 없다. 제사장들은 결국 그리스도를 하나님께 요제로 드리는 일을 하는 사람들이다. 요제는 흔들어 드리는 제사인데, 제사장들은 손에 가득한 그리스도를 하나님께 흔들어서 드려야 한다. 손에 가득 채워진 그리스도, 이것이 없이는 결코 하나님을 섬길 수 없다. 결국 그리스도가 없으면 제사장의 섬김은 없다.

29-30절, 아론의 성의는 아론의 후에 그 아들들에게 돌릴지니 그들이 그것을 입고 기름 부음으로 위임을 받을 것이며 30 그를 이어 제사장이 되는 아들이 회막에 들어가서 성소에서 섬길 때에는 칠 일 동안 그것을 입을지니라

아론이 죽으면 아들들에게 성의를 돌리라고 하셨다. 하나님의 백성들이 존재하는 한, 섬기는 제사장의 역할은 계속된다. 그리스도께서 우리를 위해 대제사장 직분을 수행하심은 그분이 영원하신 고로 영원히 변치 않고 존재한다. 오늘날 어떤 단체의 그리스도인들은 이 시대까지 많은 훌륭한 사역자들이 있었으므로 이제 사역자들은 그것으로 충분하니 더 이상 말씀의 사역자들이 없어도 된다고 주장하는 것을 보는데, 그것은 그렇지 않다. 하나님의 백성들이 이 땅에 존재하는 한, 하나님은 그분의 백성들을 섬길 은사들이 있게 하신다. 우리 눈으로 볼 때에도 오늘날 하나님의 백성들의 필요는 너무나 크다.

과거에 훌륭한 주님의 종들이 있었으며 그들은 충성스럽게 하나님을 섬겼고 그들이 있기에 오늘날 우리는 큰 유익을 얻을 수 있다. 결코 후에 일어난 사역자들은 전에 쓰임 받은 주님의 종들의 계시와 빛과 걸어간 발자취들을 경히 여겨서는 안 된다. 오히려 후의 사람들은 그들의 충성된 발걸음의 본과 유산들을 귀히 여기면서 그들의 어깨 위에서 조금 더 나아갈 수 있기를 겸손히 앙망해야 할 것이다. 오늘날 역대의 훌륭하게 쓰임받은 종들과 필적할 만한 사람들이 없다 하더라도 아론의 성의는 엘르아살에게로, 모세의 직분은 여호수아에게로 전수되었듯이, 엘리야의 옷이 엘리사에게 전달되었듯이, 여전히 현재와 현시대를 위하여 일으켜진 종들이 있음을 인해 주께 감사해야 한다. 이들은 모두 그분의 백성들을 위한 하나님의 선물들이다.

31-34절, 너는 위임식 수양을 취하여 거룩한 곳에서 그 고기를 삶고 32 아론과 그 아들들이 회막문에서 그 수양의 고기와 광주리에 있는 떡을 먹을지라 33 속죄물 곧 그들을 위임하며 그들을 거룩하게 하는데 쓰는 것은 그들은 먹되 타인은 먹지 못할지니 이는 성물이 됨이며 34 위임식 고기나 떡이 아침까지 남았으면 그것을 불에 사를지니 이는 거룩한즉 먹지 못할지니라

위임식 수양은 제사장들이 거룩한 곳에서 먹게 되어 있다. 여기서 우리가 알 수 있는 것은 하나님을 섬기는 자들은 하나님과 더불어 먹는 것이 있다는 것이다. 하나님께서는 제사장들이 드리는(불살라진 번제물) 그리스도의 향기를 흠향하시고(25절) 제사장들 또한 자신들이 드린 제물 중 수양의 고기와 광주리의 떡을 먹는다. 이는 제사장들이 그리스도를 섬김을 통해 얻은 제물이 자신에게도 공급과 은혜가 됨을 의미한다. 제사장들의 봉사는 하나님께 드릴 음식을 준비하고 제사 드림을 통해서 그분을 기쁘게 해드리며 자신들 또한 하나님과 함께 먹는 것이다.

하나님은 그분을 섬기는 자들로부터 무언가를 받아 드시기를 원하며 그들과 함께 먹고 누리기를 원하신다. 결국은 하나님이 기뻐 받으시는 음식도 그리스도요 제사장들이 먹고 누리는 음식도 그리스도이다. 그리스도 외에는 하나님께 드릴 것이 없으며 우리가 먹을 음식도 없다. 제사장들은 다른 사람이 아니라 이 귀한 그리스도를 손에 가득 채운 사람들인 것이다. 손에 가득 채워진 그리스도가 없다면 그는 필경 하나님의 제사장이 아니다. 그들을 통해 많은 사람들은 그리스도를 얻음으로 유익과 축복을 얻고 하나님께도 큰 기쁨이 된다. 사람이 하나님께서 드실 수 있는 무언가를 해드릴 수 있다는 것은 어떠한 큰 영광인가? 우리는 이 놀라운 직분을 빼앗기지 않기 원한다.

35-37절, 너는 내가 무릇 네게 명한 대로 아론과 그 아들들에게 그같이 하여 칠 일 동안 위임식을 행하되 36 매일 수송아지 하나로 속죄하기 위하여 속죄제를 드리며 또 단을 위하여 깨끗케 하고 그것에 기름을 부어 거룩하게 하라 37 네가 칠 일 동안 단을 위하여 속죄하여 거룩하게 하라 그리하면 지극히 거룩한 단이 되리니 무릇 단에 접촉하는 것이 거룩하리라

이 부분은 제사장들이 단을 거룩하게 하기 위해 제사를 드려야 하는 것을 말한다. 제사장들은 드리는 제물만을 관심하기 쉬운데 하나님께서는 그들이 제물을 드리는 단 또한 거룩하게 성별하기를 원하신다. 이 구절들을 영적으로 적용하기란 쉽지 않다. 단은 물질적인 것인데 그것을 위하여 제사를 드려야 하는가? 그것도 칠 일 동안이나 단을 위하여 속죄하라는 것이다. 그러면 단이 거룩케 되고 그 단에 접촉하는 것이 거룩하리라고 하셨다.

이에 대하여 적절할지 모르지만 예를 들어 설명해 보겠다. 나는 때때로 말씀을 해설하고 주님의 복음을 증거할 때 나 자신의 체험이나 겪었던 일을 가지고 설명하곤 하는데, 그렇게 말씀을 증거할 때 많은 사람들이 유익을 얻고 그 집회가 주님께 열납이 되었다는 느낌이 있을지라도 주님은 무언가 내가 전한 말씀 중 거룩하지 않은 부분이 있다는 것을 지적하시곤 하였다. 처음에는 분명하게 알지 못했으나 결국 알게 된 것은 우리의 체험이나 간증 속에 '나' 라는 사람의 구속되지 않은 부분이 들어있다는 것이었다. 물론 그 간증을 통해 말씀의 제물을 드리지만 그 단이 되는 나의 간증은 씻어지지 않은 것일 수 있다. 나는 깊은 속에서부터 하나님께 회개하지 않을 수 없었다. '하나님, 저는 당신의 거룩한 말씀을 제물로 드릴 때 나의 간증을 사용했는데, 그것이 사실이고 악한 것들이 아닐지라도 구속되지 않은 것이었습니다. 하나님, 제가 사용한 예화, 저의 간증들은 마땅히 주님의 피로 씻어져야 합니다. 이후로는 더욱 주님의 진리를 깨끗하고 순수하게 드러낼 수 있도록 긍휼을 베풀어 주옵소서.' 나는 이 일을 말씀 전하기 전에 했더라면 더욱 좋았을 것이다. 그럴 때 그 예화와 간증은 사람들에게 거룩함을 줄 수 있었을 것이다.

이것은 또한 예배시에 사용하는 악기에도 적용해볼 수 있다. 기타라든가 많은 밴드가 찬양과 경배를 드리는 데 사용된다. 그것들이 하나님을 높이고 찬양하고 경배하는 데 사용된다 하더라도 어떤 것들은 구속되지 않은 것일 수 있다. 아마도 어떤 악기들은 사용하지 말아야 할지도 모른다. 또는 어떤 경우는 그것을 다루는 사람들이 하나님 앞에서 씻음을 구하고 구속을 받아야 할 것이다. 한 가지만 더 말한다면 설교자들이나 찬양자들의 음성이다. 음성을 통해, 말씨를 통해 하나님의 거룩한 것들이 전달되니 이 또한 단으로 사용되는 것이라고 생각할 수 있다. 우리는 이렇게 기도하자. '하나님, 저의 음성을 당신의 거룩하신 피로 정결케 하여 사용하소서. 저의 말씨 또한 거룩하게 하소서. 모든 속되고 일반적이고 천박한 것에서 분별하시고 저의 온 존재를 거룩케 하소서.' 그렇게 될 때 모든 듣는 자들이 은혜를 받을 뿐 아니라 거룩케 될 수 있을 것이다. "무릇 단에 접촉하는 것이 거룩하리라"(37절b). 나는 독자들이 이러한 예시로 단을 깨끗케 하는 것을 이해하는 데 도움을 얻기를 바란다.

38-46절, 네가 단 위에 드릴 것은 이러하니라 매일 일년된 어린 양 두
마리니 39 한 어린 양은 아침에 드리고 한 어린 양은 저녁 때에 드릴지며
40 한 어린 양에 고운 밀가루 에바 십분 일과 찧은 기름 힌의 사분 일을 더
하고 또 전제로 포도주 힌의 사분 일을 더할지며 41 한 어린 양은 저녁 때
에 드리되 아침과 일반으로 소제와 전제를 그것과 함께 드려 향기로운 냄
새가 되게 하여 여호와께 화제를 삼을지니 42 이는 너희가 대대로 여호와
앞 회막문에서 늘 드릴 번제라 내가 거기서 너희와 만나고 네게 말하리라
43 내가 거기서 이스라엘 자손을 만나리니 내 영광을 인하여 회막이 거룩
하게 될지라 44 내가 그 회막과 단을 거룩하게 하며 아론과 그 아들들도
거룩하게 하여 내게 제사장 직분을 행하게 하며 45 내가 이스라엘 자손
중에 거하여 그들의 하나님이 되리니 46 그들은 내가 그들의 하나님 여호
와로서 그들 중에 거하려고 그들을 애굽 땅에서 인도하여 낸 줄을 알리라
나는 그들의 하나님 여호와니라

하나님의 원하심은 그분의 백성들과 함께 거하시는 것이다. "내가 이스라엘 자손 중에 거하여 그들의 하나님이 되리니 그들은 내가 그들의 하나님 여호와로서 그들 중에 거하려고 그들을 애굽 땅에서 인도하여 낸 줄을 알리라"(46절). 그러나 거기에는 조건이 부여되어 있다. 그것은 한 마디로 말해서 그들의 거룩함에 근거한다. 그들이 하나님을 그들 가운데 모시기 위해서는 거룩함이 필요하며 그들의 거룩함은 그들이 매일 제물을 드림에 의한 것이다. 즉 그들이 거룩케 되기 위해서는 매일 제물을 드림이 필요하다.

하나님은 회막에서 그분의 백성들과 함께하시며 그들 중에 거하기 원하시지만 그들이 만일 매일 제물을 드리지 않는다면 그들은 하나님을 만나는 특권과 하나님을 모시는 특권을 상실한다. 그러면 매일 드리는 제물은 무엇인가? 그것은 어린 양 두 마리를 번제로 아침에 하나, 저녁에 하나를 드리는 것이며, 고운 밀가루와 포도주로 소제와 전제를

드리는 것이다. 이는 여호와께 드려 향기가 되게 하는 화제이며 대대로 회막 문 앞에서 드리는 번제이다. 하나님은 이와 같이 제사장들이 매일 같이 드리는 번제의 향기 속에서 그들과 만나시고 그들 가운데 거하신다. 여기서 단과 회막이 거룩하게 됨은 여호와의 임재와 관련이 있다. 우리 편에서는 매일 제사 드림이 필요하고 그럴 때 하나님은 우리의 회막과 단을 거룩케 하신다.

제사장들이 어린 양을 매일 드림은 우리를 위해 속죄 제물 되신 그리스도를 속죄제로 드리기 위함이요 하나님께 온전히 자신을 드리시어 하나님을 영광스럽게 하신 그리스도를 번제로 드리기 위함이며, 그리스도의 고운 인성을 소제로 드리기 위함이다. 전제(혹은 관제)는 포도주를 부어 드리는 것인데 이는 자신 전체를 우리를 위해 쏟아 부으신 그리스도를 상징한다. 바울은 이를 자신의 순교에 사용했다. 이는 어린 양의 제물과 고운 밀가루의 소제에 더하여져서 하나님께 더욱 향기로운 제물이 되게 하는 역할을 한다. 이로써 우리가 알 수 있는 것은 이스라엘 전체의 축복이 제사장들에게 달려 있다는 것이다. 그들이 얼마나 성실하게 매일 제물을 드리며 헌신하는가에 따라서 하나님이 그들 중에 거하실 수 있다는 말이다. 그럴 때 그들의 회막 전체가 거룩케 되며 단이 거룩케 된다. 그로써 그 단에 접촉하는 모든 사람들이 거룩함을 입게 된다. 하나님은 소수의 사람들이 자신을 드려 성실하게 하나님을 섬길 때 그 축복이 많은 사람에게로 흐르게 하신다.

제사장들은 하나님을 섬기는 자들로서 자신을 위해서뿐 아니라 온 백성들을 위해서 매일 제사를 드려야 한다. 그들은 매일 하나님께 온전히 자신을 분별해 드리며 온전한 제사를 드려야 한다. 오늘날로 말하면, 매일 아침저녁으로 자신을 드리며 온전히 불태워 헌신하는 기도의 시간을 가져야 한다. 또한 실제적으로 주님을 위해 자신의 몸을 드리는 것이 있어야 한다. 사도는 우리가 주를 위해 자신의 몸을 드리는 것을 산제물로 제사를 드리는 것이라고 했다(롬 12:1). 이런 것이 매일의 번제가 아니겠는가? 또한 바울은 자신을 이방인을 제물로 드리는 복음의 제사장이라고 했다(롬 15:16). 우리는 언제나 복음을 전하는 일을 그분께 드리는 제물로 여겨야 한다. 또한 찬미의 제사도 있다. 우리는 입술로 그분을 찬미하는 가운데 제사를 드릴 수 있는 것이다(히 13:15). 물질의 드림 또한 제물로 간주된다. "내게는 모든 것이 있고 또 풍부한지라 에바브로디도 편에 너희의 준 것을 받으므로 내가 풍족하니 이는 받으실만한 향기로운 제물이요 하나님을 기쁘시게 한 것이라"(빌 4:18). 믿음도 제물이요 순교 또한 제물이다. "만일 너희 믿음의 제물과 봉사 위에 내가 나를 관제로 드릴지라도 나는 기뻐하고 너희 무리와 함께 기뻐하리니"(빌 2:17)

그리고 우리의 매일의 섬김 가운데 그리스도의 고운 인성의 미덕이 있어야 하며 결코 거칠은 자아와 육체가 있어서는 안 된다. 제사장들은 매일 소제를 드려야 하기 때문이다. 이러한 봉사만이 하나님께 열납되는 소제이다. 또한 제사장은 매일 전제를 드리게 되어 있는데 전제란 자신을 온전히 붓는 것으로서 하루가 지날 때 제사장 된 자들에게 있어야 하는 느낌인데, 이는 오늘 하루 하나님을 위해 내 자신을 다 드렸다는 것이다. 제사장들의 섬김은 이렇게 '매일매일 자신을 쏟아 조금도 보류함이 없이 힘을 다하는 것' 이어야 하나님께서 만족하신다. 하나님은 이러한 무리 가운데 거하기를 기뻐하신다.

출애굽기 30장

1-10절, 너는 분향할 단을 만들지니 곧 조각목으로 만들되 2 장이 일 규빗, 광이 일 규빗으로 네모 반듯하게 하고 고는 이 규빗으로 하며 그 뿔을 그것과 연하게 하고 3 단 상면과 전후 좌우면과 뿔을 정금으로 싸고 주위에 금테를 두를지며 4 금테 아래 양편에 금고리 둘을 만들되 곧 그 양편에 만들지니 이는 단을 메는 채를 꿸 곳이며 5 그 채를 조각목으로 만들고 금으로 싸고 6 그 단을 증거궤 위 속죄소 맞은편 곧 증거궤 앞에 있는 장 밖에 두라 그 속죄소는 내가 너와 만날 곳이며 7 아론이 아침마다 그 위에 향기로운 향을 사르되 등불을 정리할 때에 사를지며 8 또 저녁때 등불을 켤 때에 사를지니 이 향은 너희가 대대로 여호와 앞에 끊지 못할지며 9 너희는 그 위에 다른 향을 사르지 말며 번제나 소제를 드리지 말며 전제의 술을 붓지 말며 10 아론이 일년 일차씩 이 향단 뿔을 위하여 속죄하되 속죄제의 피로 일년 일차씩 대대로 속죄할지니라 이 단은 여호와께 지극히 거룩하니라

1. 먼저 우리가 알 것은 성막 안에 단(altar)이 두 개가 있다는 것이다. 하나는 놋단이요 다른 하나는 이 장에 나오는 금단이다. 놋단은 번제단으로서 그리스도의 십자가의 구속 사역을 상징하는 단이며 금단은 금향단으로서 그리스도의 중재하시는 사역을 상징하는 동시에 성도들

의 기도의 향이 올라가는 곳을 예표한다.

놋단은 회막의 가장 입구에 놓여져 회막에 들어가는 사람이 가장 먼저 접하게 되는 것으로서, 누구든지 하나님의 백성 가운데 참여하려면 가장 먼저 우리 죄를 위해 십자가에 못 박히시고 피 흘려 돌아가신 그리스도를 접하지 않으면 안 된다. 이것이 성막에서 번제단이 가장 입구에 위치해 있는 이유이다.

단들에 대한 두 가지 적용

1) 그리스도에 대한 적용

먼저 두 제단이 의미하는 바는 그리스도께 적용되어야 한다. 놋제단은 그리스도의 십자가를 예표하며 금향단은 승천하셔서 중보기도하시는 그리스도를 예표한다. 이는 매우 신기한 것이다. 놋 번제단이 우리를 위하여 죽으신 그리스도를 말함과 같이 금향단은 하늘에 살아 계셔서 우리를 위하여 간구하신 그리스도를 말하는 것이다. 그리스도를 이렇게 알 때 그분의 하시는 사역은 모두가 얼마나 귀하며 우리를 위하시는 것인지 모른다. 구속과 화목은 놋 번제단에서 이루어졌고 구속받은 자들을 위한 중보기도는 금향단에서 이루어졌다. 이처럼 놋 제단은 우리 죄를 위하여 십자가에 달려 못 박히신 그리스도를 상징하고 금향단은 살아계시며 부활 승천하신 중보자 예수 그리스도를 가리킨다.

그러므로 성소에 있어서 놋 제단으로부터 금향단까지는 그리스도 안에 있는 온전한 구원을 말한다. 죽음으로 인한 구속 사역은 놋 제단에서 보였고 살아계셔서 우리를 위하여 간구하심은 향단에 의해 지시되고 있다. 그리스도는 우리에게 구속의 은혜를 주시려고 십자가에 죽으셨다. 이것이 곧 바울이 말한 "곧 우리가 원수되었을 때에 그 아들의 죽으심으로 말미암아 하나님으로 더불어 화목되었은즉 화목된 자로서는 더욱 그의 살으심을 인하여 구원을 얻을 것이니라"(롬 5:10). 이 말씀에 의하면 우리에게 있어서 그리스도의 죽으심만이 아니라 그분의 살으심 또한 구원이 된다는 것을 알 수 있다. 그분은 단지 우리를 죄로부터 사함과 의롭다함의 구원을 주실 뿐 아니라 매일 생활 가운데서 하나님과의 간격을 제하고 새롭게 그분과의 교제 안에서 구원받을 수 있도록 그리스도인의 삶 가운데서의 구원을 주신다. 이것이 바로 "자기를 힘입어 하나님께 나아가는 자들을 온전히 구원하실 수 있으니 이는 그가 항상 살아서 저희를 위하여 간구하심이니라(히 7:25)"고 말씀하신 이유이다. 우리는 우리 자신의 노력이나 장점에 의해서 구원에 이르는 삶을 사는 것 같지만 사실은 그 배후에 그리스도의 우리를 위한 간구하심이 있는 것이다. 이 모든 것이 그리스도의 사역임을 인하여 감사드리자! 그렇다! 그분은 이 땅에 오셨을 때 우리를 위하여 죽으셨으며 부활 승천하신 후 하늘에서도 우리를 위하여 기도하시고 계시다. 이는 우리의 완전한 구원을 위함이다.

2) 우리의 체험에 의한 적용

다음으로 두 제단은 우리가 체험하기 위한 것이기도 하다. 따라서 우리는 이 두 제단을 어떻게 체험하는가도 보아야 한다. 성막에서 가장 최종적이고도 중심적인 기구는 언약궤이며, 언약궤는 영광의 하나님의 임재가 있는 곳이다. 이곳(속죄소)에 대하여 "내가 너와 만날 곳"이라고 하신다. 그분은 우리와 만나려 하신다. 영광의 하나님은 육신을 입으시고 죄인을 위해 번제단까지 나오셨다. 그곳에서 피 흘리시고 희생제물이 되신 것은 죄인인 우리로 지성소에 계신 하나님께 이르게 하려는 것이다. "모든 사람이 죄를 범하였으매 하나님의 영광에 이르지 못하더니"(롬 3:23). 하나님이 우리를 하나님의 영광에 이르게 하시려면 먼저 우리의 죄 문제를 해결해 주셔야 했다. 우리의 죄 문제는 우리 스스로 해결할 수 없으므로 그리스도께서 언약궤가 상징하는바 영광의 보좌에서 번제단이 상징하는바 골고다까지의 노정을 걸어가심으로 우리를 위해 번제물과 속죄제물이 되신 것이다. 이는 우리를 하나님의 영광 안으로 이끄시기 위함이다. "그리스도께서도 한 번 죄를 위하여 죽으사 의인으로서 불의한 자를 대신하셨으니 이는 우리를 하나님 앞으로 인도하려 하심이라"(벧전 3:18).

하나님께서는 먼저 죄인을 위해 번제단으로 나오셨고 죄인은 이제 번제단을 통과하여 물두멍의 씻음과 떡상과 등대를 통과하여 금향단에 이르게 된다. 향단에 이르는 것은 기도로 하나님께 향연을 드리는 것인데, 이러한 상태가 지성소에 계신 하나님께 가장 가까이 있는 것이다. 영 안에서 드리는 기도의 중요성은 말로다 표현할 길이 없다. 그때에 우리는 지성소 안의 하나님의 임재 앞에 나아가며 하나님을 접할 수 있는 길을 갖게 된다. 그러나 이 모든 것의 출발점과 그 자격을 부여하는 것은 성막 입구에 놓여 있는 놋제단임을 잊어서는 안 된다. 놋제단에서 분향단에 이르는 모든 과정이 우리를 온전히 구원하시는 역사와 관계있다. 구원의 목표는 결국 지성소 안에서의 거룩하시고 영광스러우신 하나님과의 말할 수 없이 깊고 풍성한 교제와 연합에 있다.

2. 레위기 10장에서는 아론의 두 아들 나답과 아비후가 다른 불을 분향단에 드리다가 여호와 앞에서 죽었다. 분향단의 향을 태우는 불은 반드시 번제단의 불을 사용해야 했다. 이는 이 두 단이 연결되어 있음을 가리킨다. 그 번제단의 불은 하늘로부터 내려온 불이다. 제사장들이 제단에 제물을 벌려놓을 때 하늘에서 불이 내려와 제물을 불살랐는데, 금단의 향을 사르는 불은 반드시 이러한 번제단의 하늘로부터 온 불을 사용해야 하고 향 또한 하나님이 정하신 대로 만들어진 것을 사용해야 했던 것이다.

나답과 아비후가 드린 다른 불은 어디서 온 것인가? 우리는 그 불의 출처를 알지 못한다. 그러나 성경은 그들이 분향단에서 하나님께 다른 불을 드렸다고 말한다. 오늘날에도 많은 사람들이 하나님께 불과 향을 드리려고 애쓴다. 그러나 그들은 다만 하나님께 불을 드리기만 하면 된다고 생각하지 그것이 어디서 온 어떤 불인가는 주의하지 않는다. 그러나 하나님은 그 불이 어디서 온 것인지를 물으신다. 번제단은 십자가이다. 과연 그가 하나님께 드리고 있는 불은 제단을 거친 불인가? 즉 놋단의 심판을 통과한 불인가? 십자가의 심판을 거치지 않은 불은 하나님께 열납되지 않는다. 우리가 하나님을 섬기는 열심이 좋은 것인가, 나쁜 것인가? 사람들은 하나님을 위하여 뭔가를 하기만 하면 그저 좋은 것이라고 생각한다. 그러나 하나님은 그 기도와 열심과 섬김을 받으시기 전에 그 불이 어디서 온 것인가를 물으신다. 만일 그것이 번제단을 거친 것이 아니라면 하나님은 그 불과 향을 받지 않으실 것이다.

그러면 하나님께 열납되는 불과 향을 드리는 비결이 무엇인가? 바로 십자가의 심판을 거치는 것이다. 만일 어떤 형제가 뭔가를 하려고 계획하고 있는데, 그 일에 대한 자신의 의도와 동기를 살피지 않고 하나님께 묻지 않았다. 다만 그 일을 할 필요가 있고 또 자신이 해야 할 것 같아서 하려는 것뿐이다. 그가 생각하기에는 꼭 자신이 해야 할 일 같지만 그 일이 십자가의 심판을 거쳤는가? 어쩌면 그럴 겨를도 없이 불을 드리려고 분향단에 나아갔을 것이다. 하나님께서 '그 일은 네가 할 필요가 없다'고 하실까봐 자세히 묻지도 않았을 것이다. 왜냐하면 자신이 지금 이 일을 하지 않으면 낭패라고 생각하기 때문이다. 이렇게 자신이 하고 싶은 일에 사로잡힌 많은 사람들이 곧잘 번제단을 거치지 않은 다른 불을 드린다. 그러나 하나님은 그렇게 드리는 자들을 심판하신다. 그것은 제단을 거치지 않았기 때문이다. 성도들이여, 우리는 그분을 위해 어떤 일을 하기 전에 그 일에 대한 하나님의 뜻을 물어야 한다. 과연 그분이 당신에게 그 일을 위임하셨는가? 그 일을 하려는 열심이 십자가의 심판을 거쳐 생겨난 것인가?

우리가 합당한 부담이나 열심을 갖게 되는 순서는 이러하다. 자신과 자신에 속한 모든 의도와 계획이 십자가에 놓여지고 하늘의 불이 내려와 자신을 불사를 때 엎드러져 새롭게 주님께 나아가 묻는 것이다. '주여, 제가 어떻게 행해야 하며 무엇을 해야 합니까?' 이것이 당시 다메섹에서 사울에게 임한 일이다. 그럴 때 엎드러진 자에게 주님의 위임이 새롭게 임할 것이다. 이것이 제단에 불을 드리는 합당한 길이다. 번제단에 제물이 참되게 놓여진다면 하늘에서 불이 내려와 그 제물을 사를 것이다. 그러한 과정을 통해서만이 우리는 불을 가질 수 있다. 그러한 불은 곧 우리의 위임이 될 것이다. 이러한 불이 아닌 다른 불로 섬긴다면 하나님께 열납되지 않을 것은 물론 드리는 자가 사망을 맛보게 된다. 다시 말하지만 모든 하나님을 위한 불은 번제단을 통과한 것이어야만 하나님께 가치가 있다.

제단 후에 불이 있고 십자가 후에 오순절이 있다. 십자가를 거치지 않은 소위 '영의 사용'과 '성령의 해방'은 다른 불을 사용하는 것이다. 오늘날 많은 소위 영적인 활동 속에 십자가가 없다. 십자가의 심판과 다루시는 역사 아래 순복함이 없는 소위 영적인 활동은 정상적인 영적 활동이 아닐 것이다. 나는 오늘날 광범위하게 시행되는 소위 방언과 능력 행함 가운데 과연 얼마만큼이 십자가에 못 박히신 예수께 굴복된 영혼들의 활동인지를 묻고 싶다.

또한 많은 영적 누림 가운데 정상적이지 않은 것이 많다는 것이 오늘날의 상황이다. 나는 영적인 세계보다 속임수와 거짓된 것이 많은 영역이 없다는 것을 젊을 때는 알지 못했다. 그러나 많은 세월이 지난 후 영의 세계에는 많은 거짓 누림과 거짓 영의 체험이 있음을 알게 되었다. 많은 사람들이 그런 것에 접하면 그것이 가장 좋은 것으로, 최고로 알기 때문에 벗어나려고 하지 않는다. 더욱이 그런 것이 탁월하다고 생각되는 진리와 연결되면 더욱 그러하며, 거기에 하나님을 위한 일이라고 할진대 절대로 내려놓으려 하지 않고 확신하게 되는 것이다. 생명이라고 한다고 해서 다 생명이 아니고 누림이라고 해서 다 누림이 아니다.

펜 루이스 여사는 어떤 사람이 자신은 영적으로 최고의 상태를 가졌으며 절대 속임을 당하지 않았다고 주장하면 그 사람은 이미 속임을 당한 것이라고 했다. 나는 이것이 사실이라고 믿는다. 오늘 진정으로 자기가 누리는 것이 최고로 좋은 것이라고 생각하는 많은 이들이 이 덫에 걸려있다. 그들은 자신의 영성에 대하여는 잘못된 것이라는 가능성을 절대로 두지 않고 자신의 그 좋다는 누림을 기초로 해서 다른 이들의 가르침을 판단하며 영과 생명과 누림이 없다고 판단한다. 그러나 그러한 자신의 눈과 감각과 판단력이 잘못되었음을 어떻게 알겠는가? 여간 겸손하고 주의 깊은 사람이 아니면 거기서 벗어나는 것은 가능한 일이 아니다.

3. 금단의 치수는 너비와 길이가 일 규빗씩으로 네모반듯하며 높이는 이 규빗이다. 일 규빗씩으로 네모반듯한 것은 완전함을 뜻한다. 또한 완전한 의를 상징한다. 한편으로는 완전하게 의로우신 그리스도께서 행하시는 우리를 위한 중보 사역을 상징하며, 또 한편으로는 오늘날 이 땅에서 중보 기도자는 완전한 의를 가져야 함을 시사한다. 하나님은 의인의 간구를 들으신다(약 5:16). 우리가 의인이 되어야 한다는 뜻은 행위가 완전한 의인이 되어야 한다는 것이 아니라 우리에게 범한 죄가 있을 때 철저히 회개하여 피로 씻음을 받은 의인이 되어야 한다는 것이며(요일 1:9) 적어도 우리 마음이 우리 자신을 책망할 일이 없어야 한다는 것이다. "우리 마음이 우리를 책망할 것이 없으면 하나님 앞에서 담대함을 얻고 무엇이든지 구하는 바를 그에게 받나니 이는 우리가 그의 계명들을 지키고 그 앞에서 기뻐하시는 것을 행함이라"(요일 3:21-22). 우리가 적어도 자신이 죄로 여기는 것을 처리하지 않고 하나님의 자녀들을 사랑하라는 계명을 지키지 않으면 그분에게 구한 것을 받을 줄로 생각지 말아야 한다는 뜻이다.

4. 상부 정방형 네 모퉁이에는 뿔이 있는데, 이 뿔은 능력을 상징한

다. 아론은 일 년 일 차씩 이 뿔을 위하여 속죄제의 피로 속죄하게 되어 있었다(10절). 금단 전체를 위하여 속죄하라고 하시지 않고 이 뿔을 위하여 속죄하라고 하신 것은 매우 의미 있다. 이는 피에 의지하여 간구하는 기도가 매우 효력있음을 상징하는 것이리라! 우리의 기도나 중보 기도가 하나님께 열납되고 강한 능력을 발휘하게 되려면 그리스도의 속죄하는 피를 근거로 해야 한다.

5. 우리는 번제단에서 십자가의 심판을 거쳐 우리의 죄와 육체를 처리한다. 이렇게 번제단과 물두멍을 통과하는 목적은 하나님 안에 더 깊이 들어가기 위함이다. 오늘날 많은 그리스도인들이 십자가를 예표하는 번제단 주위에서 맴돌고 있다. 늘상 지은 죄를 회개하고 눈물 흘리며 십자가에 못 박히신 예수님 앞에 나아가곤 하는데, 이것이 전진하지 않고 십자가 주위에서 맴도는 그리스도인의 상황이다. 하나님은 자녀들이 항상 번제단 주위에서 맴도는 것을 원치 않으신다. 더 깊이 그분 자신께로 나아오기를 원하신다. 번제단에는 심판의 놋이 있고 제물이 태워지는 것이 있고 재가 있지만 물두멍을 지나서 성소에 들어올 때에는 진설병 상, 등대, 분향단 등 모든 기구들이 정금으로 되어 있다.

성소 안에는 하나님의 본성을 예표하는 정금 외에는 없다. 그곳에서 우리는 우리 자신의 육체나 죄의 성분을 찾아볼 수 없다. 그런 것들은 다 번제단의 불로 태워졌고 놋에 의해 심판되었다. 이제 성소에 올 때 그곳에서 우리는 우리 자신의 육체나 자아, 악한 요소는 조금도 찾아볼 수 없다. 다만 그곳에서 우리는 하나님께 올라가는 거룩한 향연이 있음을 본다. 그러니 거룩한 금향단의 기도에 임하기 전 우리는 반드시 제단을 통과해야 하며 거기서 우리의 육체와 자아를 철저히 처리하고 순전한 영적 생명 안에서 하나님과 교제하기 위해 나아와야 한다. 이것이 금단을 제대로 체험하는 것이다. 이러할 때 우리 자신은 전혀 존재하지 않는 것같이 느껴지며 오직 하나님 아버지 앞에 거룩한 향연만이 올라가게 되는 것이다. 따라서 이곳에서는 번제와 소제를 드리지 못하게 되어 있으며, 전제의 술도 붓지 않게 되어 있는 것이다(9절). 그러나 또한 역으로 말해서 아무리 영적으로 진보했다 하더라도 그들은 그리스도의 십자가에서 멀리 갈 수 없다. 분향단 뿔에도, 언약궤 위 속죄소에도 피는 뿌려져야 하기 때문이다. 이 번제단의 피는 모든 것의 기초이기 때문이다. 어떤 사역이 그리스도의 십자가에서 사람을 멀어지게 한다면 결코 좋은 사역이 아니다. 어떤 사람들은 자신들이 지성소에 있으므로 그리스도의 십자가와 보혈이 더 이상 필요 없다고 한다는데, 이것은 넌센스이고 매우 위험하다.

6. 또한 금단의 향은 아침저녁으로 등대의 등불을 켜고 정리할 때 사르라고 하셨다. 아침에는 등불을 정리 점검하고 저녁에는 등불을 켜는 것이다. 이는 금단의 향이 등대의 체험과 관계가 있다는 것을 암시한다. 즉 교회가 정상적으로 빛을 내는 상황이면 금단의 향이 좋다는 뜻도 된다. 교회가 정상적이라면 그들의 기도의 생활이 좋은 것이다. 기도가 좋은 교회가 빛이 없을 리 없다. 나는 금단이 없는 듯한 어떤 그리스도인 모임에 대해 들은 적이 있다. 그들은 전혀 기도하지 않으며, 하나님이 모든 것을 아시고 구하지 않아도 다 해주시기 때문에 기도할 필요가 없다고 말한다. 그러한 금단의 올라가는 향이 없는 교회는 등대의 불도 밝지 못하다. 분향단에서 올라가는 향연이 없는 교회가 빛을 낼 수 있겠는가? 그렇지 않다. 기도의 향연이 많은 교회가 등대의 빛이 밝은 것이 사실이다.

7. 기도는 자녀가 아버지와 대화를 나누는 것이며 우주의 주재이신 하나님의 보좌 앞에 나아가 모든 사정을 아뢸 수 있는 우리의 특권이다. 기도가 신자의 특권임을 아는 것은 매우 중요하다. 좋은 기도를 드리기 위해서는 믿음이 필요하다. 믿음의 기도란 하나님이 우리의 기도

에 기꺼이 응답하시는 분이며 응답하실 수 있는 분이며 그분께는 어려운 일이 하나도 없다는 것을 믿음으로 기도하는 것이다. 어떤 이들은 기도에 있어서 큰 기도, 하나님의 경륜을 이루는, 교회와 사역을 위한 기도 외에는 하지 않는 것을 본다. 그리고 그들은 그것이 영적으로 좋은 것이라고 생각한다. 그렇지 않다. 성경에는 "모든 기도와 간구로 하되"(엡 5:18)라고 한다. 성도들은 모든 일을 주님께 아뢰는 것을 배워야 한다. 하나님은 우리의 큰일만 관심하시는 분이 아니다. 그분은 우리의 머리털까지도 관심하신다. 작은 일은 내가 알아서 하고 큰일만 주님이 해주시도록 하는 것이 아니다. 주님께 모든 것을 아뢰며 주님께 모든 것을 기도하고 구하는 것을 배우자! 그러기에 기도는 한두 가지가 아니다. 바울은 "간구와 기도와 도고와 감사"를 하라고 권한다(딤전 2:1). 하나님께 간절히 간구하는 것도 있지만 대화하듯이 하는 기도, 작은 일, 사소한 일, 일상생활에 속한 일들도 주님께 교제하듯이 기도하는 것도 있는 것이다.

기도는 반드시 주님의 이름으로 해야 하는데(요 14:13-14, 16:23), 이는 기도 끝에 '예수 그리스도의 이름으로 기도합니다'라는 말을 덧붙이는 것 이상의 의미를 가진다. 주님의 이름으로 기도한다는 것은 자신이나 자신의 행위를 의지하는 것이 아니라 주님의 인격과 공로를 의지하는 것이며 주님의 뜻 안에서 기도하는 것이다. 하나님은 그 아들을 기뻐하시고 그 아들 안에서, 그 아들을 의지하여 하는 기도를 들어주시기를 기뻐하신다. 또한 우리의 모든 기도는 그분의 인격과 어울리는 것이어야 한다. 즉 우리의 모든 기도 내용을 주님의 이름으로 서명할 수 있어야 한다는 뜻이다. 사람의 이기적인 생각과 자기중심적으로 기도하고서 그분의 서명만을 빌려와서는 안 된다.

기도의 응답에 대하여, 우리는 우리가 하나님께 구할 때 하나님께서 가장 좋은 방식으로 들어주신다는 것을 알 필요가 있다. 주님은 기도에 대하여 말씀하시면서 아들이 생선을 달라고 하는데 뱀을 주겠으며 알을 달라고 하는데 전갈을 주겠느냐고 하셨다(눅 11:11-12). 주님은 천부께서 구하는 자에게 가장 좋은 것으로 주신다고 알려주셨다. 그러므로 혹 우리가 잘못 알고 뱀을 달라고 기도해도 주님은 뱀을 주시지 않고 생선으로 주실 것이다. 우리는 때로 무엇이 진정으로 좋은 것인지 잘 알지 못하고 구한다. 그러나 하나님은 우리 영 안의 진정한 원함과 그 필요를 아신다. 우리의 이해와 생각이 짧아서 잘못 구할 때 하나님은 그분의 생각에 가장 좋은 것으로 들어주시는 것이다. 하나님은 우리의 생각하는 것과 구하는 것에 더 넘치도록 역사하신다(엡 3:20).

어떤 이들은 주님이 구하는 대로 기도를 들어주시지 않을 때 실망하기도 하고 낙심하기도 한다. '주님은 내 기도를 들어주시지 않아' 라고 생각하는 것이다. 물론 마음속에 품은 죄가 있거나 주님과의 사이에 어떤 막힘이 있다면 들어주시지 않을 것이며 정욕으로 쓰려고 잘못 구하여도 받지 못할 것이다. 그러나 특별히 어떤 감추인 죄도 없고 자신의 욕심을 위하여 잘못 구하는 것도 아니라면 하나님이 듣지 않으실 리 없다. 그러나 혹 하나님의 뜻을 잘 몰라서 잘못 구함으로 응답을 얻지 못하더라도 기도하는 것이 하지 않는 것보다 낫다. 우리는 하나님께 구함으로 하나님의 뜻이 어디에 있는지 알 수 있으며 혹 들어주시지 않더라도 감사할 수 있기 때문이다. 들어주셔도 감사하고 들어주시지 않아도 여전히 감사하다. 이것은 다 믿음에 속한 것이다. 그분을 믿기에 감사할 수 있다. 그분은 신실하시고 선하신 분이므로 우리에게 항상 좋은 것을 주신다는 것을 믿는 것이다.

마지막으로 기도는 영적으로 가장 중요한 일이다. 영적으로 가치 있고 중요한 일일수록 싫증을 느끼고 지속하지 못하게 된다. 그러니 더욱 깨어 있어야 하고 힘써 기도하지 않으면 안 된다(골 4:2). 매우 힘쓰고 결단하지 않으면 할 수 없는 것이 기도이다. 어떤 사람의 말과 같이 복음 전하는 것은 밤새도록 할 수 있지만 기도는 밤새도록 하기가 어렵다. 믿는이는 매우 강한 결단과 씨름이 없이는 지속적이고 유용한 기도를 할 수 없다. 기도의 유용성은 말로 다 할 수 없다. 전능하신 하나님으로 하여금 땅 위에서 역사하시게 하는 통로가 바로 기도이기 때문이다. 한 사람의 사역의 역량과 범위조차 기도하는 것에 달려 있다고 해도 과언이 아니다. 바울의 서신을 볼 때 그는 교회와 성도들을 위해 많이 기도했다. 또 그 기도는 매우 자세하고 진실했으며 범위가 넓었다. 우리는 그의 기도를 통하여 어떻게 사역하는가에 대해 많이 배울 수 있다(〈Does it pay to pray?〉 Carl T. Knott, Jr. William MacDonald).

11-16절, 여호와께서 모세에게 일러 가라사대 12 네가 이스라엘 자손의 수효를 따라 조사할 때에 조사 받은 각 사람은 그 생명의 속전을 여호와께 드릴지니 이는 그 계수할 때에 그들 중에 온역이 없게 하려 함이라 13 무릇 계수 중에 드는 자마다 성소에 세겔대로 반 세겔을 낼지니 한 세겔은 이십 게라라 그 반 세겔을 여호와께 드릴지며 14 무릇 계수 중에 드는 자 곧 이십세 이상 된 자가 여호와께 드리되 15 너희의 생명을 속하기 위하여 여호와께 드릴 때에 부자라고 반 세겔에서 더 내지 말고 가난한 자라고 덜 내지 말지며 16 너는 이스라엘 자손에게서 속전을 취하여 회막의 봉사에 쓰라 이것이 여호와 앞에서 이스라엘 자손의 기념이 되어서 너희의 생명을 속하리라

1. 생명을 속하는 문제에 있어서 모든 사람은 공통된 기초 위에 있다(맥킨토시). 부자나 가난한 자나 영적 분량이 크거나 작거나 구속의 근거는 모든 사람이 동일하다. 충성되고 은사가 많았던 사도들과 작은 형제들과는 분량에 있어서, 헌신에 있어서는 차이가 있겠지만 그리스도의 구속으로 얻은 은혜 면에서는 하나님 앞에서 동일한 위치에 있다. 주님이 피를 흘리시어 우리를 구속하시는 데 있어서는 하나님께서 차별을 두시지 않은 것이다. 우리는 이 놀라운 사실을 결코 경홀히 여기지 말아야 한다. 베드로나 바울같이 위대한 사도들이나 우리같이 작은

자들이나 얻은 구속의 은혜 면에서는 차별이 없다!(롬 3:22 참조)

2. 그러므로 구속받은 성도들은 생명의 속전을 내는 것이 마땅하다. 하나님은 부자라고 더 내지 말고 가난하다고 덜 내지 말며 모두가 동일하게 반 세겔을 내라고 하셨다. 그리고 이를 회막의 봉사에 쓰라고 하셨다. 구속받은 자들이라면 누구나 하나님 앞에서 회막 곧 성막을 위해 드려야 할 부분이 있다는 것을 깨달아야 한다. 다만 그 나이가 이십 세 이상이어야 한다. 이십 세 이상이란 군대로 편성될 수 있는 나이이다(민 1:3). 신약의 성도들에게 적용한다면, 정상적인 구속받은 성도들이라면 하나님의 집인 교회 봉사를 위해 최소한의 속전을 지불해야 한다는 것이다. 왜냐하면 그들은 그리스도의 구속을 받았기 때문이다. 하나님께서는 그분의 교회가 적어도 생명의 속전을 지불하는 성도들의 헌신에 의하여 이루어지기를 원하신다. 만일 이에 미치지 못하면 성도들이 지불해야 할 최소한의 대가를 지불하지 않은 것으로 여겨져 징계(온역)를 받게 된다. 성도여! 당신은 주님의 은혜를 입은 정상적인 그리스도인인가? 그러하다면 당신은 최소한의 대가라도 하나님의 집을 위하여 드려야 한다. 그것은 그렇게 큰 액수가 아니다. 다만 반 세겔, 이십 게라이다. 누구나 원하기만 하면 다 드릴 수 있는 돈이다. 그러므로 하나님은 가난한 자도 내야 한다고 하신 것이다. 형제여! 당신이 그리스도의 은혜로 구속받은 사람이라면 최소한의 생명비(生命費)를 하나님의 회막 봉사를 위하여 지불해야 한다.

사무엘 하 24장에는 다윗이 인구 조사를 한 것이 나온다. 그때 저들은 온역의 심판을 받았다(삼하 24:15). 그때 하나님은 왜 그들의 인구 조사한 것을 징계하셨는가? 우리는 이를 이해하기가 어렵다. 그러나 한 가지 우리가 알 수 있는 것이 있다. 이는 다윗이 한 일이 선하지 못한 것이다. 하나님은 여기서 "이스라엘 자손의 수효를 따라 조사할 때에"라고 하며 인구를 조사할 것을 명하셨는데 그 목적은 하나님의 구속을 받은 자들이 얼마라는 것을 알아야 하며 그들은 다 하나님의 전을 위하여 존재한다는 것을 알기 원하셨다. 그러나 다윗은 그러한 하나님의 갈망과는 거리가 먼 인구조사를 한 것이다. 12절은 계수할 때에 온역이 없게 하려고 조사 받은 사람은 생명의 속전을 드려야 한다고 하셨다. 다윗은 하나님의 전을 위한 인구 조사가 아니라 자신의 세력을 점검하여 의지하고자 하는 인구조사를 하였기에 하나님은 진노하신 것이다.

3. 하나님의 구속의 은혜는 큰 것이다. 하나님의 아들께서 우리 같은 죄인을 구하기 위해 십자가에 못 박히신 것보다 더 큰 일은 없다. 이보다 더 큰 은혜와 사랑을 어디서 찾을 수 있는가? 그분은 우리의 생명을 구하신 것이다. 멸망할 우리 인생을 구하신 것이다. 그런데 천하보다 더 귀한 우리 생명을 구해주신 것에 대해 하나님이 요구하시는 대가는 너무나 적다. 너무나 큰 은혜에 비해 너무나 작은 요구이다. 하나님께서는 그분이 거하시는 처소가 이러한 구속받은 자들의 '생명비'로 유지 보수되기를 바라셨다. 오늘날 어떤 사역자들은 성도들에게 지나친 성전세를 요구한다. 그들은 성도들을 거의 짜내다시피 한다. 우리는 하나님이 그 구속의 대가를 반 세겔만 요구하셨다는데 큰 느낌을 가져야 한다.

물론 성도들은 자신의 모든 것을 다 드려도 주님을 위한 것이라면 조금도 지나친 것이 없음을 알아야 한다. 주님의 일에 대하여 인색한 것은 결코 미덕이 아니다. 주님은 자기의 생활비 전부를 드린 과부의 두 렙돈을 칭찬하셨으며 신약에서 주님은 자신의 모든 것을 다 버리지 않으면 내 제자가 되지 못한다고 하셨다. 그러므로 모든 진리와 체험은 양면이 있는 것이다. 우리의 일생과 모든 것을 다 드린다 해도 그것은 주님의 은혜에 비할 때 극히 작은 것일 뿐이다.

4. 38장 25-28절에 의하면 이렇게 해서 바쳐진 은으로 결국 성소의 판장 받침과 문장 기둥받침을 만들었으며 기둥 갈고리와 기둥머리를 싸서 기둥 가름대를 만들었다. 결국 성도들의 생명비는 성소의 경계를 이루는 데에 그 기초를 위해 필요한 것이 되었고 기둥을 만드는 데에도 쓰여졌다. 이는 모든 성도가 하나님의 구속의 은혜에 대한 최소한의 응답으로 말미암아 이루어지는 것들이다. 모든 성도의 은혜에 대한 응답이 결국 성소의 경계를 이루는 기초로서 작용하고 교회의 기둥들이 세워지는데도 도움을 준다. 이것은 체험적으로도 증명이 되는데, 우리가 오늘 교회 안에서 자신을 온전히 드려 기둥같이 쓰임받는 것은 주님의 긍휼일 뿐 아니라 생명을 얻은 많은 성도들의 주님께 드리는 사랑과 헌신으로 말미암은 것이다. 모든 성도들은 자신이 얻은 구속의 은혜에 대하여 조금이라도 반응하는 것이 있어야 함을 기억하기 바란다. 당신을 온전히 피로 속량하여 자유와 생명을 주셨는데 어찌 조금도 헌신이 없을 수 있단 말인가! 많은 어린 성도들의 주님의 구속에 대한 사랑의 반응은 우리로 더욱 드리게 하며 십자가로 나아가게 한다. 우리는 그들의 헌신과 사랑을 볼 때마다 그것이 매우 작은 분량이라 할지라도 감동을 받으며 더욱 자신을 드리고자 하는 마음을 갖게 된다. 이것이 우리로 교회의 기둥으로 세워지게 되는데 큰 도움이 되는 것이다. 또한 이러한 주님의 은혜에 대한 성도들의 헌신과 사랑의 반응이 세상과 교회를 구별하는 데 있어서 그 기초를 이루게 된다. 교회는 이렇게 해서 세상과 분별을 갖게 되는 것이다.

5. 민수기 1장에서 20세 이상의 남자를 계수하는 것은 군대를 편성하기 위함이요 전쟁을 예비하기 위함이다. 생명의 속전을 내는 것이 분향단 이후에 기록되었다는 것은 그들의 영적 체험이 중보기도 하는 상태에까지 이르렀음을 암시한다. 적어도 성도들의 분량이 하나님의 관심을 이해하고 그분의 관심사들을 마음에 두고 기도하며 향을 피워 올

리는 지점에 이를 때 비로소 영적 전쟁에 참여할 수 있다. 그들은 항상 주님 가까이에 존재하기 때문에 자연히 주님의 관심사를 알게 되며 따라서 주님이 원하시는 일들을 위해 중보기도 할 수 있게 된다. 그러한 자들이 영적으로 말해서 20세 이상이다. 주님은 그분의 거처를 위하여 이런 자들의 헌신을 필요로 하신다.

17-21절, 여호와께서 모세에게 일러 가라사대 18 너는 물두멍을 놋으로 만들어 씻게 하되 그것을 회막과 단 사이에 두고 그 속에 물을 담으라 19 아론과 그 아들들이 그 두멍에서 수족을 씻되 20 그들이 회막에 들어갈 때에 물로 씻어 죽기를 면할 것이요 단에 가까이 가서 그 직분을 행하여 화제를 여호와 앞에 사를 때에도 그리 할지니라 21 이와 같이 그들이 그 수족을 씻어 죽기를 면할지니 이는 그와 그 자손이 대대로 영원히 지킬 규례니라

개인적인 거룩함을 끊임없이 유지하지 않으면 하나님과 참된 교통을 유지할 수 없다(맥킨토시). 성막의 기구들 가운데 물두멍이 가장 최종적으로 만들어야 할 항목이다. 우리는 언약궤에서 진설병 상으로, 진설병 상에서 촛대로, 촛대에서 번제단으로, 번제단에서 금향단으로, 금향단에서 물두멍까지 왔다. 물두멍은 제사장이 하나님께 나아가는 데 있어서 가장 중요한 수속이다. 이것은 마치 의사가 환자를 다루기 위해 항상 손을 씻는 것과 같고 사람이 전염병 지역에 다닐 때 늘 손을 씻는 것과 같다. 이것은 제사장들이 성막에서 봉사를 시작하기 위해 기본적으로 수행해야 할 매우 중요한 항목이다. 그들이 이 물두멍에서 수족을 씻지 않고 직무를 수행하다가는 죽임을 당하게 되었다.

이는 하나님을 섬기는 자들이 얼마나 깨끗케 되어야 하는가를 말해 주는 부분이다. 하나님을 섬기는 자들은 조금이라도 악이나 부정을 가지고는 섬길 수 없음을 보아야 한다. 이 물두멍과 그 받침은 놋으로 만들도록 되어 있는데, 그 놋은 특히 회막문에서 수종 드는 여인들이 사용하던 놋거울로 만들어졌다(출 38:8). 이는 씻음이 거울로 자신을 비춰본 연후에 있게 된다는 사상을 함축한다. 우리는 하나님 앞에서 항상 양심의 거울로 자신을 비춰보아야 하고 또 그분 앞에 나아가 그분의 말씀의 거울로 자신의 상태를 비춰보아야 한다. 히브리서 4장 12-16절에 의하면 하나님의 말씀은 살았고 운동력이 있으며 좌우에 날선 검보다 예리하여 사람의 영과 혼과 골수를 찔러 쪼갠다고 말한다. 우리는 우리의 조그만 불결함이라도 지나치지 말고 씻어야 한다. 우리가 말씀 앞에서 철저히 자신을 점검하기 원한다면 그 말씀의 빛은 우리를 강하게 비출 것이며, 우리는 그 밝은 빛 앞에서 벌거벗은 것같이 드러날 것이다.

우리가 만일 우리 양심의 거리낌을 간과한다면 섬세하게 씻지 않을 것이다. 우리의 씻음은 섬세하고 철저해야 한다. 하나님은 왜 남자들이 사용하는 거울을 사용하지 않으셨을까? 여자들이 거울을 사용하는 것은 남자들이 사용하는 것과 다르다. 여인들은 남자들보다 훨씬 섬세하게 거울로 자신의 모습을 살핀다. 남자들은 대충 거울을 보고 머리를 빗고 손질하고서 밖으로 나간다. 그러나 여자들은 앞머리에 옆머리, 뒷머리까지 신경을 쓰고, 눈 화장에, 눈썹에, 눈가나 눈 밑의 모든 부분을 섬세하게 쳐다보면서 화장을 한다. 남자들이 거울 보듯이 하나님 앞에서 자신을 살피는 자들은 제사장 직분을 잘 수행할 수 없다.

하나님의 말씀과 양심에 비추어 한 가지 한 가지 일을 명백하게 처리하지 않은 채 하나님을 섬긴다는 것은 매우 위험한 일이며 또 거기에는 능력도 없다. 만일 우리에게 조금이라도 불결한 것이나 불의가 있다면 하나님을 섬기러 나서기 전에 깨끗이 씻어야 할 것이다. 씻지 않고 섬기는 제사장들은 죽임을 당했다. 요한복음 13장에서 주 예수님은 떠나시기 전에 제자들의 발을 씻어주시면서 씻음의 중요성을 일깨우셨다. 주님은 '내가 너를 씻기지 않으면 네가 나와 아무 상관이 없다' 고 하셨다(13:8). 이 씻는 문제는 신약에서도 강하게 가르쳐지고 있는 말씀이다. 히브리서도 "몸을 맑은 물로 씻었으니"라고 하면서 하나님께 나아가기 위해 씻음이 필요함을 말하고 있다(히 10:22).

우리가 씻기 위해서는 하나님의 말씀의 물이 필요하다. 에베소서 5장 26절은 말씀과 함께하는 물(washing of water with the word)이 우리를 깨끗케 한다고 말했다. 우리의 깨끗케 됨은 말씀에 달려 있다. 그러나 여기의 '말씀'은 기록된 객관적인 '로고스'의 말씀이 아니라 체험적이고 주관적인 '레마'(rhema)의 말씀이다. 우리가 깨끗케 되기 위해서는 우리 속에서 친히 말씀하시며 우리가 순종하는 주관적인 말씀이 필요하다. 주님은 우리에게 말씀을 주실 때 순종할 능력도 주신다. 이는 그 말씀 안에는 생명이 있기 때문이다(요 1:4). 우리가 하나님을 섬기는 데 있어서 무엇보다 중요한 일은 깨끗케 되는 것이다. 또한 가지 우리가 깨끗케 되는 매우 실제적인 길은 우리 자신을 모든 불의한 일들에서 분별시키는 것이다(딤후 2:21). 우리가 깨끗케 되기 위해서는 모든 천박한 일들과 일꾼들로부터 자신을 분별시켜야 한다. 디모데 후서 2장의 '천한 그릇들'은 '천한 일꾼들'을 일컫는다. 바울은 디모데에게 자신을 불의에서 분별시킬 뿐 아니라 천한 그릇들에서도 분별시켜야 한다고 말했다. 악한 동무들은 선한 행실을 더럽힌다(고전 15:33).

하나님의 능력을 얻기 위해서 진실로 필요한 것은 깨끗케 되는 일이다. 깨끗이 씻지 않으면 능력이 임할 수 없다. 또한 깨끗이 씻지 않고는 하나님께 나아갈 수 없다. "우리가 마음에 뿌림을 받아 양심의 악을 깨닫고 몸을 맑은 물로 씻었으니 참 마음과 온전한 믿음으로 하나님께 나아가자"(히 11:22).

22-33절, 여호와께서 모세에게 또 일러 가라사대 23 너는 상등 향품을 취하되 액체 몰약 오백 세겔과 그 반수의 향기로운 육계 이백오십 세겔과

**향기로운 창포 이백오십 세겔과 24 계피 오백 세겔을 성소의 세겔대로 하
고 감람 기름 한 힌을 취하여 25 그것으로 거룩한 관유를 만들되 향을 제
조하는 법대로 향기름을 만들지니 그것이 거룩한 관유가 될지라 26 너는
그것으로 회막과 증거궤에 바르고 27 상과 그 모든 기구며 등대와 그 기
구며 분향단과 28 및 번제단과 그 모든 기구와 물두멍과 그 받침에 발라
29 그것들을 지성물로 구별하라 무릇 이것에 접촉하는 것이 거룩하리라
30 너는 아론과 그 아들들에게 기름을 발라 그들을 거룩하게 하고 그들로
내게 제사장 직분을 행하게 하고 31 이스라엘 자손에게 고하여 이르기를
이것은 너희 대대로 내게 거룩한 관유니 32 사람의 몸에 붓지 말며 이 방
법대로 이와 같은 것을 만들지 말라 이는 거룩하니 너희는 거룩히 여기라
33 무릇 이와 같은 것을 만드는 자나 무릇 이것을 타인에게 붓는 자는 그
백성 중에서 끊쳐지리라 하라**

1. '상등' 이라는 말은 최상품이라는 말이다. 향품 중 최고 좋은 향품이어야 한다는 것이다. 성령은 가장 좋은 것이고 뛰어난 것이다(마 7:11, 눅 11:13). 우리는 과연 이 성령이 어떻게 해서 그리 좋은 것인지를 알 필요가 있다. 그럴 때 우리는 이 성령을 가장 귀히 여기고 안팎으로 성령 충만 되기를 사모할 것이며 성령의 사람이 되고자 할 것이다. 성령은 무엇인가? 왜 가장 좋은 것인가? 하나님 자신이기 때문이다. 하나님보다 좋은 것이 이 우주 가운데 또 어디에 있는가? 그런데 이 관유는 하나님에다 주 예수의 인생을 거친 인성의 어떠하심이 포함된 것이기에 더욱 좋은 것이다. 하나님은 모세에게 거룩한 관유를 제조하라고 명하셨는데, 이 거룩한 관유를 회막과 증거궤에 바르고 제사장들에게 발라 거룩하게 하기 위함이다. 이는 교회가 이 관유로 예표된 성령으로 충만된 존재여야 함을 암시한다. 성령을 예표하는 그 관유의 제조법을 보면 그 내용이 무엇인지를 알 수 있다.

2. 교회가 분별되고 거룩케 되기 위해서는 반드시 관유의 부어짐을 얻어야 한다. 성령의 충만이나 운행하심이 없는 곳은 교회라고 말할 수 없다. "몸이 하나요 성령이 하나이니"(엡 4:4), "우리가 유대인이나 헬라인이나 종이나 자유자나 한 성령으로 세례를 받아 한 몸이 되었고 또한 성령을 마시게 하셨느니라"(고전 12:13). 우리는 이 구절들에서 교회가 성령과 밀접한 관계를 갖고 있음을 볼 수 있다. 모세는 성막을 짓고 성막과 성막을 섬길 제사장들에게 반드시 관유를 부어 전체를 거룩케 해야 했다.

3. 관유의 제조법을 살펴보면 감람기름 한 힌에 여러 향품들이 더해졌다. 여러 향품은 성령의 여러 가지 은혜를 말한다(맥킨토시). 우리는 요한복음 7장 37-39절에서 예수께서 영광을 얻지 못하셨을 때에는 아직 성령이 계시지 않았다는 것을 읽는다. 이는 예수께서 죽음과 부활을 거치신 후에야 성령을 부어주셨음을 증명하는 말이다. 몰약과 계피는 그리스도의 죽음의 방면들을 나타내는 향품들이지만 그분의 온 일생과도 관계가 있다. 그분의 온 일생이 죽음의 일생이다. 아기 예수께 찾아온 동방박사들이 드린 향품 가운데 몰약이 있었던 것도 그 하나의 증거이다. 육계와 창포는 그리스도의 부활과 승천을 나타내는 것이다. 감람기름 한 힌은 순수한 하나님의 영을 나타낸다. 이와 같이 관유는 하나님의 순수한 영에 그리스도의 성육신과 인생과 죽음과 부활과 승천 등 그리스도의 신성과 인성이 포함되어 만들어진 것이다. 이 관유가 제조되기 위해 그리스도는 인생과 십자가와 죽음과 부활과 승천을 거치셔야만 했다. 그러므로 오늘 우리가 이 성령 안에 살 때 우리의 삶 속에는 그리스도의 인생과 죽으심의 향기가 있을 수 있고 부활과 승천의 향기가 있을 수 있다.

몰약은 애굽에서 예로부터 죽은 사람의 방부제로 쓰였다. 예수님이 십자가에서 돌아가시고 무덤에 장사되셨을 때 니고데모는 몰약과 침향을 섞은 것을 백 근쯤 가져왔다(요 19:39). 몰약은 당시 매장시에 사용되었던 향품인 것이 분명하다. 또 페르시아에서는 향수로 쓰였다. 바울은 그가 가는 곳마다 그리스도의 향기를 나타내는 일을 했다고 하였는데, 그 향기는 바로 성령의 향기이며 그리스도의 십자가의 죽음의 향기이다(고후 5:15). 십자가를 지고 주를 따르는 자들에게는 향기가 있다. 그들에게서 나는 향기가 바로 몰약의 향기이다(아 3:6). 육계 또한 나무껍질에서 나는 귀한 향품이다. 고대에 종교적으로 제사에 사용된 것으로 보아 이 또한 죽음과 장사 등에 필요한 향품이었을 것이다.

창포는 못 가에나 습한 땅에서 자라는 다년생 풀로서 주로 방향제로 쓰인다. 계피는 계피나무 껍질을 벗겨 만든 방향제이며, 씹으면 달콤한 맛이 난다(호크마 주석). 창포와 계피는 그리스도의 부활의 향기와 관계있는 향품일 것이다. 그러므로 거룩한 관유는 순수한 하나님의 영(감람기름)에다 그리스도께서 인성 안에서 체험하신 고난과 십자가와 부활의 모든 것을 포함하여 만든 것이다. 그러므로 이 영은 하나님의 영(고전 7:40)이라고 부를 수도 있고, 예수의 영(행 16:7), 예수 그리스도의 영(빌 1:19)이라고 부를 수도 있다. 이것이 오늘 이 영을 체험하는 자들에게서 예수 그리스도의 인성과 신성만이 아니라 거룩하신 하나님의 향기를 맛보고 느낄 수 있는 이유이며, 오늘 우리는 복스럽게도 이러한 하나님의 충만하심으로 가득한 영을 받게 된 것이다.

나는 이 영이 그리스도의 승천 후에 부어지신 그 성령이심을 믿는다. 이는 요한복음 7장 37-39절의 말씀에 의거한다. 그 이전에도 성령의 역사가 없었던 것은 아니지만, 주님은 그분이 성육신과 인생과 십자가, 부활, 승천의 모든 과정을 거치신 후에 이 성령을 새롭게 부어주셔야 할 필요가 있으셨다. 왜 그러한가? 여기에는 깊은 뜻이 담겨져 있다. 그리스도의 승천과 성령의 강림-이는 새로운 시대를 열기 위한 것이었다. 무엇이 하나님의 영원한 뜻인가? 그것은 하나님의 아들 그리스도를 닮은 많은 아들들을 얻으시는 것이다. 그러려면 주님이 먼저 성육신과 인생과 죽음과 부활과 승천을 거쳐 영광을 얻으신 후에 그분이 얻으신 것을 그분의 신자들에게 나누어주셔야 하며 그들로 그 성령을 통하여 그분이 체험하신 모든 것을 얻게 하셔야 했다.

이 관유가 이렇게 여러 가지 향품으로 제조되어야 하는 이유는 여기에 있다. 그것은 이전에도 성령의 역사가 있었지만 이 신약 시대에 있는 성령의 역사는 매우 특별하고 기이한 역사와 관련되는데, 그것은 그 성령을 좇아 사는 이들로 하여금 그리스도의 성육신과 인생과 죽음과 부활 안에 있는 모든 것을 체험하여 온전히 그러한 형상을 본받은 사람들을 산출해내야 하기 때문이다. 그러나 이 비밀한 '은혜의 경륜'(엡 3:2)을 이루는 길은 성령을 따라 사는 것이다. 여기서 우리는 교회에 대한 이상을 볼 수 있어야 한다. 하나님의 영원한 갈망은 그분의 표현인 교회를 얻는 것이다.

어떤 사람이 만일 성령을 따라 살려 한다면 그는 반드시 이 땅의 모든 연결을 끊어버려야 한다. 이 땅에는 오직 두 가지 세력이 존재한다. 하나는 땅으로 붙잡아 끌어내리려는 힘이고 하나는 하늘로 향하게 하는 힘이다. 성령은 오직 하늘을 향하여 사는 사람들에게 역사하는 능력이다. 하늘로부터 오신 주님은 그분의 사람들을 하늘로 이끌기 위해 성령을 보내신 것이다. 이 땅에 뿌리를 박고 성령을 체험해보려는 시도는 헛될 뿐이다.

이것이 요한복음 7장 37-39절의 내용을 이해할 수 있는 길이다. 하나님의 영을 예표하는 감람기름이면 되지 왜 거기에 많은 향품을 섞어서 복합적인 성분의 관유를 만들어야 했는가? 어찌하여 그리스도께서 부활 승천하시고 영광을 얻으신 후에야 성령이 부어질 수 있다고 하셨는가? 그 이전에도 분명히 엘리사벳이든 사가랴든 마리아든 성령의 역사가 있었는데 왜 아직 성령이 있지 않다고 하셨는가? 그러면 다만 그 모든 그리스도께서 체험하신 요소들을 포함한 것을 주셔야 했기 때문인가? 그렇게만 이해하면 매우 피상적이게 된다. 그분이 오순절에 그 성령을 부어주신 것은 그 성령이어야만이 하나님의 영원한 뜻을 이루실 수 있기 때문이다.

주님은 요한복음에서 거듭 '그날' 을 말씀하셨다. '그날' 은 무언가 특별한 일이 일어나는 날이다. 그날은 그분의 완성하신 사역을 우리에게 성령으로 부어주시는 날이다. 신약에서 우리 주님은 요한에 의해 성령으로 침례 주시는 분으로 소개되었다. 이 성령의 침례는 매우 특별한 의미가 있는 것이다. 그것은 이러한 성령만이 믿는이들을 그분의 모든 실제 가운데로 이끌 수 있기 때문이다(요 16:13). 이 성령만이 믿는이들을 그리스도의 성육신의 실제로, 인간생활의 실제로, 십자가와 죽음의 실제로, 부활과 승천과 영광을 얻으심의 실제로, 또한 그리스도의 몸의 실제로 이끄실 수 있는 것이다. 그것은 다시 한 번 하나님의 영원하신 목적이 어디에 있는가를 시사하고 있다. 그것은 곧 모든 면에서 그분의 아들을 닮은 많은 아들들을 얻으시는 것이다(롬 8:29 참조). 이것이 오순절 성령이 부어지신 가장 직접적이고도 중심적인 이유이다.

4. 하나님은 모세에게 성막과 아론과 그의 아들들에게 이 관유를 발라 거룩케 하라고 하셨다. 이것을 바르는 목적은 무엇인가? 거룩하게 하기 위해서이다. 하나님께서는 그분의 처소를 구성하는 모든 것(회막, 증거궤, 상, 등대, 분향단, 번제단, 물두멍, 받침대)에 관유를 바르라고 하셨고 또 그분을 섬길 자들에게도 바르라고 하셨다. 이것은 그 모두가 그분의 소유라는 것을 인치시는 것이다. 관유는 결국 그분 자신의 영이다. 그분은 그분의 모든 것을 포함한 그분 자신의 영으로 성막과 그 기구들과 섬기는 자들에게 인치시어 그 모두가 그분께 속했음을 선포하고 표시하는 것이다. 신약에서도 그리스도를 믿는 사람들은 이 성령으로 인치심을 받는다(엡 1:13). 즉 하나님께서는 그분의 아들을 믿는 자들을 이 거룩한 관유로 예표된바 복합적으로 만들어진 성령으

로 인치시어 그분의 것으로 영원히 표시하시는 것이다. 우리에게 있는 하나님의 영은 바로 우리가 예수 그리스도의 것이라는 표시요 인이다. 하나님께서는 믿는이들인 우리가 예수 그리스도의 향기를 내는 사람들이 되기를 원하시고 이를 위해 그 영에 완전히 잠기도록 침례를 주신 것이다. 이것이 오순절 성령 침례가 의미하는 바이다.

그러므로 이 성령은 다만 하나님의 능력과 기적을 위한 영만이 아니라는 것을 아는 것은 매우 중요하다. 신약의 믿는이들과 교회의 특징은 부어진 성령을 통하여 인성과 신성을 가지신 그분의 아들을 여러모로 나타내는 것이어야지 다만 기적이나 능력을 베푸는 것이어서는 안 된다(그 성령 안에 물론 기적과 능력도 포함되어 있지만 그리스도의 모든 방면이 다 있어야 한다는 뜻이다). 이미 구약에서 이를 예표하는 관유를 제조하라고 하신 것을 보면 하나님의 역사는 영원 전에 계획된 것임에 틀림없다.

5. 거룩한 기름의 기능은 다만 사물과 사람을 하나님께로 분별하는 것만이 아니다. 그 외에도 관유를 통하여 하나님은 그분의 백성들을 가르치며 인도하신다. 관유란 '거룩한 기름 바름을 위한 기름'(holy anointing oil, 흠정역)이라는 뜻이다. 요한 일서 2장 27절의 기름부음은 구약의 관유를 성막과 제사장들에게 바르는 것으로 설명할 수 있다. 신약에서 기름부음은 다만 사물이나 사람을 거룩하게 분별하기 위한 것만이 아니라 하나님에 대한 인식과 가르침을 주는 방면도 포함함을 알 수 있다. 사도 요한은 "너희는 주께 받은바 기름 부음이 너희 안에 거하나니 아무도 너희를 가르칠 필요가 없고 오직 그의 기름 부음이 모든 것을 너희에게 가르치며 또 참되고 거짓이 없으니 너희를 가르치신 그대로 주 안에 거하라"고 말한다. 이는 성령께서 기름 바르는 방식으로 우리를 가르치신다는 것을 말해준다.

어떻게 기름 바름으로 가르치는가? 기름 바름은 부드러운 것이다.

또한 이 기름은 향기를 가지고 있다. 하나님의 향기인 감람기름 향기와 예수 그리스도의 인성의 향기, 십자가의 고난의 향기, 부활과 승천과 하늘의 향기를 가지고 우리에게 바르신다. 우리가 어떤 일이 하나님께 속한 것인가를 아는 데 있어서 기름 바름은 현저히 역사한다. 거기에 만일 부드러움이 없고 이러한 그리스도의 각종 향이 없으면 그것은 하나님으로부터 온 것이 아니다. 어떤 사람이 진정 기름 부음 아래 항상 생활한다면 그에게는 그리스도의 죽음과 부활의 향기가 있을 것이다. 향기가 없는 것은 기름 부음이 없는 것을 나타낼 뿐이다. 만일 어떤 사람이 교만하고 거칠다면 그는 기름 바름으로 가르치시는 성령으로부터 잘 배우지 못할 것이다. 성령의 가르침은 부드럽고 섬세하기 때문이다. 어떤 사람이 만일 영적이라면 그의 속에 있는 어떤 일에 대한 작은 거리낌을 대충 지나치거나 소홀히 하지 않을 것이다. 이런 일들을 소홀히 하면 결코 주님의 가르치시는 음성을 잘 들을 수 없다. 작은 거리낌이라도 소홀히 하지 말고 그 속에 주님의 금지하심이나 기뻐하지 않으심이 있을 때 인식하여 처리하도록 해야 한다. 그럴 때만이 영적 인식이 더욱 깊어지고 잘 자랄 수 있다.

6. "하나님이 나사렛 예수에게 성령과 능력을 기름 붓듯 하셨으매 저가 두루 다니시며 착한 일을 행하시고 마귀에게 눌린 모든 자를 고치셨으니 이는 하나님이 함께하셨음이라"(행 10:38).

하나님이 관유를 부으시는 것은 첫째로는 거룩하게 분별하려는 것이고, 둘째로는 그분을 알게 하려는 것이며, 셋째로는 능력을 주셔서 그분의 일을 행하게 하려는 것이다. 그분의 일은 그분의 능력으로 행하여야 한다. 하나님께서는 그분의 일을 사람의 능력을 사용하여 행하기를 원치 않으신다. 그분이 사람들에게 기름을 부으신 것은 그분의 일을 예수 그리스도의 이름과 그 능력으로 행하게 하려는 것이다(행 1:8).

7. 이러한 귀한 관유를 갖기 위해서는 우리의 천연적인 생명과 육체를 처리해야 한다. 죄와 육체가 있는 곳에서는 성령이 역사할 수 없다. 물이 완전히 마르지 않고 시체가 아직 남아 있을 때 비둘기는 다시 방주로 돌아왔다. 성령의 비둘기는 죽은 시체에 앉는 것이 허락되지 않았다. 그러므로 32절에서는 사람의 몸에 관유를 붓지 말라고 하신 것이다. 십자가로 육체와 자아가 처리된 자에게만 거룩한 성령은 충만될 수 있고 역사할 수 있다. 보혈로 우리의 죄악을 다 씻고 우리가 아는 우리의 악한 습관이나 악독한 마음이나 습성들을 십자가로 처리할 때만이 주의 성령으로 충만될 수 있다. 거룩하게 된 곳에만 관유는 부어질 수 있다. 이 사실을 결코 잊어서는 안 된다.

8. 사람이 십자가의 위치에 서며 오직 성령과 진리에 따라서 살아간다면 그는 반드시 고난과 어려움 가운데로 인도될 것이다. 이 땅에 속한 조직이나 사람들로부터 인정받거나 부축을 얻지 못할 것이며 하늘만을 의지해야 할 것이다. 모든 도움과 옹호는 이 땅의 어떤 조직이나 사람이 아닌 살아 계신 주님으로부터 올 것이다. 사람에 대한 하나님의 최종적인 뜻은 무엇인가? 그것은 창조에서 볼 수 있다. 사람은 결국 만물을 정복하고 다스리도록 지어진 존재이다. 오는 세상에서는 그 다스림이 성도들에게 맡겨질 것이다. 그처럼 다스리는 사람이 되려면 오늘 이 땅에서 훈련이 필요하다. 그러한 다스리는 사람이 되기 위한 교육은 먼저 우리 안에서 이루어져야 한다. 성령께 완전히 주권이 맡겨진 사람이 아니면 다스릴 수 없기 때문이다. 성령께서 우리를 완전히 지배하시고 다스리실 수 있기까지 우리는 혹독한 시련과 불을 통과하게 될 것이다. 왕국에서의 통치권은 창조되고 구속된 사람이 얻도록 예정되어 있다(딤후 2:12, 계 2:26, 3:21). 그 모든 훈련은 오늘 성령의 다스림 안에서 배워야 한다.

9. 33절에서는 이와 같은 것을 만들거나 혼합하는(mix) 자는 그 백성 중에서 끊쳐진다고 하였다. 또한 거룩한 제사장이 아닌 속된 사람에게 붓는 자도 끊쳐진다. 이렇게 볼 때 이 성령은 하나님을 섬기는 자들을 위한 영이다. 어떤 사람들은 하나님을 섬기기 위한 헌신이 없이 다만 자신의 즐거움이나 누림을 위해 이 영을 얻고자 하지만, 이 영은 그런 자들을 위한 것이 아니다. 이 관유는 하나님과 하나님의 백성들을 섬기는 제사장들에게 부어지게 되어 있다. 다만 자신의 누림만을 위해 성령을 취하려고 해서는 안 된다. 성령 충만은 그분을 섬김과 관계있으며 영적 전쟁과 관계있다. 성령 침례 후에는 영적인 전투가 벌어지게 된다. 이는 사도행전의 오순절 이후 발생하는 대적의 역사를 보면 알 수 있다. 실상 하나님을 섬기는 일은 전투이다. 성령 침례는 개인이 영적인 오락을 위해 주어지는 것이 아니라 하나님의 복음의 확장과 대적과의 일전을 위해 주어지는 것이다. 이는 구약의 레위기와 민수기에 많이 나오는 사상이다. 대적과의 전투가 없이는 하나님을 섬길 수 없다.

또한 33절에서는 이와 유사한 영을 만들지 말라고 경고한다. 어떤 사람들이 그리스도의 죽으심과 부활과 승천을 통해 부어주신 성령이 아닌, 그와 유사한 어떤 영을 만들어서 사람들로 사용하게 한다면 그는 그 거룩한 백성들 가운데서 끊쳐진다. 이는 매우 심각한 일이다. 우리는 이 관유가 어떻게 해서 만들어졌는지를 다시 한 번 상기할 필요가 있다. 관유는 그리스도께서 육신을 입으시고 이 땅에 오셔서 고난의 인생을 사시고 십자가에 죽으시고 부활하시고 승천하셔서 영광 보좌를 얻으신 후 아버지께 받아 오순절 날 부어주신 바로 그 영이다. 이 영은 고난받으시고 영광을 얻으신 예수 그리스도의 영이다. 어떤 사람들은 이 영이 아닌 다른 영을 만들어서 사람들로 하여금 이것이 바로 그 영이라고 속인다. 이것은 매우 통탄할 일이다.

나는 최근에도 어떤 그리스도인들로부터 소위 생명이니, 임재니, 누림이니 하는 말을 들었는데 나는 그들의 생명이라고 하는 것이 참 생명이 아닌 것을 알았다. 또한 그들은 주님의 임재를 체험한다, 누림이 있다는 등의 말을 하는데 이는 모두가 참이 아닌 것을 알았다. 물론 그들은 자신들이 누리는 그것을 매우 참된 것이라고 확신하고 있다. 나는 그들에게 그것이 참이 아닌 거짓된 것이라고 하면 매우 불쾌해 할 것을 안다. 그러나 영적 세계에 사탄적인 거짓 영의 역사가 얼마나 간교하게 역사하는 것을 그들은 미처 모르고 있는 것이다. 이유는 간단하다. 많은 이들이 자신의 영적 체험에 대하여 의문 부호를 붙이지 않고 있다. 그들은 교만하므로 눈이 먼 것이다. 사람들은 자신들의 감정의 느낌이 좋은 것(이전 종교생활에서는 체험해보거나 찾아 볼 수 없었던)을 임재다, 누림이다, 성령의 체험이라고 확신하며 기뻐하는 것이다. 실상 그러한 소위 생명이라는 것, 영적 누림이라는 것, 임재를 누린다는 것은 잠시 지나면 다 없어지는 거품과 같은 것이요, 우리의 생활이나 영적인 전투에 조금도 힘을 주지 못하는 것들이다. 따라서 성도들은 영이라고 해서 다 믿지 말고 분별해야 한다. 사도는 이에 대해 주의해야 한다고 가르쳤다. "사랑하는 자들아 영을 다 믿지 말고 오직 영들이 하나님께 속하였나 시험하라 많은 거짓 선지자가 세상에 나왔음이니라 하나님의 영은 이것으로 알지니 곧 예수 그리스도께서 육체로 오신 것을 시인하는 영마다 하나님께 속한 것이요 예수를 시인하지 아니하는 영마다 하나님께 속한 것이 아니요 이것이 곧 적그리스도의 영이니라" (요일 4:1-3a).

어떤 이들은 성령을 체험한다고 하는데, 그 성령을 체험하는 성분 속에 예수 그리스도의 낮아지심과 온유하심과 겸손하심과 사랑과 거룩과 의가 없다. 그런 영은 필경 예수 그리스도의 영이 아니다. 왜냐하면 이 영과 예수 그리스도는 나눌 수 없기 때문이다. 즉 성령은 주님 자신이시다. 그 안에는 그분의 성육신의 낮아지심과 그분의 인생의 고난과 질고, 자기 부인, 십자가의 삶, 부활 등이 포함되어 있다. 어떤 사람들이 성령의 사람들이라고 하면서 거칠고 교만하며 사람들을 멸시하고 편협하며 냉정하고 사랑이 없다면, 그것이 과연 예수의 영이겠는가? 오늘 이 책에서 말하고 있는 관유에 대하여 충분한 지식을 갖고 있다 해도 그것이 곧 이 영을 소유한 것이라고 단언해서는 안 된다. 오직 보혈이 있는 곳에 관유가 있으며 십자가가 역사한 자리에 오순절의 성령이 부어질 수 있다. 특히 자신들만을 하나님을 위한 친위대처럼 자처하고 눈물을 흘려대며 찬송 기도, 충성을 하다보면 일종의 영을 체험하게 된다. 그들은 이것을 영이라고 하며 임재라고 하며 생명이라고 한다. 그리고 그것에 마취되어 버리고 중독이 되어 버리는 것이다.

어떤 두 무리의 그리스도인들이 서로 맞지 않아서 다툰다 하자. 그러면서 서로가 자신들이 참되게 진리를 따르며 성령과 함께 나아간다고 주장한다 하자. 서로 맞지 않고 반목하는 가운데 다 성령을 따른다고 주장할 때, 이런 경우는 틀림없이 둘 다 다투는 육체이거나 그 중 하나는 틀림없이 육체일 것이다. 성령은 하나의 영이지 두 영이 아니다. 둘 다 같은 성령이라면, 주님은 결코 사람들을 나누거나 합하지 못하게 하시는 분이 아니다. 영을 분별하는 것은 은사의 문제가 있으며 전문가가 아니면 알 수 없다(고전 12장 참조).

10. 신약의 교회는 성령 강림에 의해 일어났다. 그러므로 교회의 모든 것은 성령이어야 한다. 성도들은 최소한 성령의 내주하심을 알아야 하며(롬 8:9, 고전 3:16) 매일 범사에 성령의 인도하심을 따라 살기를 배워야 한다(갈 5:16). 신약의 그리스도인은 밖의 율법을 지킴으로 사는 것이 아니라 안에서 운행하시고 역사하시는 성령을 좇아 생활하는 것이다. 우리 육신도 많은 감각 기관을 통해서 사물을 알게 되고 정신세계에도 많은 감각이 있어 사물과 일을 인식하듯이 성령 안에 사는 사람들은 성령의 내적 감각과 인식에 따라 성령의 인도를 좇아 생활할 수 있는 것이다. 우리는 성령을 통해 주님을 알 수 있다. 오늘 우리가 성령을 모른다면 아무것도 알 수 없고 아무것도 할 수 없다. 성령은 우리에

게 삶의 안내자와 인도자가 되실 뿐 아니라 그리스도의 몸인 교회를 섬길 수 있는 은사를 주신다(고전 12:4-11).

여기서 또 한 가지 알아야 할 것은 성령과 진리는 하나라는 것이다(요일 5:7). 각 사람에 대한 성령의 인도하심은 반드시 진리와 대조해 보아야 한다. 성령은 결코 성경에서 말씀하고 있는 노선과 별도의 인도를 주시지 않는다. 어떤 사람이 내적인 성령의 음성을 들었다고 하고 성령의 인도를 받고 있다고 하는데, 그것이 진리로 확증될 수 없거나 성경 진리의 노선과 맞지 않는 것이라면 필경 미혹되거나 속임당하는 것이니 주의해야 한다. 이런 의미에서 성경은 성령을 진리의 영이라고 한다(요 14:17). 또한 진리는 예수 안에 있다(엡 4:21). 신약에서 성령으로 충만한 것과 말씀으로 충만한 것과 주님으로 충만한 것은 각기 다른 것이 아니다. 에베소서 5장에서는 성령으로 충만해야 한다고 했으며(18절) 골로새서 3장에서는 말씀이 충만히 거하게 하라고 했다(16절). 무디(D. L. Moody)는 성경 말씀으로 충만한 것이 성령 충만한 것이라고 하였다. 성경 말씀을 읽고 묵상하며 말씀을 마음속에 거하게 하는 것이 곧 성령으로 충만되는 것이라고 할 수 있으며, 그 결과 삶과 행실에 거룩함이 있게 된다. 내적으로 성령의 인도와 가르침을 받는 문제는 많은 십자가의 다루심과 체험을 통하여 더욱 배울 수 있다. 쉽게 이것이 그것이라고 하는 사람은 잘 배우기 어려우니 젊은 그리스도인들은 어린 아이처럼 하나님 앞에서 그분을 따르며 하나하나 조심스럽게 배워야 한다.

34-38절, 여호와께서 모세에게 이르시되 너는 소합향과 나감향과 풍자향의 향품을 취하고 그 향품을 유향에 섞되 각기 동일한 중수로 하고 35 그것으로 향을 만들되 향 만드는 법대로 만들고 그것에 소금을 쳐서 성결하게 하고 36 그 향 얼마를 곱게 찧어 내가 너와 만날 회막 안 증거궤 앞에 두라 이 향은 너희에게 지극히 거룩하니라 37 네가 만들 향은 여호와를

위하여 거룩한 것이니 그 방법대로 너희를 위하여 만들지 말라 38 무릇 맡으려고 이같은 것을 만드는 자는 그 백성 중에서 끊쳐지리라

우리는 성막 건축에서 마지막 항목인 향단에서 피울 향을 만드는 법에 이르렀다. 이는 마치 정장을 다 차려입은 다음 향수를 뿌리는 것과 같다. 하나님은 하나님의 자녀들이 다만 일하는 기계가 되는 것이 아니라 향기가 나는 그리스도인이 되기를 원하신다(고후 2:15). 이 향은 특별히 성도들의 기도를 상징한다(시 14:12, 계 5:8). 관유를 만들 때에는 감람기름과 네 가지 향품의 비율과 무게를 정확하게 측량해서 섞어 만들어야 했다. 그러나 이 향을 만들 때에는 네 가지 향품(소합향, 나감향, 풍자향, 유향)을 섞어 만드는데 네 가지 향이 골고루 들어가기만 하면 되고 각기 동일한 중수로만 하면 된다.

그리고 35절에서는 그 향을 만들 때 향 만드는 법대로 만들라고 하시고 그것에 소금을 쳐서 성결케 하라고 하셨으며 그 향 얼마를 곱게 찧어서 회막 안 증거궤 앞에 두라고 하셨다. 향이 만들어지기 위해서는 먼저 우리의 삶에서 곱게 다루어지는 역사가 있어야 한다. 우리는 하나님께서 안배하시는 모든 환경의 다루심 속에서 곱게 부서지며 그 다루심을 은혜로 받아들여야 한다. 그런 사람만이 향을 만들어낼 수 있다.

둘째는 소금이 필요하다. 소금은 부패를 방지하고 십자가의 성분을 더하는 것을 예표한다. 우리의 많은 일과 환경 가운데서 기도의 향을 만들어 내려면 우리 자신이 축소되고 감소되며 절여지는 소금을 받아들여야 한다. 그럴 때만이 우리는 합당한 향을 만드는 자들이 될 수 있다.

셋째는 향품의 종류 네 가지를 동일한 중수대로 해야 한다. 이에 대하여 맥킨토시는 그리스도의 생애에 있었던 모든 사소한 활동들, 모든 사소한 환경, 모든 행위, 모든 말씀, 모든 외모, 모든 형태, 모든 특성, 모든 용모는 그리스도의 인격을 형성하고 있는 거룩한 모든 은혜의 동일한 중수로, 즉 동일한 양에 의해 생산된 향기를 발산하고 있다고 말했다. 나는 오늘날 향을 만드는 동일한 중수에 대하여 느끼는 바가 많다. 그리스도는 향기를 가지신 분인데, 그분의 향기의 요소들은 중수가 알맞고 조화롭다. 그리고 매우 가늘고 섬세하게 찧어서 만든 것이다.

이렇게 말하는 것을 용납하기 바란다. 오늘 많은 성도들이 중수가 맞지 않은 향을 만들고 있다. 성경 말씀에는 십자가가 있고 부활이 있고 재림이 있고 왕국이 있다. 그 외에도 많은 항목들이 있다. 그런데 어떤 사람들은 십자가를 강조하되 부활이 결여되어 있고, 어떤 사람들은 부활 생명을 강조하되 거기에 십자가가 없으며, 어떤 사람들은 재림을 강조하되 왕국이 없고 말씀을 지키는 것이 없다. 또 어떤 이들은 영혼의 구원은 있지만 형제사랑이 없고 그리스도의 몸의 생활인 교회가 없다. 혹 있을지라도 중수가 부족하다. 어떤 사람들은 성경에는 오직 한 가지, 그리스도의 몸만 있는 것처럼 말하고 하나님의 뜻이 그리스도의 몸에 있으니 그것만 관심하면 된다고 말한다. 그들은 복음도, 영혼에 대한 구원의 열정도 별로 없고 오직 몸이요 교회이다. 성경에 교회가 있는가? 있다. 몸이 중요한가? 중요하다. 그러나 오직 교회, 교회한다고 교회가 되고, 몸, 몸 한다고 몸이 되는 것인가? 중수가 치우친 것이다. 모든 것이 중수대로 있어야 교회가 되는 것이고 몸이 되는 것이다. 어떤 무리에게는 오직 복음만 있다. 영혼 구원이 중요한가? 중요하다. 그러나 성경에는 그것만 있는 것은 아니다. 성결도 있고 온전케 됨도 있으며 교회도 있는 것이다.

그들의 하는 말에 틀린 말이 없다 해서 다 옳은 것이 아니다. 그러나 중수에 문제가 있다면 큰일임을 기억하라! 성경의 말씀마다 합당한 중수가 있다. 가장 좋은 것은 성경에서 강조하는 만큼 강조하고 성경에서 말하는 만큼 말하고 성경에서 중요시하는 만큼 중요시하는 것이다. 아무리 옳을지라도 어떤 한 가지 항목만을 강하게 들어올리는 것은 중수를 고르게 사용하는 것이 아니다. 그것은 아무리 옳은 것이라 하더라도 하나의 종파나 이단을 성립하는 조건이 될 위험 요소로 작용할 뿐이다. 그리스도의 아름다움은 그분의 인성과 신성의 모든 항들이 고르게 중수대로 섞여 있기 때문이다.

마지막으로 이러한 향은 여호와를 위한 것이고 자신을 위하여 만들지 말아야 하며 자신이 사용하려고 그것을 만드는 자는 백성 중에서 끊쳐진다는 것을 알아야 한다(37-38절). 우리는 기도할 때나 하나님께 찬양을 드릴 때 조심해야 할 것이 있다. 모든 향연은 반드시 보좌로 향하게 해야 한다. 무엇이든지 사람을 향한 것이나 자신을 위한 것은 위험한 것임을 기억하자.

출애굽기 31장

1-11절, 여호와께서 모세에게 일러 가라사대 2 내가 유다 지파 훌의 손자요 우리의 아들인 브살렐을 지명하여 부르고 3 하나님의 신을 그에게 충만하게 하여 지혜와 총명과 지식과 여러가지 재주로 4 공교한 일을 연구하여 금과 은과 놋으로 만들게 하며 5 보석을 깍아 물리며 나무를 새겨서 여러가지 일을 하게 하고 6 내가 또 단 지파 아히사막의 아들 오홀리압을 세워 그와 함께 하게 하며 무릇 지혜로운 마음이 있는 자에게 내가 지혜를 주어 그들로 내가 네게 명한 것을 다 만들게 할지니 7 곧 회막과 증거궤와 그 위의 속죄소와 회막의 모든 기구와 8 상과 그 기구와 정금 등대와 그 모든 기구와 분향단과 9 번제단과 그 모든 기구와 물두멍과 그 받침과 10 제사직을 행할 때에 입는 공교히 짠 의복 곧 제사장 아론의 성의와 그 아들들의 옷과 11 관유와 성소의 향기로운 향이라 무릇 내가 네게 명한 대로 그들이 만들지니라

1. 31장은 성막의 건축자들에 관한 기록이다. 하나님께서는 그분의 거처를 건축하는 일에 그분 자신이 사람을 뽑아 사용하셨다. 먼저 하나님께서 지명하신 자는 브살렐이다. 하나님의 일에 있어서는 반드시 하나님의 선택하심과 지명하심이 필요하다. 특히 사역의 일에 있어서는 더욱 그러하다. 하나님의 사역은 자기 스스로 뛰쳐나와 할 수 없고, 주

위 동료들의 권유나 임명이나 파송이 하나님의 부르심을 대치할 수 없다. 각 사람이 하나님을 섬길 수 있지만 그것은 어디까지나 그분의 부르신 범위와 임명하신 범위 안에서이다. 이 부분의 말씀에서 '브살렐을 지명하여 부르고', '하나님의 영을 그에게 충만하게 하여', '오홀리압을 세워 그와 함께 하며', '내가 지혜를 주어', '다 만들게 할지니', '내가 내게 명한 대로' 등의 말이 그것을 증명한다. 이런 말씀들을 보면 우리의 할 수 있음은 우리 자신에게 달린 것이 아니요 순전히 하나님으로 말미암은 것임을 알 수 있다. 하나님은 그분이 사람을 세우시고 그분이 성령을 충만케 하시고 지혜도 주시며 건축을 하게도 하신다. 하나님이 하게 해주신다면 못할 사람이 어디 있으랴! 하나님이 부르셔서 사용하면 누구든지 다 할 수 있고 그분이 부르시지 않았다면 아무리 재능 있는 사람이라도 할 수 없다. 바울은 "보내심을 받지 아니하였으면 어찌 전파하리요"라고 한다(롬 10장). 하나님의 일에서는 먼저 하나님의 보내심이 있어야 한다. 이것은 구약에서 모세, 여호수아, 사무엘, 다윗 등이 그러했을 뿐 아니라 신약에서도 베드로와 열두 사도들이 그러했고 바울의 사도 됨도 그러했다.

또한 에베소서 4장 11절에서는 "그가 혹은 사도로, 혹은 선지자로, 혹은 복음 전하는 자로, 혹은 목사와 교사로 주셨으니"라고 말한다. 이 구절에서 이 각각의 은사를 교회에게 주신 분은 승천하신 그리스도시다(엡 4:10). 또 고린도 전서 12장 28절에서도 하나님이 교회 중에 사도, 선지자, 교사 등 몇몇을 세우셨다고 말한다. 이러한 은사를 주심은 하나님께 달린 일이다. 하나님께서 세우시지 않았는데 스스로 자기를 발전시켜 하나님의 일에 자신을 투입하고 이 일 저 일에 손대는 것은 그 자체가 매우 위험한 일이다. 결국은 그런 사람들에 의해 하나님의 거룩한 일이 훼손당하며 자신까지 망치게 된다. 어쨌든 하나님의 일에서는 하나님의 부르심과 위임하심이 극히 중요하다. 나는 이 일에 있어서 성도들의 분별력도 매우 필요하다고 믿는다. 사역자에게 하나님의 보내심과 위임이 있는가를 보는 것 말이다. "하나님의 보내신 자는 하나님의 말씀을 하나니"(요 3:34). "내가 그들을 보내지 아니하였어도 그들이 내 이름으로 거짓을 예언함이니라 여호와의 말이니라"(렘 29:9). 구약에는 보내심을 받지 않고 하나님이 일을 시키지 않았는데도 스스로 달려나가서 일하는 사람들 가운데 거짓 선지자가 많았다고 증거하고 있다. 특히 예레미야 선지자는 보내심을 받지 않은 사람들의 거짓된 사역을 많이 드러냈다(14:14-15, 23:32, 27:15).

2. 여기 또 다른 면이 있는데, 이 장 6절 말씀에도 그런 암시("지혜로운 마음이 있는 자들", 영문 참조)가 있고, 36장 1-2절에 의하면 브살렐과 오홀리압 외에도 하나님은 마음이 지혜로운 자들로 그들과 함께 하게 하셨다. 즉 브살렐과 오홀리압은 성막 건축에 있어서 주된 일을 하였지만, 그들 둘만이 이 중대한 일을 다 수행한 것이 아니고 여호와께 지혜를 얻고 나아와서 그 일을 하기 원하는 자들도 함께 부르셔서 일을 맡기셨다. 고린도 전서 12장에 의하면 예수를 그리스도라 시인하는 모든 믿는이들은 다 성령을 얻은 자들이다(고전 12:1-3). 그리고 그 성령을 받은 자들은 모두가 그리스도의 몸 안에서 나름대로 은사를 가지고 있다. 그것이 사도나 선지자나 교사는 아닐지라도("너희가 다 사도겠느냐 다 선지자겠느냐 다 교사겠느냐", 9절) 최소한 몸을 위해 섬길 수 있는 나름대로의 역할을 다 갖고 있다. 즉 은사가 없는 지체는 하나도 없는 것이다. 그러므로 11절에서는 다양한 은사들을 각 사람에게 나눠주신다고 했다. 그리고 그리스도의 몸 안에서 지체 된 모든 성도들은 그들이 아무리 약하고 부족해 보여도 쓸데없는 지체가 하나도 없고 도리어 약하게 보이는 지체가 더 요긴하다고 하였다. 그러므로 교회 안에서 모두가 사도나 선지자나 교사가 될 수는 없을지라도 하나님이 주신 재능과 나름대로 얻은 분량과 은사에 따라 주님을 섬길 수 있으며 또 반드시 섬겨야 한다.

3. 이와 같이 하나님의 거처를 건축하는 사람들은 하나님의 영으로 충만되어야 한다. 그러므로 30장에 먼저 관유가 나오고 다음에 그 관유가 예표하는바 성령으로 충만된 사람들이 있을 수 있는 것이다. 사도행전에서 그리스도의 역사에 참여한 많은 인물들은 오순절 성령이 강림하신 이후에 일어났다. 특히 스데반이나 바울 일행의 역사는 성령으로 충만한 사람들이 어떻게 주님의 일을 잘 할 수 있는가를 보여준다. 성령으로 충만한 결과 지혜와 총명과 지식과 여러 가지 재주가 있어 공교한 일을 할 수 있었다. 성령이 충만해야 하나님의 거처를 건축하는 일을 잘 할 수 있다. 4절의 '공교한 일'을 다비역에서는 '예술적인(artistic) 일'로 번역했다.

우리는 하나님의 거처인 교회 건축의 일이 예술적인 작품을 만들듯이 섬세하고 기술적인 것이 필요한 일임을 시인한다. 교회 안에서 일어나는 작은 일이든 큰일이든 그 일을 처리하는 방식은 예술 작업을 하듯이 섬세하고 아름다우며 감탄스럽고 기묘해야 한다. 거칠고 감각이 둔한 사람은 결코 이러한 일을 할 수가 없다. 이것은 이 땅에서 가장 위대한 건축이기 때문이다. 이 집은 살아 계신 하나님의 집이요 진리의 기둥과 터이다. 이 위대한 건축의 일에 동참하는 자들이 성령과 지혜와 지식으로 충만해야 함은 당연하다. 그리고 그 솜씨가 준수하고 공교해야 한다. 신약에서 바울은 이와 같이 건축의 일에 지혜가 있었던 종이다. 하나님은 그분의 교회를 위해 이런 자들을 불러 성령으로 충만케 하시고 일을 맡기신다.

4. 브살렐과 오홀리압 간에도 순서는 있다. 그리스도의 역사에서 둘이 함께 하더라도 거기에 권위와 위임 면에서의 차이가 있음을 아는 것은 중요하다. 여기서 하나님은 브살렐을 먼저 부르시어 어떠어떠한 일을 하게 하시고 또 오홀리압을 부르시어 브살렐과 함께하도록 하셨다. 6절의 '그와 함께 하게 하며' 라는 말씀은 오홀리압의 위치를 설정해주

시는 말씀이다. 물론 브살렐이 주된 건축자이지만 많은 면에서 오홀리압의 은사를 존중하며 함께해야 했을 것이다. 브살렐은 유다 지파의 사람이며 유명한 훌(아말렉 전투에서 모세의 팔을 들어주었던 사람, 17장)의 손자이다. 그러나 오홀리압은 그리 영예롭지 않은 단 지파 출신이다. 그럼에도 하나님께서는 그에게 재주가 있고 지혜가 있다는 것을 아셨으며 그의 출신이 어떠하든 그가 갖고 있는 은사를 귀히 여기시어 그 위대한 건축의 일에 동참하게 해주셨다. 오늘날에도 이 원칙은 동일하게 적용될 수 있다. 당신이 아무리 천하고 볼품없는 신분의 사람이라 하더라도 하나님의 일에 마음을 쏟고 지혜를 얻으며 작은 은사라도 얻는다면 하나님께서는 기꺼이 당신을 사용하실 것이다.

5. 6절의 "무릇 지혜로운 마음이 있는 자들에게 내가 지혜를 주어 그들로 내가 명한 것을 다 만들게 하리니"라는 말씀은 우리 모두에게 용기를 주시는 말씀이다. 여기의 무릇이라는 말은 지혜로운 마음이 있는 자는 '누구나' 라는 뜻이다(박윤선). 하나님은 그분의 일을 할 만한 재능을 갖고 있는 사람을 사용하지 않으시는 법이 없다. 그분의 일은 한정이 없으니 그분은 그분의 일꾼들을 한정 없이 부르신다(박윤선). 이 구절의 "지혜로운 마음이 있는 자들에게 내가 지혜를 주어"라는 말씀은 매우 의미가 깊다. 하나님의 거처를 위해 지혜가 있는 자들이 힘을 다해 그 지혜를 사용한다면 하나님께서는 그들에게 더 지혜를 주시겠다는 말씀이다. 하나님은 없는 자들에게는 그 있는 줄 아는 것까지 빼앗기게 하시고 있는 자에게는 더 주시는 분이시다.

우리는 우리에게 주신 하나님의 집을 위한 작은 기능이나 지혜를 땅에 묻을 것이 아니라 반드시 사용해야 한다. 힘을 다해 사용한다면 주님이 더욱 지혜롭게 해주실 것이다. 그렇게 더욱 지혜를 주시는 것은 그분의 거처인 교회를 섬기며 건축하게 하려는 것이다. 당신은 당신이 가진 지혜와 재능, 모든 것을 하나님의 거처인 교회를 위해 사용해야 한다. 왜냐하면 하나님의 갈망은 이 땅에 그분이 거하실 처소를 갖는 것이기 때문이다. 브살렐과 오홀리압은 다른 것이 아니라 성소를 아름답게 하기 위해 거룩한 기술을 소유했었다. 이는 매우 귀한 은사자들인 것이다. 나는 당신이 매우 귀한 은사를 가졌을지라도 하나님의 거처인 교회를 세우는 것에 사용되지 않는다면 큰 가치가 없는 것이라고 말해 줄 것이다.

6. 건축자 '브살렐'의 이름의 뜻은 '하나님의 그늘(또는 보호) 아래 있는 자'이다. 그는 하나님의 성막 건축의 일에서 다른 건축자들보다 이름이 앞서 나오고(35:30, 36:1-2) 때로는 단독으로 나온다(37:1, 38:22). 38장 22-23절은 "유다 지파 훌의 손자요 우리의 아들인 브살렐은 여호와께서 모세에게 명하신 모든 것을 만들었고 단 지파 아히사막의 아들 오홀리압은 그와 함께 하였으니"라고 말함으로 건축의 일에서 브살렐이 주된 위치에 있었음을 확실히 보여준다. 이와 같이 하나님의 건축의 일에는 주 건축자가 있다〔고전 3:10, 바울은 이 구절에서 자신을 지혜로운 건축자라고 했는데, 영문 성경에는 '지혜로운 주 건축자'(a wise master builder)로 되어 있다.〕

나는 브살렐이 이렇게 훌륭한 재목이 될 수 있었던 것은 늘 하나님의 은혜의 그늘 아래 있었기 때문임을 지적하고 싶다. 이 지점에서 하나님을 섬기기 원하는 청년들에게 한 가지 말하고 싶은 것이 있다. 그것은 늘 하나님이 마련하시고 지정하신 그늘 아래 머물라는 것이다. 자신을 빨리 발전시켜 보려는 많은 시도가 오히려 자신을 해롭게 하고 그릇을 손상시키는 경우가 허다하기 때문이다. 나는 여기서 브살렐이 할아버지 훌의 영향을 많이 받았을 것이라고 생각한다. 그는 확실히 좋은 할아버지를 두었다. 그리고 그는 어릴 때부터 할아버지의 영성으로부터 많은 것을 배웠을 것이고 그러한 할아버지와 아버지의 그늘 아래서 많은 시간 순종을 배우며 온전케 되었을 것이라고 추측해볼 수 있다. 그래서 '하나님의 그늘 아래 있는 자' 라는 이름을 얻은 것이다.

여기서 나는 특별히 훌이라는 브살렐의 할아버지를 언급하고 싶다. 그 이름의 뜻은 '순결함' 이다. 하나님의 일에서 순수한 것보다 중요한 것이 또 있을까? 바울 사도는 몇 번이나 자신이 순수한 양심으로 하나님을 섬긴다는 것을 말했다. 오늘 이 시대는 순수성이 너무도 결여된 시대이다. 특별히 하나님의 사역에서 그러하다. 하나님의 집을 건축하는 자들, 그리스도의 몸을 세우려는 자들에게 순수성이 결여되면 아무런 결과도 바랄 수 없다. 만일 건축자들에게 재능만 있고 순수성이 없다면 더욱 위험한 결과를 가져올 수 있다. 그러므로 나는 브살렐에게 끼친 할아버지의 영향, 곧 순수하게 하나님을 섬기는 것의 중요성을 지적하고자 하는 것이다.

오늘날 우리의 소원과 갈망은 성경에 있는 모습의 하나님의 교회를 이 땅에 세우는 것이며 그러한 교회를 보기 원하는 것이다. 그렇다면 우리의 사역은 바울을 닮아야 한다. 바울은 특히 물질 면에서 깨끗했고 순수했다. 그러므로 그는 그가 세운 교회들이 물질적인 공급을 하든 하지 않든 변함없이 사랑하고 섬길 수 있었다(고후 12:14-15). 그뿐 아니라 그는 어느 도시에 가서 교회를 세운 다음 그 교회를 자신의 사역 아래에만 붙잡아 두지 않고 베드로나 아볼로가 와서 사역하도록 했다. 즉 그는 그 교회를 자신의 교회로 만든 것이 아니라 하나님의 손에 의탁하여 주님의 교회가 되게 한 것이다(행 14:23, 20:32). 그리고 그가 세운 고린도 교회의 어떤 이들이 '나는 바울에게' 라고 할 때 그는 단호하게 '너희는 바울의 이름으로 세례를 받은 것이 아니라' 고 했다. 그것은 그가 고린도 교회를 조금이라도 자신의 수하에 붙잡아 두려는 영이 없었다는 것을 증명하는 말이다. 순수성에 대하여 가장 사역자들을 시험하는 것이 물질이다. 당시 물질은 바울을 흔들지 못했다. 그는 궁핍할 때도 있고 풍부할 때도 있었지만 여전히 성도들을 사랑하고 사모했다. 줄곧 연보를 보내던 교회가 그를 잊어버림으로 그가 말할 수 없이

궁핍한 환경에 처하게 되었어도 그는 성도들을 사랑하고 교회를 위하여 염려하며 기도했다.

우리는 어느 곳에든지 교회가 세워지면 그 교회는 그 도시에서 주님 앞에 서 있는 교회가 되기를 바란다. 이것이 성경에서 교회가 세워지는 본이요 바울이 그러한 사역을 했다. 그런데 이러한 일에서 가장 문제가 되는 것이 바로 금전이다. 주님은 제자들에게 '너희가 재물과 하나님을 겸하여 섬기지 못한다' 고 하셨으며, 사도는 디모데에게 '돈을 사랑하는 것이 일만 악의 뿌리' 라고 하였다. 요한복음 10장에서 주님이 말씀하신 '삯군' (hireling, 돈 받고 일하는 고용인)' 이란 어떤 사람을 두고 하는 말인가도 생각해보아야 할 문제이다. 이것은 너무나 실제적인 문제이다. 왜 많은 사역자들이 기꺼이 성경대로 사역하지 못하는가? 여기에서 실제적인 생활의 필요와 금전적인 문제가 대두된다. 그러므로 장래 성경에 있는 교회의 모습이 진정으로 회복되려면 사역자들이 경제 문제에 있어서 교회나 성도들에게 의존적이 되어서는 안 된다.

사역자들은 특히 물질 문제에 있어서 깨끗해야 한다. 이는 매우 중요한 문제가 아닐 수 없다. 오늘날 이 나라에서 교회의 부패문제가 심각하게 대두되고 있는데 이는 주로 돈으로 인한 문제이다. 나는 이 나라에서 진정한 교회 회복과 부흥이 일어나려면 이 문제가 선결되어야 한다고 본다. 이 문제에 있어서 투철하게 믿음으로 살지 않는 이상 교회의 깨끗함은 기대할 수 없다. 많은 교회나 단체들이 돈이 깨끗하면 깨끗한 것이다. 어떤 사람이 돈을 위해 뛰어다니는 발로 하나님의 교회를 돌보고 주의 일을 한다면 그 손과 발은 더러운 것이다. 진정한 사역자의 삶을 살려면 바울에게서 배워야 한다. 그는 교회로부터 오는 공급을 의지하여 살지 않았다. 그는 교회를 섬기고 대가를 받는 식으로 사역하지 않은 것이다. 오늘날 수많은 사람들이 주님을 섬기는 것을 직업으로 여긴다. 요한복음 10장의 삯군은 어떤 사람을 일컫는 것인가? 주의 일을 한 대가로 돈을 받으려는 사람들이 삯군이 아닌가? 농사를 짓거나 건축의 일에 종사하고 삯을 받는 것은 당연하다. 그러나 어떻게 주의 일을 한 것에 대하여 정당한 대가를 받아야 한다고 보는가? 나는 이것이 교회 부패의 첫걸음이라고 믿는다. 이것이 깨끗해지지 않으면 교회의 초대 교회화는 불가능하다. 바울은 고린도 교회에서 아무런 물질도 받지 못했지만 다른 교회보다 덜 섬긴 것이 아니다. 이는 간단한 일이 아니다. 어떤 사람이 진정 주님을 사랑함으로 사역한다면 그는 물질을 초월하여 섬길 것이다.

이것은 사역자들이 성도들이나 교회로부터 물질적인 공급을 받을 필요가 없다고 하는 말이 아니다. 성경에는 빌립보 교회가 주님의 종에게 물질을 공급한 일이 기록되어 있다. 주고받는 일은 사도의 말과 같이 아름다운 일이며 축복된 일이다. 그러나 사역자들은 거기에 매이거나 의존적이 되어서는 안 된다. 그렇게 되면 사역자들이 교회를 과감히 하나님의 손에 맡기지 못하고 사람의 손으로 붙잡고 있게 되어 주님이 원하시는 방향으로 교회가 나아가야 할 때 이끌어주지 못할 수 있다. 이것은 매우 유감스러운 일이다. 그러므로 참으로 하나님을 섬기는 사역자들부터 믿음생활을 훈련해야 한다. 단순히 믿음으로 사는 것이다. 가난하게 살고 가장 적은 돈으로 생계를 꾸려 나갈 수 있어야 한다. 생활의 규모를 최소한으로 줄이고 단순하게 살 수 있다면, 그리고 바울처럼 자기 손으로 일을 할 수 있다면 가장 좋은 것이다. 결코 유한한 사람의 손을 바라보거나 보장된 금전의 공급을 의지해서는 안 된다. 천부를 의지하고 모든 고정된 공급을 끊을 수 있어야 한다. 공중의 새와 들의 백합화 같은 삶은 사역자들부터 실천해야 한다. 사역자들이 먼저 믿음생활의 본을 보인 다음 성도들에게도 믿음으로 사는 법을 가르칠 수 있다. 나는 사도 시대에 바울과 그의 일행이 사역한 방식대로 사역하지 않는 한 교회가 초대 교회의 모습으로 회복되는 일은 가능하지 않다고 본다. 어떤 주방장이 어떤 음식을 만들어 내는 것과 같다. 특히 바울처럼 주 건축자 된 자들은 이 일에 있어서 철저한 배움과 실천이 있어야 하나님의 교회에 장래가 있다.

이 땅에 만일 이러한 일이 발생한다면 그때는 영광스러운 일이 일어날 것이다. 많은 유능한 사역자들이 함께 동역하여 교회들을 세울 수 있고 결코 자신의 교회만을 위해 사역하지 않을 것이며 한 도시에서 성도들은 하나의 교회를 이룰 수 있을 것이다(이것이 성경의 본이다). 또 사람의 주장과 영향력이 감소되고 주님만이 소유하시는 교회가 되게 할 수 있을 것이다. 오늘날 성경에 있는 교회로 돌아가야 한다고들 말한다. 어떤 교회는 자기들이 초대교회같이 원래의 터 위에 교회를 세웠으니 모든 그리스도인들이 자기들의 교회로 와야 한다고 말한다. 그들은 자신들이 성경에 있는 바로 그 교회이며 그 교회가 참교회라고 주장한다.

참 지역교회에 대하여 생각을 해보자! 한 지역에서 성도들이 어떤 종파적인 개념이 없이 한 주님을 주로 모시고 교회를 이룬다면 그것이 성경에서 말하는 지역교회(local church)가 될 것이다. 그러니 그 교회는 어떤 영적인 인물을 중심으로 교회가 세워지거나, 사역적 특성이나 교리적인 것이나 영성적 체험으로 교회가 나누어지는 것이 아니라 다만 성경에서 말하는 지역적 개념의 교회가 되는 것이다. 나는 이것이 매우 성경적임을 인정한다. 그러나 그러한 참된 지역적인 교회가 나오기 위해서는 그 이름만 성경대로 붙인다고 되는 것은 아니다. 거기에는 사역자들의 순수성과 깨끗함이 전제되어야 한다. 바울이 고린도를 지역적인 특성의 교회로 세우고자 한다면 바울의 최초 개척한 교회의 기득권익을 내려놓지 않으면 안 된다. 즉 다른 참된 사역자들도 고린도 교회에 가서 공급을 할 수 있어야 한다. 당시 베드로나 아볼로는 고린도에 갈 수 있었다. 그러나 지역적인 교회라고 하면서 일찌기 그 지역의 교회를 세운 사람들의 힘이 강하게 미쳐서 그 지역의 성도들이 서로 교제하고 사랑하는 일보다 그 사역의 권세가 그 교회에 미치는 힘이 센 것이라면 그 교회는 사역의 성질로 간 것이고, 지역의 성질을 잃은 것이다.

나는 얼마 전 외국에 나가서 자신들이 참 지역의 교회라고 주장하며 자신들은 분열이 아니고 참 하나를 지키는 유일한 그리스도인이라고 자부하는 형제와 교제를 나누었다. 나는 그에게 몇 가지를 확인하면서 당신들의 교회는 분열의 위치에 있지 않고 참 하나의 위치에 선, 참 지역 교회냐고 물으니 그렇다고 말했다. 나는 그에게 단도직입적으로 '당신들은 하나라고 주장하는 분열이고 다른 사람들은 그냥 분열일 뿐인 것 같다'고 말해주었다. 그는 매우 당혹스러워했다. 나는 그에게서 그가 종파적이라고 정죄하는 사람들보다 더욱 편협하고 종파적인 느낌을 강하게 받았기 때문에 그렇게 말한 것이다. 오늘날 이 땅에 사도 시대의 교회로 돌아가려는 갈망이 크다. 그러나 교회의 입장 문제나 교회관을 가지고 따져서 교회가 하나 될 수 있다고 보는 것은 매우 큰 실수를 하고 있는 것이다. 이 구절들에 따르면 교회는 사역자들이 세우는 것이고 그들의 가장 큰 필요는 순수하게 씻어지는 것이다. 사역자들이 교회를 그 지역에 완전히 맡기고 떠날 수 없다면 지역적인 교회라고 섣불리 말하지 않는 것이 옳을 것이다.

나는 그에게 한 마디를 더해주었다. '당신이 정죄하는 다른 일반 종파 사람들은 한 번 잘못하는 것이고 당신들은 두 번 잘못하는 것이 아니냐? 왜냐하면 그들은 자신들이 종파라는 것을 인정한다. 종파가 성경적으로 틀린 것이 아니냐고 한다면 그들은 그렇다고 인정할 것이다. 그러나 당신들은 다른 이들보다 더욱 편협한 종파이면서도 다른 사람들을 멸시하고 자신들이 잘못된 것을 결코 인정하지 않는다.' 이는 참된 교회가 나타나기 위해 사역자들의 신실함과 깨끗해야 할 필요를 말하는 것이다. 오늘 참 하나를 주장하는 사람들은 과연 자신들이 다른 사람들과 진정 하나 되기 위해 그것을 말하는가? 아니면 자기의 교회로 많은 사람들이 유입되기를 바라는 마음에서 그러는가를 깊이 생각해 보아야 한다. 그들은 그런 의도가 없고 다만 성도들이 진리를 따라야 한다고 믿기 때문에 그러하다고 말할 것이다. 그러나 의도란 사람의 깊은 속에 있다. 따라서 자신들도 속고 남들도 속이는 것이다. 그들이 과연 다른 곳에 자기들과 동일한 교회관과 주장으로 모이는 무리들이 있다할 때 그들과 조건없이 쉽게 하나 되려 할 것인가? 거기에 또 몇 가지 확인하고 고려할 것이 없겠는가? 나는 여기에서 진정한 순수성이 시험되어진다고 믿는다. 그들에게는 틀림없이 지역적인 특성 외에도 특정한 가르침으로 이끌려는 의도가 숨어있을 수 있다. 나는 외국에서 수많은 경우를 당해 보았다. 이미 한 곳에 진정 순수하게 주의 이름으로 모이는 교회가 있다면 그들의 가진 진리가 다소 부족하더라도, 소위 지역 교회의 건축을 갈망하는 자들이라면 기존에 자신들이 연결된 사역이나 자신들과 함께 해온 다른 지방이나 나라들의 교회보다도 그들과 함께 해야 한다. 그렇게 하지 못한다면 이는 분명 성경의 지역적인 성질을 잃어버린 교회이다.

7. 사역에서 성경의 본은 사도 바울과 그 일행이다. 그들 가운데 바울 같은 사람은 주 건축자이고 나머지 동역자들은 그와 함께하는 자들이었다. 사역에는 이와 같이 순서가 있으며 모든 사람에게 균등한 권위를 주시는 것은 아니다. 하나님은 주 건축자에게 더 많은 것을 보여주실 것이며 종합적이고 균형 있는 관점과 역량을 주실 것이다. 바울과 같이 주 건축자에 해당하는 사람들은 더욱 충성스러워야 할 것이며 하나님이 그에게 주신 동역자들을 많이 사랑해야 할 것이다. 그리고 젊은 동역자들은 배우며 순종하고 전진해야 한다. 오늘날에도 사역하는 사람들은 원칙상 이러한 본을 따라 사역하기를 배워야 한다. 나는 오늘날 교회의 성경적 개념에 대하여 열을 올리면서 말하는 사람은 많이 보아도 바울과 그 일행처럼 성경적인 원칙으로 사역하는 사람들은 보지 못했다.

12-18절, 여호와께서 모세에게 일러 가라사대 13 너는 이스라엘 자손에게 고하여 이르기를 너희는 나의 안식일을 지키라 이는 나와 너희 사이에 너희 대대의 표징이니 나는 너희를 거룩하게 하는 여호와인 줄 너희로 알게 함이라 14 너희는 안식일을 지킬지니 이는 너희에게 성일이 됨이라 무릇 그날에 일하는 자는 그 백성 중에서 그 생명이 끊쳐지리라 15 엿새 동안은 일할 것이나 제칠일은 큰 안식일이니 여호와께 거룩한 것이라 무릇 안식일에 일하는 자를 반드시 죽일지니라 16 이같이 이스라엘 자손이 안식일을 지켜서 그것으로 대대로 영원한 언약을 삼을 것이니 17 이는 나와 이스라엘 자손 사이에 영원한 표징이며 나 여호와가 엿새 동안에 천지를 창조하고 제칠일에 쉬어 평안하였음이니라 하라 18 여호와께서 시내산 위에서 모세에게 이르시기를 마치신 때에 증거판 둘을 모세에게 주시니 이는 돌판이요 하나님이 친히 쓰신 것이더라

1. 하나님의 백성들은 하나님의 백성으로서의 특징을 지닌다. 그것의 첫째는 그들 가운데 성막을 세우고 하나님을 모시는 것이고, 다음은 섬기는 자들인 제사장들이며, 그 다음은 안식일을 구별하여 거룩하게 지키는 것이다. 안식일을 지키는 문제에 대하여 우리는 먼저 안식의 참된 의미부터 생각해보자. 안식일은 하나님이 엿새 동안 천지를 창조하시고 일곱째 날 안식하셨는데 그날을 기념하여 구별하신 날이다. 그러므로 이스라엘이 안식일을 지키는 것의 의미는 천지를 창조하신 하나님을 믿고 경배하며 감사드리는 것이다. 이방 사람들은 천지를 지으신 하나님을 알지 못하고 따라서 안식일을 지키지도 않는다. 그러나 하나님의 백성인 이스라엘은 하나님의 창조의 역사를 인정하고 감사하고 경배하는 의미에서 안식일을 지키는 것에서 이방 사람들과 다른 것이다.

2. 다른 면에서 안식이란 다만 휴식을 의미하는 것은 아니다. 왜냐하면 하나님은 여섯째날까지 창조하실 때 말씀으로 하셨고 피곤하셔서

하루를 쉬겠다고 하신 것이 아니기 때문이다. 그러므로 이 안식일에 대한 더 큰 의미는 단순한 휴식보다는 안식과 만족에 있다. 하나님은 엿새동안 창조하신 일을 마치셨을 때 좋다고 하시면서 매우 만족하셨다. 따라서 안식하실 수 있으셨다. 그러므로 성도들은 안식일을 생각할 때 다만 하나님이 엿새 동안 천지만물의 많은 항목들을 창조하셨다는 것만을 기념할 뿐 아니라 그분이 그것들을 창조하신 것들을 바라보시며 매우 기뻐하시고 만족하셨다는 것을 기억하는 것이 필요하다. 이것은 안식일에 대한 생각을 더 풍성하게 해줄 것이라고 믿는다. 특히 하나님이 사람을 창조하신 후에는 매우 좋다(so good)고 말씀하셨다. 이것은 그분이 창조하신 사람은 그분의 영원한 목적을 이룰 존재이기 때문이다.

하나님이 창조하신 만물 가운데 사람보다 귀한 것은 없다. 하나님은 그분이 지으신 사람을 볼 때 기쁨이 있으셨다. 미리 보시는 눈이 있으신 하나님은 그들이 장래 대적 사탄을 패배시키며 그리스도의 영광스런 신부로 예비되어 그분의 아들을 만족케 하실 것을 아셨다. 그리고 그들이 거룩하고 영광스런 그분의 자녀들이 되어 그분을 기쁘게 하며 영원히 그분과 함께 영원한 성 새 예루살렘 거처에서 함께 할 이들이 될 것임을 아셨다. 그분은 그분의 뜻을 온전히 순종할 이들이 나올 것이며 그분의 원하시는 바가 그들을 통해 완전히 성취되며 그분의 마음을 알아서 그분과 통할 수 있는 자들이 많이 나올 것을 아셨다. 그런 사람이 창조된 후 하나님의 마음은 만족하셨다. 그리고 하나님은 그분이 창조한 사람들에게 안식하라고 명하신 것이다.

3. 주님은 마가복음 2장 27절에 "또 가라사대 안식일은 사람을 위하여 있는 것이요 사람이 안식일을 위하여 있는 것이 아니니"라고 말씀하셨다. 이것은 제자들이 밀밭 사이로 지나가다가 밀 이삭을 잘라먹는 일을 한 후 바리새인들의 송사에 대한 주님의 답변이시다. 당시 바리새

인들은 안식일 날 아무 일도 하지 않아야 한다는 것에 중점을 두고 지키고 있었다. 이 말에 대해 주님은 사람이 안식일을 위하여 있는 것이 아니라 안식일이 사람을 위하여 있다고 하셨으므로 안식일은 사람이 일주일에 하루 휴식하는 성분이 있다. 주님은 사람이 안식일에 휴식하는 그 자체를 부인하시지는 않으셨다. 다만 사람들이 안식일을 문자적으로 지키는 것을 지적하신 것이다. 배고픈 제자들이 다만 안식일이라고 해서 못 먹고 배를 곯더라도 아무것도 하지 않는 것이 안식일을 지키는 것은 아니라는 말씀이다. 밀 이삭을 잘라서 허기진 배를 채울 때 제자들은 만족감과 더불어 안식할 수 있었다는 말이다. 그 날에 일하는 자는 그 백성 중에서 그 생명이 끊쳐지리라(31:14-15)고 하셨기 때문에 엿새간은 열심히 일하고 일곱째 날은 휴식해야 했다.

4. 히브리서 4장은 안식에 대한 본질적인 문제를 다룬다. 이는 하나님의 말씀을 믿고 순종하는 자들만이 체험할 수 있는 믿음 안에서의 안식의 영역이다. 이렇게 믿음으로 안식에 들어간 자들은 하나님이 자기 일을 쉬신 것처럼 자기 일을 쉰다. 누가 참 안식이 없는가? 그것은 믿지 못하는 사람들이요 순종하지 못하는 사람들이다. 누구든지 자신의 모든 것을 하나님께 완전히 의탁하지 못하고 자신이 계획하고 노력하며 무언가를 성취하려고 애쓰는 사람들이 있다면 그들은 분명 안식이 없는 자들이다. 그것은 자신의 일이나 사업, 가정사들, 자녀들의 장래 문제, 직장 문제, 교회 봉사, 사역, 심지어 건강과 질병의 치료 등 모든 문제에 미친다. 이들 중 어떤 문제든지 자신이 해보려고 계획하고 노력하며 자신의 궁리와 방법을 동원할 때 결과는 안식이 조금도 없다. 사실은 죽은 사람이 안식이 있다. 자신을 완전히 하나님께 맡긴 사람만이 안식이 있다. 바울은 "내가 사는 것이 아니요 오직 내 안에 그리스도께서 사신다"고 하였다. 진정으로 내가 살지 않는다면 거기에 안식이 있다. 그러므로 사실은 그리스도가 안식일의 주인이시다. 즉 그리스도가

우리 안에 사시고 내가 살지 않으면 안식이 있고 내가 살면 안식이 없다. 그러므로 어떤 일에서 안식이 없다면 내가 살고 있다고 생각하면 맞는다. 그런데 나라는 존재가 포기되기가 쉬운가 말이다. 주님의 긍휼은 믿는 이들을 이러한 지점까지 인도하신다. 그때 믿는 이들은 참 안식을 누리게 되는데 이렇게 안식을 지키는 것이 실제적으로 지키는 안식이다.

5. 신약의 성도들은 법 아래 있지 않고 은혜 아래 있다. 신약 성경에 사도들이나 교회가 안식일을 지킨 사례가 없다. 그렇지만 신약의 교회들은 당시 주의 날, 혹은 안식 후 첫날을 모이기도 하고 그날 떡을 떼었다(행 20:7, 고전 16:2). 신약의 성도들이 모이고 떡을 떼었던 안식 후 첫날은 그리스도의 부활의 날이다. 그래서 당시 그 날을 주의 날이라고 불렀다. 오늘 우리 성도들은 율법적으로 안식일을 지키는 실행을 하고 있지 않지만 안식의 실제이신 그리스도를 가지고 있어야 하며 안식일의 주인이신 그분을 생활 가운데 체험하고 그분으로 하여금 우리의 모든 것이 되시도록 함으로서 실제의 안식일을 지켜야 한다. 그럼에도 성도들은 다른 한 면으로 일주일 가운데 하루는 주님의 날이 있다는 것을 인식할 필요가 있다.

계시록 1장 10절에 있는 주의 날(the Lord's day)은 분명 안식 후 첫날, 즉 그리스도의 부활의 날을 의미한다. 신약의 성도들은 그날을 주님의 날이라고 불렀다. 그러므로 성도들은 이 날에 우리를 위해 죽으셨다가 부활하신 주님을 기념하면서 모임을 갖고 떡을 떼기도 하며 연보도 하였다. 나는 주의 성도들이 최소한 이 날 만큼은 주님을 위해 온전히 헌신하여 주를 위한 많은 활동이 있어야 한다고 믿는다. 이렇게 구약에는 안식일을 지키는 것이 하나님의 백성이 되는 표시가 되는 것처럼 신약에도 이와 같이 안식의 실제를 갖는 것과 주의 날에 주님을 위한 활동에만 전심전력하여 온전히 영광을 돌리는 삶을 살 때 주의 백성의 표시가 있게 되리라고 믿는다. 이날을 지키지 않는 것에 대한 하나님의 경고가 매우 심각하고 엄숙함을 소홀히 여겨서는 안 된다(14-15절).

"여호와께서 시내 산 위에서 모세에게 이르시기를 마치신 때에 증거판 둘을 모세에게 주시니 이는 돌판이요 하나님이 친히 쓰신 것이더라"(18절). 하나님은 산에서 모세에게 25장부터 31장까지의 긴 말씀을 주시고 마치신 뒤에 증거판 둘을 주셨는데 이는 하나님이 친히 쓰신 것이었다. 모세는 이때 산에 올라가서 성막에 관한 식양과 율법의 돌판을 받아 가지고 내려오게 된 것이다.

출애굽기 32장

1-3절, 백성이 모세가 산에서 내려옴이 더딤을 보고 모여 아론에게 이르러 가로되 일어나라 우리를 인도할 신을 우리를 위하여 만들라 이 모세 곧 우리를 애굽 땅에서 인도하여 낸 사람은 어찌 되었는지 알지 못함이니라…3 모든 백성이…아론에게로 가져오매

출애굽기는 1장부터 18장까지는 출애굽의 역사와 구속의 예표를 말하고 19장부터 40장까지는 율법의 수여와 성막의 건축을 말한다. 32장은 모세가 율법을 받으러 산에 올라가 있는 40일 동안 기다리다가 배교한 이스라엘에 대하여 기록하고 있다. 이스라엘 백성은 모세가 산에 올라가기 전에 여호와의 명하신 모든 말씀들을 준행하겠다고 맹세하였다(24:3,7). 그러나 그들은 모세가 산에서 하나님의 법을 새긴 돌판을 가지고 내려오기도 전에 율법을 어기고 우상을 만들었다. 이것은 율법이 수여되었던 당초부터 그 무능성이 드러나고 그 실패가 예고된 것이다. 그럼으로써 율법 외에 그리스도로 말미암은 하나님의 은혜를 대망하게 하신 것이다(이상근 주석). 결국 율법이란 장차 오는 좋은 일의 그림자요 참 형상이 아닌 것이다(히 10:1).

1. "모세가 산에서 내려옴이 더딤을 보고"(1절). 믿는이들에게 있어

서 인도자가 오랫동안 자리를 비우는 것은 큰 시험거리가 된다. 이것은 그들이 진실로 자립적인 신앙을 갖지 않은 것에도 원인이 있다. 오늘날에도 많은 믿는이들이 굳건한 신앙의 지도자가 있을 때에는 주님을 사랑하고 잘 따르며 헌신적인 삶을 살다가 막상 지도자가 떠나면 믿음이 약화되거나 뒤로 물러가는 것을 보게 된다. 그것은 그들의 신앙이 진실로 보이지 않는 하나님께 중심을 둔 것이 아니기 때문에 일어나는 현상이다. 전에 한창 열심을 낼 때에는 모든 사람이 그를 믿음이 좋다고 칭찬하고 스스로도 자신의 믿음이 괜찮다고 믿었다. 그러다 어느 날 주위에 믿음의 친구들이 아무도 없고 자기가 잘한 것을 알아주는 사람도 없으며 또 자신이 잘못해도 나무라거나 비평할 사람이 없으면 그때 그의 믿음은 시험대에 오른다.

사도 바울은 빌립보 성도들에게 "내가 너희를 가보나 떠나 있으나 너희가 일심으로 서서 한 뜻으로 복음의 신앙을 위하여 협력하는 것과"라고 말했다(빌 1:27). 사도가 함께 있는 상황과 함께 있지 않은 상황은 믿는이들에게 하나의 시험이 되었다. 성도들이 때로 영적 인도자들의 부재를 체험하는 것은 유익할 수도 있는데, 이는 그때 그들의 신앙을 보이지 않는 하나님을 향해 견고하게 세울 수 있기 때문이다. 그러므로 신약에서 초기 사도들은 한 도시나 한 곳에 너무 오래 머물지 않았다. 바울이 에베소에서 3년, 고린도에서 1년 남짓 머무른 것이 좀 오래 머무른 것이고 나머지 도시에서는 잠깐씩만 머물렀다. 그는 그에 의해 세워진 교회를 그의 손으로 오래 잡아두려 하지 않았다. 그는 다른 도시로, 새로운 땅으로 계속해서 나아갔다. 그럴 때 성도들은 그들의 신앙을 사람에게 두지 않고 보이지 않는 하나님께 둘 수 있었다. 아무튼 인도자의 오랜 부재는 성도들에게 시험거리임에 틀림없다. 이때 이스라엘 백성은 40일이 다 되어도 모세가 나타나지 않자 아론과 함께 하나님을 거역하는 일을 모의했다.

2. 1절의 '일어나라' (up, 흠정역)는 말은 아론을 부추기는 말이다. 백성들은 자기들만으로는 우상을 만드는 일을 하기가 어렵다는 것을 알았다. 그래서 그들은 모세 다음의 인도자로 여겨지는 아론에게 가서 일어나라고 한 것이다. 그리고 아론에게 그들을 인도할 신을 그들을 위해 만들라고 하였다. 그러면서 "이 모세 곧 애굽 땅에서 인도하여 낸 사람은 어찌 되었는지 알지 못함이니라"고 했다. 여기서 '이 모세' (this Moses)라는 말은 모세를 비하하여 부르는 말이다. 그들은 40일 가까이 모세가 보이지 않자 모세에 대한 존경심과 필요성을 잃어버렸다. 여기서 배반하는 영이 발동한 것이다. 그들이 아론과 협력해서 배도하고 우상을 만들기 위해서는 먼저 모세를 제쳐두어야 했다. 모든 반역은 그 순서가 동일하다. 대체적으로 두 번째 되는 인도자는 백성들에 의해 첫 번째 권위를 대적하는 데 이용당하기 쉽다. 이때 아론이 권위에 대한 분명한 느낌이 있었다면 그는 자신의 태도를 분명히 하여 '여러분이 지금 모세에 대하여 그렇게 말하는 것은 옳지 못하다' 라고 해야 했다. 또한 자신이 모세가 없는 상황에서 모세가 지시하지 않은 일에 대하여 함부로 시행하는 일은 위험천만이요 거역적이 된다는 것을 알았어야 했다.

3. 그러나 아론은 백성들의 말을 들었다. 그는 약간 우유부단한 면이 있어서 사람들처럼 정면으로 모세를 대적하는 말은 하지 않았지만 그들을 위해 할 수 있는 일반적인 말은 다 했다. 예를 들어, 사람들은 아론에게 모세를 비하하는 말을 했지만 아론은 그에 대해 함께 언급하지 않았다. 또한 백성들이 금송아지를 만들어 놓고 "이는 너희를 애굽 땅에서 인도하여낸 너희 신이로다"할 때 그 말을 복창하지는 않았다. 다만 "내일은 여호와의 절일이니라"(5절)고만 했다. 여호와라는 이름을 언급하여 겉으로 보기에는 그가 하나님과 모세를 거역하지 않는 것처럼 보이게 한 것이다. 그렇지만 실상 그들이 금송아지의 우상을 만드는

일에 인도하는 위치에 있었던 것은 아론이었다. 2절과 3절은 "아론이 그들에게 이르되 너희 아내와 자녀의 귀의 금고리를 빼어 내게로 가져오라 모든 백성이 그 귀에서 금고리를 빼어 아론에게로 가져오매"라고 말한다. 누가 우상을 만드는 금을 모았는가? 아론이다. 아론은 백성들의 반역을 책망하고 바로잡아야 할 위치에 있었음에도 그들의 반역을 저지하지 않았다. 도리어 그는 그들의 말을 듣고 앞장서서 행한 것이다. 인도자는 진리에 따라서 옳은 것은 옳다 하고 틀린 것은 틀리다 해야 한다. 사람들의 의견과 여론에 굴복해서는 안 된다. 많은 인도자들이 아론과 같이 하는 이유는 자신의 지위를 잃을까 염려하기 때문이다. 또한 사람들에게서 좋지 않은 평판을 듣고 손실을 당할까 두려워하기 때문이다. 그러므로 아론과 같은 사람은 처음에 모세를 대적할 의사가 없었음에도 결국은 대적하는 위치에 서게 되는 것이다.

소위 하나님의 종들을 거역하며 배반하는 사람들은 권위자에게 당하고 억눌리는 성도들을 위하여 그렇게 한다고 자신의 행동을 정당화하려고 할 것이다. 하지만 소외되고 약한 사람들의 편을 드는 것이 반드시 거룩하고 선한 것이 아님을 아는 것은 매우 중요하다. 왜냐하면 그 불쌍한 사람들을 편드는 것 속에 거역의 속성이 숨어들 수 있기 때문이다. 육체와 마귀는 언제나 자신의 동기를 선한 일 속에 감출 수 있는 간교한 존재라는 것을 기억해야 한다. 사람의 모든 것 안에는 선한 것이 없음을 아는 것은 매우 중요하다.

4절, 아론이 그들의 손에서 그 고리를 받아 부어서 각도로 새겨 송아지 형상을 만드니 그들이 말하되 이스라엘아 이는 너희를 애굽 땅에서 인도하여 낸 너희 신이로다 하는지라

1. 그들은 모세가 율법을 선포할 때 여호와의 명하신 것을 다 준행하겠다고 말한 지 얼마 안 되어 이와 같이 계명을 정면으로 어긴 일을 했

다. 우리가 다 알다시피 십계명의 제2계명이 "너를 위하여 새긴 우상을 만들지 말고 땅에 있는 것이나 땅 아래 물속에 있는 것의 아무 형상이든지 만들지 말며 그것들에게 절하지 말며 섬기지 말라"는 것이다. 그들이 이 계명을 듣고 하나님의 두려우신 임재를 본 것은 바로 얼마 전의 일이었다. 그들은 하나님의 말씀을 속히 떠난 것이다. 육에 속한 사람은 이와 같이 하나님을 속히 떠날 수 있다는 것을 알고 경고를 받아야 한다(갈 1:6).

2. 이 우상을 만드는 데 주도적인 일을 한 사람은 아론이다. 그는 백성들의 손에서 금고리를 받아 부어서 각도로 새겨 송아지 형상을 만들었다. 아론이 만든 금송아지는 형상이 매우 분명하게 조각된 것이었다. 각도로 새겼기 때문이다. 그 우상이 분명한 형상을 지니지 않았다면 사람들은 그것에 경배하려 들지 않았을 것이다. 뭔가 그럴듯하고 신과 같은 범상치 않은 모양으로 만들어야 사람들이 그것을 보통으로 여기지 않고 숭배하게 되는 것이다. 오늘날 권력을 가진 사람을 신격화하는 나라들이 있다. 그런 일을 하는 사람들은 그 절대적인 권력자를 신격화할 때 그를 일반 사람과 똑같이 보이게 하면 그를 숭배하려 하지 않을 것이기 때문에 보통 사람들과 다른 그 무엇인가로 포장하는 것이다. 여기에서 금송아지를 각도로 새겼다는 것은 그만큼 공을 들여 우상을 만들었다는 뜻이다.

3. 이스라엘의 하나님은 본래가 볼 수 없는 하나님이시다. 하나님은 그분의 백성들이 그분에 대하여 보이지 않지만 믿음으로 경배하며 말씀에 순종하기 원하셨다. 여기에 필요한 것이 믿음이다. 그러나 이스라엘 백성들은 보이지 않지만 살아계신 하나님으로부터 보이는 어떤 것으로 신앙의 대상을 바꾸고자 했다. 이것이 바로 배역이다. 오늘날에도 많은 믿는 이들이 부지불식간에 하나님 대신 우상을 숭배하는 일을 하

고 있다. 그러면서도 자신들은 절대로 우상을 숭배하지 않는다고 확신한다. 보이지 않는 하나님을 보이는 분처럼 믿고 순종하는 것이 참 믿음이다. 이러한 믿음은 모든 사람이 가진 것도 아니고 그렇게 쉽게 소유할 수 있는 것도 아니다.

4. 오늘날 믿는이들은 금으로 송아지를 만드는 일은 하지 않을 것이다. 그렇다고 해서 우상이 없는 것이 아니다. 원래 하나님의 인도는 보이지 않는 것인데 사람들은 이런 보이지 않는 인도를 답답해하면서 확실하게 보이는 인도를 구하여 이곳저곳으로 달려간다. 오늘날 성도들이 전진하기 위해 하나님의 인도를 받으려면 많은 기도가 있어야 할 것이다. 기도 안에서 성령의 인도가 주어질 수 있다. 더 많은 시간을 주님 앞에서 기다리며 과연 주님이 우리를 어떻게 인도하고자 하시는지를 보아야 한다. 이렇게 기다리는 것은 육체적인 사람들 눈에는 매우 답답하게 느껴진다. 오랜 시간을 기다리는 것은 쉽지 않다. 결과적으로 사람들은 보이지 않는 하나님께 순종하는 것이 쉽지 않다는 것을 알게 된다. 그리고 확실하게 보이는 어떤 것을 찾게 된다. 오늘날에도 여기저기에서 각도로 어떤 형상을 새기는 작업이 계속되고 있다. 그들은 믿는이들을 보이지 않는 하나님께 인도하여 그분으로부터 듣게 하는 것이 아니라 자신들이 매우 그럴듯하게 각도로 새긴 형상을 따르도록 유도한다. 그러면서 그 만든 일에 동참한 사람들은 이렇게 외친다. “이스라엘아, 이는 너희를 애굽 땅에서 인도하여 낸 너희 신이로다”.

5. 모세는 산에 40일간 머물면서 하나님 앞에서 놀라운 시간을 가졌다. 하나님은 그에게 성막의 식양을 하나하나 말씀해 주셨고, 제사장의 의복은 어떻게 만들어야 하며 제사장들은 어떻게 헌신하여 하나님을 섬길 수 있는지를 세세하게 말씀해 주셨다. 나는 모세가 하나님의 자상하고도 자비로운 말씀을 들으면서 깊이 감동했으리라 생각한다. 사람

이 어떤 대상을 그리 사랑하지 않는다면 많이 말하지 않을 것이다. 뭔가를 자세하고 깊이 있게 무게를 두어 말한다는 것 자체가 그 대상을 깊이 사랑한다는 것이다. 나는 이 말씀을 읽으면서도 하나님의 사람에 대한 관심과 사랑에 깊은 감동을 받는데 직접 하나님으로부터 말씀을 받은 모세의 심정은 어떠했겠는가! 그렇게 하나님과 놀라운 시간을 가진 모세는 하나님의 깊은 사랑을 가지고 내려왔다. (그 사랑의 표는 율법이 새겨져 있는 판이었고 그가 받은 성막의 식양이었다.) 그런데 산 아래서 펼쳐진 광경은 무엇이었는가? 그들은 모세와 하나님이 그들을 위해 이룬 40일간의 사랑의 역사를 모두 무효화시키고 있었다. 얼마나 비통한 일인지! 사람은 얼마나 속히 하나님을 떠나는지!

6. 그들은 왜 하필이면 금으로 송아지를 만들었을까? 왜 사자나 호랑이나 코끼리가 아닌 송아지인가? 그것은 그 송아지가 애굽의 신이기 때문이다(겔 20:8, 23:8). 그들은 애굽에서 있었던 몇백 년 동안 애굽의 문화와 종교에 익숙해져 버린 것이다. 그러므로 그들은 하나님을 떠나자 바로 애굽의 종교와 습관으로 살아계신 하나님을 대치했던 것이다.

나는 여기서 한두 가지 엄중한 말을 하고자 한다. 만일 당신이 지금까지 학구적인 면에 많은 공을 들이고 세월을 보낸 사람이라면 조심해야 한다. 당신은 살아계신 하나님을 지식으로 바꿀 가능성이 다분히 있다. 바꾸지는 않는다 하더라도 적어도 그것에 빠지기가 쉽다는 것은 알아야 한다. 하나님은 당신의 머릿속에 있는 한 다발의 지식 속에 갇혀 계시는 분이 아니다. 그 지식은 하나님이 아니다. 하나님은 살아계시며 하늘 보좌에 계시다는 것을 언제나 기억해야 한다.

또 어떤 사람은 오랫동안 예술 활동에 전념하여 매우 섬세한 감정을 갖고 있다. 그런 사람은 하나님이 자기의 감정 속에 계시는 걸로 착각한다. 물론 성령의 감화가 있으면 사람의 마음이 감동된다. 그러나 우리는 믿음으로 하나님을 신뢰하는 것이지 감동으로 하나님을 신뢰하는 것이 아니다. 자신의 감동을 곧 하나님으로 여기는 사람은 잘못된 신앙에 빠지게 된다. 여기서 내가 강조하는 것은 사람이 자신의 경력과 배경에서 가져온 것으로 하나님을 대치하기가 쉬우니 조심해야 한다는 것이다.

6절, 이튿날에 그들이 일찍이 일어나 번제를 드리며 화목제를 드리고 앉아서 먹고 마시며 일어나서 뛰놀더라

독자 여러분은 이것을 아는지 모르겠다. 살아계시고 참되신 하나님을 섬기는 것이 아니라 그 반대로 하나님을 대적하는 일인데도 그에 대한 헌신과 열심이 대단할 수 있다는 것이다. 그러므로 어떤 사람들이 외적으로 많이 드리고 열심을 낸다 해서 그것이 참 하나님을 섬기는 표라고 확정할 수는 없다. 이들은 금송아지 우상을 만들기 위하여 금이 필요하다고 하니까 자신들이 차고 있던 금고리들을 아낌없이 빼어 아론에게 갖다 주었다. 아마 여러분은 그들이 매우 어리석다고 생각할 것이다. 그 헛된 일에 왜 그 귀한 금을 바치는가? 그러나 오늘날에도 동일한 일이 도처에서 벌어지고 있다. 나는 오히려 보이지는 않지만 참으로 귀한 주님의 사역에는 물질이 그렇게 많이 드려지지 않을 것이라고 생각한다.

사람들은 대체적으로 이렇게 뭔가 확실하게 보이는 것에 잘 가져다 바친다. 그러한 일은 보이지 않는 하나님을 위한 일이 아니라 보이는 우상을 위한 것이요 실상은 자신을 위한 것이다. 결국 자신들의 누림과 평안과 기쁨을 구하다보니 우상을 만들게 된 것이다. 하나님을 믿는 것은 우리의 편안과 성공을 위한 것이 아니라 진리에 대한 순종인 것이다. 그것이 우리에게 누림과 기쁨과 성공을 가져다주는 것이 아니라 해도 진리이기에 순종하는 것이다. 그분이 조물주이기에 우리는 경배하고 영광돌리는 것이며 그분이 구주이기에 우리는 사함을 받으며 감사를 드리는 것이다. 우리의 믿음은 우리 자신의 누림이나 기쁨이나 성공을 위한 것이 아니라 진리와 관계를 맺는다.

그들은 금송아지를 만든 다음 날 아침에 일찍 일어났다. 나는 그들이 모세가 산에 있는 사십 일 동안 하나님과 모세를 위하여 기도하기 위해 그렇게 일찍 일어났을까 의심스럽다. 그들은 정작 그들이 해야 할 일에는 힘을 쏟지 않다가 잘못된 일을 위해서는 열심과 혈기가 생긴 것이다. 오늘 교회 안에서도 잔잔한 성령의 움직이심이 있을 때에는 조용하다가 어떤 다툼과 분쟁이 일어나면 얼굴이 상기되고 열심을 내며 온 몸에 힘이 생기는 사람들이 있다. 이것은 모두 육체이다.

그들은 아침 일찍 일어나 번제를 드리고 화목제를 드렸다. 이것은 섞인 것이다. 대상은 분명 우상이었다. 애굽, 바벨론이란 무엇인가? 세상적인 것과 영적인 것이 섞인 것이다. 그들은 애굽의 신을 만들어 놓고 이스라엘 식으로 섬겼다. 대상이 바뀌었는데 섬기는 방식은 같은 것이다. 그들은 번제와 화목제를 드릴 뿐 아니라 앉아서 먹고 마시며 일어나서 뛰놀았다. 아마도 당신은 살아계신 하나님을 찬양하는 것이 아니라면 모임 가운데 즐거움이나 누림이나 기쁨이 없으리라고 생각할 것이다. 그러나 그렇지 않다는 것을 여기서 입증하고 있다. 찬양하고 경배하는 대상이 분명 잘못되었음에도 불구하고 그들은 매우 기뻐하고 즐거워했다. 그러므로 그리스도인들도 주의해야 하는데, 기쁘고 즐겁고 누림이 있다고 해서 그것이 다 하나님과 관련된 것은 아닐 수도 있기 때문이다. 여기서 중요한 것은 그들이 과연 무엇을 대상으로 하여 즐거워하며 먹고 마셨느냐는 것이다. 사실 그들은 보이지 않는 하나님을 향한 것이 아니라 무언가 보이는 형상 앞에서 경배했다. 이것이 곧 우상숭배요 하나님의 가장 미워하시는 바이다. 성도들은 각종 우상에서 자신을 멀리해야 한다(요일 5:21).

7-14절, 여호와께서 모세에게 이르시되 너는 내려가라 네가 애굽 땅에서 인도하여 낸 네 백성이 부패하였도다 8 그들이 내가 그들에게 명한 길을 속히 떠나 자기를 위하여 송아지를 부어 만들고 그것을 숭배하며 그것에게 희생을 드리며 말하기를 애굽 땅에서 인도하여 낸 너희 신이라 하였도다 9 여호와께서 또 모세에게 이르시되 내가 이 백성을 보니 목이 곧은 백성이로다 10 그런즉 나대로 하게 하라 내가 그들에게 진노하여 그들을 진멸하고 너로 큰 나라가 되게 하리라 11 모세가 그 하나님 여호와께 구하여 가로되 여호와여 어찌하여 애굽 땅에서 인도하여 내신 주의 백성에게 진노하시나이까 12 어찌하여 애굽 사람으로 이르기를 여호와가 화를 내려 그 백성을 산에서 죽이고 지면에서 진멸하려고 인도하여 내었다 하게 하려 하시나이까 주의 맹렬한 노를 그치시고 뜻을 돌이키사 주의 백성에게 이 화를 내리지 마옵소서 13 주의 종 아브라함과 이삭과 이스라엘을 기억하소서 주께서 주를 가리켜 그들에게 맹세하여 이르시기를 내가 너희 자손을 하늘의 별처럼 많게 하고 나의 허락한 이 온 땅을 너희의 자손에게 주어 영원한 기업이 되게 하리라 하셨나이다 14 여호와께서 뜻을 돌이키사 말씀하신 화를 그 백성에게 내리지 아니하시니라

그들은 자기들을 위하여 송아지를 만들었다. 왜 사람들은 우상을 만드는가? 그들은 사람 자체로서 약한 존재이며 의지할 신이 필요함을 알기 때문이다. 즉 사람에게는 종교성이 있는 것이다. 그러나 저들은 살아계신 하나님으로부터 제한되고 그 뜻에 복종하는 삶보다는 자신들의 뜻대로 하더라도 아무 상관하지 않고 경배만 받으며, 꼼짝하지 못하는 우상을 만드는 것이다. 즉 자기들에게 맞는 신을 만들어 놓고 숭배하는 것이다. 오늘날도 많은 사람들이 자기들이 하고 싶은 것을 하면서도, 거리낌 없이 다닐만한 종교를 찾기에, 천주교 같이 편리한 교회나 부담 없이 갈 수 있는 사찰들을 찾는 것이다. 나는 이것이 오늘날의 많은 이들의 우상숭배의 본질이라고 믿는다. 그들은 자신들의 만족과 길

을 위하여 우상을 숭배하는 것이다.

여기서 우리는 모세의 위대한 중보기도를 볼 수 있다. 하나님은 이스라엘 백성이 우상을 만들어 섬김으로 부패했고 그분을 떠났다고 모세에게 말씀하셨다. 그리고 이스라엘 백성이 목이 곧은 백성이라고 하셨다. 그리고서 하나님은 "그런즉 나대로 하게 하라"고 하셨다. 여기서 나대로 하게 하라는 말씀은 매우 감동적인 말씀이다. 그분은 전능하시고 스스로 계신 하나님이시다. 그러나 그분은 그분이 창조한 사람, 그것도 약하고 죽을 수밖에 없는 인간에게 너무나 친밀하기에 자신의 분노를 감추지 않는 식으로 말씀하고 계시다. 이는 마치 '나 이 일로 이 정도로 화가 났어' 라고 알려주시는 친한 친구나 아버지와 같다. 당신은 이러한 하나님을 사랑하지 않겠는가!

그분은 그들을 진멸하고 모세로 하여금 새로 큰 나라가 되게 하리라고 말씀하셨다. 이 순간은 이스라엘 백성들에게 엄청나게 중요한 순간이었다. 그들은 우상숭배에 빠져서 먹고 마시며 뛰놀고 있었으며, 하나님은 진노하여 모세에게 그들을 진멸할 것을 말씀하고 계셨다. 무지한 것이 인간이다. 그들은 죽을 줄 모르고 함부로 행하고 있었다. 그래서 또 불쌍한 것이다. 오늘 우리는 그들이 너무 어리석고 완악했다고 말하겠지만 그것이 바로 우리들임을 잊어서는 안 된다. 우리는 얼마나 위험한 지경에서 건짐을 받은 사람들인가? 얼마나 많은 경우 하나님을 근심케 하며 진노케 하였는가? 그러나 우리 무지한 인생은 그것도 알지 못하고 마치 하나님을 가장 잘 섬기는 것처럼 교만하고 먹고 마시며 뛰놀았던 적이 얼마나 많았는가?

당시 모세가 중재하는 기도를 했기 때문에 이스라엘 백성들은 구원될 수 있었다. 오늘 당신은 우리를 위하여 하늘 보좌에서 중재하시는 한 분이 계시다는 것을 알고 있는가? 그분이 아니라면 우리가 지은 죄로 인하여 하나님의 진노하심을 누그러뜨릴 수 없었을 것이다. 주님께 감사드리고 찬양한다. 우리에게는 위대한 중보자가 하늘에 계셔서 우리를 위해 중재하는 기도를 하고 계신다. 이스라엘 백성들은 무지해서 산 아래에서 죽을 줄 모르고 먹고 마시고 일어나서 뛰놀고 있을 때 모세는 애통한 심정으로 하나님께 중재하는 기도를 드리고 있었다.

그의 기도의 내용에서 우리는 깊은 감명을 받는다. 그는 자신을 위해서는 아무것도 생각하지 않았다. 하나님께서 '이 민족을 다 멸하고 너를 통하여 큰 민족을 새로 일으키겠다' 고 하실 때 그는 자신을 위한 생각을 조금도 갖지 않았다. 하나님은 능히 그렇게 하실 수 있는 분이다. 그러나 그 순간에 모세는 오직 하나님의 이름과 이스라엘 백성들을 생각했다. 그는 하나님께 기도하기를, '하나님이 그들을 다 죽이시면 애굽 사람들이 여호와가 화를 내려 그 백성을 산에서 죽이고 지면에서 진멸하려고 애굽에서 인도하여 냈다고 말할 것' 이라고 했다. 모세의 말은 진정으로 하나님의 이름을 생각한 기도였다.

나는 여기서 매우 중요한 진리를 말하고자 한다. 하나님은 사람을 그분의 친구와 배필로 삼기 원하신다. 하나님 홀로 모든 것을 결정하고 행하신다면 그분에게는 친구도 배필도 필요가 없을 것이다. 그러나 위대하신 하나님이 사람을 창조하신 것은 다만 그분을 경배하고 섬기는 종이 되게 하려는 것이 아니라 그분의 아내로서 또는 배필로서 그분의 마음을 알고 또 상의할 수 있는 상대자를 얻고자 하신 것이다. 이것은 말할 수 없는 특권이요 긍휼이다. 그러기에 모세가 이런 기도를 드릴 수 있는 것이다. 나는 하나님께서 모세가 생각하는 것을 생각지 못하실 분이 아니라고 생각한다. 그분은 모든 것을 아시는 분이다. 모든 것을 아시고 모든 것을 하실 수 있는 분이 친구를 원하시고 배필을 원하신다! 나는 이것이 교회의 가장 높은 경지라고 생각한다. 교회는 그리스도의 신부요 배필이다. 주님은 교회에게 '너는 나의 사랑하는 배필이다' 라고 하신다. 배필이 하는 일은 상대방의 마음을 알아서 기쁘게 해 주는 것이다.

여기서 모세의 기도는 하나님의 마음을 만졌다. 이러한 모세의 중보

기도는 배필의 위치에서 드린 기도라고 볼 때 이해가 깊어진다. 그렇지 않으면 화를 내시는 하나님을 모세가 진정시킨 것이 된다. 그렇게 이해하는 것은 너무나 피상적인 것이다. 전능하시고 무소부재하신 하나님이 작은 피조물인 사람을 이 정도로 대우하신다는 것은 상상조차 하기 어려운 일이다. 당신은 자신이 하나님의 배우자라는 것을 생각해본 적이 있는가? 또한 당신은 자신이 하나님의 상속자라는 것을 생각해본 적이 있는가? 우리는 감히 생각이 미치지 못하는 범위에 있는 축복을 받은 사람들임을 알아야 한다. 하나님은 우리를 얼마나 높이고 우대하시는지!

나는 때때로 신약의 바울이 이런 길을 걸어간 것에 대하여 깊은 감동을 받는다. 그는 하나님을 순종해야 할 대상으로만 생각한 것이 아니다. 그는 그 이상의 경지가 있다는 것을 알았다. 그것이 무엇인가? 그것은 바로 하나님의 뜻과 조화되는 것이다. 그가 사도행전에서 마지막 전도여행을 할 때 예루살렘에 들어간 것은 겉으로 볼 때 성령의 뜻에 순종하지 않은 것 같다. 왜냐하면 당시 선지자들이나 형제들이 성령의 인도로 말하기를 예루살렘에 들어가지 말라고 했기 때문이다. 그러나 바울 또한 그가 성령에 매임을 받았다고 말했다. 한 면으로 성령께서는 들어가지 말라고 하셨지만 바울은 주님의 마음 깊은 곳에서 기뻐하시는 바를 알고 있었다.

주님은 바울이 예루살렘에 들어가서 체포되고 갇혀서 많은 고생을 할 것을 염려하셔서 들어가지 말라고 하신 것이다. 그러나 바울은 당시 예루살렘에 들어가서 그 상황에서 그리스도를 증거하는 것이 주님을 위해 필요하다고 느꼈다. 이것은 바울이 주 안에서 가졌던 깊은 느낌이다. 그래서 바울은 예루살렘을 향하여 떠난 것이다. 그는 예루살렘에 가서 고난받을 뿐 아니라 죽을 것도 각오하였다. 그는 그것이 그의 사랑하는 분을 위한 배필로서의 사랑이요 헌신임을 알았다. 또한 그는 그것이 그분의 마음을 기쁘게 할 것도 알았다. 결국 주님은 바울에게 그의 예루살렘으로부터의 모든 여정을 돌봐주실 것과 체포된 후 로마의 가이사 앞에 서는 것에 찬성하셨다(행 27:24). 하나님은 참으로 사람과 동거하기를 기뻐하신다.

모세는 그의 중보기도에서 아브라함과 이삭과 야곱을 기억해 달라고 하면서 그들에게 맹세하신 약속을 상기시켜 드렸다. 이러한 모세의 중보기도는 오늘날 우리의 중보기도의 본이다. 나는 다시 한 번 주님이 이 모든 것을 아셨다는 것을 말하고 싶다. 그분은 화가 나셔서 갑자기 이 모든 것을 잊어버리신 것이 아니다. 나는 독자들이 분명히 알기를 바란다. 하나님은 이와 같이 그분과 동거하며 상대하는 친구와 배필을 원하신다. 하나님은 이렇게 일하신다. 이렇게 일하시는 하나님이 너무나 사랑스럽지 않은가? 그분은 심지어 이스라엘을 대하는 일에 있어서 모세보다 온유하지 않게 보이는 위험까지도 감수하시면서 사람의 중재를 받아들이셨다. 하나님은 이토록 사람을 우대하신다.

하나님의 배필과 친구인 교회

구약은 모세만이 하나님의 표준에 이르렀다. 아론이나 백성들은 아직 그분의 표준에 이르지 못했다. 하나님은 이 땅에 그분의 마음과 상통하는 한 무리를 원하신다. 하나님은 모세에게 그분의 마음을 알리시고 그의 중재기도를 들으셨다. 그분은 모세의 기도를 들으시고 그분의 분노의 마음을 돌이키셨다. 이것은 무엇인가? 이것이 바로 하나님이 원하시는 표준이다. 오늘날 이 땅의 교회는 그리스도의 배필이며 신부이다. 주님은 그러한 무리를 찾고 계시다. 구약의 시대에는 한두 사람이 그분의 마음을 알아 그분의 마음과 상통하였다면 신약은 단체적인 교회가 그분의 뜻과 일치된 기도를 드릴 수 있고 그분의 마음과 하나된 마음을 품을 수 있다. 이것이 신약의 교회이다. 아! 교회는 얼마나 영광스러운 존재인가!

15-20절, 모세가 돌이켜 산에서 내려 오는데 증거의 두 판이 그 손에 있고 그 판의 양면 이편 저편에 글자가 있으니 16 그 판은 하나님이 만드신 것이요 글자는 하나님이 쓰셔서 판에 새기신 것이더라 17 여호수아가 백성의 떠듦을 듣고 모세에게 말하되 진 중에서 싸우는 소리가 나나이다 18 모세가 가로되 이는 승전가도 아니요 패하여 부르짖는 소리도 아니라 나의 듣기에는 노래하는 소리로다 하고 19 진에 가까이 이르러 송아지와 그 춤 추는 것을 보고 대노하여 손에서 그 판들을 산 아래로 던져 깨뜨리니라 20 모세가 그들의 만든 송아지를 가져 불살라 부수어 가루를 만들어 물에 뿌려 이스라엘 자손에게 마시우니라

1. 하나님은 모세의 중보기도를 들으셨고 이스라엘을 용서하셨으며 긍휼히 여기셨다. 그리고 모세의 손에 증거의 두 판을 들려서 내려 보내셨다. 이는 그들을 용납하셨다는 뜻이다. 그렇지 않다면 하나님께서 손수 쓰신 편지와 같은 돌판을 모세의 손에 들려 보내지 않으셨을 것이다.

17절에 여호수아가 다시 등장한다. 여호수아는 24장 17절에서 모세가 산에 올라갈 때 최종까지 함께 갔던 사람이다. 그리고 '알현실' 에서 모세가 육 일을 기다렸을 때 여호수아는 모세와 함께 있었을 것이며, 하나님께서 구름 속으로 모세를 부르실 때 여호수아는 혼자 기다렸을 것이다. 여기서 우리는 여호수아의 귀한 위치를 볼 수 있고 또 그의 좋은 성품을 볼 수 있다. 그는 40일간 하나님과 모세가 함께하는 동안 다만 그 위치에서 모세를 기다린 것이다. 여호수아 1장 1절에서 여호수아를 모세의 시종이라고 표현한 것은 이러한 상황을 볼 때 합당한 표현이다. 여호수아는 40일 전에 구름 속으로 들어간 모세를(24:17) 지금 만난 것이다(17절).

2. 전쟁에서 싸우는 장군이자(17장) 젊은 청년인 여호수아는 백성들

의 떠드는 소리를 듣고 싸우는 소리로 생각했다. 그러나 모세는 그들의 소리를 분명히 알아들었다. 경험이 있는 사람은 어떤 상황을 빨리 알아채는 것이 있다. 차라리 대적과 싸워서 승리를 외치는 소리이거나 패하여 울부짖는 소리라면 모세의 마음이 그렇게 상하지 않았을 것이다. 어쩌면 젊은 여호수아는 그와 반대로 노래하는 소리라면 좋지만 전쟁에서 패한 소리라면 염려스럽다고 생각했을 것이다. 그러나 모세는 그렇지 않았다. 모세는 그들의 하나님 앞에서의 상태를 중요시했다. 그들이 패했어도 하나님을 배신한 것이 아니라면 문제가 덜 중하다. 그들이 승리했어도 하나님을 떠난 것이라면 문제가 된다. 모세에게는 백성들의 하나님 앞에서의 상태가 어떠하느냐가 중요했다. 여호수아는 젊기 때문에 그들이 대적에게 당하지 않고 안전한 상태에서 노래를 부르고 있다면 큰 문제가 아니라고 생각했을지 모른다. 그러나 모세는 여기서 그들의 노랫소리를 매우 불쾌하게 듣고 있었다. 그들은 그때 그렇게 즐거워할 상황이 아니었다. 아무 즐거운 일이 일어날 이유가 없는 것이다. 그들은 조심하면서 경외함으로 하나님의 종이 돌아와서 자신들에게 율법을 보여줄 것을 기대해야 했다. 그런데 그들은 도리어 경망스럽게 노래를 부르고 있었다.

모세의 눈에 먼저 들어온 것은 금송아지였다. 그는 방금 전까지 살아계신 하나님 존전에서 헤아릴 수 없는 사랑과 자비로 그분의 백성을 대하시며 한 가지 한 가지 말씀하시는 것을 듣고 있었다. 그리고 그들이 우상에 떨어진 것을 아시고 진노하신 것도 알고 있었다. 그런 하나님의 종의 눈에 누런 금송아지를 본 느낌이 어떠했겠는가? 그리고 그 우상 앞에서 많은 사람들이 춤추며 노래하고 있었던 것이다. 모세는 대노했다. 그리고 그 손에서 판들을 산 아래로 던져 깨뜨렸다. 그는 그들의 상태가 하나님의 언약의 편지를 받을 만한 상태에 있지 않다는 것을 알았다. 그는 그들이 이런 상태로는 하나님의 언약서를 받을 수 없다는 것을 표명해야 한다는 것을 알았다.

3. 모세는 그들이 만든 금송아지를 가져다가 불살랐다. 그리고 그것을 가루로 만들어 물에 뿌려 이스라엘 사람들에게 마시게 했다. 그것은 헛된 우상에 대한 모세의 가장 적절한 표현이요 가르침이었다. 그들은 그 금송아지를 만들어 놓고 그것에 절하며 그것이 자신들을 애굽에서 인도해낸 신이라고 하였다. 모세는 그들에게 그 금송아지가 그렇게 능력 있고 믿을만한 존재가 아니라는 것을 알려주었다. 금송아지는 불사를 때 완전히 태워졌다. 가루로 부술 때 완전히 부숴졌다. 물에 타서 홍차처럼 마실 때 뱃속으로 들어가 끝나버렸다. 오늘날 어떤 사람들은 금가루를 음식에 섞어 먹곤 한다. 모세는 마치 이렇게 말하는 것 같다. '이제 알았느냐? 금송아지의 운명을… 너희가 말하던바 너희를 애굽에서 인도해냈다는 금송아지는 지금 어디 있느냐? 너희 뱃속에 들어갔다가 내일이나 모레는 너희 장막 뒤편 마당의 변소에 변과 함께 있을 것이다. 너희들은 변소에서 구더기들과 함께 있어야 할 것을 대단하게 여기고 섬기고 신뢰했다. 그것이 그렇게 대단한 것이었더냐? 너희들은 썩어지지 아니하는 하나님의 영광을 변소에 들어가 썩어질 것과 바꾸었느니라.' 은금으로 만든 우상들은 두더지와 박쥐들에게 던지며 여성들이 생리대를 던지는 것같이 던지는 것이 합당하다. 〔사 2:20, 30:22-흠정역에 의하면 이사야 30장 22절의 불결한 물건은 생리대(menstruous cloth)임〕

4. 여기서 모세는 하나님이 손에 들려 내려보내신 것을 깨뜨려버렸다. 이 일에 있어서 모세는 하나님을 대표했다. 어떤 일에 있어서 하나님의 종은 분명한 입장을 표시해야 한다. 하나님께서는 이러한 모세의 판단을 존중하셨다. 모세는 후에도 이 일에 대하여 잘못되었다는 말을 기록하지 않았다. 신명기 9장 17절에서 모세는 이 일을 회상하면서 그 일을 담담하게 기록하였다. 물론 그가 므리바 물가에서 화를 내며 반석을 두 번 친 것은 하나님을 대표하지 못했고 하나님의 거룩함을 나타내

지 못한 것이다. 그러나 여기서 그가 돌판을 내어던진 것은 옳은 것이었다. 그는 그들이 우상을 숭배함으로 그들이 응당 얻을 수 있는 은총과 특권을 상실하였다는 것을 나타내 보여주었고 그들에게 강렬한 분노를 보임으로 그들이 얼마나 크고 심각한 죄를 범하였는가를 표명하지 않으면 안 되었다.

21-24절, 모세가 아론에게 이르되 이 백성이 네게 어떻게 하였기에 네가 그들로 중죄에 빠지게 하였느뇨 22 아론이 가로되 내 주여 노하지 마소서 이 백성의 악함을 당신이 아나이다 23 그들이 내게 말하기를 우리를 위하여 우리를 인도할 신을 만들라 이 모세 곧 우리를 애굽 땅에서 인도하여 낸 사람은 어찌 되었는지 알 수 없노라 하기에 24 내가 그들에게 이르기를 금이 있는 자는 빼어내라 한즉 그들이 그것을 내게로 가져왔기로 내가 불에 던졌더니 이 송아지가 나왔나이다

1. 모세는 여기서 이 일에 대하여 심판을 했는데 먼저 아론부터 시작했다. 그것은 모든 일에 있어서 가장 큰 책임은 언제나 인도자에게 있기 때문이다. 사람들은 선생이 되고자 하고 앞서 인도하는 사람이 되기를 사모하나 그런 사람들에게는 책임도 크다. 야고보는 이렇게 말했다. "내 형제들아 너희는 선생 된 우리가 더 큰 심판 받을 줄 알고 많이 선생이 되지 말라"(약 3:1). 여기서 야고보는 자신도 그런 위험에 떨어질 수 있는 데에서 제외시키지 않았다. 그 누구든지 인도하는 위치에 있고 선생 된 위치에 있는 자는 자신이 더 큰 심판 받을 위험에 처해 있음을 알아야 한다. 그 한 사람 때문에 많은 사람이 살기도 하고 죽기도 하며 바르게 될 수도 있고 잘못될 수도 있기 때문이다. 나 개인의 의견으로는 만일 어떤 사람이 그런 인도자적인 역량이나 책임감이 결여되어 있다면 인도자의 위치에 서지 않는 것이 좋다. 그러기에 인도자를 잘 만나는 것은 성도들에게나 모든 사람에게나 커다

란 축복 중에 하나가 아닌가 생각한다.

2. 모세는 아론에게 "이 백성이 네게 어떻게 하였기에…" 하며 시작했다. 그것은 모세가 아론을 잘 알고 이해하는 마음으로 묻고 있는 것이라 여겨진다. 즉 모세가 알기에 아론은 적어도 먼저 그런 일을 시작할 위인은 아니라는 것이다. 그렇지만 이어서 묻는 말은 그렇다고 해서 아론에게 책임이 없을 수는 없다는 것이다. "네가 그들로 중죄에 빠지게 하였느뇨?" 결국 그들이 그렇게 우상숭배에 떨어진 것에는 아론의 책임이 있다는 뜻이다. 백성들이 어떻게 나오더라도 아론은 그 옳지 않은 일을 반대하고 저지해야 하는 위치에 있었던 것이다. 모세는 산에 올라가면서 아론과 훌에게 모든 것을 맡기고 갔다(24:14). 그러나 그들은 책임을 다하지 않았다.

3. 아론은 궁색한 변명으로 모세의 마음을 진정시키려고만 했다. "내 주여 노하지 마소서 이 백성의 악함을 당신이 아시나이다". 아론을 보라! 그는 사태가 여기까지 이르자 백성들에게 잘못을 전가했다. 아론은 백성들이 악한 줄을 알았는가? 악한 줄을 알았으면 왜 그들의 말을 들었는가? 앞뒤가 맞지 않는 말이다. 그는 백성들의 말을 듣고 모세를 거역했으며 이제 모세의 말을 듣고 백성들을 차버렸다. 그는 그저 그때 그때의 형편만을 맞추어 적응해 나가려 했다. 그는 이 시점에서 적당히 얼버무려 모세의 분노한 마음을 누그러뜨리려 했다. 이 문제는 모세의 마음이 진정됨으로 끝날 문제가 아니다. 아론은 당장 목전에 있는 일만 추스르려 했지만 실상 이 문제는 하나님 앞에서의 문제였다. 모세의 마음만 풀어준다고 될 일이 아닌 것이다. 아, 오늘날 도처에 아론의 이러한 음성이 있다! 아론은 그의 동생이지만 하나님의 종인 모세에게 '주여' (아도니)라는 호칭을 사용했다. 이는 그가 마음속에 죄책감을 느끼고 있었다는 뜻이다. 그리고 그 책임을 백성들에게 돌렸다. "그들이 내

게 말하기를 우리를 위하여 우리를 인도할 신을 만들라 이 모세 곧 우리를 애굽 땅에서 인도해낸 사람은 어찌 되었는지 알 수 없노라 하기에 내가 그들에게 이르기를 금이 있는 자는 빼어 내라 한즉 그들이 그것을 내게로 가져왔기로 내가 불에 던졌더니 이 송아지가 나왔나이다".

4. 아론의 말의 특징은 앞뒤가 맞지 않는다는 것이다. 그는 이 백성이 악하다는 것을 알았다. 그렇다면 그는 인도자로서 악한 그들의 말을 듣지 말았어야 했다. 그러나 그는 그들이 하자는 대로 했으며 뼈가 없는 사람같이 행동했다. 그는 마치 그 일에 자기의 의지가 들어가지 않았다면 잘못된 것이 없는 게 아니냐고 말하는 것 같다. 그는 '나는 물이 흐르듯이 순리대로 했을 뿐이다'라고 하는 것이다. 아론은 현실의 상황이 악하든 좋든, 산으로 가든 바다로 가든, 순리를 따르는 것이 자연스러운 게 아니냐고 변명하는 것 같다.

오늘날 어떤 인도자들은 아론과 같이 자신이 인도하고 있는 사람들의 죄악이나 부정에 대해 눈감아 버리고 말하지 않는다고 들었다. 모두 다 하나님이 알아서 하실 일이니 염려하지 않는다는 것이다. 자신의 의지가 들어가지 않았다고 해서 이런 인도자들의 책임이 과연 없는 것인가? 무엇이든지 현실에 순응하는 것이 십자가를 지는 것이고 영적으로 깊이가 있는 것인 양 위장할 수 있다. 그런 사람들의 눈에는 모세가 돌판을 깨뜨리는 것은 지나친 것이고 온유하지 않은 것이다. 그저 되는 대로 하는 것이 그들이 생각하는 영적인 사람의 도리이다.

5. 아론은 백성들이 '우리를 인도할 신을 만들라' 했을 때 이미 우리를 지금까지 인도하시고 그분의 종 모세를 산으로 부르신 살아계신 하나님이 계시는데 또 무슨 신을 만들라는 말이냐고 하면서 책망했어야 했다. 그리고 곧 모세가 돌아와서 우리에게 하나님의 말씀을 들려줄 것이라고 해야 했다. 그러나 그는 그렇게 하지 않았다. 다만 그 어려운 순

간을 모면하기 위해 그들의 마음과 뜻에 적절하게 맞추어 주었다. 아마도 그는 그렇게 하는 것이 그들의 더 큰 동요를 막을 수 있고 이스라엘 백성들이 모세와 자신을 따르는 데 문제가 없을 것이라고 판단했던 것 같다. 그래서 그는 금을 가져오라고 했고 그들은 금을 순순하게 가져왔으며 그것을 불에 던지니 금송아지가 나왔다고 말했다. 아론은 자기가 일을 이렇게 저렇게 해보려는 의도가 없었다는 듯이 말하고 있다. 모든 것이 물 흐르듯 했고 자기는 그 일에 조금 작용했을 뿐이라고 말하는 것 같다. 그는 정직하게 그 상황과 죄를 시인하지 않았다. 자신이 우상을 각도로 새긴 것이 아니었던가? 아론은 백성들에게는 그렇게 하고 모세에게는 이렇게 했다. 아, 그는 그렇게 하지 말았어야 했다!

25-29절, 모세가 본즉 백성이 방자하니 이는 아론이 그들로 방자하게 하여 원수에게 조롱거리가 되게 하였음이라 26 이에 모세가 진문에 서서 가로되 누구든지 여호와의 편에 있는 자는 내게로 나아오라 하매 레위 자손이 다 모여 그에게로 오는지라 27 모세가 그들에게 이르되 이스라엘의 하나님 여호와께서 이같이 말씀하시기를 너희는 각각 허리에 칼을 차고 진 이 문에서 저 문까지 왕래하며 각 사람이 그 형제를, 각 사람이 그 친구를, 각 사람이 그 이웃을 도륙하라 하셨느니라 28 레위 자손이 모세의 말대로 행하매 이 날에 백성 중에 삼천 명 가량이 죽인 바 된지라 29 모세가 이르되 각 사람이 그 아들과 그 형제를 쳤으니 오늘날 여호와께 헌신하게 되었느니라 그가 오늘날 너희에게 복을 내리시리라

1. 이 일에서 모세는 분명했다. 아론의 잘못이 큰 것이다. 그가 보니 백성이 방자한데 그것은 아론이 그들을 방자하게 만든 것이었다. 여기서 방자하다는 말은 영어로 'out of control' 이다. 그들은 어떤 통제 아래 있지 않고 제멋대로 행하는 상태에 떨어진 것이다. 흠정역에는 '벌거벗었다' (naked)로 번역되어 있다. 그래서 결국 슬프게도 원수에게

조롱거리가 되었던 것이다. 그들은 하나님을 떠나 우상을 향하는 것이 얼마나 큰 죄인지를 몰랐다. 그들은 하나님의 창조와 선택과 구속의 사랑을 받은 민족이다. 하나님보다 그들을 사랑하는 분이 없다. 그러나 그들은 그들을 그토록 사랑하여 애굽으로부터 그 큰일을 하시면서 홍해를 건너 이끌어내어 주셨으며 만나로, 생수로, 메추라기로, 모든 것을 공급하시며 돌봐주시는 하나님을 송아지 형상으로 바꾸어 놓고 즐거워하며 놀고 있었다. 참으로 그들의 방자함은 극에 달했다! 이것이 얼마나 큰일인지는 32장과 33장의 하나님의 심정을 볼 때 알 수 있다. 이 장들을 자세히 읽어보라! 하나님은 극도의 배신감을 느낀 것임에 분명하다. 그러나 그들은 이것이 그렇게 큰 죄임을 느끼지 못하고 있었다.

여러분은 일생에서 한 번의 배신 행위를 작은 일로 생각해서는 안 된다. 어떤 사람은 한 번 정도의 배신이야 회개하고 돌이키면 되지 않느냐고 말할 것이다. 그러나 우리의 영적 일생에서 한 번의 배신이나 배도라도 작은 일이 아님을 알아야 한다. 그것은 하나님의 제한을 벗어나는 행위이며 벌거벗은 수치를 드러내는 일이다. 어떤 여성이 일생에 한 번이라도 공개적으로 벌거벗기는 수치를 당한다면 그것이 어찌 작은 일이겠는가? 어떤 사람들은 어쩌다보니 그렇게 되었다면서 한 번쯤 이런 일을 한 것은 별것 아니라고 생각할지 모르지만, 이런 일은 일생에서 결코 있어서는 안 될 일임을 명심하자. 우리 그리스도인 일생에서 배신이란 도무지 있어서는 안 되는 일이다. 이것은 사람에게나 하나님 앞에서나 마찬가지이다. 마지막 시대에는 배신하는 일이 많이 일어날 것이라고 성경에 기록되어 있다(딤후 3:4). 배신이 많다는 것은 시대가 마지막으로 가고 있다는 강력한 증거이다. 우리는 결코 하나님의 사랑을 배반하지 말아야 한다! 그것은 이 땅에서 가장 악한 일이다. 모세는 이 일의 책임이 아론에게 있음을 분명하게 기록해 놓았다. "아론이 그들로 방자하게 하여 원수에게 조롱거리가 되게 하였음이라".

2. 모세에게는 하나님을 섬기는 것이 전쟁이었다. 그의 봉사는 다만 봉사가 아니라 전쟁이었던 것이다. 오늘날 얼마나 많은 사역자들이 하나님을 섬기는 것이 전투임을 알고 있는가? 우리가 한 영혼을 하나님께 돌리는 것은 하나님께 영광과 기쁨이 될 뿐 아니라 사탄에게는 부끄러움이 된다. 성도들이 주님을 더 사랑하고 헌신하게 될 때 사탄은 패배를 당하게 된다. 교회가 느슨해지고 성도들이 세상을 사랑하게 되는 것은 작은 일이 아니다. 이는 교회의 패배이며 사탄에게는 조롱거리가 되게 하는 것이다. 오늘날 대적 사탄을 의식하면서 섬기는 사람들은 얼마나 되는가? 당시 아론은 이것에 대해 분명치 않았던 것 같다. 그러나 모세는 진정으로 하나님을 위해 싸우고 있었다. 우리가 하는 모든 일은 하나님 편에 유익하든지 아니면 사탄에게 유익하다. 중립은 없다. 언제나 이것을 생각한다면 우리 매일의 일과 중요한 일에서의 결정과 선택에 큰 도움이 될 것이다.

3. "모세가 진 문에 서서 가로되 누구든지 여호와의 편에 있는 자는 내게로 나아오라"(26절). 어떤 하나님의 백성의 상황은 하나님의 종으로 하여금 결단을 촉구하게 한다. 그것은 특히 하나님께 대한 거역과 배반의 일이 일어났을 때이다. 이때 모세는 하나님을 위하여 일어나지 않을 수 없었고 과연 누가 하나님께 속한 자인지를 구분하지 않을 수 없었다. 그때 모세 앞에 나온 자들이 레위 자손이었다. 어쩌면 당시 우상숭배의 일에 레위 자손들이 가장 적게 참여했거나 혹 참여하지 않았을 것이다. 비록 아론은 레위 지파의 우두머리로서 그 일에 관여하였지만 나머지 레위 자손들은 아론을 따라 우상을 숭배하지 않았던 것이다. 모세가 여호와의 편에 선 자들을 부를 때 그들은 즉시 응답하여 하나님 편에 섰다. 이와 같이 하나님의 백성들은 때로 확실하게 태도를 표명하면서 하나님 편에 서야 한다. 태도만 분명해도 사탄은 벌벌 떨며 도망한다. 애매모호한 태도로 중간에 서서 중립적인 태도를 취하여서는 안

된다. 그런 사람들은 이쪽저쪽 사람들에게 모두 좋지 않은 인상을 주지 않으려고 처신을 하는 사람들 가운데서 많이 발견된다. 이렇게 중립적인 사람들은 사실상 하나님 반대편에 서서 우상숭배를 하는 사람들을 동정하고 고려하는 사람들이다. 실상 이들은 우상숭배자들의 편으로 구분되어야 한다. 하나님의 길에서 중립은 없다. 하나님을 따르는 것은 사람의 눈치를 보는 것도 아니고 정치를 하는 것도 아니다. 이렇게 처신하는 사람들은 하나님을 모르는 자들이고 하나님 앞에서가 아니라 사람 앞에서 행하는 자들이다.

4. 모세는 하나님 편에 선 레위 사람들에게 "허리에 칼을 차고 진 이 문에서 저 문까지 왕래하며 각 사람이 그 형제를, 각 사람이 그 친구를, 각 사람이 그 이웃을 도륙하라"고 명했다. 이것은 하나님이 명령하신 것에 따른 것이다. 레위 사람들이 그대로 행함으로 이스라엘 백성 삼천 명 가량이 죽었다. 레위 사람들은 하나님의 명령을 사람과의 관계보다 더 중요하게 생각했다. 그들은 칼을 들고 우상숭배 편에 서 있는 자들을 도륙하였다. 그들이 칼을 들고 나설 때에도 우상숭배를 정당화하며 그 편에 선 사람들은 돌이키지 않고 있었다. 만일 그들이 진정 돌이켰다면 여호와의 편에 선 자들을 부를 때 방금 전까지 우상숭배에 참여했다 하더라도 모세의 말을 듣고 돌이킬 수 있었을 것이다. 그러나 많은 사람들이 그렇게 하지 않았다. 그들은 우상숭배를 한 것에 대하여 여전히 자신들의 입장을 정죄하지 않고 마음속에 의견을 가지고 배반의 마음을 돌이키지 않았다.

여기서 레위인들은 하나님의 명령에 철저히 순종했다. 그들은 사람과의 관계를 중요시하지 않고 절대적으로 하나님 편에 섰다. 그들이 하나님의 명령에 따라 칼을 차고 우상 편에 있는 자들을 도륙할 때 어떤 사람은 형제였고 어떤 사람은 친구였다. 또 어떤 사람은 매일 보는 이웃이었다. 그러나 레위 사람들은 사람의 인정과 체면을 하나님보다 중요시하지 않았다. 그들은 그 모든 세상의 인정을 돌아보지 않고 오직 하나님의 명령에 충실했다.

5. 29절은 레위 자손들이 어떻게 해서 하나님을 섬기는 지파가 되었는가에 대한 기록이다. 이것은 작은 일이 아니다. 바꾸어 말하면 그 한 사건이 너무나 엄청난 계기를 만든 것이다. 이때 어떤 사람들은 사단에게 조롱거리를 주어 하나님을 진노케 하였는가 하면 어떤 사람들은 하나님 편에 절대적으로 서서 하나님의 명령을 수행함으로 영원히 하나님을 섬기는 지파로 지정되어 헌신하게 되었다. 아마 레위 사람들조차도 그때 모세 앞에 나아가 헌신한 것이 그렇게 큰 결과를 가져오게 될지는 몰랐을 것이다.

나는 여기서 하나님을 섬기고자 하는 젊은 그리스도인들에게 꼭 한마디 해 두고 싶은 것이 있다. 많은 사람들이 사역자가 되고 싶어 하고 하나님의 종이 되고 싶어 하지만 어떤 사람이 하나님의 선택하신바 되어 그분을 섬길 수 있는 특권을 얻게 될지는 잘 모른다. 그런데 여기에 하나의 큰 비결이 있다. 그것은 결정적인 때에 당신이 어느 편에 서는가이다. 당신의 일생 가운데 한 번은 하나님께서 당신을 시험하실 것이다. 혹 교회 가운데나 함께 섬기는 무리 가운데 어떤 일이 일어나 어떤 편을 선택해야 할 때가 올 것이다. 그때 당신은 잘못하면 원수의 편에 서고 조심하지 않으면 중립적인 위치에 서서 하나님의 편에 서지 못함으로 하나님을 기쁘시게 하지 못할 가능성이 있다. 하나님은 그때 당신의 선택과 위치를 매우 주의하여 보실 것이다. 하나님은 어떤 사람이 결정적인 선택의 기로에 놓여있을 때 무엇을 선택하는가를 주의하여 보신다. 그 결정적인 때에 당신이 만일 큰 대가를 지불해서라도 하나님 편에 선다면 하나님은 당신을 잊지 않으실 것이다. 그리고 당신에게 헌신할 기회와 특권을 부여하실 것이다. 어쩌면 먼 훗날에 당신이 어떻게 해서 그렇게 헌신하고 섬기는 자가 되었는지를 회상해 본다면 많은 사람이 돌아서고 배반하고 중립을 지키고 있을 때에 당신은 적극적으로 대가를 지불하여 하나님 편에 선 때가 있었다는 것을 알 것이다. 그때 하나님이 당신을 기억하신 것이다. 29절 마지막 부분을 보면 이것이 축복이라는 것을 알 수 있다. 하나님을 섬기는 직분을 얻는 것이 인생에서 사람이 얻을 수 있는 가장 큰 축복이다. "그가 오늘날 너희에게 복을 내리시리라"(He may bestow upon you a blessing this day).

30-35절, 이튿날 모세가 백성에게 이르되 너희가 큰 죄를 범하였도다
내가 이제 여호와께로 올라가노니 혹 너희의 죄를 속할까 하노라 하고 31
여호와께로 다시 나아가 여짜오되 슬프도소이다 이 백성이 자기들을 위
하여 금신을 만들었사오니 큰 죄를 범하였나이다 32 그러나 합의하시면
이제 그들의 죄를 사하시옵소서 그렇지 않사오면 원컨대 주의 기록하신
책에서 내 이름을 지워버려 주옵소서 33 여호와께서 모세에게 이르시되
누구든지 내게 범죄하면 그는 내가 내 책에서 지워버리리라 34 이제 가서
내가 네게 말한 곳으로 백성을 인도하라 내 사자가 네 앞서 가리라 그러나
내가 보응할 날에는 그들의 죄를 보응하리라 35 여호와께서 백성을 치시
니 이는 그들이 아론의 만든 바 그 송아지를 만들었음이더라

1. 그날 이스라엘 백성들 삼천 명이 죽임을 당했다. 이것도 하나의 큰 심판이다. 그렇지만 이스라엘 백성의 죄는 거기서 끝나는 것이 아니다. 그때 죽임을 당하지 않은 사람들은 자기들에게는 책임도, 잘못도 별로 없기 때문에 징계를 당하지 않은 것이고 이제 이 일은 지나간 것이라고 가볍게 생각할지도 모른다. 그러나 그 일은 그렇게 가벼운 일이 아니었다. 적어도 모세는 그 죄악의 심각성을 깊이 느끼고 있었다. 그는 백성들에게 이렇게 말했다. "너희가 큰 죄를 범하였도다 내가 이제 여호와께로 올라가노니 혹 너희의 죄를 속할까 하노라". 모세의 이 말은 레위 자손에 의해 삼천 명이 죽임당한 것으로 여호와의 진노가 끝나

지 않았음을 말해주는 대목이다. 그들은 실로 큰 잘못을 저지른 것이다. 모세는 그들이 행한 것이 큰 죄(a great sin)임을 알기 원했다. 여기서 '혹'(perhaps)이란 하나님께서 용서하실 수도 있지만 용서하지 않으시면 어떻게 하느냐는 걱정이 들어 있는 말이다. 즉 그들의 죄가 용서받기 어려운 것임을 말해주는 것이다.

2. 모세는 11절부터 13절까지의 중재하는 기도를 통해 그들의 멸망을 막았다. 그러나 31-32절에서 모세는 그들의 모든 상황을 확인한 후 다시 한 번 하나님께 나아가 중재하는 기도를 드림으로 그들의 죄를 용서해 달라고 구했다. 모세의 청원은 얼마나 감동적이고 절대적인 것인지! 그는 진정으로 이스라엘 백성들을 사랑하는 주님의 종이었다. 그들은 하나님께 거역할 뿐 아니라 '이 사람 모세'라고 하면서 모세 또한 거역하고 배반했다. 그러나 모세는 이스라엘 백성들을 버리지 않았다. 하나님께서 모세에게 '이들을 다 진멸하고 너를 통해서 새로 큰 민족을 이루겠다' 하실 때에도 모세는 현재의 이스라엘 백성들을 결코 버려둘 수 없었다. 모세는 그들이 자신을 배신하고 멸시한 것을 들었지만, 그들이 금신을 만들어 끔찍한 죄악을 범한 것을 알았지만 결코 그들을 버리지 않았다. 그의 기도는 다만 형식적인 몇 마디의 기도가 아니었다. 가히 사생결단하는 기도라고 말할 수 있다. "슬프도소이다 이 백성이 자기들을 위하여 금신을 만들었사오니 큰 죄를 범하였나이다 그러나 합의하시면 이제 그들의 죄를 사하시옵소서 그렇지 않다면 원컨대 주의 기록하신 책에서 내 이름을 지워버려 주옵소서".

3. 그들은 불법적으로 모세를 버렸지만 모세는 합법적으로 그들을 버릴 기회가 있는데도 버리지 않았다. 도리어 모세는 그들을 위해서 자신을 버려달라고 하나님께 기도했다. 이것은 참으로 장차 오실 예수 그리스도의 예표이다. 주 예수님은 자신을 버려 우리를 구원하셨다. 그분

은 하나님께 버림을 받으시면서까지 우리를 구원하신 것이다. 그러나 여기서 모세는 그렇게 감동적으로 기도했지만 하나님은 모세를 버리지 않으셨다. 하나님은 누구든지 죄를 지은 자가 있으면 그를 내 책에서 지워버리겠다고 하셨다. 그것은 모세가 당시 하나님의 책에서 지워질 만한 죄를 짓지 않았다는 것을 암시하는 말씀이다. "여호와께서 모세에게 이르시되 누구든지 내게 범죄하면 그는 내가 내 책에서 지워버리리라"(33절). 하여튼 신약에서 바울이 드린 기도나(롬 9:3) 구약에서 모세가 드린 기도는 모두 동족을 위한 애절한 것으로서 우리 하나님을 섬기는 자들에게 참으로 본이 된다.

4. 32절의 '그러나 합의하시면' 에서 히브리어에는 뚜렷하게 '합의한다' 는 말이 없다. 다만 '만약 당신이 하고자 하신다면' (If you will)이라는 뜻이다. 따라서 '용서하고자 하신다면 용서하십시오' 또는 '가능하면 용서해 주십시오' 라고 번역할 수 있다. 이것은 모세가 이때의 이스라엘의 죄가 그렇게 용서받기 쉬운 죄가 아니라는 것을 깊이 인식하고 있기 때문에 그렇게 기도한 것이라고 보아야 한다. 어떤 죄는 하나님께 매우 심각하다는 것을 알아야 한다. 특히 하나님을 거역하고 배도하는 죄는 크다. 이러한 죄는 하나님을 가장 진노하게 한다. 이때 이스라엘이 범한 죄는 남편에게 있어서 가장 용서하기 어려운 아내의 불륜의 죄이다. 그들은 갑자기 자신들의 살아있는 남편을 버리고 다른 우상을 남편으로 삼고 그 앞에서 놀고 있었던 것이다. 마치 새로 남편을 구해놓고 첫날 밤 잔치를 하듯 말이다. 하나님은 그들이 부패했다고 말씀하셨다. 이러한 죄는 심히 큰 죄이다.

사도 요한은 어떤 죄는 사망에 이르게 하는데 이에 대하여는 구하라 하지 않는다고 말했다. 모든 죄가 불의이고 하나님 앞에서 의롭다 함을 받지 못하는 것이 사실이지만, 어떤 죄는 사망에 이르고 또 어떤 죄는 사망에 이르지 않는다(요일 5:16-17). 모든 죄가 같은 것이고 회개하면 용서받을 것이라고 간단하게 생각하는 것은 어리석은 것이다. 물론 이 시대에 우리가 하나님께 자백하면 용서받지 못할 죄는 없다(요일 1:9). 그렇지만 모든 죄가 다 같은 것이고 같은 수준에 있는 것이라고 생각해서는 안 된다. 어떤 죄는 하나님을 극도로 노엽게 한다는 것을 기억해야 한다. 사람이 인간 세상에서 살 때에도 어떤 죄는 좀 가볍고 어떤 죄는 죄질이 심히 악하여 용서받기 어렵다. 그러므로 바울은 고린도 전서 5장에서 이방인 중에도 없는 죄를 믿는이가 지었다고 책망했다. 이것은 사람이 범하는 죄가 다 불의요 악한 것이지만 그 중에도 차이가 있음을 말해준다.

죄악 중에 우상숭배하는 것, 즉 하나님을 다른 것으로 대치하는 것은 매우 엄중한 죄이다. 모세는 이때 이 죄가 엄청나게 큰 죄라는 것을 알았기 때문에 자기의 생명을 담보로 하여 하나님께 간구한 것이다. 내가 생각하기에 그때 이스라엘 백성들은 죄를 저지르고도 그 죄의 심각성을 알지 못했을 것이다. 오직 하나님의 종 모세만이 그 백성들의 죄와 그 결과를 알기 때문에 애통하며 그렇게 결사적인 태도로 기도에 임했던 것이다. 나는 여기서 성도들에게 한 마디 하고 싶다. 구약에서나 신약에서나 동일하게 두려워하고 조심해야 할 일이 우상숭배이다. 사도들은 거듭거듭 우상숭배의 일을 피하라고 권했다(고전 10:14, 엡 5:5, 골 3:5, 벧전 4:3, 요일 5:21).

성도들을 살아계신 하나님에게서 다른 것을 향하도록 이끄는 것은 매우 흉악한 죄이다. 그것이 누런 금송아지가 아니라 하더라도 어떤 지식이든 교리든 율법이든 하나님 아닌 어떤 것으로 성도들을 향하게 하고 그것을 따르게 한다면 그것이 곧 우상숭배로 이끄는 것임을 알라. 우리가 믿는 하나님은 보이지 않는 하나님이며, 따라서 믿음으로 그분을 앙망하고 신뢰하며 순종해야 한다. 보이지 않는 하나님을 잘 따르고 있는 성도들을 미혹되게 하여 보이는 어떤 세력이나 단체를 의지하게 하는 것도 우상숭배로 이끄는 죄에 해당될 수 있다. 하나님을 믿는 도를 변질시키고 돌아서게 하는 일은 매우 엄중한 죄이다.

5. 33절에서는 '누구든지 내게 범죄하면 내 책에서 그 이름을 지워버린다' 고 하셨는데, 여기서 우리가 인상받는 것은 하나님께는 그분의 책(thy book-32절, my book-33절)이 있다는 것이다. 그리고 그분의 책에는 사람들의 이름이 기록되어 있다. 나는 이 글을 읽는 당신의 이름이 그 책에 반드시 기록되어 있기를 원한다. 물론 한번 구원받은 사람은 영원히 구원받은 것이다. 그는 영원토록 멸망당하지 않는다. 그러나 성경에는 이름이 기록되었다가 지워질 수도 있다는 사상이 있다. 모세가 32절에서 자기의 이름을 지워달라고 기도했다는 것은 자신의 이름이 현재 하나님의 책에 기록되어 있음을 알고 있었다는 말이다. 그리고 그는 그것이 지워질 수도 있음을 안 것이다. 이러한 사상은 신약에도 있다. 계시록 3장 5절의 사데 교회에게 주신 편지에서 이기는 자들은 그 이름을 생명책에서 결코 지우지 않겠다고 말씀하셨다. 이것은 신약의 성도라 할지라도 그분의 생명책에 한번 기록되었다가 지워질 수 있다는 사상을 뒷받침한다. 이는 한 번 구원받은 성도가 멸망당하는 것을 가리키는 것은 아니지만 뭔가 큰 축복을 상실하는 것임에는 분명하다. 그것이 무엇을 의미하는지는 잘 모를지라도 어쨌든 지워지지 않는 것은 큰 축복임에 틀림없고 지워지는 것은 좋지 않은 것임이 분명하다. 또 지워지는 것은 뭔가 크게 잘못을 범한 경우에 일어나는 일이라는 것도 생각해 볼 수 있다. 그러니 믿는이도 깨어서 죄를 범하지 말아야 한다(고전 15:34).

6. 34절의 "이제 가서 내가 네게 말한 곳으로 백성을 인도하라 내 사자가 네 앞서 가리라 그러나 내가 보응할 날에는 그들의 죄를 보응하리라"는 말씀은 하나님께서 일단 모세의 기도를 들으시고 용서하셨음을 의미한다. 그러나 그 뒤의 말씀은 언젠가 그 죄에 대하여 보응하시겠다

는 뜻이 들어 있다. 이 구절의 말씀을 깊이 상고해 보면 일단 하나님은 그들의 죄를 모세의 중재를 통하여 지나가시겠지만 이후에 다시 다른 죄를 지어 그들을 징계할 일이 생겼을 때에는 이 죄를 기억하시겠다는 말씀이다. 하나님을 노여워하시게 하는 큰 죄를 짓고도 그 죄 값으로 당장 병들지 않고 죽지 않는다 하더라도 언젠가 또 죄를 지었을 때에는 (그것이 곧 하나님의 진노를 쌓는 것이다-롬 2:5) 전에 지은 죄들도 함께 계산될 수 있다는 말이다. 우리는 32장을 읽으면서 하나님 앞에서 죄를 짓는 것이 얼마나 두려운 일인가를 뼈저리게 느껴야 한다. 당신이 만일 그것을 느끼지 못하고 이 장을 읽었다면 철저히 읽지 않았기 때문이다.

35절에서는 여호와께서 그들을 치셨다고 했는데, 그것은 아마 어떤 전염병으로 사람들이 많이 죽은 것을 의미할 것이다. 이것은 아론의 만든바 그 송아지를 인함이라고 하셨다. 우리가 생각하기에 아론이 송아지를 만들었다면 아론도 징계를 받아야 하는데 왜 백성들만 치셨을까? 여기서 우리가 하나님의 행정을 다 알 수는 없겠지만 각 사람의 죄에 대하여 하나님은 매우 공평하게 판결하신다. 물론 가장 큰 책임은 인도자에게 있겠지만 그 죄악의 뿌리는 백성들에게 있었다. 그 거역의 뿌리가 어디에 있는가가 중요하다. 아론은 자기의 위치에서 할 일을 제대로 수행하지 못한 잘못이 있었다. 그는 마땅히 할 일을 하지 못한 죄가 있는 것이다. 그러나 백성들은 아론을 촉구하여 금송아지를 만들게 한 죄악의 근원이다. 하나님은 각 사람의 죄악을 공평하게 판결하시며 사람 속에 무엇이 있는가를 다 아신다. 그러므로 그분이 심판하신다면 그것은 이 세상에서나 오는 세상에서나 가장 공평하고 의로우며 공정한 것이다.

어쨌든 32장 마지막 절에는 백성들이 하나님께 징계를 당한 것이 있다. 오늘날 사람들 가운데에는 공평이 없다. 이런 경우 인도자만 엄중하게 문책당하는 것을 본다. 그러나 하나님은 공평하시다. 죄의 뿌리가 백성에게 있으면 백성들을 크게 심판하신다. 그러나 민수기에서 고라와 다단과 아비람처럼 인도자들이 앞장서서 거역을 주도한 경우에는 하나님께서 그들을 심판하셨다. 모든 심판에서 하나님은 의로우시다(요 5:30, 롬 3:4-6).

34절에서 하나님은 모세에게 백성들을 인도하여 하나님이 이미 말씀하신 곳으로 가라고 하시면서 그분의 사자(my angel)가 그들 앞서 가리라고 하셨다. 33장에서 보겠지만 모세는 이 백성들을 주의 백성으로 여겨달라고 기도하였고 주의 목전에 은총을 입게 해달라고 간구하였다. 그것은 하나님께서 이스라엘에 대하여 매우 실망하고 계시다는 것을 모세가 알고 있었음을 암시한다. 그분은 배반한 그들이 약속의 땅에 가는 것을 허락하시고 또 가라고 명령하시지만 그들과 함께 가실 마음은 없으셨다(33:1). 그러므로 모세는 하나님께서 그분의 사자를 앞서 보내주시겠다는 것을 듣고 심히 기뻐하지 않았다(33:12-14). 그것은 모세의 원하는 바가 하나님의 직접적인 인도이지 사자를 앞서 보내는 것이 아니라는 것을 의미한다. 모세는 하나님의 마음을 너무나 잘 알고 있었다. 우리가 이 부분의 말씀에서 알 수 있는 것은 하나님은 참으로 사람처럼 인격적인 분이라는 것이다. 이에 대하여 우리는 깊은 감명을 받을 뿐이다. 그분은 자신이 어떠한 분인지를 이처럼 사람에게 나타내셨다.

출애굽기 33장

1-3절, 여호와께서 모세에게 이르시되 너는 네가 애굽 땅에서 인도하여 낸 백성과 함께 여기서 떠나서 내가 아브라함과 이삭과 야곱에게 맹세하기를 네 자손에게 주마 한 그 땅으로 올라가라 2 내가 사자를 네 앞서 보내어 가나안 사람과 아모리 사람과 헷 사람과 브리스 사람과 히위 사람과 여부스 사람을 쫓아내고 3 너희로 젖과 꿀이 흐르는 땅에 이르게 하려니와 나는 너희와 함께 올라가지 아니하리니 너희는 목이 곧은 백성인즉 내가 중로에서 너희를 진멸할까 염려함이니라 하시니

우리는 하나님께서 얼마나 이스라엘 백성들의 죄악에 대하여 진노하셨는가를 알 수 있다. 하나님은 모세의 간절한 중재의 기도를 들으셨지만 그들을 인도하시는 데 있어서는 마음을 바꾸셨다. 원래 하나님은 시내 산에서 성막의 식양을 주시고 그들에게 먼저 성막을 짓고 그분께 경배하게 하며 그들과 회막에서 만나시려고 계획하셨다. 그러나 여기서 하나님은 그들에게 가나안 땅으로 들어가라고 하시면서 사자를 보내주시겠지만 그분 자신은 함께 가시지 않겠다고 하셨다. 그리고서 그분은 이스라엘 백성들에게 '목이 곧은 백성'이라는 이름을 붙여주셨다.

하나님은 그들에게 언약을 주시고 그분의 계약 아래 있는 백성이 되는 특권을 주시려 했다. 그러나 그들은 하나님의 언약을 받은 지 얼마

안 되어 그 계약을 파기함은 물론 그들의 은인이자 그들을 가장 사랑하고 돌보아오신 하나님을 버리고 대신 금송아지 우상을 만들어 섬기면서 그 우상 앞에서 즐거워하며 먹고 마시고 뛰놀았다. 그들은 강퍅한 사람들이었다. 목이 곧다는 것은 하나님의 가르치심이나 명령에 쉽게 굴복하거나 순종하려 하지 않으며(말해주고 또 말해주어도 마치 듣지 않은 것처럼 행동하며) 거듭거듭 자신의 성향과 고집과 관점으로 되돌아가 바꾸려 하지 않는 모습을 가리킨다. 우리는 우리 자신이 이런 사람이 되지 않을까 두려워할 필요가 있다.

그분은 차라리 그들과 함께 가지 않는 것이 낫다고 하셨다. 하나님은 그들과 함께 가다가 중도에서 그들을 진멸할까 염려함이라고 하셨다. 그분은 '나는 차라리 너희들의 변심한 모습을 보지 않는게 낫겠다' 라고 하시는 것 같다. 하나님은 자신의 거룩과 공의와 법도를 거슬러서는 아무것도 하실 수 없다. 우리는 이에 대해 출애굽기 4장 24절, "하나님이 길의 숙소에서 모세를 만나사 죽이려 하시는지라"는 말씀을 통해서도 알 수 있다. 하나님은 만일 이런 상태에서 그들과 함께 가신다면 그들이 그분의 거룩과 공의 앞에서 매우 위험하게 되리라는 것을 아셨다. 그러므로 그분은 그들과 함께 갈 수 없다고 하신 것이다. 우리는 마땅히 이렇게 기도해야 한다. '오, 하나님, 우리는 하나님과 동행할 수 있기를 원합니다. 하나님이 원하시는 것은 무엇이든지 순종하여 기쁘시게 해드리기를 원합니다.'

4-6절, 백성이 이 황송한 말씀을 듣고 슬퍼하여 한 사람도 그 몸을 단장하지 아니하니 5 여호와께서 모세에게 이르시기를 이스라엘 자손에게 이르라 너희는 목이 곧은 백성인즉 내가 순식간이라도 너희 중에 행하면 너희를 진멸하리니 너희 단장품을 제하라 그리하면 내가 너희에게 어떻게 할 일을 알겠노라 하셨음이라 6 이스라엘 자손이 호렙 산에서부터 그 단장품을 제하니라

이스라엘 백성들은 하나님이 함께 가시지 않겠다는 말씀을 듣고 슬퍼했다. 여기의 황송하다는 말을 흠정역과 미국 표준역 등에서는 '나쁜 소식' (evil tidings)으로, 어떤 다른 번역본에서는 '슬픈 말씀' (sad word)으로 번역했다. 그러므로 '황송한 말씀' 이란 그리 적절한 표현이 아니라고 본다. 그들은 하나님의 진노하심에 대해 슬픈 심정으로 그래도 합당하게 처신하고 있었다. 하나님은 그들에게 단장품들을 제하라고 하시면서 "그리하면 내가 너희에게 어떻게 할 일을 알겠노라" (I may know what to do unto thee)고 하셨다. 하나님은 말썽부리는 아이를 두고 어쩔 줄 몰라 하시는 사랑하는 아버지 같으시다. 하나님은 그들과 동행하기를 거절하시고서도 그들에게 단장품을 제하라고 하신다. 그분은 마치 아들이 잘못을 저지르고 자신의 잘못에 대하여 슬퍼하는 애처러운 모습을 보고 스스로 마음을 돌이키려 하는 아버지 같으시다. 하나님은 마치 이렇게 말씀하시는 듯하다. '내가 지금 너희와 함께 하다가는 너희를 진멸할 것 같구나. 너희가 저지른 죄는 나의 극한 진노를 일으킬 만큼 매우 심각한 것이다. 그러니 지금으로서는 너희와 함께 갈 수 없다. 그러나 너희는 이런 때에 너희 몸을 단장하고 즐거워하면서 아무 일도 없었던 것처럼 행동해서는 안 된다. 너희가 진정으로 슬퍼하면서 우상을 만들어 나를 버린 너희의 죄악을 후회하는 표시를 보이거라. 그러면 내가 혹 내 마음을 어떻게 할지 모르겠다.'

잘못은 이스라엘 백성들이 범했고 진노는 하나님 편의 일인데도 그 해결 방안은 하나님께서 내놓으신 것이다. '오, 하나님, 우리 인간은 이렇게 항상 악할 뿐이고 언제나 당신을 거스르고 속을 썩이고 있습니다. 하나님을 어쩔 줄 모르시게 한 적이 한두 번이 아님을 느낍니다. 하나님의 자비와 용서와 오래 참으심이 아니면 저희는 진즉 진멸되었을 것입니다. 그러나 진노 중에라도 긍휼을 베푸시는 하나님께 감사합니다. 저희를 계속 불쌍히 여겨주시고 지난날의 극한 어두움과 무지함 속에서 지은 많은 죄악들을 용서해 주소서. 저희 또한 단장품을 제하고 애통해합니다.' 그때 이스라엘 백성들은 호렙 산에서 단장품을 제했다.

7-11절, 모세가 항상 장막을 취하여 진 밖에 쳐서 진과 멀리 떠나게 하고 회막이라 이름하니 여호와를 앙모하는 자는 다 진 바깥 회막으로 나아가며 8 모세가 회막으로 나아갈 때에는 백성이 다 일어나 자기 장막문에 서서 모세가 회막에 들어가기까지 바라보며 9 모세가 회막에 들어갈 때에 구름 기둥이 내려 회막문에 서며 여호와께서 모세와 말씀하시니 10 모든 백성이 회막문에 구름 기둥이 섰음을 보고 다 일어나 각기 장막문에 서서 경배하며 11 사람이 그 친구와 이야기함 같이 여호와께서는 모세와 대면하여 말씀하시며 모세는 진으로 돌아오나 그 수종자 눈의 아들 청년 여호수아는 회막을 떠나지 아니하니라

1. 이때 하나님의 종 모세는 하나님의 입장에 서야 했다. 그는 하나님이 더 이상 그들과 함께하시지 않는 이상 그들의 진 안에 머물 수 없었다. 그는 그가 항상 머물던 장막을 취하여 백성들의 진과 멀리 떨어지게 하였다. 그리고 그 장막을 회막이라고 하였다. 그렇지만 이 회막은 성막이 건축된 후에 불리운 그 회막과는 다른 것이다. 모세는 그렇게 자신의 장막을 백성들과 멀리 떨어지게 하여 하나님과 합당한 화해가 이루어지지 않는 한 그분이 되돌아오시지 않으신다는 것을 표명했다. 하나님은 언제나 그분의 백성이 부패하고 그분을 떠나고 버리면 그분도 그들을 버리신다. 로마서 1장 22-23절에서는 사람들이 썩어지지 아니하는 하나님의 영광을 썩어질 사람과 금수와 버러지 형상의 우상으로 바꾸었을 때 하나님께서도 저희를 그 마음의 정욕대로 내어버려 두셨다고 말한다. 오늘날 어떤 단체라도 조심하지 않으면 이가봇의 상황이 발생한다(삼상 4:21-22). 어떤 사람들은 한 번 하나님이 어떤 무리와 함께하시면 끝까지 책임지실 것이므로 설사 잘못이 있고 죄가 있

다 하더라도 큰 문제가 될 것이 없다고 하는데, 이는 하나님의 길을 모르는 처사이다.

2. 하나님이 그분의 장막을 옮기셨다는 것은 그분이 진노하셨다는 표시이다. 하나님은 그분을 버린 이스라엘에게 그분이 더 이상 그들과 함께하시지 않는다는 것을 표명하신 것이다. 모세가 여전히 그들의 진 가운데 거했더라면 그들은 아직도 하나님이 그들과 함께하신다고 착각할 수 있었을 것이다. 그러나 모세는 하나님이 더 이상 그들과 함께하시지 않는다는 표시로 진과 멀리 떨어진 곳에 장막을 세웠다. 그럴 때 진정 여호와를 앙망하는 자가 누구인지 알게 된다. 히브리서 13장에서는 예수께서 성문 밖에서 고난을 받고 죽으셨으므로 우리도 그 능욕을 지고 영문(camp, 진(陣)과 같은 말임) 밖으로 그에게 나아가자고 말한다(13절). 우리는 신약의 성도들로서 부패한 진이 어떠한 것인지를 알아야 한다. 하나님은 부패하고 하나님을 떠난 진(陣) 안에 거하시지 않는다. 그들은 하나님 대신 다른 것을 하나님 삼아 섬기는 자들이고 결국 예수 그리스도를 십자가에 못 박은 자들이며 사도들을 돌로 치고 반대한 자들이다. 이러한 때 하나님의 종 모세는 그러한 진에서 하나님의 장막을 멀리 옮겨 분리시켰다.

그 상황에서 여호와를 진정으로 앙모하는 자들은 다 진 밖 회막으로 나아갔다(7절). 이럴 때 진 밖으로 나아가는 데에는 영적인 능력이 필요하다. 대다수의 사람들이 모세를 거스르고 우상을 숭배하며 배역하는 상황에서 그 진을 벗어나 하나님의 회막으로 향하는 것은 진정 좁은 길을 선택하는 것이다. 히브리서에서는 당시 진을 벗어난 사람들의 형편을 알려준다. "혹 비방과 환난으로써 사람에게 구경거리가 되고 혹 이런 형편에 있는 자들로 사귀는 자 되었으니 너희가 갇힌 자를 동정하고 너희 산업을 빼앗기는 것도 기쁘게 당한 것은 더 낫고 영구한 산업이 있는 줄 앎이라" (10:33-34).

3. 교회는 그 자체가 분별된 무리이다. 분별이 무엇인지를 모르면 교회의 실체를 알 수도 없고 체험할 수도 없다. 교회에 대한 헬라어 단어 자체가 '부르심을 받아 나온 무리'라는 뜻이다. 죄악과 세상에서 나오지 않은 자는 교회의 일원이 될 수 없다는 말이다. 구약의 이스라엘을 보라! 이스라엘은 신약 교회의 예표이다. 그들이 어떠하면 신약의 교회는 더욱 그러해야 한다. 그들의 특징은 이방 열국과 구별되는 것이다. 언제든지 그들이 이방인들과 섞이고 혼합되었을 때는 하나님이 진노하여 심판하셨을 때이다. 오늘날에도 많은 교회들이 영향력과 능력을 잃어버린 것은 세상적인 것들을 교회 안으로 끌어들이고 세상 안으로 교회가 들어갔기 때문일 것이다. 이스라엘이 이방 나라와 혼합될 때 하나님의 선민으로서의 특징과 영예를 다 잃어버리게 된다. 오늘날 교회가 교회답게 되려면 먼저 교회 안에 스며들어온 세상적인 분위기와 요소들을 제해야 하며, 이미 그 교회가 인위적이고 세상적인 제도 안으로 떨어져버렸다면 거기서 나와야 한다.

그런 연후에 하나님은 그들을 하나님의 통치 아래 있는 나라로 새롭게 하실 것이다. 세상 조직이란 하나님의 통치가 없는 영역을 말한다. 즉 성령의 다스림과 관계없는 곳이다. 그리스도인 단체가 이미 사람의 손이 좌우하는 조직으로 떨어져 버렸다면 그것이 곧 바벨론이다. 하나님은 그분의 자녀들이 바벨론에서 나오기를 원하신다(계 18:4). 그러므로 참된 교회의 길을 가려는 성도들은 첫째로 분별되어야 한다. 즉 사람이 만든 모든 장막에서 나와야 한다. 그런 다음 자유방임의 길을 걸어가는 것이 아니다. 이스라엘은 이방 열국에서 분별되었지만 그들 가운데 하나님의 강력한 통치가 있었다. 이것은 오늘 교회의 길을 걷고자 하는 모든 사람에게 강한 인상을 주는 그림이 되어야 한다.

4. 그때 백성들은 하나님께서 모세의 장막과 함께하시는 것을 볼 수 있었다. 그들은 비록 육에 속한 백성들이었지만 모세가 무엇을 하는지

는 볼 수 있었다. 그들은 모세의 일거수일투족을 주의했다. 모세가 회막에 들어가기까지(until he entered the tent) 바라보았다(8절). 얼마 전까지만 해도 그렇게 무시하고 경멸했던 모세를 이제는 경외하는 마음으로 바라보고 있는 것이다. 비록 자신들은 하나님의 임재와 함께 하심을 잃었지만 모세가 하나님과 함께하는 것을 바라볼 수는 있었던 것이다. 그들은 모세가 회막 문에 들어갈 때 구름기둥이 내려 회막 문에 서며 하나님께서 모세와 말씀하시는 것을 보았고 그들은 회막 문에 구름이 섰음을 보고 각기 장막 문에서 경배하였다. 그들은 모두가 다 그 회막으로 나아가지는 않았지만 그들의 장막 문에 서서 경배한 것이다. 확실히 모세의 분별된 장막은 사람들에게 많은 것을 가르쳤다. 그들은 얼마 전까지 우상을 숭배하던 그 얼굴과 눈을 들어 회막 문에서 하나님이 그분의 종과 대면하시는 것을 죄송스럽고 경외하는 마음으로 바라보게 되었다. 그러면서 그들에게 진노하고 계시는 하나님과의 문제를 중재자인 모세를 통해 해결할 수도 있으리라는 소망을 갖게 되었을 것이다. 이것은 오늘날 이 길을 가는 모든 사람에게 많은 배울 점들을 시사해준다.

5. 11절은 하나님이 모세와 친구(friend)와 이야기함같이 대면하여 말씀하셨다고 한다. 이 구절에서 두 가지 요점만 보겠다. 첫째, 하나님께서는 사람과 이렇게 친밀한 관계를 원하신다는 것이다. 11절의 '친구' 라는 말은 히브리어에서 친구 이상의 '동반자' (companion)라는 뜻을 갖고 있다. 친구이자 동반자인 것이다. 하나님은 사람과 친구처럼 친밀한 관계를 가지실 수 있고 동반자처럼 모든 것을 함께 하면서 일하실 수도 있다. 친구란 무엇인가? 친구란 마음을 털어놓고 모든 이야기를 서로 나눌 수 있는 관계를 말하고 오랫동안 보지 않으면 보고 싶고 만나면 언제나 좋고 같이 있으면 좋은 그런 관계이다. 나는 창조주 하나님께서 피조물인 사람과 친구처럼 친밀하게 말씀할 수 있다는 것에

깊은 감명을 받는다. 이때 하나님은 모세 한 사람을 동반자와 친구로 얻으셨지만 오늘날 하나님은 교회를 그분의 동반자와 친구로 얻기 원하신다. 교회가 무엇인가? 하나님의 신부요(엡 5장 참조), 그분의 동반자인 것이다.

신약에서 우리 주 예수님을 보자. 사실 우리 주 예수님은 육신을 입고 오신 하나님이시다. 그런 분이 죄인의 친구가 되셨다. 그분은 죄인의 구주가 되기 전에 죄인의 친구가 되신 것이다. 바리새인들은 이점을 비방하고 정죄했다. 그러나 그분은 죄인과 세리들과 함께 잡수셨고 포도주를 즐기고 먹기를 탐하는 죄인과 세리의 친구라는 멸시하는 이름을 얻으셨다. 나는 그분이, 우리 하나님이 그렇게까지 낮아지신 것에 대하여 놀라움을 금할 수 없다. 그분은 분명 하나님이신데(요 20:28) 우리같이 형편없는 자들, 죄인의 친구가 되신 것이다. 잠시 친구가 되어주신 것이 아니고 친구인 척하신 것도 아니다.

오늘날 사람들은 말씀에서 주 예수님이 세리와 죄인의 친구가 되셨다고 해도 아마 잠시 그런 자리에 가서 앉아주신 것이지 실제로 친구까지 되었겠느냐고 할 것이다. 그러나 성경 말씀에서 친구라고 했으면 친구이지 친구인 척하신 게 아니다. 그분은 죄인들을 사랑하셨고 좋아하셨으며 죄인들도 그분을 좋아했다. 그분은 전적으로 죄인들을 구원하기 위해 오신 분이다. 참으로 능력 있고 훌륭한 의사, 인자하고 긍휼이 많은 의사는 환자를 사랑하며 환자들도 그런 의사를 신뢰하고 좋아하는 법이다. 나는 최근에 80세가 넘으신, 참 부지런하고 실력 있고 인정 많은 의사를 만났다. 그분은 정말로 모범적인 의사였고 많은 환자들과 친밀하게 지내고 있었다. 우리 주님은 이 땅에 소망 없는 죄인들을 만나 구원하러 오셨다. 그러므로 그분이 만나는 사람들은 세리장 삭개오, 사마리아 여인, 그리고 우리 같은 사람들일 수밖에 없다. 주님은 나와 당신 같은 죄인을 좋아하시고 가까이 하러 오신 것이다. 당신은 이 사실에 감동되지 않는가? 오, 우리 주님은 우리같이 부정하고 악한 죄인의 친구가 되신 것이다! 그래서 수많은 죄인들이 그분께 나아갈 때 거절하지 않고 만나주시는 것이다. 의사에게는 환자가 손님이듯이 주님에게는 죄인들이 응당 맞이하셔야 할 손님인 것이다. 이 사실이 얼마나 감사한지! 나는 하나님께서 이렇게 구제할 길이 없는 죄인을 구원하시러 아들을 보내신 것에 대하여 감사를 드리지 않을 수 없다.

또한 하나님은 그분의 기업인 이스라엘 백성을 인도하시는 일에 있어서 모세와 동반자가 되셨다. 그분은 모든 것을 혼자 하시지 않고 모세를 동반자 삼아 하셨다는 뜻이다. 나는 하나님께서 신실하고 충성된 사람이 일어날 때 그와 동반자 되어 함께 일하신다는 사실에 너무나 깊은 감명을 받는다(고후 6:1). 우리가 하나님의 일에 동업자 혹은 동반자가 된다는 것은 하나님의 사역에서 하나님께서는 그분이 쓰시는 사람과 모든 것을 의논하시고 심지어 많은 일에 적극적으로 개입하시고 간섭하시며 의견을 표명하시며 또 그들의 의견도 반영하신다는 것이다. 어떤 일에서 우리 편에서 잘못하여 손실을 볼 일이 생기면 그분이 개입하여 막아주시고 해결해주신다. 그것이 동반자이다. 하나님과 모세가 이런 관계였고 신약에서 바울이 하나님과 이런 관계였다. 하나님께서는 그가 기어이 예루살렘에 올라가 핍박과 고난을 받더라도 진리를 증거하겠다고 할 때 그것을 말리지 않으셨다. 그리고 그가 가는 길에 위험이 있을 때 하나님은 주권적으로 막아주시기도 하고 보호하시기도 했다. 하나님이 사람과 이런 관계에서 일하시는 분임을 나타내신 것이 너무나 감사하다.

둘째는 하나님께서 사람을 대하시는 것이 다 같지는 않다는 것이다. 민수기 12장에서 미리암과 아론이 모세를 비방할 때 하나님은 그들에게 이렇게 말씀하셨다. "너희 중에 선지자가 있으면 나 여호와가 이상으로 나를 그에게 알리기도 하고 꿈으로 그와 말하기도 하거니와 내 종 모세와는 그렇지 아니하니 그는 나의 온 집에 충성됨이라 그와는 내가 대면하여 명백히 말하고 은밀한 말로 아니하며 그는 또 여호와의 형상을 보겠거늘 어찌하여 내 종 모세 비방하기를 두려워 아니하느냐"(6-8절). 하나님이 어떤 사람들에게는 이상으로나 꿈으로 말씀하시지만 어떤 사람에게는 대면하여 명백히 말씀하신다는 것이다.

이것은 신약에서도 원칙상 다르지 않다. 신약에도 사도, 선지자, 교사 등의 은사가 있는데, 가령 교사의 은사는 사도나 선지자의 은사를 능가할 수 없다. 사도와 선지자는 교사보다 영감에 있어서 앞선다. 그러므로 교회에 대한 하나님의 뜻을 분명하게 말해줄 수 있는 것이다. 고린도 전서 12장 28절은 "하나님이 교회 중에 몇을 세우셨으니 첫째는 사도요 둘째는 선지자요 셋째는 교사요 그 다음은 능력이요…"라고 한다. 첫째, 둘째, 셋째가 있다는 것은 순서가 없는 게 아니라는 것이다. 오늘날 하나님의 교회 가운데 모든 사람이 다 제사장이고 하나님 앞에서 동등한 위치에 있다고 하는 말을 듣는다. 물론 모두가 왕 같은 제사장이며 하나님을 섬길 자격이 부여되었다. 그러나 직분과 은사면에서는 차이가 있을 수 있다. 낮은 은사는 높은 은사를 존중하기를 배워야 한다. 왜 그가 보는 것을 나는 보지 못하겠는가 하면서 교만해서는 안 된다. 어떤 지체는 눈이어서 볼 수 있지만 어떤 지체는 냄새는 맡아도 보지 못할 수 있다. 그리스도의 몸 안에서는 다 서로 겸손으로 허리를 동이고 각각 하나님이 분량대로 주신 은사의 범위에서 지혜롭게 섬겨야 한다.

6. 모세는 회막에만 있지 않고 진으로 돌아왔다. 그가 진으로 돌아왔다는 것이 완전히 돌아온 것을 의미하는 것은 아니다. 그것은 여전히 여호수아를 그곳에 머물게 하는 것으로 알 수 있다. 모세가 진을 떠나 백성들 멀리 장막을 치는 것이 한 가지 일이고 다시 장막으로 돌아오는 것이 또 한 가지 일이다. 나는 이것이 한 면으로 모세가 하나님을 위해 장막을 분별하면서도 여전히 그 백성을 버리지 않으시려는 하나님의 마음을 나타내는 것이라고 믿는다. 분별되는 것조차도 하나님을 떠난

백성들을 구원하시려는 하나님의 마음과 하나 된 행동인 것이다. 그러므로 모세는 한 면으로는 분별되었지만 여전히 무지하고 거역하는 상태에 있는 하나님의 백성들에게 나아가야 했던 것이다. 이러한 일을 위해서는 큰 영적 능력이 필요하다.

12-23절, **모세가 여호와께 고하되 보시옵소서 주께서 나더러 이 백성을
인도하여 올라가라 하시면서 나와 함께 보낼 자를 내게 지시하지 아니하
시나이다 주께서 전에 말씀하시기를 나는 이름으로도 너를 알고 너도 내
앞에 은총을 입었다 하셨사온즉 13 내가 참으로 주의 목전에 은총을 입었
사오면 원컨대 주의 길을 내게 보이사 내게 주를 알리시고 나로 주의 목전
에 은총을 입게 하시며 이 족속을 주의 백성으로 여기소서 14 여호와께서
가라사대 내가 친히 가리라 내가 너로 편케 하리라 15 모세가 여호와께 고
하되 주께서 친히 가지 아니하시려거든 우리를 이곳에서 올려 보내지 마
옵소서 16 나와 주의 백성이 주의 목전에 은총 입은 줄을 무엇으로 알리이
까 주께서 우리와 함께 행하심으로 나와 주의 백성을 천하 만민 중에 구별
하심이 아니니이까 17 여호와께서 모세에게 이르시되 너의 말하는 이 일
도 내가 하리니 너는 내 목전에 은총을 입었고 내가 이름으로도 너를 앎이
니라 18 모세가 가로되 원컨대 주의 영광을 내게 보이소서 19 여호와께서
가라사대 내가 나의 모든 선한 형상을 네 앞으로 지나게 하고 여호와의 이
름을 네 앞에 반포하리라 나는 은혜 줄 자에게 은혜를 주고 긍휼히 여길
자에게 긍휼을 베푸느니라 20 또 가라사대 네가 내 얼굴을 보지 못하리니
나를 보고 살 자가 없음이니라 21 여호와께서 가라사대 보라 내 곁에 한
곳이 있으니 너는 그 반석 위에 섰으라 22 내 영광이 지날 때에 내가 너를
반석 틈에 두고 내가 지나도록 내 손으로 너를 덮었다가 23 손을 거두리
니 네가 내 등을 볼 것이요 얼굴은 보지 못하리라**

1. 12절은 이해하기가 쉽지 않다. "나와 함께 보낼 자를 내게 지시하

지 아니하시나이다"란 누구를 말하는 것인가? 어떤 사람의 말처럼 아론은 이제 자격이 박탈되었으니 다른 사람 혹 여호수아를 지시해 달라는 말인가? 나는 그렇게 생각하지 않는다. 여기서 모세는 하나님께서 함께 가시지 않으신다는 말씀에 대한 자신의 어려운 느낌을 말하고 있는 것이다. 그는 마치 이렇게 말하고 있는 것 같다. '하나님께서는 저더러 이 백성을 인도하여 올라가라고 하시면서 저 혼자 가라고 하십니다. 하나님, 이 백성은 저의 백성이 아니라 당신의 백성이 아닙니까? 왜 저더러만 데리고 올라가라고 하십니까?'

2. 모세가 하나님과 친구나 동반자 이상의 관계에 있다는 것이 이런 구절을 통해 잘 나타난다. 12-13절에서 모세는 하나님께서 자신을 이름으로도 안다고 하셨고 은총을 입었다고 하셨으니 주의 목전에 은총을 입었다면 주의 길을 보여주시고 주님을 알려달라고 하였다. 모세는 무조건 하나님께 함께 가달라고 간청한 것이 아니다. 그는 먼저 하나님께서 자신에게 말씀하신 확고한 말씀에 근거하여 주의 길을 보여달라고 한 것이다. 모세가 지금 말하고 있는 것은 하나님이 함께 가시지 않고 이렇게 자기에게만 올라가라고 하시니 자기는 하나님의 길을 알 수 없게 되었다는 것이다. 따라서 하나님을 알게 해달라는 것이다. 마치 모세는 하나님과의 친분 관계를 사용하여 이스라엘 백성들을 위한 중재에 나서는 것 같다. 모세는 13절 마지막 부분에서 본론 같은 말씀을 드린다. "이 족속을 주의 백성으로 여기소서." 모세는 '당신의 백성을 왜 저에게만 맡기고 올라가라고 하십니까? 저 혼자는 못하겠습니다' 라고 말하는 것 같다.

3. 우리는 이 부분의 말씀을 읽으면서 참으로 모세는 우리 구주 예수 그리스도를 예표하는 사람임을 깨닫는다. 우리 주님은 하나님 아버지와 하나이시며 아버지는 아들의 간구를 다 들으시고 이행하셨다. 그러

므로 우리가 구원받고 사함을 얻은 것이다. 여기서 하나님은 모세에게 완전히 붙잡히신 것 같다. 모세가 기도함으로 말씀드릴 때마다 경건하게 말하거니와 우리 하나님은 사랑하는 아들에게 힘을 못 쓰시는 아버지처럼 무엇이든 다 들어주셔야 했다. 생각해 보라! 만일 이스라엘의 당시 상황에서 모세 같은 종이 없었다면 그들에게 소망이 있었겠는가? 완전히 절망과 죽음뿐이었을 것이다. 우리 또한 구주 예수 그리스도께서 중재자가 되시어 간구하심으로 살게 된 것이다(히 5:7).

4. 하나님은 모세의 기도가 무엇을 의미하는지 잘 알고 계셨다. 그리고 14절에서 그분의 뜻을 확고하게 돌이키셨다. "내가 친히 가리라 내가 너로 편히 쉬게 하리라". 이 구절의 "내가 친히 가리라"는 원문에서 "내 얼굴이 가리라", 혹은 "나의 임재가 가리라"는 뜻이다. 여기서 우리가 알 수 있는 것은 그분의 인도는 그분의 임재요 그분의 얼굴이라는 것이다(고후 2:10 참조). 이때 비로소 모세는 하나님께서 그들과 함께 가시겠다는 확고한 응답을 받아낸 것이다. 그러나 모세는 여기서 그치지 않았다. 하나님께서 그렇게 말씀하시자 모세도 자신의 생각을 분명하게 표현했다. "주께서 친히 가지 않으시려거든 우리를 이곳에서 올려 보내지 마옵소서…주께서 우리와 함께 행하심으로 나와 주의 백성을 천하 만민 중에 구별하심이 아니니이까".

5. 모세는 그들이 하나님의 은총을 입은 증거를 보여달라고 했다. "나와 주의 백성이 은총을 입은 줄을 무엇으로 알리이까"(16절). 그때 하나님은 모세에게 그가 말하는 그 일을 하시겠다고 말씀해 주셨다. 그리고 그의 기도를 하나하나 확인해 주셨다. "너는 내 목전에 은총을 입었고 내가 이름으로도 너를 앎이니라". 하나님은 모세의 기도 내용을 반복하시며 확인해 주셨다. '그래, 너는 은총을 입었고 내가 너를 안다'고 하시는 것이다. 그러나 모세는 여기서 한 발 더 나아가 확실한

증거로 주의 영광을 보여 달라고 요청했다(18절). 하나님은 모세의 기도에 완전히 묶이셨다. “내가 나의 모든 선한 형상을 네 앞으로 지나가게 하고 여호와의 이름을 네 앞에 반포하리라”. 하나님은 그를 반석 위에 서 있으라 하시고 영광이 지나갈 때 반석 틈에 두고 그분이 지나가도록 그분 손으로 그를 덮었다가 손을 거두겠다고 하셨다. 그러므로 모세는 여호와의 등을 볼 뿐 그분의 얼굴은 볼 수 없었다.

신약의 성도들은 이러한 형태의 기도를 반복할 필요가 없다. 하나님은 20절에서 분명하게 말씀하셨다. “내 얼굴을 보지 못하리니 나를 보고 살 자가 없음이니라”. 어떤 성도들은 예수님을 환상 가운데서 보게 해달라고 기도하고 또 그것을 보기를 사모하는 자들이 있다는 것을 안다. 그러나 사도 베드로는 “예수를 너희가 보지 못하였으나 사랑하는도다 이제도 보지 못하나 믿고 말할 수 없는 영광스러운 즐거움으로 기뻐하니”(벧전 1:8)라고 하였다. 우리는 주님의 얼굴을 보지 못하나 사랑하는 자들이다. 주님은 보지 못하고 믿는 자들이 더 복이 있다고 하셨다.

그러나 이 말씀에서와 같이 우리는 하나님의 선하심을 맛볼 수 있다. 19절의 ‘선한 형상’ 이라는 말은 다만 ‘나의 선함’ (my goodness)이다. 하나님은 모세에게 ‘나의 선함’ 을 지나가게 하겠다고 하시며 여호와의 이름을 선포하겠다고 하신 것이다. 여기서 ‘선’ (善)은 모양이 아니라 윤리적 속성이다(박윤선). 우리는 그분의 모습을 보려고 애쓸 것이 아니라 그분의 말씀 안에 있는 선(善)을 맛보고 그분의 생명과 진리를 통해 선(善)을 체험하면 된다. 말씀 안에서 하나님의 선하심과 인자하심을 맛보는 것이 매우 축복된 것이고 실제적인 것임을 기억하기 바란다(벧전 2:2-3).

6. 하나님은 이 지점에서 이 말씀을 하셨다. “나는 은혜 줄 자에게 은혜를 주고 긍휼히 여길 자에게 긍휼을 베푸느니라”. 하나님께서 모세

에게 보이신 영광은 선하심의 영광이었다. 그분의 능하심이나 강하심이나 선하심의 능력을 보여주신 것이 아니라 선하심의 영광을 보여주신 것이다. 진정으로 이 시대에 그분의 은혜와 긍휼을 얻는 자는 하나님에게서 선하심의 영광을 얻는 자이다. 그 하나님의 선하심의 영광을 어디서 얻을 수 있는가? 그것은 하나님의 말씀에서 그분의 선하심을 맛보는 것이다. 최대의 은혜와 긍휼을 얻은 표시는 말씀에서 선하심을 많이 얻는 것이다.

7. 하나님은 아무도 가까이 가지 못할 빛에 거하시고 아무도 볼 수 없는 영광 가운데 계신 분이시다(딤전 6:16). 오늘날 많은 사람들이 우리 주 예수님을 통해서 하나님을 알다보니 원래 그분이 얼마나 두렵고 놀라운 분이신지를 잘 모르는 것 같다. 물론 그분을 인자하시고 사랑이 충만하신 분인 것으로 아는 것은 매우 중요하고 좋은 것이다. 그러나 또 한편 생각해 보아야 한다. 하나님은 과연 누구이신가? 그분은 우주의 창조자이시다. 그분의 창조의 능력을 생각해보라! 무한한 우주를 지으실 만한 그분의 크신 능력을 무엇에 비하겠는가! 죽은 자를 살리시며 하늘에 오르게 하시는 그 능력을 무엇에 비하겠는가! 누가 그분의 얼굴을 본다면 그 무한한 능력 앞에 순식간에 녹아버릴 것이다. 태양의 에너지만 생각해도 그러할진대 수억의 별들과 우주 가운데 수억만 개의 항성들을 지으시고 만물과 사람을 지으신 그 하나님 자신을 보고 그 누가 살 수 있겠는가! 어디 그분의 능력뿐이겠는가? 그분의 빛과 거룩은 어떠하겠는가? 우리 같은 죄인은 그 밝고 환하고 투명한 빛 앞에 한순간도 서 있을 수 없을 것이다. 눈부신 정도가 아니라 그 빛은 우리를 순간 녹아 없어지게 하거나 아무 소리도 힘도 없이 쓰러지게 할 것이다. 여기서 모세가 하나님의 등을 보는 데에도 매우 조심해야 했음을 알 수 있다. 하나님은 그를 먼저 바위틈에 두시고 그런 다음 그분의 손으로 덮어주셨다. 그리고 지나가신 뒤에야 손을 거두셨다.

오, 영광의 하나님! 당신이 아들로 출생하여 사람이 되어 오시고 목수의 집에서 30년이나 사시고 십자가에 달려 죽으신 분이라니요! 우리 죄인은 감당할 수가 없나이다. 하나님! 우리의 무지한 죄악을 용서하여 주옵소서!

출애굽기 34장

1-9절, 여호와께서 모세에게 이르시되 너는 돌판 둘을 처음 것과 같이
깎아 만들라 네가 깨뜨린 바 처음 것과 같이 깎아 만들라 네가 깨뜨린 바
처음 판에 있던 말을 내가 그 판에 쓰리니 2 아침 전에 예비하고 아침에
시내 산에 올라와 산꼭대기에서 내게 보이되 3 아무도 너와 함께 오르지
말며 온 산에 인적을 금하고 양과 소도 산 앞에서 먹지 못하게 하라 4 모
세가 돌판 둘을 처음 것과 같이 깎아 만들고 아침에 일찍이 일어나 그 두
돌판을 손에 들고 여호와의 명대로 시내 산에 올라가니 5 여호와께서 구
름 가운데 강림하사 그와 함께 거기 서서 여호와의 이름을 반포하실새 6
여호와께서 그의 앞으로 지나시며 반포하시되 여호와로라 여호와로라 자
비롭고 은혜롭고 노하기를 더디하고 인자와 진실이 많은 하나님이로라 7
인자를 천대까지 베풀며 악과 과실과 죄를 용서하나 형벌 받을 자는 결단
코 면죄하지 않고 아비의 악을 자녀손 삼사 대까지 보응하리라 8 모세가
급히 땅에 엎드리어 경배하며 9 가로되 주여 내가 주께 은총을 입었거든
원컨대 주는 우리 중에서 행하옵소서 이는 목이 곧은 백성이니이다 우리
의 악과 죄를 사하시고 우리로 주의 기업을 삼으소서

1. 먼저 우리가 논하고자 하는 것은 우리 하나님은 언약의 하나님이라는 것이다. 그분은 자신을 낮추어 피조물인 사람과 언약하실 정도로

낮아지신 것이다. 이는 사람에 대한 하나님의 지극하신 사랑이다. 사랑하는 사람은 그 사람에게 가까이 가야하고 그 사람 수준으로 내려가지 않으면 대화가 되지 않는다. 언약의 본질은 하나님이 사람과 같은 수준으로 오셔서 사람과 약조를 맺은 것이다. 하나님의 언약은 기본적으로 성경에 옛 언약과 새 언약이 있다. 노아와 아브라함, 야곱 등 모든 하나님이 맺으신 언약은 이 두 범주에 포함된다. 그러므로 원칙상 성경의 언약은 첫 것과 두 번째, 옛 것과 새 것 두 언약이 있다.

24장에서 옛 언약의 조인식(調印式)이 있었다. 첫 언약도 피 없이 세운 것이 아니라고 했다(히 9:18). 24장 전체를 옛 언약 조인식이라고 생각하며 읽어보라! 깊은 느낌이 있을 것이다. 그리고 하나님은 모세를 산으로 부르셨고(24:12-16), 돌판에 계명을 새겨주겠다고 하셨다. 그리고 모세는 40일 동안 산에 있으면서 하나님으로부터 성막과 제사장 의복과 다른 많은 것들에 대해 계시받았고(25-31장), 십계명이 새겨진 돌판을 가지고 산에서 내려오게 되었다(32장). 그런데 이스라엘 자손들은 모세가 돌판을 가지고 내려오기도 전에 금송아지 우상을 만들어 하나님의 계명을 위반하는 일을 하고 있었다. 그러므로 모세는 그 돌판을 깨뜨려버렸고 하나님과의 계약은 파기되었다. 그러나 모세의 간절한 중재(32-33장)에 의하여 34장에서 하나님은 다시 돌판 둘을 가지고 산으로 올라올 것을 명하셨다. 실상 첫 언약의 온전한 성립은 34장에서야 완성되었다고 말할 수 있다. 오늘날 집 매매 계약을 할 적에 그 절차가 그리 간단하지 않다. 더욱이 어느 한 쪽이 신실하지 않을 때에는 중도에 파기될 우려가 있다. 그러나 좋은 중개업자를 만난 경우 뛰어난 중재를 통해서 어려운 상황을 해결하고 계약을 체결할 수 있다.

이 첫 언약은 이스라엘의 불성실로 인해 파기되고 무산될 위기에 놓여 있었다. 32장은 그 계약 과정에서 계약 무효가 될 만한 가장 위태하고 아슬아슬한 순간을 기록한다. 그러나 그리스도의 대형(對形)인 모세의 이스라엘을 위한 매우 간절한 중재를 통해 계약은 성립되는 쪽으로 기울어졌다. 이 34장은 하나님께서 이스라엘과 다시 언약을 맺으시기 위하여 또 한 번 모세를 산으로 부르시는 장면이다. 첫 언약의 성립은 그 자체가 매우 어려운 과정을 거쳐 이루어졌다.

2. 32장에서 가지고 내려온 첫 번째 돌판은(15절) 하나님께서 친히 준비하신 것이다. 그러나 그들의 언약 파기 행위로 깨져버린 첫 번째 돌판과 달리 두 번째 것은 하나님께서 모세에게 준비하라고 하셨다. 사람의 실패는 하나님의 뜻을 더욱 나타내는 기회가 될 수 있다. 사람의 실패나 사탄의 역사가 사람 편에서는 피해와 손실이지만 하나님께는 손실이 되는 경우가 없다. 모든 경우에 하나님은 그분의 뜻과 그분의 어떠하심을 더욱 나타낼 기회를 얻으신다. 어떤 일도 하나님의 역사를 실패케 하거나 손해보게 하지 못한다. 우리는 이에 대하여 교회의 일이나 사역이나 많은 방면에서 체험하였다. 결국 새 언약에서 하나님은 그분의 법을 사람의 생각과 마음에 기록하시는데, 새 언약의 계약서를 기록하기 위해서는 우리의 마음판이 준비되어야 한다. 모세는 두 번째에서 모세 자신이 두 돌판을 준비해야 했는데 이는 처음에 아직 계시되지 않은 것이다. 첫 번째 것이 실패로 끝났을 때 두 번째 것을 시작하시면서 하나님은 돌판을 모세더러 준비하라고 하심으로서 그분이 장차 하실 일에 대하여 진일보적인 계시를 하셨다. 34장의 두 번째 돌판을 준비하는 일에서 우리는 새 언약의 성립을 향하여 한 걸음 더 나아가는 것을 볼 수 있다. 하나님이 쓰시려는 내용에는 변화가 없다. 그분은 첫 번째 돌판에 있던 것을 두 번째 돌 판에 그대로 기록하고자 하신다.

3. 여호와께서는 자신의 이름을 반포하셨다. 그분은 이스라엘의 금송아지 사건으로 인하여 계약이 깨어졌던 상황을 용서하시고 새로이 계약서를 작성하시기 위해 그분의 이름을 새롭게 선포하신다. "여호와로라 여호와로라." '여호와' 라는 이름은 스스로 계신 분, 자존자라는

뜻이다. 그분은 모든 피조물의 근원이시고 모든 능력과 존재의 근원이시다. 이러한 하나님이 피조물인 사람과 언약을 맺으려 하시는 것이다. 그리고 첫 번째로 나타내시는 그분의 속성이 자비로우심이었다. 하나님은 전능하시고 스스로 계시며 모든 세계를 창조하신 능력의 하나님이시지만 그분은 자비로우셔서 사람을 동정하시는 분이라는 말씀이다. 그분은 마치 그분의 계약을 재개하시며 그 동안 엄하게 하신 것에 대하여 사람들이 오해하지 않도록 그분 자신의 성품을 선포하시는 듯하다. 그분은 자비하고 은혜로우신 하나님이시고 노하기를 더디하는 분이시며 인자와 진실이 풍성하신 하나님이시다. 그러므로 우리는 하나님을 대할 때 그분이 엄하신 것은 사실이지만 그분을 다만 엄격하고 두렵기만한 분으로 알아서는 안 된다.

그런데 7절 말씀에는 다시 엄격함과 두려움이 배어 있다. 하나님은 인자를 천대까지 베풀며 사람의 악과 과실과 죄를 용서하시나 형벌받을 자는 결코 면제하지 않으시며 아비의 악을 삼사 대까지 보응하신다고 하신다. 죄악을 용서하시고 인자를 천 대까지 베풀겠다고 하시면서도 형벌받을 자는 결코 면제하지 않으시고 악을 삼사 대까지 보응하신다고 하니 두려움이 완전히 배제되었다고 할 수 없다. 이렇게 구약에 나타나신 하나님은 십자가상에서의 완전한 은혜, 완전한 용서의 하나님과는 차이가 있다. 구약에서 율법으로 계약하실 때 나타난 하나님은 사람들을 도덕적으로 엄격하게 다스리시겠다는 의지를 갖고 계시는 듯하다. 형벌받을 자는 결코 면제하지 않으시겠다는 것이 그러하고 아비의 죄악을 삼사 대까지 보응하시겠다는 말씀이 그러하다.

나는 이렇게 하시는 하나님의 뜻이 신약 시대에 와서 복음이 알려지기 전에 사람들로 하여금 죄악에 대한 하나님의 태도가 얼마나 공의롭고 엄격하신지를 뼈저리게 알게 하시려는 것이라고 믿는다. 그러나 신약의 하나님은 그리스도 안에 계시면서(God was in Christ) 세상을 자기와 화목케 하시고 저희의 죄를 저희에게 돌리지 않겠다고 하신다

(고후 5:18-19). 하나는 율법을 주시려는 하나님의 나타나심이고, 다른 하나는 복음을 주시려는 하나님의 나타나심으로서 분명하게 상이한 두 가지 측면이며, 같은 하나님께서 하나는 공의 안에 계신 상태이고, 또 하나는 복음과 은혜 안에 계신 상태이다. 이것은 율법의 경륜과 은혜의 경륜을 각각 다르게 섭리하시는 하나님의 역사를 상고함으로써만 바르게 이해할 수 있을 것이다.

신약에 나타난 복음의 은혜만 아는 사람들은 하나님께서는 인자하시고 자비하셔서 어떤 죄든지 용서하시고 은혜를 주시니 원래 죄를 가볍게 여기시는 분이라는 관념이 있을 수 있다. 그러나 그렇지 않다. 하나님은 한 가지 죄도 그냥 묵과하실 수 없는 공의의 하나님이시다. 그러기에 주 예수님이 받으신 십자가의 형벌이 무섭고 참혹했던 것이다. 하나님은 우리의 죄를 심판하지 않고 그냥 용서하신 것이 아니다. 만일 그랬다면 하나님은 죄를 가볍게 여기시는 분이 되고 율법 안에 나타나신 하나님과 스스로 모순되는 분으로 나타나시게 된다.

그러나 그렇지 않음을 인해 하나님께 감사한다. 하나님은 죄를 철저히 심판하신다. 죄 없으신 하나님의 아들이 십자가에서 우리의 모든 죄를 대속하시고 그 모든 심판을 홀로 받으셨다. 그렇기 때문에 하나님은 공의롭게 우리를 용서하신 것이다. 하나님은 절대로 죄를 가볍게 여기지 않으신다. 그분은 인자하시고 은혜로우시지만 죄는 매우 엄격하게 심판하신다. 그런데 그 죄를 우리에게 돌리지 않고 하나님께서 친히 담당하시고 해결해주신 것이 복음이요 완전한 은혜이다. 그분은 그분의 원칙과 의와 그분의 속성을 위배하면서 우리를 구원하신 것이 아니다. 심판할 것은 심판하시고 보응할 것은 보응하시면서 우리를 구원하신 것이다. 그런데 그 모든 심판과 보응을 우리 주님이 친히 담당하신 것이다(벧전 2:24). 주님께 감사와 찬미를 드리자.

4. 비록 하나님의 지나가시는 현현(顯現)이지만, 그분의 나타나심은

(6절) 모세로 하여금 엎드러지게 했다. 모세는 그분의 지나가심과 그분의 이름을 반포하시는 음성을 들었다. 이것은 33장 18절의 주의 영광을 보여 달라는 모세의 청원에 대한 응답이었다. 또한 이것은 그분이 모세의 간청을 듣고 친히 이스라엘과 함께 가주시겠다고 말씀하신 것에 대한 확증이요 모세가 이스라엘을 위하여 중재한 것에 대한 응답이기도 했다. 모세가 하나님께 주의 백성 이스라엘이 다시 은총을 입고 용서받아 그분의 백성의 위치를 회복하게 될 것의 증표로 그분의 영광을 보여 달라고 했기 때문이다. 이때 모세는 여호와의 등을 볼 수 있었을 뿐 얼굴은 볼 수 없었다. 그러나 그는 여호와의 영광을 대하면서 엎드려 경배하고 다시 기도할 수 있었다. 결국은 모세는 하나님께서 그의 중보 기도를 들으시고 용서하신 것을 알았다. 하나님은 참으로 용서의 하나님이시다. 사람은 하나님의 은혜를 얻을수록 더욱 기도하며 간구하게 된다.

모세는 더 나아가 9절에서 이렇게 기도한다. 이 구절의 기도는 급한 기도이다. 8절은 모세가 급히 땅에 엎드려 경배하였다고 말한다. 나도 너무나 급박할 때 기도를 한 적이 있는데 그때는 준비한 기도가 아니라 마음속에 있는 기도이고 그 기도는 참기도이다. 그 마음에 있는 것이 아니면 그런 기도는 나오지 않는다. "주여 내가 주께 은총을 입었거든 원컨대 주는 우리 중에서 행하옵소서 이는 목이 곧은 백성이니이다 우리의 악과 죄를 사하시고 우리로 주의 기업을 삼으소서"(9절). 때로 우리는 우리 죄가 용서받은 것을 알지만 하나님의 새로운 빛과 임재를 체험하게 될 때 다시금 죄를 자백하게 되는 것과 같다. 이것은 우리의 죄가 과거에 용서받은 것을 의심하거나 그에 대한 확신이 없어서가 아니다. 새로운 하나님의 나타나심으로 인해 새로운 빛 비춤이 있기 때문이다. 그럴 때 지난 날 회개하였을지라도 그 죄의 심각성과 잘못된 것의 중함과 하나님의 엄위하심과 오래 참으심의 긍휼이 생각나서 다시금 용서를 구하게 되며 지난날의 부족한 죄의 자백을 보완하게 된다. 이때 모세는 하나님의 나타나심을 강하게 체험하고 그 빛 앞에 엎드러지게 된 것이다.

여기서 모세는 이 백성이 목이 곧은 백성이라고 하면서 하나님께서 알려주신 그들의 상태를 시인한다. 그리고 모세는 그것이 바로 하나님께서 그들 가운데 함께 행해주셔야 하는 이유라고 말씀드린다. 이것은 마치 우리가 기도할 때 우리는 너무 둔하고 어리석으니 더욱 함께 해주셔야 한다고 말씀드리는 것과 같다. 그러면서 모세는 '우리로 당신의 기업을 삼아달라' 고 한다. 이것은 어쩌면 하나님께서 삼사 대까지 죄악을 보응하시겠다는 말이 마음에 걸려서 모세가 간청하는 것인지도 모른다. 모세는 마치 이렇게 말씀드리는 것 같다. '하나님, 이들은 죄를 지은 것이 확실하고 하나님의 공의대로라면 삼사 대까지 이들의 죄를 인수받게 됩니다. 그러면 가나안에 들어가서 터전을 잡아야 할 모든 초기 세대가 다 진멸을 당하게 됩니다. 하나님, 용서해 주시고 그들을 당신의 기업으로 삼으시옵소서.' 이는 지금의 이스라엘의 죄를 자손들에게 돌리지 말고 용서하시며 그들을 보존하사 기업으로 삼으시라는 말이다.

10-26절, 여호와께서 가라사대 보라 내가 언약을 세우나니 곧 내가 아직 온 땅 아무 국민에게도 행치 아니한 이적을 너희 전체 백성 앞에 행할 것이라 너의 머무는 나라 백성이 다 여호와의 소위를 보리니 내가 너를 위하여 행할 일이 두려운 것임이니라 11 너는 내가 오늘 네게 명하는 것을 삼가 지키라 보라 내가 네 앞에서 아모리 사람과 가나안 사람과 헷 사람과 브리스 사람과 히위 사람과 여부스 사람을 쫓아내리니 12 너는 스스로 삼가 네가 들어가는 땅의 거민과 언약을 세우지 말라 그들이 너희 중에 올무가 될까 하노라 13 너희는 도리어 그들의 단들을 헐고 그들의 주상을 깨뜨리고 그들의 아세라 상을 찍을지어다 14 너는 다른 신에게 절하지 말라 여호와는 질투라 이름하는 질투의 하나님임이니라 15 너는 삼가 그 땅의 거

민과 언약을 세우지 말지니 이는 그들이 모든 신을 음란히 섬기며 그 신들
에게 희생을 드리고 너를 청하면 네가 그 희생을 먹을까 함이며 16 또 네
가 그들의 딸들로 네 아들들의 아내를 삼음으로 그들의 딸들이 그 신들을
음란히 섬기며 네 아들로 그들의 신들을 음란히 섬기게 할까 함이니라 17
너는 신상들을 부어 만들지 말지니라 18 너는 무교절을 지키되 내가 네게
명한 대로 아빕월 그 기한에 칠 일 동안 무교병을 먹으라 이는 네가 아빕
월에 애굽에서 나왔음이니라 19 무릇 초태생은 다 내 것이며 무릇 네 가축
의 수컷 처음 난 우양도 다 그러하며 20 나귀의 첫 새끼는 어린 양으로 대
속할 것이요 그렇게 아니하려면 그 목을 꺾을 것이며 네 아들 중 장자는
다 대속할지며 빈 손으로 내 얼굴을 보지 말지니라 21 너는 엿새 동안 일
하고 제칠일에는 쉴지니 밭 갈 때에나 거둘 때에도 쉴지며 22 칠칠절 곧
맥추의 초실절을 지키고 가을에는 수장절을 지키라 23 너희 모든 남자는
매년 세번씩 주 여호와 이스라엘의 하나님 앞에 보일지라 24 내가 열방을
네 앞에서 쫓아내고 네 지경을 넓히리니 네가 매년 세번씩 여호와 너희 하
나님께 보이러 올 때에 아무 사람도 네 땅을 탐내어 엿보지 못하리라 25
너는 내 희생의 피를 유교병과 함께 드리지 말며 유월절 희생을 아침까지
두지 말지며 26 너의 토지소산의 처음 익은 것을 가져다가 너의 하나님 여
호와의 전에 드릴지며 너는 염소 새끼를 그 어미의 젖으로 삶지 말지니라

1. 10절부터 26절까지는 하나님의 답변이다. 첫째로 하나님은 이제 언약을 세우시겠다고 하셨다. 하나님은 정식으로 언약이 조인(調印)되었음을 선포하려 하시는 것이다. 하나님은 이제 가나안의 족속들을 쫓아내겠다고 하시며 그것은 이적이요 여호와의 행위이며 사람들에게 두려운 일이라고 하셨다. 이 일은 전례 없는 일이요 기이한 일을 행하시는 것이라고 하셨다. 하나님이 언약하시고 행하시는 일은 전에 없는 기이한 일이다. 이것은 참으로 우리에게 더욱 믿음을 주시는 말씀이다. 우리는 이 시대에도 하나님께서 전례 없는 기이한 역사를 이루실 수 있

음을 믿어야 한다. 그것은 사탄과 음부의 권세를 심히 두렵고 떨리게 할 것이다. 가나안의 부족들을 쫓아내는 일은 그 자체가 너무 힘든 일이므로 불가능하게 느껴지며, 만일 그렇게 된다면 이는 이적임에 분명하고 두려운 일임에 분명할 것이다. 하나님께서는 오늘날도 이러한 전대미문의 역사를 하실 수 있는 분이다. 과거에 하지 않으신 일이라고 해서 오늘날에 하지 말라는 법이 없다. 하나님은 모든 것을 하실 수 있는 분이시다.

2. 하나님은 그 땅을 주시겠지만 들어가서 조심하라고 말씀하신다. 하나님은 이스라엘 백성이 그곳에 들어가서 그들과 언약하지 말라고 하셨다. 언약을 하게 되면 올무에 걸려든다. 하나님은 사람이 연약한 것을 아신다. 사람이 처음부터 우상숭배하겠다고 나서지 않을지라도 다른 사람들과 함부로 언약을 하게 되면 올무에 걸려들 수 있음을 말씀해주신 것이다. 오늘날에도 신실한 주의 자녀들은 육신적인 사람들이 요청하는 바에 선뜻 응하거나 깊이 고려하지 않고 약조를 맺거나 적극적인 답변을 주어서는 안 된다. 사람들은 다 약하여 사람들의 비위를 맞추고자 하며 상대방의 요구를 단번에 거절하면 관계가 끊어질까봐 쉽게 약조해버리곤 한다. 혹 약조는 아닐지라도 상대방에게 긍정적인 답변을 주어 기대하게 만든다. 이 모든 것이 올무에 걸려드는 절차일 수 있다. 아예 처음부터 분명한 답변을 주지 않으면 나중에 거절하고 끊기가 훨씬 어렵게 되어버린다. 좀 더 진전되어 하나님께서 기뻐하시지 않는 것이고 진리에 위배되는 것을 알면서도 한 걸음 한 걸음 그들에게 말려들다 보면 반드시 올무에 걸리게 된다. 하나님은 가나안에 들어갈 이스라엘에게 가장 먼저 이 점을 주지시키신다.

3. 다음은 도리어 그들 가운데 있는 단들과 주상을 깨뜨리고 아세라상을 찍으라고 하시며 다른 신에게 절하지 말라고 하신다. 하나님께서

계약서를 완료하시고 그들의 죄를 용서하시면서 다시 한 번 확인하시는 말씀이 십계명 가운데 첫째와 둘째 계명이다. 이 일에 있어서 주의해야 할 두 가지는 그들의 올무에 걸려들지 않도록 함부로 언약하지 말 것과 그들과 혼인하지 말 것이다. 그리고 그 땅에 있는 우상들을 완전히 제거하는 것이다. 그것들을 남겨두는 것 또한 위험한 일이기 때문이다. 우리는 이러한 말씀을 통해 하나님께서는 우상숭배와 하나님을 다른 신과 바꾸는 것을 가장 노여워하신다는 것을 알 수 있다. 여호와는 질투하는 하나님이시다. 하나님의 질투를 일으키는 것은 참으로 위험한 일이다. 그러므로 우리는 결코 우상을 숭배하는 일과 하나님 대신 다른 사물이나 사람을 신앙과 경배의 대상으로 삼는 일을 해서는 안 된다.

4. 다음은 세 절기를 말한다. 이스라엘 자손은 금송아지를 만들었을 뿐 아니라 그 앞에서 절일을 지켰다(32:5). 아론은 그것을 여호와의 절일이라고 공포하였지만 그들은 여호와의 절일을 지킨 것이 아니다. 그것은 우상숭배를 한 것이다. 그러므로 하나님은 그들이 반드시 지켜야 할 절기를 23장에 이어 다시 한 번 말씀하신다. 그들이 확실한 하나님의 언약의 백성이 되려면 최소한 이 두 가지를 명심해야 한다. 모든 계명이 다 중요하지만 특히 첫째와 둘째 계명은 절대로 어겨서는 안 된다. 이는 마치 아내가 많은 잘못이 있을 수 있지만 남편을 버리거나 바꾸는 것은 근본을 뒤집는 죄악인 것과 같다. 따라서 절기로 예표된 그들의 누림과 즐거움도 하나님으로 말미암은 것이어야지 우상이나 다른 신으로 말미암은 것이어서는 안 된다. 이러한 기본적인 것들에서 어긋나면 그 나머지 것들은 조사해 볼 가치도 없다. 그들이 32장에서 금송아지로 하나님을 대치한 것이나 그 앞에서 절기를 지낸다고 앉아서 먹고 마시며 일어나서 뛰논 것은 다 이러한 근본적인 죄악들이었다.

5. 세 절기는 무교절과 칠칠절(맥추절 혹은 오순절)과 수장절(초막

절 혹은 추수절)이다. 이는 이스라엘의 삼대 절기이다. 23절은 적어도 이스라엘 백성들은 세 번씩 예루살렘 성전에 와서 이 절기를 지내야 했다. 18-20절은 무교절에 대하여 말하며, 이 절기는 모든 절기에 앞서 가장 기본적이며 중요한 절기이다. 이 절기는 결국 그리스도의 대속에 대한 예표이다. "초태생은 다 내 것이며...수컷 처음 난 우양도 다 그러하며 나귀의 첫 새끼는 어린 양으로 대속할 것이요...네 아들 중 장자는 다 대속할지며 빈손으로 내 얼굴을 보지 말지니라"고 한다. 이는 모두 신약으로 말하면 교회생활 중 그리스도의 대속의 은혜가 모든 것의 기초가 되어야 함을 말하는 구절이다.

6. 24절은 절기의 목적을 말한다. "매년 세 번씩 여호와 너의 하나님께 보이러 올 때에". 결국 절기의 목적은 하나님 여호와의 얼굴을 뵙는 것이다. 20절도 같은 것을 말한다. "빈손으로 내 얼굴을 보지 말지니라". 이는 신약으로 말하면 성도들의 모임이요 예배이다. 우리가 성도들과 함께 모일 때 겉으로는 찬양, 기도, 말씀 청취 등이 있으나 그 중심은 하나님을 만나는 것이요 그 임재를 누리는 것이다. 하나님은 그분의 자녀들인 우리가 그분 앞에 나타나기를 원하신다. 또한 처음 것을 분별하여 드리는 헌신이 있어야 한다(26절). 빈손으로 내 얼굴을 보지 말라는 것은 교회 집회에 헌신의 성질이 있어야 한다는 강력한 구절이다. 이런 것이 포함되지 않으면 그 절기를 지킴이 온전하지 않다.

25절에 희생의 피를 유교병과 함께 드리지 말라는 것은 주님의 구속을 얻은 우리가 교회로서 그 안에 죄를 포함할 수 없음을 말하고(고전 5장), 그 희생을 아침까지 두지 말라하심은 그 구속의 사랑과 은혜에 대한 누림은 언제나 신선해야 함을 의미한다. "염소 새끼를 그 어미의 젖으로 삶지 말라"(26절)는 말씀은 고대 가나안인들이 요리를 맛있게 만들기 위해 행하는 습관인데, 이는 이방인들의 잔인한 습관으로서 하나님이 금하신 것이다. 죄는 작은 것으로부터 출발한다. 레위기에는

"암소와 암양을 무론하고 어미와 새끼를 동일에 잡지 말라"(레 22:28)는 말씀이 있다. 이는 모두 생명과 그 질서를 존중하시는 하나님의 명령이다. 염소새끼를 어미의 젖(생명의 근원)으로 삶는 것은 그 행위 자체가 잔인한 것이요 생명을 존중하지 않는 것이다. 하나님의 자녀들은 이러한 절기를 지킴에 있어서 구속의 은혜를 언제나 신선하게 체험해야 함은 물론, 절대로 생명을 존중하는 가운데 해야 한다. 나는 주님을 섬긴다고 하면서 생명을 존중하지 않고 형식과 전통만을 존중하는 것을 너무나 많이 봤다. 하나님은 절기를 지키는 그 본질이 사랑과 자비, 생명 존중의 분위기에서 지켜야 함을 말씀하신 것이다.

27-35절, 여호와께서 모세에게 이르시되 너는 이 말들을 기록하라 내
가 이 말들의 뜻대로 너와 이스라엘과 언약을 세웠음이니라 하시니라 28
모세가 여호와와 함께 사십 일 사십 야를 거기 있으면서 떡도 먹지 아니하
였고 물도 마시지 아니하였으며 여호와께서는 언약의 말씀 곧 십계를 그
판들에 기록하셨더라 29 모세가 그 증거의 두 판을 자기 손에 들고 시내
산에서 내려오니 그 산에서 내려올 때에 모세는 자기가 여호와와 말씀하
였음을 인하여 얼굴 꺼풀에 광채가 나나 깨닫지 못하였더라 30 아론과 온
이스라엘 자손이 모세를 볼 때에 모세의 얼굴 꺼풀에 광채 남을 보고 그에
게 가까이 하기를 두려워하더니 31 모세가 그들을 부르니 아론과 회중의
모든 어른이 모세에게로 오고 모세가 그들과 말하니 32 그 후에야 온 이
스라엘 자손이 가까이 오는지라 모세가 여호와께서 시내 산에서 자기에
게 이르신 말씀을 다 그들에게 명하고 33 그들에게 말하기를 마치고 수건
으로 자기 얼굴을 가리웠더라 34 그러나 모세가 여호와 앞에 들어가서 함
께 말씀할 때에는 나오기까지 수건을 벗고 있다가 나와서는 그 명하신 일
을 이스라엘 자손에게 고하며 35 이스라엘 자손이 모세의 얼굴의 광채를
보는 고로 모세가 여호와께 말씀하러 들어가기까지 다시 수건으로 자기
얼굴을 가리웠더라

1. 결국 하나님은 이스라엘과 언약을 체결하셨다. 모세는 다시 산에 올라가 있던 40일 동안 아무것도 먹거나 마시지 않았다. 그리고 하나님은 언약의 말씀을 그 돌판에 기록해 주셨다. 모세가 그 증거의 두 판을 가지고 시내 산에서 내려오니 모세는 여호와와 말씀하였음을 인하여 그 얼굴 꺼풀에 광채가 났다. 이는 첫째로 하나님을 만난 증표이다. 우리는 "하나님은 빛이시라"(요일 1:5)는 말씀을 이 일을 통해서도 알 수 있다. 빛이신 하나님 앞에서 오랜 시간 있다 보니 얼굴에 빛이 있게 된 것이다. 나는 모세가 하나님과 그렇게 가까운 거리에서 말씀을 들었으리라고 생각지 않는다. 그러나 하나님은 상상할 수 없는 빛 가운데 계시며 그분 앞에서 말씀을 듣는 가운데 반사된 빛이 모세의 얼굴을 변화시켰을 것이다. 오늘날에도 믿는이들이 하나님 앞에서 살면 그의 얼굴에 빛이 날 것이라고 믿는다. 이는 어떤 물리적인 빛이 아니라 진정한 생명의 빛이요 사람들에게 매우 신선하고 맑은 인상을 주는 빛이다. 우리는 그런 빛이 있는 믿는이를 만날 때 어떤 말을 하지 않아도 우리의 부끄러움과 어두움이 드러남을 느낀다. 하나님과 함께 있는 것만이 빛을 가질 수 있는 비결이다. 그러므로 성도들은 늘 하나님 앞에서 살아야 한다. 사역이란 다만 어떤 감동적인 말만이 아니라 얼굴에서 빛이 비춰어야 효력이 있게 된다.

2. 이에 대하여 우리는 고린도 후서 3장을 참조할 필요가 있다. 바울 사도는 이 부분을 인용하여 우리에게 변화의 사상을 가르친다. 믿는이들은 그리스도의 형상으로 변화될 수 있다. "우리가 다 수건을 벗은 얼굴로 거울을 보는 것같이 주의 영광을 보매 저와 같은 형상으로 화하여 영광으로 영광에 이르니 곧 주의 영으로 말미암음이니라"(18절). 여기서 사도가 말하는바 영광에서 영광으로 변화되는 비결은 우리가 수건을 벗은 얼굴로 주의 영광을 바라보는 것이다. 우리가 주의 영광을 바라는 것은 그분을 보는 것이요 의지하는 것이다. 이는 민수기 21장의

불뱀에 물린 이스라엘 백성들이 장대에 높이 달린 놋뱀을 보는 것과 같다. 우리는 우리에게 어떤 낙심이나 상처나 괴로움이 있을 때 장대에 높이 달린 예수를 보아야 한다. 그럴 때 주님은 다만 그분의 광채나는 얼굴 빛으로 우리를 치료하신다. 나는 또한 우리가 주의 영광을 바라보는 것이 말씀을 통한 것이라고 믿는다.

말씀을 읽는 가운데 우리는 하나님의 영광을 볼 수 있다. 말씀이 없다면 어떻게 우리가 거울을 보는 것같이 주의 영광을 볼 수 있겠는가? 우리는 말씀을 통하여 그 말씀에 나타난 예수 그리스도를 감상할 수 있으며 그분을 바라볼 수 있다. 단순한 그분에 대한 바라봄이 우리를 변화시킬 수 있다는 것이 복음이다. 율법은 우리가 무언가를 얻기 위해서는 무엇 무엇을 해야 하는 것(doing something)이지만 신약의 복음은 그저 주 예수 그리스도를 바라보는 것(just beholding)이다. 때로 우리가 주님의 말씀 앞에 있을 때 거울을 보는 것같이 우리의 부끄러움과 오염된 것들이 드러남을 체험한다. 또한 그분이 과연 어떤 분이신가를 볼 수 있다. 말씀을 읽으면 읽을수록 그분의 영광은 더욱더 우리 안에서 드러나고 빛난다. 여기에 우리의 기도와 묵상은 필수적이다. 또한 그분 앞에서의 삶, 즉 그분과 동행하는 삶이 필요하다. 매일매일 그분 앞에서 사는 것이다. 그럴 때 우리가 알지 못하는 사이에 그분의 빛이 우리 마음속에 비취게 되고 우리는 그분의 형상으로 변화되어 간다.

3. 아론과 이스라엘은 모세의 얼굴에서 빛이 나는 것을 알았지만 모세 자신은 자신의 얼굴 꺼풀에서 빛이 나는 것을 알지 못했다. 이는 오늘날 이기는 자들에게도 원칙상 동일하게 적용된다. 자신의 얼굴에서 빛이 나는 것을 안다고 하는 사람은 참으로 빛이 있는 자인지 의심스럽다. 참으로 빛이 있는 사람은 자신의 얼굴에서 빛이 나는 것을 모르는 사람이다.

4. 바울은 이 부분을 가지고, 모세가 얼굴을 수건으로 가린 것이 장차 없어질 것의 결국을 주목하지 못하게 하려는 것이라고 해석했다(고후 3:13). 그는 33절의 "그들에게 말하기를 마치고 수건으로 자기 얼굴을 가리웠더라"는 말씀을 하나님의 성령의 빛 안에서 본 것이다. 그는 그때 모세가 자신의 얼굴에 빛나는 영광이 장차 없어질 영광이어서 사람들로 사라져가는 것을 주목하지 못하게 하려고 수건으로 가린 것이라고 했다. 이와 같이 옛 언약에도 영광이 있지만 그 영광은 없어지고 사라질 영광이다. 어떤 사람은 옛 언약(의문의 사역, 또는 정죄의 사역)에는 어떤 영광도 없을 것이라고 생각하지만 바울은 그렇게 말하지 않았다. 잠시 있다가 사라질 영광이지만 거기에도 영광이 있긴 했다. 그러나 신약의 영의 사역의 영광은 영원히 사라지지 않을 영광이다. 그러므로 신약의 사역자들은 영원한 영광을 위해 일하는 자들이지 잠시 있다가 사라지는 영광을 위해 일하는 자들이 아니다. 가령 우리가 어떤 이들을 양육하여 그들로 자라게 하고 변화되게 하여 하나님의 영광의 형상을 본받도록 한다면 그들에게 있게 될 영광은 사라지는 영광이 아닌 영원히 존재하는 영광인 것이다.

모세의 얼굴에 있던 영광과 빛남은 잠시 있다가 사라지는 것이었다. 이것이 옛 언약의 부족한 점이었다. 그러나 신약의 영광은 잠시 있다가 사라지는 것이 아니다. 오늘 신약의 믿는이가 변화되고 성장한다면 그 성분은 영원히 존재하는 것이다. 율법의 경륜으로는 이렇게 영원한 가치를 지닌 역사를 이루어낼 수 없다. 그러나 새 언약 안에서 영의 사역은 이러한 영원한 가치를 이루어낼 수 있다.

5. 고린도 후서에서 바울은 이스라엘 사람들의 마음이 아직도 완고하여 구약을 읽을 때 수건이 벗어지지 않았다고 말한다. 그러면서 그 수건은 그리스도 안에서 없어질 것이라고 말한다. 사람들이 오늘까지라도 모세의 글을 읽을 때에 수건이 그 마음을 덮고 있다는 것이다. 여

기서 모세의 얼굴에 있던 수건이 이제 이스라엘 사람들의 눈을 가리는 수건이 되었다. 구약의 율법과 말씀들은 실상 그림자이며 그리스도를 볼 수 있도록 인도하기 위한 것이었다. 그러나 당시 많은 사람들이 모세의 글을 읽을 때 그 율법의 말씀을 관념으로 갖게 되니 그것이 도리어 수건이 되어 그리스도를 보는 것을 방해하게 된 것이다. 율법은 장차 오는 좋은 일의 그림자요 참 형상이 아니다(히 10:1). 그러므로 율법 자체를 붙잡고 율법을 통해서 그리스도를 보는 데 이르지 못하면 그림자만을 붙잡는 것이 되므로 율법의 본래의 목적한 바에 이르지 못하게 된다. 원래는 율법을 통해서 장차 좋은 일이 있음을 알도록 그 좋은 일보다 차한 어떤 것을 주신 것인데 도리어 그 차한 것을 최상의 것으로 붙잡은 것이다. 율법은 그 자체가 완전하지 못하기 때문에 이스라엘은 율법을 받아들이면서 동시에 더 좋은 것을 주시리라고 기대했어야 했다. 그러나 그들은 율법을 꽉 잡고 더 이상 좋은 것이 오리라는 기대를 하지 않았으므로 그 율법이 수건이 되어버린 것이다.

나는 하나님이 시대마다 열어주시는 성경 진리에 대한 계시가 점진적임을 믿는다. 루터 시대에 너무나 큰 빛과 그에 따른 놀라운 개혁의 역사가 있었지만 하나님은 후대로 진행하시면서 신실하고 충성된 종들을 통하여 더욱 밝은 빛을 주시곤 했다. 그러므로 교회 역사에서 후대의 사람들은 전 시대 사람들보다 무언가 더 볼 수 있는 특권을 갖게 되었다. 그런데 지난 시대의 빛에 고착된 사람들은 새로운 시대의 빛이 더해질 때 그것을 받기를 어려워했다. 지난 시대의 빛이 도리어 새로운 빛을 얻는 데에 가리는 수건이 된 것이다. 이것은 매우 아이러닉하고 인간의 한계를 드러낸다. 세상 모든 민족들 가운데서 율법을 가졌던 이스라엘보다 더 그리스도를 받아들이기에 적격인 민족이 없다. 그들은 꼭지만 열면 물이 나오는 생수통처럼 너무나 쉽게 그리스도를 믿도록 말씀을 배우고 훈련되어 왔다. 그러나 도리어 그런 훈련을 전혀 받지 않은 이방인들이 쉽게 복음을 받고 이스라엘은 옛 율법의 관념이 수건이 되어 그리스도와 복음을 받는 일에 장애가 되어버렸다. 복음을 받는 데에 최상의 자격자들이 가장 복음을 받기가 어렵게 된 것이다. 어떤 사람이든지 자신이 배우고 본 빛이 최상이며 더 이상의 빛은 없다고 할 때 두터운 수건이 형성된다. 도리어 뭔가를 안다는 사람보다 아무것도 모르는 사람이 유리하다는 것은 오늘날에도 적용되는 진리이다. 그러므로 겸손함과 비워짐은 언제나 누구에게나 필요하며 특히 믿는이에게 있어서는 새로운 계시를 향하여 열리게 하므로 축복이 된다.

출애굽기 35장

1-3절, 모세가 이스라엘의 온 회중을 모으고 그들에게 이르되 여호와께서 너희에게 명하사 행하게 하신 말씀이 이러하니라 2 엿새 동안은 일하고 제칠일은 너희에게 성일이니 여호와께 특별한 안식일이라 무릇 이날에 일하는 자를 죽일지니 3 안식일에는 너희의 모든 처소에서 불도 피우지 말지니라

모세는 계약이 체결된 뒤 회중들을 다 모았다. 그들로 하여금 하나님의 명하신 말씀에 순종하게 하려는 것이다. 하나님께서 언약을 다시 체결하신 뒤에 가장 먼저 그들에게 명하신 것은 안식일 준수였다. 이것은 이스라엘이 하나님의 국가로서 가장 먼저 지켜야 할 규례였다. 그들은 이제 회막을 짓는 일에 착수해야 하는데, 그러한 하나님의 명하신바 중차대한 일을 할지라도 안식일만큼은 휴식해야 했다. 하나님께서는 특히 안식일 준수에 관하여 엄격한 규정을 세우셨다. 그것은 누구든지 그날 일하는 자는 죽이라고 하신 것이다. 불도 피워서는 안 된다. 하나님께서는 이스라엘이 하나님의 창조를 기념하는 안식일을 지키는 것을 보시면서 그들을 인하여 기뻐하고자 하셨다. 그것이 그분의 백성 됨의 표시이기 때문이다. 이 문제에 관해서는 구약과 신약에 커다란 차이가 있다. 그것은 구약은 엿새 동안 일한 다음 쉬는 것이고 신약의 성도들은 주일(안식 후 첫날)에 먼저 휴식을 갖고 일을 시작하는 것이다. 그것은 구약은 율법 시대이므로 아직 진정한 안식이 없음을 암시하는 것이기도 하다. 그러나 신약은 그리스도께서 십자가에서 모든 것을 이루어 놓으셨으니 안식한 후에 일하는 것이다.

에베소서에 의하면, 우리 신자는 먼저 그리스도와 함께 하늘에 앉으며(2:6, 이는 안식을 뜻한다) 그 다음에 행한다(4:1). 주일은 안식 후 첫날로서 그리스도의 부활을 기념하는 날이다. 구약의 안식일이 하나님의 옛 창조를 기념하는 날이라면 신약의 성도들이 함께 모여 기념하는 주일은 그리스도의 부활 곧 새 창조를 기념하는 날이다. 그러므로 신약의 성도들은 그리스도의 부활 안에서 안식의 실제이신 그리스도를 체험해야 한다. 신약에서 그리스도는 안식일의 주인이시며 우리 신자들은 범사를 그분과 함께 해야 참된 안식일의 실제를 가질 수 있다. 신약 시대는 외적인 안식일을 지키는 시대가 아니라 그리스도를 우리 안에 실제적인 안식으로 소유할 수 있는 시대이다.

사도 바울은 "그러므로 먹고 마시는 것과 절기나 월삭이나 안식일을 인하여 누구든지 너희를 폄론하지 못하게 하라 이것들은 장래 일의 그림자이나 몸은 그리스도의 것이니라"고 했다(골 2:16-17). 즉 그림자들의 실체는 그리스도시라는 것이다. 외적으로 안식일을 지키면서 그 실제이신 그리스도를 놓치면 공허한 것이다. 신약에서도 신자들의 가장 중요한 표시는 안식이다. 어떤 일, 어떤 환경에서든지 자신이 잘해보려고 동분서주하거나 혹 당황해하는 모습은 그리스도인의 특징이 아니다. '내가 아니요 그리스도', '내게 사는 것이 그리스도니'. 이것이 참된 그리스도인의 안식의 모습이다. 모든 것을 하나님께 맡기고 그분이 우리 안에서 모든 것을 하시게 하는 것, 즉 그리스도 안에서 안식하는 것이 그리스도인의 특징이다.

4-35절, 모세가 이스라엘 자손의 온 회중에게 고하여 가로되 여호와의

명하신 일이 이러하니라 이르시기를 5 너희의 소유 중에서 너희는 여호와
께 드릴 것을 취하되 무릇 마음에 원하는 자는 그것을 가져다가 여호와께
드릴지니 곧 금과 은과 놋과 6 청색 자색 홍색실과 가는 베실과 염소털과
7 붉은 물 들인 수양의 가죽과 해달의 가죽과 조각목과 8 등유와 및 관유
에 드는 향품과 분향할 향을 만드는 향품과 9 호마노며 에봇과 흉패에 물
릴 보석이니라 10 무릇 너희 중 마음이 지혜로운 자는 와서 여호와의 명하
신 것을 다 만들지니 11 곧 성막과 그 막과 그 덮개와 그 갈고리와 그 널판
과 그 띠와 그 기둥과 그 받침과 12 증거궤와 그 채와 속죄소와 그 가리는
장과 13 상과 그 채와 그 모든 기구와 진설병과 14 불 켜는 등대와 그 기구
와 그 등잔과 등유와 15 분향단과 그 채와 관유와 분향할 향품과 성막문의
장과 16 번제단과 그 놋 그물과 그 채와 그 모든 기구와 물두멍과 그 받침
과 17 뜰의 포장과 그 기둥과 그 받침과 뜰문의 장과 18 장막 말뚝과 뜰의
포장 말뚝과 그 줄과 19 성소에서 섬기기 위하여 공교히 만든 옷 곧 제사
직분을 행할 때에 입는 제사장 아론의 거룩한 옷과 그 아들들의 옷이니라
20 이스라엘 자손의 온 회중이 모세 앞에서 물러갔더니 21 무릇 마음이
감동된 자와 무릇 자원하는 자가 와서 성막을 짓기 위하여 그 속에서 쓸
모든 것을 위하여, 거룩한 옷을 위하여 예물을 가져 여호와께 드렸으니
22 곧 마음에 원하는 남녀가 와서 가슴 핀과 귀고리와 가락지와 목거리와
여러가지 금품을 가져왔으되 사람마다 여호와께 금 예물을 드렸으며 23
무릇 청색 자색 홍색실과 가는 베실과 염소털과 붉은 물 들인 수양의 가죽
과 해달의 가죽이 있는 자도 가져왔으며 24 무릇 은과 놋으로 예물을 삼
는 자는 가져다가 여호와께 드렸으며 무릇 섬기는 일에 소용되는 조각목
이 있는 자는 가져왔으며 25 마음이 슬기로운 모든 여인은 손수 실을 낳
고 그 낳은 청색 자색 홍색실과 가는 베실을 가져왔으며 26 마음에 감동
을 받아 슬기로운 모든 여인은 염소털로 실을 낳았으며 27 모든 족장은
호마노와 및 에봇과 흉패에 물릴 보석을 가져왔으며 28 등불과 관유와 분
향할 향에 소용되는 기름과 향품을 가져왔으니 29 마음에 원하는 이스라

엘 자손의 남녀마다 여호와께서 모세의 손을 빙자하여 명하신 모든 것을 만들기 위하여 물품을 가져다가 여호와께 즐거이 드림이 이러하였더라
30 모세가 이스라엘 자손에게 이르되 볼지어다 여호와께서 유다 지파 훌
의 손자요 우리의 아들인 브살렐을 지명하여 부르시고 31 하나님의 신을
그에게 충만케 하여 지혜와 총명과 지식으로 여러가지 일을 하게 하시되
32 공교한 일을 연구하여 금과 은과 놋으로 일하게 하시며 33 보석을 깎
아 물리며 나무를 새기는 여러가지 공교한 일을 하게 하셨고 34 또 그와
단 지파 아히사막의 아들 오홀리압을 감동시키사 가르치게 하시며 35 지
혜로운 마음을 그들에게 충만하게 하사 여러가지 일을 하게 하시되 조각하는 일과 공교로운 일과 청색 자색 홍색실과 가는 베실로 수 놓은 일과 짜는 일과 그 외에 여러가지 일을 하게 하시고 공교로운 일을 연구하게 하셨나니

1. 하나님께서 이스라엘 백성들의 죄악을 용서하시기 전, 그분은 그들에게 다만 가나안으로 올라가라고만 하셨지 성막에 대해서는 한 말씀도 하지 않으셨다. 그러나 완전한 용서와 화해가 있은 후, 그리고 계약의 체결이 완성된 후에는 성막의 건축에 대하여 말씀하신다. 성막 건축의 목적은 그분이 그들과 함께하시려는 것으로서 예표적인 것이었으며, 그들이 제물을 통하여 그분께 나아오는 길을 열어주기 위한 것이었다. 성막 건축에 있어서, 즉 그분이 거하시는 처소를 건축하기 위하여 가장 먼저 필요한 것은 그들로 건축에 필요한 재료를 드리게 하는 것이었다.

2. 이 거룩한 역사를 위하여 드리는 일에 있어서 하나님은 드릴 수 있는 자격이 '무릇 마음에 원하는 자' 라고 하신다(5절). 그 뒤의 구절들에도 성막 건축을 위하여 재료를 드린 자들에 대하여 '마음이 감동된 자', '무릇 자원하는 자' (21절), '마음에 원하는 남녀' (22절), '마

음이 슬기로운 모든 여인' (25절) '마음에 감동을 받아 슬기로운 여인' (26절), '마음에 원하는 이스라엘 자손의 남녀' (29절)라는 표현이 사용되었는데, 이를 통해 우리는 하나님의 거처의 건축은 절대적으로 자원하며 그 마음이 감동된 자들의 헌신을 통해 이루어짐을 알 수 있다. 하나님은 이 일에서 절대로 사람을 강요하거나 억지로 하게 하지 않으신다. 하기 싫은데 억지로 하는 사람은 그 누구든지 하나님의 처소를 건축하는 자들이 아니며, 또한 그리스도의 종이 아니다(엡 6:6). 그리스도를 섬기는 종들이라면 모두 단 마음으로 기꺼이 온 힘과 뜻과 마음을 다하여 섬긴다. 그분은 그러한 섬김을 받으시기에 합당한 분이시다.

3. 말씀을 읽어보면 하나님은 이 성막 역사를 위하여 비로소 사람들로 하여금 헌신하게 하셨으며, 사람들을 감동시키기 위한 어떤 특별한 일을 하지 않으셨다. 이미 원하는 자들이 있었고 감동된 자들이 있었던 것이다. 이것은 매우 의미가 깊다. 하나님은 애굽에서부터 그들에게 역사하셨다. 홍해를 건너게 하시고 만나를 내려 먹이시고 반석에서 생수를 내어 마시게 하시며 모세를 통하여 율법을 주시고 그분의 살아계심과 역사하심과 말씀하심을 보게 하셨다. 그리고 그들은 하나님을 거역했으며 또한 하나님의 용서와 사랑을 체험하였다. 그 많은 과정을 통해서 하나님은 마음이 하나님께 감동되고 자원하여 섬기고자 하는 자들을 얻으셨다. 하나님은 이들을 통해 그분의 거처를 건축하고자 하시는 것이다. 오늘날에도 하나님의 거처인 교회는 이러한 헌신된 자들을 통해 건축된다.

21절의 '자원하는' 이란 말은 그의 영이 분발되었다는 뜻이며, 26절의 '감동을 받은' 이란 말도 역시 '분발된' (stirred) 혹은 '촉구된' (prompted)이라는 뜻이다. 성막 건축의 역사는 에스라 시대와 마찬가지로 영이 분발되고 촉구된 자들이 없으면 가능하지 않다(그 영이 하나님께 감동을 받고 올라가서, 스 1:5). 그들은 하나님의 영에 의하여 그들의 영이 분발되고 촉구되었다. 어떤 그리스도인이 주님도 사랑하고 여러 면에서 좋지만 그저 일반적인 그리스도인의 생활과 상태로 만족하고 그의 영이 하나님의 경륜과 목적과 뜻을 위하여 더욱 분발되고 올려진 상태가 아니라면 그는 성막을 건축하는 귀한 역사에는 몫이 없을 것이다. 그 영이 올려졌다는 것은 반드시 어떤 흥분된 느낌을 의미하는 것은 아니다. 물론 고양된 느낌도 있겠지만 그렇지 않을 때도 있다. 사람의 느낌은 항상 변할 수 있기 때문이다. 영의 문제를 인간의 내적 감각에 연관지어 생각하는 사람은 이 일에 있어서 잘못된 인식을 갖게 된다. 영이란 그 사람의 본질이다. 느낌이 고양된 것만을 가리키는 것이 아니다. 참으로 영이 분발되고 올려진 사람은 자신의 느낌과 관계없이 하나님의 건축 역사에 자신을 드리게 된다. 영이 가라앉은 사람은 결코 건축 역사에 참여할 수 없다.

4. 출애굽기는 간략하게 말하면 구속과 그분의 거처의 건축을 말하는 책이다. 구속의 은혜는 그분의 거처의 건축을 가져온다. 오늘날 사역자들은 성도들이 하나님께서 간절히 원하시는 교회의 건축에 대해 느슨하고 소극적이라는 점을 염려한다. 그것은 그들이 구속의 은혜에 대한 인식이 분명치 않거나 그 기초가 약하기 때문일 것이며 그로 인해 하나님과의 관계가 바르지 않기 때문일 것이다. 그들이 교회 건축의 역사에 헌신할 것을 독려하기보다 그들의 주님과의 올바른 관계와 처음 사랑을 회복하도록 하는 것이 중요할 것이다. 출애굽기에는 이미 헌신된 자들이 많았다. 우리가 많은 나라를 다니며 복음을 전하고 교회들을 세울 때 아무리 빈곤한 나라일지라도 그들이 하나님의 사랑과 그리스도의 은혜를 체험하면 교회 건축 역사에 전심전력하는 것을 보았다. 오히려 잘 사는 나라 사람들이 느슨하고 절실한 심정이 부족한 것을 보게 된다. 드림은 물질이 부요하고 적은 것에 있지 않고 그들이 받은 은혜에 어떻게 반응하는가에 있다.

5. 그들이 아론과 함께 우상을 만들 때에는 금귀고리만 빼어서 주었다. 그러나 여기서 성막을 건축하기 위해 필요한 것은 금 은 놋과 각종 실과 각종 가죽과 기름과 향품과 보석들이었다(5-9절). 이것은 그들의 모든 것을 다 드려야 함을 의미한다. 우상을 만드는 것은 자신들을 위한 것이다. 우상숭배는 자신의 쾌락과 누림을 위한 것이다. 그리고 그것을 위해서는 그저 귀고리 하나씩만 빼어서 주면 되었다. 그러나 하나님을 섬기는 일과 그분의 거처를 위하여 헌신하는 것은 다르다. 이것은 영광의 하나님의 거처와 우리의 영원한 거처를 위한 것이며 우리의 유일한 살 길을 얻기 위한 것이다.

이것이 없으면 우리는 살 길이 없고 인생의 의미도 없게 된다. 이것은 이 땅에서 죄인인 우리가 하나님께 나아감을 얻을 수 있는 길이다. 이 일에는 온 일생의 전폭적인 헌신이 필요하다. 어떤 부분적인 것을 조금 드려 자신들의 쾌락을 추구하는 우상숭배와는 그 길 자체가 다르다. 주 예수님은 "이와 같이 너희 중에 누구든지 자기의 모든 소유를 버리지 아니하면 능히 내 제자가 되지 못하리라"(눅 14:33)고 하셨다. 우리가 온 마음과 온 힘과 온 생명을 다 바치지 않는다면 그분을 섬기고 따를 수 없다. 십자가를 지고 자기를 부인하며 이 세상의 모든 것을 배설물로 여기면서 그분을 얻지 않으면 안 된다. 전적인 헌신과 전적인 드림만이 그분의 거처의 건축을 가져온다. 나는 이 문제의 중요성을 어떻게, 무슨 말로 할지 모르겠다.

6. 20절에 의하면 모세의 말을 들은 이스라엘 백성들은 일단 물러갔다가 즉시 그 모든 것들을 가져왔다. 보류하거나 생각해보거나 소위 기도해본 다음에 가져왔다는 기록이 없다. 그들은 즉시 가서 마치 이때를 위해 준비하고 있었다는 듯이 즐거이 자원하여 가져왔다. 이는 오늘날 교회를 섬기는 성도들도 동일해야 한다. 하나님의 필요를 돌보는 일이 생겼을 때 교회는 아무런 보류함도 없어야 한다. 즉시 모세 앞에서 물

러갔다가 다시 돌아와 말씀하신 모든 것들을 드린 그들과 같아야 한다. 아니, 신약의 성도들은 그들보다 더욱더 놀라운 헌신을 해야 마땅하다. 우리가 받은 은혜는 실제이고 더욱 큰 것이기 때문이다.

7. 하나님은 건축의 일에서 오홀리압과 브살렐을 지명하셨지만 그들에게만 기회를 부여하신 것은 아니다. 10절에 의하면 "너희 중 마음이 지혜로운 자(every skillful man)는 와서 여호와의 명하신 것을 만들라"고 하셨다. 모든 사람에게 기회를 부여하신 것이다. 우리의 체험에 따르면 갈망이 있고 헌신이 있으며 은사를 얻은 사람들은 주님의 교회를 건축하는 일에 지혜가 주어진다는 것이다. 작은 것이라도 그렇게 유용할 수가 없다. 그러나 어떤 사람들은 매우 영리하고 배운 것이 많아도 갈망과 헌신이 없는 경우는 하나님의 교회가 건축되는 데 지혜를 갖지 못하는 것을 보아왔다. 여기에는 여인들에게도 기회가 제공되었다. 우리는 브리스가 같은 자매가 바로 주님을 위해 갈망을 갖고 헌신하다 보니 지혜를 얻은 자매요, 마리아 또한 그러하다고 믿는다. 그들은 주 예수님과 사도를 위해 참 지혜를 실행한 자들이다. 그들에게는 다만 한 가지-지혜-가 요구되었다.

이것은 신약으로 말하면 은사의 문제일 것이다. 하나님께서는 거듭나서 성령을 얻은 모든 자들에게 은사를 주셨다(고전 12장 참조). 만일 성도들이 자신이 얻은 은사를 발전시켜 하나님이 사용하시기에 유용하게 한다면, 하나님은 기꺼이 그를 그분의 거처의 건축 역사를 위하여 사용하실 것이다. 성도들은 복음을 전하는 면에서, 어린 신자들을 양육하는 면에서, 연약한 신자들을 권면하고 강화시키는 면에서, 초신자들을 가르치는 면에서, 느슨해진 신자들을 그리스도께 인도하여 깨우침을 얻게 하는 면에서 하나님의 집을 섬기기 위해 지혜를 구하여야 한다.

8. 25절은 슬기로운 여인은 손수 실을 낳았다고 했다. 26절은 어떤 슬기로운 여인은 염소털로 실을 낳았다고 했다. '실을 낳다'(spin)는 말은 '실을 잣다' 또는 '실을 만들다'는 뜻이다. 그들은 성막 건축을 위해 브살렐이나 오홀리압과 같이 큰 부분들을 감당하지는 않았지만 실 한 올 한 올이라도 만들었다. 성령께서 이러한 일을 기록하신 이유는 이 모든 일이 다 하나님의 거처 건축에 도움이 되기 때문이다. 거룩한 집을 건축하기 위해서는 매우 작은 실 한 올이라도 다 필요하다. 성도들은 교회 안에서 자기의 은사나 역할이 매우 보잘것없다고 물러서서는 안 되며(고전 12:21-22) 땅에 묻어 두어서도 안 된다(마 25:25). 자신의 은사가 매우 작은 것일지라도 하나님을 위해 사용될 때 너무나 귀한 것이 된다.

30-35절, 모세가 이스라엘 자손에게 이르되 볼지어다 여호와께서 유다 지파 훌의 손자요 우리의 아들인 브살렐을 지명하여 부르시고 31 하나님의 신을 그에게 충만케 하여 지혜와 총명과 지식으로 여러가지 일을 하게 하시되 32 공교한 일을 연구하여 금과 은과 놋으로 일하게 하시며 33 보석을 깎아 물리며 나무를 새기는 여러가지 공교한 일을 하게 하셨고 34 또 그와 단 지파 아히사막의 아들 오홀리압을 감동시키사 가르치게 하시며 35 지혜로운 마음을 그들에게 충만하게 하사 여러가지 일을 하게 하시되 조각하는 일과 공교로운 일과 청색 자색 홍색실과 가는 베실로 수 놓는 일과 짜는 일과 그 외에 여러가지 일을 하게 하시고 공교로운 일을 연구하게 하셨나니

1. 하나님의 건축을 위한 일꾼들에게 있어서 첫 번째 일은 하나님이 부르셔서 일하게 하시는 것이다. 마음에 자원하는 자들은 다 할 수 있지만 그들을 책임지고 주도적으로 일하는 자들에 대해서는 하나님의 부르심이 있어야 한다. 가령 말씀을 해설하고 어떤 성경 구절의 의미를

파악하는 일이라든가 중요한 진리를 본래 의미에 맞게 조심스럽게 확정하는 일 등은 아무나 할 수 있는 일이 아니다. 사실 우리는 이런 일 하기를 얼마나 두려워해야 하는지! 교회를 위한 이런 은사들은 하나님께서 주셔야 한다. 신약에서도 사도나 선지자나 교사 등의 은사는 하나님께서 친히 세우셨다(고전 12:28, 엡 4:11). 모든 성도가 다 사도나 선지자가 될 수는 없지만 교회는 이러한 은사자들이 긴급히 필요하다. 우리는 오늘날에도 하나님께서 교회를 위하여 이런 귀한 은사들을 더욱 주시도록 기도해야 한다.

2. 이렇게 택함을 입어 섬기는 사람들의 출신은 다양하다. 하나님은 어디서든지 필요하시면 유용한 그릇들을 부르신다. 브살렐은 훌의 손자로서 이름 있는 사람의 자손이지만 오홀리압은 단 지파 사람이다. 신약에서도 주님은 갈릴리 어부들을 사도로 부르셨고 세리 마태도 부르셨다. 핍박자 바울 같은 사람도 사도로 부르셔서 너무나 유용하게 사용하셨다. 심지어 오네시모같이 주인에게 물질적으로 해를 입히고 도망간 노예도 바울을 만나 그의 사역에 귀히 쓰임받는 종이 되었다. 어떤 사람도 쓰임받을 가능성이 있다. 우리는 이렇게 기도하자. '하나님, 저희를 버리지 마시고 부디 당신의 귀한 그릇으로 사용하여 주소서.' 주님께 귀한 그릇으로 사용되려면 불의에서 떠나며 천한 것들에서 자신을 분별해야 한다(딤후 2:19-21).

3. 하나님이 부르신 자들이라 하더라도 하나님의 영으로 충만되어야 한다. 하나님께서 그들을 사용하시려면 그들을 성령으로 충만케 하셔야 한다. 이는 신약의 사도들에게도 동일했다. 하나님은 그들을 지혜와 총명과 지식으로 충만케 하여 여러 가지 일을 하게 하셨다. 나는 개인적으로 1983년도에 하나님을 섬기도록 부르심을 받았을 때에 기꺼이 모든 것을 버리고 응답했지만 과연 무엇을 하기 위해 나를 부르셨는지

잘 알지 못했다. 그럴지라도 다만 주님을 사랑하고 섬기고자 했다. 시간이 지나면서 하나님께서는 나를 인도하시어 해야 할 일들을 알려주셨다. 일을 하도록 부르시는 분도 그분이요 성령과 지혜와 지식과 총명으로 충만케 하시는 분도 그분이며 여러 가지 일을 맡기시는 분도 그분이다(35:31).

4. 35장 32-35절의 말씀에서 가장 많이 나오는 단어는 '공교함'이다. 하나님의 집의 건축의 일은 실로 '공교한 일'(artistic work, 다비역)이다. 그러므로 지혜와 지식과 총명이 필요한 것이다. 인간적인 것들이 아닌 성령으로 말미암은 것들이어야 한다. 여기의 재료들이 신약에 와서는 결국 사람으로 바뀐다. 하나님의 생명을 얻은 자들의 조화와 동역과 건축의 역사에서 필요한 것이 바로 이런 것들이다. 지혜와 총명과 지식이 없으면 사람들을 다룰 수 없다. 이는 가히 예술적인 수준의 기술을 요한다. 엄청난 섬세함을 필요로 한다. 그래서 보석을 깎는 일과 나무를 조각하는 일과 여러 가지 색의 실로 수를 놓는 일로 예표되는 것이다. 한 가지도 대충할 수 있는 일이 없다. 모든 일이 고도의 정밀성과 예술성을 필요로 한다. 이 모든 재료들은 신약에 올 때 다 사람들이다. 사람이 보석이나 금이나 나무인 것이다. 그러니 이 귀한 보물들인 사람들을 다루는 일이 쉽겠는가?

이 부분에서 당신은 하나님의 집을 섬기는 자들이 이처럼 예술적인 감각이 뛰어나고 섬세한 기술을 가진 자들이어야 한다는 것에 깊은 인상을 받아야 한다. 이를 위해서는 자아가 깨뜨려지는 역사가 필수적이다. 하나님의 자녀들은 너무나 귀한 존재들이며 그들 자체가 금과 은과 보석 같은 보배들이기 때문에 이러한 은사 있는 사람들에 의해 섬김을 받는 것이 마땅하다. 많은 십자가의 역사를 통해 부서진 사람만이 성령으로 충만케 되어 '공교하게' 성도들을 섬길 수 있다. 나는 신약에서 사도 바울의 서신을 읽으면서 그가 바로 이런 사람이라는 생각을 해본다.

5. 32절에는 공교한 일을 '연구하다' (devise)라는 말이 있다. 하나님을 섬기는 사람들은 자신이 원래 갖고 있는 기술과 재능만을 신뢰해서는 안 된다는 뜻이다. 여기에 궁리와 연구가 필요하다. 하나님의 일은 깊고 심오하다. 성령과 지혜가 있다 하지만 여전히 연구와 고안이 필요하다. 이는 나름대로 일하기 위해 연구하고 고안하는 것이 아니라 원래 하나님께서 하라시는 일을 찾아내어 그대로 하기 위해 고안하는 것이다. 원래 하나님께서 하라시는 일을 찾아내기가 그렇게 쉽다고 생각해서는 안 된다.

많은 사역자들이 이 연구함(devising)을 실행하지 않으므로 실수를 하게 된다. 그들은 너무 자신의 재주를 신뢰한 나머지 깊이 연구를 하지 않으므로 많은 일을 그르치게 되며 사람들을 잃어버리며 상처를 안겨준다. 당신이 만일 주일학교를 위해 무언가를 하기 위해 중고등학생들의 일을 소홀히 하다보면 중고등부의 봉사에 펑크가 나게 되며 중고등학생들을 위해 무언가를 중점적으로 하다보면 주일학교에 펑크를 내게 된다. 이 모든 것이 다 맞물려 있기 때문이다. 그러므로 연구하지 않을 수 없다. 어떤 이들은 한 가지 유익만을 생각하고 일을 결정하고 나서 나중에 큰 후회를 하게 되는 데 이는 어디서 온 문제인가? 연구하지 않은데서 온 것이다. 무엇이든 너무 성급히 결정하여 시행하지 말라! 당신은 불 보듯 뻔한 실패를 앞에 두고 있는 것이다.

연구는 비단 작은 일에만 적용되는 것이 아니다. 어떤 이들은 앞서간 탁월한 하나님의 종들의 밝혀낸 진리에 종속되어, 이후로는 더 이상의 성경에 대한 연구가 필요없다고 말하기도 한다. 이 또한 큰 실패를 불러온다. 마르틴 루터 이후로 교회는 성경에 원래 있었지만 잃어버린 바 되었던 것들을 찾아내는 일을 계속해왔다. 어떻게 의를 얻는가? 어떻게 성결을 얻는가? 신부 제도나 교황이 원래 성경에 있었는가? 감독이나 장로는 무엇인가? 교회 예배는 어떻게 이루어져야 하는가? 말씀 전파는 어떻게 이루어져야 하는가? 성도들의 교제는 어떠한가? 찬양은 어떻게 드려져야 하는가? 세례(baptism)와 성찬의 의미는 무엇인가? 과연 어떻게 수행되어야 하는가? 성경적인 교회 행정은 무엇인가? 성경적인 교회 모습은 어떠한 것인가?

이 모든 것들을 성경에서 하나님이 제시하신 대로 실행하고자 하는 노력은 지금까지도 계속되어 오고 있다. 이러한 일이 쉬운가? 결코 쉽지 않다. 오늘날까지 하나님의 영으로 충만되고 지혜와 총명과 지식이 있는 분들의 연구와 고안과 충성으로 많은 부분들이 찾아내어지고 만들어지고 있다. 언젠가 이 땅의 교회는 출애굽기 40장의 상황처럼 에베소서 4장에서 말하는바 그리스도의 장성한 분량의 충만한 상태에 이르게 될 것이다. 그렇게 될 때까지 많은 브살렐과 오홀리압 같은 자들, 자원하는 자들, 마음에 감동함을 받은 자들이 일어나 성막 건축 역사에 자신을 드릴 것이다.

단지 앞선 훌륭한 종들이 찾아낸 진리에 머물기만 하는 것은 진보된 연구(devise)가 없는 것이다. 하나님의 교회가 온전한 분량에 이르기까지 이 연구 작업은 계속되어야 한다. 전수된 지식에 머물고 더 이상 진리를 연구하지 않을 때 교회의 상태는 내려가게 된다. 초대 교회 이후 교회의 타락은 이렇게 해서 오게 되었다. 성도들이 하나님 앞에 나아가 직접 말씀에 대한 계시를 얻는 일을 소홀히하고 전수된 지식만을 의뢰한 것이다. 그러므로 교회가 주님이 기뻐하시는 수준에 이르기까지 연구는 부단히 계속되어야 한다. 아멘.

6. 오홀리압은 성령으로 충만되어 사람들을 가르쳤다. 성막 건축의 일을 위해서는 은사 있는 사람 혼자만 잘해서는 안 된다. 반드시 다른 사람들을 가르쳐야 한다. 바꾸어 말하면 배우지 않고서는 이 일을 할 수 없다. 성도들이 교회 안에서 하나님을 섬기려면 반드시 배워야 한다. 결코 자신의 고집이나 자존심을 내세워서는 안 된다. 그런 사람은 건축의 일에 유용하지 않게 된다. 겸손한 마음으로 배우며 섬겨야 한

다. 젊은이들은 섬기고자 할 때 앞서 섬기는 사람들에게 "어떻게 섬겨야 합니까? 제가 이런 일을 해도 됩니까? 이렇게 하면 됩니까? 제가 하는 이 일에 고쳐야 할 점은 없습니까?" 하고 하나하나 물어가면서 봉사하기를 배워야 한다. 또한 오홀리압처럼 먼저 할 줄 아는 사람들은 마치 바울이 디모데나 디도를 잘 가르쳐서 섬기도록 이끌어준 것처럼 다른 사람들을 인내와 온유함과 사랑으로 잘 가르쳐서 함께 섬기도록 이끌어주어야 한다.

출애굽기 36장

**1-7절, 브살렐과 오홀리압과 및 마음이 지혜로운 사람 곧 여호와께서
지혜와 총명을 부으사 성소에 쓸 모든 일을 할 줄 알게 하심을 입은 자들
은 여호와의 무릇 명하신 대로 할 것이니라 2 모세가 브살렐과 오홀리압
과 및 마음이 지혜로운 사람 곧 그 마음에 여호와께로 지혜를 얻고 와서
그 일을 하려고 마음에 원하는 모든 자를 부르매 3 그들이 이스라엘 자손
의 성소의 모든 것을 만들기 위하여 가져 온 예물을 모세에게서 받으니라
그러나 백성이 아침마다 자원하는 예물을 연하여 가져 오는 고로 4 성소
의 모든 일을 하는 지혜로운 자들이 각기 하는 일을 정지하고 와서 5 모세
에게 고하여 가로되 백성이 너무 많이 가져오므로 여호와의 명하신 일에
쓰기에 남음이 있나이다 6 모세가 명을 내리매 그들이 진중에 공포하여
가로되 무론 남녀하고 성소에 드릴 예물을 다시 만들지 말라 하매 백성이
가져오기를 정지하니 7 있는 재료가 모든 일을 하기에 넉넉하여 남음이
있었더라**

1. 출애굽기 36장부터는 성막 건축의 역사(constuction work)의 시작이다. 의심할 여지없이 성막의 건축은 신약의 그리스도의 몸인 교회 건축의 예표이다. 신약에서 베드로는 우리가 신령한 집으로 지어질 산 돌들이라고 하였고(너희도 산 돌같이 신령한 집으로 세워지고-are

being built up, 벧전 2:5), 특히 건축의 은사를 얻은 사도 바울은 그리스도의 몸인 교회에 관하여 건축의 사상을 많이 전달하였다(엡 2:20-22, 4:12,16, 고전 14:4). 그 차이는 하나는 예표적인 것이고 다른 하나는 실제적인 것이며, 예표에 있어서는 물질적인 재료로 하는 물질적인 건축인데 비해 실제에 있어서는 산 돌들(living stones)을 재료로 하는 살아 있고 유기적인 건축이라는 것이다. 신약의 건축은 유기적인 건축이다. 신약에서 바울이 사용한 '건축'(개역 성경에서는 주로 세우다, 지어져가다로 번역됨)이라는 단어는 헬라어로 'oikodomeo'로서 집이라는 '오이코스'와 '건축하다'라는 도메오가 합성된 단어이다. 따라서 그것은 어떤 번역에서처럼 다만 도덕적인 함양이나 개인적인 믿음을 세우는(덕을 세우다) 것이 아니다. 이것은 성막에서처럼 교회가 단체적으로 건축되는 사상을 함축하고 있다.

신약의 교회는 그리스도의 몸으로서 한 사람 한 사람이 지체들로 건축되는 것이지 따로 떨어진 개인으로 존재하는 것이 아니다. 그러므로 신약의 성도들을 개인적으로 깊은 영성만을 추구하는 데 빠져서는 안 된다. 하나님은 우리 개개인의 신자를 건축물로 말하면 하나의 산 돌로 보시며, 몸으로 말하면 각각의 지체로 보신다는 것을 알아야 한다. 하나님께서는 교회가 그분을 섬길 때 단체적으로 건축된 상태로 섬기는 것을 기뻐하신다. 우리는 지난 장들에서 제사장들의 섬김을 통해 배운 바가 있지만 제사장들 또한 단체적으로 동역하여 섬기는 '제사장 체계', 혹은 '제사장단'(priesthood)이었다. 베드로는 이 두 가지 사상을 한 구절에 묶어 말했다. "너희도 산 돌 같이 신령한 집으로 세워지고 예수 그리스도로 말미암아 하나님이 기쁘게 받으실 신령한 제사를 드릴 거룩한 제사장이 될지니라"(벧전 2:5). 이 구절의 제사장이 원래는 '제사장 체계'(priesthood)이다. 그러므로 신약의 성도들은 교회의 신자로서 개별적인 신앙생활만 영위할 것이 아니라 다른 하나님의 자녀들과 함께 연결되어 동역함으로, 즉 건축되어 섬기기를 배워야 한다.

이것은 성도들로 하여금 진정한 십자가의 체험을 갖게 할 것이며, 또한 진정한 영성을 시험하는 시금석이 될 것이다.

2. 건축의 역사를 위하여 재삼재사 필요한 것이 곧 지혜와 총명이다. 몸의 건축을 위해 섬기는 사람들은 특히 건축 재료인 사람을 아는 일에 지혜가 필요하다. 사람을 모르면 건축하는 일에서 주된 건축자가 될 수 없다. 어떤 사람이 뭔가를 해내고자 하며 자신의 뜻을 세워 이루고자 하는 욕심으로 가득하면 사람을 잘 알지 못한다. 그 의욕과 욕심이 눈을 어둡게 하기 때문이다. 나는 이런 일들을 선교지에서 많이 체험했다. 이 나라에서 선교하러 많은 나라에 나갔는데(이는 매우 고무적인 일이다), 그렇지만 유감스러운 것은 선교사들이 그 나라의 신실한 성도들에게 다 드러난다는 사실이다. 그 나라의 신실한 성도들은 선교사들의 상태를 잘 알고 있는데 막상 그들을 섬기러 간 선교사들은 그저 그들을 어떻게 엮어서 일을 만들어 볼까 하는 의욕에 빠져서 그들을 알지 못한다는 것이다. 그러니 그 선교사들이 그 지역의 사람들을 양육한다는 것은 가능한 일이 아니다. 그럴 때 사람들은 헛된 일을 오래 하게 되고 시간을 낭비하게 된다.

또 주의 일을 하려면 일을 처리하고 사람을 다루는 지혜가 필요하다. 이러한 지혜는 부지런한 배움을 통하여 온다. 아마 브살렐과 오홀리압은 애굽에서 많은 것들을 배운 사람들일 것이다. 그들이 애굽에서 많은 것을 배운 것이 그대로 하나님의 역사에 사용될 수 없지만 그러한 지식의 연마가 도움이 되지 않는 게 아니다. 하나님의 건축 역사에 세상의 일하는 방식을 그대로 사용하지는 않을지라도 우리는 많은 것들을 세상에서 배울 수 있다. 사도 바울은 가말리엘 문하에서 많은 것을 배웠지만 여전히 그에게는 또 다른 빛이 필요했다. 그 빛은 그리스도 자신에 대한 것이다. 그럴 때 그의 과거의 지식이 그리스도 안에서 유용하게 된 것이다.

또한 그들은 여호와의 명하신 대로 모든 것을 다만 순종하면서 행하는 것을 배워야 했다. 한 가지도 임의로 해서는 안 된다. 자신이 무언가를 할 수 있다 해서 무엇이든지 자기 임의로 하려 하는 사람은 근본적으로 하나님을 섬길 수 없다. 또한 여기서 건축자들이 성경에 있는 청사진을 그대로 보는 것에서도 지혜와 총명이 필요하다. 섬기는 자들이 성경 진리에 따라 섬기고자 할지라도 성경에 기록되어 있는 내용이 과연 무엇을 의미하며 어떤 점들을 중요시하는지를 파악하지 못한다면 그것은 불가능한 일이다.

3. 성소를 건축할 사람은 하나님으로부터 얻은 지혜가 있는 사람들일 뿐 아니라 그 마음에 원함이 있는 사람들이었다(2절). 모세는 이 두 가지를 모두 갖춘 자들을 불러 이 거룩한 일에 동참시켰다. 오늘날에도 원칙은 같다. 재능과 지혜가 있어야 하지만 그것만으로는 안 되고 반드시 자원하는 영이 있어야 한다. 어떤 사람이 지혜는 있지만 하나님의 집을 건축하기 위해 기꺼이 헌신하고자 하지 않는다면 하나님은 그를 사용하지 않으신다. 차라리 지혜와 은사가 다소 부족하더라도 온전히 자원하는 영이 있고 헌신하고자 한다면 하나님께서는 그에게 어떤 범위에서 섬길 수 있도록 지혜를 주실 것이다. 또 그러한 사람은 지혜 있는 성도들에게 의존하여 배워가면서 섬길 수 있다. 그러나 그러한 사람이 만일 자신을 믿고 임의로 일을 하고자 하면 그 순간 하나님의 건축의 일은 어렵게 되고 어지러워진다. 자신에게 지혜가 부족하다면 순종하며 따르는 충성이라도 있어야 유용하다. 또 하나님을 섬기려는 사람들은 하나님께 구하여 지혜를 얻을 수 있다(약 1:5).

4. 건축자들은 예물을 모세에게서 받았다(3절). 즉 백성들이 예물을 모세에게 주었던 것이다. 오늘날 그리스도의 몸인 교회를 건축하고자 하는 자들은 건축의 재료인 신자들을 모세로 예표된 주님에게서 받아

야 한다. 물론 복음을 전하여 열매를 맺어야 한다. 재료가 있어야 건축할 수 있기 때문이다. 그러나 그러한 복음의 열매까지도 주님이 주시는 것임을 알아야 한다. 가장 좋지 않은 것은 남의 재료를 가져다가 건축하려는 사람이다. 반드시 하나님이 주시는 재료를 사용하기를 배우라! 우리는 하나님이 주시는 자들과 동역할 수 있다. 우리는 하나님이 붙여주시는 자들과 함께 건축할 수 있다. 하나님이 주시는 것이 없다면 우리는 아무 것도 할 수 없다.

5. 3-7절의 내용은 건축의 분위기이다. 백성들이 건축의 재료를 가져오는 헌신의 분위기로 가득하다. 그들은 아침마다 연하여 가져왔다. 그러므로 건축자들이 보기에 쓰고도 남음이 있었다. 언제든지 건축이 이루어지는 분위기는 재료의 넘치는 공급이 있다. 이것은 하나님이 하시는 일이기 때문이다. 이런 상황이 오늘날로 말하면 부흥이다. 하나님의 건축의 일은 반드시 부흥의 분위기 속에서 이루어지게 되어 있다. 헌신이 충만하며 자원하는 영이 충만하다. 당시 그들은 너무 많이 가져와서 그만 가져오라고 해야 할 정도였다. "재료가 넉넉하여 남음이 있었더라"(7절). 이것은 에스라 시대에 회복 성전을 건축할 때에도 그러했다.

하나님의 집의 건축은 누가 강조하고 격려하고 시키지 않아도 자원하는 헌신과 드림이 충만한 가운데서 이루어져야 한다. 당시 이들에게는 이미 그런 불타는 영이 있었다. 정상적인 그리스도인들의 영의 상태는 뜨겁고 강해야 한다. 그리스도는 그렇게 뜨거운 분이시기 때문이다(마 9:17). 교회 안에 뜨거운 영이 없다면 그것은 어딘가에서 문제가 있는 것이다. 그런 경우라면 에베소 교회에 보낸 편지에서처럼 어디서 떨어졌는가를 알아서 회개해야 한다. 그렇지 않으면 촛대의 간증을 잃게 된다.

우리는 이 구절을 읽을 때 사도행전 2장에 나온 초기 교회의 부흥의 상황을 연상하게 된다. 그들은 매일 이집 저집에서 모이며 물건을 서로 통용하고 재산과 소유를 팔아 각 사람의 필요를 따라 나누어주고 기쁨과 순전한 마음으로 음식을 먹으며 하나님을 찬미하니 하나님께서 날마다 구원받는 사람을 더하게 하셨다(행 2:44-47). 오늘날에도 이러한 상황이 있기를 바라고 또 그렇게 될 수 있음을 믿어야 한다.

8-38절, **일하는 사람 중에 마음이 지혜로운 모든 사람이 열 폭 앙장으**
로 성막을 지었으니 곧 가늘게 꼰 베실과 청색 자색 홍색실로 그룹들을 무
늬 놓아 짜서 지은 것이라 9 매폭의 장은 이십팔 규빗, 광은 사 규빗으로
각 폭의 장단을 같게 하여 10 그 다섯 폭을 서로 연하며 또 그 다섯 폭을
서로 연하고 11 연락할 말폭 가에 청색 고를 만들며 다른 연락할 말폭 가
에도 고를 만들되 12 그 연락할 한 폭에 고 오십을 달고 다른 연락할 한 폭
의 가에도 고 오십을 달아 그 고들이 서로 대하게 하고 13 금 갈고리 오십
을 만들어 그 갈고리로 두 앙장을 연하여 한 막을 이루었더라 14 그 성막
을 덮는 막 곧 앙장을 염소털로 만들되 십일 폭을 만들었으니 15 각 폭의
장은 삼십 규빗, 광은 사 규빗으로 십일 폭의 장단을 같게 하여 16 그 앙장
다섯 폭을 서로 연하며 또 여섯 폭을 서로 연하고 17 앙장을 연락할 말폭
가에도 고 오십을 달며 다른 연락할 말폭 가에도 고 오십을 달고 18 놋 갈
고리 오십을 만들어 그 앙장을 연합하여 한 막이 되게 하고 19 붉은 물 들
인 수양의 가죽으로 막의 덮개를 만들고 해달의 가죽으로 그 웃덮개를 만
들었더라 20 그가 또 조각목으로 성막에 세울 널판들을 만들었으니 21 각
판의 장은 십 규빗, 광은 일 규빗 반이며 22 각 판에 두 촉이 있어 서로 연
하게 하였으니 성막의 모든 판이 그러하며 23 성막을 위하여 널판을 만들
었으되 남으로는 남편에 널판이 이십이라 24 그 이십 널판 밑에 은받침
사십을 만들었으되 곧 이 널판 밑에도 두 받침이 그 두 촉을 받게 하였고
저 널판 밑에도 두 받침이 그 두 촉을 받게 하였으며 25 성막 다른 편 곧
북편을 위하여도 널판 이십을 만들고 26 또 은받침 사십을 만들었으니 곧

**이 판 밑에도 두 받침이요 저 판 밑에도 두 받침이며 27 장막 뒤 곧 서편을
위하여는 널판 여섯을 만들었고 28 장막 뒤 두 모퉁이 편을 위하여는 널
판 둘을 만들되 29 아래서부터 위까지 각기 두 겹 두께로 하여 윗고리에
이르게 하고 두 모퉁이 편을 다 그리하며 30 그 널판은 여덟이요 그 받침
은 은받침 열 여섯이라 각 널판 밑에 둘씩이었더라 31 그가 또 조각목으로
띠를 만들었으니 곧 성막 이편 널판을 위하여 다섯이요 32 성막 저편 널
판을 위하여 다섯이요 성막 뒤 곧 서편 널판을 위하여 다섯이며 33 그 중
간 띠를 만들되 널판 중간 이 끝에서 저 끝에 미치게 하였으며 34 그 널판
들을 금으로 싸고 그 널판에 띠를 꿸 금고리를 만들고 그 띠도 금으로 쌌
더라 35 그가 또 청색 자색 홍색실과 가늘게 꼰 베실로 장을 짜고 그 위에
그룹들을 공교히 수 놓고 36 조각목으로 네 기둥을 만들어 금으로 쌌으며
그 갈고리는 금이며 기둥의 네 받침은 은으로 부어 만들었으며 37 청색
자색 홍색실과 가늘게 꼰 베실로 수 놓아 장막 문을 위하여 장을 만들고
38 문장의 기둥 다섯과 그 갈고리를 만들고 기둥머리와 그 가름대를 금으
로 쌌으며 그 다섯 받침은 놋이었더라**

1. 이곳에서부터 26-28장에서 명하신 성막을 실제로 건축하는 역사가 나온다. 이 부분들을 다시 한 번 말할 필요는 없을 것이다. 독자들이 성경 말씀을 읽는 것으로 족하다. 매장의 성막 건축에서 특징적인 부분들만을 다루겠다.

2. 하나님이 성막을 계시하실 때의 순서와 건축할 때의 순서가 다르다. 성막을 계시하실 때에는 언약궤로부터 시작해서 진설병상과 등대, 성막, 널판 등의 순서로 나아갔다. 그러나 건축할 때에는 그 집의 뼈대부터 시작했다. 즉 성막부터 지은 것이다. 성막 다음은 널판이고 널판에 띠를 만들었다. 그리고 청색, 자색, 홍색실과 가늘게 꼰 베실로 수를 놓아 장막 문을 위하여 장을 만들었다. 그 다음 문장의 기둥 다섯과 갈

고리와 기둥머리와 놋받침을 만들었으며, 그 다음은 언약궤, 진설병상, 등대의 순서로 만들었다. 그리고 번제단과 물두멍을 만들었으며 세마 포장과 뜰을 만들었다. 마지막으로 대제사장 아론을 위한 옷과 제사장 들이 입을 옷을 만들었다.

3. 36장의 성막과 널판의 건축에서 가장 자주 나오는 말은 '서로 연하다'(join)이다(10,13,16,18,22절). 13절과 18절에는 '연하여 한 막'(a unit)이 되게 한다는 말이 있다. 이것은 구약의 성막이 여러 재료들이 연결되어 하나의 성막을 이루는 방식으로 건축됨을 의미한다. 이것은 신약의 교회도 원칙상 동일하다. 에베소서 2장 21절은 "그의 안에서 건물마다 서로 연결하여 주 안에서 성전이 되어가고"(in whom the whole building, being fitted together is growing into a holy temple in the Lord)라고 한다. 여기에도 '연결'(fit together)이라는 말이 있다. 그리스도의 몸인 교회를 건축하는데 있어서 '서로의 연결'이라는 것이 없으면 실제가 없는 것이다. 이것은 성전의 건축에서 더욱 실제적이다. 솔로몬 성전이나 에스겔의 성전 이상을 본다면 거기에 많은 부속 건물들이 있다. 여기서 바울은 이 모든 건물들은 단독적으로 존재하는 것이 아니라 서로 연결되어 있다고 말한다. 에베소서 4장 16절은 "그에게서 온 몸이 각 마디를 통하여 도움을 입음으로 연락하고 상합하여 각 지체의 분량대로 역사하여 그 몸을 자라게 하며 사랑 안에서 스스로 세우느니라"고 말한다. 연락하고 상합한다는 말은 성막 건축에서 서로 연한다는 말과 같은 말이다. 거듭난 신약의 믿는이들은 결코 사람들과 떨어져서 홀로 신앙생활하는 것을 고집하지 말아야 한다. 반드시 그리스도의 몸인 교회 안에서 다른 성도들과 함께 연하여 하나를 이루는 것을 배워야 한다. 이것이 건축에서 가장 중요한 일이다.

그러나 신약의 건축은 물질적인 것이 아니라 생명의 건축이다. 따라서 지체들이 서로 연결되고 건축되기 위해서는 생명이 있어야 한다. 만일 그리스도인들이 그리스도를 생명 삼아 생활하지 않는다면 건축이 이루어지는 것은 불가능하다. 왜냐하면 이 건축은 인간의 육체나 천연적인 자아 생명에 의하여 연결되고 사랑함으로 이루어지는 것이 아니라 그리스도의 생명의 연결 안에서 이루어지기 때문이다. 신약 고린도전서 12장 26절에서는 "만일 한 지체가 고통을 받으면 모든 지체도 함께 고통을 받고 한 지체가 영광을 얻으면 모든 지체도 함께 즐거워하나니"라고 하였는데, 이것은 지체들이 한 생명으로 연결되었기 때문에 가능한 일이다. 우리 몸에서 어떤 작은 부분이라도 상처를 입으면 온 몸이 고통을 받게 되는데, 그것은 우리의 몸이 한 생명으로 연결된 실체이기 때문이다. 서로 생명의 연결이 없는 사람들과 하나를 이루려 하고 함께 몸으로 건축되어 보려 하는 시도는 공허한 것이고 이루어지지 않는다. 그러므로 신약 교회의 건축은 생명이 무엇인지 모르는 사람들에게서는 이루어질 수 없다.

그러면 생명이란 무엇인가? 골로새서 3장 4절에 의하면 그리스도 자신이 우리의 생명이시다. 우리에게서 그리스도 외의 것을 다 제하고 나면 그것이 바로 생명이다. 즉 그리스도와 연합하여 하나 된 나에게서 '나'를 다 제하면 그리스도가 남는데, 그것이 바로 생명이라는 말이다. 나의 천연적인 자아, 선호, 의견, 감정, 관념, 육체, 정욕 등 내 자신에 속한 것들이 다 십자가로 제해질 때 거기에 그리스도가 남을 것이다. 이것은 물론 거듭난 성도들에게 해당되는 말이다. 그러므로 생명을 말하려면 십자가가 필수적으로 전제되어야 한다. 십자가는 다른 것이 아니라 전적으로 나를 제하는 역사를 하기 때문이다.

생명과 부활은 주 예수님이시다. 부활은 무엇이며 생명은 무엇인가? 부활이란 다 죽고 재가 되고 끝날 때 거기서 다시 싹이 나오는 그것이다. 다시 한 번 말하지만 우리에게서 우리 자신에 속한 모든 것을 제할 때에만 부활이 있고 생명이 있다. 여전히 자신에게 속한 것으로 생각하고 느끼고 반응하면서 사는 사람은 생명으로 사는 사람이 아니다. 오직 우리 속에 살아 계신 한 분 그리스도만을 의지하고 그분을 따라서 생각하고 느끼고 사는 사람이 생명의 사람이다. 그리스도인들이 서로 연결되고 하나 되고 한 몸이 이루어질 수 있는 것은 오직 우리 안에 있는 이 생명–그리스도–에 의해서이다. 우리가 이 생명으로 살 때 우리의 느낌과 반응과 태도가 바뀐다. 곧 '내가 아니요 그리스도'가 되는 것이다. 성도들 가운데 이것이 이루어지지 않으면 그리스도의 몸의 건축은 가능하지 않다.

다시 말하지만 신약 교회의 건축은 생명의 건축이요 생명의 성장으로 이루어진다. 이것은 물질적인 건축물처럼 이것저것을 모아다 붙이고 연결시켜서 되는 게 아니다. 오직 생명의 성장으로 이루어진다. 에베소서 4장 16절에서는 그리스도의 몸의 건축이 성장함으로 이루어짐을 말하고 있다(causes the growth of the body for the building up of itself in love). 신약의 교회는 유기적인 것이므로 물질적인 건축과는 본질적으로 다른 것이다. 이것은 생명체이므로 성장함이 곧 건축인 것이다. 고린도 전서 3장에도 같은 사상이 있다. 한 면에서는 교회가 자라나는 식물과 같고 다른 한 면에서는 건축물과 같다(6–12절). 따라서 그리스도인들이 그리스도를 생명 삼아 생활하지 않는 한 그리스도의 몸의 건축은 이루어지지 않는다. 그러면 이 교회의 건축을 위한 생명의 성장은 어떻게 설명을 해야 하는가? 물론 자라는 것은 신령한 말씀의 젖을 먹음으로 가능하다(벧전 2:2). 말씀이 우리 거듭난 성도들에게는 생명의 양식이기 때문이다. 그러나 먹어도 먹어도 자라지 않는 사람들도 있는데 이는 육신의 몸처럼 그 속에 병(견고한 자아나 영적인 질병, 교만한 이론 등)이 있다든지 문제가 있을 경우는 자라지 않는다.

이 생명은 그리스도 자신이므로 우리 자신을 십자가로 제하는 역사가 반드시 전제되어야 한다. 십자가가 없이는 생명이 없고 생명이 없이는 건축이 없다. 결국 생명의 성장도 다름 아닌 십자가에 의하여 우리 자신에 속한 성분이 하나씩하나씩 제거되는 것이다. 얼마큼 제해졌으면 얼마큼 자라는 것이다. 가장 성장을 확인하고 시험할 수 있는 것이 다른 지체들과의 동역과 건축이다. 어떤 지체는 옆에 있어야 하고 어떤 지체는 아래에 있어야 하며 어떤 지체는 위에 있어야 한다. 이것은 조직적이거나 물질적인 것이 아닌 영적인 것이다. 이러한 건축을 위해서는 참으로 우리 자신의 성분이 제해져야 한다. 어떤 믿는이가 다른 사람들과 함께하는 것을 볼 때 우리는 그의 생명의 성장의 분량을 곧 알 수 있다. 가령 어떤 믿는이가 다른 믿는이와 함께 있을 때 자신의 주장만 내세우고 자신의 원하는 대로 하려 하며 고집을 내려놓지 않는다면 그는 아직 어린 사람이다.

여기 서로 연결되는 일에서 매우 중요한 게 한 가지 있다. 그것은 우리의 연결과 건축은 머리를 붙듦으로 이루어져야 한다는 것이다. 우리 몸으로 비유하면 우리의 팔과 다리와 눈이 동역할 때 그 모든 동역의 근원은 머리에 있다. 머리의 다스림을 떠나서 눈과 팔과 다리가 서로 마음을 맞추어 동역한다면 그것은 몸을 건축하는 것이 아니라 당을 짓는 것이다(갈 5:20). 머리는 바로 그리스도이시다. 그러므로 온 몸의 지체들은 머리이신 그리스도를 붙들고 머리로 말미암아 공급함을 얻으며 연합하여 하나님이 자라게 하심으로 자라는 것이다(골 1:19). 이 일에 있어서 성도들은 매우 주의해야 한다. 서로 동역하고 연결되고 건축되는 것은 필요한 일이지만 이 모든 것은 반드시 그리스도로 말미암아야 가치가 있다. 이것이 바로 생명의 연결이요 건축이다.

4. 또 한 마디 인상 깊은 말은 '장단을 같게 하라'는 것이다(9,15절). 이는 성막의 매 폭의 장을 같게 하기 위한 것이다. 이것은 성막의 널판들에도 적용된다. 모든 널판들은 그 치수가 같아야 하기 때문이다. 고린도 전서 12장에 의하면 그리스도의 몸의 지체들은 고르게 될 필요가 있다(24절). 부족한 지체에게는 존귀를 더해 주어야 하고 이미 충분히

아름다운 지체는 요구할 것이 없다. 이럴 때 몸 가운데 분쟁이 없게 된다. 만일 몸 가운데서 부족한 지체는 무시당하고 존귀한 지체는 더욱더 존귀함을 얻는다면 그것은 고르게 함이 없는 것이다. 우리는 오늘날 우리가 몸담은 교회의 상황이 어떤지를 살펴보아야 한다. 많은 사람들이 성경적인 교회를 재현하고자 하는데, 이는 매우 기쁜 일이다. 그러나 그러한 교회는 이렇게 작은 일부터 실천될 때 가능할 것이다. 이러한 일 또한 생명과 성령의 역사를 떠나서는 이루어질 수 없다.

출애굽기 37장

언약궤를 만듦

1-5절, 브살렐이 조각목으로 궤를 만들었으니 장이 이 규빗 반, 광이 일
규빗 반, 고가 일 규빗 반이며 2 정금으로 안팎을 싸고 윗가로 돌아가며
금테를 만들었으며 3 금고리 넷을 부어 만들어 네 발에 달았으니 곧 이편
에 두 고리요 저편에 두 고리며 4 조각목으로 채를 만들어 금으로 싸고 5
그 채를 궤 양편 고리에 꿰어 궤를 메게 하였으며

속죄소를 만듦

6-9절, 정금으로 속죄소를 만들었으니 장이 이 규빗 반, 광이 일 규빗
반이며 7 금으로 그룹 둘을 속죄소 양편에 쳐서 만들었으되 8 한 그룹은
이편 끝에, 한 그룹은 저편 끝에 곧 속죄소와 한 덩이로 그 양편에 만들었
으니 9 그룹들이 그 날개를 높이 펴서 그 날개로 속죄소를 덮으며 그 얼굴
을 서로 대하여 속죄소를 향하였더라

진설병 상을 만듦

10-16절, 그가 또 조각목으로 상을 만들었으니 장이 이 규빗, 광이 일
규빗, 고가 일 규빗 반이며 11 정금으로 싸고 윗가로 돌아가며 금테를 둘
렀으며 12 그 사면에 손바닥 넓이만한 턱을 만들고 그 턱 주위에 금으로
테를 만들었고 13 상을 위하여 금고리 넷을 부어 만들어 네 발 위 네 모퉁
이에 달았으니 14 그 고리가 턱 곁에 있어서 상을 메는 채를 꿰게 하였으
며 15 또 조각목으로 상 멜 채를 만들어 금으로 쌌으며 16 상 위의 기구 곧
대접과 숟가락과 잔과 붓는 병을 정금으로 만들었더라

등대를 만듦

17-24절, 그가 또 정금으로 등대를 만들되 그것을 쳐서 만들었으니 그
밑판과 줄기와 잔과 꽃받침과 꽃이 그것과 한 덩이로 되었고 18 여섯 가
지가 그 곁에서 나왔으니 곧 등대의 세 가지는 저편으로 나왔고 등대의 세
가지는 이 편으로 나왔으며 19 이 편 가지에 살구꽃 형상의 잔 셋과 꽃받
침과 꽃이 있고 저편 가지에 살구꽃 형상의 잔 셋과 꽃받침과 꽃이 있어
등대에서 나온 여섯 가지가 그러하며 20 등대 줄기에는 살구꽃 형상의 잔
넷과 꽃받침과 꽃이 있고 21 등대에서 나온 여섯 가지를 위하여는 꽃받침
이 있게 하였으되 두가지 아래 한 꽃받침이 있어 줄기와 연하였고 또 두
가지 아래 한 꽃받침이 있어 줄기와 연하게 하였으니 22 이 꽃받침과 가
지들을 줄기와 연하여 전부를 정금으로 쳐서 만들었으며 23 등잔 일곱과
그 불집게와 불똥 그릇을 정금으로 만들었으니 24 등대와 그 모든 기구는
정금 한 달란트로 만들었더라

분향단을 만듦

25-29절, 그가 또 조각목으로 분향할 단을 만들었으니 장이 일 규빗이
요 광이 일 규빗이라 네모 반듯하고 고는 이 규빗이며 그 뿔들이 단과 연

하였으며 26 단 상면과 전후 좌우면과 그 뿔을 정금으로 싸고 주위에 금테를 둘렀고 27 그 테 아래 양 편에 금고리 둘을 만들었으되 곧 그 양 편에 만들어 단을 메는 채를 꿰게 하였으며 28 조각목으로 그 채를 만들어 금으로 쌌으며 29 거룩한 관유와 향품으로 정결한 향을 만들었으되 향을 만드는 법대로 하였더라

1. 36장의 성막 만드는 일은 마음이 지혜로운 모든 사람이 동참하여 만들었다. 하나님의 성막을 건축하는 일에 있어서는 어떤 능력보다는 마음이 지혜로운 것이 요구되었다.이것은 신약의 교회를 건축하는 일에도 마찬가지이다. 사도 바울은 자신이 지혜로운 건축자라고 말했다. 성도들을 연결하고 하나 안에 건축하는 일은 그 자체가 상당한 지혜가 요구되는 일이다. 나는 진정으로 하나님의 사역을 수행하는 그릇들을 대할 때 다른 것이 아니라 그들이 가진 지혜에 관하여 감상을 하곤 한다.그들은 어디서 그러한 지혜를 얻었는가? 그것은 분명 타고난 지혜는 아니다. 그들은 그러한 지혜를 거듭난 후 주님을 섬기는 가운데 하늘의 그리스도로부터 얻었다. 그러므로 에베소서 1장 17절에는 지혜가 영에 있는 것임을 말해준다. 당신이 주님의 교회를 영안에서 신실하게 오랫동안 섬긴다면 하나님으로부터 지혜를 얻게될 것이다.

1절은 브살렐과 오홀리압과 마음이 지혜로운 사람, 곧 여호와께로부터 지혜와 총명을 얻은 자들에 의해 성막 만드는 일이 수행되어야 함을 말한다. 그들에 의해 성막 앙장과 염소털 앙장, 널판들, 띠, 간막이 휘장이 만들어졌다. 37장의 언약궤와 진설병 상과 등대와 분향단과 관유와 향품은 브살렐에 의해 만들어졌다. 이렇게 성막 건축에는 브살렐(금, 은, 놋의 일과 보석을 깎아 물리는 일과 나무를 새기는 일)과 오홀리압(조각, 실 작업, 수작업 등)과 많은 지혜로운 사람들이 동원되었다. 그럼에도 가장 중요한 부분은 브살렐이 맡았고 오홀리압은 그와 함께하였으며 또 많은 지혜로운 자들이 자원하여 동참했다. 이들은 모두 브살렐과 오홀리압의 지시와 감독 아래서 순종하며 일했을 것이다. 하나님의 역사에는 어지러움이 없다(고전 14:33).

2. 36장부터의 내용은 26장부터의 내용의 반복이다. 26장부터의 내용은 계시이고 36장부터의 내용은 그것을 실행에 옮긴 것을 기록한 것이다. 하나는 청사진이고 하나는 실제적인 건축이다. 이스라엘 사람들은 그 내부를 볼 수 없었지만 말씀을 통해서 알 수 있었다. 이는 우리가 주 예수님을 보지 못했으나 믿고 사랑할 수 있는 것과 같다. 당시 소수의 사람들은 그들이 본 것들을 많은 사람을 위해 기록해 놓았다. 주 예수님은 보지 못하고 믿는 자들이 더 복되다고 하신다. 성막에 대하여 모세는 반복된다는 인상을 우려하지 않고 하나하나 자세히 기록해 두었다. 그러므로 이스라엘 백성은 그 모든 것들을 직접 볼 수는 없었지만 반복해서 읽음으로 믿을 수 있었던 것이다. 신약 사복음서는 각각 네 기자가 기록했는데, 예수 그리스도에 대하여 많은 부분이 반복적이지만 읽을수록 도움이 되는 것과 같다.

3. 이로써 우리가 알 수 있는 것은 하나님은 그분의 종들이 그분을 섬길 때 그분이 말씀하신 대로 순종하는 것을 매우 기뻐하신다는 것이다. 가령 하나님은 성막의 앙장을 붉은 색과 청색과 자색을 사용하라고 하셨는데, 사람이 임의로 노란 색을 집어넣어 더욱 예쁜 모양을 내려 한다면 하나님은 기뻐하지 않으실 것이다. 오늘날 하나님을 섬기는 사람들은 자신의 할 수 있음을 신뢰하지 말고 그분이 명령하시고 보여주신 것이 무엇인가를 더 중요시해야 한다. 하나님은 그분의 종들이 그분이 하신 말씀대로 순종하며 일한 것에 대해 그날 그대로 보상해 주실 것이다. 아, 하나님을 섬기는 일에서 많은 사람들이 소위 하나님을 위한 일임을 표방하며 자기 임의로 한다! 그 일이 아무리 크고 위대해 보일지라도 진리의 말씀에 비추어 확증될 수 없는 것이라면 하나님께서

는 '너희를 도무지 모르겠노라' 하실 것이며 '불법을 행한 자들'이라고 하실 것이다.

마태복음 7장에서 주님은 그날에 많은 사람들이(적은 사람들이 아니다) 주님께 와서 자신들이 한 일을 가지고 자랑할 것인데-그들은 귀신을 쫓아내고 선지자 노릇 하고 주의 이름으로 많은 권능을 행한 자들이다-주님은 그들을 도무지 모르겠다고 하시면서 "불법을 행한 자들아 내게서 떠나가라" 하실 것이라고 말씀하셨다. 이는 그들이 하나님을 '위하여' 일하지 않았기 때문이 아니라 주님의 말씀을 잘 듣고 그분의 '뜻대로' 일하지 않았기 때문이다(마 7:21-27). 빌라델비아 교회는 비록 적은 능력을 가졌지만 그분의 말씀을 지킴으로 칭찬을 받았다(계 3:8).

4. 또한 이 성막은 분명 오늘날 교회의 예표이다. 사복음서에서 성령님이 그리스도를 네 방면에서 기록하기를 기뻐하신 것처럼 출애굽기에서 교회의 예표가 되는 성막에 대해서도 반복해 말씀하시기를 기뻐하신다. 이는 하나님께서 그리스도를 사랑하시고 기뻐하시는 것처럼 그리스도는 그분의 교회를 기뻐하심을 보여주는 듯하다. 성막으로 예표된 교회는 성막의 널판으로부터 뜰에 이르기까지 한 항목 한 항목이 볼수록 아름답고 기묘하다. 그러므로 시편 기자들은 주님의 거처에 대하여 노래하기를 "주의 종들이 시온의 돌들을 즐거워하며 그 티끌도 연휼히 여기나이다"(시 102:14)라고 하였고 "시온을 편답해보며 순행해보며 그 망대들을 계수해보라"(시 48:12)고 했다. 즉 하나님의 거처의 아름다움을 지극히 사랑하는 마음으로 감상하며 노래한 것이다. 오늘날에도 참되게 건축되어 가는 교회를 보는 것은 모든 주님을 사랑하는 자들과 주님의 종들의 마음에 기쁨이 된다. 주님께는 더 말할 나위가 없다.

5. 37장에서는 성막의 주된 항목들이 만들어졌다. 언약궤와 속죄소와 그룹들이다. 또 진설병 상과 등대와 분향단과 관유와 향품이다. 이 모든 항목들은 신약의 교회에도 없어서는 안 될 것들이다. 언약궤 위 속죄소는 피가 뿌려지는 곳이며 그곳에서 하나님과의 교통이 이루어진다. 또한 그곳에 하나님이 임재하신다. 우리는 이 구절에서 언약궤와 속죄소를 구분하여 언급하는 것에 대하여 주목해 보아야 한다. 우리가 다 알듯이 속죄소는 언약궤의 뚜껑이다. 그런데 하나님은 언약궤와 그 뚜껑인 속죄소를 함께 말하지 않고 항목을 구분하여 말씀하신다. 이것은 그분이 그분의 택한 백성들과의 만남을 얼마나 소중히 여기시는가를 말씀해주는 것이다. 속죄소는 하나님이 우리와 만나시고자 하는 자리이다. 또한 은혜를 베푸시고자 하는 자리이다. 하나님은 얼마나 우리와 만나고 싶어 하시며 긍휼을 베풀고자 하시는지! 속죄소는 다른 말로 '긍휼의 자리' (mercy seat)라고 부른다. 하나님은 그곳에서 그분의 택한 백성들에게 긍휼을 베풀고자 하신다.

또한 그 뚜껑위에는 피가 뿌려지는 곳이다. 이것은 하나님의 교회안에는 그리스도의 증거인 언약궤가 있어야 할 뿐 아니라 보혈이 뿌려진 속죄소가 있어야 함을 말한다. 보혈을 귀히 여기지 않고 그 피의 공로를 힘입지 않은 사람들은 분명 하나님의 말씀하심과 그분과의 정상적인 교통과 하나님의 임재를 얻지 못할 것이다. 하나님의 집 안에는 풍족한 음식이 있다. 하나님은 항상 열두 개의 신선한 떡을 그분의 자녀들을 위해 준비해두신다. 항상 하나님의 존전에 나아가며 그분의 임재 안에 사는 사람이라면 신선한 그분의 음식을 얻을 수 있다. 그렇지 않으면 묵은 떡이나 곰팡이가 핀 떡을 자신이 먹을 뿐 아니라 남들에게도 나눠주게 된다.

등대는 항상 빛을 발해야 한다. 교회는 언제나 성령으로 충만하여 어두운 세상에서 빛을 발해야 한다. 빛이란 성도들의 착하고 의로운 행실들이다. 산상수훈에서 주님이 주신 말씀대로 사는 삶만이 사람들에게 빛이 될 수 있고 어둠을 밝힐 수 있다. 하나님께서 이 땅에 교회를 두신 것은 세상에 빛이 되게 하려 하심이다. 우리가 이러한 삶을 살 수 있음을 인하여 하나님께 감사하고 찬미한다.

또 관유와 향품이 있다. 교회는 하나님의 영으로 충만되어야 한다. 교회의 모든 일은 성령 안에서 수행되어야 한다. 또한 성령께 주권이 드려져야 한다. 사람의 주장이나 의견이 없어야 하고 오직 성령만이 모든 일에서 의장(議長)이 되셔야 한다. 또한 교회에는 향이 가득해야 한다. 향이 있으려면 성도들의 헌신이 있어야 하며 십자가를 체험하는 것이 있어야 한다. 죽음과 부활의 체험들이 향을 산출한다.

6. 37장에 가장 많이 나오는 단어는 단연 '금'이다. 모든 항목이 다 금을 주된 요소로 하여 만들어진다. 금은 하나님의 본성을 나타내는 것으로서 변치 않는다는 특징이 있고 깨끗하고 순수하며 가장 가치가 있다. 하나님의 자녀들은 금을 그의 성분으로 소유해야 한다. 불순한 것과 변하는 것은 금이 아니다. 불순한 동기와 여러 가지가 섞여 있는 불순한 의도는 다 하나님의 성분인 금과는 거리가 멀다. 하나님의 교회는 금의 성분으로 건축되어야지 나무나 짚이나 풀로 건축되어서는 안 된다. 우리는 성도들과의 영원히 변치않는 그리스도 생명 안의 교통과 관계성을 얼마나 사모하는지!

오늘날은 말세로서 배반이 많고 변절이 많다. 이러한 것들은 다 변하는 것이다. 많은 사람들이 세월을 따라 환경을 따라 금전을 따라 변한다. 변함없는 믿음이 참 믿음이다. 변함없는 사랑이 참 사랑이다. 변함없는 순종이 참 순종이다. 모든 변하는 것들은 결코 금이 아니다. 하나님께 속한 것이 아니라는 말이다. 하나님은 회전하는 그림자도 없으시고 변함도 없으시다(약 1:17). 하나님의 교회의 구성원들은 그 특징이 금이어야 한다. 성소와 지성소 안에 있는 거의 모든 항목이 금으로 되어 있다.

출애굽기 38장

번제단을 만듦

1-7절, 그가 또 조각목으로 번제단을 만들었으니 장이 오 규빗이요 광이 오 규빗이라 네모 반듯하고 고는 삼 규빗이며 2 그 네 모퉁이 위에 그 뿔을 만들되 그 뿔을 단과 연하게 하고 단을 놋으로 쌌으며 3 단의 모든 기구 곧 통과 부삽과 대야와 고기 갈고리와 불 옮기는 그릇을 다 놋으로 만들고 4 단을 위하여 놋 그물을 만들어 단 사면 가장자리 아래 두되 단 절반에 오르게 하고 5 그 놋 그물 네 모퉁이에 채를 꿸 고리 넷을 부어 만들었으며 6 채를 조각목으로 만들어 놋으로 싸고 7 단 양편 고리에 그 채를 꿰어 메게 하였으며 단은 널판으로 비게 만들었더라

물두멍을 만듦

8절, 그가 놋으로 물두멍을 만들고 그 받침도 놋으로 하였으니 곧 회막문에서 수종드는 여인들의 거울로 만들었더라

성막 뜰을 만듦

9-20절, 그가 또 뜰을 만들었으니 남으로 뜰의 남편에는 세마포 포장이 백 규빗이라 10 그 기둥이 스물이며 그 받침이 스물이니 놋이요 기둥의 갈고리와 가름대는 은이며 11 그 북편에도 백 규빗이라 그 기둥이 스물이며 그 받침이 스물이니 놋이요 기둥의 갈고리와 가름대는 은이며 12 서편에 포장은 오십 규빗이라 그 기둥이 열이요 받침이 열이며 기둥의 갈고리와 가름대는 은이며 13 동으로 동편에도 오십 규빗이라 14 문 이편의 포장이 십오 규빗이요 그 기둥이 셋이요 받침이 셋이며 15 문 저편도 그와 같으니 뜰문 이편, 저편의 포장이 십오 규빗씩이요 그 기둥이 셋씩, 받침이 셋씩이라 16 뜰 사면의 포장은 세마포요 17 기둥 받침은 놋이요 기둥의 갈고리와 가름대는 은이요 기둥머리 싸개는 은이며 뜰의 모든 기둥에 은 가름대를 꿰었으며 18 뜰의 문장을 청색 자색 홍색실과 가늘게 꼰 베실로 수 놓아 짰으니 장은 이십 규빗이요 광 곧 고는 뜰의 포장과 같이 오 규빗이며 19 그 기둥은 넷인데 그 받침 넷은 놋이요 그 갈고리는 은이요 그 머리 싸개와 가름대도 은이며 20 성막 말뚝과 뜰의 사면 포장 말뚝은 다 놋이더라

성막과 그 기구들을 만드는 데 사용된 금, 은, 놋의 총량 계산

21-31절, 성막 곧 증거막을 위하여 레위 사람의 쓴 재료의 물목은 제사장 아론의 아들 이다말이 모세의 명대로 계산하였으며 22 유다 지파 훌의 손자요 우리의 아들인 브살렐은 여호와께서 모세에게 명하신 모든 것을 만들었고 23 단 지파 아히사막의 아들 오홀리압은 그와 함께 하였으니 오홀리압은 재능이 있어서 조각하며 또 청색 자색 홍색실과 가는 베실로 수 놓은 자더라 24 성소 건축 비용으로 드린 금은 성소의 세겔대로 이십구 달란트와 칠백삼십 세겔이며 25 조사를 받은 회중의 드린 은은 성소의 세겔대로 일백 달란트와 일천칠백칠십오 세겔이니 26 조사를 받은 자가 이십 세 이상으로 육십만 삼천오백오십 명인즉 성소의 세겔대로 매인에게

은 한 베가 곧 반 세겔씩이라 27 은 일백 달란트로 성소의 판장 받침과 문
장 기둥 받침 합 일백을 부어 만들었으니 매 받침에 한 달란트씩 합 일백
달란트요 28 일천칠백칠십오 세겔로 기둥 갈고리를 만들고 기둥머리를
싸고 기둥 가름대를 만들었으며 29 드린 놋은 칠십 달란트와 이천사백 세
겔이라 30 이것으로 회막문 기둥 받침과 놋 단과 놋 그물과 단의 모든 기
구를 만들었으며 31 뜰 사면의 기둥 받침과 그 문장 기둥 받침이며 성막의
모든 말뚝과 뜰 사면의 모든 말뚝을 만들었더라

1. 38장에서는 놋제단(1-7절)과 물두멍(8절)이 만들어졌다. 또한 장막이 세워질 뜰을 둘러 치는 세마포장(9-20절)이 만들어졌다. 그리고 성막을 건축하기 위해 사용된 금, 은, 놋의 총량이 계산되었다.

2. 38장에 많이 나오는 단어는 놋과 은이다. 놋은 심판을 의미하고 은은 구속을 의미한다. 이는 사람이 하나님의 임재 앞에 나아가려면 심판과 구속을 통과해야 함을 의미한다. 심판되지 않고 구속되지 않은 어떤 육체도 하나님의 성소에 들어갈 수 없다. 번제단은 십자가를 예표하고 물두멍은 말씀의 물로 씻음을 표징한다. 십자가에서 죄와 육체가 처리되고 말씀으로 씻어져야만 성소의 항목들을 체험하기 위해 나아갈 수 있다. 주님은 믿는 우리가 온 몸을 씻은 자와 같이 이미 깨끗하다고 하시지만 또 여전히 씻어야 한다.

요한복음 13장은 물두멍의 문제를 이해하는 데 도움이 된다. 제사장으로서 성소에서 섬기고자 하는 자들은 반드시 물두멍에서 수족을 씻어야 했다. 그들이 제사장 의복을 입기 위해서 온 몸을 씻을지라도(출 29:4) 성막에서 섬기기 위해서는 여전히 물두멍에서 수족을 씻어야 했다. 그들이 만일 수족을 씻지 않고 성막에서 섬기다가는 죽임을 당할 수 있었다(출 30:21). 마찬가지로 오늘날 우리가 주님과의 계속적인 교제 안에 있으려면 그분의 말씀과 성도들과의 교제를 통해 씻는 것이 필요하다. 주님은 베드로가 이미 목욕한 자이고 온 몸이 깨끗하지만 새로이 주님의 발 씻음을 받지 않으면 주님과 아무 관계가 없다고 하셨다(요 13:5-8). 과연 성막 안에 있는 한 항목이라도 중요하지 않은 것이 없고 의미 없는 것이 없다. 번제단이 예표하는바 십자가의 구속을 얻지 못한 자는 하나님의 존전에 들어갈 수 없고, 십자가의 구속을 얻고 이미 씻음받은 자라도 물두멍에서 씻지 않으면 하나님과의 교제를 지속할 수 없다. 물두멍은 8절 한 구절로 짧게 기록되었으나 결코 소홀히 여겨서는 안 된다. 성경의 작은 한 말씀도 중요하지 않은 말씀이 없다. 절대로 신자들은 번제단에서의 씻음으로 족하고 물두멍은 대강 지나가도 된다고 생각하지 말기 바란다.

3. 9-20절은 뜰과 세마포장을 만든 것의 기록이다. 회막의 울타리를 형성하는 세마포장의 길이와 너비는 남북이 백 규빗씩이고 동서가 오십 규빗이니 미터로 치면 45미터에 22.5미터이다. 즉 그렇게 넓은 면적이 아니다. 이것을 볼 때 우리는 쉽게 이것이 장래 있을 무언가를 생각나게 하는 것임을 알 수 있다. 실제의 것으로 보기에는 너무나 작은 규모가 아닐 수 없다. 하나님께서 이스라엘 자손에게 이것을 만들라고 하실 때 장래 있을 더 좋은 실제의 것을 암시적으로 보이신 것이다. 이는 신약에서 사도가 말했듯이 장래 있을 좋은 것의 그림자인 것이다. 이것이 이 시대에는 교회로 실현되며 오는 시대에는 천년왕국으로, 영세에는 새 예루살렘으로 완성될 것이다. 새 예루살렘은 모든 믿는이들이 거하는 영원한 축복의 처소이다.

뜰 사면의 포장은 세마포이다(16절). 세마포는 고운 실로 되어 있으며 색깔이 희다. 이는 교회가 세상과 분별됨을 의미한다. 세상과의 분별은 이렇게 놋과 은과 세마포로 이루어진다. 심판과 구속과 성도들의 의로운 행실이 분별을 이루는 것이다. 외부 사람들이 교회를 볼 때 그 색깔이 희고 고와야 한다. 또한 그것이 세상과의 경계가 되어야 한다.

교회에 울타리가 없으면 아무것이나 섞여서 혼잡될 우려가 있다. 죄인이 교회에 올 수 있는가? 당연히 올 수 있다. 병원에 환자가 올 수 있는가? 물론이다. 그러나 교회에 들어온 죄인은 세상에 있는 원래 그대로의 죄인과 다르다. 교회에 들어온 죄인은 번제단과 물두멍을 통과하여 색깔이 희게 된다. 그들은 원래 죄인이었으나 그리스도의 피로 씻음을 받아 눈보다 더 희게 되었다(사 1:18). 오늘날 만일 이런 세마포장의 경계가 없는 교회가 있다면 성막의 식양대로 하고 있지 않음을 알아야 한다. 교회를 찾아오는 죄인들은 반드시 복음으로 영생의 문제를 해결해주지 않으면 안 된다. 선명한 세마포의 경계가 없으면 하나님의 교회의 간증이 없게 된다.

4. 21-31절은 성소를 건축하기 위해 드려진 재료의 물목(物目)에 대한 계산서이다. 이 부분에서 성막을 만드는 데 소용된 금과 은과 놋의 총량을 계산했다. 이 계산은 모세가 시켜 아론의 아들 이다말이 했다. 또한 이 공사를 주로 맡은 두 사람-브살렐과 오홀리압-을 다시금 언급한다. 금과 놋은 성도들이 자원하여 드린 것을, 은은 생명의 속전 곧 성소의 세겔대로 반 세겔씩 드린 것을 사용하였다. 그러므로 성막 건축에 이스라엘 자손 중 20세 이상 되는 남자는 다 참여한 셈이다. 여기 드린 사람들의 인수가 정확하게 기록되어 있는데, 육십만 삼천 오백 오십 명이다. 이 숫자는 제1차 인구 조사 때의 결과와 동일하다(민 1:46). 이는 생명의 속전을 지불한 사람들은 모두 군대로 편성될 수 있음을 암시한다.

놋은 칠십 달란트와 이천 사백 세겔인데, 여기에 물두멍에 사용된 놋은 계산되지 않았다. 물두멍은 회막에서 수종드는 여인들의 거울로 만들어졌는데, 그들은 하나님을 섬기는 일을 하다 보니 그 귀한 일에 자신들의 것을 드리지 않고는 견딜 수 없었을 것이다. 그래서 아마도 이 부분만큼은 자신들의 것을 사용해달라고 간청했을 것이다(고후 8:4).

하나님을 섬기는 일에 가까이 있는 사람들은 누구든지 그 귀함과 영광스러움을 만지게 되고 결국 헌신하지 않을 수 없게 된다. (아마 그들은 물두멍을 만드는 일에 자신들의 것을 드리고는 감독들에게 이것은 부끄러우니 계산에 넣지 말아달라고 부탁한 것 같다. 그들은 이 거룩한 일에 자신들의 것이 드려진 것만으로도 감사하게 여기는 것이다.) 그들은 이전에는 하루에도 몇 번씩 거울을 보면서 단장하고 또 자신의 미(美)를 감상하곤 했을 것이다. 그러나 그들은 하나님의 거처에서 하나님을 섬기는 영광을 본 뒤에 자신들의 필요를 잃어버리게 되었다. 이는 참으로 아름다운 헌신이다. 그들은 과거의 죽은 몸의 행실과 옛 습관을 처리한 것만으로도 하나님께 감사했을 것이며 또한 그것이 도리어 하나님의 일에 귀히 쓰일 수 있다는 사실에 더욱 감사했을 것이다. 신약성경에도 자신들의 소유로 주님을 섬긴 자매들의 귀한 헌신이 이곳저곳에 기록되어 있다.

여기서 우리는 하나님의 속성 가운데 하나인 정확함을 배울 수 있다. 주 예수님은 오병이어로 오천 명을 먹이신 후 남은 것을 버리지 않고 부스러기까지 다 모으게 하시어 계산하셨다. 모세가 성막을 지을 때 드려진 금과 은과 놋의 총량이 정확하게 계산된 것은 매우 중요한 일이다. 이것은 오늘날 교회에서도 그대로 실행되어야 한다. 교회 안에서 사용되는 물질이나 성도들이 드린 헌금이나 재정 상황은 언제나 정확하게 계산되어야 하고 그 명세가 분명해야 한다. 또 이것을 맡은 사람이 누구인가도 분명해야 한다.

출애굽기 39장

대제사장의 옷을 만듦

1절, 그들이 여호와께서 모세에게 명하신 대로 청색 자색 홍색실로 성
소에서 섬기기 위한 정교한 옷을 만들고 또 아론을 위한 거룩한 옷을 만들
었더라

에봇을 만듦

2-7절, 그가 또 금실과 청색 자색 홍색실과 가늘게 꼰 베실로 에봇을 만
들었으되 3 금실을 얇게 쳐서 오려서 실을 만들어 청색 자색 홍색실과 가
는 베실에 섞어 공교히 짜고 4 에봇을 위하여 견대를 만들어 그 두 끝에
달아 서로 연하게 하고 5 에봇 위에 에봇을 매는 띠를 에봇과 같은 모양으
로 금실과 청색 자색 홍색실과 가늘게 꼰 베실로 에봇에 붙여 짰으니 여호
와께서 모세에게 명하신 대로 하였더라 6 그들이 또 호마노를 깎아 금테
에 물려 인을 새김 같이 이스라엘의 아들들의 이름을 그것에 새겨 7 에봇
견대에 달아 이스라엘 자손의 기념 보석을 삼았으니 여호와께서 모세에
게 명하신 대로 하였더라

판결 흉패를 만듦

8-21절, 그가 또 흉패를 공교히 짜되 에봇과 같은 모양으로 금실과 청
색 자색 홍색실과 가늘게 꼰 베실로 하였으니 9 그것의 장이 한 뼘, 광이
한 뼘으로 네모 반듯하고 두 겹이며 10 그것에 네 줄 보석을 물렸으니 곧
홍보석 황옥 녹주옥이 첫 줄이요 11 둘째 줄은 석류석 남보석 홍마노요 12
셋째 줄은 호박 백마노 자수정이요 13 넷째 줄은 녹보석 호마노 벽옥이라
다 금테에 물렸으니 14 이 보석들은 이스라엘 아들들의 이름 곧 그들의 이
름대로 열둘이라 인을 새김 같이 그 열두 지파의 각 이름을 새겼으며 15
그들이 또 정금으로 사슬을 노끈처럼 땋아 흉패에 붙이고 16 또 금테 둘과
금고리 둘을 만들어 그 두 고리를 흉패 두 끝에 달고 17 그 두 땋은 금사슬
을 흉패 끝 두 고리에 꿰어 매었으며 18 그 땋은 두 사슬의 다른 두 끝을
에봇 앞 두 견대의 금테에 매고 19 또 금고리 둘을 만들어 흉패 두 끝에 달
았으니 곧 그 에봇에 대한 안쪽 가에 달았으며 20 또 금고리 둘을 만들어
에봇 앞 두 견대 아래 매는 자리 가까운 편 곧 공교히 짠 에봇 띠 윗편에
달고 21 청색 끈으로 흉패 고리와 에봇 고리에 꿰어 흉패로 공교히 짠 에
봇 띠 위에 붙여서 에봇을 떠나지 않게 하였으니 여호와께서 모세에게 명
하신 대로 하였더라

에봇 받침으로 사용된 긴 옷을 만듦

22-26절, 그가 에봇 받침 긴 옷을 전부 청색으로 짜서 만들되 23 그 옷
의 두 어깨 사이에 구멍을 내고 갑옷 깃 같이 그 구멍 주위에 깃을 짜서 찢
어지지 않게 하고 24 청색 자색 홍색실과 가는 베실로 그 옷 가장자리에
석류를 수 놓고 25 정금으로 방울을 만들어 그 옷 가장자리로 돌아가며 석
류 사이 사이에 달되 26 방울과 석류를 서로 간격하여 공직하는 그 옷 가
장자리로 돌아가며 달았으니 여호와께서 모세에게 명하신 대로 하였더라

아론과 그 아들들을 위한 속옷을 만듦

27-31절, 그들이 또 직조한 가는 베로 아론과 그 아들들을 위하여 속옷을 짓고 28 세마포로 두건을 짓고 세마포로 빛난 관을 만들고 가는 베실로 짜서 세마포 고의들을 만들고 29 가는 베실과 청색 자색 홍색실로 수놓아 띠를 만들었으니 여호와께서 모세에게 명하신 대로 하였더라 30 그들이 또 정금으로 거룩한 패를 만들고 인을 새김 같이 그 위에 여호와께 성결이라 새기고 31 그 패를 청색 끈으로 관 전면에 달았으니 여호와께서 모세에게 명하신 대로 하였더라

여호와의 지시하신 대로 성막의 모든 물품들을 만든 결과 축복을 얻음

32-43절, 이스라엘 자손이 이와 같이 성막 곧 회막의 모든 역사를 준공하여 여호와께서 모세에게 명하신 대로 다 행하고 33 그들이 성막을 모세에게로 가져왔으니 곧 막과 그 모든 기구와 그 갈고리들과 그 널판들은 그 띠들과 그 기둥들과 그 받침들과 34 붉은 물 들인 수양의 가죽 덮개와 해달의 가죽 덮개와 가리우는 장과 35 증거궤와 그 채들과 속죄소와 36 상과 그 모든 기구와 진설병과 37 정금 등대와 그 잔 곧 벌여놓은 등잔과 그 모든 기구와 등유와 38 금단과 관유와 향기로운 향과 장막 문장과 39 놋단과 그 놋 그물과 그 채들과 그 모든 기구와 물두멍과 그 받침과 40 뜰의 포장들과 그 기둥들과 그 받침들과 뜰 문의 장과 그 줄들과 그 말뚝들과 회막의 소용 곧 성막의 모든 기구와 41 성소에서 섬기기 위한 정교한 옷 곧 제사 직분을 행할 때에 입는 제사장 아론의 거룩한 옷과 그 아들들의 옷이라 42 여호와께서 모세에게 명하신 대로 이스라엘 자손이 모든 역사를 필하매 43 모세가 그 필한 모든 것을 본즉 여호와께서 명하신 대로 되었으므로 그들에게 축복하였더라

1. 이 장에 '여호와의 명하신 대로'라는 구절이 열 번 나온다(1,5,7,21,26,29,31,32,42,43절). 이는 제사장의 의복을 만드는 일에 있어서 철저하게 하나님의 명하신 대로 되는 것이 매우 중요함을 보여준다. 하나님을 섬기는 자의 일이 하나님의 명대로 이루어지는 것이 얼마나 중요하면 열 번이나 거듭거듭 이 말을 했겠는가! 출애굽기를 공부하는 사람이라면 누구나 이것에 대해 깊은 인상을 받기 바란다. 이 세상 일이라면 모르지만 하나님을 섬기는 일은 결코 사람이 임의로 할 수 없음을 알아야 한다. 반드시 하나님의 말씀과 성경의 본에 의해 통제를 받아야 한다. 이는 장막의 다른 기구들을 만들 때보다 훨씬 강조되었는데, 그것은 다른 일에서보다 사람이 쉽게 임의로 할 수 있기 때문일 것이다. 오늘날에도 하나님의 교회의 문제는 섬기는 자들에게 책임이 더 많다. 즉 임의로 하여 생기는 문제가 성도들보다는 섬기는 자 쪽에 훨씬 더 많을 수 있다는 것을 이미 모세 때에 경고하신 것이다.

섬김에 관한 주님의 가르침을 한 가지만 들어보자. 주님은 제자들에게 이방인의 집권자들이 사람들을 임의로 주관하며 대인들이 소인들에게 권세를 부리는 식으로 섬겨서는 안된다고 가르치셨다(마 20:25). 주님은 '누구든지 너희 중에 크고자 하는 자는 너희를 섬기는 자가 되어야 한다'고 말씀하셨다. 또 한 가지를 말한다면 사도 바울은 우리 강한 자가 마땅히 연약한 자의 약점을 담당하고 자기를 기쁘게 하지 말아야 한다고 가르쳤다. 나는 이런 말씀들이 '여호와의 명하심대로' 섬겨야 하는 것들이라고 믿는다.

2. 이 옷의 특징은 섬김의 옷이라는 것이다. 대제사장의 옷의 두드러진 표시는 흉패이고 거기에 열두 보석이 달려 있다. 또한 견대에는 이스라엘 열두 아들들의 이름이 새겨진 호마노가 있다. 그리고 그것을 단단하게 매어 에봇을 떠나지 않게 해야 한다고 하였다. 즉 제사장은 하나님을 섬기되 그분의 자녀들인 이스라엘 열두 지파를 섬겨야 한다는

뜻이다. 성도들을 가슴에 품은 자가 아니면 참된 제사장이 아니다. 여기 대제사장의 가슴에는 열두 지파가 다 있다. 참된 하나님의 종이라면 자신이 인도하는 한 무리만을 가슴에 품어서는 안 된다. 이스라엘 전부를 품어야 한다. 어떤 지파가 조금 문제가 있다 해도 여전히 그 이름을 제할 수 없다. 이 땅에 있는 하나님의 백성들이 혼란되어 이곳저곳에 흩어져 있다 해도 참된 하나님의 종이라면 그들 모두를 가슴에 품고 기도하며 섬겨야 한다. 하나님은 모든 백성의 하나님이시기 때문이다.

어떤 제사장이 흉패에 보석 한두 개만 달고 있다 하자. 그것이 하나님의 명령대로 만든 것인가? 그렇지 않다. 모든 보석이 다 그 가슴에 달려 있어야 한다. 그리고 그 모든 보석들을 하나님의 것들로 소중히 여겨야 한다. 제사장들은 결코 자신의 가슴에 돌이나 구리나 납덩이가 달려 있다고 여겨서는 안 된다. 다 보석들이요 보물들이다. 또 단단히 붙잡아 매어 잠시도 떠나지 않게 해야 한다. 아무리 어렵게 하고 괴롭혀도 떨쳐버릴 수 없다.

3. 옷의 두 어깨 사이에 구멍을 내되 갑옷 깃같이 그 구멍 주위에 깃을 짜서 찢어지지 않게 해야 한다(23절). 이는 사탄의 시험이나 어떤 어려움이 있어도 하나님을 섬기는 자의 신분을 탈취당하거나 손상당하지 않게 해야 함을 의미한다. 바울 사도는 디모데에게 몇 번이나 네 연소함을 업신여기지 못하게 하라고 주의를 주었다. 또한 말과 행실과 믿음과 정절과 사랑에 사람들의 본이 되라고 말했다. 이는 다 하나님을 섬기는 자들의 마땅한 신분을 손상시키지 않기 위함이다. 하나님을 섬기는 자들은 부끄러울 것이 없는 일꾼으로 자신을 하나님께 드리기를 힘써야 한다. 또한 금방울과 석류를 옷 가장자리에 격하여 달아매는 것은 생명의 분량을 나타낸다. 하나님의 종들은 마땅히 생명의 분량과 진보를 사람들에게 나타낼 수 있어야 한다. 바울은 디모데에게 모든 일에 전심전력하여 너의 진보를 모든 사람에게 알게 하라고 말했다(딤전

4:15). 섬기는 자들은 말과 행동만이 아니라 그 옷이 움직이는 소리에서도 사람들에게 생명의 분량을 보일 수 있어야 한다.

머리에 쓴 두건의 패에 새긴 '여호와께 성결' 이란 문구와 청색 끈은 섬기는 자의 성결과 하늘에 속함을 나타내는 것이다. 섬기는 자는 그 나타남이 '성결' 이어야 한다. 이마는 사람이 그를 쳐다볼 때 가장 먼저 눈에 띄는 부분인데, 사람들이 섬기는 자를 대할 때 가장 먼저 느낄 수 있는 것이 '성결' 이어야 한다는 뜻이다.

4. 제사장들이 입는 옷은 속옷이든 겉옷이든 흉패든 관이든 가는 베실로 짜고 청색 자색 홍색실로 수놓는 작업이 필요했다. 여기서 짜는 것(weave)과 수놓는 것(embroider)은 제사장의 옷을 만드는 데에 필수적인 일이었다. 이런 작업은 성막을 만들거나 휘장을 만들 때에도 행해졌다(출 35:35). 또 제사장 옷을 만들 때에는 금실이 사용되었다(28:5). 이 금실은 하나님의 본성을 가리킨다. 제사장 옷은 이 금실과 청색 자색 홍색실과 가늘게 꼰 베실로 만들어졌다. 이를 통해 우리는 하나님의 역사가 사람 안으로 하나님의 성품과 본성을 짜여지게 하는 것임을 알 수 있다. 금실과 하나님의 여러 성품을 가리키는 청색 자색 홍색실이 사람의 인성 안으로 조직되고 수놓아지는 것이다. 이는 얼마나 놀라운 일인지! 더욱이 수놓아진다는 것은 거기에 어떤 형상이 생기는 것을 의미하는데, 이는 틀림없이 그리스도의 형상일 것이다. 거기에 바둑판 모양(chekered)이 수놓아지고 그룹(cherubim)이 수놓아진다. 하나님이 그분의 자녀들에게 원하시는 것은 이렇게 그들이 그분의 성분과 모양으로 짜여지고 수놓아지는 것이다.

성도들은 많은 환경과 고난을 만나게 된다. 그러한 환경을 통과할 때에는 그것이 무엇을 위한 것인지 모른다. 그러나 그 모든 환경을 통해 하나님은 우리 속에 그분의 생명과 성품이 조금씩 짜여지게 하신다. 수를 놓을 때 수틀 뒷면을 보면 실이 어지럽게 뒤섞여 있어서 무엇을 수

놓고 있는지 잘 모른다. 이것이 우리가 고난의 환경들 가운데서 느끼는 것들이다. 그러나 얼마 후에 그 천 위에 아름다운 무늬가 나오는 것을 볼 수 있다. 이것이 하나님이 그분의 자녀들에게 하시는 일이다. 오늘 하나님은 신약의 제사장들인 우리에게 이렇게 옷을 지어 입히고 계신다(계 19:8). 그러므로 성도들은 어려운 환경들 가운데서 낙심하지 말아야 한다. 하나님의 자녀들에게는 무익하게 공연히 일어난 일이 하나도 없다. 모든 일이 의미 있고 영원한 가치가 있는 일이며, 하나님과 더 깊이 연합하여 그분의 형상으로 변화되게 하는 과정이다. 하나님의 영원한 경륜은 온전히 그분을 닮은 많은 아들들을 얻으시는 것이다(엡 1:5, 요일 3:2).

5. 대제사장이 입는 에봇에 부착된 판결 흉패에는 이스라엘 열두 지파의 열두 이름이 새겨져 있다. 대제사장은 그리스도의 예표이다. 대제사장은 이스라엘 열두 지파를 한 면으로는 어깨에 짊어지고 또 한 면으로는 가슴에 품었다. 그리스도께서는 승천하시어 하나님 앞에서 우리를 위해 이러한 대제사장이 되신 것이다(히 8:1). 오늘날 교회는 어떠한 존재인가? 오늘날 많은 사람들은 교회가 분열되고 혼란되었다면서 개탄할 것이다. 그러나 성경에서는 교회를 분열된 존재로 말하지 않는다. 다만 교회는 한 몸이며 한 몸에는 많은 지체가 있다고 말한다(엡 4:4, 고전 12:12). 오늘날 참된 교회는 하늘에 있는 교회가 이 땅에 나타난 것이어야 한다. 이것이 제사장들의 옷에 청색이 필요하며 성막에도 청색이 필요한 이유이다. 교회는 이 세상에 속한 존재가 아니다. 그리스도는 승천하실 때 그분의 교회를 가슴에 품고 올라가셨다. 그러므로 우리가 알 것은 우리는 이미 하늘에 그리스도와 함께 앉힌 바 되었다는 것이다(엡 2:6). 따라서 우리의 시민권도 하늘에 있다(빌 3:20). 우리의 생명은 그리스도이시며 우리의 생명은 그리스도와 함께 하늘 하나님 안에 감춰어져 있다(골 3:3).

오늘 많은 사람들이 교회를 일종의 땅에 속한 조직으로 이해하고 있다. 그러나 지상에 교회가 존재할지라도 그들의 본질은 결코 이 땅에 속한 것이다. 그러면 왜 이 땅의 교회가 이러한 하늘에 속한 실제를 나타내지 못하는가? 그것은 바로 그들이 이 땅에 속한 생명으로 살기 때문이다. 육체와 자아, 천연적인 생명이 그것이다. 이것들 때문에 소위 교회에 분열과 혼란이 있는 것이다. 교회의 하늘에 속한 실제, 교회의 하나, 교회의 아름다움, 다 어디서 발견할 수 있는가? 하나님의 거룩한 생명을 살아내는 곳에서이다. 이 생명을 살아내려면 어떻게 해야 하는가? 십자가가 필요하다. 십자가가 하나님의 생명 외의 것들을 다 제하는 일을 하기 때문이다. 십자가는 땅에 속한 사욕과 정욕과 욕심을 끝내고 자아의 뜻을 제하며 천연적인 생명과 사람의 기질을 제한다. 오직 교회와 성도들 안에 하나님의 충만하신 것으로만 충만되게 하는 것은 십자가이다.

오늘 우리는 이러한 교회들이 이 땅 방방곡곡에 있기를 원한다. 이런 교회라면 분열될 수가 없다. 이런 교회라면 사람이 안간힘을 써서 붙들어 놓으려고 할 필요가 없다. 또 사람들이 흔들릴까봐 무언가 계속 새로운 실행과 코스를 만들어줄 필요도 없다. 보존협회를 만들 필요도 없고 흩어지지 않게 하려고 중앙집권적인 조직을 공고히 할 필요도 없다. 주님의 교회는 이미 그리스도의 품 안에 단단히 붙잡아 매어져 있기 때문이다(출 39:12). 이 땅에서 무언가 붙잡아 두기 위해 애쓰고 노력해야 하는 존재라면 그것은 혼란한 바벨론의 일부는 될지언정 하늘에 속한 교회의 일부는 아니다.

그러면 하늘에 속한 교회의 특징은 무엇인가? 십자가로 그리스도 외의 모든 것들, 진리 아닌 것들을 다 제하고 무엇이 남는가 보라! 그 남는 것이 바로 하나님 안에 감추인 우리의 생명이신 그리스도요 진리이다. 그러므로 거기에는 분열과 혼란과 미움이 없으며 생명과 사랑과 하나 됨이 있다. 거기에 오직 하늘의 분위기만 가득할 것이다. 혹 어떤 사람들은 이런 교회가 과연 이 땅에 있을 수 있느냐고 의문을 제기할 것이다. 십자가가 역사하는 곳에서는 있을 수 있다는 것이 그 답변이다. 십자가의 역사에 자신을 내어드리는 한, 십자가는 강한 능력으로 하나님에게서 나오지 않은 것들을 다 제한다. 하나님의 말씀은 반드시 이루어짐을 믿자. "저가 말씀하시매 이루었으며 명하시매 견고히 섰도다"(시 33:9). 그분은 그분의 교회가 "우리가 다 하나님의 아들을 믿는 것과 아는 일에 하나가 되어 온전한 사람을 이루어 그리스도의 장성한 분량이 충만한 데까지 이르리니"(엡 4:13)라고 말씀하신다. 나는 이 땅에서 모든 신자들이 다 이렇게 된다는 말이 아니라 적어도 주님이 오시기 전에 이 땅에서 이러한 실체를 훌륭하게 얻으실 것이라는 말이다. 주님은 이러한 무리들을 지금까지 이곳저곳에서 얻어 오셨고 더욱 얻으실 것이다. 우리는 지난날의 그 승리의 간증들을 읽어보았고 들어보았다. 너무나 귀하고 훌륭하고 거룩한 성도들이 이 지구상에 있어 왔다. 이러한 무리는 더욱 거룩하고 순수하게 이 땅에서 그분을 영광스럽게 하고 자랑하기 위해 강하게 일어날 것이다. 그들은 결국 이기는 자들로서 계시록 19장의 어린 양의 신부로 예비될 것이다. 반면 성경의 예언에 의하면 두아디라로 예표된 음녀 카톨릭도 주님이 오실 때까지 존재하며 그 부패와 혼란과 미혹에 대하여 심판을 받게 될 것이다(계 2:18, 17-18장 참조).

6. 32절부터 43절까지는 성막의 준공을 말한다. 성막의 준공에는 약 5개월이 걸렸다. 비교적 짧은 시간이다. 역사상 대부분의 부흥은 단 시간에 일어났다. 하나님의 위대한 역사는 갑자기 일어나는 특징이 있다(대하 29:36). 오순절의 부흥이 그러했고 웨일즈의 부흥이 그러했으며 심지어 한국 평양의 부흥 역사도 그러했다. 당시 평양의 한 교회에서 시작된 회개 운동이 순식간에 전국으로 퍼진 것이다. 비록 하나님의 일이 정교하고 시간이 걸리는 일이지만 하나님께서 일단 역사하시면

짧은 시간 내에도 큰 일이 일어난다. 당시 그들은 매우 조화롭고 질서 있게 일을 하여 단 시간에 끝내었다.

이 구절들에서 다시금 한 항목 한 항목 완성된 품목들을 열거한다. 두 번, 세 번, 하나님은 이 성막의 각 항목들을 반복하여 말씀하시는 것을 지루해 하시지 않는다. 이는 하나님의 지극히 큰 기쁨이요 관심사이기 때문이다. 성막은 하나님께서 그분의 백성들과 함께하시는 처소요 만나는 장소이다. 모든 것이 하나님의 명하신 대로 이루어졌다는 말씀이 다시 한 번 강조된다. 하나님의 일에서 그분이 말씀하신 대로 행하는 것보다 중요한 일은 없다. 모세는 그 완성된 모든 것이 하나님의 명하신 대로 된 것을 보고 그들을 축복하였다. 모세는 그리스도의 예표이다. 장래 주님이 다시 오실 때 주님은 우리의 한 일들을 하나하나 보시면서 하나님의 명령과 말씀대로 되었는지를 확인하실 것이며, 만일 모든 것이 그대로 된 것을 보신다면 매우 기뻐하실 것이며(고전 3:10-15 참조) 축복하시고 상을 주실 것이다. 만일 그렇지 않으면 해를 당할 것이다. 이는 우리에게 큰 경고가 되어야 한다. 사도는 그러한 경우 구원은 받되 불 가운데서 얻은 것 같을 것이라고 했다.

출애굽기 40장

정월 초일일에 성막과 모든 부속 시설들을 조립하고 그 안에 기구들을 놓으라고 하심

1-8절, 여호와께서 모세에게 일러 가라사대 2 너는 정월 초일일에 성막
곧 회막을 세우고 3 또 증거궤를 들여 놓고 또 장으로 그 궤를 가리우고 4
또 상을 들여 놓고 그 위에 물품을 진설하고 등대를 들여 놓고 불을 켜고
5 또 금 향단을 증거궤 앞에 두고 성막 문에 장을 달고 6 또 번제단을 회막
의 성막 문 앞에 놓고 7 또 물두멍을 회막과 단 사이에 놓고 그 속에 물을
담고 8 또 뜰 주위에 포장을 치고 뜰 문에 장을 달고

모든 시설물들과 제사장들에게 기름을 부어 거룩하게 하심

9-15절, 또 관유를 취하여 성막과 그 안에 있는 모든 것에 발라 그것과
그 모든 기구를 거룩하게 하라 그것이 거룩하리라 10 너는 또 번제단과 그
모든 기구에 발라 그 안을 거룩하게 하라 그 단이 지극히 거룩하리라 11
너는 또 물두멍과 그 받침에 발라 거룩하게 하고 12 너는 또 아론과 그 아
들들을 회막문으로 데려다가 물로 씻기고 13 아론에게 거룩한 옷을 입히
고 그에게 기름을 부어 거룩하게 하여 그로 내게 제사장의 직분을 행하게

하라 14 너는 또 그 아들들을 데려다가 그들에게 겉옷을 입히고 15 그 아
비에게 기름을 부음 같이 그들에게도 부어서 그들로 내게 제사장 직분을
행하게 하라 그들이 기름 부음을 받았은즉 대대로 영영히 제사장이 되리
라 하시매

모세가 하나님의 명령대로 순종함

16-33절, 모세가 그같이 행하되 곧 여호와께서 자기에게 명하신 대로
다 행하였더라 17 제 이년 정월 곧 그 달 초일일에 성막을 세우니라 18 모
세가 성막을 세우되 그 받침들을 놓고 그 널판들을 세우고 그 띠를 띠우고
그 기둥들을 세우고 19 또 성막 위에 막을 펴고 그 위에 덮개를 덮으니 여
호와께서 모세에게 명하신 대로 되니라 20 그가 또 증거판을 궤 속에 넣
고 채를 궤에 꿰고 속죄소를 궤 위에 두고 21 또 그 궤를 성막에 들여 놓고
장을 드리워서 그 증거궤를 가리우니 여호와께서 모세에게 명하신 대로
되니라 22 그가 또 회막 안 곧 성막 북편으로 장 밖에 상을 놓고 23 또 여
호와 앞 그 상 위에 떡을 진설하니 여호와께서 모세에게 명하신 대로 되니
라 24 그가 또 회막 안 곧 성막 남편에 등대를 놓아 상과 대하게 하고 25
또 여호와 앞에 등잔에 불을 켜니 여호와께서 모세에게 명하신 대로 되니
라 26 그가 또 금 향단을 회막 안 장 앞에 두고 27 그 위에 향기로운 향을
사르니 여호와께서 모세에게 명하신 대로 되니라 28 그가 또 성막 문에
장을 달고 29 또 회막의 성막 문 앞에 번제단을 두고 번제와 소제를 그 위
에 드리니 여호와께서 모세에게 명하신 대로 되니라 30 그가 또 물두멍을
회막과 단 사이에 두고 거기 씻을 물을 담고 31 자기와 아론과 그 아들들
이 거기서 수족을 씻되 32 그들이 회막에 들어갈 때와 단에 가까이 갈 때
에 씻었으니 여호와께서 모세에게 명하신 대로 되니라 33 그가 또 성막과
단 사면 뜰에 포장을 치고 뜰문의 장을 다니라 모세가 이같이 역사를 필하
였더라

성막에 구름이 덮이고 그 안에 하나님의 영광이 충만함

34-35절, 그 후에 구름이 회막에 덮이고 여호와의 영광이 성막에 충만하매 35 모세가 회막에 들어갈 수 없었으니 이는 구름이 회막 위에 덮이고 여호와의 영광이 성막에 충만함이었으며

구름과 함께 움직임

36-38절, 구름이 성막 위에서 떠오를 때에는 이스라엘 자손이 그 모든 행하는 길에 앞으로 발행하였고 37 구름이 떠오르지 않을 때에는 떠오르는 날까지 발행하지 아니하였으며 38 낮에는 여호와의 구름이 성막 위에 있고 밤에는 불이 그 구름 가운데 있음을 이스라엘의 온 족속이 그 모든 행하는 길에서 친히 보았더라

1. 정월 초일일-이때는 이스라엘이 출애굽 한 지 약 1년이 되는 때이다(12:2). 즉 유월절이 첫해 첫달의 시작이고 회막을 세운 것은 두 번째 해의 시작이다. 여기에 두 번의 귀한 시작이 있다. 히스기야 때에도 정월 초하루에 성전을 거룩케 하는 역사를 했다(대하 29:16-17). 그리스도인이 영적으로 유월절을 체험할 때 성막 안에 들어오게 된다. 성막은 그리스도와 그분의 교회를 예표하기 때문이다. 즉 사람이 거듭나서 그리스도 안에 들어오는 것이 곧 교회 안에 들어오는 것이라는 말이다. 교회란 그리스도 안에 있는 모든 사람을 가리키기 때문이다. 그리스도의 상처 난 옆구리에서 나온 존재가 바로 교회이다. 우리는 그리스도와 교회를 나눌 수 없다. 누구든지 그리스도 안에 있으면 새로운 피조물이며 또한 그리스도의 몸의 지체이다. 이방인들도 복음으로 말미암아 한 몸의 지체가 되는 것이다(엡 3:6). 유대인이나 헬라인이나 종이나 자유자나 다 한 성령으로 침례를 받아 한 몸이 된다(고전 12:13). 구원받

을 때 즉시 교회의 지체가 되는 것이지 구원을 받은 후에 어떤 수속을 거쳐야 교회의 지체가 되는 것이 아니다.

이렇게 예표에서는 두 번의 별도의 시작이 있는 것 같지만 신약의 적용에서는 그것이 동시에 이루어 진다. 그렇다고 해서 실제적인 체험면에서도 반드시 그런 것은 아니다. 사실적으로는 그러할지라도 체험적으로는 성막의 기구들이나 체계가 제대로 갖추어지지 않은 상황 가운데서도 거듭나는 일이 발생할 수 있기 때문이다. 그러한 믿는이에게 갖추어진 성막의 교회생활은 또 하나의 새로운 시작이 될 것이다. 그러므로 그리스도인에게 마치 새로 주님을 만나서 새로운 시작을 갖는 것과 같은 경험은 언제라도 있을 수 있다. 따라서 히스기야 왕 때에 성전을 새롭게 한 날도 정월 초하루라는 것이 이해될 수 있다. 구원받은 날이 새롭게 된 날이라면 진정한 교회생활을 시작하는 날 또한 새로운 날이다. 또 낡아진 교회생활이 다시 신선하게 회복되는 날이 있다면 그날 또한 우리 인생에서 새로운 시작일 것이다. 우리에게는 항상 이런 정월 초하루의 체험이 필요하다. 이것이 새롭게 됨이요 성장하는 것이다. 성장이 없는 신앙은 죽은 신앙이다. 십자가에 대한 새로운 인식, 부활 능력을 체험하고 죄에서 해방되며 이기는 생명을 얻음, 내적인 생명의 재발견, 성령 침례 등 많은 새로운 영적 체험이 우리를 새롭게 한다. 그러나 이 모든 귀한 체험들도 모든 항목이 갖추어진 성막으로 예표된 교회생활과는 비교할 수 없다.

한 마디 더 언급하겠는데, 성령님은 여기서 성막의 모든 부품들을 조립하라고 하시면서 한 항목 한 항목을 다시 말씀하신다. 이에 대해 17절에서는 모세가 명하신 대로 실행하였음을 다시 한 번 말씀하신다. 반복하고 또 반복하는 것이다. 하나님께서 그분의 백성 가운데 거하실 처소(먼저는 그리스도에게서 성취되고 다음은 그분의 교회를 통하여 이루어짐)를 건축하심은 그분의 영원한 경륜과 뜻에 관련된 중대사이므로 재삼재사 말씀하시는 것이다.

2. 9-15절의 말씀에 '거룩하게 하라'와 '거룩하게 되리라'는 말씀이 반복해서 나온다. 우리 편에서 거룩하게 해야 하는 면이 있고 그렇게 하면 하나님께서 거룩하게 하시겠다는 면이 있다. 하나님께 속한 것과 하나님을 섬기는 일에서 가장 중요한 것은 거룩이다. 거룩이란 먼저 분별되는 것이다. 일반적인 것에서 하나님께로 분별되는 것이다. 이 모든 기구들의 금속이 과거에는 이스라엘 사람들의 귀고리나 가슴핀이나 가락지, 목거리 등으로 쓰이거나 집안에서 이런저런 일로 사용되던 것들이었다. 그리고 아론의 아들들도 이전에는 집에서 일상생활을 하였을 뿐 거룩한 성막에서 섬기지 않았다. 이제 이러한 모든 일반적인 물품들과 사람들이 모두 하나님께 속한 일에 사용되게 된 것이다. 그러므로 그것들은 거룩케 분별되어야 했다. 거룩이란 다만 죄 없음을 의미하는 것이 아니다. 죄가 없어도 일반적이고 하나님께 속하지 않은 것은 거룩한 것이 아니다. 하나님만을 위하여 다른 모든 것들에서 따로 분리되어 그분께 분별된 것이어야 거룩한 것이다. 물론 거룩함은 죄 없는 것도 포함한다. 죄와 세속적인 것들이 섞여 있는 것은 진정한 거룩함이 아니다.

하나님은 그분이 사용하시는 것에 반드시 기름을 부으라고 하신다. 기름부음이 있는 것이 거룩하게 된 증거이다. 구약에서 어떤 사람이든지 하나님이 사용하려 하실 때 먼저 그에게 하신 일이 기름을 붓는 것이었다. 기름을 붓는 것은 성령 충만을 가리킨다. 교회의 모든 일과 모든 섬기는 자들은 성령으로 충만되어야 한다. 성령으로 충만되는 것은 그분을 섬기는 은사를 얻기 위한 것만이 아니라 또한 완전히 그분께 귀속되기 위함이다(엡 1:13). 하나님을 섬기는 우리는 매사를 성령을 따라 행하며 성령으로 봉사해야 한다(갈 5:16, 25, 빌 3:3).

앤드류 머레이는 그의 명저(名著) 〈그리스도의 영〉(일명 '성령')에서 성령 충만을 얻기 위해서는 비워야 한다고 강조했다. 그는 비우는 것에 관하여 우리가 지난 날 갖고 있던 신앙에 대한 불만족, 육체의 지혜, 행위, 많은 일을 우리가 우리 손으로 쥐고 우리 자아가 지배하면서 기도하고 또 하나님을 기쁘시게 하는 것이 불가능하다고 믿으며 무기력하고 무능한 많은 심정들까지도 비워야 한다고 말했다. 또 우리 마음에 있는 불신과 낙심과 실망도 비워야 할 항목이다. 웨일즈 부흥의 주역인 이반 로버츠와 펜 루이스의 공저 〈영적 전쟁〉에서 성령을 영접하는 초기 단계에서 필요한 조건이 사람의 중심이 다루어지는 것이라고 했다. 즉 의지는 하나님께 순복하고 마음은 죄를 사랑하는 것에서 정결케 되며 영과 혼의 뒤얽힘에서 분별되어 오로지 영에 의해서만 지배되는 영적인 사람이 되도록 천연적이거나 혼에 속한 불법적인 일들을 포기해야 하며 그의 영은 융통성 있게 성령과 동역할 수 있도록 완고한 영의 흔적을 모두 제거해야 한다고 했다. 더욱이 능력을 원하는 자들은 하나님의 영께서 철저하게 그의 생활을 다루시기를 원해야 하며 하나님의 뜻을 성취하기 위해 준비되는 것을 방해하는 모든 장애물들을 제거해야 한다. 동기를 점검받아야 하고 의의 원칙을 배워야 한다.

성령 충만을 받기 위해서는 자신의 삶에서 죄에 대한 하나님의 태도가 어떠한지를 철저히 배워야 한다. 그들은 성령을 받기 위한 몇 가지 조건을 요약했는데, 다음과 같다. 1) 생활에서 알고 있는 모든 죄를 처리함, 2) 모든 불의에서 정결케 하는 그리스도의 보혈을 의뢰함, 3)하나님의 말씀에서 비취는 예리한 빛에 즉시 복종함, 4) 하나님께 절대적으로 순복함, 5) 구원받을 때처럼 단순하게 선물로 받는 믿음의 행동을 취함 등이다. 이러한 조건이 이루어졌다면 믿음으로 기다리는 것이다. 이것이 꼭 오랜 시간을 의미하는 것은 아니다.

오순절 후에는 성령 침례를 얻도록 기다리라고 명령하시지 않았다. 여기서 기다림은 성령 충만이 이루어지도록 모든 조건들을 이행하면서 하나님의 뜻에 세세하게 복종하며 일상생활의 의무들을 신실하게 이행하는 것이다. 그러나 우리는 이 출애굽기를 연구하면서 하나를 더 강조하고자 한다. 이는 성막이 지어져야 함이다. 곧 성도들이 연합하여 한 성막을 이루는 것 말이다. 하나님의 거처인 교회가 그리스도의 몸으로 이루어지지 않고는 성령 침례의 목표가 없다(고전 12:12-13).

이 성령 침례는 특별히 섬기기 위한 구변이 필요할 때와 흑암의 세력에 대항하는 데에 유용하다. 마지막 때에 주님의 다시 오심을 위하여 섬기는 자들이 기름부음 받고 성령으로 충만되어 섬기는 것은 너무나 중요한 일이다. 그러한 자들에 의하여 그리스도와 그분의 진리가 다시 한 번 강하게 간증될 것이며 사탄은 크게 해를 입고 패배당하게 될 것이다. 성령의 기름부음은 어둡고 기울어가는 오늘날의 교회를 위하여 더욱더 필요하다.

3. 16-33절의 부분은 모세가 하나님의 말씀에 따라 성막을 건립하고 그 역사를 완성한 기록이다. 이 부분에서 모세는 하나님이 지시하신 사항을 하나도 임의로 하거나 어기지 않고 그대로 순종하여 행하였다. 그대로 행한 것의 중요성을 부각시키기 위해 이 부분에는 '여호와께서 모세에게 명하신 대로 되니라'는 말씀이 아홉 번이나 기록되어 있다(16,19,21,23,25,27,29,31,33절). 하나님의 명하신 대로 성의가 지어졌다고 말할 때 한 번, 그대로 되었음을 반복적으로 강조함이 열 번이나 있으며(39장), 성막을 세울 때 한 가지 한 가지가 하나님의 말씀하신 대로 되었다는 것이 이처럼 아홉 번이나 반복된다. 마치 창세기에서 창조가 그분의 뜻대로 하나씩 이루어질 때마다 '하나님의 보시기에 좋았더라'고 하신 것과 같다. 어떤 사역자들이 있었기에 어떤 작품이 나온 것이다.

성막의 건립에 있어서는 먼저 성막 앙장을 세우고 받침들을 놓고 널판들을 세우고 거기에 띠를 띠었다. 그리고 기둥들을 세웠다. 그런 다음 막을 펴고 그 위에 덮개를 덮었다. 다음은 증거궤를 성막에 들여놓고 장을 드리웠다. 장 밖에 상을 놓고 떡을 진설하고 성막 남편에 등대를 놓아 상과 대하게 하고 등잔에 불을 켰다. 금향단을 장 앞에 두었고 향기로운 향을 살랐다. 성막 문에 문을 달았다. 성막문 앞에 번제단을 두고 번제와 소제를 그 위에 드렸다. 회막에서 드린 첫 번째 제사였다. 물두멍을 회막과 제단 사이에 두고 씻을 물을 두고 아론과 그 아들들로 수족을 씻게 하였다. 성막과 단 사면 뜰에 포장을 치고 뜰의 문장을 달았다. 이같이 모세는 여호와께서 명하신 대로 모든 것을 행했다. 모든 것이 하나님의 지시하신 것에 따른 것이다. 다시 한 번 말하거니와 하나님을 섬기는 자들은 하나님을 섬기는 일에 있어서 모든 것을 하나님의 말씀에 근거해야지 절대로 임의로 섬겨서는 안 된다. 성막 기구 배치 상황은 다음과 같다.

회막의 평면도

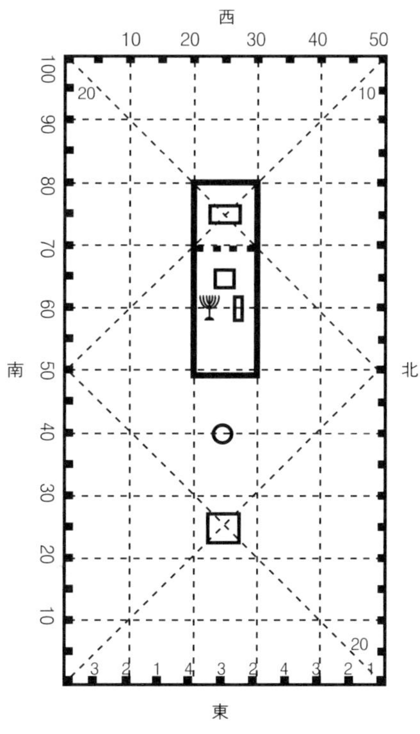

하나님의 자녀들이나 하나님을 전적으로 섬기는 자들이 말씀대로 섬기고 행하는 것의 중요성은 말로 다 할 수 없다. 오늘날 성도들의 가장 큰 문제는 하나님의 기록된 말씀을 소홀히 한다는 것이다. 장래 그리스도의 심판대에서의 심판은 그분의 기록된 말씀을 근거로 할 것이다. 성경에 기록되어 있는 말씀 한 마디 한 마디가 중요한 것이다. 그날 많은 사람이 어두운 데에 쫓겨나서 슬피 울며 이를 갈 것인데, 그들의 후회는 주로 오늘날 들어서 평이하게 아는 말씀들을 소홀히 여긴 것에 있을 것이라고 믿는다. 그리고 그 말씀이 그다지도 중요한 것인지 몰랐다고 할 것이다. 과거 중세나 성경 말씀이 열리지 않았을 때의 사람들은 몰라서 못 지켰다고 할 것이다. 그러나 오늘날은 가히 지식의 홍수 시대라고 할 수 있다. 이러한 때의 위험은 무엇인가? 다 알고 있지만 그 알고 있는 하나님의 말씀 하나하나를 그저 일반적이고 당연한 말로 치부하고 지나친다는 것이다. 오늘날 사역자들이 할 일은 무엇인가? 그런 사람들에게 하나님의 말씀을 바로 가져다주는 것이 아니겠는가? 그 말씀의 중요성을 그대로 인식하며 그대로 순종하도록 도와주는 것이다.

가령 산상수훈에서 원수를 사랑하라고 했으면 그 말씀을 더하지도 덜하지도 말고 어떤 형편에든지 원수를 사랑하는 것이 옳으며 어떤 사람이 억지로 오 리를 가자고 하면 십 리를 동행하고 누가 고소하여 속옷을 달라 하면 겉옷까지 주는 것이 마땅하다고 가르쳐야 한다. 그 말씀에 미치지 못한 것은 그 신앙이 정상적인 신약의 믿는이의 수준에 이르지 못한 것임을 알려주어야 한다. 또 어떤 형제에게 원망들을 만한 일이 있는 줄 생각나거든 예물을 제단에 두고 먼저 그 형제와 사화하고 그 후에야 예물을 드리라고 하셨다. 많은 사람들은 이런 말씀들을 에누리하여 듣는다. 말씀이 그렇다는 것이지 어떻게 다 지키고 행할 수 있느냐고 한다. 이런 말씀들은 믿음의 형제들 간에 일어나는 일에 대해 말한다. 그러나 현실적으로 상황이 닥칠 때 이런 말씀들을 소홀히 여기지는 않는가? 그 결과는 옥에 갇히는 것이다. 주님은 호리라도 다 갚지 않으면 결단코 거기서 나오지 못한다고 하셨다(마 5:23-26). 거기가 어디인가? 갇히는 곳이고 어두운 곳이며 슬피 우는 장소일 것이다. 또한 비판하지 말라는 말씀이 있다. 또 형제를 헤아리지 말라고 하셨다. 어찌하여 형제의 눈 속에 있는 티는 보고 자기 눈 속의 들보는 보지 못하느냐고 하셨다. 이 모든 말씀을 지키지 않은 결과는 다 그날(주님을 만나는 날) 나타난다(마 7:24-27). 그날 어떤 사람들(말씀을 들었지만 행하지 않은 사람들)의 집은 모래 위에 지은 집과 같이 하나님의 심판을 견디지 못하고 와르르 무너져 버릴 것이다.

골로새서 3장 5절에서는 땅에 있는 지체를 죽이라고 하였다. 곧 음란과 부정과 사욕과 악한 정욕과 탐심이니 탐심은 곧 우상숭배이다. 6절은 이것들을 인하여 하나님의 진노가 임한다고 하였다. 오늘날은 악하고 음란한 시대이다. 음란과 부정이 도처에 있다. 신자들에게 위험요소가 너무나 많다. 하나님의 진노가 이런 음란하고 부정한 사람들에게 임한다고 하였는데, 하나님의 진노는 불신자들에게만 해당되는 것이 아니다. 골로새서 3장 말씀은 골로새 신자들에게 주신 말씀이다. 과연 얼마나 많은 그리스도인들이 이런 말씀의 심각성을 그대로 깨닫고 있는가? 이것은 말씀대로 행하는 것의 중요성을 일깨워야 한다는 작은 권면일 따름이다. 이것은 아무리 강조하여도 지나치지 않다.

여기서 우리는 성령의 중요성과 말씀의 중요성을 잠시 구분하여 생각해 보겠다. 실제적으로 말씀과 성령은 하나이며 나누어질 수 없다. 그러나 체험상 이 두 가지를 나누어 고려해볼 필요가 있다. 성령의 체험을 강조하는 어떤 사람들은 말씀 그대로 행하는 면을 소홀히 하기가 쉽다는 것을 보았다. 또 말씀 그대로 행하는 것을 중요시하는 사람들에게 성령의 누림과 임재와 인도가 결여되기 쉽고 율법주의와 교리주의에 빠지기가 쉽다. 이 두 가지를 균형 있게 가지고 있는 사람은 극히 보기가 어렵다. 성령 체험을 강조하는 사람들은 방언과 신유와 환상 등을 지나치게 중요시하다가 성경에 없는 것들을 믿기도 하고 가르치기도

하는 것을 본다. 이는 성경의 제한을 벗어나는 것이다. 성경은 분명히 이 책에 기록된 말씀에서 더하지도 제하지도 말라고 경고하셨다(계 22:18-19). 또 한편 말씀대로 행하는 것을 강조하는 사람들은 성령의 사랑과 은혜와 관용이 부족하여 사람들에게 문자대로 행하기를 강요하기가 쉽고 말씀의 해석의 차이나 작은 실행 한 가지로 다투다가 나누어지는 경우가 많다. 이 두 가지가 다 극단이다. 우리는 성경에서 바울이나 요한이나 당시 사도들이 이러한 양면에서 매우 균형 잡힌 것을 본다. 그들은 진리와 성령의 양면에서 어느 한쪽으로 치우침이 없었다. 그들은 성령을 강조하다가 진리를 벗어나는 경우가 없었고 진리를 강조하다가 사랑과 은혜를 잃고 변론이나 교리나 율법에 떨어진 일이 없었다. 진리와 성령은 결국 하나이다(요일 5:7-8).

4. 34절과 35절은 그후에 구름이 회막에 덮이고 여호와의 영광이 성막에 충만했다고 말한다. 이것은 계속 강조한 바와 같이 성막 건축이 하나님이 산에서 보이신 식양대로 이루어졌기 때문이다. 만일 그 성막의 기구 가운데 몇 가지나 혹은 한두 가지라도 하나님이 지시하신 것과 다르게 되었다면 하나님의 임재를 얻기란 불가능했을 것이다. 그대로 행하는 것이 가장 중요하다. 이 땅에서 주님을 모시는 교회를 건축하는 일보다 엄중하고 중대한 일이 또 어디에 있겠는가? 그런데 이 일의 성패는 주님의 말씀대로 교회가 순종하는 것이며 교회가 말씀대로 지어지는 것이다. 교회가 교회다우려면 하나님의 모든 말씀을 그대로 순종하고 지켜야 한다. 한 가지도 임의로 바꾸거나 어길 수 없다. 여기에서 교회가 교회 되기 위한 몇 가지를 보기로 한다.

첫째, 적어도 교회라면 언약궤가 그 중심에 있어야 한다. 이는 그리스도가 그 중심에 계셔야 한다는 뜻이다. 어떤 사람이 중심이 된 단체라면 그것은 하늘의 식양과 다른 것이다. 교회의 중심과 머리는 그리스도이시며, 어떤 사람이나 기관이 중심과 머리가 되어서는 안 된다.

둘째, 회중 모두가 반드시 번제단을 통과해 들어와야 한다. 번제단은 바로 십자가를 예표한다. 누구든지 십자가의 보혈로 씻음과 용서를 받지 못한 자는 그리스도의 몸의 지체가 될 수 없다. 믿지 않는 자와 믿는 자의 구별이 없는 것(세마포장의 구분이 없는 것)은 하나님의 교회라 할 수 없다. 이는 죄인들이 교회에 올 수 없다는 말이 아니다. 도리어 죄인들은 교회에 와야 한다. 그러나 교회에 오는 사람은 누구나 예수 그리스도를 구주로 믿어 죄 사함받고 거듭나 하나님의 자녀가 되어야 한다. 만일 그런 것이 없이 교회의 구성원이 될 수 있다면, 그것은 성경에서 말하는 교회의 식양과 다르다.

셋째, 교회의 모든 활동은 기름부음을 받고 거룩케 되어야 한다. 즉 인간적이고 육체적인 활동이 교회를 지배하고 있다면 그것 또한 식양과 다른 것이며 하나님은 그런 곳에 임재하지 않으실 것이다. 이것은 성막의 모든 기구와 섬기는 모든 제사장들이 반드시 기름부음을 받아야 한다는 것에서 알 수 있다.

넷째, 교회 안에서 볼 수 있는 것은 다 금이어야 한다. 성소나 지성소나 보이는 것은 모두 금이었다. 금 외에는 없다. 교회의 내부를 들여다 볼 때 하나님의 성품으로 가득해야 한다는 뜻이다.

다섯째, 식양대로 된 금등대가 있어야 한다. 이것은 기름과 빛이 있는 것 외에도 신약에서 금등대는 한 교회에 하나씩인 면이 있다. "일곱 등대는 일곱 교회니라"(계 1:20b). 한 교회가 한 등대가 되어야 한다는 것은 한 교회 그 자체가 완전한 교회요 완전한 간증이 되어야 함을 뜻한다. 교회에는 상부 교회나 하부 교회가 없다. 교회의 상부기관이 있다면 하늘이요 보좌요 성령이시다. 그리고 등대는 하나하나 떨어진 상태로 일곱 개가 존재한 것이므로 신약에서 식양대로 된 교회는 한 교회 그 자체로 온전해야 한다. 온 땅의 교회들은 연합해서 한 교회를 이루지 않았다. 즉 일곱 촛대는 밑판이 연결된 한 촛대가 아니었다. 일곱 교회와 일곱 등대는 상응하는 개념이다.

여섯째, 그 진설병 상에 떡이 열두 개이다. 즉 하나님 앞에서 이스라엘 백성은 각기 열두 지파로 나누어지지 않는다. 만일 어떤 교회에 진설병이 두 개만 놓여 있다면 열 개가 부족한 것이다. 하나님 앞에는 열두 개가 다 있어야 한다. 유다와 이스라엘이 분열된 상황에서도 성전 안의 진설병은 열두 개였지 열 개와 두 개로 나뉘어질 수 없었다. 오늘 우리가 떼는 주님의 상의 떡은 몸의 하나를 대표하는 것이어야 한다(고전 10:17). 한두 지파만을 분리하여 따로 한두 개의 떡만 진설병 상에 둔 교회는 하나님 앞에서 참된 간증을 지니지 못한다. 우주 가운데에는 오직 한 몸 외에 없으며 우리는 이 하나를 간증하는 자들이 되어야 한다.

일곱째, 분향단이 있어야 한다. 교회는 이 땅에서 하나님께 향연을 올려 드리는 곳이다. 하늘로 올라가는 향연이 없는 것도 교회의 결격 사유가 된다. 다음은 그 덮개가 해달의 가죽인데, 이는 인성을 입으시고 고난을 당하신 예수를 상징한다. 물론 그 안에는 신성과 구속을 나타내는 덮개가 더 있다. 교회는 그 표현과 보호로써 예수 그리스도를 모셔야 한다. 바티칸처럼 밖의 표현이 금으로 휘황찬란한 것이 아니다. 교회는 나사렛 사람 예수를 따르기 위해 그분의 능욕을 지고 영문 밖으로 나아가는 행렬인 것이다.

또한 교회에는 성의를 입은 사역자들이 있어야 한다. 신약으로 말하면 사도, 선지자, 목사, 교사 등의 사역자들이다. 이들은 어깨와 가슴에 성도들을 짊어지고 품고 섬기는 자들이다. 물론 신약에서는 모든 성도가 다 제사장이요 섬기는 자들이어야 한다. 그럼에도 여전히 교회에는 은사와 직분 있는 자들이 있다(고전 12:28, 엡 4:11-12).

이들 외에도 교회라면 부활하신 그리스도께서 가슴에 금띠를 띠시고 촛대 사이를 다니시는 분으로 계셔야 한다. 단지 사람들의 가르침만 있어서는 안 된다. 그분은 교회의 사자들에게 많은 것들을 성령으로 말씀하시며 금촛대인 교회들을 돌보신다. 이러한 분의 역사가 있는 교회는 그분의 살아 있는 음성을 들을 수 있다. “성령이 교회들에게 하시는 말씀을 들을지어다!” 이러한 원칙들에 서 있어야 참다운 교회의 위치에서 있으며 교회의 영적 실제를 가지고 있다고 말할 수 있다. 에베소 교회처럼 회개를 촉구하는데도 계속 회개치 않음으로 촛대가 옮겨지거나 라오디게아교회처럼 토하여 내쳐진다면 결국 성령의 음성을 들을 수 있는 위치를 잃어버릴 것이다. 이 외에도 교회가 교회 되기 위하여 필요한 것들을 많이 말할 수 있겠지만 다만 성경의 모든 말씀들을 참고하여 순종하기 바란다. 성경의 모든 말씀이 교회를 위한 말씀이다. 교회는 그리스도의 충만이다(엡 1:23). 그리스도의 모든 어떠하심과 말씀하심이 교회에 충만해야 한다는 뜻이다.

5. 출애굽기의 마지막의 말씀은 성막이 건립되었을 때 하나님은 그 성막의 움직임과 함께 하셨다고 말하는 것이다. 하나님은 회막이 완성되었을때 구름으로 인도하셨다. 구름이 떠오를 때는 진행하였고 떠오르지 않을 때는 진행하지 않았다. 밤에는 불이 그 구름 가운데 있고 낮에는 구름이 성막 위에 있었다. 이는 매우 의미깊고 중요한 말씀이다. 구름을 성령으로 해석할 수 있다면 불은 말씀이라고 할 수 있다. 성령과 말씀이 교회를 인도한다는 말이다.

창세기에서 하나님은 한 사람 한 사람 개인을 얻으시고 그들과 함께 하셨다. 그러나 출애굽기 마지막에 올 때 우리는 하나님이 단체의 이스라엘과 함께 움직이시는 것을 본다. 하나님은 먼저 창세기에서 아브라함과 이삭과 야곱 안에서 역사하시고 그들의 역사가 이스라엘 전체에 미치게 하셨다. 이전에는 개인이요 한 가족이었지만 이제는 한 나라를 만드시어 인도하시는 것이다. 실상 창세기와 출애굽기는 원래 나누어진 책이 아니다. 이어진 책이다. 그러므로 우리는 창세기의 결말을 출애굽기에서 보아야 한다. 우리는 이 광대한 하나님의 말씀에서 그분의 비밀의 경륜을 볼 수 있어야 하고 그분의 원하심이 무엇인가도 볼 수 있어야 한다. 하나님은 왜 사람을 창조하셨는가? 또 왜 타락한 사람을 구속하셨는가? 그분의 영원한 갈망은 무엇에 있는가? 우리는 이 두 권의 책을 통하여 무언가 하나님의 계획과 경륜을 볼 수 있음을 인하여 하나님께 감사한다.

결국 하나님의 원하심은 한 개인에 있지 않고 단체적인 사람인 교회에 있다. 하나의 개인 야곱(이스라엘)을 얻으시는 것이 아니라 단체적인 이스라엘 민족을 원하신다. 신약의 용어로 말하면 그것이 바로 교회이다(갈 6:16). 신약에서 그리스도는 교회의 머리시다. 머리이신 주님은 몸을 통하여 모든 것을 행하기 원하신다. 이 시대에 사람들을 어둠의 세력에서 벗어나게 하여 하나님께 돌아가게 하는 일이며 흑암의 권세와 싸우는 일이며 이 어두움의 세상에 빛들이 되는 일 등, 모두가 몸인 교회가 하는 일이다. 주님은 이런 일을 직접하시지 않고 교회에 맡기신 것이다. 그리고 가장 중요한 일은 언약궤이신 그리스도를 짊어지는 일이다. 이것이 바로 그리스도를 간증하는 일이다. 언약궤는 법궤 또는 간증(증거)궤라고 한다.

주님이 이 시대에 얻기 원하시는 것은 그분의 간증인 것이다. 그분의 간증이라 함은 무엇을 의미하는가? 쉽게 표현하자면 그분 자신을 나타내는 것이다. 사람들이 교회를 볼때 그리스도를 볼 수 있어야 한다는 뜻이다. 그러므로 성막은 한 면으로 그리스도를 예표하고 다른 한 면으로는 교회를 상징한다고 말하는 것이다. 그리스도는 죽고 부활하시어 하늘 보좌 우편에 계시지만 교회는 이 땅에서 그분을 나타내며 전시하고 있는 것이다. 주님은 너희가 이 성전을 헐라 내가 사흘만에 일으키리라 하셨는데 그 성전은 자신의 육체를 가리켜 말씀하신 것이다. 오늘날 사흘만에 일으켜진 성전은 그분의 부활하신 몸으로서 한 면으로는 그분이 승천하셨지만 다른 한면으로 그분의 몸은 이 땅에 두셨다. 그것이 교회이다. 그러므로 교회는 사람들에게 그리스도를 보여줄 수 있어야 하는 것이다. 그리스도를 닮은 교회가 되는 비결은 성경에 기록된 모든 말씀이 교회 안에 있게 하는 것이다.

마지막으로 교회는 그리스도를 간증하기 위한 것만이 아니라 그분과 함께 움직이기 위한 것이다. 그분은 역사하시고 움직이시는 하나님이시다. 하나님께서는 그분의 그러한 역사와 움직임을 그분의 백성인 교회와 함께하기를 원하시는 것이다. 이는 마치 아들이 믿음직하게 자랐을 때 아버지는 아들에게 많은 일들을 넘겨주면서 그와 함께 일하려고 하는 것과 같다. 또는 남편의 경우 아내가 믿음직할 때 그 아내와 모든 일을 함께하는 것과 같다. 교회는 이와 같이 주님의 역사를 위해 중요한 존재이다. 내가 무슨 일을 하고자 하면 내 몸을 사용하는 것과 원칙상 같다. 주님은 오늘날 교회를 통해 역사하기 원하신다. 우리는 성경에서 교회의 위치가 높고 존귀한 것임을 알아야 한다. 결국 성경을 볼 때 하나님의 모든 진리는 교회를 출발점으로 삼는다. 우리는 하나님의 위대하신 뜻이 교회에 있음을 알고 교회를 통해 그분의 영원하신 뜻을 이루시려 함을 보아야 한다(엡 1:4-14, 3:1-11, 5:25-32, 6:10-17).

오늘날 신실한 성도들의 갈망은 교회가 성경에서 제시한 식양으로 돌아가는 것이며(그 온전한 식양은 어떤 사람의 가르침에 있지 않고 성경에 있다), 그들의 발걸음은 주님이 다시 오실 때까지 계속되리라는 믿는다. 그럴 때 영광의 구름이 성막을 가득 채우듯이 교회의 주인이신 주님께서 그분의 집을 영광으로 채우기 위하여 하늘로부터 임하실 것이다.

출애굽기 강해를 마치면서

1. 출애굽기는 바로의 속박 아래 있는 이스라엘 백성의 상태로부터 시작하여 성막 건축의 완성으로 끝맺는다. 이 책은 신약의 로마서나 에베소서와 같은 구성을 가지고 있다고 할 수 있다. 죄인으로 시작해서 그리스도의 몸인 교회로 완성되는 것이다. 하나님께서 이스라엘을 구원하신 것은 그들 가운데 거처를 두시기 위함이다. 그분의 거처가 되기 위해서 구속의 역사가 필요한 것이다.

우리가 성막을 살펴볼 때 거기의 많은 항목들이 그리스도를 예표하며 또 교회를 예표한다. 특히 성막의 조각목으로 된 널판들은 성전의 돌들과 같이 산 돌들인 거듭난 믿는이들을 표징한다. 그러므로 성막은 전체적인 그릇으로는 그분의 믿는이들이 건축되어 이룬 그분의 거처를 상징하며, 그 안에 영광의 그룹 사이에 하나님이 거하신다. 또 이 성막의 여러 방면들을 볼 때 하나님은 본래 그대로의 사람들 가운데 거하시는 것이 아니라 금과 은과 보석으로 상징된 변화된 믿는이들 가운데 거하고자 하신다.

우리는 창세기 강해에서 그리스도를 닮은 야곱과 요셉의 성품을 말하면서 끝맺었다. 이제 출애굽기에서 우리는 하나님의 생명과 성품이 단체적인 사람들 안에 스며들어 있는 것을 발견한다. 이것은 신약에 있는 교회를 예표한다. 신약의 교회는 다름 아닌 한 분 그리스도의 성분이 많은 단체적인 사람들 안으로 역사함으로 이루어진바 그리스도를 나타내는 유기적인 실체이다. 이것은 그리스도와 믿는이들의 유기적인 연합으로 말미암은 것이다. 하나님의 구원은 다만 개개인을 구원하여 지옥 가지 않고 천당 가게 하시는 것보다 훨씬 더 풍성한 내용을 담고 있다. '우리가 그리스도와 연합하여 그와의 현실적 참여자가 되기 전에는 구속의 효과적 적용을 받는 자가 아니다'(박형용). 칼빈은 죄인이 그리스도와 연합함이 없으면 그의 속죄 사역의 혜택에 참여하지 못한다는 개념을 반복하여 말했으며, 이를 중요한 진리로 여겼다. 즉 아담이 옛 인류의 머리로서 후대 사람들에게 그의 어떠함을 유전시킨 것과 같이 새 인류의 머리이신 그리스도께서도 그분의 지상 사역을 통해 얻으시고 이루신 것과 그분 자신의 모든 것을 믿는 우리에게 미치게 하신다는 논지이다. 이것이 연합의 비밀스런 역사이다. 하나님은 이러한 비밀스런 연합을 통해 그분의 생명과 풍성을 믿는이들 안에 주입하신다.

그러나 하나님의 구원은 개인적인 믿는이들의 구속과 그리스도와의 연합으로 끝나는 것이 아니라 단체적으로 교회 전체가 그분과의 유기적인 연합을 갖는 데까지 이르러야 한다. 교회는 그리스도와 함께 십자가에 못 박혔고 함께 부활했으며 함께 승천하여 하늘 보좌에 앉아 있다. 이것이 성경에서 말하는 진리요 영적인 사실들이다. 성도들은 믿음으로 이를 취할 수 있으며 또한 이 모든 사실들을 성령으로 실제화할 수 있다.

신약 요한복음 15장에서는 이 사실이 포도나무의 비유로 설명되고 있다. 주님은 포도나무요 믿는 우리는 그분의 가지이다. 포도나무와 가지는 생명으로 연결되어 있다. 생명의 수액은 주님과 믿는이들을 연결시키며 또 끊임없이 순환된다. 그리스도는 포도나무의 비유를 통해 그분 자신과 믿는이들이 어떻게 연합되어 있는지를 설명하시며, 믿는이들이 그분 안에만 있으면 포도나무의 수액이 가지에 흘러서 절로 열매가 맺히는 것같이 많은 열매를 맺게 된다고 말씀하셨다. 이것은 사람의 노력의 결과가 아니라 연합의 결과인 것이다.

사실상 성막 건축의 많은 방면들이 하나님과 사람의 연합을 보여준다. 이는 제사장의 의복에서도 볼 수 있다. 그리스도는 그분 자신을 사람의 인성 안으로 짜여지게 하심으로 사람의 본질적인 변화를 가져오신다. 그리고 그리스도는 그들의 변화된 성품이 되시고 내용이 되신다. 바울 사도는 이것을 비밀이요 영광의 소망이라고 하였다. "이 비밀은 너희 안에 계신 그리스도시니 곧 영광의 소망이니라"(골 1:27). 바울은 이렇게 성도들 안에 거하시며 성도들과 연합하여 사시는 그리스도에 대한 이러한 계시가 만세와 만대로부터 감추어진 것이라 하였고 이제(사도 바울 시대에) 성도들에게 나타났다고 말했다. 이것이 곧 비밀의 영광이 이방인 가운데 풍성한 것이다. 바울은 이러한 것을 성도들 안에 있는 기업의 영광의 풍성이라 하였으며 이를 위해 우리가 부르심을 입었다고 하였다(엡 1:18 참조).

우리는 출애굽기의 성막 건축이라는 예표를 통해 사람들 가운데 오셔서 거하시는 그리스도를 보며 그와 함께 하는 많은 변화된 성도들을 본다. 또한 그분의 역사로 말미암아 그분의 형상으로 변화된 많은 성도들의 모습을 본다. 이것이 그리스도의 구속의 최종적인 목표이다. 은혜의 하나님이 그분의 선택하신 백성들에게 율법을 주신 것이나 성막 건축과 그 여러 항목들을 통해 보이시고자 한 것은 하나님의 영원하신 목적과 뜻이 그리스도와 유기적인 연합을 이룬 단체적인 실체를 얻고자 하심이라는 것이다. 즉 영광의 하나님이 변화되고 거룩케 된 단체적인 믿는이들 안에 영원히 거하시는 것이다. 이것이 이 시대의 교회요 장래 영세의 새 예루살렘이다. 교회는 영세에 이루어질 하나님의 영원한 뜻을 이 시대에 미리 증거하는 책임을 지고 있으며, 구약의 성도들은 신약의 믿는이들이 구약의 그림을 보고 실제의 것을 이해하도록 도움을 주는 책임을 감당했다고 할 수 있다.

2. 또 한 가지는 여호와의 영광이 충만함의 문제이다. 이것은 개인적

인 성령의 충만과는 차이가 있다. 우리는 17장에서 성령 충만의 문제를 다루었지만 그것은 어디까지나 개인적인 믿는이가 어떻게 성령으로 충만될 수 있는가를 말한 것이다. 이는 이스라엘 백성들이 광야에서 매일매일 살아나가기 위한 성령의 공급을 예표한다. 그러므로 그들은 반석에서 나오는 생수를 마셔야 했다. 그러나 출애굽기 마지막에 있는 성막 건축의 완성 시점에서 하나님은 그분의 회막을 그분 자신의 영광으로 충만하게 하셨다.

출애굽기의 마지막은 성막이 지어지고 하나님의 영광이 그 성막에 가득하며 구름과 함께 성막이 움직이는 것을 말하고 있다. 이는 성령 충만의 교회적인 면이다. 어떤 이는 교회는 그리스도의 저수지라고 말하기도 했다. 한 사람이 적은 양의 물을 담을 수 있지만 그것으로는 하나님의 움직임에 있어서 큰 필요를 채울 수 없다. 하나님의 성령이 충만하게 교회에 부어질 때에 하나님은 이 땅에서 그분과 함께 움직이고 동역하는 기관을 얻으시게 된다. 그러니 하나님의 교회가 말씀에 맞게 건축되는 일이야 말로 얼마나 중대한 일인가! 이러한 성령으로 충만된 단체적인 그릇이 얻어질 때만이 하나님은 그분의 대적을 무너뜨릴 수 있는 역사를 하시게 된다. 실로 이 땅에 건축된 하나님의 교회가 일어나는 일이야 말로 엄청나게 중대한 일인 것이다.

출애굽기에서 우리는 성막이 어떻게 지어지는가를 보았으며 그 성막이 무엇을 예표하는가도 보았다. 오늘 하나님의 교회가 진리의 기둥과 터로서 성경 진리대로 세워져야 하는 이유가 여기에 있다. 하나님께서는 그분 자신으로 그분의 교회를 채우고자 하신다. 하나님께서는 교회가 하나님의 모든 충만하신 것으로 충만되기를 원하신다(엡 3:19). 그러려면 교회가 그리스도의 몸으로 온전하게 세워져야 한다(엡 4:11-12). 그럴 때 그리스도의 장성한 분량의 충만한 데에 이르게 된다.

교회가 작은 한 부분이라도 그분의 진리에 맞게 세워져야 하는 것은 교회가 성막과 같이 그분의 영광의 임재로 가득한 곳이 되어야 하기 때문이다. 작은 항목 하나라도 사람의 임의로 할 것이 아니라 하나님이 하늘에서 보이신 식양에 따라 지어야 한다. 그러므로 특히 건축자들은 항상 성경으로 하나님의 집의 건축 도면을 확인해야 하고 그대로 짓도록 해야 한다. 이것이 진리를 순종하는 자들이 해야 할 일이다. 그렇게 할 때 하나님께서는 그분의 약속대로 그분의 집을 영광으로 채우실 것이다. 이는 다만 개인적인 충만이 아닌 그분의 집 전체가 영광의 구름으로 채워지는 놀라운 일이 될 것이다. 오순절 이래로 역대의 부흥은 이를 증명해왔다. 큰 부흥의 역사는 성령께서 한 개인이 아닌 온 회중에게 임하여 온 땅의 축복의 통로로 삼으신 것이다. 하나님께서는 교회를 통해 그분의 역사를 하기 원하신다. 그분의 이 땅에서의 움직이심과 역사는 교회와 함께한다는 말이다. 그러한 교회적인 축복은 진리대로 건축된 교회에 임한다는 사실을 깊이 새기자.

3. 출애굽기에서 성막을 건축하기까지 모든 역사를 하나님이 하셨다. 모세가 한 것이 아니다. 이스라엘 백성들이 서로서로 협력해서 한 것도 아니다. 우리는 출애굽기 1장에서 바로의 학정 아래서 부르짖는 이스라엘 백성을 본다. 하나님께서는 그들을 구출하고자 하여 모세를 부르셨으나 그는 몇 번이고 물러나며 할 수 없다고 고백했다. 그런 다음 계속해서 모세와 아론을 공박하고 원망하는 백성들의 상황을 대한다. 전체적으로 사람에게는 길이 없다. 모든 것은 하나님께 달려 있다. 구속이 하나님께 달려 있으며 하나님의 거처를 건축하는 것이 하나님께 달려 있다. 하나님이 하시면 모든 것이 이루어진다. 사람을 부르시고 보여주시고 일을 맡기시고 지혜와 총명의 신을 주시는 등 모든 일을 하나님께서 하셔야 한다. 우리는 이렇게 기도하자. '하나님, 이 저물어가는 시대에 당신의 선하시고 기뻐하시고 온전하신 뜻을 속히 이루소서.' 영광이 세세 무궁토록 우리 구주 하나님께 있을지어다!

IMC

국제선교신학원(IMC-International Mission College)은 성경진리에 따라 범사를 행하며 진리를 참되게 가르치는 사람들을 양성하고, 복음 전파와 선교를 위하여 주님의 사명을 감당할 수 있는 예수 그리스도의 제자들을 훈련하며 양성하는 기관이다.

출애굽기 강해

초판 발행 | 2004년 4월 10일
2 판 1 쇄 | 2008년 3월 28일

저자 | **유동근**

발행처 | IMC(국제선교신학원 출판부)
등록번호 | 제 15-335 호

420-031 | 경기도 부천시 원미구 상동 617-5 2F
벧엘서원 영업부 : TEL. 032) 326-3096 FAX. 032) 324-3097
IMC, 벧엘서원 편집부 : TEL. 032) 322-3095
http : www.bethelbook.com
E-mail: bethelbook@bethelbook.com

값 25,000원

ISBN 89-92014-27-4 03230
ISBN 89-92014-01-5 03230 (세트)